HERVÉ RYSSEN

STORIA dell'antisemitismo
spiegata da un goy

Hervé Ryssen

Hervé Ryssen (Francia) è uno storico e un ricercatore approfondito del mondo intellettuale ebraico. È autore di dodici libri e di diversi documentari video sulla questione ebraica. Nel 2005 ha pubblicato *Speranze planetarie*, un libro in cui dimostra le origini religiose del progetto globalista. *Psychoanalysis of Judaism*, pubblicato nel 2006, mostra come l'ebraismo intellettuale presenti tutti i sintomi della patologia isterica. Non si tratta di una "scelta divina", ma della manifestazione di un disturbo che ha le sue origini nella pratica dell'incesto. Freud aveva pazientemente studiato la questione sulla base di quanto osservato nella propria comunità.

La Francia ospita una delle più grandi comunità ebraiche della diaspora, con una vita culturale e intellettuale molto intensa. Hervé Ryssen ha potuto sviluppare il suo ampio lavoro sulla base di numerose fonti storiche e contemporanee, sia internazionali che francesi.

Storia dell'antisemitismo
spiegata da un goy

Histoire de l'antisémitisme : vue par un goy et remise à l'endroit,
Levallois-Perret, Baskerville, 2010.

Traduzione e Pubblicato da
Omnia Veritas Limited

www.omnia-veritas.com

© Omnia Veritas Limited - Hervé Ryssen - 2023

Tutti i diritti riservati. Nessuna parte di quest'opera può essere riprodotta in qualsiasi forma senza la previa autorizzazione scritta dei titolari del *copyright*. La violazione di questi diritti può costituire un reato di copyright.

- I. La fuga dall'Egitto 15
- II. Amalek 17
- III. I Filistei 18
- IV. Nabucodonosor 19
- V. L'incontro con i Greci 20
- VI. Antioco IV Epifane 24
- VII. La conquista romana della Giudea 28
- VIII. Cicerone 30
- IX. Cesare, Cleopatra e Marco Antonio 32
- X. Erodo 34
- XI. Tiberio, Siano e Ponzio Pilato 35
- XII. Agosto '38: il pogrom di Alessandria d'Egitto 38
- XIII. Claudio 42
- XIV. La rivolta del 66 44
- XV. Tito e la distruzione del Tempio 47
- XVI. Domiziano e il fiscus judaicus 52
- XVII. Traiano 53
- XVIII. Adriano e l'assedio di Betar 56
- XIX. La dinastia dei Severi 61
- XX. Gli imperatori cristiani 63
- XXI. I Padri della Chiesa 66
- XXII. La fine dell'Impero romano d'Occidente 71
- XXIII. Imperatore Peroz I 75
- XXIV. La debolezza di Teodorico il Grande 75
- XXV. Zenone, l'imperatore bizantino 76
- XXVI. Legislazione e Chiesa 77
- XXVII. Il Codice di Giustiniano 83
- XXVIII. Gregorio I (590-604) 85
- XXIX. Gerusalemme, 614 87
- XXX. Spagna visigota I 88

XXI. Re Dagoberto I 92

XXXII. Maometto 93

XXXIII. Spagna visigota II 96

XXXIV. Agobardo di Lione e Amolon 102

XXXV. I re del commercio in Oriente 108

XXXVI. Granada, 30 dicembre 1066 110

XXXVII. Gregorio VII 112

XXXVIII. La prima crociata 113

XXXIX. San Bernardo 116

XL. La seconda crociata 118

XLI. Gli Almohadi 123

Toledo, 1180 124

XLIII. Filippo Augusto 126

XLIV. L'incoronazione di Riccardo Cuor di Leone 130

XLV. In Oriente 133

XLVI. Innocenzo III 135

XLVII. Nicholas Donin e il Talmud 141

XLVIII. 1240: l'espulsione dalla Bretagna 149

XLIX. Luigi IX, San Luigi 152

L. San Tommaso d'Aquino 157

LI. Pablo Christiani e la controversia di Barcellona 159

LII. In Europa centrale 162

LIII. Cappelli a punta e crimini rituali 163

LIV. Nicola IV, Turbato corde, 1288 165

LV. Edoardo I e l'espulsione dall'Inghilterra, 1290 166

LVI. In Persia, marzo 1291 169

LVII. Rindfleisch di Rættingen, 1298 170

LVIII. Filippo IV il Bello 171

LIX. 1320: La crociata dei pastori 174

LX. 1328: la rivolta della Navarra 178

LXI. Spagna, preda degli ebrei 179

LXII. Lo Judenschlaeger tedesco, 1336-1338 183

LXIII. 1348. 1348: la peste nera 185

LXIV. Il risveglio tardivo di Giovanni il Buono 190

LXV. La morte di Blanca de Borbón 193

LXVI. Beltrán Duguesclín e la Compagnia Bianca 201

LXVII. Maggio 1370: le ostie di Enghien 210

LXVIII. I funerali di Carlo V di Francia 211

LXIX. L'insurrezione generale del 1391 in Spagna 214

LXX. 1394: l'espulsione dalla Francia 220

LXXII. Paolo di Santa Maria 227

LXXIII. Vincent Ferrer 230

LXXIV. Ieronimo di Santa Fe e la disputa di Tortosa 231

LXXV. Martin V 236

LXXVI. Gli hussiti e il Concilio di Basilea 237

LXXVII. 1449: Gli statuti di pulizia del sangue in Spagna 240

LXXVIII. Giovanni da Capistrano, il flagello degli ebrei 241

LXXIX. Alfonso de Espina 249

LXXX. Bernardino di Feltre 252

LXXXI. Torquemada contro i marrani 257

LXXXII. 1492: L'espulsione degli ebrei dalla Spagna 263

LXXXIII. 1497: l'espulsione dal Portogallo 268

LXXXIV. Savonarola e l'espulsione da Firenze 270

LXXXV. La diaspora sefardita 270

LXXXVI. Gli Ashkenazi espulsi dalla Germania 273

LXXXVII. 1501: L'espulsione dalla Provenza 276

LXXXVIII. Lisbona, 1506 277

LXXXIX. Johannes Pfefferkorn contro Johannes Reuchlin 279

CX. Alberto di Brandeburgo 283

XCI. Le origini ebraiche della Riforma protestante 284

XCII. Martin Lutero 288

XCIII. Giulio III e il Talmud 293

XCIV. Paolo IV, Cum nimis absurdum, 14 luglio 1555. 295

XCV. Ivan il Terribile 298

XCVI. San Pio V 299

XCVII. La Sinagoga, "cieca e ostinata", 1593 303

XCVIII. La guerra di Vincent Fettmilch 305

XCIX. Francia, 1615-1617 307

C. Uriel e Vicente da Costa 311

CI. Di nuovo nella Spagna liberata 314

CII. Bogdán Jmelnitski, 1648 317

CIII. William Prynne, 1656 319

CIV. L'espulsione dell'Austria, 1670 321

CV. Madrid, 30 giugno 1680 322

CVI. Johann Andreas Eisenmenger 324

CVII. Gli ebrei di Roma sotto sorveglianza 327

CVIII. L'ebreo Süss, 4 febbraio 1738 328

CIX. Federico II e l'imperatrice Maria Teresa 330

CX. Benedetto XIV, 1751 331

CXI. Gli ebrei nel "Secolo dei Lumi". 334

CXII. Gli ebrei in Francia nel XVIII secolo 335

CXIII. Luigi XVI 337

CXIV. L'inferno di Francesco 338

CXV. La Rivoluzione e l'Impero (1789-1815) 340

CXVI. La restaurazione borbonica in Francia (1815-1830) 344

CXVII. Germania, 1814-1819 346

CXVIII. L'era Rothschild 351

CXIX. Francia: l'allarme antisemita 355

CXX. La politica di ingerenza in Romania 359

CXXI. Criminalità ebraica in Germania 363

CXXII. L'Austria-Ungheria sotto lo Stivale ebraico 373

CXXIII. La Civiltà Cattolica, 1870-1903 380

CXXIV. L'antigiudaismo tedesco nel XIX secolo 383

CXXV. La controffensiva antiebraica in Francia 392

CXXVI. L'Austria-Ungheria alla fine del XIX secolo 403

CXXVII. La caduta della Russia zarista 408

CXXVIII. Messianismo ebraico 420

ALLEGATO I 432

Altri titoli 447

Traduzione Alejo Domínguez Rellán

La storia dell'ebraismo è quella di un popolo - o di una setta - in guerra permanente contro il resto dell'umanità. In ogni tempo e in ogni luogo, gli ebrei hanno dato origine all'antisemitismo. Il copione si svolge sempre nello stesso modo: dopo le violenze e i regolamenti di conti, i *goyim* (i non ebrei) legiferano per cercare di arginare il fenomeno e alla fine espellono gli indesiderabili. Ma inevitabilmente, dopo un certo periodo di tempo, gli indesiderabili riescono a rientrare nella piazza, a corrompere i re e i signori e a riprendere i loro traffici e intrighi, senza aver imparato nulla dagli errori del passato. Questa storia si ripete da quasi tremila anni.

Da parte loro, gli ebrei cercano continuamente di dare al mondo l'immagine di una comunità perseguitata senza motivo. Dalla partenza dall'Egitto ad Auschwitz, dalla distruzione del Tempio ai pogrom cosacchi, dai massacri commessi dai crociati ai roghi dell'Inquisizione, la loro storia è un susseguirsi di drammi. Per spiegare questo fenomeno, gli intellettuali ebrei escogitano ogni sorta di teoria, più o meno contorta, e finiscono per sostenere che la storia del "popolo" ebraico è un "mistero", uno straordinario "enigma", un destino favoloso, addirittura cosmico. Il più delle volte aggiungono o sottintendono che potrebbero essere "il popolo eletto da Dio". Ma se si esamina la questione più da vicino, il problema è in realtà molto più semplice. In ogni caso, dopo aver letto questo libro, confidiamo che nessuno parlerà più di civiltà "giudaico-cristiana".

I. Fuga dall'Egitto

La prima manifestazione nota di ostilità nei confronti degli ebrei è raccontata nell'Esodo, il secondo libro della Torah (la Bibbia, l'Antico Testamento). Gli Ebrei, si racconta, uscirono di corsa dall'Egitto guidati da Mosè e si diressero verso la "Terra Promessa", dove arrivarono dopo aver vagato per quarant'anni nel deserto del Sinai.

Originariamente, alcuni secoli prima, gli ebrei erano stati chiamati in Egitto da Giuseppe (*Yosef*), il figlio prediletto di Giacobbe (*Ya'akov*) che era stato venduto come schiavo dai suoi fratelli. In Egitto (*Mitzrayim*), secondo la leggenda, Giuseppe aveva prosperato, era riuscito a conquistare la ribalta e la fiducia del Faraone e alla fine era stato nominato viceré. Il Paese e l'intera regione attraversarono un periodo di abbondanza e poi un periodo di siccità e carestia, proprio come Giuseppe aveva previsto. Accumulò il bestiame degli egiziani: "Giuseppe disse: "Datemi il vostro bestiame e io vi darò cibo in cambio del vostro bestiame" (Genesi, XLVII, 16[1])" (Genesi, XLVII, 16). L'anno successivo acquistò per il Faraone tutta la terra d'Egitto: "Così Yosef acquistò per il Faraone tutta la terra di Mitzrayim, perché i Mitzrayim (gli egiziani) vendettero la loro terra al Faraone, perché la carestia pesava su di loro così gravemente. Così la terra divenne proprietà del Faraone". Sotto il governo di Giuseppe, gli abitanti furono ridotti in schiavitù "città per città, da un capo all'altro del paese di Mitzrayim" (Genesi, XLVII, 20).

Nel frattempo, Giuseppe aveva aperto le porte dell'Egitto a suo padre e ai suoi fratelli ebrei, concedendo loro le terre migliori: "Yosef trovò un posto per suo padre e i suoi fratelli e diede loro una proprietà nella terra di Mitzrayim, nella migliore regione del paese, nella terra di Ramses" (Genesi, XLVII, 11). Nel giro di pochi anni, gli Ebrei si moltiplicarono nel paese e si arricchirono notevolmente, come si legge nella Torah: "I figli di Yisra'el furono fecondi, aumentarono abbondantemente, si moltiplicarono e crebbero con forza; il paese ne fu pieno" (Esodo I, 7). (Esodo I, 7).

Gli egiziani furono liberati dal loro dominio da un nuovo faraone che non aveva mai conosciuto Giuseppe (probabilmente Seti I o Ramses II, nel XIII secolo a.C.). Il faraone ordinò che i neonati maschi fossero "gettati nel fiume". Inoltre, gli ebrei furono costretti a lavorare con le mani: "Li costrinsero a lavorare senza sosta, rendendo la loro vita amara con lavori pesanti: fare argilla, fare mattoni e ogni tipo di lavoro nei campi." (Esodo I, 13).

Fu in quel momento che apparve la figura di Mosè (*Moshe*). Dopo la

---

[1] Bibbia messianica israelita Kadosh; tutte le traduzioni su www.Bibliatodo.com. Nota del traduttore, NdT

sua nascita, sua madre, temendo che gli egiziani lo assassinassero, mise il neonato in una cesta e lo abbandonò nel fiume. Il bambino, secondo la leggenda ebraica, fu raccolto sulla riva del fiume dalla figlia del Faraone che vi stava facendo il bagno e decise di adottarlo.

Fu Mosè a negoziare in seguito la liberazione del suo "popolo". Egli costrinse il Faraone a far uscire gli Ebrei dall'Egitto invocando una serie di "piaghe" che devastarono il Paese: acqua sanguinolenta, invasione di rane, zanzare, tafani, peste, eruzioni cutanee, cavallette, ecc. Ma ogni volta il Faraone si rifiutava di far uscire gli Ebrei dall'Egitto. La decima "piaga" doveva sterminare tutti i primogeniti degli Egiziani.

Nel frattempo, gli israeliti spogliarono gli indigeni dei loro beni più preziosi. Mosè seguì così la volontà di Yahweh: "Ora di' al popolo che ogni uomo chieda al suo vicino gioielli d'oro e d'argento e ogni donna al suo vicino gioielli d'oro e d'argento" (Esodo XI, 2). (Esodo XI, 2). "I figli di Yisra'el avevano fatto come aveva detto Moshe - avevano chiesto ai Mitzrayimim di dare loro gioielli d'oro e d'argento; e Yahweh aveva reso i Mitzrayim così favorevolmente disposti verso i figli di Yisra'el che diedero loro ciò che avevano chiesto. Così saccheggiarono il Mitzrayimim" (Esodo XII, 35).

Nel cuore della notte, ci fu un grande clamore quando gli egiziani si resero conto della morte dei loro figli. Il faraone si recò immediatamente da Mosè e lo autorizzò a lasciare l'Egitto con gli ebrei, portando con sé tutti i tesori rubati agli egiziani. Secondo la leggenda, la permanenza degli ebrei in Egitto sarebbe durata quattrocento anni.

Gli Ebrei partirono per la terra di Canaan, per prenderne possesso in virtù della promessa divina fatta ai loro antenati. Tuttavia, secondo la leggenda, il Faraone cambiò idea dopo la loro partenza e mandò i suoi soldati all'inseguimento per riportarli indietro. Gli israeliti fuggirono allora attraverso il Mar Rosso, che si aprì miracolosamente davanti a loro e si chiuse sui loro inseguitori.

Tuttavia, la realtà è probabilmente molto diversa. Se esaminiamo la loro storia, scopriamo infatti che gli ebrei sono sempre stati espulsi, una volta o l'altra, da ogni luogo, da tutti i Paesi, senza eccezioni. Se i soldati li inseguivano, non era per riportarli in Egitto, ma piuttosto per recuperare le ricchezze che gli ebrei avevano rubato agli egiziani. Infatti, con tutte quelle ricchezze gli Ebrei avrebbero potuto costruire il loro Vitello d'oro nel deserto del Sinai. Per quanto riguarda i testi egiziani dell'epoca, essi menzionano "l'espulsione di un popolo malato, o di un popolo con un re lebbroso[2]". Gli ebrei, infatti, "erano considerati dagli egiziani con lo stesso

---

[2] Jacques Attali, *Los judíos, el mundo y el dinero*, Fondo de cultura económica, 2005, Buenos Aires p. 29.

disprezzo degli Hyksos, loro fratelli, che i testi geroglifici chiamano lebbrosi e che sono designati come peste e pestilenza da alcune iscrizioni[3]".

In breve, tutti gli ingredienti che compongono la lunga storia ebraica erano già presenti a quel tempo[4].

II. Amalek

Nel deserto del Sinai, gli ebrei dovettero combattere gli Amaleciti, un popolo nomade che viveva tra il Mar Rosso e il Mar Morto. Gli Israeliti erano appena usciti dal Mar Rosso quando gli Amaleciti li attaccarono. Mosè, in piedi sulla cima della montagna, invocò Yahweh e alzò le mani al cielo, mentre Giosuè (*Yehoshua*) vinse la battaglia e trionfò per la prima volta su "Amalek", che in seguito avrebbe simboleggiato genericamente l'eterno nemico ereditario degli ebrei, generazione dopo generazione.

Vediamo poi gli Amaleciti accanto ai Moabiti, combattuti da Ehud (*Ehud*) (Giudici III, 13) e i Madianiti, a loro volta combattuti da Gedeone (*Gideon*) (Giudici VI, 3).

Intorno al 1050 a.C., Saul (*Shaul*), il primo re degli Israeliti nella Terra di Canaan, sentì il profeta Samuele ordinargli di intraprendere una guerra di sterminio contro "Amalek". Saul chiamò allora tutti i suoi soldati alle armi e iniziò una pericolosa guerra contro il re Agag. Il Signore disse a Samuele (*Shemuel*) (Samuele XV, 3-18): « Ora vai e attacca Amalek e distruggi completamente tutto ciò che hanno. Non risparmiarli, ma uccidi uomini e donne, bambini e lattanti, bestiame e pecore, cammelli e asini. Andate e distruggete completamente, uccidete i peccatori contro di me, anche gli Amaleciti, e continuate a far loro guerra finché non siano completamente sterminati ». Il profeta Samuele aveva dato le sue istruzioni: di Amalec non doveva rimanere "nessun resto e nessun ricordo".

Saul marciò quindi contro gli Amaleciti, li sconfisse da Havilah, vicino alla foce dell'Eufrate, fino a sud del Mar Rosso, e poi avanzò verso la sua capitale. Ciò sarebbe avvenuto nel 1053 a.C.. Prese possesso delle città, uccise uomini, donne e bambini. Catturò Agag, re degli Amaleciti, sgozzò

---

[3] Iscrizione di Aahmes, capo dei barcaioli, citata da Ledrain, *Histoire du peuple d'Israel*, I, p. 53, in Bernard Lazare, *L'Antisémitisme, sa histoire et ses causes, (1894)*. Editions La Bastille, edizione digitale, 2011, p. 15. ["Da parte loro, i Romani non erano particolarmente desiderosi di assimilare gli Ebrei, che alcuni opuscoli descrivevano come "sporchi", "selvaggi", "codardi", "lebbrosi", "sacrificatori di bambini"", in Jacques Attali, *Los judíos, el mundo y el dinero*, Fondo de cultura económica, 2005, Buenos Aires, p. 82].

[4] « Mosè è il frutto di un incesto? » È la domanda posta da un intellettuale ebreo, Gilles Dorival, in un articolo del 2005 (Leuven University Press, p. 97-108). Leggilo nell'ultimo capitolo di questo libro. E più in dettaglio in *Psicoanalisi dell'ebraismo*.

tutto il suo popolo, ma tenne per sé gli animali migliori e i beni, in violazione dell'esplicito comando di Yahweh.

Alla notizia, Samuele si adirò per la disobbedienza di Saul e annunciò che un nuovo re sarebbe stato unto per sostituirlo. Samuele disse a Saul: « Non tornerò con te, perché hai rifiutato la parola di Yahweh e Yahweh ti rifiuterà come re su Yisra'el ». Samuele chiese che gli venisse portato il re Agag, che giaceva in catene, e ordinò di squartare il re di Amalek (Samuele XV, 26, 32-33). Samuele rimase sul trono, nonostante fosse stato virtualmente deposto da Yahweh[5].

III. I Filistei

Intorno al 1020 a.C., il re Saul marciò in guerra contro i Filistei. Nel 1007 a.C. ebbe luogo la battaglia del Monte Gilboa. I Filistei entrarono nella pianura con la loro cavalleria e i loro carri, così gli Israeliti dovettero rifugiarsi sui monti Gilboa, dove i Filistei li inseguirono e li fecero a pezzi. Tre dei figli di Saul morirono e Saul stesso, trovandosi improvvisamente tagliato fuori, si uccise con la sua stessa spada. La vittoria dei Filistei era completa. Dopo essersi riposati per la notte, i Filistei setacciarono il campo di battaglia e spogliarono i morti dei loro vestiti e delle loro armi. In mezzo ai cadaveri, trovarono i corpi del re Saul e dei suoi figli e ne rimandarono le teste e le armi al loro Paese come trofei. Appesero i corpi decapitati di Saul e di suo figlio Gionata alle pareti di Beit She'an. In ricordo di questa vittoria, il cranio di Saul fu conservato in un tempio del dio Dagon e la sua armatura in un tempio della dea Astarte (Ishtar-Astoreth). I Filistei

---

[5]Il Dio Yahweh è uno degli dei, un dio tra i tanti. Gli Ebrei hanno registrato un'alleanza tra loro e un Dio chiamato Yahweh, prima attraverso Abramo e poi confermata da Mosè (*Esodo III, 15*). Yahweh è un dio etnico. Da nessuna parte Yahweh è presentato come l'unico Dio esistente. Se il popolo ebraico è fedele all'alleanza con Yahweh, Yahweh sarà fedele al suo popolo e lo favorirà rispetto a tutti gli altri popoli. Per condurre il suo popolo alla vittoria, Yahweh guida gli eserciti del suo popolo ed è spietato nei confronti dei suoi nemici. Nella Bibbia viene spesso chiamato "Yahweh degli eserciti". Questa forma di religione, che appartiene al politeismo, era molto comune in Medio Oriente. Può essere definita "*Monolatria*", cioè l'adorazione di un particolare dio nazionale al di sopra di tutti gli altri dei, e non ha nulla a che vedere con il dogma che esiste un solo Dio (*monoteismo*). Le guerre di Yahweh e del suo popolo contro gli altri popoli della regione (tutti semiti come gli ebrei, del resto) e i loro dei sono note: guerra contro il dio Dagon (Amorrei e Filistei), contro il dio Chemosh (Moabiti e Ammoniti), contro il dio Asshur (Assiri), contro il dio Marduk (Babilonesi), e così via. Tutti questi popoli e divinità coesistevano nella regione, a volte in guerra tra loro, a volte stabilendo alleanze amichevoli, come con il dio Baal dei Fenici. Yahweh è anche spesso accompagnato da una divinità femminile, la famosa Ishtar babilonese che condivideva il matrimonio con molti altri dei (NdT).

conquistarono poi le città della valle di Jezreel e della regione orientale del Giordano.

Lo Stato israelita fu poi ristabilito dal re Davide, successore di Saul. Davide era entrato a corte al servizio di Saul, sposandone la figlia Michal. La sua fama di eroe cresceva ad ogni battaglia combattuta al fianco del suo re, finché Saul divenne geloso dei suoi successi. Il re arrivò a decretarne la morte. Davide fuggì e si diede alla clandestinità, raccogliendo attorno a sé tutti gli scontenti. La sconfitta di Saul a Gilboa gli permette di essere incoronato re a Ebron dai capi dei clan della Giudea. Le sue numerose vittorie a ovest contro i Filistei, a sud contro gli Edomiti, contro i Moabiti e gli Ammoniti oltre il fiume Giordano e a nord contro gli Aramei, fecero di Davide il grande re d'Israele. Secondo la leggenda, gli successe il figlio Salomone, anche se il nome di re Salomone non compare in nessun documento archeologico mediorientale e lo splendore del regno doveva essere molto relativo[6]. Dopo la sua morte, gli ebrei si divisero. Dieci tribù fondarono il regno settentrionale di Israele, che fu distrutto e sottomesso nel 722 dagli Assiri. A sud, le tribù di Beniamino e Giuda formarono il regno di Giuda, con Gerusalemme come capitale.

IV. Nabucodonosor

Nel settembre del 605 a.C., Nabucodonosor II fu incoronato re di Babilonia. La sua principale preoccupazione all'epoca era la lotta contro gli Egizi, che dominavano il Medio Oriente e minacciavano le sue frontiere occidentali. Pochi mesi prima della sua incoronazione, Nabucodonosor aveva sconfitto gli Egiziani presso l'Eufrate e li aveva cacciati dalla Palestina e dalla Siria. Lo stesso anno entrò a Gerusalemme, capitale del regno di Giuda. Ma il regno si dimostrò insubordinato, non essendo stato castigato il destino del regno del Nord. I Babilonesi occuparono Gerusalemme due volte, nel -597 e nel -586, dopo un lungo assedio. In quell'anno fatale il Tempio ebraico fu distrutto e parte della popolazione fu deportata in Mesopotamia.

Gli ebrei giudei esiliati a Babilonia furono tuttavia trattati con grande mitezza dal sovrano babilonese. Il celebre storico ebreo Heinrich Graetz scrisse nella sua monumentale *Storia degli Ebrei*[7] : "Il popolo conquistato,

---

[6] Il giudaismo biblico (Torah) di Abramo, Isacco, Giacobbe, Mosè e dei successivi regni di Israele e Giuda sono racconti leggendari ampiamente confutati dalla critica e dalla ricerca storica moderna (cfr. Norman Finkielstein, Neil Asher Silberman, *The Bible Unearthed, A New Archaeological Vision of Ancient Israel and the Origins of its Sacred Texts* (2001), Siglo XXI, Madrid, 2003) (NdT).

[7] Heinrich Graetz, *Geschitchte der Juden* (*Storia degli ebrei*), undici volumi pubblicati in tedesco tra il 1853 e il 1875. Heinrich Graetz, *Storia degli ebrei*, Philadelphia, The

allontanato con la forza dalle proprie case, fu trapiantato in questa nuova città, mentre a molti prigionieri giudei furono assegnate case nella capitale stessa; coloro che avevano accettato liberamente il dominio di Nabucodonosor furono particolarmente favoriti. In effetti, il suo trattamento fu così generoso che intere famiglie e comunità delle città di Giuda e Beniamino, con i loro parenti e i loro schiavi, ebbero il privilegio di rimanere insieme. Erano liberi e i loro diritti e costumi erano rispettati".

"Molto probabilmente, gli esuli ricevevano terra e abitazioni in cambio della terra e delle abitazioni che avevano perso nel loro Paese. La terra distribuita tra loro era coltivata da loro stessi o dai loro servi. Possedevano non solo schiavi, ma anche cavalli, muli, cammelli e asini. Finché pagavano l'imposta sulla terra e forse anche una tassa di suffragio, e obbedivano alle leggi del re, potevano godere della loro indipendenza". Dopo la morte di Nabucodonosor, nel 561, sotto il regno del figlio, la loro condizione era ancora più favorevole. Tra i giovani impiegati alla sua corte c'erano ebrei che servivano come eunuchi. Heinrich Graetz scrive: "I giovani ebrei della casa reale di Davide erano alla sua corte come eunuchi. Quante volte questi guardiani dell'harem, questi servitori dei capricci del loro signore, divennero a loro volta padroni del loro signore[8] ".

Intorno al -550, i Persiani presero possesso dell'Impero babilonese e nel -536 il loro sovrano Ciro il Grande autorizzò gli Ebrei esiliati a tornare in patria, dove iniziarono immediatamente la ricostruzione del Tempio che completarono nel -515[9].

V. L'incontro con i Greci

A partire dal IV secolo a.C., l'impero persiano si trovava sotto la spinta dell'imperialismo greco. Nel 338, un giovane principe europeo dai capelli chiari di nome Alessandro sconfisse le truppe tebane e iniziò una prodigiosa carriera che lo avrebbe portato negli anni successivi fino ai confini del mondo conosciuto, in Asia.

Jewish Publication Society of America, 1891. Heinrich Graetz, nato Tzvi Hirsch Graetz (1817-1891), è stato un importante storico e teologo ebreo prussiano. Fu uno dei primi a scrivere una storia completa del popolo ebraico da una prospettiva ebraica. La sua opera magna, *Storia degli ebrei*, fu tradotta in altre lingue e suscitò interesse per la storia ebraica in tutto il mondo. Nel 1869 l'Università di Breslavia gli conferì il titolo di professore onorario e nel 1888 fu nominato membro onorario dell'Accademia Reale delle Scienze spagnola. (NdT).

[8] Heinrich Graetz, *History of the Jews I*, Philadelphia, The Jewish Publication Society of America, 1891, p. 330–331.

[9] La storia dell'ebrea Ester e del re Assuero (Serse I) è raccontata ne *Lo specchio del giudaismo*.

La città di Alessandria, fondata sulla costa egiziana nel 332, era diventata il fulcro della cultura ellenica e un importante centro di commercio internazionale. Alessandro aveva incoraggiato l'insediamento di ebrei in questa città, così come in altre città imperiali, tanto che la città era diventata una polis cosmopolita. Nel III secolo a.C., una grande comunità ebraica si era insediata in città, provocando alcune reazioni di difesa da parte del resto degli abitanti.

I primi scritti antiebraici giunti fino a noi sono opera di studiosi greci di Alessandria. Ecateo di Abdera, uno storico greco vissuto in Egitto all'inizio del III secolo a.C., fu autore di una *Storia dell'Egitto* di cui Diodoro di Sicilia fece largo uso. Ecateo di Abdera descrisse i costumi ebraici come "inospitali e antiumani". Gli Ebrei sembravano già allora vivere in opposizione al resto dell'umanità, almeno a partire da Mosè: "I sacrifici e le usanze che egli istituì, scrive Ecateo di Abdera, erano del tutto diversi da quelli delle altre nazioni; in ricordo dell'esilio del suo popolo, [Mosè] istituì un modo di vivere contrario all'umanità e all'ospitalità".

L'avversione degli ebrei a sedersi a tavola con i non ebrei o a sposare i non ebrei era considerata da tutti un comportamento ostile e offensivo. "Vivevano separati, in quartieri speciali, si ritiravano in se stessi, vivevano isolati e si amministravano in virtù di privilegi di cui erano gelosi e che suscitavano l'invidia di chi li circondava", ha scritto lo storico ebreo Bernard Lazare.[10] "Il loro riserbo nei confronti degli estranei era visto come un odio verso il genere umano", ha scritto Heinrich Graetz.

Molti erano immensamente ricchi: "Inoltre, avevano ottenuto il monopolio della navigazione sul Nilo, del commercio del grano e dell'approvvigionamento di Alessandria, e il loro traffico si estendeva a tutte le province della costa mediterranea. Avevano così acquisito grandi ricchezze", afferma Bernard Lazare, che ci informa anche che gli studiosi ebrei erano impegnati a falsificare testi per la loro propaganda. Così, circolavano versi di Eschilo, Sofocle ed Euripide che celebravano l'unico Dio e il sabato.

Anche gli storici furono falsificati: "La più importante di queste invenzioni fu quella degli *Oracoli sibillini*, interamente fabbricati dagli ebrei alessandrini, che annunciavano l'avvento del regno dell'unico Dio in tempi futuri[11]".

La letteratura ebraica dell'epoca, i *Libri I e II di Enoch*, i *Giubilei*, il *Testamento dei Dodici Patriarchi*, gli *Oracoli Sibillini* e altri, erano

---

[10] Bernard Lazare, *L'antisemitismo, la sua storia e le sue cause*, (1894). Editions La Bastille, edizione digitale, 2011, p. 16. I ghetti furono voluti e creati dagli stessi ebrei, si legge in *La mafia ebraica* e *Lo specchio del giudaismo*.
[11] Frag. Hist. Grac. Didot II, 391, secondo Diodoro, XL, 3, in Georges Nataf, *Les Sources païennes de l'antisémitisme*, Berg International, 2001, p. 55.

permeati di forti accenti apocalittici e pieni di imprecazioni contro i non ebrei: "Maledetto sia tu, Gog, e tutti i popoli che seguono e da te, Magog!". Molti di questi testi, come gli *Oracoli sibillini* o i passi di *Enoch I*, erano scritti in greco e il loro effetto sui lettori non ebrei fu catastrofico. Infatti, in essi troviamo la nozione di un Dio esclusivamente ebraico che cospira con il suo popolo per sterminare tutti gli altri popoli.

Ma i greci, almeno i dotti, non scoprirono veramente l'ebraismo fino alla pubblicazione della traduzione greca della Torah (Antico Testamento), nota come Bibbia dei Settanta (abbreviata LXX), realizzata ad Alessandria nel III secolo a.C. durante il regno di Tolomeo II. Il testo provocò indignazione e proteste furiose tra i dotti. Il Dio nazionale di Israele (Yahweh) ordinò la distruzione degli altari dei villaggi in cui vivevano. E che dire di tutte le storie di tradimenti, stupri, vendette, massacri e incesti che apparivano pagina dopo pagina di questo libro sacro?

Lasciamo la parola su questo punto ad Alphonse Toussenel, socialista del XIX secolo e discepolo del famoso Fourier. Il suo libro, *Gli ebrei come re dell'epoca, storia del feudalesimo finanziario*, pubblicato nel 1845, è piuttosto datato, ma nella sua introduzione troviamo un interessante passaggio sull'Antico Testamento. Si legge: "Non so quali grandi cose abbia fatto il popolo ebraico, avendo letto la sua storia solo in un libro in cui non si parla d'altro che di adulterio e incesto, di macelleria e guerre selvagge; dove ogni nome venerato è macchiato dall'infamia; dove ogni grande fortuna inizia invariabilmente con frodi e tradimenti; dove i re, che sono chiamati santi, fanno uccidere i mariti per rubare le loro mogli; dove le donne, che sono chiamate sante, entrano nei letti dei generali nemici per tagliare loro la testa. Non concedo il titolo di grande popolo a un'orda di usurai e di lebbrosi, che sono stati un peso per tutta l'umanità fin dall'inizio dei secoli, e che trascinano il loro invincibile odio per gli altri popoli e il loro incorreggibile orgoglio per tutto il globo[12] ". I greci di Alessandria erano stati scandalizzati allo stesso modo venti secoli prima.

Manetone, sommo sacerdote del dio Sole Ra presso il tempio di Eliopoli, era un egiziano ellenizzato del III secolo a.C.. Fu autore di una *Storia*

---

[12] Alphonse Toussenel, *Les juifs rois de l'époque, histoire de la féodalité financière*, (1845), Gabriel de Gonet Edit, Paris, 1847, Introduzione, p. I-II. [Tutti i "lettori" della Bibbia, siano essi ebrei o ginevrini, olandesi, inglesi o americani, devono aver trovato scritto nei loro libri di preghiera che Dio ha concesso ai servitori della sua legge il monopolio dello sfruttamento del globo, perché tutti questi popoli mercantili portano nell'arte di estorcere denaro agli uomini lo stesso fervore del fanatismo religioso. Ecco perché capisco le persecuzioni che i romani, cristiani e maomettani hanno inflitto agli ebrei. La repulsione universale che l'ebreo ha ispirato per tanto tempo non era che la giusta punizione del suo implacabile orgoglio, e il nostro disprezzo la legittima rappresaglia per l'odio che sembrava professare per il resto dell'umanità". A. Toussenel, *Les juifs rois de l'époque, histoire de la féodalité financière*. NdT].

dell'Egitto di cui ci sono giunti solo frammenti, citati secoli dopo dallo storico ebreo Flavio Giuseppe. Manetone sosteneva che l'esodo degli ebrei non fosse l'avventura eroica narrata nel Pentateuco, ma l'espulsione di una colonia di malati e lebbrosi. Egli presentò Mosè come un sacerdote apostata di Eliopoli di nome Osarsef che guidava un popolo invasore particolarmente crudele. Dopo essere arrivati nella terra di Canaan, "assediarono e bruciarono le città e i villaggi, saccheggiarono i templi e profanarono le statue degli dei[13]".

Anche Ecateo di Abdera aveva sostenuto che la storia dell'Esodo era in gran parte immaginaria. Gli ebrei erano stati in realtà espulsi dall'Egitto *manu militari*: "Gli indigeni si convinsero quindi che se non avessero espulso gli stranieri, non si sarebbero mai liberati dei loro mali. Immediatamente, l'espulsione ebbe luogo[14]".

In seguito, Lisimaco di Alessandria, un erudito greco vissuto alla fine del II secolo a.C., diffuse questa letteratura con perseveranza. Nella sua *Storia dell'Egitto*, parla degli Ebrei come di un popolo afflitto dalla lebbra: "Una grande sterilità seguì in Egitto", scrive. Lisimaco è citato da Flavio Giuseppe: "Quando i lebbrosi e i rognosi furono annegati, gli altri furono radunati e lasciati morire in luoghi deserti". A quanto pare, gli ebrei non arrivarono nel deserto per caso.

Le leggi a cui obbedirono suscitarono grande indignazione. "Un certo Mosè consigliò loro di correre il rischio di seguire un unico sentiero fino a raggiungere luoghi abitati; ordinò loro di non mostrare gentilezza a nessun uomo, di non consigliare mai il meglio ma il peggio, e di distruggere i templi e gli altari degli dei che avessero trovato. Gli altri furono d'accordo e seguirono il suo consiglio. Attraversarono il deserto e, dopo molte sofferenze, giunsero in un luogo abitato. Devastarono gli abitanti,

---

[13]Georges Nataf, *Les Sources païennes de l'antisémitisme*, Berg International, 2001, p. 58. [Nella sua opera *Contro Apione*, lo storico del I secolo Flavio Giuseppe discute il sincronismo tra il racconto biblico dell'Esodo degli Israeliti dall'Egitto e due eventi citati dallo storico egiziano Manetone. È difficile distinguere tra ciò che Manetone ha effettivamente raccontato e ciò che Giuseppe o Apione interpretano. Giuseppe identifica l'esodo degli Israeliti con il primo esodo menzionato da Manetone, quando circa 480.000 "re pastori Hyksos" (indicati anche come pastori o come re e come prigionieri pastori nella sua trattazione) lasciano l'Egitto per Gerusalemme. La menzione degli Hyksos identifica questo primo esodo con il periodo Hyksos (XVI secolo a.C.). Apione identifica un secondo esodo menzionato da Manetone quando un rinnegato, che il sacerdote egiziano chiamava Osarsef, guidò 80.000 lebbrosi nella ribellione contro l'Egitto. Manetone apparentemente combina gli eventi del periodo di Amarna (nel XIV secolo a.C.) con quelli della fine della XIX dinastia (XII secolo a.C.). Apione lo mescola ulteriormente con l'Esodo biblico e, contrariamente a Manetone, sostiene addirittura che questo sacerdote eretico abbia cambiato il nome di Mosè. NdT.]
[14]Frag. Hist. Grac. Didot II, 391, secondo Diodoro, XL, 3, in Georges Nataf, *Les Sources païennes de l'antisémitisme*, Berg International, 2001, p. 55.

saccheggiarono e bruciarono i templi, finché giunsero nel paese oggi chiamato Giudea, dove costruirono una città e si stabilirono. Questa città fu chiamata Hierósila a causa della loro natura. In seguito, quando furono padroni del paese, cambiarono il nome per evitare la vergogna e chiamarono la città Gerusalemme e se stessi Gerosolimitani[15] ".

Democrito, storico greco contemporaneo di Lisimaco, fa il più antico riferimento ai crimini rituali degli ebrei: "Ogni sette anni catturavano uno straniero, lo portavano al tempio e lo immolavano strappando la sua carne in piccoli pezzi[16] ".

VI. Antioco IV Epifane

Dopo la morte di Alessandro Magno, avvenuta nel 323, i suoi generali si spartirono la sua eredità e l'impero fu definitivamente diviso. Tolomeo e Seleuco fondarono due dinastie regnanti. I Tolomei governarono l'Egitto, la Giudea e i confini della Siria, mentre il resto dell'impero, compresa la Persia, cadde sotto il controllo dei Seleucidi.

Nel 198, il seleucide Antioco III prese il controllo della Giudea, ma fu sconfitto nel 189 dalla Repubblica romana e dai suoi alleati nella Battaglia di Magnesio (o 190 a.C.), dovendo pagare una colossale indennità dopo la Pace di Apamea (188 a.C.), che portò al progressivo declino dell'Impero seleucide e al suo successore Antioco IV che aumentò la pressione fiscale sulla Giudea.

La cultura greca permeò allora tutto il Mediterraneo e l'ellenizzazione della Giudea continuò con vigore. Gli ebrei parlavano e scrivevano in greco. Filone di Alessandria scrisse i suoi trattati filosofici in greco. Innumerevoli parole greche entrarono nella letteratura rabbinica e grandi sacerdoti ebrei come Menelao e Aristobulo portarono nomi greci.

L'aumento della tassazione fece esplodere la polveriera ebraica. Nel 169, Antioco IV, di ritorno dalla campagna d'Egitto per reclutare nuove truppe, decise di stroncare la rivolta ebraica a Gerusalemme. Entrò in città, represse la rivolta e profanò il Tempio, entrando "con la forza nel Tempio e persino nel Santo dei Santi e, in segno di disprezzo per il Dio che vi si venerava, asportò l'altare d'oro, il candelabro, la tavola, i vasi d'oro e tutti i tesori che ancora rimanevano". Il Tempio fu trasformato in un luogo di culto pagano. Menelao, ancora più favorevole all'ellenismo del suo

---

[15] Flavio Giuseppe, *Contro Apione*, Editorial Gredos, Madrid, 1994, p. 229-230, e in Georges Nataf, *Les Sources païennes de l'antisémitisme*, Berg International, 2001, p. 60. Il racconto di Lisimaco è riprodotto anche in Tacito, *Storie V 3*.
[16] Suidas, C. Müller, *Frag. Hist. Graec.* IV, 377, in Georges Nataf, *Les Sources païennes de l'antisémitisme*, Berg International, 2001, p. 61.

predecessore, fu elevato alla dignità di sommo sacerdote. Dopo aver sconfitto i Giudei, Antioco fu soprannominato Epifane (l'Illustre).

Heinrich Graetz scrisse: "Una favola, per metà allucinazione e per metà menzogna, ispirata dal suo complice Menelao", una storia che avrebbe ridicolizzato a lungo l'ebraismo agli occhi dei popoli civilizzati:

"Per giustificare il massacro di innocenti e la profanazione del Tempio, inventò una falsità che molto tempo dopo continuò a dare al giudaismo una cattiva fama presso tutte le nazioni civilizzate. Antioco dichiarò di aver visto nel Santo dei Santi la statua di un uomo con una lunga barba, a cavallo di un asino e con un libro in mano. Credeva che fosse la statua del legislatore Mosè, che aveva dato agli ebrei leggi inumane e orribili per separarli da tutti gli altri popoli. Tra i Greci e i Romani si diffuse la voce che Antioco avesse trovato nel Tempio la testa di un asino d'oro, che i Giudei veneravano, e che quindi essi adorassero gli asini".

"Antioco fu probabilmente l'autore di un'altra infame calunnia inventata per screditare gli Ebrei: si diceva che avesse scoperto, disteso sul letto del Tempio, un Greco, che implorava di essere liberato, perché gli Ebrei avevano l'abitudine di ingrassare e decapitare un Greco ogni anno e di nutrirsi delle sue viscere, giurando allo stesso tempo odio contro tutti i Greci, che erano decisi a distruggere". Disgustato, lo storico ebreo aggiunge: "Sia che questa ignobile calunnia provenga direttamente da Antioco, sia che queste favole siano state attribuite solo a lui, non c'è dubbio che egli abbia annerito la reputazione degli Ebrei diffondendo la notizia che il giudaismo inculcava l'odio per tutti gli altri popoli[17] ".

Nel giugno del 168, Antioco intraprese una seconda spedizione in Egitto, ma l'esercito ellenistico fu sconfitto e costretto a battere in ritirata verso la sua capitale. Così, scrive Graetz, "Antioco, "l'Illustre", tornò nella sua capitale. Consapevole della sua tormentosa umiliazione... sfogò la sua rabbia segreta in crudeltà senza pari contro i Giudei. Essi, disse, si erano compiaciuti della sua umiliazione; avevano proclamato a gran voce che il Dio che adoravano umiliava i superbi, e avevano quindi preparato questa mortificazione per lui. Apollonio, uno dei loro sudditi principeschi ed ex governatore della Misia, entrò nella capitale ebraica, accompagnato da truppe agguerrite, apparentemente con intenzioni pacifiche. All'improvviso, però, un sabato, quando la resistenza era impossibile, mercenari greci e macedoni si avventarono sugli abitanti, uccisero uomini e giovani, fecero prigionieri donne e bambini e li inviarono ai mercati degli schiavi. Apollonio distrusse anche molte case della capitale e demolì le mura di Gerusalemme, perché desiderava che scomparisse dall'elenco

---

[17] Heinrich Graetz, *History of the Jews I*, Philadelphia, The Jewish Publication Society of America, 1891, p. 451, 452.

delle città importanti.... Gli abitanti che non avevano trovato la morte fuggirono e solo gli ellenisti più accaniti, i soldati siriani e gli stranieri rimasero nei luoghi deserti. Gerusalemme divenne estranea ai suoi stessi figli[18] ".

Posidonio di Apamea, filosofo stoico nato in Siria (-135 a.C., -51 a.C.), rimproverava agli ebrei le loro leggi "contrarie alle sacre leggi dell'ospitalità". Ecco un passaggio del suo racconto:

"La maggioranza degli amici di Antioco era dell'opinione che la città dovesse essere presa con la forza e la razza ebraica completamente annientata, perché tra tutte le nazioni era l'unica a rifiutare di vivere in società con gli altri popoli, poiché li considerava tutti nemici. Fu informato che gli stessi antenati degli ebrei, uomini empi e odiati dagli dei, erano stati cacciati da tutto l'Egitto. Ricoperti di lebbra e croste, erano stati radunati come esseri maledetti e cacciati dai confini per purificare la terra. Poi, scacciati, presero possesso del territorio di Gerusalemme, formarono il popolo ebraico e perpetuarono tra loro l'odio degli uomini. Per questo motivo avevano istituito leggi speciali, come quella di non sedersi mai a tavola con uno straniero e di non mostrargli mai alcuna gentilezza[19]."

Poiché il giudaismo si opponeva al resto dell'umanità, era quindi legittimo, per il bene dell'umanità, impedirlo e annientarlo. Nel 168, con un editto pubblicato in tutta la Giudea - il cosiddetto Editto di Apostasia - Antioco Epifane proibì semplicemente e chiaramente la legge mosaica. La circoncisione, il sabato e le feste ebraiche erano proibite e severamente punite; i trasgressori erano puniti con la morte. Furono eretti ovunque altari in onore degli dei greci e il tempio di Gerusalemme fu consacrato a Zeus Olimpiade. Il 6 luglio 168 (17 *tammuz* nel calendario ebraico), il sommo sacerdote Menelao sacrificò un maiale sull'altare e ne asperse il sangue nel santuario del tempio. "Un maiale fu macellato sull'altare nel cortile e il suo sangue fu asperso nel Santo dei Santi, sulla pietra che Antioco aveva immaginato essere la statua di Mosè; la carne fu bollita e il suo succo fu versato sulle foglie delle Sacre Scritture. Il cosiddetto sommo sacerdote Menelao e gli altri ebrei ellenisti dovevano consumare la carne di maiale. Il rotolo della Legge, che si trovava nel Tempio, non fu solo asperso, ma bruciato, perché la Torah (quella scuola di purezza morale e di amore universale), sosteneva Antioco, inculcava l'odio verso il genere umano. Questo fu il suo primo battesimo del fuoco. La statua di Giove fu posta sull'altare e a lui si sarebbero offerti sacrifici d'ora in poi[20] ", lamentava

---

[18] Heinrich Graetz, *History of the Jews I*, Philadelphia, The Jewish Publication Society of America, 1891, p. 453, 454.

[19] Citato da Diodoro di Sicilia, XXXIV, fr. 1, in Georges Nataf, *Les Sources païennes de l'antisémitisme*, Berg International, 2001, p. 66.

[20] Heinrich Graetz, *History of the Jews I*, Philadelphia, The Jewish Publication Society

Heinrich Graetz.

Antioco Epifane emanò un decreto dopo l'altro per punire i recalcitranti con il massimo rigore. Chiunque professasse apertamente il giudaismo veniva condannato a morte dal boia. Gli ebrei delle città della Siria e della Fenicia che vivevano vicino ai Greci furono costretti ad abbandonare il giudaismo. Ovunque trovassero rotoli della Legge, i Greci li strappavano e li bruciavano sul rogo. Tutte le case di preghiera e le scuole ebraiche esistenti nel Paese furono distrutte.

Alcuni ebrei rinnegarono volontariamente la setta da cui provenivano e denunciarono i loro ex fratelli ai greci: "Alcuni ellenisti reprobi avevano probabilmente tradito il rifugio dei chassidici [21] ", scrive Graetz. Immediatamente il capo della guarnigione, il frigio Filippo, si mise in marcia con i suoi soldati e tutti perirono nell'incendio o soffocati dal fumo.

Il segnale della rivolta ebraica fu dato da un sacerdote di nome Mattathias Ben Johanan. Dopo la sua morte, avvenuta nel 166, il suo terzo figlio Giuda Maccabeo ("il martello", *maccabi*) prese il comando e guidò la resistenza. Questi ebrei fanatici organizzarono una guerriglia contro le guarnigioni seleucidi e contro tutti gli ebrei sostenitori dei riformatori ellenistici. In quell'anno, Giuda Maccabeo vinse un'importante battaglia contro i Greci a Emmaus. Da allora, questa vittoria viene celebrata ogni anno in tutto il mondo dagli ebrei durante otto giorni di festa - l'Hanukkah, la Festa delle Luci - in cui accendono una candela per ogni giorno. Tra il -166 e il -164, i Greci furono addirittura espulsi da Gerusalemme e dai suoi dintorni.

Le vittorie ebraiche non fecero altro che fomentare l'odio dei popoli vicini contro di loro, scrive Graetz: "La vittoria degli eroi d'Israele sulle truppe siriane ben armate aumentò l'odio bruciante delle nazioni vicine contro gli Ebrei, e li spinse a una crudele inimicizia contro i membri del popolo che vivevano in mezzo a loro", come se ci fosse già un odio speciale contro gli Ebrei. "I Filistei, a sud-ovest; i Fenici, a nord-ovest; gli Ammoniti, dall'altra parte del Giordano; i Siriani e i Macedoni, ovunque nelle vicinanze, e gli Idumei a sud, erano impregnati di odio verso gli Ebrei. Scacciati dalle loro case dai Nabatei, gli Idumei si erano insediati

---

of America, 1891, p. 455.

[21] I Chassidim (dall'aramaico hasí, plurale hasídim: pii, santi) erano un partito religioso ebraico che sosteneva di essere sostenitore della Legge di Mosè contro l'invasione dei costumi greci. Erano un movimento pio con pretese di rinnovamento, che poneva l'accento sull'osservanza radicale della Legge di Mosè. La loro dottrina poneva un forte accento sulla speranza dell'avvicinarsi del Regno di Dio e della resurrezione dei giusti. Il movimento era composto da sacerdoti, scribi e semplici cittadini. Si unirono alla causa dei Maccabei contro il monarca ellenista. Nel 150 a.C., secondo Flavio Giuseppe, i Chassidim si divisero in due gruppi distinti, i Farisei e gli Esseni.

nell'antico territorio della Giudea, prendendo possesso anche di Ebron. Al tempo di Antioco erano acerrimi nemici dei Giudei, come lo erano stati sotto il dispotismo di Nabucodonosor; erano sempre alla ricerca di fuggiaschi, che maltrattavano e talvolta uccidevano. Era quindi molto importante ridurli alla sottomissione. Giuda Maccabeo intraprese dapprima una spedizione contro i figli di Esaù ad Akkrabatha, li sconfisse e li cacciò dalle loro abitazioni. Poi attraversò il Giordano con il suo esercito e combatté contro gli Ammoniti, che erano guidati da un guerriero siriano, Timoteo, un implacabile e instancabile nemico degli Ebrei. Quando Giuda ebbe sconfitto lui e gli Ammoniti, prese possesso della sua capitale Rabbath-Ammon (Filadelfia)[22]...".

Antioco Epifane, che aveva appena sedato la ribellione di Artaxias in Armenia, lanciò poi una sfortunata spedizione in Persia, dove si ammalò e morì nel 1644. La sua morte segnò la fine della persecuzione degli ebrei e probabilmente il periodo più critico della storia ebraica [23]. L'anno successivo, nel -163, il reggente Lisia concesse loro la libertà di culto e il sommo sacerdote Menelao fu condannato a morte e giustiziato. Tuttavia, una guarnigione seleucide rimase nella cittadella di Gerusalemme fino al -141 per proteggere gli ebrei ellenizzati.

VII. La conquista romana della Giudea

Giovanni Ircano, secondo figlio di Simone, ultimo dei Maccabei (dinastia degli Asmonei), partì alla conquista di Samaria e ridusse la capitale in cenere. Aveva concentrato nelle sue mani i tre poteri: religioso, civile e militare. Devastò Scythopolis e massacrò la popolazione con il pretesto che parlava greco. Secondo Flavio Giuseppe, era un tiranno sanguinario che si credeva dotato del dono della profezia. Quando conquistò Edom, mise a ferro e fuoco tutti coloro che non si sarebbero convertiti al giudaismo. La crudeltà degli ebrei nei confronti delle popolazioni conquistate si diffuse oltre i loro confini.

Nel -134, nell'ultimo tentativo di riconquistare le province perdute, il

---

[22] Heinrich Graetz, *History of the Jews I*, Philadelphia, The Jewish Publication Society of America, 1891, p. 457, 474.

[23] Questo periodo di guerra di liberazione nazionale fu molto importante per la storia ebraica. Con la pace ristabilita, si affermò un nuovo Stato indipendente con la dinastia degli Asmonei, successori dei Maccabei, e si formarono diversi partiti religiosi: i Sadducei, il partito sacerdotale favorevole alla dinastia, e i Farisei e gli Esseni, entrambi schegge dei Chassidim, che mantenevano le loro preoccupazioni religiose originarie ed erano sempre più critici nei confronti dell'evoluzione ellenizzante della dinastia. Inoltre, è noto che i libri messianico-apocalittici di Daniele ed Enoch furono scritti dai Chassidim durante questa guerra (NdT).

re seleucide Antioco VII pose l'assedio a Gerusalemme. I suoi consiglieri gli raccomandarono di prendere la città e di sterminare "la nazione ebraica, poiché era l'unica tra tutte le nazioni a evitare i rapporti con gli altri popoli e considerava tutti gli uomini come suoi nemici", scriveva Diodoro di Sicilia nel I secolo a.C., aggiungendo: "Gli antenati degli Ebrei erano stati espulsi dall'Egitto perché erano un popolo empio e aborrito dagli dei". Lo storico scrisse inoltre che i discendenti degli Ebrei in Egitto avevano "elevato il loro odio per il genere umano al livello di una tradizione[24] ".

Nell'anno -64, una parte dell'Asia Minore e del Medio Oriente fu conquistata dai Romani sotto il tribuno militare Marco Emilio Scauro, che era al servizio di Pompeo, generale delle legioni romane in Oriente. Egli convocò al suo cospetto i fratelli Aristobulo e Ircano, in lotta tra loro per il potere in Giudea. A Damasco, Pompeo esaminò le ragioni della loro discordia. Iracano invocava il suo diritto di successione, mentre Aristobulo sosteneva di essere più degno del potere. Pompeo fu inizialmente più favorevole al ricco e focoso Aristobulo, ma in seguito favorì Ircano, più favorevole a Roma. Aristobulo organizzò immediatamente una resistenza e si asserragliò con i suoi uomini sul Monte del Tempio. Pompeo ordinò l'invasione della Palestina con un grande contingente di truppe. Le legioni romane si unirono alle truppe rimaste fedeli a Ircano e Gerusalemme subì un altro terribile assedio, durato tre mesi. Nel giugno 1963, una delle torri del tempio fu demolita e fu aperta una breccia attraverso la quale i Romani penetrarono. Pisone, il luogotenente generale, prese il tempio nel giorno ufficiale del digiuno. Le legioni e le truppe alleate raggiunsero la corte, massacrarono gli ebrei e decapitarono i sacerdoti. Le cronache raccontano che Pompeo entrò per primo con la spada in mano nel Sanctum Sanctorum del tempio, dove in linea di principio non era consentito l'accesso a nessuno tranne che al sommo sacerdote stesso.

Questa guerra costò la vita a 12.000 ebrei. Il titolo di re fu ritirato a Ircano, che mantenne solo la dignità di sommo sacerdote e fu posto sotto la tutela di Antipatro, nominato amministratore del Paese. Le mura di Gerusalemme furono rase al suolo e la Giudea fu trattata come un Paese conquistato. Inoltre, la Giudea fu restituita ai suoi precedenti confini ristretti agli Asmonei, successori dei Maccabei. Le città costiere furono dichiarate libere, così come alcune città dell'interno.

Dopo aver nominato Ahascuro governatore della Giudea, della Bassa Siria e dei territori che si estendevano dall'Egitto all'Eufrate, Pompeo tornò a Roma dove fu accolto con un'accoglienza trionfale. Aveva portato con sé come prigionieri Aristobulo, le sue figlie e i due figli, Antigono e

---

[24] Diodoro Siculo, *Bibliotheca Historica*, XXXIV-XXXV, Loeb classical Library, 12 vol., Harvard University Press, in Gérald Messadié, *Histoire générale de l'antisémitisme*, Lattès, 1999, p. 42.

Alessandro, che nonostante la stretta sorveglianza riuscirono a fuggire durante il viaggio.

L'anno successivo, Alessandro guidò una nuova rivolta. Aulo Gabinio, successore di Scauro, radunò un esercito di 10.000 uomini guidati da un giovane Marco Antonio per sconfiggere Alessandro e a cui si unirono numerosi soldati dell'esercito di Antipatro. Le legioni romane vinsero una battaglia decisiva in cui morirono più di 6.000 ebrei.

A Roma, Crasso, Pompeo e Cesare si spartirono il potere durante un primo triumvirato (-60). Nel -54 il console Crasso, comandante in capo degli eserciti d'Oriente, si presentò a Gerusalemme e si impadronì del tesoro del Tempio (circa 2000 talenti d'oro) che Pompeo aveva lasciato intatto per finanziare la guerra in Persia contro i Parti. Raccolse altri 8000 talenti da tutto il Paese, già pesantemente controllato dai Romani, recuperando in totale circa 10.000 talenti equivalenti a 34 tonnellate di oro e argento (secondo Flavio Giuseppe). Crasso saccheggiò tutto ciò che si trovava nel Tempio, oltre a tutti i doni che i Giudei della diaspora (i Giudei dell'Asia e dell'Europa) avevano inviato a Gerusalemme. Nel -53 attraversò l'Eufrate per affrontare i Parti, ma fu sconfitto a Carras. Ritiratosi con i resti del suo esercito, Crasso fu ucciso durante un colloquio con il generale partico Surena e la sua testa fu inviata al re Orodes II di Partia. Cassio Longino prese il comando e si ritirò a Damasco, dove tenne a bada l'avanzata partica che minacciava l'intera Siria. In questo periodo scoppiò un'altra rivolta in Giudea contro la sovranità romana. Nel -53, Cassio Longino invase il Paese e represse la rivolta. Circa 30.000 uomini ebrei furono fatti prigionieri e venduti come schiavi nei mercati delle grandi città della Repubblica romana.

VIII. Cicerone

A Roma, la comunità ebraica contava già 40-50.000 persone all'inizio del I secolo. Gli ebrei avevano già una certa influenza sul corso degli affari a Roma, come afferma Heinrich Graetz: "Gli ebrei romani influenzarono in una certa misura il corso della politica romana. Poiché gli emigranti originari, così come i prigionieri riscattati, godevano del potere di voto nelle assemblee pubbliche, essi potevano talvolta, con la loro azione combinata su un piano preconcetto, con la loro assiduità, con la loro analisi temperata e spassionata della situazione, e forse anche con la loro acuta intelligenza, cambiare l'equilibrio su qualche questione popolare[25]".

Qui come altrove, gli ebrei erano aborriti. Un giovane scrittore, il retore

---

[25] Heinrich Graetz, *History of the Jews II*, Philadelphia, The Jewish Publication Society of America, 1891, p. 68.

Apollonio Molone, che viveva nell'isola di Rodi - come Posidonio di Apamea - fu il primo a scrivere un intero trattato contro i Giudei, enumerando vari e numerosi rimproveri nei loro confronti. La sua opera è andata perduta; la conosciamo solo attraverso le menzioni fatte da Flavio Giuseppe nel suo trattato *Contro Apione*. Apollonio dipingeva gli Ebrei come "atei e misantropi", definendoli "i barbari più inadatti, e di conseguenza gli unici che non hanno apportato nulla di utile all'umanità[26]".

L'illustre avvocato e politico Cicerone, che era stato suo allievo, aveva imparato a conoscere gli ebrei. Nel 59 a.C., dovette difendere la causa del suo amico e cliente, il proconsole d'Asia Lucio Flacco, accusato di appropriazione indebita di fondi destinati alla flotta e di estorsione nei confronti di diverse città greche durante il suo governo in Asia Minore. Tra i suoi accusatori c'erano anche alcuni ebrei che lo accusavano di essersi appropriato della tassa religiosa che gli ebrei della sua provincia inviavano ogni anno al tempio di Gerusalemme. A sua difesa, Lucio Flacco invocò un decreto senatoriale che vietava le spedizioni di oro al di fuori delle province romane.

L'indagine fu condotta da Decimo Lelio Balbo, sostenitore di Cesare e Pompeo, nemici politici di Cicerone e Flacco. Cesare, e soprattutto Pompeo, promossero le loro indagini in Asia Minore, portando a un caso di concussione e impeachment. I Giudei, seguendo il loro tradizionale desiderio di distruggere le élite, si erano schierati con Cesare, leader del popolo, contro gli aristocratici rappresentati da Flacco e Cicerone.

Nella sua arringa, *Pro Lucio Flacco Oratio*, Cicerone dedicò non più di due pagine all'accusa dei Giudei, ma queste divennero famose per il loro palese antigiudaismo. Gli ebrei romani, che erano fortemente interessati al processo di Flacco, si erano presentati in massa tra la folla. Cicerone temeva di rivelare apertamente la sua disposizione ostile nei loro confronti e di attirare il loro risentimento; così parlò a bassa voce. Questo è un passaggio della sua arringa che non è stato ripreso da Heinrich Graetz, che ha preferito ometterlo dalla sua storia dei Giudei. Cicerone si rivolgeva al procuratore Lelio Balbo:

"Sapete bene che gruppo compatto formano, che unione c'è tra loro e che influenza hanno nelle assemblee. Perciò parlerò a bassa voce, in modo che solo i giudici possano ascoltarmi; poiché non mancano coloro che incitano questi uomini contro di me e contro tutti i migliori cittadini; non intendo dare loro alcun aiuto per facilitare i loro intrighi. Poiché ogni anno dall'Italia e da tutte le nostre province si esportava oro a Gerusalemme a spese dei Giudei, Flacco vietò con un editto che venisse esportato dall'Asia. C'è forse qualcuno, giudici, che non possa giustamente lodare questo

---

[26] Flavio Giuseppe, *Contro Apione*, Editorial Gredos, Madrid, 1994, p. 260.

provvedimento? Il Senato, sia in precedenti occasioni che durante il mio consolato, si è pronunciato molto severamente contro l'esportazione dell'oro. Ed è stato un atto di severità opporsi a questa barbara superstizione, e un atto di straordinaria fermezza sminuire per il bene della repubblica quella folla di Giudei che talvolta si infiammava nelle nostre assemblee[27]".

Graetz ha invece citato questo passo: "Richiede una grande decisione di carattere", ha detto, "opporsi ai barbari e superstiziosi Giudei per il bene del nostro paese, e mostrare il dovuto disprezzo per questi sediziosi che invadono le nostre assemblee pubbliche". Se Pompeo non si avvalse dei diritti di un conquistatore e non lasciò intatti i tesori del Tempio, possiamo essere certi che si trattenne non per riverenza verso il santuario ebraico, ma per astuzia, per evitare di dare alla sospettosa e calunniosa nazione ebraica l'opportunità di accusarlo[28]".

Un anno dopo, Cicerone fu condannato all'esilio e non poté allontanarsi dalla città per più di 80 miglia. La sua casa e le sue proprietà furono completamente distrutte.

IX. Cesare, Cleopatra e Marco Antonio

Nel -48, Pompeo, rifugiatosi in Grecia, fu sconfitto da Giulio Cesare a Farsalo. Si rifugiò quindi in Egitto, dove fu assassinato. In segno di gratitudine per il loro aiuto, Cesare permise agli ebrei di ricostruire le mura di Gerusalemme che Pompeo aveva demolito durante l'assedio della città. Ordinò inoltre di liberare tutti gli ebrei che erano ancora schiavi in paesi stranieri, in seguito alle azioni di Crasso e agli ordini di Cassio Longino.

Cesare fece un'enorme quantità di favori agli Ebrei. Abbassò notevolmente le tasse e li esentò dal servizio militare[29]. Ecco un estratto

---

[27] Marco Tullio Cicerone, *In difesa di Lucio Flacco, XXVIII, Lamentele dei Giudei d'Asia (66-69)*.

[28] Heinrich Graetz, *History of the Jews II*, Philadelphia, The Jewish Publication Society of America, 1891, pag. 69.

[29] "Ma Giulio Cesare non solo favorì Antipatro e la sua famiglia, ma anche tutti gli Ebrei per il loro sostegno e la loro partecipazione alla presa dell'Egitto, perché senza il supporto di rifornimenti e di un sostegno militare supplementare l'impresa sarebbe stata quasi impossibile, così beneficiò anche Ircano e i suoi figli nominandoli alleati di Roma e amici personali. Aveva anche ratificato il diritto alle pratiche religiose ebraiche e, oltre al fatto che qualsiasi causa legale contro un ebreo doveva essere risolta dagli ebrei stessi attraverso il loro sommo sacerdote, aveva anche esentato gli ebrei dal cantonamento invernale delle truppe, proibito l'estorsione e ordinato che il pagamento delle tasse a Roma tenesse conto delle particolarità della legge ebraica, ad eccezione dell'anno sabbatico delle contribuzioni poiché la terra non produceva, Restituì al dominio ebraico anche la città marittima di Giaffa, che Pompeo aveva liberato, e concesse a Ircano e alla

degli editti esposti in Campidoglio a Roma e ad Alessandria:

"Noi, Caio Cesare, informiamo i magistrati dei Pariani che i Giudei di varie province sono venuti a trovarci a Delo per lamentarsi della vostra difesa del loro vivere secondo le vostre leggi e del fare i loro sacrifici, che è una severità contro i nostri amici e alleati che non possiamo subire, dal momento che anche a Roma è permesso loro di praticare queste usanze. Mentre con questo stesso editto vietiamo le riunioni pubbliche a Roma, esentiamo i Giudei da questo divieto".

Ma l'ascesa al potere di Giulio Cesare destabilizzò le istituzioni repubblicane e diversi cospiratori, tra cui Marco Giunio Bruto e Cassio Longino, lo giurarono a morte e fomentarono un colpo di Stato.

Il 15 marzo del 44, Cesare fu assassinato a Roma in pieno Senato, pugnalato a morte. Gli ebrei, non dimenticando che Cesare aveva permesso loro di ricostruire le mura di Gerusalemme, si riunirono per diverse notti di seguito per vegliare e piangere sulla sua tomba e ne conservarono religiosamente la memoria. Gli ebrei di Roma avevano buone ragioni per essere addolorati per la morte di questo grande uomo, ed erano pienamente giustificati nel trascorrere le loro tristi veglie notturne presso le sue ceneri", scrive lo storico ebreo Heinrich Graetz.[30]. "Gli ebrei di Roma avevano buone ragioni per essere addolorati per la morte di questo grande uomo, ed erano pienamente giustificati nel trascorrere le loro tristi veglie notturne presso le sue ceneri", scrive lo storico ebreo Heinrich Graetz.

Cassio si trasferisce in Siria dove prende il potere e la sua vittoria viene ratificata dal Senato. All'inizio del 42 si unisce alle forze di Bruto in Macedonia per affrontare la battaglia decisiva.

Di fronte a questi difensori delle istituzioni repubblicane c'erano i

---

sua famiglia un posto accanto ai senatori nel Circo e il privilegio di presentare richieste direttamente al Senato romano con l'approvazione del dittatore o del suo vice; anche la popolazione in generale ricevette dei benefici, poiché fu esentata dal servizio delle armi, rispettando il fatto che le leggi dello Shabbat non consentivano di svolgere attività in quel giorno. Cesare sapeva come ricompensare i suoi alleati e gli ebrei non erano messi male con Roma, tanto che molti ebrei vennero a Roma stessa e con la facilità che caratterizza l'ebraismo riuscirono ad adattarsi e a diventare abili mercanti, occupando l'altra sponda del Tevere per stabilirsi". Holtzmann & Oncken, 1918, pagine 277, 286-290, citato in Carlos Ruz Saldivar, *Schema della storia di Israele*) (NdT).

[30]Heinrich Graetz, *History of the Jews II*, Philadelphia, The Jewish Publication Society of America, 1891, p. 80. ["Cesare fu del tutto benevolo con gli ebrei e li ricompensò per la loro fedeltà. Concedette agli ebrei alessandrini molti privilegi, tra cui il diritto all'uguaglianza con i greci e ad essere governati da un proprio principe (etnarca). Anche in questo caso vennero elargiti generosamente fondi per il Tempio. Cesare permise che le rimesse arrivassero a destinazione; impedì agli abitanti greci dell'Asia Minore di molestare i Giudei di quelle province, di convocarli davanti ai tribunali di giustizia durante il sabato, di interferire con la costruzione delle loro sinagoghe, di disturbarli nelle loro osservanze religiose (47-44)". *Storia degli ebrei II*, p. 76-77. NdT.]

"triumviri" Lepido, Marco Antonio e Ottaviano, che combatterono contro di loro nella pianura di Filippi nell'ottobre del '42. Cassio, che guidava l'ala sinistra dell'esercito, fu sconfitto da Marco Antonio. Credendo che anche Bruto fosse stato sconfitto, ordinò al suo liberto di trafiggerlo con la spada. Tre settimane dopo, Bruto fu a sua volta sconfitto da Ottaviano e si suicidò piuttosto che essere fatto prigioniero.

Ottaviano, pronipote e figlio adottivo di Giulio Cesare, avrebbe governato la parte occidentale dell'impero, mentre Marco Antonio avrebbe governato la parte orientale. Antonio aveva bisogno dell'Egitto per la guerra che intendeva condurre contro i Parti. Nel 41, Cleopatra incontrò colui che aveva vendicato così bene Cesare contro i suoi assassini, il suo defunto amante che l'aveva riportata sul trono di regina d'Egitto. Il cuore di Marco Antonio si arrese al fascino e alla bellezza della giovane Cleopatra.

Le relazioni tra Antonio e Ottaviano si deteriorarono rapidamente e lo scontro divenne inevitabile. Ottaviano puntò il dito contro Cleopatra come responsabile della guerra, accusandola di voler regnare a Roma. Il 31 settembre, nella battaglia navale di Azio, sulla costa occidentale della Grecia, la flotta di Marco Antonio e Cleopatra fu sconfitta. L'anno successivo, Ottaviano sbarcò ad Alessandria con il suo esercito e Marco Antonio, senza speranza per la sua causa, finì i suoi giorni. Cleopatra fu portata al cospetto di Ottaviano e le fu permesso di ritirarsi con la sua corte, ma la regina preferì ricevere il morso mortale di una vipera egiziana. Graetz scrisse di lei: "Gli ebrei alessandrini avevano sofferto per il suo odio.... Infatti, poco prima della sua morte, questa donna terribile aveva voluto uccidere con le sue stesse mani gli ebrei che vivevano nella capitale dell'Egitto e che erano devoti alla causa di Ottaviano[31]".

X. Erodo

Per l'ospitalità ricevuta da Antipatro, Marco Antonio aveva ricoperto il figlio Antipatro II di onori e riconoscimenti. Antipatro II (detto anche Erodoto) aveva venticinque anni quando fu nominato governatore della Galilea.

I Parti erano entrati a Gerusalemme, saccheggiando il palazzo di Erodoto e tutto ciò che aveva lasciato dietro di sé. Questi barbari, come li chiama Flavio Giuseppe, avevano saccheggiato Gerusalemme e i suoi dintorni prima di devastare altre città e rovinare l'intera regione. Nel -40, Erodoto si rifugiò a Roma, dove Marco Antonio lo fece nominare re di Giudea dal Senato.

---

[31] Heinrich Graetz, *History of the Jews II*, Philadelphia, The Jewish Publication Society of America, 1891, p. 102.

I Romani e le truppe di Erodoto riconquistarono quindi la regione, scacciando il rivale Antigono che si era alleato con i Parti. Nel 37, Erodoto assediò Gerusalemme e, dopo cinque mesi di assedio, le mura della città furono demolite. Questa seconda conquista romana di Gerusalemme avvenne 27 anni dopo l'assedio di Pompeo.

Erodoto quindi dotò l'intera Giudea di città e monumenti che portavano il nome dei suoi protettori romani, rendendo omaggio a Ottaviano, che nel 27 a.C. era diventato nel frattempo il primo imperatore romano con il nome di Augusto. Per più di un decennio (dal 23 al 12 a.C.), Erodoto fece costruire una città marittima di prim'ordine, Cesarea, ornata da due colossi, uno raffigurante un Augusto divinizzato in Giove Olimpio, l'altro rappresentante la città di Roma sotto le sembianze di Giunone. Quando la nuova città fu inaugurata con sontuosi festeggiamenti, gli ebrei pensarono di vedere una città pagana simile a Roma, così la soprannominarono *Piccola Roma*. In seguito, questa città sarebbe diventata la sede del governo romano e una vera rivale di Gerusalemme. "Ogni volta che Cesarea si rallegrava, Gerusalemme piangeva".

Alcuni ebrei non vedevano di buon occhio questo nuovo arrivato che cercava di distruggere i costumi e le tradizioni ebraiche. Heinrich Graetz scrisse di Erodoto, allora chiamato Erodoto il Grande: "Questo principe era destinato a diventare il genio del male della nazione ebraica; fu lui a condurla in cattività a Roma; fu lui a posare trionfalmente i suoi piedi sul suo collo[32]".

Nel frattempo a Babilonia, sotto il dominio persiano, il giudaismo era fiorente. Molti ebrei vi risiedevano da secoli, anche prima della distruzione del primo Tempio nel 586 a.C.. La loro situazione continuava a migliorare. "Sono prosperi e ricchi, scrive Elie Wiesel, vivono in sicurezza e godono di autonomia spirituale e persino giuridica. Città come Nehardea sono interamente ebraiche. Non c'è da stupirsi che nei conflitti tra Roma e la Persia gli ebrei babilonesi sostengano quest'ultima. Contribuiscono al finanziamento del loro sforzo bellico[33]".

XI. Tiberio, Siano e Ponzio Pilato

Ovunque si trovassero, gli Ebrei nutrivano la febbrile speranza di vedere un giorno un Messia (un Re di Israele inviato da Dio alla fine dei tempi) e si preparavano attivamente alla venuta di questo grande vincitore[34].

---

[32]Heinrich Graetz, *History of the Jews II*, Philadelphia, The Jewish Publication Society of America, 1891, p. 77–78.
[33]Elie Wiesel, *Célébration talmudique*, Seuil, 1991, p. 337.
[34]« Il quadro dipinto dalle fonti di informazione disponibili sulla situazione in Palestina

In un passo della sua opera, *La guerra dei Giudei*, lo stesso scrittore Flavio Giuseppe conferma le speranze ebraiche e la loro volontà di dominare il mondo: "Ma ciò che più li spingeva a fare la guerra era un oracolo ambiguo, contenuto anche nei loro libri sacri, secondo il quale in quel tempo un personaggio del loro Paese avrebbe governato il mondo. Credevano che fosse qualcuno della loro razza[35]...".

Anche gli storici romani Svetonio e Tacito fecero eco a questa idea profondamente radicata nell'anima ebraica. Tacito menziona nelle sue *Storie* che "i più erano convinti che gli antichi testi sacerdotali indicassero proprio quel momento in cui l'Oriente sarebbe diventato forte e gli abitanti della Giudea avrebbero conquistato il mondo[36]".

Il giudaismo era penetrato in tutta la parte orientale dell'Impero romano. "Hanno invaso tutte le città[37]", diceva il geografo greco Strabone (58 a.C. - 21 d.C.), e non era facile nominare un luogo al mondo che non avesse accolto questa tribù, o meglio "che non fosse occupato da essa[38]".

I Romani erano sospettosi dei suoi intrighi e alcuni imperatori presero le misure necessarie per contenere il suo potere. "L'antipatia di Tiberio per gli ebrei corrispondeva a quella del suo predecessore e padre adottivo; sembrava che il rappresentante dell'imperialismo a Roma prevedesse il

---

verso la fine del I secolo a.C. ci avrebbe fatto credere, se un pittore fosse stato in grado di dipingerlo, che fosse opera di un pazzo o di un tossicodipendente. Un'intera nazione era in preda al delirio. Il sovrano regnante era un tiranno malato e malinconico. I suoi sudditi amareggiati avevano una paura e un disgusto quasi ciclotimici nei suoi confronti. I fanatici religiosi digiunavano e pregavano, predicando l'ira e il giorno del giudizio. La popolazione, ossessionata dall'idea che fosse giunta l'ora della fine, permise al terrore e alla superstizione di prevalere sulla ragione. Il fervore messianico si accompagnava alla mortificazione. Non c'è da stupirsi se alla morte di Erode si scatenarono le potenze infernali». Hugh Schonfield, *The Passover Plot* (1965); *Le Mystère Jésus*, Éditions Pygmalion, Parigi, 1989, p. 33-34. [Su questo stato mentale permanente degli ebrei si legga *Psicoanalisi dell'ebraismo*]. Si veda la nota del traduttore nell'Appendice I: Messianismo e politica in Giudea al tempo dei governatori romani.

[35]Flavio Giuseppe, *La Guerra de los judíos*, Libro VI, Clásica Gredos 264, Madrid, 1999, p. 298. ["Si tratta delle note profezie bibliche sulla venuta del Messia, che in questo caso Flavio Giuseppe orienta e manipola in senso filoromano. Tacito, *Storie* V 13, e Svetonio, *Vespasiano* IV, confermano l'esistenza di queste predizioni, che vanno collocate nel contesto del messianismo ebraico, che attraverso profezie ambigue auspicava l'avvento di una nuova monarchia e di un nuovo regno. Con le profezie sull'elezione di Vespasiano, Flavio Giuseppe cercava di porre fine al messianismo apocalittico attraverso un personaggio reale e un impero reale, invece di aspettare l'arrivo di un'età dell'oro che stava portando irrimediabilmente all'autodistruzione del popolo ebraico". Nota 149 in Editorial Gredos].

[36]Cornelio Tacito, *Storie*, Editorial Cátedra, Madrid, 2006, p. 309-310.

[37]Citato dallo storico ebreo Flavio Giuseppe nelle sue *Antichità Giudaiche*

[38]Ernest Renan, *L'Antéchrist*, 1873, cap. 11.

colpo di grazia che Roma era destinata a ricevere dal giudaismo", scrive Graetz.

Per ricompensarli del loro sostegno, Augusto, il primo imperatore romano, aveva confermato agli ebrei d'Egitto i loro diritti e privilegi politici. Ma il suo successore Tiberio fu più apertamente ostile al giudaismo di quanto non lo fosse stato il suo padre adottivo. In seguito a uno scandalo per una truffa a Roma, espulse e deportò diverse migliaia di ebrei in Sardegna.

Flavio Giuseppe descrive nelle sue *Antichità Giudaiche* il caso di quattro ebrei che avevano convinto un'aristocratica convertita, Fulvia, moglie del senatore Saturnino, a fare una donazione in oro al Tempio di Gerusalemme. Ma invece di inviarlo al Tempio, i quattro ebrei avevano tenuto la donazione per sé: "Convinsero Fulvia, una donna che frequentava il loro circolo e che, essendo una delle matrone romane di alto rango, si era convertita al giudaismo, a dare loro porpora e oro da inviare al Tempio di Gerusalemme. Ma loro, ricevute queste offerte, le spesero per usi privati, che era proprio lo scopo per cui la richiesta era stata fatta fin dall'inizio. E Tiberio, a cui Saturnino, amico di lei e marito di Fulvia, aveva comunicato la cosa alla matrona, ordinò che tutti i Giudei fossero espulsi da Roma. E i consoli, dopo aver arruolato quattromila di loro nell'esercito, li mandarono nell'isola di Sardegna, e la stragrande maggioranza di loro fu punita a causa del loro rifiuto di arruolarsi nell'esercito per l'osservanza delle leggi ereditate dai loro antenati ebrei[39]". Al resto della popolazione ebraica fu ordinato di lasciare l'Italia entro una data stabilita se non avessero rinunciato ai loro riti non idonei, pena la schiavitù perpetua.

Un contemporaneo di Tacito, Svetonio (69-125), nelle *sue Vite dei Dodici Cesari*, afferma che Tiberio "represse i culti stranieri, i riti egiziani ed ebraici... e con il pretesto del servizio militare, distribuì i giovani ebrei in province dal clima molto rigido, e gli altri individui di questo popolo o seguaci di culti simili li espulse da Roma[40]".

Dione Cassio raccontò a sua volta, anni dopo, che "poiché molti ebrei erano giunti a Roma e stavano convertendo molti romani al loro credo, Tiberio ne espulse la maggior parte[41]".

In base a questa legge - che sarebbe stata ispirata dal suo onnipotente ministro Sejanus - migliaia di ebrei furono espulsi in Sardegna e gli ebrei di tutta Italia furono avvertiti dell'espulsione. I giovani e gli uomini abili al lavoro furono costretti al servizio delle armi tutti i giorni, compreso il

---

[39] Flavio Giuseppe, *Antichità giudaiche, Libro XVIII, 81*, Akal Clásica, Madrid, 1997, p. 1092.
[40] Svetonio, *Vite dei Dodici Cesari I, Libro III*, Editorial Gredos, Madrid, 1992, p. 333.
[41] Dion Cassius, *Historia Romana, Libro LVII*, Editorial Gredos, Madrid, 2011, p. 436-437.

sabato; quando si rifiutavano, venivano puniti severamente. Fu una delle prime espulsioni di ebrei dall'Occidente[42].

Ponzio Pilato, a cui era stato affidato il governo della Giudea dal 26 al 36, era una creatura di Seiano. Fino ad allora, i comandanti delle truppe romane avevano rispettato le richieste dei Giudei. Ma Ponzio Pilato, desideroso di abituarli a prestare obbedienza al culto divino dell'imperatore, trasportò di nascosto le effigi di Cesare che ornavano gli stendardi delle legioni per esporle pubblicamente nelle città della Giudea. Ne seguì un violento tumulto che si diffuse rapidamente in tutto il Paese, tanto che Pilato dovette far rimuovere le immagini.

XII. Agosto '38: il pogrom di Alessandria d'Egitto

Nemmeno l'imperatore Caligola li apprezzò. Sotto il suo regno scoppiò una grande rivolta contro gli ebrei: "Il favore mostrato da Caligola ad Agrippa, che si era naturalmente esteso al popolo della Giudea, suscitò l'invidia dei pagani e scatenò l'odio dei greci di Alessandria. In effetti, l'intero Impero Romano covava nemici segreti e pubblici degli Ebrei. L'odio per la loro razza e il loro credo era intensificato dal timore che questa nazione, disprezzata ma orgogliosa, potesse un giorno raggiungere il potere supremo. Ma il sentimento ostile contro gli ebrei raggiunse il suo

---

[42]Secondo Valerio Massimo, contemporaneo dell'imperatore Augusto, gli ebrei e gli astrologi erano già stati espulsi da Roma nel -139 a.C. dal pretore Cornelio Ispallo e rimandati in patria perché "cercavano di corrompere i costumi romani con il culto di Giove Sabazio". In alcuni circoli intellettuali greci dell'età ellenistica e della seconda sofistica si diffuse la convinzione che Sabazio (una divinità di carattere mistico proveniente dall'Asia Minore o dalla Fenicia) potesse essere identificato con il dio degli ebrei, Yahweh. Le ragioni di questa assimilazione, che corrisponde a una *interpretatio graeca*, sono molteplici. In primo luogo, la somiglianza fonetica tra il nome Sabatius e l'invocazione ebraica "Yahweh Sebaoth". È anche possibile che il nome del sabato, sacro agli ebrei, abbia contribuito a questa identificazione. Il contesto potrebbe essere quello della deportazione degli ebrei in Asia Minore, avvenuta nel 200 a.C. ad opera di Antioco il Grande. Una testimonianza di questa interpretazione appare in un testo frammentario di Plutarco, uno dei Moralia, in cui viene posta la domanda: "Chi è il dio degli Ebrei", cioè a quale dio greco equivale? A questo proposito, uno degli interlocutori - la scena è in un *simposio* - sostiene che gli Ebrei venerano Dioniso perché la loro festa del sabato è una celebrazione di Sabeo. In un'altra sintesi delle parole di Valerio Massimo si legge: "Lo stesso Ispalo espulse i Giudei da Roma perché cercavano di trasmettere i loro riti sacri ai Romani e ordinò di distruggere i loro altari privati innalzati in luoghi pubblici". [Questo ci ricorda le menorah ebraiche attualmente esposte in luoghi pubblici in molte città europee, ndt]. Si legga in Menahem Stern (dir), *Autori greci e latini*, Israele, 1980, in Shlomo Sand, *Comment le peuple juif fut inventé*, Fayard, 2008, p. 235-236.

apice tra gli inquieti, sarcastici e lussuriosi abitanti greci di Alessandria[43] ", spiega Graetz.

In nessun altro luogo la malvagità aveva raggiunto un tale livello come nella popolazione greca di Alessandria, che vedeva la crescente opulenza degli ebrei e sopportava la loro arroganza. Anche gli scrittori greci si opponevano agli ebrei e alle loro dottrine. Di Lisimaco non sappiamo nulla di prima mano; nulla dei suoi scritti è giunto fino a noi, ma conosciamo alcuni dei suoi testi da quanto riportato da Flavio Giuseppe.

Apione, intellettuale greco di Alessandria d'Egitto vissuto a Roma nel I secolo, fu autore di diverse opere erudite. Nella sua *Storia dell'Egitto*, in cinque volumi, fornì una versione dell'esodo degli ebrei che confermava quella dei suoi predecessori. Apione scrisse anche un *Trattato contro gli ebrei in* cui sosteneva che le leggi di Mosè "sono solo malvagie e pericolose". Attaccò con il suo sarcasmo i membri di questa setta che ricoprivano alte cariche ad Alessandria, ricordando l'astio di Cleopatra nei confronti dei Giudei quando vide che questi ultimi erano ostili al resto dell'umanità.

Nel suo libro *Contro Apione*, Flavio Giuseppe ripeté alcune delle sue accuse. I Giudei, diceva Apione, erano soliti "catturare un viaggiatore greco e ingrassarlo per un anno. Poi lo portavano in una foresta dove lo uccidevano. Ne sacrificavano il corpo secondo i loro riti, ne mangiavano le interiora e, durante l'immolazione, giuravano di mantenere la loro inimicizia contro i Greci; poi gettavano i resti della vittima in una fossa".

Flavio Giuseppe cercava di confutare gli scritti di Apione, ma insultando il suo avversario, inaugurando così una lunga tradizione tra gli intellettuali ebrei: Apione, diceva Giuseppe, aveva "lui stesso il cuore di un asino e la sfrontatezza di un cane, animali che di solito sono venerati da quelli della sua razza[44] ".

Queste disposizioni ostili degli Alessandrini furono contenute sotto Augusto e Tiberio, quando i governatori imperiali dell'Egitto repressero severamente le manifestazioni violente. Ma le cose cambiarono sotto Caligola, quando il suo governatore Flacco, che era stato amico di Tiberio, chiuse un occhio sulle violenze commesse dalla popolazione greca esasperata. Queste manifestazioni antigiudaiche erano spesso istigate da alcuni studiosi, tra cui Denio, l'amanuense Lampone e il ginnasta Isodoro.

Erodoto Agrippa I era stato nominato re di Galilea dall'imperatore Caligola. Nel luglio del 38, mentre era in viaggio verso Roma, si fermò ad Alessandria, dove fu acclamato dagli ebrei che vedevano nella sua ascesa una speranza di rinnovamento nazionale. Decisero di dare una grande festa

---

[43]Heinrich Graetz, *History of the Jews II*, Philadelphia, The Jewish Publication Society of America, 1891, p. 179.
[44]Flavio Giuseppe, *Contro Apione*, Editorial Gredos, Madrid, 1994, p. 251, 249.

in suo onore, ma la sua presenza scatenò una polveriera. I greci chiesero al governatore dell'Egitto, Flacco, di emanare un'ordinanza che obbligasse gli ebrei ad accettare una statua dell'imperatore nelle loro sinagoghe, cosa che gli ebrei rifiutarono di fare. Di fronte alle pressioni popolari, Flacco ritirò il diritto di cittadinanza agli ebrei di Alessandria, dichiarandoli stranieri e ordinando l'arresto di trentotto membri del Consiglio degli anziani e la confisca di tutti i loro beni. Il 31 agosto del 38, i capi della comunità ebraica furono sequestrati, incatenati e fustigati pubblicamente in una processione in mezzo alla folla, tanto che diversi morirono. Flacco ordinò poi all'esercito di perquisire le case degli ebrei espulsi dal popolo dai quattro quartieri di Alessandria e radunati nel quartiere Delta, vicino al porto. La folla, che aspettava da tempo questo momento, si precipitò nelle case, nei negozi e nelle officine abbandonate, saccheggiando e distruggendo tutto. Il quartiere Delta fu addirittura assediato per impedire agli ebrei di uscire e di soccombere alla fame e al caldo. Morirono intere famiglie, anziani, donne e bambini di ogni età e condizione. Quattrocento case ebraiche furono saccheggiate o distrutte e i luoghi di culto profanati e bruciati. Per volere dell'imperatore, in tutte le sinagoghe furono infine installate statue con la sua effigie. Queste vessazioni si protrassero fino a metà settembre senza alcun intervento da parte delle autorità. A quel punto, un inviato dell'imperatore licenziò Flacco e lo condusse a Roma a causa dei suoi disaccordi personali con l'imperatore.

Filone di Alessandria, il famoso filosofo ebreo, ha lasciato una chiara testimonianza di questi eventi in un testo intitolato *Sull'ambasciata a Gaio* (*Legatio ad Caium*), in cui si percepisce già la propensione degli intellettuali ebrei a ignorare le vere cause dell'antisemitismo e a presentare gli ebrei come vittime innocenti di persecuzioni religiose organizzate da fanatici senza cervello.

Filone parlava qui di Caligola e della sua intenzione di porre una sua statua (a immagine di Giove) in tutti i templi dell'Impero romano, comprese le sinagoghe:

"E per quanto riguarda noi, quando il sovrano divenne un despota, fummo messi al livello non più di semplici schiavi, ma dei più indegni tra gli schiavi.

Quando la promiscua e volubile plebe alessandrina lo seppe, ci fece bersaglio dei suoi oltraggi, certa che fosse arrivata un'occasione molto vantaggiosa, e tirò fuori l'odio che aveva tenuto a lungo latente, producendo caos e confusione in tutti gli ordini.

Come se fossero esseri pubblicamente condannati dall'imperatore alle più estreme disgrazie, o soggetti di guerra, ci hanno portato alla rovina con folli e bestiali scatti d'ira, precipitandosi sulle case e sfrattando i proprietari con mogli e figli fino a lasciarle vuote di abitanti.

"Rubavano mobili e oggetti, non più alla maniera dei ladri, che attendono l'oscurità della notte per paura di essere presi, ma portandoli fuori in pieno giorno e mostrandoli a chi incontravano, come se li avessero ricevuti in eredità o comprati dai proprietari. E nei casi in cui coloro che avevano preso parte a saccheggi comuni erano in molti, dividevano il bottino in mezzo alla piazza, spesso in piena vista dei proprietari, mentre li rimproveravano e li deridevano.

"Sono cose terribili, dunque, di per sé; e come non dovrebbero esserlo? Essere improvvisamente trasformati da ricchi in poveri, da benestanti in bisognosi, senza aver commesso alcuna colpa; in uomini senza casa e alla deriva, cacciati e banditi dalle loro case, per trascorrere all'aperto giorno e notte, per incontrare la loro fine con il calore cocente del sole o il freddo della notte.

"Ma queste cose sono leggere rispetto a ciò che resta da menzionare. Infatti, avendo fatto affluire, come se fossero mandrie o greggi, da tutta la città così tante miriadi di uomini, donne e bambini in una piccolissima ridotta, una stalla potremmo dire, si aspettavano di trovare in pochi giorni cumuli di cadaveri accumulati, sia per fame a causa della scarsità di provviste, poiché non avevano fatto una scorta delle cose necessarie perché non avevano avuto alcun preavviso delle improvvise disgrazie, sia per affollamento e annegamento.

"L'aria circostante era stantia e vuota di tutto ciò che conteneva di vitale per la respirazione o, a dire il vero, per i respiri soffocati di chi respirava. Infiammata da questi respiri e oppressa come dagli effetti di una febbre, faceva penetrare attraverso le narici un vapore caldo e nocivo, aggiungendo, come dice il proverbio, un fuoco a un altro fuoco....

"Non potendo più sopportare la mancanza di ossigeno, gli ebrei si dispersero verso i luoghi deserti, le rive del mare e le tombe, ansiosi di respirare aria pura e innocua. Quanto a coloro che furono catturati prima di poter fuggire nelle altre parti della città e a coloro che, ignari delle disgrazie che ci sarebbero capitate, tornarono dalla campagna, subirono molte disgrazie, venendo lapidati o feriti con tegole o colpiti a morte con rami di agrifoglio o di quercia nelle parti più vitali del corpo e soprattutto nella testa.

"Alcuni di coloro che di solito trascorrevano il loro tempo in ozio e inoperosità, si erano appostati intorno al recinto dei Giudei, che, come ho detto, si erano radunati e concentrati in un piccolo settore a un'estremità della città, arrivando a essere come assediati; e li sorvegliavano per evitare che qualcuno potesse fuggire non visto. Non pochi, infatti, pressati dalla mancanza di beni di prima necessità, erano disposti ad andarsene per paura che le loro intere famiglie potessero morire di fame, rinunciando alla propria sicurezza. I cacciatori osservavano attentamente le loro partenze e mettevano prontamente a morte coloro che venivano catturati, maltrattandoli con ogni tipo di tortura....

"Molti, mentre erano ancora vivi, li legarono con cinghie e corde annodando le caviglie, e li trascinarono per la piazza mentre saltavano su di loro; e non risparmiarono nemmeno i cadaveri. Ancora più brutali e feroci delle bestie selvagge, tagliandoli arto per arto e parte per parte, cancellarono da loro ogni forma, così che non rimase alcun resto che potesse ricevere sepoltura[45] ".

In breve, questi eventi dimostrano fino a che punto gli ebrei avevano esasperato la popolazione locale e suscitato il suo odio.

La popolazione greca di Alessandria aveva inviato una delegazione a Roma per impedire agli ebrei di riacquistare pari diritti civili. La delegazione era guidata da Apione, un nemico giurato degli ebrei, che Tiberio chiamava *Cymbalum mundi*, il "carillon dell'universo". Anche Isidoro faceva parte del seguito, mentre Filone rappresentava i Giudei. È difficile pronunciarsi sull'esito della disputa tra i pagani e gli ebrei di Alessandria, ma senza dubbio l'imperatore Caligola, arbitro di questa aspra controversia, odiava gli ebrei ed era circondato dai suoi consiglieri Elicone l'egiziano e Apelle di Ascalon, anch'essi acerrimi nemici degli ebrei.

Caligola fece erigere le sue statue nelle sinagoghe della Giudea e ordinò di reprimere con le armi ogni resistenza. Nell'ottobre del 40, il governatore siriano Petronio ricevette l'ordine di entrare in Giudea con le sue legioni e di trasformare il santuario di Gerusalemme in un tempio pagano. Ma nel gennaio del 41, all'età di 28 anni e dopo soli quattro anni di regno, l'imperatore Caligola fu assassinato dai soldati della sua guardia, senza che si sapesse chi fosse il comandante. La sua morte fu un grande sollievo per gli ebrei e ad Alessandria circolò la voce che fosse stato assassinato dagli ebrei di Roma. Come tutti i principi che si sono opposti risolutamente al dominio di Israele, Caligola è considerato un pazzo dagli storici ebrei e dai loro seguaci.

XIII. *Claudio*

Il successore di Caligola sul trono dei Cesari fu l'imperatore Claudio, che regnò dal 41 al 54. A prima vista sembrava improbabile che Claudio potesse diventare imperatore: era un balbuziente e la sua famiglia lo aveva considerato inadatto alle cariche pubbliche. In realtà, Claudio deve la sua corona al caso e all'intervento del re Agrippa, nipote di Erodoto il Grande, che aveva ricevuto da Caligola la regalità su un terzo delle province della Palestina, compresa la Galilea. Agrippa aveva arginato i disordini a Roma manovrando per arrestare l'apostolo Pietro e decapitare Giacomo, i due

---

[45]Filone di Alessandria, *Sull'ambasciata a Gaio*, in Opere raccolte (José María Triviño, Universidad Nacional de La Plata, 1976).

discepoli di Gesù di Nazareth. Agrippa aveva poi convinto Claudio ad accettare la sua elezione da parte delle guardie pretoriane e aveva ottenuto che il Senato, riluttante, lo riconoscesse come imperatore. Scrive Graetz: "Roma deve essersi abbassata quando a un insignificante principe ebreo fu permesso di parlare in Senato e, in qualche misura, di influenzare la scelta del suo sovrano. Claudio non fu ingrato nei confronti del suo alleato; lo elogiò davanti al Senato riunito, lo elevò alla dignità di console e lo fece re di tutta la Palestina, dato che la Giudea e la Samaria furono incorporate nella monarchia[46]". Ad Alessandria, Claudio ristabilì la libertà di culto per gli Ebrei e annullò il progetto delle statue imperiali, anche se raccomandò agli Ebrei di non richiedere ulteriori privilegi e di non inviare a Roma ambascerie diverse da quelle degli Alessandrini. Infine, fu chiesto loro di non favorire o aiutare gli stranieri ad entrare in città. L'editto del 41 proibiva inoltre agli ebrei di Alessandria di partecipare alle gare di atletica presiedute dai ginnasiarchi. Il diritto di partecipare a questi giochi era riservato ai cittadini a pieno titolo.

Come se non bastasse, condannò a morte Isidoro e Lampone, i due capi dell'insurrezione antiebraica. L'inchiesta sul caso si svolse a buon ritmo, in soli due giorni (tra il 30 aprile e il 1° maggio 41), a riprova dell'importanza della questione per l'imperatore. L'esecuzione della sentenza avvenne poco dopo. Va detto che Isidoro aveva aggravato il suo caso durante la visita a Roma con Apione per accusare Agrippa. Isidoro aveva l'appoggio del Senato, per cui probabilmente si sentì troppo sicuro quando sfacciatamente sbottò contro l'imperatore: "Quanto a te, sei la spregevole progenie dell'ebrea Salame...".

All'interno dei due grandi imperi dell'epoca, l'Impero Romano e l'Impero Partico, gli ebrei erano ovunque, occupando tutte le città importanti del bacino del Mediterraneo. Rifiutati da un Paese, andavano in un altro. Si può avere un'idea dell'immensa popolazione ebraica dell'epoca se si considera che nel solo Egitto, dal Mediterraneo ai confini dell'Etiopia, viveva circa 1 milione di israeliti. A Roma, la popolazione ebraica, espulsa da Tiberio, si raggruppò presto ed era così numerosa e rumorosa che l'imperatore Claudio, pur essendo favorevole agli ebrei, dovette affrontare il problema espellendoli nuovamente. Svetonio afferma brevemente nella sua opera: "Espulse da Roma i Giudei, che provocavano continuamente disordini su istigazione di Chrestus[47]". In effetti, a quell'epoca, la distinzione tra cristianesimo e giudaismo non era ancora stata fatta[48].

---

[46]Heinrich Graetz, *History of the Jews II*, Filadelfia, The Jewish Publication Society of America, 1891, p. 191.
[47]Svetonio, *Vite dei Dodici Cesari II, Libro V*, Editorial Gredos, Madrid, 1992, p. 102-103.
[48]La maggior parte degli studiosi concorda sul fatto che l'espulsione di alcuni Giudei

A quanto pare, le intenzioni di Claudio non erano percepite favorevolmente dagli ebrei. Infatti, gli *Atti degli Apostoli* ci informano che Claudio emanò un editto che ordinava agli ebrei di lasciare Roma. Tuttavia, Dione Cassio scrisse che Claudio non li bandì: "Sebbene i Giudei fossero diventati di nuovo molto numerosi, non li espulse perché difficilmente avrebbero potuto essere allontanati dalla città senza causare disordini a causa del loro grande numero. D'altra parte, vietò loro di riunirsi finché avessero continuato a praticare il loro antico stile di vita[49] ". Probabilmente fu questo che spinse Heinrich Graetz a scrivere che Claudio era "uno studioso pedante e uno sciocco". O forse Graetz parlava così dell'imperatore Claudio perché quest'ultimo, in una lettera del 41, aveva scritto che gli ebrei erano la "peste dell'universo[50] ".

XIV. La rivolta del 66

All'inizio dell'era cristiana, prima del 70 d.C., secondo le stime più plausibili, c'erano nell'impero dai sei ai sette milioni di ebrei, di cui due milioni e mezzo in Giudea e quattro milioni e mezzo nella diaspora, cioè il 10% della popolazione totale dell'Impero romano, quando a quel tempo i cristiani contavano a malapena più di centomila o duecentomila anime alla fine del primo secolo. Sotto l'imperatore Nerone, vediamo che gli ebrei insediati nell'impero avevano di nuovo il pieno diritto di esercitare il loro culto. Già Seneca (4 a.C. - 65 d.C.), il grande filosofo e drammaturgo di scuola stoica, lamentava la loro influenza sproporzionata[51]. Seneca era stato consigliere alla corte imperiale di Caligola prima di diventare

---

menzionata da Svetonio ebbe luogo intorno al 49-50. Gli studiosi sono divisi sul valore del riferimento di Svetonio a un "Chrestus" (Cristo= unto per essere re, il messia ebraico); alcuni lo vedono come un riferimento a Gesù Cristo, altri ne vedono il valore storico come un riferimento ai disordini di un agitatore sconosciuto. Gesù fu crocifisso nel 36, quindi riteniamo improbabile che solo 13 anni dopo, senza che il canone neotestamentario fosse ancora in vigore (i Vangeli e le Epistole paoline sono preromani e antigiudaici), i cristiani avessero il potere e l'interesse di provocare disordini significativi a Roma, e senza nominare esplicitamente Gesù (Chrestos o Chrestos è un titolo, non un nome). Invece, c'erano già numerosi precedenti di sommosse e alterchi con gli ebrei a causa dei suoi disturbi messianici. Questo "Chrestos" sarebbe probabilmente un "entusiasta", un altro falso messia ebreo autoproclamatosi tale. Leggete l'appendice finale.

[49] Dion Cassius, *Historia Romana, Libro LX*, Editorial Gredos, Madrid, 2011, p. 555.
[50] Marie-France Rouart, *L'Antisémitisme dans la littérature populaire*, Paris, Berg International, 2001.
[51] *Vistoribus victi legem dederunt*, Seneca, *De Superstitione*, in Georges-Bernard Depping, *Les Juifs dans le Moyen-Âge*, 1823, Paris, Imprimerie royale, Wouters, Bruxelles, 1844, p. 20.

precettore di Nerone. Con quest'ultimo ebbe un ruolo importante prima di essere screditato e spinto al suicidio. Seneca aborriva i Giudei: "Il modo di vivere di questa gente perversa era così potente che si imponeva in tutte le regioni: i vinti davano leggi ai vincitori[52] ", scriveva. D'altra parte, per quanto riguarda i cristiani, molto ostili agli ebrei, ma ancora poco numerosi, Seneca non parla né in positivo né in negativo.

Nel 66, la Giudea si ribellò ai Romani e l'insurrezione seminò ancora più confusione in tutto il Paese[53]. L'unica fonte disponibile per questi eventi è il libro di Flavio Giuseppe, *La guerra giudaica*. In esso si legge che gli Zeloti e il popolo di Gerusalemme insorsero, costringendo il re preromano Agrippa II ad abbandonare la città: "Agrippa, che era ugualmente preoccupato per i rivoltosi e per coloro contro i quali si preparava la guerra, che voleva mantenere i Giudei all'interno dell'Impero di Roma, senza perdere il suo Tempio e la sua metropoli, e che era consapevole che questa rivolta non gli avrebbe portato alcun beneficio, mandò a difendere il popolo duemila cavalieri al comando del capo della cavalleria Dario.Gli ammutinati erano superiori per la loro audacia, mentre i sostenitori del re erano superiori per la loro esperienza. Questi ultimi combatterono, soprattutto, per impadronirsi del Tempio e scacciare coloro che profanavano il santuario... Per sette giorni si verificò un grande massacro tra le due parti, senza che nessuna cedesse la parte di territorio che aveva conquistato[54] ". L'intervento di Florus, il governatore romano, fu implacabile e indiscriminato. "Florus si presentò come giudice davanti al palazzo di Erode e portò davanti a lui il sommo sacerdote e gli uomini di rango più elevato, chiedendo che gli consegnassero nelle mani coloro che avevano osato sfidarlo. Tremanti, cercarono di giustificare l'accaduto

---

[52]Sénèque, *De la Superstition (De Superstitione)*, frammento XXXVI. XXXVI. Citato in Geroges Nataf, *Les Sources païennes de l'antisémitisme*, Berg International, 2001, p. 77.
[53]« Oltre allo spirito di illegalità, c'era un'altra fonte di discordia e di miseria. Mentre la situazione attuale diventava sempre più triste e disperata, nei cuori dei fedeli credenti si faceva sempre più intenso il desiderio della liberazione che avrebbe portato la pace in Giudea. Le speranze messianiche erano ora più forti tra il popolo di quanto non lo fossero state anche al tempo dei primi governanti romani, speranze che diedero origine ad entusiasti che si offrivano come profeti e Messia, e che fecero sì che trovassero credenti e seguaci. La liberazione dal giogo di Roma era il grande obiettivo di tutti questi entusiasti ». Heinrich Graetz, *Storia degli ebrei II*, p. 241.
[54]Flavio Giuseppe, *La Guerra de los judíos, Libro II*, Editorial Gredos, Madrid, 1999, p. 346, 347. ["Le forze del re furono sopraffatte dal numero e dall'audacia dei ribelli e furono costrette a ritirarsi dalla Città Alta. Allora gli altri si precipitarono sulla casa del sommo sacerdote Anania e sul palazzo di Agrippa e Berenice e li incendiarono. Poi diedero fuoco agli archivi per far sparire i contratti di prestito e impedire così la riscossione dei debiti. In questo modo il popolo indebitato si sarebbe unito a loro e i poveri si sarebbero sollevati impunemente contro i ricchi", p. 348].

e implorarono la sua clemenza. Ma Floro li ignorò e ordinò ai soldati romani di saccheggiare la piazza del mercato, un quartiere abitato dai ricchi. Come demoni, i soldati selvaggi si precipitarono nella piazza del mercato e nelle strade adiacenti, uccisero uomini, donne e bambini, saccheggiarono le case e ne portarono via il contenuto. Quel giorno (16 del mese di *iyar*) perirono più di tremilaseicento uomini. I prigionieri, per ordine di Florus, furono flagellati e crocifissi[55]".

"Quando la notizia della battaglia tra gli Zeloti e le coorti romane a Gerusalemme giunse a Cesarea, i Greci e i Siri attaccarono i Giudei che vi erano tornati. La carneficina che ne seguì deve essere stata spaventosa: più di ventimila ebrei furono massacrati e questi, senza dubbio, non soccombettero senza aver causato altri morti per autodifesa. Non un solo ebreo rimase vivo a Cesarea", scrive Graetz (seguendo la versione di Flavio Giuseppe), affermando inoltre, senza timore di esagerare, che "nello stesso giorno e nella stessa ora, come per divina Provvidenza, gli abitanti di Cesarea uccisero gli ebrei che vivevano nella loro città, così che in un'ora ne decapitarono più di ventimila e tutta Cesarea fu svuotata di ebrei". Florus, infatti, catturò anche quelli che fuggivano e li portò in catene alle banchine[56]".

Anche i Romani subirono gravi perdite: "Questa crudeltà senza pari esasperò l'intera popolazione della Giudea, e il loro odio verso i pagani esplose in una frenesia selvaggia. Ovunque, come per tacito accordo, si formarono bande di truppe libere che attaccarono gli abitanti pagani del paese, bruciando, distruggendo e uccidendo. Questi attacchi barbari, naturalmente, provocarono la vendetta della popolazione pagana della Giudea e della Siria. Molte città furono divise in due fazioni ostili, che combattevano selvaggiamente insieme durante il giorno e si imboscavano e si ferivano a vicenda di notte[57]."

La guerra tra ebrei e pagani si estese ad Alessandria. I Greci di Alessandria pensarono di rivolgersi a Nerone per far togliere agli Ebrei i diritti che Claudio aveva solennemente confermato loro. A questo scopo, i greci, i macedoni e probabilmente molti egiziani, gli eterni dimenticati dai cronisti greci e romani, si riunirono nell'anfiteatro per discutere dell'ambasciata che intendevano inviare all'imperatore Nerone.

Heinrich Graetz scrisse di questo episodio: "Quando alcuni giudaizzanti furono scoperti tra la folla, furono ferocemente attaccati e insultati come

---

[55] Heinrich Graetz, *History of the Jews II*, Philadelphia, The Jewish Publication Society of America, 1891, p. 255.
[56] Flavio Giuseppe, *La Guerra de los judíos, Libro II*, Editorial Gredos, Madrid, 1999, p. 354.
[57] Heinrich Graetz, *History of the Jews II*, Philadelphia, The Jewish Publication Society of America, 1891, pag. 263.

spie. Tre di loro furono trascinati per le strade per essere dati alle fiamme". In realtà, i Giudei avevano probabilmente preso d'assalto l'anfiteatro, ma avevano trovato pane per i loro denti. Infatti, altri Giudei erano giunti "infuriati per il trattamento selvaggio riservato ai loro fratelli, i Giudei si armarono, presero pietre incendiarie e minacciarono di bruciare l'anfiteatro dove erano ancora riuniti i Greci". Il prefetto Tiberio Alessandro, nipote del filosofo ebreo Filone, inviò le legioni nel quartiere ebraico per ristabilire l'ordine. Falvio Giuseppe annotò nel suo resoconto che i soldati "non avevano pietà per i bambini piccoli, né rispetto per gli anziani, ma andavano uccidendo persone di tutte le età, finché l'intero quartiere fu inondato di sangue e furono ammassati cinquantamila cadaveri. E nessuno sarebbe sopravvissuto, se non fossero venuti a chiedere l'elemosina. Tiberio Alessandro ebbe pietà di loro e ordinò ai Romani di ritirarsi. I soldati, abituati a obbedire, abbandonarono subito il massacro, ma fu difficile calmare gli strati popolari di Alessandria, a causa del loro grande odio per gli ebrei, e a stento si riuscì a tenerli lontani dai cadaveri[58]".

Heinrich Graetz riprende questi dati da Giuseppe: "Tiberio Alessandro... ordinò alle sue legioni di entrare nel quartiere ebraico e scatenò la brutalità che aveva faticato tanto a contenere. I soldati, avidi di sangue e di saccheggio, si precipitarono nel bellissimo quartiere Delta della città, massacrando tutti quelli che incontravano, incendiando le case e riempiendo le strade di sangue e cadaveri. Cinquantamila Giudei persero la vita e l'uomo che ordinò quella terribile carneficina era il nipote del filosofo ebreo Philo![59]" Tiberio Alessandro era infatti di origine ebraica e odiato dai Giudei come un apostata.

Così, tra un quarto e un quinto degli abitanti ebrei di Alessandria erano morti, anche se è possibile che Flavio Giuseppe abbia esagerato le cifre. Naturalmente, scrive Graetz, "gli ebrei si vendicarono dei loro vicini pagani. L'inimicizia selvaggia tra le razze salì ancora di più, travolgendo gli stretti confini della Palestina, e l'odio si diffuse tra gli ebrei da una parte e i greci e i romani dall'altra".

XV. Tito e la distruzione del Tempio

Per domare la Giudea una volta per tutte, era necessario un braccio forte e vigoroso, così l'imperatore Nerone scelse di inviare il generale Vespasiano. Nell'inverno del 67 Vespasiano lasciò la Grecia per il teatro

---

[58] Flavio Giuseppe, *La Guerra de los judíos, Libro II*, Editorial Gredos, Madrid, 1999, p. 362.
[59] Heinrich Graetz, *History of the Jews II*, Philadelphia, The Jewish Publication Society of America, 1891, p. 265, 271.

delle operazioni. Suo figlio Tito portò da Alessandria le due legioni di cui gli Ebrei avevano già subito la ferocia. A Tolemaide, sopra il delta del Nilo, i principi vicini, tra cui il re Agrippa e sua sorella Berenice, si presentarono davanti a Vespasiano per rendere obbedienza e offrire le loro truppe al generale romano in segno di vassallaggio a Roma. Fu lì che Berenice conobbe e intraprese una relazione amorosa con Tito che sarebbe durata per diversi anni, nonostante fosse più anziana del figlio di Vespasiano.

I Romani entrarono nella città di Gamala e massacrarono circa 4000 uomini. Tito ordinò la crocifissione dei prigionieri, fino a cinquecento in un solo giorno, per intimidire i ribelli più ostinati. A volte li rimandava a Gerusalemme con le mani tagliate. Quando ebbe radunato un esercito di 80.000 uomini e un gran numero di macchine d'assedio, marciò su Gerusalemme.

Tre "traditori ebrei" (Graetz) aiutarono Tito durante questa campagna. Innanzitutto il re Agrippa, rifornendolo di truppe e dissuadendo con i suoi discorsi gli abitanti di Gerusalemme dal resistere ai Romani; Tiberio Alessandro, che aveva già provocato un massacro dei suoi ex concittadini ebrei ad Alessandria e stava per ripetersi in Giudea. Tito, ancora inesperto di guerra in questa regione, ebbe bisogno dei consigli di questo apostata e lo nominò generale in capo della sua guardia (*præfectu prætario*). Infine, c'era Yosef ben Matityahu ha-Cohen, meglio conosciuto come Flavio Giuseppe, un giovane generale che aveva combattuto contro i Romani e che, dopo essere stato fatto prigioniero, fece da guida a Tito, che accompagnò ovunque.

Flavio Giuseppe scrisse due libri di riferimento già citati: *La guerra giudaica* (75-79), l'unico resoconto conosciuto della distruzione di Gerusalemme, e le *Antichità giudaiche* (93).

Nelle *Antichità giudaiche*, Flavio Giuseppe, considerato un traditore dai suoi pari, insiste, nonostante tutte le prove, nel dimostrare che gli ebrei erano ben integrati nell'impero, tornando non meno di diciotto volte sulla questione. Tuttavia, è uno dei pochi autori antichi che può essere considerato uno storico, data la precisione e l'abbondanza delle sue informazioni. Ebreo di origine, proveniva da una famiglia sacerdotale per parte di padre e dai re asmonei per parte di madre. Come Filone e come suo nipote Tiberio Alessandro, apparteneva a una classe sociale aristocratica ellenizzata. Per lui gli abitanti di Gerusalemme erano vittime e prigionieri di "criminali" estremisti e sanguinari che stavano portando la città alla rovina. Infatti, non nascondeva la sua avversione per gli Zeloti, ai suoi occhi una banda di illuminati ossessionati dalla catastrofe finale. Vespasiano e Tito lo trattarono con il massimo rispetto e considerazione. Durante l'insurrezione in Giudea, Flavio Giuseppe fu nominato comandante in capo delle truppe romane sul fronte settentrionale della capitale.

Per quanto riguarda i Giudei, il pericolo aveva portato a una certa comprensione e a un compromesso tra tutte le parti, e numerosi volontari erano giunti dalla Giudea e dall'estero per difendere la città. Gli Zeloti, i più radicali tra i resistenti ebrei, non esitarono a vendicarsi dell'élite ebraica che preferiva collaborare con il potere romano. Quando Tito arrivò entro le mura della città, nel marzo del 69, questi "criminali" o "banditi", come dice Giuseppe, iniziarono a ricorrere a saccheggi e omicidi per liquidare le personalità più eminenti e diffondere il terrore.

La parte degli zeloti era a sua volta divisa in diverse fazioni rivali. C'era Giovanni bar Gischala, a capo di seimila uomini; Shimon bar Giora, che aveva diecimila uomini; ed Eleazar bar Simon, che aveva dietro di sé duemilaquattrocento uomini. Ma ben presto tutti cominciarono a uccidersi a vicenda e - secondo Giuseppe - il popolo arrivò a pregare per il rapido arrivo dei Romani.

A maggio, Tito diede l'ordine di assalto. Le truppe romane conquistarono il terzo muro, poi il secondo e la Città Alta. Nel frattempo, gli Zeloti, percependo l'imminente sconfitta, raddoppiarono la loro crudeltà. I guerrieri ebrei, stremati dai combattimenti e dalla fame, non riescono più a respingere gli assalti romani. I Romani scalarono le mura, si impadronirono delle torri e si precipitarono nella Città Alta, massacrando tutti i resistenti.

Ora rimaneva solo il Tempio da conquistare. Gli ultimi fanatici irriducibili difensori si erano barricati all'interno e i Romani si chiedevano se fosse il caso di distruggerlo. Mentre molti ritenevano che il nido delle rivolte dovesse essere raso al suolo, Tito, invece, era chiaramente a favore della conservazione dell'edificio. Ciò era probabilmente dovuto all'influenza della principessa Bernice. Si decise quindi di prendere il Tempio, ma senza distruggerlo. Il giorno successivo, il 9 *aprile* (data fatidica nel calendario ebraico), i Giudei tentarono di uscire, ma dovettero ritirarsi, vinti dalla superiorità numerica romana.

Il 29 agosto 70, dopo un ultimo tentativo di fuga, il Tempio fu incendiato. Un romano prese un rogo e, salendo sulle spalle dei suoi compagni, lo gettò attraverso una finestra nell'edificio. Le travi delle gallerie presero fuoco e l'incendio si propagò rapidamente in tutto l'edificio. Tito si precipitò con i suoi soldati e ordinò di spegnere il fuoco, ma non fu ascoltato. I soldati romani si precipitarono furiosamente nell'edificio, massacrando coloro che non erano riusciti a fuggire. Lo stesso Tito, mosso dalla curiosità, entrò nel Sacrosanctus, finché il fumo dell'incendio lo costrinse a lasciare il luogo. Il Tempio fu raso al suolo, tranne le fondamenta e alcuni resti del muro occidentale. Dopo l'incendio, Tito ordinò di bruciare tutte le case ancora in piedi. Le mura della città furono completamente demolite, ad eccezione delle tre torri, Hippos, Mariamme e Fasael, che Tito conservò come monumenti della sua memorabile vittoria. Le ultime vestigia dell'indipendenza politica della Giudea furono sepolte sotto le rovine di Gerusalemme.

Secondo Giuseppe, 115.880 cadaveri furono evacuati attraverso la porta della città presidiata da Tito. In tutto, scrive lo storico ebreo, 1.100.000 persone erano morte durante l'assedio, ma questa cifra è evidentemente eccessiva perché corrispondeva alla metà della popolazione della Giudea. La popolazione di Gerusalemme, aumentata dalle bande di Zeloti, doveva essere di circa quaranta o cinquantamila anime, e il numero dei morti era probabilmente di venti o venticinquemila[60].

Graetz scrive qui: "Più di un milione di vite erano state perse durante l'assedio. Contando i caduti in Galilea, in Perea e nelle province, si può supporre che gli ebrei che abitavano la loro terra natale fossero stati quasi interamente annientati".

Il giudaismo aveva perso le sue istituzioni sacerdotali e la sua capitale, il suo centro di gravità. I contributi al Tempio sarebbero stati d'ora in poi versati all'erario romano. La rendita di due dracme, che gli ebrei erano soliti inviare al Tempio di Gerusalemme, sarebbe andata al Tempio di Giove Capitolino; in definitiva, questa tassa - il *fiscus judaicus* - sarebbe diventata proprietà dell'erario personale dell'imperatore.

Iniziò così quella che gli ebrei chiamano la *terza cattività*, il periodo dell'*esilio romano (Galut Edom)*. La maggior parte dei giovani fu dispersa nelle province per giocarsi la vita nei circhi e nelle arene. I più giovani e le donne furono messi all'asta e, dato il loro gran numero, probabilmente venduti a prezzi stracciati ai mercanti di schiavi.

Tito celebrò la vittoria davanti alla sua corte a Cesarea, dove risiedeva il re Agrippa. Organizzò combattimenti con bestie feroci con i prigionieri. I prigionieri ebrei venivano portati al circo e costretti a combattere contro animali feroci fino alla morte. A volte lo spettacolo variava: i prigionieri dovevano combattere l'uno contro l'altro. In questo modo, scrive Graetz, perirono 2500 giovani nobili ebrei, "per festeggiare il compleanno di Domiziano, fratello dell'imperatore".

Numerose vittime perirono sotto gli occhi di Tito e Berenice. A Berite (l'attuale Beirut), nel giorno del compleanno del padre, il 17 novembre, Tito mostrò tutta la sua prodigalità, offrendo ancora una volta gli ebrei all'arena e alla morte. In tutte le città della Siria, Tito offrì agli abitanti dell'impero il gioioso spettacolo del martirio degli ebrei. Tutti gli ebrei dell'Impero romano, soprattutto in Siria, Asia Minore, Alessandria e Roma, furono vicini a subire la stessa sorte dei loro fratelli palestinesi. "La guerra aveva infatti suscitato l'odio di tutto il mondo pagano contro gli sfortunati figli di Israele, un odio che era fanatico nella sua intensità e il cui scopo era

---

[60] Gérard Messadié, *Histoire générale de l'antisémitisme*, JC Lattès, 1999, p. 98.

la distruzione totale dell'intera razza[61] ", lamentava Graetz.

Anche in questo caso, Bernice deve aver ispirato a Tito una certa clemenza nei confronti dei suoi compagni. Quando il seguito di Tito si avvicinò ad Antiochia, il popolo gli uscì incontro e lo pregò di espellere i Giudei dalla città. Ma Tito non acconsentì e non ritirò nemmeno i loro diritti e privilegi civili. Anche gli abitanti di Alessandria supplicarono invano l'imperatore di annullare i diritti dei Giudei nella loro città.

Nel frattempo, a Roma infuriava la guerra civile. Nerone si era suicidato nel 69 e l'imperatore Galba sarebbe stato presto assassinato in mezzo al Foro. Otone gli succedette in quell'"anno dei quattro imperatori", ma dovette entrare in guerra in Germania contro l'autoproclamato imperatore Vitellio. Si suicidò anche lui. Il suo regno era durato solo pochi mesi.

L'ingresso di Tito a Roma fu accompagnato da grandi onori trionfali, i più sontuosi che Roma avesse visto da molti anni, a dimostrazione, nonostante i problemi interni, della grande gioia provocata dalla vittoria di Roma sulla Giudea. Per diversi anni furono coniate medaglie d'oro, d'argento e di rame in ricordo di questa gloriosa vittoria. Le medaglie raffiguravano la Giudea con le sembianze di una donna seduta in preda al dolore sotto una palma, o in piedi con le mani incatenate e il volto disperato. *Judæa devicta* o *Judæa capta* erano le legende presenti su queste medaglie. In seguito, in onore di Tito fu costruito un arco di trionfo (Arco di Tito, accanto al Colosseo), dove ancora oggi si possono vedere i trofei di quella vittoria portati a spalla dai soldati romani. Tuttavia, né Vespasiano né Tito vollero adottare l'appellativo di *Judaicus*, come erano soliti fare consoli e imperatori con altri popoli sconfitti, poiché questo nome aveva già una connotazione infamante.

Flavio Giuseppe aveva accompagnato Tito durante il suo trionfo a Roma. Vespasiano lo insediò nel proprio palazzo, conferendogli la cittadinanza romana e concedendogli ricchi possedimenti in Giudea. Giuseppe godette dei favori della dinastia Flavia e adottò il nome della famiglia dei suoi protettori: *Flavio Iosefo*. Nel 95, tuttavia, pubblicò un'opera intitolata *Contro Apione in cui* confutava le accuse rivolte al giudaismo, guadagnandosi così il perdono e il riconoscimento dei suoi correligionari.

Le scelte politiche di Flavio Giuseppe non erano poi eccezionali. Quando nel 73, tre anni dopo l'apocalittica caduta di Gerusalemme, alcuni assassini ebrei superstiti provenienti dalla Palestina entrarono in Egitto e tentarono di fomentare disordini, la nobiltà ebraica guidò la repressione. Seicento "criminali" furono arrestati; gli altri furono inseguiti nell'Alto

---

[61] Heinrich Graetz, *History of the Jews II*, Philadelphia, The Jewish Publication Society of America, 1891, pagg. 312–313, 316.

Egitto e consegnati ai Romani che li torturarono a morte.

Nello stesso anno, la resistenza ebraica fu illustrata a Masada, in Giudea. Centinaia di zeloti e le loro famiglie si erano rifugiati in questa fortezza assediata dalle truppe romane. Il loro capo, Eleazar, li esorta a uccidersi piuttosto che cadere nelle mani dei nemici. Il primo giorno della Pasqua 73, incoraggiati dalle parole di Eleazar, gli ebrei sgozzarono mogli e figli prima di suicidarsi. Un silenzio mortale regnava nella piazza di Masada quando i Romani vi entrarono: solo due donne e cinque bambini erano ancora vivi (secondo la leggenda), in mezzo a 960 vittime.

Berenice visse a Roma con Tito nel suo palazzo come se fosse già la sua moglie ufficiale. Nel 75, egli avrebbe promesso di sposarla, dato che Tito sembrava pensarci davvero. Ma i Romani odiavano troppo i Giudei per permettere un simile matrimonio. Lo scandalo fu immenso e nel 78 Tito dovette rassegnarsi e licenziarla.

Non passò molto tempo prima che la principessa ebrea diventasse imperatrice romana. Berenice tornò in Palestina, anche se mantenne una certa influenza a distanza e intervenne più volte a favore dei suoi concittadini ebrei. Nel 79 Tito salì al trono, succedendo a Vespasiano, ma morì due anni dopo, nel settembre dell'81, senza rivedere la sua amante ebrea.

XVI. Domiziano e il fiscus judaicus

Domiziano, fratello di Tito, regnò dall'81 al 96 e riuscì a contenere il potere della comunità ebraica. Nelle sue *Vite dei dodici Cesari*, Svetonio lo descrive così: "Era alto di statura; il suo viso rifletteva la modestia e si copriva facilmente di rossore; i suoi occhi erano grandi, anche se era piuttosto miope; era anche bello e ben proporzionato, soprattutto in gioventù[62]".

Subito dopo la distruzione di Gerusalemme, come abbiamo visto, Tito aveva costretto i Giudei a pagare la didracma che avevano precedentemente versato al loro tempio. Per evitare il *fiscus judaicus*, ha spiegato Heinrich Graetz, "molti ebrei negarono la loro origine ebraica".

Ma Domiziano era chiaramente intenzionato a far rispettare le leggi di Roma. "Il crudele e avido Domiziano", come lo descrive Graetz, fece applicare questa tassa in modo ancora più rigoroso, ordinando l'esame di coloro che erano sospettati di non appartenere alla comunità ebraica. Lo storico Svetonio racconta di aver visto un vecchio nonagenario sottoposto a un'ispezione pubblica per verificare se fosse circonciso e quindi soggetto

---

[62]Svetonio, *Vite dei dodici Cesari II, Libro VIII*, Editorial Gredos, Madrid, 1992, p. 342. 342

all'imposta ebraica[63].

"La necessità rendeva gli ebrei ingegnosi e molti di loro ricorsero a uno stratagemma per eludere la tassa ebraica, scrive Graetz. Si ingegnarono per rendere irriconoscibile il segno dell'alleanza sui loro corpi".

XVII. Traiano

L'Impero romano conobbe la sua massima gloria ed espansione durante il regno di Traiano (98-117). Sia la Roma repubblicana che quella imperiale non avevano conosciuto vittorie così eclatanti come quelle di Traiano. Le campagne di questo imperatore di origine ispanica furono un susseguirsi di trionfi. Quando si stabilì ad Antiochia per ricevere i tributi dei vinti (inverno 115-116), Traiano avrebbe potuto considerare conclusa la guerra in Oriente, ma nella primavera successiva l'imperatore tornò per spezzare l'ultima resistenza del nemico partico e trasformare la Mesopotamia nella grande via d'accesso all'India che sognava di conquistare. Il trionfo fu però di breve durata, poiché le popolazioni sottomesse tra il Tigri e l'Eufrate si ribellarono. Questa defezione era stata orchestrata dagli ebrei, che avevano organizzato una rivolta in gran parte dell'Impero romano. Gli ebrei di Babilonia, insieme a quelli dell'Egitto, della Cirenaica (la costa della Libia) e dell'isola di Cipro, avevano concepito il piano di liberarsi dal giogo romano riprendendo le armi.

"Un'azione così unanime presupponeva un piano concertato e un leader potente. Dalla Giudea, la ribellione si diffuse nei Paesi vicini fino all'Eufrate e all'Egitto (116-117)", scrive Heinrich Graetz. Uno pseudo-messia di nome Andreas, o Luca, eccitò il fanatismo dei Giudei. La Giudea si ribellò e organizzò insurrezioni nelle regioni vicine, dalle rive dell'Eufrate all'Egitto (autunno 116 e inverno 117). Lo slogan "presto il Tempio sarà ricostruito" aveva mantenuto vivo l'amore per la libertà nei giovani ebrei, che non avevano perso l'abitudine di usare le armi nelle loro scuole[64]". Questa fede profetica animava i loro cuori, perché assicurava loro il futuro trionfo universale.

In Egitto, questa rivolta, nota come guerra di Kitos, durò tre anni, dal 115 al 117. Non ci sono testimonianze dei preparativi e delle vicissitudini di questa lotta; solo l'esito ci è noto. I capi dell'insurrezione sembrano essere stati Giuliano Alessandro e Papo. I ribelli attaccarono dapprima i vicini della loro città, massacrando greci e romani. Incoraggiati dai primi

---

[63] *Vita di Domiziano*, XII, in Georges-Bernard Depping, *Les Juifs dans le Moyen-Âge*, (1823), Wouters, Bruxelles, 1844, pagg. 21, 22.
[64] Heinrich Graetz, *History of the Jews II*, Philadelphia, The Jewish Publication Society of America, 1891, p. 397, 398.

successi, si unirono e attaccarono le legioni guidate dal generale Marco Rutilio Lupo. Nel primo scontro, i Giudei vanificarono l'abilità strategica e la disciplina dei Romani e Lupo fu costretto a ritirarsi. Questa prima battaglia fu accompagnata da spaventosi massacri; vincitori e vinti si impegnarono in atroci atti di barbarie e selvaggia crudeltà, manifestando un odio razziale a lungo trattenuto e implacabile che poteva essere saziato solo dal sangue.

I pagani che erano fuggiti dopo la sconfitta entrarono ad Alessandria, i cui abitanti ebrei che erano in grado di portare le armi si erano uniti all'esercito ribelle. Arrestarono gli ebrei che trovarono e li giustiziarono dopo terribili torture. L'esercito ebraico si vendicò; gli ebrei invasero l'Egitto e conquistarono il castello di Alessandria. Fecero prigionieri gli abitanti e inflissero loro le stesse torture. La popolazione pagana della città cercò di salvarsi fuggendo verso il porto. I Giudei li inseguirono e li raggiunsero vicino alle navi. Ne seguì una terribile lotta. Apianus, allora procuratore in Egitto, raccontò di essere scampato al massacro per miracolo, affermando che "i Giudei mangiarono la carne dei prigionieri greci e romani, si imbrattarono del loro sangue e si avvolsero nelle pelli strappate ai loro nemici". Naturalmente Graetz ne dubitava: "Questi orrori erano totalmente estranei al carattere e ai costumi ebraici".

Alessandria subì gravi danni da parte degli insorti ebrei. La loro furia li aveva spinti a distruggere numerosi monumenti della città, soprattutto il tempio di Nemesi, la dea greca della giustizia retributiva e della vendetta. È provato che i Giudei costringevano i vinti a scendere nell'arena per combattere contro le bestie feroci o per uccidersi a vicenda. Graetz ne parla nella sua opera: "Gli Ebrei facevano combattere i Romani e i Greci con animali selvatici o nell'arena. Era una triste ritorsione per l'orribile dramma a cui Vespasiano e Tito avevano condannato gli ebrei prigionieri".

Lo storico ebreo fa riferimento ad altre informazioni, come ad esempio che "in Cirenaica, 200.000 greci e romani furono uccisi dagli ebrei, e la Libia, la striscia di terra a est dell'Egitto, fu così devastata che, pochi anni dopo, dovettero esservi inviate nuove colonie". Sull'isola di Cipro, da sempre abitata da ebrei, che vi possedevano sinagoghe, un certo Artemione guidò la rivolta contro i Romani. Il numero dei ribelli era molto elevato e probabilmente era rafforzato dagli abitanti pagani scontenti dell'isola. Si dice che gli Ebrei di Cipriano distrussero Salamina, la capitale dell'isola, e uccisero 240.000 Greci[65] ".

Graetz si basa quindi sul resoconto di Dione Cassio (150-235), autore della monumentale *Storia romana* in ottanta libri, che racconta quegli

---

[65] Heinrich Graetz, *History of the Jews II*, Philadelphia, The Jewish Publication Society of America, 1891, pagg. 399–400.

eventi: "Nel frattempo, i Giudei della regione di Cirene misero a capo un certo Andreas e uccidevano sia Romani che Greci. Mangiavano la carne delle loro vittime, si facevano cinture con le loro interiora, si ungevano con il loro sangue e indossavano le loro pelli per vestirsi; molti li segavano a metà da cima a fondo; altri li consegnavano alle bestie selvatiche e altri ancora li costringevano a combattere come gladiatori. In tutto, perirono duecentoventimila persone. Anche in Egitto perpetrarono simili oltraggi; e a Cipro, sotto il comando di un certo Artemione. Lì, inoltre, morirono duecentoquarantamila persone[66]".

Ad Alessandria, Marius Turbo escogitò lo stratagemma di tormentare senza sosta gli Ebrei, attraverso piccole scaramucce, e dopo una lunga e aspra lotta gli Ebrei deposero le armi. Le legioni circondarono i prigionieri e li fecero a pezzi, le donne furono violentate e uccise. Gli ebrei rimasti in vita furono per la prima volta assegnati a luoghi chiusi per vivere separati, al fine di preservare il resto della popolazione dalla loro isteria contagiosa.

Turbo partì quindi con le sue forze per attaccare l'isola di Cipro. I dettagli di questa operazione militare non sono noti, ma non c'è dubbio che gli ebrei dell'isola furono sterminati fino all'ultimo. Furono sicuramente colpevoli delle peggiori atrocità, perché da quel momento in poi, scrive Graetz, "a Cipro sorse un odio mortale contro gli ebrei. Questo odio si espresse in una legge barbara, secondo la quale nessun ebreo poteva avvicinarsi all'isola di Cipro, anche se avesse subito un naufragio su quella costa[67]".

Traiano aveva una tale sete di vendetta nei confronti degli ebrei che a Babilonia ordinò a Lusio Quieto di sterminare fino all'ultimo ebreo. Infatti "era così grande la paura e l'odio dell'imperatore nei confronti di una nazione di cui non sembrava aver valutato correttamente la potenza. Traiano, infatti, dovette opporsi agli Ebrei su tre lati, e se si fossero uniti e sostenuti a vicenda, il colossale impero romano avrebbe forse ricevuto un colpo mortale,[68]", spiega Graetz. La guerra di sterminio condotta da questo generale di origine berbera non è molto ben documentata. Si sa solo che migliaia di ebrei furono sgozzati e che le città di Nisibis ed Edessa furono completamente distrutte. Le case, le strade e le vie erano ricoperte di cadaveri. Traiano, per ricompensare Quieto del suo grande contributo a questa guerra, lo nominò governatore della Palestina, dandogli ampi poteri per sedare ogni nuovo germe di rivolta.

---

[66] Dione Cassio, *Storia romana*, libro LXVIII, 32, citato in Georges Nataf, *Les Sources païennes de l'antisémitisme*, Berg International, 2001, p. 97.
[67] Heinrich Graetz, *History of the Jews II*, Philadelphia, The Jewish Publication Society of America, 1891, p. 401. E in Dion Cassius, *Roman History*, libro LXVIII, 32.
[68] Heinrich Graetz, *History of the Jews II*, Philadelphia, The Jewish Publication Society of America, 1891, p. 400.

Convinti che fosse giunto il momento in cui avrebbero dominato tutte le nazioni, Andreas e Artemion incoraggiarono i loro correligionari a perpetrare tutti questi massacri[69]. Senza dubbio, "è questo spirito di dominio che li ha sempre resi odiosi a tutti i popoli[70]".

Il famoso storico Publio Cornelio Tacito (55-120), nato nella Gallia Narbonese (forse a Vaison-la-Romaine), fu vicino all'imperatore Traiano all'inizio del suo regno. Ritiratosi dalla vita politica, Tacito si dedicò alla sua grande opera letteraria. Le sue *Storie* furono pubblicate tra il 104 e il 109 e gli *Annali* intorno al 110 o al 115. Dal suo resoconto si capisce bene che gli ebrei non godevano di grande stima a Roma:

"Mosè impose loro una nuova religione, contraria a quelle del resto dell'umanità: ciò che per noi è sacro, lì è sacrilego e, viceversa, ciò che per noi è immorale, per loro è permesso... Il resto delle loro pratiche, malvagie e sinistre, sono state fatte prosperare dalla perversione, poiché la peggior specie di persone, dopo aver abiurato la loro fede ancestrale, ha contribuito con tasse e donazioni che hanno accresciuto la ricchezza degli Ebrei. Anche perché tra loro la lealtà è ostinata e la carità diligente, ma contro tutti gli altri nutrono l'odio dei nemici. Mangiano separati, dormono separati. Pur essendo un popolo molto lascivo, non hanno mai rapporti con donne straniere. D'altra parte, nulla è proibito tra loro[71]". Tacito scrive inoltre: "Nessun popolo ha odiato così tanto gli altri come il popolo ebraico, nessuno a sua volta lo ha respinto così tanto, e nessuno si è guadagnato così meritatamente un odio così implacabile[72]."

XVIII. Adriano e l'assedio di Betar

Adriano successe a Traiano. All'inizio del suo regno, volle stabilire relazioni cordiali con gli Ebrei per evitare una nuova guerra. Pensava che gli ebrei avrebbero potuto combattere al suo fianco nel caso in cui i Parti avessero invaso il territorio romano. Adriano aveva quindi autorizzato gli ebrei a ricostruire il Tempio nel suo antico sito e a sollevare le rovine di Gerusalemme. Grande fu quindi la gioia degli ebrei di Giudea, che da cinquant'anni desideravano tornare ad avere un centro religioso. I lavori di ricostruzione del Tempio procedono rapidamente e il Senato decide di perpetuare il ricordo di questo evento coniando diverse medaglie, alcune

---

[69]Augustin Lemann, *L'Avenir de Jérusalem, Éspérances et chimères*, 1901
[70]Mons. Henri Delassus, *La Conjuration antichrétienne II*, Desclée De Brouwer, Lille, 1910, p. 691.
[71]Cornelio Tacito, *Storie, Libro V*, Cátedra, Madrid, 2006, pagg. 303-304.
[72]Beatus Rhenanus, in Léon Poliakov, *Histoire de l'antisémitisme, tomo I*, Point Seuil, 1981, p. 232, 361.

delle quali raffigurano l'imperatore in toga mentre solleva un'umile Giudea inginocchiata. Ma i buoni rapporti tra Adriano e la nazione ebraica non durarono più di dieci anni. Adriano aveva sì concepito il progetto di risollevare Gerusalemme dalle sue rovine, ma per trasformarla in una città pagana, il che provocò una nuova rivolta.

L'insurrezione guidata da Simon Bar Kochba nel 132 fu l'ultima grande rivolta ebraica durante l'impero. Come di consueto, Bar Kohba, "il Figlio della Stella", si presentò come il Messia e fu riconosciuto come tale dal più grande rabbino del suo tempo, Akiba ben Joseph[73]. I Romani dapprima batterono in ritirata, abbandonando i ribelli una fortezza dopo l'altra. Dopo un anno (132-133), 50 roccaforti e 985 città e villaggi aperti erano caduti in mano agli Ebrei e l'intera Giudea, fino alla Samaria e alla Galilea, era stata riconquistata.

Il nuovo Stato riorganizzato da Bar Kohba era in vigore da quasi due anni (estate 132–134). Gli ebrei si insediarono soprattutto sulla costa mediterranea, con la città di Betar che occupava il centro dell'apparato difensivo. Adriano dovette chiamare dalla Bretagna il generale più competente del suo tempo, Giulio Severo (Julius *Severus*), da inviare contro i ribelli ebrei. Giulio Severo attaccò uno per uno i vari corpi nemici, schiacciandoli con la sua cavalleria. Per intimidire gli ebrei, fece giustiziare sistematicamente tutti i prigionieri. L'assedio di Betar, durato circa un anno, fu l'ultimo episodio di questa guerra durata tre anni e mezzo.

I vincitori commisero orribili massacri a Betar. "Questo è stato descritto in modo terribilmente dettagliato. Si dice che i cavalli guadavano con il sangue fino al muso, perché il fiume scorreva pieno di sangue fino al mare lontano portando i cadaveri e grandi rocce[74]. Trecento teschi di bambini maciullati furono trovati sulle rocce[75]." Secondo la tradizione ebraica,

---

[73] Bar Kohba significa "Figlio della stella" in aramaico. Questo soprannome deriva da un'interpretazione del versetto biblico *Num XXIV, 17* ("*Una stella scese da Giacobbe*") a cui la tradizione ebraica attribuisce un significato messianico, in quanto la stella di Giacobbe designa il Messia. Secondo la tradizione ebraica, egli fu riconosciuto come Messia dal più grande saggio del suo tempo, Rabbi Akiba, uno dei padri del giudaismo rabbinico che partecipò alla rivolta. Questo saggio gli diede il suo appoggio incondizionato. Con il fallimento della rivolta di Bar Kochba, i rabbini adottarono successivamente un orientamento antimessianico nei confronti del suddetto. Cambiarono il suo nome in Bar Kozeva, giocando sul suono della parola ebraica *kazav*, "menzogna". Da salvatore, divenne così il "Figlio della Menzogna". Nel Talmud viene definito il falso Messia.

[74] Heinrich Graetz, *History of the Jews II*, Philadelphia, The Jewish Publication Society of America, 1891, p. 422.

[75] Gli ebrei sono palesemente ossessionati dai teschi dei bambini maciullati. Esistono numerose "testimonianze" della Seconda Guerra Mondiale che accusano le SS di crimini identici, che ovviamente non riflettono altro che la colpevolezza degli stessi intellettuali ebrei, abituati alla procedura dell'inversione accusatoria. A questo

Betar cadde il 9° giorno del mese di *Ab* nell'anno 135, una data che coincide ancora una volta - curiosamente - con quelle della distruzione dei due templi (486 a.C. e 70 d.C.) e anche in futuro, nell'immaginario degli ebrei, con la data dell'espulsione dalla Spagna nel 1492.

"Si stenta a credere al numero di morti che si dice ci siano stati, eppure gli storici ebrei e greci lo confermano. Lo storico autentico Dione Cassio riferisce che, oltre a coloro che morirono di fame e di fuoco, cadde mezzo milione di ebrei", scrive Heinrich Graetz[76]. "Le perdite dei Romani furono altrettanto grandi, e Adriano non osò usare nel suo messaggio al Senato la solita formula: "Io e l'esercito stiamo bene". Il Senato non decretò il trionfo dell'imperatore, ma fu coniata una medaglia in ricordo dei servizi resi dall'esercito. Questa moneta recava l'iscrizione "*Exercitus Judaicus*": "Grazie all'esercito vittorioso sugli Ebrei". Gli onori furono assegnati al suo generale Giulio Severo.

Dopo la sconfitta di Bar Kohba, migliaia di prigionieri ebrei furono venduti come schiavi nei mercati di Hebron e Gaza. Gli ebrei rimasti in patria si nascosero nelle grotte per sfuggire ai soldati romani. Adriano pensò che gli ebrei non fossero ancora stati sufficientemente indeboliti e pianificò l'annientamento definitivo della loro religione. Affidò a Quinto Tineio Rufo l'esecuzione del piano, mentre il generale Severo tornò in Britannia.

Tito aveva lasciato in piedi alcune case a Gerusalemme, così alcuni sfortunati avevano costruito delle capanne nel mezzo per vivere accanto a quelle preziose rovine. Ma Rufo fece passare l'aratro su tutta la città di Gerusalemme e sul sito del Tempio. Gerusalemme fu così completamente rasa al suolo. Adriano poté finalmente realizzare la sua pianificazione urbanistica e trasformare la città ebraica in una città pagana. Sul sito dell'antica città sorgeva ora una splendida città romana, Aelia Capitolina, che prendeva il nome da Elio Adriano e Giove Capitolino. In tutti gli atti pubblicati, Gerusalemme era ora chiamata Aelia, e il vecchio nome fu dimenticato. Anche la Giudea fu ribattezzata Palestina. Furono eretti templi a Bacco, Venere e Serapide. Il tempio di Giove Capitolino, il dio patrono di Roma, sorgeva sul luogo del tempio degli Ebrei. Statue di divinità romane, greche e fenicie ornavano magnificamente le strade e le piazze. Furono costruiti un teatro, bagni pubblici e vari edifici. Adriano stabilì in città colonie di veterani, soprattutto fenici e siriani. Agli ebrei (ma non ai cristiani di origine ebraica) fu vietato di mettere piede in città, pena la morte.

---

proposito, si veda *Lo specchio del giudaismo*.
[76] Heinrich Graetz, *Storia dei Giudei II*, p. 422. Dione Cassio, *Storia romana, IX, 43*. La popolazione della Giudea all'epoca doveva essere di circa due milioni e mezzo di persone, in Gérard Messadié, *Histoire générale de l'antisémitisme*, JC Lattès, 1999, p. 103.

Potevano comparire in città solo una volta all'anno, nel giorno della grande fiera, e dovevano pagare una tassa d'ingresso. I Romani scolpirono un maiale sul frontone della porta principale con l'idea di spaventare i veri israeliti davanti all'emblema dell'animale aborrito. I Giudei tollerati nelle regioni vicine, a Tiberiade, Cafarnao e Nazareth, guardavano con invidia e rammarico la terra ormai a loro preclusa.

Adriano seguì così la politica di Antioco Epifane. Emanò un decreto in Palestina che proibiva, con severe sanzioni, la circoncisione, la celebrazione del sabato e lo studio della Legge mosaica. Ma, a differenza del re ellenistico, non costrinse gli ebrei a venerare le divinità romane.

L'osservanza della minima pratica mosaica era severamente punita, tanto che la lettura della Torah veniva fatta sui tetti, lontano dagli occhi indagatori delle spie. I trasgressori venivano abilmente torturati. Heinrich Graetz ha fornito qui alcuni dettagli: "Un contemporaneo più giovane di questo triste periodo descrisse, in modo quasi drammatico, la crudeltà delle autorità romane che infliggevano qualche punizione crudele per ogni cerimonia religiosa. "Perché devi essere flagellato? Perché ho portato un *lulab*; perché devi essere crocifisso? Perché ho mangiato pane azzimo a Pasqua. Perché dovreste essere messi a morte con il fuoco o con la spada? Perché abbiamo letto la Torah e abbiamo permesso ai nostri figli di essere circoncisi". Ancora più terribili erano le morti inflitte agli accusati dai tribunali romani, che possono essere paragonate solo a quelle inflitte dall'Inquisizione. Venivano messe palline roventi sotto le ascelle, o venivano passate canne chiodate sotto le unghie, o veniva messa della lana bagnata sul busto di chi veniva bruciato a morte per prolungare la tortura, o veniva strappata la pelle, orrori che fanno rabbrividire solo a enumerarli".

Gli ebrei cercavano di eludere la vigilanza delle autorità e degli informatori. Alcuni di loro erano ex ebrei che avevano scelto di lasciare la setta. L'apostasia di Elisha ben Abuyah, un dottore della fede, ebbe conseguenze disastrose per gli ebrei. Elisha ben Abuyah, soprannominato anche *Acher*[77] (*Ajer*), insegnò alle autorità come riconoscere le pratiche ebraiche e le spie romane poterono così spiare da lontano la celebrazione di una cerimonia illegale. Il rumore di un mulino a mano, ad esempio, annunciava la preparazione della polvere da sparo necessaria per la guarigione di un bambino appena circonciso; le luminarie indicavano la celebrazione di un matrimonio. In base a questi indizi erano guidati a scoprire gli ebrei e a denunciarli ai tribunali. Graetz evoca questo tradimento nel suo libro: "Tra loro c'era *Acher*, che era impregnato di grande disprezzo per la Legge. Si dice che fornisse informazioni alle

---

[77] In ebraico significa "è un altro" (*A'her*). I Saggi del Talmud (*Chagigah, 15a*) lo chiamavano A'her (*Ajer* in inglese).

autorità romane in modo che potessero distinguere tra le cerimonie religiose e quelle che non avevano alcuna importanza.... Così le spie romane, che avviavano i sorveglianti ai vari riti, erano alla ricerca di qualsiasi tentativo di osservanza religiosa. Adriano o i suoi rappresentanti rivolgevano la loro più severa attenzione e infliggevano le più severe punizioni in due casi particolari: l'assembramento di scuole e l'ordinazione di discepoli... Se si poteva impedire l'ordinazione di alunni come insegnanti indipendenti, naturalmente si sarebbe ostacolata la corrente vitale del giudaismo. Bisogna ammettere che la politica romana era ben ponderata da parte dei suoi sostenitori, che sapevano come colpire il punto più vulnerabile del giudaismo. Furono inflitte severe pene capitali ai maestri che tenevano scuole e a coloro che ordinavano discepoli; anche le comunità furono ritenute responsabili. La città e i suoi dintorni, dove avveniva l'ordinazione, erano condannati alla distruzione. È possibile che *Acher abbia* istigato questa persecuzione. In ogni caso, di lui si dice che consegnò a morte i maestri della Legge e allontanò i discepoli dallo studio della Legge[78] ".

Elisha ben Ayubah fu in seguito ribattezzato *Akher* (*Acher, Ajer*) da alcuni ebrei, come se la sua conversione lo avesse trasformato in un uomo diverso. Il famoso scrittore ebreo Elie Wiesel disse di lui in uno dei suoi libri che era "il simbolo dell'abiura e del tradimento... Aveva le tasche piene di opuscoli antiebraici... Peggio ancora: cominciò a battersi per l'assimilazione forzata... Simpatizzò con l'occupante, divenne un collaboratore e infine un complice dell'esercito romano". Quel Rabbi Elisha "era *Akher* - rappresentava le forze oscure degli ebrei, le forze del Male presenti nell'uomo... All'inizio era chiamato Rabbi Elisha, poi Elisha ben Abuyah, poi ben Abuyah, e infine *Akher*[79] ".

Rabbi Akiva ben Yosef, il leader degli ebrei, fu trattato con grande severità da Rufo, il governatore della provincia. Dopo averlo tenuto a lungo in gabbia e avergli inflitto atroci torture, Rufo lo consegnò infine al boia. Graetz racconta nelle sue pagine come la sua pelle fu strappata con uncini di ferro.

La morte di Adriano, avvenuta nell'estate del 138, tre anni dopo la

---

[78] Heinrich Graetz, *History of the Jews II,* Philadelphia, The Jewish Publication Society of America, 1891, p. 428–429. [Tuttavia, la Jewish Encyclopedia (1901-1906) scrive che "è quasi impossibile ottenere un quadro chiaro di questa personalità dalle fonti rabbiniche, e gli storici moderni sono molto diversi nella valutazione della sua figura. Per Graetz, era uno gnostico; per Siegfried, un seguace di Filone; per Dubsch, un cristiano (di tipo elcese); per Smolenskin e Weiss, una vittima dell'inquisitore Akiva". Wikipedia. NdT]

[79] Elie Wiesel, *Célébration talmudique,* Éd. Seuil, 1991, p. 182-191. *Akher* si pronuncia *Ajer*, con la j inglese.

caduta di Bethar, portò a un significativo miglioramento della situazione degli ebrei. Questo imperatore, amante della cultura greca, era diventato, come Antioco Epifane, la personificazione dell'odio contro "la razza ebraica" (Graetz). Gli ebrei e i samaritani dell'epoca non pronunciavano mai il suo nome senza aggiungere questa formula di maledizione: "Che Dio riduca in polvere le sue spoglie".

Fu al tempo di Adriano che avvenne la separazione definitiva tra ebrei e cristiani. Nel 70, i cristiani si erano già mostrati indifferenti alla sorte degli ebrei. Sotto Adriano, dopo le violente persecuzioni commesse contro di loro dai Giudei, i cristiani si erano decisamente schierati con i Romani.

XIX. La dinastia dei Severi

L'imperatore Settimio Severo, che regnò dal 193 al 211, inaugurò una nuova era. Settimio Severo nacque a Tripolitana, sulla costa libica. Da parte di madre, discendeva da immigrati italici sposati con indigeni libici, probabilmente libici. Da parte del padre, discendeva da una famiglia di origine punico-berbera e di cultura punica. Lo storico Dione Cassio lo descrive come un uomo di bassa statura, snello, molto vivace, ma allo stesso tempo taciturno. Aveva un forte accento, che gli valse la derisione dei suoi contemporanei. Per la prima volta, l'impero era nelle mani di un provinciale, certamente romanizzato, ma proveniente da una famiglia berbera con forti legami africani. L'avvento di questo principe africano fece dire a molti che si trattava della "vendetta di Annibale".

Questo avido principe si fece completamente corrompere dall'oro degli Ebrei. Settimio Severo emanò leggi che li assimilavano ai cittadini romani e potevano essere ammessi alle più alte funzioni pubbliche[80]. Queste furono le prime disposizioni positive prese per loro nell'Impero romano, e furono mantenute per tutto l'impero pagano. Da persecutori, gli ebrei divennero persecutori. In Palestina e altrove, esercitarono la vendetta contro i loro connazionali che avevano abbracciato il cristianesimo[81].

Il figlio Caracalla, che gli succedette tra il 211 e il 217, aveva le stesse

---

[80] "Judæis privilegia reservavit". Lamprid. in Alex Sev. - Palæstinis plurima jura fundavit. Spart., in Sev. — Eos qui judaicam superstitionem sequuntur, Severus et Antoninus honores adipisci permiserunt, sed et necessitates imposuerunt, quæ superstitionem eorum non lasderent. Digesto, lib. 50, tit. 2; lib. 3, pars 3", in Georges-Bernard Depping, Les Juifs dans le Moyen-Âge, (1823), Wouters, Bruxelles, 1844, p. 23.

[81] Georges-Bernard Depping, Les Juifs dans le Moyen-Âge, (1823), Wouters, Bruxelles, 1844, p. 23. Georges-Bernard Depping (Monaco, 1784 - Parigi, 1853) si stabilì in Francia nel 1803. Fu naturalizzato nel 1827. Fu uno storico serio e filo-ebraico. Tutte le sue informazioni sono corredate da riferimenti dettagliati e note a piè di pagina.

origini berbere e siriane da parte di madre. Aveva iniziato la sua carriera uccidendo il fratello Geta, sgozzandolo con un gladio quando questi si era rifugiato tra le braccia della madre. In seguito, portò a termine una serie di omicidi sistematici (20.000 secondo Dione Cassio) contro gli amici, i parenti e i sostenitori di Geta, nonché contro eventuali rivali. Caracalla era evidentemente sotto l'influenza dei Giudei quando nel 212 concesse i diritti di cittadinanza a tutti gli abitanti dell'Impero romano. Questa legge, una vera e propria pietra miliare nella storia di Roma, contribuì notevolmente alla decadenza romana. Infatti, questo tipo di leggi di ispirazione tipicamente ebraica favorisce sempre l'immigrazione sistematica e la dissoluzione delle identità nazionali[82]. Caracalla, odiato dai Romani, fu assassinato nell'aprile del 217 durante una campagna militare in Oriente contro i Parti.

Suo nipote, Eliogabalo o Elegabalo, che regnò dal 218 al 222, era nato in Siria. Eliogabalo volle seguire fedelmente le pratiche di El-Gabal/Baal, un dio solare semitico della Siria di cui si dichiarava sacerdote. Si fece circoncidere e si astenne dal mangiare carne di maiale. Voleva anche introdurre pubblicamente a Roma i culti ebraici, samaritani e cristiani subordinandoli a Baal: "Il giovane imperatore Elegabalo... epitome vivente di tutti i vizi, che disonorò il mondo romano per quattro anni (218-222), e che sembra non aver avuto altra vocazione nella storia se non quella di degradare pubblicamente gli dei pagani e il cesarismo romano, e di convincere tutti della loro inutilità, sembra aver tentato e fatto molte cose nella sua metodica follia a imitazione delle pratiche ebraiche. Si offrì per la circoncisione e rifiutò di mangiare carne di maiale, anche se solo in obbedienza ai comandamenti del suo Dio Sole. Si propose di introdurre pubblicamente a Roma i culti ebraico, samaritano e cristiano, ma subordinandoli al suo dio-sole, Baal", racconta Heinrich Graetz. In effetti, a Roma circolavano molte voci su una sua possibile conversione al giudaismo.

Eliogabalo lasciò le redini del governo alla nonna e alla madre siriana. Questo controllo femminile, la superstizione dell'imperatore, i suoi capricci infantili, le spese irresponsabili e i matrimoni omosessuali fecero inorridire gli antichi romani e precipitarono la sua caduta. Nel luglio del 221, la nonna, intuendo che i vizi del nipote avrebbero distrutto lui e la sua famiglia, lo convinse ad adottare il cugino Alessio Basanio con il nome di Alessandro Severo, associandolo così al potere con il titolo di Cesare. Questo giovane serio, esperto, virtuoso, paziente e saggio si era reso popolare presso l'unica forza che contava davvero nell'Impero: l'esercito. Quando gli ufficiali e i soldati cominciarono a sospettare che Eliogabalo

---

[82] Si veda Hervé Ryssen, *Planetary Hopes*.

stesse cercando di sbarazzarsi di suo cugino, mormorarono immediatamente contro di lui. Eliogabalo voleva arrestare i capi degli intrighi, ma una folla inferocita invase il palazzo imperiale e massacrò l'imperatore. Il suo corpo fu trascinato per le strade di Roma e la folla cercò di gettare il cadavere nelle fogne. Alla fine, poiché i tubi erano troppo stretti, il cadavere imperiale fu gettato nel Tibre l'11 marzo 222.

Anche il nuovo imperatore Alessandro Severo (222-235) aveva un'alta considerazione del giudaismo. Gli ebrei vedevano in lui addirittura una sorta di nuovo Messia. Secondo Graetz, "era ben disposto verso i cristiani, anche se sembra che avesse una maggiore predilezione per gli ebrei e il giudaismo. Gli abitanti di Antiochia e Alessandria, il cui carattere frivolo li rendeva più soddisfatti di imperatori immorali che di un sovrano austero come Alessandro Severo, lo deridevano con epigrammi e gli affibbiavano i soprannomi di "capo siriano della sinagoga" (*archisynagogus*, cioè rabbino) e di "sommo sacerdote"[83].

Nel 234, l'imperatore si recò personalmente a Magonza per affrontare i Germani, in particolare gli Alamanni, ma esitò a combatterli frontalmente, preferendo comprare la pace. Fu assassinato nella sua tenda e i legionari proclamarono imperatore uno dei loro, Massimo. Questo assassinio inaugurò un periodo di cinquant'anni di anarchia militare, fino ai regni di Aureliano (270-275) e soprattutto di Diocleziano (284-305). La dinastia dei Severi era finita nello stesso modo in cui era iniziata: con un colpo di Stato.

XX. Gli imperatori cristiani

Costantino, che regnò dal 306 al 337, fu il primo imperatore romano a convertirsi al cristianesimo. Con l'Editto di Milano del 313, pose fine a un'epoca di persecuzioni e aiutò la Chiesa a svilupparsi stabilendo la libertà di culto. Fornì donazioni di denaro e terreni, contribuì a finanziare la costruzione di grandi basiliche e coniò spesso monete con simboli cristiani. Costantino prese anche provvedimenti per proteggere i cristiani dalla furia e dall'intolleranza degli ebrei. Il 18 ottobre 315 proibì agli ebrei di perseguitare i loro correligionari convertiti al cristianesimo, pena il rogo. Il 7 marzo 321 decretò la domenica come giorno festivo obbligatorio, ad eccezione del lavoro nei campi. Costantino non ignorava che questa misura toglieva un giorno di lavoro agli ebrei che già riposavano il sabato. L'imperatore proibì inoltre agli ebrei di incitare i cristiani all'apostasia e ordinò di liberare gli schiavi degli ebrei circoncisi[84].

---

[83] Heinrich Graetz, *History of the Jews II*, Philadelphia, The Jewish Publication Society of America, 1891, p. 473, 485.
[84] Georges-Bernard Depping, *Les Juifs dans le Moyen-Âge*, (1823), Éd. Wouters,

Suo figlio Costanzo II, che regnò fino al 361, fece promulgare una legge secondo la quale la circoncisione degli schiavi da parte degli ebrei non solo comportava la loro liberazione automatica, ma anche la confisca di tutti i beni del proprietario ebreo e la pena di morte. D'altra parte, fu deciso che un cristiano che avesse sposato un'ebrea avrebbe subito il sequestro di tutti i suoi beni da parte dell'erario imperiale; una cristiana delle fabbriche imperiali che avesse sposato un'ebrea sarebbe stata licenziata e il marito ebreo giustiziato.

Nel 355, da Costantinopoli, la nuova capitale imperiale, Costanzo diede pieni poteri al cugino Giuliano per combattere le incursioni degli Alamanni. Nel 361, alla sua morte, Giuliano assunse il controllo dell'intero impero. Il suo regno durò solo due anni e fu una breve pausa durante la quale tentò di ripristinare il paganesimo. Giuliano riaprì i templi e proibì ai cristiani di insegnare i classici greco-latini. Pubblicò un saggio, *Contro i galilei*, una critica neoplatonica in cui descriveva i cristiani come incolti e rozzi.

Ma, d'altra parte, gli ebrei non dovettero subire con lui la minima legislazione ostile, anzi: "Per questo motivo fu tanto più amichevole con gli ebrei e fu l'unico imperatore, dopo Alessandro Severo, a mostrare un serio interesse per il giudaismo. Più di una ragione lo portò a preferire il giudaismo. Educato alla religione cristiana, aveva conosciuto l'ebraismo attraverso la Sacra Bibbia, e quanto più l'ebraismo era odiato e perseguitato dal cristianesimo, tanto maggiore era la riverenza con cui lo considerava... Il regno di Giuliano, che non durò due anni (dal novembre 361 al giugno 363), fu un periodo di estrema felicità per gli ebrei dell'Impero romano. L'imperatore li favorì, sollevandoli dall'oppressione e dal disonore che derivavano dalla derisione della bestemmia. Chiamò il patriarca Hillel suo venerabile amico e lo onorò con una lettera autografa, in cui gli assicurava la sua benevolenza e gli prometteva che avrebbe cercato di porre fine ai mali degli ebrei. Indirizzò anche un'epistola a tutte le comunità ebraiche dell'impero e fece i preparativi per ricostruire il Tempio di Gerusalemme, che era diventato una città cristiana dal tempo di Costantino[85] ". La lettera firmata ad Antiochia è datata autunno 362.

In effetti, Giuliano non fece semplici promesse e mise tutto in moto per risollevare il tempio dalle sue rovine. Il successo dell'impresa gli stava molto a cuore e non badò a spese. Numerosi operai furono inviati a Gerusalemme per dissodare il terreno su cui sorgeva da tre secoli il santuario in rovina, e i materiali da costruzione furono trasportati in gran quantità.

Giuliano "l'Apostata" aveva negli ebrei i suoi migliori alleati nella

---

Bruxelles, 1844, p. 24.
[85] Heinrich Graetz, *History of the Jews II*, Philadelphia, The Jewish Publication Society of America, 1891, p. 603–605.

guerra che stava conducendo contro i cristiani. Gli ebrei, scrive monsignor Henri Delassus [86], "non tardarono ad approfittare delle disposizioni dell'imperatore per soddisfare ancora una volta i loro odi tradizionali. Furono visti in Egitto e in Asia incendiare impunemente le basiliche cristiane[87]".

Purtroppo per gli ebrei, Giuliano fallì nella spedizione contro i persiani e fu trafitto da una freccia scagliata da un cristiano del suo esercito (secondo la leggenda). Gli ebrei beneficiarono a lungo degli effetti positivi del suo regno, poiché le misure restrittive nei loro confronti, che Giuliano aveva abolito, non furono più applicate da Costantino e Costanzo.

Un'assemblea di alti funzionari e ufficiali si riunì ed elesse imperatore Valentiniano I, che regnò dal 364, figlio di un ufficiale di origine pannonica (oggi croata). Valentiniano I governò sulla parte occidentale dell'impero e impose il rispetto delle credenze religiose di tutti i suoi sudditi. Ricostruì le fortificazioni sul Reno, riorganizzò l'esercito della Gallia e la liberò dagli Alamanni. Il suo grande generale Teodosio il Grande riconquistò la provincia di Bretagna, che era stata invasa dai barbari di Scozia e Irlanda.

Valentiniano consegnò l'Oriente al fratello Valente, che regnò a Costantinopoli. Valente apparteneva alla setta ariana del cristianesimo (arianesimo) - secondo la quale la divinità di Dio (il Padre) precede ed è superiore a quella di Gesù Cristo (il suo Figlio incarnato come uomo)[88] - ed era quindi bersaglio degli attacchi cattolici. Per questo motivo protesse gli ebrei e dimostrò più volte la sua stima nei loro confronti. Sotto il suo regno ebbe luogo il Sinodo di Laodicea (364). Ai cristiani fu ordinato di non rimanere inattivi il sabato (canone 29), di non accettare il pane azzimo (non lievitato) degli ebrei e di non partecipare alle loro feste e ai loro sacrilegi (canoni 37 e 38)[89].

Sant'Atanasio, vescovo di Alessandria, illustre padre della Chiesa vissuto in quel periodo, non si limitò a dibattiti teologici, ma constatò in pratica che i costumi degli Ebrei erano del tutto particolari, affermando inoltre che "gli Ebrei non erano più il popolo di Dio, ma i capi di Sodoma

---

[86] Mons. Henri Delassus (1836-1921) è stato un sacerdote cattolico francese, dottore in teologia, protonotario apostolico, canonico onorario della diocesi di Cambrai e saggista antimassonico e critico dell'ebraismo.

[87] Mons. Henri Delassus, *La Conjuration antichrétienne II*, Desclée De Brouwer, 1910, p. 683.

[88] L'arianesimo era una forma di cristianesimo non trinitario. Gli ariani non credevano nella dottrina tradizionale della Trinità, secondo la quale Dio Padre, Gesù e lo Spirito Santo sono un unico essere. L'arianesimo sostiene che Gesù Cristo è il Figlio di Dio, che procede dal Padre, ma non è eterno, bensì generato nel tempo. L'arianesimo sostiene che il Figlio di Dio non è sempre esistito, ma è stato creato da Dio Padre.

[89] Mons. Carl-Joseph Héfélé, *Histoire des Conciles, d'après les documents originaux*, 1870, Paris, 1914.

e Gomorra⁹⁰ ".

Nei Balcani, Valente dovette affrontare i Visigoti e gli Ostrogoti, morendo, secondo la cronaca di Amiano Marcellino, in combattimento durante la battaglia di Adrianopoli il 9 agosto 378, preannunciando così la futura invasione generale dell'impero da parte delle tribù germaniche.

Nel 367, ad Amiens (Gallia), Valentiniano si ammala gravemente e proclama imperatore il figlio Graziano, di soli 8 anni. Graziano regnò dal 375 al 383, mostrandosi benevolo nei confronti di Papa Damasio I. Fu il primo imperatore a rifiutare l'antico titolo di culto romano di *Pontifex maximus* (pontefice sovrano), poi assunto dal vescovo di Roma.

Nel gennaio del 379 Graziano proclamò Augusto Teodosio, originario di Cauca (Coca, Segovia), figlio del grande generale Teodosio il Grande. Teodosio I ricevette la parte orientale dell'impero. Nel 380, insieme a Graziano, fermò i Goti in Epiro e Dalmazia. Insediò parte degli Ostrogoti in Pannonia, stabilendosi a Costantinopoli mentre l'usurpatore Magno Massimo prendeva il potere in Occidente.

Con l'Editto di Tessalonica del 28 febbraio 380, l'imperatore Teodosio (379-395) elevò il cristianesimo a unica religione ufficiale e obbligatoria. Il cristianesimo divenne così la religione di Stato. Nel 381, il secondo Concilio ecumenico di Costantinopoli condannò l'arianesimo. Teodosio emanò anche leggi contro gli ebrei, definendoli una "setta bestiale" (*feralis secta*). Secondo alcune fonti, "Teodosio sarebbe arrivato a dire che essere ebrei era un male incurabile e senza speranza⁹¹ ".

Nonostante le esortazioni di Ambrogio di Milano e di altri membri del clero cattolico, Teodosio il Grande non permise ai funzionari di interferire negli affari religiosi degli ebrei. Promulgò pene severe contro i cristiani che disturbavano la loro tranquillità. Ma gli ordini imperiali erano inutili per cambiare lo spirito dei tempi. Inoltre, prima del regno di Teodosio, esistevano già diverse leggi restrittive contro gli ebrei, che rimasero in vigore.

XXI. I Padri della Chiesa

Sant'Ambrogio (340-394), vescovo di Milano e famoso padre della Chiesa, fu contemporaneo di Teodosio. Venuto a sapere che l'imperatore aveva condannato un vescovo di Callinico, nella Mesopotamia settentrionale, a ricostruire a sue spese una sinagoga che aveva fatto

---

⁹⁰ *Traité de l'Incarnation*, 40, 7, in Maurice Pinay, *Complotto contro la Chiesa, capitolo XLI* (1962), trascrizione pdf da Ediciones Mundo Libre, Messico, 1985, p. 362.
⁹¹ Elie Wiesel, *Célébration talmudique*, Seuil, 1991, p. 336.

bruciare, Ambrogio si indignò e scrisse all'imperatore. Pur riconoscendo che il vescovo aveva esagerato e doveva essere rimproverato, protestò con tanta forza che l'imperatore fu costretto a rettificare la sua decisione[92].

Sant'Ambrogio dichiarerà che la sinagoga era "una casa di empietà, un ricettacolo di malvagità che Dio stesso aveva condannato". Quando le masse cristiane, in reazione alle azioni degli Ebrei, non riuscirono a reprimere la loro rabbia e bruciarono una sinagoga a Roma, Sant'Ambrogio non solo li appoggiò, ma disse: "Ho dichiarato che la sinagoga doveva essere bruciata, o almeno ho ordinato che fosse bruciata. E se mi si obietta che non ho appiccato personalmente il fuoco alla sinagoga, protesto che essa ha cominciato a bruciare per giudizio di Dio[93] ".

Heinrich Graetz ha scritto che "Ambrogio di Milano superò Crisostomo in violenza e calunnie odiose contro gli ebrei. Chiamò *ebreo* l'usurpatore Massimo, perché aveva ordinato al Senato romano che una sinagoga di Roma, bruciata dai cristiani, fosse ricostruita a spese della città.[94] ".

Sant'Ambrogio di Milano è riconosciuto dalla Chiesa cattolica come un modello degno di imitazione per i vescovi e come uno dei più illustri esempi di carità cristiana. "Questo dimostra che la carità non deve essere usata per proteggere le forze del male", ha scritto con giudizio Maurice Pinay.

A quel tempo, gli ebrei non potevano più perseguitare i cristiani come un tempo. Il grande teologo Tertulliano, padre della Chiesa e autore prolifico, ha lasciato la sua testimonianza sulle persecuzioni ebraiche contro i cristiani nei secoli precedenti. Era nato a Cartagine tra il 150 e il 160, figlio di un centurione della legione romana. Nella prima metà del III secolo, Tertulliano inaugurò la letteratura cristiana in lingua latina. "Nel suo trattato "*Adversus Judaeos*", lancia accuse molto dure contro gli israeliti; nello "*Scorpiase*", afferma che: "le Sinagoghe sono i punti da cui provengono le persecuzioni contro i cristiani". E in "*Ad Nationem*"... afferma: "È dai Giudei che provengono le calunnie contro i cristiani".[95] ".

Secondo Sant'Ambrogio, al tempo di Giuliano l'Apostata gli ebrei ridussero in cenere un gran numero di chiese, tra cui la Basilica di Alessandria, e nessuno chiese risarcimenti o punizioni per questo.

Duecento anni dopo, anche San Gregorio di Nissa, un altro illustre

---

[92] Epist. 29. Sozomène hist. Trip. L.7, c.8 e L.9, c.30, in *Revue Catholique des Institutions et du Droit*, ottobre 1893, articolo di Charles Auzias-Turenne.
[93] Maurice Pinay, *Complotto contro la Chiesa, capitolo XLI* (1962), trascrizione in pdf da Ediciones Mundo Libre, Messico, 1985, p. 361.
[94] Heinrich Graetz, *History of the Jews II*, Philadelphia, The Jewish Publication Society of America, 1891, p. 620–621.
[95] Maurice Pinay, *Complotto contro la Chiesa, capitolo XLI* (1962), trascrizione pdf da Ediciones Mundo Libre, Messico, 1985, p. 370.

cristiano, capo teologo del Concilio di Costantinopoli, accusò duramente gli ebrei nella sua *Orazione sulla Risurrezione di Cristo*: "Assassini del Signore, assassini dei profeti, nemici di Dio, uomini che odiano Dio, uomini che disprezzano le leggi, avversari della Grazia, nemici della fede dei loro padri, fautori del Diavolo, covata di vipere, calunniatori, schernitori, uomini la cui mente è nelle tenebre, lievito dei farisei, assemblea di demoni, peccatori, uomini perversi, drogati, nemici dell'onestà[96]."

Il più veemente degli antigiudei cristiani fu senza dubbio Giovanni Crisostomo (349-407), il più venerato dei Padri della Chiesa orientale. Nato ad Antiochia, fu vescovo di Costantinopoli. La sua ineguagliabile eloquenza fu all'origine del suo soprannome Crisostomo, "bocca d'oro".

Ad Antiochia denunciò come i Giudei occupassero le prime posizioni commerciali della città, paralizzando gli affari quando celebravano le loro feste. Pronunciò non meno di otto omelie per mettere in guardia i cristiani dai loro trucchi e dalle loro seduzioni[97].

Crisostomo denunciò instancabilmente gli ebrei come una "nazione di assassini, lussuriosi, rapaci, voraci e perfidi ladri", prevedendo che "continueranno a essere puniti per i loro crimini fino alla fine del mondo". Gli ebrei sono "infanticidi... colpevoli di mille orrori", sosteneva il Crisostomo. E tuonava contro di loro, denunciando che "i Giudei di oggi, riuniti in truppe effeminate, in bande con numerose e miserabili cortigiane, trasformano la sinagoga in un teatro con istrioni in scena; perché la loro sinagoga non è molto diversa da quei luoghi pubblici! La sinagoga non è solo un teatro e un luogo di prostituzione; è anche un covo di ladri, una caverna di bestie selvatiche[98]."

San Giovanni Crisostomo aveva già notato ai suoi tempi una certa

---

[96]Maurice Pinay, *Complotto contro la Chiesa, capitolo XLI* (1962), trascrizione in pdf da Ediciones Mundo Libre, Messico, 1985, p. 366. (E in Marcel Simon, *Verus Israel*, Parigi, 1948, p. 255).

[97]Giovanni Crisostomo, 1884, *Adversus Judæos homilia*, in Claude Jannet, *L'Église et la constitution sociale*, 1884. "Nel IV secolo", scrive Abraham Leon, "gli ebrei appartenevano agli strati ricchi e benestanti della popolazione. Crisostomo dice degli ebrei che possedevano grandi somme di denaro e che i patriarchi accumulavano immensi tesori. Parla della ricchezza degli ebrei come se fosse un fatto ben noto ai contemporanei". (Abraham Léon, *La Conception matérialiste de la question juive*, Études et Documentation internationales, 1942, Paris, 1968, p. 63). Abraham Léon cita qui il rabbino L. Lucas, *Zur Geschichte der Juden in vierten Jahrhundert*, Berlino, 1910.

[98]Gougenot des Mousseaux. *El Judío, el judaísmo y la judaización de los pueblos cristianos*, versione pdf. Tradotto in spagnolo dalla professoressa Noemí Coronel e dalla preziosa collaborazione dell'équipe del Nacionalismo Católico Argentina, 2013.

107

inclinazione di alcuni ebrei verso il procacciamento: "Le loro sinagoghe sono solo luoghi di dissolutezza dove si abbandonano alla lascivia e alla dissolutezza[99]. Inoltre, questo primo illustre antisemita sospettava già che il giudaismo costituisse una sorta di malattia dell'anima. Giovanni Crisostomo metteva in guardia i cristiani contro di loro e le loro pratiche mediche o teurgico-cabalistiche: "Fuggite e respingete i Giudei; essi pretendono di essere i più abili medici del mondo, ma la loro scienza medica è solo impostura, incantesimi, incantesimi, amuleti e pratiche prese in prestito dalla magia!".

San Girolamo (340-420), nato da un'aristocratica famiglia romana nell'attuale Croazia, ricevette un'educazione perfetta a Roma, dove si convertì al cristianesimo all'età di 25 anni. Fu segretario di Papa Damaso I e passò alla storia per la sua traduzione in latino della Bibbia dal greco e dall'ebraico (la Vulgata). Naturalmente, professò anche una profonda ostilità nei confronti dell'ebraismo. Lo storico Heinrich Graetz ebbe a dire di lui: "Quando i suoi nemici gli rimproveravano l'eresia a causa dei suoi studi ebraici, egli li convinceva della sua ortodossia affermando il suo odio per gli ebrei: "Se è necessario disprezzarli come individui e come nazione, così io aborro gli ebrei con un odio ineffabile[100] "".

Nella sua lettera ai fratelli Pamachio e Oceano, San Girolamo scriveva: "Se c'è interesse nell'odiare alcuni uomini, nell'odiare una razza, io mi oppongo ai circoncisi con un odio straordinario. Ancora oggi perseguitano Nostro Signore Gesù Cristo nelle sinagoghe di Satana". San Girolamo riprendeva così le parole di Cristo citate dall'apostolo Giovanni: "Voi siete del diavolo vostro padre e le voglie del padre vostro voi le farete". (Giovanni, VIII, 44. Reina Valera 1862).

Nell'Apocalisse (II, 9), San Giovanni invita a diffidare delle calunnie dei Giudei: "Conosco le vostre opere, la vostra tribolazione e la vostra povertà - ma voi siete ricchi - e conosco la bestemmia di coloro che si dicono Giudei e non lo sono, ma sono la sinagoga di Satana".

Lo scrittore cattolico Maurice Pinay confermò le opinioni di San Girolamo nel XX secolo: "San Girolamo diceva che, se era necessario abominare gli ebrei e il giudaismo per essere un buon cristiano, voleva farlo in modo esemplare". E aggiungeva: "Non c'è nulla di strano in questo se si tiene conto che gli ebrei sono i nemici capitali del cristianesimo e del

---

[99] Giovanni Crisostomo, pp. 358-362, 3,4, ecc. Citato in *Oeuvres completes* vol. II, ed. 1865. In Gougenot des Mousseaux. *L'ebreo, il giudaismo e l'ebraicizzazione dei popoli cristiani*, p. 555. Sul pappone ebraico e la tratta degli schiavi bianchi, si veda *La mafia ebraica*. E sul quadro clinico dell'ebraismo, *Psicoanalisi dell'ebraismo*.

[100] Heinrich Graetz, *History of the Jews II*, Philadelphia, The Jewish Publication Society of America, 1891, pagg. 632–633.

genere umano[101]."

Il vescovo Cirillo di Alessandria, che si opponeva fortemente all'isteria e all'aggressività degli ebrei, riuscì a cacciarli dalla città nel 415, il che provocò alcuni disordini. Ma nonostante le grandi energie messe in campo per difendere gli ebrei, il prefetto Oreste non riuscì a contenere i disordini e poté solo presentare una denuncia contro Cirillo. Il tribunale di Costantinopoli, tuttavia, sostenne il vescovo.

Questo convinto antigiudaismo dei Padri della Chiesa era già stato professato dai fondatori del cristianesimo. San Paolo affermava di essere un ebreo, "nato a Tarso in Cilicia", un'antica città sulla costa meridionale dell'attuale Turchia. Paolo (Saulo) abbandonò il giudaismo, rivoltandosi contro la setta. In seguito avrebbe chiesto per tre volte la cittadinanza romana, come si legge nel Vangelo di Luca.

Nelle sue epistole, egli denigra sistematicamente i Giudei e i loro insegnamenti, descrivendoli come nemici di tutti gli uomini: "Poiché voi, fratelli, siete stati imitatori in Cristo Gesù delle chiese di Dio che sono in Giudea; poiché anche voi avete sofferto le stesse cose della vostra nazione, come esse hanno sofferto dei Giudei: i quali hanno ucciso il Signore Gesù e i suoi profeti, ci hanno perseguitati, non sono graditi a Dio e sono nemici di tutti gli uomini; ci hanno ostacolato perché non parlassimo ai Gentili, affinché fossero salvati, per colmare in eterno la misura dei loro peccati; poiché l'ira li ha colpiti fino all'estremo."(1 Tessalonicesi, II, 14-16, King James Version 1862). San Paolo fu decapitato, probabilmente nell'anno 67, dopo un processo avvenuto sotto il regno dell'imperatore Nerone.

La figura e il destino di Gesù Cristo, il suo carattere esemplare, il suo sacrificio per la salvezza e la rinascita del mondo, corrispondevano profondamente ai contorni delle grandi mitologie greco-latine. La divinizzazione antropomorfa era già una credenza diffusa nel mondo pagano. La sua figura era particolarmente vicina a quella del dio Dioniso, figlio di Zeus, che secondo la tradizione orfica era stato smembrato dai Titani prima di essere resuscitato da Zeus. Allo stesso modo, l'accettazione dell'Eucaristia, che comporta il consumo simbolico della carne e del sangue divini, era già presente fin dall'antichità nei misteri dionisiaci, eleusini e orfici. Infine, autorizzando e promuovendo le rappresentazioni sacre (sculture, pitture, mosaici), il cristianesimo riuscì a inquadrarsi completamente e armoniosamente nella cultura greco-romana[102].

---

[101]Maurice Pinay, *Complotto contro la Chiesa, capitolo XIX* (1962), trascrizione pdf da Ediciones Mundo Libre, Messico, 1985, pag. 235.
[102]"Per quanto riguarda gli dèi, gli antichi hanno tramandato alle generazioni successive due concezioni diverse. Alcuni, dicono, sono eterni e immortali... Ognuno di questi dei, infatti, ha la sua origine nell'eternità e un'esistenza per l'eternità. Ma gli altri dei, affermano, sono esseri terreni che, grazie ai loro benefici per gli uomini, hanno

XXII. La fine dell'Impero romano in Occidente

Alla morte di Teodosio il Grande, l'Impero Romano passò nelle mani dei suoi due figli e fu ufficialmente diviso in due: l'Impero d'Occidente, fino ai confini dell'attuale Bosnia, e l'Impero d'Oriente.

In Oriente regnava l'imperatore Arcadio (395-408), o meglio i suoi onnipotenti consiglieri Rufino ed Eutropio. Graetz descrive la situazione come segue: "Rufino ed Eutropio erano estremamente favorevoli agli ebrei. Rufino amava il denaro e gli Ebrei avevano già scoperto il magico potere dell'oro di ammorbidire i cuori ostinati. Così vennero emanate numerose leggi in loro favore[103] ".

Sconfitti i Goti nel 400, Arcadio regnò da solo e, con l'aiuto del patriarca di Costantinopoli Giovanni Crisostomo, avviò una ferrea politica religiosa. Poiché gli ebrei manifestavano la loro solidarietà tribale in tribunale fornendo false testimonianze per influenzare le decisioni dei giudici, fu loro vietato di comparire come testimoni nei tribunali cristiani[104].

In Occidente, l'imperatore Onorio vietò agli ebrei qualsiasi funzione ufficiale nell'impero, sebbene il loro culto fosse rispettato. Erano liberi di praticare i loro costumi nazionali e avevano giudici della loro nazione, tranne che per le cause capitali. Le prime funzioni dello Stato erano loro vietate. Ma oltre alle carriere civili, potevano dedicarsi al commercio, all'industria e alla letteratura. A giudicare dalle numerose lamentele dei cristiani, essi vi si dedicavano già con l'ardore che li aveva sempre caratterizzati in tutti i tempi.

Claudio Rutilio, poeta pagano di Tolosa dell'inizio del V secolo, "si lamenta del fatto che la nazione vinta opprime i conquistatori, e Sant'Agostino [l'illustre padre della Chiesa, vescovo di Ippona, nell'attuale Algeria] ritenne necessario abbassare l'orgoglio degli Ebrei ricordando loro che erano esclusi dalle più alte dignità dello Stato, che non erano ammessi alla mensa dei grandi signori e che erano soggetti a

---

raggiunto onori e fama immortali, come Eracle, Dioniso, Aristeo e altri simili". Diodoro Siculo, *Bibliotheca Historica*, VI 1, 2. "Fu per la grande importanza dei loro servigi che questi dèi vennero istituiti... Le usanze proprie della vita comunitaria consentivano che uomini eccellenti venissero elevati al cielo, tra fama e riconoscimento, per le loro buone azioni. Da qui Ercole, Castore e Polluce, Esculapio e anche Dioniso". Cicerone, *De Natura Deorum*, II, 62.

[103] Heinrich Graetz, *History of the Jews II*, Philadelphia, The Jewish Publication Society of America, 1891, p. 623.

[104] Codice Teodosiano, XVI, 8, 10, 11 e 15, citato da James Parkes in *The Conflict of the Church and the Synagogue*, Hermon Press, New York, 1974, citato da Gérald Messadié in *Histoire générale de l'antisémitisme*, JC Lattès, 1999, p. 155.

tassazione[105] ".

Teodosio II (408-450), successore di Arcadio, fu "un imperatore bonario ma un po' monaco, la cui debolezza permise allo zelo fanatico di molti vescovi di rimanere impunito e incoraggiò la crudeltà. Gli editti di questo imperatore proibirono agli ebrei di costruire nuove sinagoghe, di esercitare l'ufficio di giudice tra litiganti ebrei e cristiani e di possedere schiavi cristiani... Sotto questo imperatore, il Patriarcato [ebraico] infine scomparve, anche se Gamaliele, l'ultimo dei Patriarchi, godette di una grande distinzione alla corte imperiale, come nessuno dei suoi predecessori aveva mai avuto[106] ". L'aggressività ebraica doveva essere contenuta e nel 425 Teodosio II e Valentiniano III (per l'Occidente) imposero nuove restrizioni agli ebrei, soprattutto per quanto riguardava le cariche pubbliche e le controversie nei tribunali[107]. Ma l'applicazione di queste leggi era molto scarsa, poiché la ricchezza degli ebrei permetteva loro di aggirarle.[108]

Spesso i ricchi mercanti ebrei abusavano della loro posizione per opprimere o pervertire i cristiani di condizione inferiore. Nel 430, ad esempio, gli ebrei di Imnestar, una città siriana tra Aleppo e Antiochia, avevano celebrato una loro festa crocifiggendo un cristiano[109]. Nella sua *Storia degli Ebrei*, scritta alla fine del XIX secolo, Heinrich Graetz riconosceva che gli Ebrei potevano essere la causa di alcuni eccessi, anche se scagionava i loro correligionari da qualsiasi atto malevolo:

"Gli ebrei nei Paesi cristiani non avevano altra scelta che imbracciare le armi della derisione; di conseguenza, si facevano beffe dei loro nemici alle loro spalle, che è sempre e ovunque il modo in cui i più deboli cercano di alleviare le loro rimostranze. Così, a volte ricorrevano a scherzi grossolani per esprimere i loro sentimenti nei confronti del cristianesimo. Tali scherzi venivano fatti soprattutto in occasione della festa di Purim[110], quando la gioia della festa portava all'ubriachezza, e l'ubriachezza a espressioni e manifestazioni irresponsabili. In questo giorno, gli ebrei, nella loro esultanza, erano soliti appendere Haman, il loro arcinemico[111],

---

[105] Georges-Bernard Depping, *Les Juifs dans le Moyen-Âge*, (1823), Éd. Wouters, Bruxelles, 1844, p. 26.
[106] Heinrich Graetz, *History of the Jews II*, Philadelphia, The Jewish Publication Society of America, 1891, p. 624–625.
[107] Constitutions de Sirmond IV et VI et *Novelles* de Theodose II nov. III, in Claude Jannet, *L'Église et la constitution sociale*, 1884.
[108] Claude Jannet, *L'Église et la constitution sociale*, 1884.
[109] Socrate *Hist. Ecclesiastica lib. VII c. 16*. Cfr. Codice Giustiniano *di Judaeis et Caelicolis*, leggi 3, 11, 13 e 14 che reprimono casi simili, in Claudius Jannet, *L'Église et la constitution sociale*, 1884.
[110] In occasione della festa di Purim, leggere *Lo specchio del giudaismo*.
[111] Il libro di Ester racconta come gli ebrei riuscirono a sventare il piano del malvagio Haman, primo ministro del re Assuero, e come riuscirono a sterminare 75.000 dei loro

in effigie su una forca, e questa forca, che di solito veniva poi bruciata, assumeva, accidentalmente o intenzionalmente, la forma di una croce. Naturalmente i cristiani si lamentavano della profanazione della loro religione e l'imperatore Teodosio II ordinò al sovrano della provincia di porre fine a tale comportamento scorretto con la minaccia di severe punizioni, senza tuttavia riuscire a reprimerlo. Si racconta che, in un'occasione, questo divertimento carnevalesco ebbe conseguenze terribili. Gli ebrei di Imnestar, una piccola città siriana tra Antiochia e Calcide, avendo eretto una di queste forche di Haman, furono accusati dai cristiani di avervi appeso in croce un ragazzo cristiano e di averlo flagellato a morte. Di conseguenza, l'imperatore ordinò che i colpevoli fossero puniti[112] ".

A Roma e in Italia, dall'avvento degli imperatori cristiani, gli ebrei avevano progressivamente perso il loro potere e non erano più i padroni.

"È probabile, scrive Graetz, che abbiano assistito con il cuore pieno di gioia all'invasione dei barbari e alla caduta di Roma, un tempo padrona del mondo. Ma è più che probabile che siano stati anche i principali catalizzatori del declino romano[113]. Infatti, in quel periodo "le speranze della venuta del Messia, che tenevano in sospeso le menti degli ebrei più che mai in quell'epoca di migrazione di popoli e di rivoluzione universale, proprio mentre Roma, gravata dal peccato, subiva il castigo di Dio". Era di uso comune un antico detto sibillino, attribuito al profeta Elia, secondo il quale il Messia sarebbe apparso nell'ottantacinquesimo Giubileo (tra il 440 e il 470 d.C.). Tali aspettative messianiche generavano sempre folle di entusiasti che cercavano di convertire la loro silenziosa credenza in realtà e, senza avere realmente l'intenzione di ingannare, cercavano di attirare tra la folla coloro che erano della stessa opinione e di eccitarli a tal punto da sacrificare volentieri la propria vita[114] ".

Roma era stata assediata su tutti i fronti dai Germani per decenni. La capitale dell'impero era stata infine saccheggiata nell'agosto del 410 dai Visigoti di Alarico e nel 439 Cartagine era stata presa dai Vandali di

---

nemici grazie a Ester, l'amante del re (NdT).

[112] Heinrich Graetz, *History of the Jews II*, Philadelphia, The Jewish Publication Society of America, 1891, p. 627–628.

[113] Nel secolo dei Lumi, Edward Gibbon, nella sua *Storia del declino e della caduta dell'Impero romano (1766-1788)*, aveva avanzato l'idea che il cristianesimo fosse all'origine della decadenza romana. Gli autori pagani del XX secolo hanno ripreso questa analisi, vituperando anche il cristianesimo, nascondendo il ruolo dissolutivo dell'ebraismo, che tuttavia possono verificare quotidianamente nel nostro tempo, soprattutto attraverso la propaganda mediatica (apologia della diversità, tolleranza, miscegenazione, immigrazione, omosessualità e governo mondiale, ecc.) Cfr. *Speranze planetarie*, 2005.

[114] Heinrich Graetz, *History of the Jews II*, Philadelphia, The Jewish Publication Society of America, 1891, p. 617.

Genserico. Gli ebrei potrebbero aver pensato che i tempi messianici fossero finalmente vicini, che il messia sarebbe arrivato e che avrebbero potuto finalmente esercitare la loro vendetta sui goyim. I saggi sostenevano, tuttavia, che non era possibile che il messia apparisse prima dell'ottantacinquesimo Giubileo, "ma dopo quel periodo si poteva mantenere la speranza, anche se non la certezza". Queste speranze ebraiche si manifestano nel corso della storia e di solito finiscono ogni volta con uno spargimento di sangue.

L'invasione degli Unni a metà del V secolo consolidò ulteriormente questa idea negli ebrei. I tempi messianici erano finalmente arrivati. Heinrich Graetz scrisse: "I rudi Unni, flagello di Dio, portarono via un'orda dopo l'altra, una tribù dopo l'altra... Il periodo della migrazione delle nazioni confermò quasi alla lettera le parole del profeta: '*La terra barcolla come un'ubriaca e i suoi peccati le pesano addosso; cade e non può rialzarsi, e il Signore Sebaoth*[115] *punisce le bande del cielo nel cielo e i re della terra sulla terra*'". Non c'è da stupirsi che gli Ebrei vedessero nei Goti - la prima ondata della migrazione di tribù che inondò e devastò l'impero romano - Gog dalla terra di Magog, di cui un profeta aveva detto: "*Verrai come una tempesta e sarai come una nube che copre la terra - tu e tutte le tue truppe, e molti altri popoli con te*" (Ezechiele XXXVIII, 9). In questa straordinaria alternanza di scomparsa e formazione di nazioni, tra i pensatori ebrei prevalse la convinzione che il popolo ebraico fosse eterno: "Una nazione sorge, un'altra scompare, ma solo Israele rimane per sempre". Le tribù barbariche, vendicatrici delle nazioni a lungo asservite, si insediarono sui luoghi in rovina dell'impero romano[116]."

L'intero impero occidentale stava crollando. Solo la Gallia fu difesa con successo dal generale romano Ezio. Le truppe romane, in coalizione con Visigoti e Franchi, sconfissero gli Unni nella Battaglia dei Campi Catalani, nel settembre 451, costringendoli a ritirarsi.

Con la morte di Attila nel 453, l'impero unno si disintegrò e gli asiatici tornarono nelle terre da cui erano venuti. Ma l'assassinio di Aezio da parte dell'imperatore Valentiniano III, nel 454, fece crollare le ultime speranze di ripresa dell'impero. Nel 455 Roma fu nuovamente saccheggiata, questa volta dai Vandali di Genserico. Una volta distrutto l'impero d'Occidente, l'anarchia in cui cadde la società fu eminentemente favorevole al giudaismo.

---

[115] Yahweh degli eserciti.
[116] Heinrich Graetz, *History of the Jews II*, Philadelphia, The Jewish Publication Society of America, 1891, p. 612.

XXIII. Imperatore Peroz I

In Babilonia e in Persia, sotto il regno dell'imperatore sassanide Peroz I (457-484) si scatenò una sanguinosa persecuzione contro gli ebrei. Il motivo della persecuzione era presumibilmente la vendetta di Peroz contro gli ebrei di Ispahan, dove alcuni di loro avrebbero ucciso e scuoiato due sacerdoti (magi zoroastriani). "Come punizione per questo atto, Peroz uccise metà della popolazione ebraica di Ispahan e fece educare a forza i bambini ebrei nel tempio di *Horvan* come adoratori del fuoco. La persecuzione si estese anche alle comunità babilonesi e continuò per diversi anni, fino alla morte del tiranno".

"Pochi anni dopo, la persecuzione si estese ulteriormente; le scuole furono chiuse, le riunioni a scopo pedagogico furono proibite, la giurisdizione degli ebrei fu abolita e i loro figli furono costretti ad abbracciare la religione dei Magi (474). La città di Sora sembra essere stata distrutta in quel periodo".

"Per questo motivo, come Adriano, Peroz fu soprannominato dagli ebrei dei tempi successivi "il Malvagio" (*Piruz Reshia*). Il risultato immediato di questa persecuzione fu l'emigrazione di coloni ebrei, che si insediarono a sud fino all'Arabia e a est fino all'India[117] ".

Così, nell'anno 4250 dell'era della creazione (490), gli ebrei di Babilonia migrarono in queste nuove regioni dove ripresero i loro costumi e le loro attività multisecolari...

XXIV. La debolezza di Teodorico il Grande

Sotto il loro capo Teodorico, gli Ostrogoti distrussero ciò che restava del potere romano. Teodorico intraprese la conquista dell'Italia nel 488. La penisola era allora nelle mani di un capo erulo di nome Odoacre, passato alla storia per aver deposto Romolo Augustolo, l'ultimo imperatore romano d'Occidente, nel 476. Nel 493, Ravenna fu presa e Odoacre fu sconfitto e ucciso da Teodorico stesso. Roma cessò di essere la capitale d'Italia e Ravenna, alternativamente a Verona, divenne il centro politico del nuovo Stato ostrogoto.

A quel tempo, per ordine di Teodorico, il ministro e consigliere Cassiodoro scrisse alla comunità ebraica di Milano: "Tu cerchi la pace sulla terra, o Giuda, quando nella tua ostinazione non riesci a trovare la pace nell'eternità". Quando gli ebrei di Genova chiesero il permesso di

---

[117] Heinrich Graetz, *History of the Jews II,* Philadelphia, The Jewish Publication Society of America, 1891, p. 636–637.

restaurare la loro sinagoga, Teodorico inviò loro la seguente risposta: "Perché desiderate ciò che dovreste evitare? Mentre vi concediamo il permesso che chiedete, rimproveriamo il vostro desiderio erratico. Tuttavia, non vogliamo imporre la religione o costringere gli eretici a credere contro la loro coscienza[118]". Teodorico non permise agli ebrei di erigere nuove sinagoghe, né di abbellire quelle vecchie, ma solo di riparare quelle fatiscenti. Concedeva agli ebrei solo una libertà piuttosto limitata, anche se almeno li proteggeva da ogni aggressione.

La politica di Teodorico nei confronti degli ebrei esasperò il popolo, oppresso dal dominio economico e finanziario degli ebrei. Quando, un giorno del 500, alcuni schiavi si rivoltarono a Roma contro i loro padroni ebrei, il popolo solidale incendiò le sinagoghe, maltrattò gli ebrei e saccheggiò le loro case. Informato di questi disordini, Teodorico ordinò al Senato di punire i colpevoli e di ricostruire le sinagoghe a loro spese. Poiché i colpevoli non furono trovati, il comune dovette pagare per la ricostruzione degli edifici distrutti. Nonostante le varie vessazioni, gli ebrei italiani erano felici sotto Teodorico. Prosperarono non solo a Ravenna e a Roma, ma anche a Milano e a Napoli[119]. Si sostiene spesso che la protezione degli Ostrogoti nei confronti degli ebrei sia stata una delle ragioni per cui gli italiani preferirono essere governati dalla corte di Costantinopoli, dove gli ebrei erano soggetti a leggi molto più severe.

Morto Teodorico a Ravenna nel 526, Cassiodoro si fece monaco, fondò un monastero e compose, tra le altre opere, un commento ai Salmi. In esso rimproverava spesso gli ebrei, scrive Graetz, dedicando loro insulti opprimenti come: "scorpioni e leoni", "asini selvatici", "cani e unicorni[120]".

XXV. Zenone, l'imperatore bizantino

L'Impero romano in Occidente era stato sommerso dai tedeschi; ma in Oriente, l'Impero bizantino durò ancora mille anni, fino alla presa di Costantinopoli da parte dei turchi nel 1453.

L'imperatore Zenone regnò dal 474 al 491. Nel 466, ancora generale, riuscì a respingere gli Unni guidati dal figlio minore di Attila. Sotto il suo regno, dieci anni dopo, nel 476, l'Impero romano d'Occidente scomparve definitivamente. In quell'anno, Odoacre, re degli Eruli, una tribù germanica della Scandinavia, detronizzò l'ultimo imperatore Romolo

---

[118] Heinrich Graetz, *Storia degli ebrei III*, Londra, Myers High Holborn, 1904, p. 31.
[119] Georges-Bernard Depping, *Les Juifs dans le Moyen-Âge*, (1823), Éd. Wouters, Bruxelles, 1844, p. 27.
[120] Heinrich Graetz, *History of the Jews III*, Londra, Myers High Holborn, 1904, p. 32.

Augustolo e inviò le insegne imperiali a Zenone. Tra il 478 e il 483, Zenone dovette a sua volta combattere contro gli Ostrogoti di Teodorico, che alla fine rinunciarono a prendere Costantinopoli.

In quel periodo, dopo una corsa di cavalli, si verificarono alcuni disordini pubblici. La città di Antiochia, come la maggior parte delle grandi città dell'Impero bizantino, era divisa in due fazioni, due schieramenti: i blu e i verdi. Un giorno questi ultimi provocarono una rivolta, attaccando gli avversari e uccidendo, tra gli altri, molti ebrei. Gettarono i loro cadaveri nel fuoco e incendiarono diverse sinagoghe. "Quando l'imperatore Zenone fu informato di questo evento, esclamò che l'unica colpa dei verdi era quella di aver bruciato solo gli ebrei morti e non anche quelli vivi[121]".

Gli abitanti di Antiochia erano particolarmente ostili nei confronti degli ebrei. Un giorno, un famoso conducente di carri di nome Calliopas giunse da Costantinopoli ad Antiochia per schierarsi sotto la bandiera verde. Il 9 luglio 507 scoppiarono altri tumulti a Dafne, vicino ad Antiochia, dove i sostenitori di Calliopas "senza un motivo sufficiente, distrussero la sinagoga e i suoi santuari e uccisero selvaggiamente i fedeli".

XXVI. Legislazione e Chiesa

La Chiesa cattolica non ha mai vacillato sulla questione ebraica. Ha sempre voluto che gli ebrei fossero rispettati come persone, ma, allo stesso tempo, ha sempre voluto che fossero tenuti in uno stato di sottomissione e isolamento che li privasse dei mezzi per fare del male agli altri. I consigli si preoccuparono soprattutto di isolare gli ebrei dalla società, vietando ogni comunicazione con loro; ma i continui rinnovi dei divieti dimostrano quanto fosse difficile farli rispettare.

Nell'ottobre 1893, la *Revue catholique des Institutions et du Droit* pubblicò uno studio esaustivo e illustrato sul diritto ecclesiastico in relazione agli ebrei. Esso contiene, a firma del giureconsulto cattolico Charles Auzias Turenne, le prescrizioni dei concili, così come i consigli dei Papi o le disposizioni da essi dettate, le bolle, le lettere e altri documenti pontifici, nonché la dottrina dei dottori su questo argomento. Da questo studio dettagliato abbiamo tratto le seguenti informazioni[122].

---

[121]Heinrich Graetz, *Storia degli ebrei III*, Londra, Myers High Holborn, 1904, pag. 11.
[122]Charles Auzias-Turenne, *Revue Catholique des Institutions et du Droit*, ottobre 1893. I concili si trovano nella compilazione di Labbe, in Mercator, Yves de Chartres, nella raccolta Lacensis e nella *Storia dei concili* di monsignor Héfélé; le bolle nel Bularium, le lettere in Labbe, nelle edizioni dei benedettini di Saint-Maur o nella Patrologia di Migne. L'autore precisa qui: « Ci è sembrato inutile riferirci ogni volta alle fonti perché indichiamo le date e perché nelle compilazioni che le contengono, i concili e gli altri documenti sono disposti in ordine cronologico ».

Nella sua *Storia dei Concili*, pubblicata nel 1870, Mons. Carl-Joseph Héfélé, vescovo di Rottenburg, ricorda che il primo concilio in cui fu sollevata la questione ebraica si tenne in Spagna, a Elvira (305-306). Elvira, in latino *Illiberis*, era una città dell'Andalusia, vicino a Granada. Il canone 16 proibiva di dare le figlie in sposa agli ebrei[123]. Il vescovo Osio di Cordova, membro del Concilio di Nicea e organizzatore del Concilio di Elvira, fece adottare una decisione che prevedeva la pena della scomunica per i cristiani che avessero rapporti con gli ebrei o contraessero matrimoni con loro. Questa proibizione fu rinnovata dal Concilio ecumenico di Calcedonia nel 451.

Anche il canone 50 del Concilio di Elvira proibiva di mangiare con loro. Questa disposizione fu ripresa dal Concilio di Vannes nel 465, dal Concilio di Agde nel 506 e dal Concilio di Epaona nel 517 (oggi a Yenne, in Savoia, nella diocesi di Vienna).

Il canone 34 del Concilio di Agde stabiliva che gli ebrei che volevano diventare cattolici - e poiché "tendono a tornare facilmente al loro vomito" - dovevano trascorrere almeno otto mesi nel catecumenato prima di essere battezzati[124].

Negli anni 530, 533 e 541 si tennero a Orléans tre concili successivi. Furono nuovamente aboliti i matrimoni con gli ebrei e fu rinnovato il divieto di mangiare con loro; fu inoltre proibito loro di uscire di casa per quattro giorni dopo il Giovedì Santo e di tentare di convertire qualcuno all'ebraismo, pena la confisca di tutti i loro schiavi. Il secondo Concilio di Orléans proibì i matrimoni tra ebrei e cristiani, divieto che fu rinnovato in diversi concili. Il Concilio di Clermont, nel 535, escluse gli ebrei dalle magistrature; nel 581, il Concilio di Mâcon li privò della carica di esattori[125].

Il Concilio di Epona del 517, in cui furono adottati o aggiornati importanti canoni riguardanti l'amministrazione della Chiesa e la disciplina del clero, fu presieduto da Avito, parente stretto dell'imperatore romano d'Occidente Avito, che aveva regnato per breve tempo nel 455-456 ed era un nobile di origine gallo-romana, proveniente da Arvernia. Rimasto vedovo all'età di 40 anni, Avito aveva distribuito tutti i suoi beni ai poveri

---

[123] Mons. Carl-Joseph Héfélé, *Histoire des Conciles*, 1870, Parigi, 1914. [Fu in Spagna che il clero cristiano suscitò per la prima volta il fanatismo della popolazione cristiana contro gli ebrei. Lo stesso vescovo *Osio* di Cordova, che aveva partecipato al Concilio di Nicea e aveva convocato un concilio a *Illiberis*, riuscì anche a far passare una risoluzione che proibiva ai cristiani, pena la scomunica, di commerciare con gli ebrei, di sposarli o di far benedire i prodotti dei loro campi". Heinrich Graetz, *History of the Jews II*, Philadelphia, The Jewish Publication Society of America, 1891, p. 627].

[124] Mons. Carl-Joseph Héfélé, *Histoire des Conciles*, 1870, Parigi, 1914.

[125] Georges-Bernard Depping, *Les Juifs dans le Moyen-Âge*, (1823), Éd. Wouters, Bruxelles, 1844, p. 38.

e si era ritirato in un monastero. Era succeduto al padre come vescovo di Vienna nel 490. Teologo e poeta, si preoccupò profondamente per i poveri e per la vita di tutta la Chiesa. Divenuto arcivescovo, metropolita di una provincia del regno dei Burgundi, il primo obiettivo di Avito fu quello di combattere l'arianesimo. La sua lettera di congratulazioni a Clodoveo per la sua conversione (496) si è conservata fino ad oggi. Egli contribuì anche alla conversione di Sigismondo, re dei Burgundi, che nel 516 abbandonò l'eresia ariana per abbracciare la religione cattolica. Avito approvò le misure del Concilio di Epona del 517.

Avito pronunciò discorsi incendiari contro gli ebrei. Secondo Graetz, "nell'impero franco l'odio verso gli ebrei proveniva da un uomo che poteva essere considerato la sua incarnazione. Si tratta di Avito, vescovo di Arverna, la cui sede era a Clermont[126] ". Gregorio di Tours, un suo allievo, ha lasciato questa testimonianza storica: nell'anno 516, Avito li aveva già "esortati più volte a convertirsi, senza che le sue parole sortissero il minimo effetto. Il giorno dell'Ascensione, il popolo si riunì, non si sa per quale motivo o pretesto, e distrusse la sinagoga. Il vescovo, favorendo la sommossa, che ai suoi occhi non era altro che un fervente zelo per la religione, esortò nuovamente i Giudei a convertirsi o a lasciare la città, poiché a quel tempo il potere civile era passato in gran parte nelle mani del clero. Con freddezza offrì loro questa alternativa: "Se accettate di avere la stessa fede dei cristiani, avrete anche la stessa residenza; se, invece, volete mantenere i vostri errori, andate via ed evacuate la città. Inoltre, non vogliamo convertirvi con la forza; decidete liberamente". Gli ebrei, oltraggiati da questa violenza per bocca di uno dei pastori della città, che invece di placare la folla la fomentava, si rifiutarono di cedere al clamore popolare. Per la loro sicurezza, si ritirarono in un edificio comune. Il popolo circondò la casa; la sua furia cresceva di momento in momento; minacciò di assaltare l'edificio e di massacrare tutti gli Ebrei. Vedendo la morte vicina, e probabilmente determinati dalle grida disperate delle donne e dei bambini, gli ebrei inviarono un messaggero al vescovo per pregarlo di salvarli dalle mani della folla impazzita; dichiararono di essere pronti a fare qualsiasi cosa venisse loro chiesta. Il vescovo arrivò, calmò la folla; si rallegrarono in città per aver conquistato tante anime alla religione cristiana, senza pensare a come le avevano acquisite, e il giorno di Pentecoste tutti gli ebrei furono battezzati alla presenza di una grande folla di abitanti di Clermont e della campagna: erano cinquecento [127] ". Gli ebrei che rifiutarono di convertirsi si rifugiarono a Marsiglia.

---

[126] Heinrich Graetz, *Storia degli ebrei III*, Londra, Myers High Holborn, 1904, p. 39.
[127] Grégoire de Tours, *Hist. Franc*, lib. V, cap. 11. -Venance Fortunat, nel tomo III della *Biblioth. Patrum*, in Georges-Bernard Depping, *Les Juifs dans le Moyen-Âge*, (1823), Éd. Wouters, Bruxelles, 1844, p. 39.

Il poeta Venanzio Fortunato (Venantius Fortunatus) fu incaricato da Gregorio di Tours di celebrare questo trionfo. Quando Vitus di Vienna morì nel 519, fu elevato alla santità dalla Chiesa cattolica. La sua festa si celebra il 5 febbraio.

I vescovi di Arles e Marsiglia agirono con lo stesso zelo e il papa dovette scrivere loro, in seguito alle lamentele degli ebrei che commerciavano a Marsiglia, che i due prelati avrebbero dovuto essere più moderati e praticare la conversione degli ebrei con la persuasione. Poco dopo, il vescovo di Bourges espulse dalla sua città gli ebrei che si rifiutavano di abbandonare il giudaismo.

Childerico I, re dei Franchi dal 561 al 584, seguì l'esempio di Avito e obbligò gli ebrei del suo regno a battezzarsi. Si dice che egli stesso si degnasse di tenere i neofiti sopra i fonti battesimali. Se è vero che "si accontentò di una mera apparenza di conversione e non si oppose agli ebrei, che continuarono a celebrare il sabato e a osservare le leggi del giudaismo[128]".

Nella sua *Storia dei Franchi*, Gregorio di Tours (538-594), vescovo e storico francese, descrive l'ingresso di re Gontran a Orléans tra gli applausi degli ebrei e il loro malcontento:

"Guai a questa nazione ebraica malvagia e perfida, sempre ingannevole per natura! Oggi mi lodano con l'adulazione, proclamando che tutte le nazioni devono adorarmi come loro signore, affinché io ordini di erigere a spese pubbliche le loro sinagoghe, recentemente demolite dai cristiani; cosa che non farò mai, perché il Signore lo vieta".

Gregorio di Tours denunciò l'importante ruolo svolto dai mercanti ebrei nella tratta degli schiavi e nella ricettazione[129]. Come parte della loro attività commerciale con l'Oriente, gli ebrei erano effettivamente impegnati nella tratta degli schiavi. I cristiani aborrivano sempre più questo ignobile commercio, a differenza degli ebrei che non si facevano scrupoli. Anzi, all'epoca erano protetti dai re barbari, che vedevano in loro un modo per trarre profitto dai numerosi prigionieri che catturavano durante le loro campagne militari.

Gli ebrei acquistarono vasi e urne sacre dai frequenti saccheggi delle chiese dell'epoca. A quel tempo, una parte importante dei metalli preziosi aveva assunto questa forma[130]. Gli ebrei si arricchirono in questo modo e comprarono terre. Le lettere di San Gregorio Magno e altri documenti li presentano come ricchi proprietari terrieri in tutta Italia. Tuttavia, questo

---

[128] Heinrich Graetz, *Storia degli ebrei III*, Londra, Myers High Holborn, 1904, p. 41.

[129] I lettori di *Mafia ebraica* sanno che queste accuse sono ancora valide oggi, nel XXI secolo.

[130] Gregor. Turon. *Historia Francor.* IV, 12, 35; VI, 5; VII, 23. S. Gregor. Magni Epistolae I. 68, in Claudius Jannet, *L'Église et la constitution sociale*, 1884.

non significava che fossero agricoltori. Infatti, come scrisse lo storico ebreo Bernard Lazare: "Avevano terre, ma le coltivavano con gli schiavi, perché il loro tenace patriottismo vietava loro di dissodare terre straniere[131] ".

Il Concilio di Mâcon del 581 dedicò agli ebrei i canoni dal 13 al 17, che da allora sono stati incorporati nel *Corpus Iuris* e regolarmente riprodotti. Il Concilio proibì agli ebrei di possedere schiavi cristiani e ordinò che quelli che possedevano fossero liberati in cambio di dodici *solidus* d'oro. Gli ebrei non potevano esercitare funzioni che consentissero loro di pronunciare sanzioni contro i cristiani. Fu severamente proibito loro di occupare le funzioni di giudice o di esattore delle tasse "in modo che la popolazione cristiana non sembrasse essere sotto il loro comando".

Anche l'insolenza degli ebrei doveva essere repressa: essi erano obbligati a mostrare rispetto ai sacerdoti cristiani e non potevano sedere in loro presenza senza la loro preventiva autorizzazione. Infine, il Concilio di Mâcon ribadì il divieto per gli ebrei di uscire per strada durante la Pasqua cristiana.

Quattro concili, tenutisi successivamente a Toledo nel 589, 633, 638 e 681 per la Spagna e la Gallia Narbonese; un altro a Parigi nel 614, il più importante dei concili franchi, dove si riunirono 79 vescovi, e un altro a Reims (nel 625, 40 vescovi), rinnovarono queste disposizioni e ne aggiunsero altre. Tutti insistettero, soprattutto quello di Parigi, sul fatto che nessuna carica pubblica civile o militare doveva essere loro conferita. Il Concilio di Toledo del 633 estese questa incapacità ai figli degli ebrei convertiti. Inoltre, agli ebrei fu insistentemente vietato di lavorare la domenica.

Il canone 11 del Concilio di Costantinopoli (692) proibiva ai cristiani di accettare o prendere le loro medicine, mangiare o fare il bagno con loro, pena l'esclusione dal clero e la scomunica per i laici.

Diversi divieti già menzionati, come quello di mangiare con loro, furono riaffermati nei concili di Roma (743), Nicea (787), Regiaticina (Pavia, 850) e Metz (888). Un'altra proibizione, non solo di avere schiavi ma semplicemente di avere servi cristiani o balie, apparve nei concili di Coyaca (presso Oviedo, 1050), Szabole (1091) e Gran in Ungheria (1114, canone 61)[132].

Nella sua *Storia dei concili*, mons. Carl-Joseph Héfélé ha riassunto le principali ordinanze della legislazione ecclesiastica come segue:

1. I cristiani non devono mai lavorare per gli ebrei, né accettare un impiego retribuito presso di loro.

---

[131]Bernard Lazare, L'*antisemitismo, la sua storia e le sue cause, (1894).* Edizioni La Bastille, edizione digitale, 2011 p. 49.
[132]Charles Auzias-Turenne, *Revue Catholique des Institutions et du Droit*, ottobre 1893.

2. Ai cristiani è vietato recarsi dai medici ebrei, ricevere le loro cure o utilizzare le medicine da loro preparate.
3. È vietato, pena la scomunica, vivere nella stessa casa e nella stessa famiglia di ebrei.
4. Alle donne cristiane è formalmente vietato accettare un lavoro come balia in una famiglia ebraica.
5. Agli ebrei non deve essere permesso di esercitare funzioni pubbliche che diano loro autorità sui cristiani.
6. I cristiani non dovrebbero partecipare a matrimoni ebraici o accettare inviti ebraici a cena[133].

Esiste anche un numero considerevole di atti pontifici riguardanti gli ebrei: consigli o rimproveri a vescovi e principi, richiami ai canoni dei concili, bolle, costituzioni per lo Stato Pontificio, ecc. Evidentemente, questi documenti presentano una maggiore varietà e differenze rispetto ai decreti conciliari, che erano leggi generali, poiché i Papi si pronunciavano spesso su casi particolari. Tuttavia, le politiche perseguite dai Papi presentano, nel complesso, una notevole unità e continuità nel tempo che non si osserva solitamente in quelle dei principi o dei governi secolari.

Alcuni intellettuali ebrei a volte si vantano di alcune disposizioni legislative o dottrine della Chiesa a loro favorevoli. Si vantano di elencare una lunga lista di Papi che sostengono di essere stati molto benevoli nei loro confronti. Citano alcuni fatti, alcune misure di protezione, persino concessioni di privilegi nello Stato Pontificio; soprattutto, spesso riproducono alcune lettere o bolle favorevoli.

Ma il principio guida della Chiesa non ha mai smesso di essere quello del Concilio Lateranense, enunciato in questi termini nel 1179: "*Iudeos subiacere christianis oportet et ab eis pro sola humanitate foveri*": gli ebrei devono essere trattati umanamente. Se gli ebrei commettono eccessi suscettibili di necessaria repressione, solo le autorità legittime devono intervenire. Devono essere trattati con la massima parsimonia possibile e non devono mai uscire dal loro stato di inferiorità[134].

Non appena la vigilanza dei goyim si allentò, gli ebrei fecero avanzare le loro pedine e presero il controllo del Paese, arricchendosi in modo tale che l'oro e l'argento finirono nelle loro mani e migliaia di sfortunati che si erano smarriti ricorrendo ai loro servizi furono gettati nella miseria.

"Spesso, scrive Charles Auzias-Turenne, le prescrizioni dei sinodi e dei

---

[133] Mons. Carl-Joseph Héfélé, *Histoire des Conciles*, 1870, Parigi, 1914. Decretum, p. 2 a c. 28, quaest. 1 cap. 10 e s. Decretal. I. v, t. 6, in Charles Auzias-Turenne, *Revue Catholique des Institutions et du Droit*, ottobre 1893.
[134] Charles Auzias-Turenne, *Revue Catholique des Institutions et du Droit*, ottobre 1893.

concili venivano dimenticate o apertamente calpestate, con il risultato che gli ebrei divennero presto ricchi e monopolizzarono i beni e tutto il denaro del Paese; così che, lungi dall'essere dipendenti, furono loro a imporre il giogo ai cristiani. Quando questo giogo diventava intollerabile, se i principi non intervenivano, le folle esasperate ricorrevano talvolta alle forme più deplorevoli di violenza: gli ebrei venivano attaccati, massacrati, bruciati o annegati a migliaia. Crimini atroci che possono essere spiegati, ma non possono essere minimamente giustificati. È certamente comprensibile che i Papi e i vescovi siano intervenuti con forza in loro favore, dando loro asilo e redigendo le forti lettere o i documenti rivendicati dai loro moderni difensori".

Ci furono effettivamente papi che, inclini all'indulgenza e sperando di ingraziarsi e convertire gli ebrei, iniziarono ad ammorbidire le misure emanate contro di loro. Ma quasi sempre - se i loro regni furono di una certa durata - questi stessi pontefici dovettero tornare sui loro passi.

XXVII. Il Codice di Giustiniano

Giustiniano salì al potere a Costantinopoli nel 527, nel suo quarantacinquesimo anno. Era nato da una modesta famiglia di illiri romanizzati, nell'attuale Croazia. Possedeva indubbie qualità: un grande senso dello Stato e dell'idea imperiale e una grande forza di carattere. Era un uomo colto e sobrio, cosa piuttosto rara per l'epoca: era vegetariano e astemio. Anche la moglie, Teodora, ex attrice, era di origini modeste.

Come signore e padrone dell'Impero bizantino, Giustiniano tentò di ricostruire l'Impero romano. L'imperatore attaccò dapprima il regno dei Vandali in Nord Africa. Il 15 settembre 533, il suo generale più famoso, Flavio Belisario, prese Cartagine e seppellì l'effimero regno fondato da Genserico. Gli eserciti bizantini si impadronirono poi della Corsica, della Sicilia e della Sardegna. Nel 535, due eserciti, uno proveniente dalla Dalmazia e l'altro dalla Sicilia, sbaragliarono le armate ostrogote per entrare a Napoli e poi a Roma il 10 dicembre 536, e infine a Ravenna nel 540. La maggior parte del Mediterraneo era di nuovo sotto il controllo dei "Romani".

Ma, soprattutto, Giustiniano riorganizzò l'amministrazione e avviò una grande riforma legislativa. Il *Corpus Iuris Civilis*, che noi chiamiamo Codice di Giustiniano, fu scritto in latino, la lingua volgare dell'Impero romano, anche se non era compreso dalla maggior parte dei cittadini dell'Impero d'Oriente. Il Codice di Giustiniano è uno dei grandi lasciti dell'antichità romana. È una sintesi della giurisprudenza antica incarnata in una serie di nuove leggi: le *Novellae Constitutiones, la* quarta parte del *Corpus*, scritte in greco (534). L'opera legislativa di Giustiniano fu di fondamentale importanza, perché a partire dal XII secolo l'Occidente medievale adottò il diritto romano sulla base di questa fonte.

Giustiniano era anche un grande costruttore. Fece costruire la maestosa Basilica di Santa Sofia a Costantinopoli. In tutto l'impero finanziò la costruzione di città, ponti, terme e strade. Fu anche il campione dell'ortodossia religiosa, anche se in cambio della sua protezione e dei suoi favori cercò di imporre la sua volontà alla Chiesa stessa.

Giustiniano fece tutto il possibile per contenere il potere e l'influenza degli ebrei. Il Codice di Giustiniano vietò agli ebrei il diritto di ricoprire cariche pubbliche e li privò di tutti gli onori. Le loro testimonianze in tribunale contro i cristiani furono dichiarate nulle, a causa del gran numero di dichiarazioni false che gli ebrei erano soliti fare per aiutare i loro simili. Ai padri e alle madri fu anche proibito di diseredare i figli che si erano convertiti al cristianesimo.

È interessante notare che, già all'epoca, le autorità dell'impero e della Chiesa si erano accordate per escludere non solo gli ebrei dichiarati, ma anche quelli battezzati, dalle cariche più alte e dalle carriere militari.

"La ragione di tali misure, scrive Maurice Pinay in *Complot contro la Chiesa (1962)*, diventa chiara se si tiene conto del fatto che altri autorevoli storici ebrei, come Heinrich Graetz e Cecil Roth, confessano chiaramente che le conversioni fatte dagli ebrei al cristianesimo erano finte, perché sebbene praticassero questa religione in pubblico, in segreto rimanevano ebrei come prima; e che tra questi falsi cristiani la pratica nascosta del giudaismo si trasmetteva di padre in figlio, sebbene questi ultimi fossero battezzati e vivessero in pubblico come cristiani[135]."

Queste misure furono l'origine lontana degli statuti spagnoli del XV secolo sulla *limpieza de sangre*, che escludevano i cattolici di origine ebraica dalle posizioni di rilievo nello Stato e nella Chiesa per prevenire infiltrazioni e distruzioni dall'interno.

Nel 553, l'imperatore Giustiniano vietò la diffusione del Talmud in tutto l'Impero Romano, "l'anima della nazione ebraica", come scrisse Heinrich Graetz. La sua elaborazione era stata completata alla fine del V secolo e le generazioni successive ne fecero il loro principale, se non unico, nutrimento intellettuale[136]. Per più di dieci secoli, gli ebrei rimasero così totalmente indifferenti al mondo esterno, alla natura, alle persone e agli

---

[135] Maurice Pinay, *Complotto contro la Chiesa*, capitolo IX (1962), trascrizione pdf da Ediciones Mundo Libre, Messico, 1985, pag. 44.

[136] Il Talmud è un testo fondamentale. È una sorta di costituzione o Magna Charta per gli ebrei. È un'opera che raccoglie principalmente le discussioni rabbiniche sulla legge ebraica, le tradizioni, le usanze, le narrazioni e i detti, le parabole, le storie e le leggende. Non è un libro di pensiero o di filosofia. È un immenso codice civile e religioso basato sulla Torah [l'Antico Testamento], redatto tra il III e il V secolo da studiosi ebrei in Babilonia e Palestina (NdT).

eventi del mondo. Conoscevano la Bibbia (la Torah), la storia dei loro antenati e l'eloquenza dei loro profeti solo attraverso il Talmud.

Più tardi, nel XIII secolo, i papi Gregorio IX e Innocenzo IV condannarono essi stessi il Talmud e ordinarono il rogo del libro, che conteneva effettivamente ogni sorta di bestemmie e consigli per danneggiare i non ebrei con ogni mezzo possibile. Successivamente, altri pontefici romani condannarono l'opera: Giulio III, Paolo IV, Pio IV. Gregorio XIII, Clemente VIII, Alessandro VII, Benedetto XIV, tra gli altri, ma Giustiniano il Grande ha l'onore di essere stato il primo a vietare la diffusione di questo terribile libro.

XXVIII. Gregorio I (590-604)

Dopo Giustiniano, gran parte dell'Italia cadde nelle mani dei Longobardi, un popolo semi-pagano e semi-ariano, che si preoccupò poco degli ebrei e li lasciò crescere e prosperare a proprio piacimento. Nell'Europa occidentale, in Gallia e in Hispania, dove la Chiesa aveva difficoltà a stabilire la propria autorità, gli ebrei furono inizialmente più felici che nell'Impero bizantino e in Italia. Il crollo dell'Impero romano aveva lasciato il posto a un'anarchia molto favorevole agli interessi ebraici, che erano liberi di corrompere funzionari, giudici e magistrati.

Gli ebrei erano allora impegnati nel commercio di schiavi su larga scala. A questo proposito, lo storico ebreo Heinrich Graetz ha riconosciuto che "le ripetute invasioni delle tribù barbariche e le numerose guerre avevano aumentato il numero dei prigionieri, e gli ebrei portavano avanti un vigoroso commercio di schiavi..... Nell'Impero franco, dove il fanatismo non aveva ancora preso piede, agli ebrei non era vietato il commercio di schiavi[137]".

Fortunatamente, in quel periodo viveva il grande Papa Gregorio I, che svolse il suo pontificato dal 590 al 604. Gregorio I non voleva che gli ebrei fossero affatto tollerati per il fatto di avere schiavi cristiani ("*omnino grave exsecrandumque est christianos in servitio esse Iudaerum*"). Dovevano essere portati via immediatamente o la loro libertà doveva essere comprata se non c'era altro modo. Se l'ebreo si convertiva al cristianesimo, gli schiavi non venivano restituiti[138].

Nel 593 prese provvedimenti contro un ebreo siciliano di nome Nasas, che praticava il culto del profeta Elia - in cui molti cristiani erano stati

---

[137] Heinrich Graetz, *Storia degli ebrei III*, Londra, Myers High Holborn, 1904, p. 30, 35.
[138] Charles Auzias-Turenne, *Revue Catholique des Institutions et du Droit*, ottobre 1893.

ingannati - e il commercio di schiavi. Gregorio esortò il prefetto di Sicilia a sciogliere la setta e a liberare i prigionieri.

Gregorio si arrabbiò ancora di più quando seppe che gli ebrei di Catania compravano schiavi pagani per circonciderli ed educarli al giudaismo. Ricordò le leggi degli imperatori contro questo crimine capitale, vietando la circoncisione degli schiavi e ordinando che gli schiavi circoncisi fossero liberati immediatamente.

La ricchezza ostentata e l'orgoglio smodato degli ebrei moltiplicarono i conflitti tra loro e i cristiani. "In un'altra occasione, un cristiano, dopo essere stato schiavo per diciotto anni di un ebreo, implorò la protezione del papa contro il figlio del suo ex padrone che, convertitosi al cristianesimo, voleva riportare l'ex schiavo alla servitù. Il Papa dichiarò che, poiché la prima schiavitù era stata illegale, il figlio, pur essendo cristiano, non aveva il diritto di rivendicarla[139]".

Gregorio Magno scrisse una volta una lettera a Teodorico, re dei Burgundi, a Teodeberto, re dell'Austrasia, nonché a sua moglie e regina Brunegild, la famosa principessa visigota, per esortarli "a rimediare prontamente a questo male e a liberare i credenti dalle mani dei loro nemici". Si preoccupò di far rispettare le costituzioni imperiali e le decisioni dei concili, ordinando ai vescovi di punire coloro che usavano le loro ricchezze per pervertire il popolo cristiano[140].

Ma, d'altra parte, il papa non permise che si usasse la violenza per convertirli e ordinò persino che le sinagoghe confiscate fossero restituite loro[141]. Gregorio I stabilì come principio che la conversione degli ebrei doveva essere ricercata non con la forza, ma con la persuasione e la dolcezza.

Così scrisse a Virgilio e Teodoro, vescovi della Gallia, per proibire il battesimo forzato degli ebrei. In un'altra occasione, arrivò ad ammonire il vescovo di Terracina che aveva privato gli ebrei della loro sinagoga, prima di chiederne la restituzione. Infatti, il codice di Teodosio (L. 83, *de his qui super.*), approvato dai Papi e dai Padri della Chiesa, aveva stabilito che gli ebrei potevano conservare e riparare le loro vecchie sinagoghe, ma in nessun caso costruirne di nuove. Ora, le sinagoghe in questione, che i tre vescovi avevano permesso al popolo di chiudere, erano effettivamente sinagoghe antiche attestate.

Gregorio promise anche di esentare da una parte dell'imposta sulla

---

[139] Georges-Bernard Depping, *Les Juifs dans le Moyen-Âge*, (1823), Éd. Wouters, Bruxelles, 1844, p. 29.
[140] Epistola. III. 38; VI. 33. 9 Epistol. IX. 36; IV. 21, VI. 7, IX. 109, IV, in Claude Jannet, *L'Église et la constitution sociale*, 1884.
[141] S. Gregor. Magn. Epistolae I. 25; III. 1; IX. 55, IX. 6; I. 47; IX. 56, in Claudius Jannet, *L'Église et la constitution sociale*, 1884.

proprietà i contadini o i proprietari terrieri ebrei che si fossero convertiti al cristianesimo. Certamente Gregorio non si faceva illusioni sulla sincerità di tali proseliti, ma prevedeva che "se non li conquisteremo al cristianesimo, avremo almeno i loro figli".

XXIX *Gerusalemme, 614*

Nel 608, ad Antiochia, ebbe luogo un nuovo episodio edificante nel secolare confronto tra gli ebrei e il resto dell'umanità. Gli ebrei si avventarono sui loro nemici, scrive Graetz, "tutti quelli che cadevano nelle loro mani li uccidevano e li gettavano nel fuoco... Il patriarca Anastasio, detto il Sinaitico, oggetto di un odio particolare, fu da loro vergognosamente maltrattato e il suo corpo trascinato per le strade prima di essere infine giustiziato". Lo storico ebreo giustifica questi sanguinosi oltraggi: "gli ebrei si vendicarono su di loro in proporzione alle ferite subite", perché questo "evento dimostra quanto gli ebrei dovessero soffrire per l'arbitrio dei funzionari e l'arroganza del clero per essere trascinati in un atto di violenza così barbaro".

Non appena l'imperatore Foca fu informato dei gravi disordini, nominò Bono governatore dell'Oriente e incaricò il generale Kotis di punire i ribelli. Nei mesi di settembre e ottobre del 608, molti ebrei furono giustiziati e altri banditi e condannati all'esilio.

Gli ebrei trovarono rapidamente uno strumento di vendetta quando il re persiano Cosroes II invase l'Asia Minore e la Siria. Sotto il comando del generale Jarbarzar, un corpo d'armata persiano penetrò fino agli altipiani libanesi per invadere la Palestina. Ancora una volta, gli ebrei si schierarono con gli invasori.

Ma lasciamo che Heinrich Graetz spieghi la sua versione della storia:

"Alla notizia della debolezza delle armi cristiane e dell'avanzata delle truppe persiane, nel cuore degli ebrei di Palestina si risvegliò un ardente desiderio di combattere. Sembrava loro che fosse finalmente giunta l'ora di vendicarsi del doppio nemico, romano e cristiano, per le umiliazioni subite per secoli. L'origine del movimento bellicoso che animava gli ebrei si trovava nella città di Tiberiade. L'origine del movimento bellicoso che animava i Giudei si trovava nella città di Tiberiade e proveniva da un uomo di nome Beniamino, che possedeva una fortuna prodigiosa che impiegò per arruolare e armare le truppe ebraiche. A tutti i Giudei della Palestina fu lanciato un appello che li invitava a riunirsi e ad unirsi all'esercito persiano. A questa chiamata, i robusti abitanti ebrei di Tiberiade, Nazareth e delle città collinari della Galilea si radunarono in favore dello stendardo persiano. Con tale spirito e furore, non risparmiarono i cristiani e le loro chiese a Tiberiade e probabilmente distrussero il vescovado. Con l'esercito di Jarbarzar, marciarono su Gerusalemme per strappare la città santa ai cristiani. Gli ebrei della Palestina meridionale si unirono ai loro compatrioti e, con l'aiuto di queste truppe e il sostegno di una banda di saraceni, il generale persiano prese d'assalto Gerusalemme (luglio 614). Si dice che novantamila cristiani siano morti a Gerusalemme, ma la storia che gli ebrei abbiano comprato i prigionieri cristiani dai persiani e li abbiano uccisi a sangue freddo è pura invenzione. Tuttavia, nella loro furia, gli ebrei distrussero senza pietà i santuari cristiani. Tutte le chiese e i monasteri furono dati alle fiamme, e gli Ebrei ebbero senza dubbio una parte maggiore dei Persiani. Gerusalemme, il possesso originario degli Ebrei, non era forse stata loro sottratta con la violenza e il tradimento? Non erano forse costretti a considerare che la città santa era stata vilmente profanata dal culto della croce e delle ossa dei martiri, oltre che dalle idolatrie di Antioco Epifane e Adriano[142] ?".

Per quattordici anni gli ebrei tornarono a essere padroni della Palestina, fino a quando i bizantini ne ripresero il controllo sotto l'imperatore Eraclio, dopo aver sconfitto i persiani. Al suo ingresso a Gerusalemme nel 630, Eraclio portò con sé la Santa Croce, portandola a spalla lungo la Via Dolorosa fino alla Chiesa del Santo Sepolcro, che era stata ricostruita.

Gli ebrei di Palestina dovettero pagare per le atrocità commesse. L'imperatore bizantino "istituì una persecuzione degli ebrei in tutta la Palestina e massacrò coloro che non poterono rifugiarsi in luoghi nascosti sulle montagne o fuggire in Egitto", scrive Graetz. Di tutti gli ebrei palestinesi, Beniamino di Tiberiade, l'istigatore della rivolta contro Costantinopoli, fu apparentemente l'unico a salvarsi dopo essersi convertito al cristianesimo.

XXX. *Spagna visigota I*

I Visigoti, convertiti all'arianesimo a partire dal 341, furono probabilmente il popolo germanico più prestigioso e leggendario dell'antichità. Finché furono ariani, i Visigoti sottomisero i cattolici e ebbero mano libera con gli ebrei, rispettando i loro diritti civili e politici, permettendo loro persino l'accesso alle funzioni pubbliche e circoncidendo i loro schiavi pagani e cristiani. Questa situazione portò a una grande prosperità per gli ebrei di Spagna per più di un secolo, fino a quando, nel gennaio del 587, il re Recaredo abiurò la sua fede ariana insieme alla maggior parte della nobiltà e del clero ariani.

Il terzo Concilio di Toledo del maggio 589 consacrò il trionfo della Chiesa cattolica nella penisola. L'orgoglio e il potere degli ebrei furono

---

[142] Heinrich Graetz, *Storia degli ebrei III*, Londra, Myers High Holborn, 1904, pagg. 19, 20-21.

finalmente ridotti. Fu vietato loro di ricoprire cariche pubbliche e di sposare cristiani. I figli di matrimoni misti dovevano essere battezzati con la forza. Fu anche proibito loro di possedere schiavi, una misura che li infastidì molto. Gli ebrei cercarono di corrompere il re, come al solito: "I ricchi ebrei che possedevano schiavi cercarono di ottenere l'abrogazione della legge di Recaredo, e a questo scopo offrirono una considerevole somma di denaro al re. Recaredo, tuttavia, rifiutò la loro offerta e per questo atto fu lodato oltre misura da Papa Gregorio, il cui desiderio accorato fu esaudito da questa legge (599)[143] ".

Gli ebrei, tuttavia, furono in grado di aggirare facilmente le leggi emanate da Recaredo, poiché il re aveva un potere piuttosto limitato all'epoca. Infatti, i signori visigoti, che eleggevano il loro sovrano, erano signori e padroni assoluti nelle loro terre e permettevano ancora agli ebrei di possedere schiavi e di nominarli in posizioni di responsabilità nei loro feudi. Tanto che dopo vent'anni le leggi di Recaredo erano state completamente dimenticate e cadute in disuso. Anche i suoi successori le ignorarono e furono generalmente favorevoli agli ebrei.

La situazione cambiò radicalmente nel 612, quando salì al trono Sisebuto. Questo contemporaneo dell'imperatore bizantino Eraclio era, come quest'ultimo, un acerrimo nemico degli ebrei, che perseguitava senza sosta. Il re Sisebuto, scrive Graetz senza ironia, "agì in questo modo senza il minimo accenno di provocazione da parte degli ebrei, di sua spontanea volontà e quasi contro la volontà del clero cattolico".

Appena eletto dai capi visigoti, il primo provvedimento di Sisebuto fu quello di porre fine agli abusi degli ebrei, riportando all'ordine del giorno i canoni del terzo concilio di Toledo, che avevano ampiamente cessato di essere applicati. Rinnovò gli editti di Recaredo e ordinò agli ecclesiastici, ai giudici e al popolo stesso di vigilare attentamente sulla loro applicazione. Si spinse anche oltre Recaredo, proibendo agli ebrei non solo di acquistare nuovi schiavi, ma anche di tenere quelli che già possedevano. Solo gli ebrei convertiti potevano possedere schiavi, con l'aggiunta del diritto di ereditare quelli posseduti dai loro parenti ebrei. Sisebuto incaricò i suoi successori di far rispettare l'editto e dichiarò solennemente: "Il re che oserà abolire questa legge incorrerà nel più profondo disonore di questo mondo, nelle fiamme del purgatorio nel mondo a venire e nei tormenti eterni dell'inferno".

Nonostante i suoi severi rimproveri, i signori della terra concedevano spesso la loro protezione agli ebrei che prestavano loro denaro. Sisebuto adottò allora una misura più severa, obbligando tutti gli ebrei del Paese ad

---

[143] Heinrich Graetz, *History of the Jews III*, London, Myers High Holborn, 1904, p. 48, 49, 50.

accettare il battesimo entro un determinato periodo di tempo o a lasciare il territorio visigoto. Gli ebrei recalcitranti dovevano essere puniti con la frusta e le loro proprietà confiscate. Alcuni, circa 90.000, si sottomisero per paura di perdere i loro beni e accettarono il battesimo; gli altri emigrarono in Francia e in Africa.

Fu probabilmente durante il regno di Sisebuto che gli ebrei di Toledo, convertiti e poi ricaduti[144] e minacciati di punizione, promisero di vivere più cristianamente in futuro. In quel singolare atto[145], i convertiti giurarono che d'ora in poi non avrebbero più avuto rapporti con gli ebrei (quelli che non avevano accettato il battesimo); che avrebbero cessato di praticare usi e costumi ebraici; che non avrebbero celebrato il sabato; che non avrebbero sposato i loro ex correligionari; che, sebbene non potessero mangiare carne di maiale perché contraria alle loro abitudini, almeno il cibo condito con essa non sarebbe stato loro ripugnante; che avrebbero creduto fedelmente in Gesù Cristo e nei Vangeli; che non avrebbero fatto nulla di contrario alla religione cristiana e che, se uno di loro avesse violato questo impegno, lo avrebbero bruciato o lapidato, oppure avrebbero messo quella persona e i suoi beni a disposizione del re.

Sisebuto morì nel 620. Il nuovo re, Suintila, uomo debole e corrotto, si lasciò comprare e abrogò le leggi di Sisebuto, cosicché gli ebrei tornarono nel Paese e i convertiti tornarono al giudaismo. "Le leggi furono abrogate dal suo successore, Suintila, un monarca giusto e liberale, che gli oppressi chiamavano "padre della patria". Gli ebrei esiliati tornarono in patria e i proseliti tornarono all'ebraismo... Tuttavia, il nobile re Suintila fu detronizzato da una congiura di nobili e chierici", scrive un riconoscente Heinrich Gratez.

È quindi probabile che sotto la protezione di Suintila gli ebrei abbiano riacquistato un grande potere e abbiano nuovamente messo in pericolo la nazione e le sue istituzioni, il che spiega e giustifica la cospirazione del clero cattolico per deporre il monarca fellone.

Il leader di questo nuovo episodio di resistenza al giudaismo fu Isidoro di Siviglia, uno dei più illustri Padri della Chiesa. Suintila fu detronizzato da Sisenando. Il clero riacquistò la sua influenza e ancora una volta le assemblee ecclesiastiche dovettero arginare il potere ebraico per proteggere i cristiani.

Nel 633, il quarto concilio di Toledo si riunì sotto la presidenza di Isidoro, arcivescovo di Hispalis (Siviglia). Isidoro era un prelato molto colto, intelligente e moderato. Le misure di Sisebuto sembravano così incisive che il concilio le disapprovò formalmente, dichiarando che coloro

---

[144] Coloro che ritornano alla loro precedente fede dopo averla abiurata.
[145] L'atto fu inserito nel *Fortalitium fidei*, *lib III* (Fuero juzgo, o Codice dei Visigoti).

che non avevano la fede dovevano essere persuasi e non costretti. Il canone 57 del Concilio di Toledo proibì quindi l'uso della forza o della coercizione: "Nessun ebreo dovrà in futuro essere costretto con la forza ad abbracciare il cristianesimo". Tuttavia, il concilio non ritenne opportuno ribaltare quanto fatto fino ad allora e dichiarò che gli ebrei battezzati per ordine di Sisebuto sarebbero rimasti cristiani. "Da queste conversioni forzate derivavano grandi inconvenienti. Poiché era impossibile sorvegliare tanti neofiti o isolarli, essi ricadevano in parte nel giudaismo[146]". Il Canone 59 conferma tutti i sospetti, perché questi ebrei battezzati erano spesso segretamente ebrei.

Furono prese misure severe contro questi Giudei che, battezzati al tempo del re Sisebuto, erano tornati alla loro vecchia fede. Negli atti dei concili troviamo diverse disposizioni contro questi ribelli. Per prevenire l'apostasia, il canone 62 proibiva agli ebrei battezzati di associarsi ai loro ex correligionari[147]. Si doveva impedire loro con la forza di osservare le prescrizioni del giudaismo e i loro figli dovevano essere educati in convento. I convertiti che avessero osservato il sabato e le feste ebraiche, o si fossero sposati secondo i riti ebraici, o avessero praticato la circoncisione o si fossero astenuti dai cibi proibiti dalla legge ebraica, sarebbero stati ridotti in schiavitù. Secondo questa legislazione canonica, né gli ebrei convertiti con la forza né i loro discendenti potevano testimoniare davanti a un tribunale. Così, questo antico concilio segnava già una differenza essenziale tra gli ebrei e coloro che erano cristiani in apparenza.

Protetti dalla nobiltà ispano-visigota, gli ebrei convertiti non soffrirono molto per le misure del IV Concilio di Toledo che il re Sisenando aveva preso contro di loro. Ma nel 636 salì al trono un nuovo re, il principe Chintila, che odiava profondamente gli ebrei.

Chintila convocò un nuovo concilio a Toledo. Esso rinnovò tutte le vecchie leggi di eccezione riguardanti gli ebrei e decretò che nell'impero visigoto non poteva abitare nessuno che non professasse la religione cattolica. Gli ebrei furono espulsi e coloro che preferirono convertirsi furono costretti a firmare una dichiarazione di impegno a praticare la religione cattolica. "Ma la confessione così firmata da uomini feriti nell'anima, scrive Graetz, non era e non poteva essere sincera. Essi speravano fermamente in tempi migliori, quando avrebbero potuto togliersi la maschera, e che la forma elettiva dell'impero visigoto avrebbe posto quei

---

[146] Georges-Bernard Depping, *Les Juifs dans le Moyen-Âge*, (1823), Éd. Wouters, Bruxelles, 1844, p. 32.
[147] Cardinal Ximenés, *Les affaires religieuses en Espagne*, Tournai, Casterman et fils éditeurs, 1856.

tempi in un futuro prossimo[148] ".

Infatti, le frequenti rivoluzioni di palazzo, la mancanza di stabilità nell'autorità dei re e i tumulti che accompagnavano ogni evento impedirono la rigorosa esecuzione dei decreti conciliari. Così, la condizione degli ebrei migliorò alla fine del breve regno di Chintila.

XXI. Re Dagoberto I

La situazione degli ebrei era molto peggiorata in Francia sotto i re merovingi. Nel 540, Childeberto aveva proibito loro di avere schiavi cristiani, "non essendo giusto, disse questo re, che colui che è stato riscattato dal sangue prezioso di Gesù Cristo sia sottomesso all'infedele che bestemmia il suo santo nome".

Nel secolo successivo, la situazione degli ebrei fu continuamente negativa. Nel 615 Clodoveo II, che aveva unito l'intero impero franco sotto la sua corona, fece rispettare le decisioni del Concilio di Parigi che proibivano agli ebrei di esercitare funzioni superiori o di servire nell'esercito.

"Suo figlio Dagoberto deve essere annoverato tra i monarchi più antiebraici della storia del mondo. Molte migliaia di ebrei fuggitivi, che si erano rifugiati nell'Impero franco per sfuggire al fanatismo di Sisebuto, re dei Visigoti, suscitarono la gelosia di questo monarca sensuale che si vergognava di essere inferiore al suo contemporaneo visigoto e di mostrare meno zelo religioso[149] ", riferisce Graetz. Nel 633 emanò un editto che ordinava a tutti coloro che non professavano la fede in Gesù Cristo di lasciare i suoi Stati[150]. È probabile che si siano ritirati verso la Francia meridionale e la Renania.

Nel mezzo dei loro dissensi interni, i Franchi dovettero comunque allentare la pressione e gli israeliti, sempre pronti ad approfittare di qualsiasi debolezza o circostanza favorevole, penetrarono gradualmente nel regno per dedicarsi alle loro solite imprese lucrative, in particolare al commercio di schiavi. "Il Concilio di Châlons sur Saône, tenutosi intorno al 630, aveva anche proibito la vendita di schiavi al di fuori della Francia, per evitare che cadessero nelle mani dei mercanti ebrei che commerciavano all'estero[151] ". Anche il re Clodoveo II, figlio di Dagoberto, proibirà il

---

[148] Heinrich Graetz, *History of the Jews III*, London, Myers High Holborn, 1904, p. 51, 53.
[149] Heinrich Graetz, *Storia degli ebrei III*, Londra, Myers High Holborn, 1904, p. 41.
[150] *Chronique de Frédégaire*, Aimoin, *Histoire de France*.
[151] Georges-Bernard Depping, *Les Juifs dans le Moyen-Âge*, (1823), Éd. Wouters, Bruxelles, 1844, p. 45.

trasporto di schiavi nel suo regno, arrivando persino a comprare la libertà di coloro che avevano avuto la sfortuna di cadere nelle mani di questi ignobili trafficanti di esseri umani.

XXXII. Maometto

Quando, nel 622, un manipolo di seguaci di Maometto lasciò La Mecca per Medina (anno 0 dell'Egira nel calendario islamico), alcuni ebrei riconobbero in lui il profeta tanto atteso e abbracciarono l'Islam. Ma gli ebrei di Medina non erano convinti e, col passare del tempo, i musulmani si resero conto che non sarebbero mai stati convinti e presero le distanze dal "popolo del libro".

Tra gli oppositori di Maometto c'era un certo Abdullah, figlio di Saura, considerato il più saggio ebreo dell'Hijaz (Arabia occidentale). Egli si faceva beffe di Maometto, "l'inviato da Dio", lo trattava con disprezzo, ridicolizzando le sue rivelazioni e la sua predicazione. Non sapeva che il povero fuggitivo della Mecca, che implorava aiuto alle porte di Medina, avrebbe presto sottomesso e sterminato gli ebrei della penisola arabica.

La guerra contro i Mekki si trascinava e gli ebrei di Medina erano sempre più incapaci di sopportare il dominio dei musulmani sulla città. Alcuni notabili ebrei approfittarono di una sconfitta di Maometto per recarsi alla Mecca e incitare i meccani ad approfittare dell'occasione per finire gli sconfitti. Per finirli, i Mekid formarono una coalizione di diverse tribù arabe e nel 627 un esercito di 10.000 uomini marciò su Medina.

L'assedio della città fu interminabile e gli assedianti esaurirono le loro forze senza alcun risultato. Alla fine, Maometto riuscì a seminare la discordia tra i Confederati, che decisero di togliere l'assedio.

Dopo che la coalizione ebbe lasciato Medina, Maometto marciò immediatamente con tremila uomini contro la tribù ebraica dei Banu Qurayza. Questi ultimi, troppo deboli per combattere allo scoperto, si asserragliarono nel loro castello. Dopo un assedio di 25 giorni (febbraio-marzo 627), gli assediati rimasero senza cibo e pensarono di capitolare. Chiesero allora al Profeta il permesso di emigrare con le loro mogli e i loro figli e parte dei loro beni, ma Maometto rifiutò e circa 700 ebrei, compresi i capi Ka'b ibn As'ad e Huyayy ibn Ajtab, furono decapitati in una piazza pubblica di Medina; i loro cadaveri furono gettati nella stessa fossa. Il luogo in cui avvenne l'esecuzione era chiamato il *mercato dei Banu Qurayza*.

In questa guerra Maometto prese due bellissime prigioniere: Safia, figlia del suo nemico Huyayy, e Zanaib. Zanaib cercò di vendicarsi di Maometto, che considerava l'assassino di suo fratello Marab e dei suoi correligionari. Dissimulando il suo odio, finse un profondo affetto per Maometto e si guadagnò la sua fiducia. Ma alla fine, un giorno, servì al

Profeta un piatto di carne avvelenata. Maometto trovò il cibo insapore e lo rifiutò, ma uno dei suoi ospiti morì. Dopo questo incidente, Zanaib fu evidentemente giustiziato e Maometto ordinò ai suoi soldati di usare le stoviglie prese agli ebrei solo dopo averle lavate in acqua bollita.

Maometto mise in guardia i suoi seguaci dagli ebrei: *"L'Ora del Giudizio non verrà finché non combatterete con gli ebrei e la pietra dietro cui si nasconde un ebreo dirà: 'O musulmano!* "O musulmano! C'è un ebreo nascosto dietro di me, uccidilo[152] !".

Ma "il resto degli ebrei... intrigava contro di lui e faceva causa comune con alcuni arabi scontenti". La casa di un ebreo, Suyailim, a Medina, era il luogo di incontro dei malcontenti, che Maometto e i suoi fanatici seguaci chiamavano "gli ipocriti" (*Munafikun*). Tuttavia, questo complotto fu scoperto e la casa di Suyailim fu rasa al suolo. Gli ebrei d'Arabia provarono una vera gioia per la morte di Maometto (632), perché loro e molti altri credevano che gli arabi sarebbero stati guariti dalla loro falsa credenza che egli fosse un essere superiore dotato di immortalità", racconta Graetz di questi eventi. Ma il Corano aveva già acquisito forza di legge e le violente imprecazioni di Maometto contro gli ebrei erano considerate da tutti i musulmani come articoli di fede.

Nel 640, il secondo califfo, il potente Omar, decise di espellere le tribù ebraiche che il profeta aveva tollerato nelle sue terre. Non voleva che il sacro suolo dell'Arabia fosse sporcato dal loro traffico. I guerrieri musulmani si spartirono così i vasti domini degli ebrei nella penisola.

Tuttavia, come ha scritto lo storico ebreo Heinrich Graetz, "così come nessun male nella storia è privo di buone conseguenze, il dominio dell'Islam ha favorito l'ascesa dell'ebraismo dalla sua più profonda depressione[153] ".

Dopo la morte di Maometto, i musulmani si diffusero oltre i confini dell'Arabia, spada e Corano alla mano, elettrizzati dal suo grido d'allarme:

---

[152]Hadith 2926, *L'Authentique d'Al Bukhârî*, Maison D'Ennour, Paris, 2007, tome 2, chapitre 94, p. 449.
E su https://sunnah.com/bukhari/56/139.

[153]Heinrich Graetz, *History of the Jews III*, London, Myers High Holborn, 1904, p. 85–86. ["Un'Apocalisse mistica fa un chiaro riferimento alla gioia per la vittoria dell'Islam. Shimon Bar Yochai, che era considerato un mistico, predisse l'ascesa dell'Islam e la lamentò nella preghiera che recitava così: "Non abbiamo forse sofferto abbastanza per il dominio del malvagio Edom (il dominio romano-cristiano), che ora il dominio di Ismaele sorga su di noi? Metatron, uno dei principali angeli, rispose: "Non temere, figlio dell'uomo! Dio stabilisce il regno di Ismaele solo per liberarti dal dominio del malvagio Edom. Susciterà un profeta per loro, conquisterà paesi per loro e ci sarà un grande odio tra loro e i figli di Esaù" (i cristiani). Questi erano i sentimenti degli ebrei durante le conquiste dei maomettani" (p. 89-90).

"Non c'è altro Dio all'infuori di Allah e Maometto è il suo profeta[154] ".

L'antico regno di Persia cadde al primo assalto. Gli ebrei, lì come altrove, avevano optato per chi avrebbe garantito loro la massima libertà nei rapporti. Poiché i re sassanidi governavano l'intero Paese e tendevano a controllare il suo potere finanziario, si schierarono naturalmente con gli invasori. "Gli ebrei dell'antico distretto babilonese (chiamato Iraq dagli arabi) ottennero una grande libertà grazie alle vittorie dei maomettani", racconta Gratez.

Anche province bizantine come la Palestina, la Siria e l'Egitto caddero sotto il dominio arabo. "Ebrei e samaritani aiutarono gli arabi a conquistare la terra, per liberarsi dal pesante giogo della malvagia dominazione bizantina. Un ebreo mise a disposizione dei musulmani la città pesantemente fortificata di Cesarea, la capitale politica del regno, che si diceva contenesse 700.000 uomini da mobilitare, tra cui 20.000 ebrei. Mostrò loro un passaggio sotterraneo che avrebbe condotto gli assedianti nel cuore della città. Anche la Città Santa, dopo un breve assedio, dovette arrendersi alle armi maomettane".

Così, nel 638, Gerusalemme cadde in mano al secondo califfo Omar, che fece costruire una moschea sul sito dell'antico Tempio. Omar proibì agli ebrei di rimanere a Gerusalemme e li sottopose a una serie di leggi restrittive che si applicavano anche ai cristiani. Non potevano costruire nuove sinagoghe, né abbellire quelle vecchie; non potevano cantare durante la funzione se non a mezza voce; dovevano recitare le preghiere funebri a bassa voce; non potevano ricoprire alcuna carica pubblica, né giudicare i musulmani, né impedire ai loro correligionari di convertirsi all'Islam. Infine, come i cristiani, dovevano indossare abiti di un colore particolare e non potevano andare a cavallo.

Mentre i musulmani erano esenti da ogni imposta o pagavano solo una piccola tassa per aiutare i poveri, gli ebrei e i cristiani erano soggetti a un'imposta personale e a una tassa sulla proprietà. Ma nonostante tutte queste restrizioni, insiste ancora una volta Heinrich Graetz, "gli ebrei si sentivano più liberi sotto il nuovo dominio dell'Islam che nelle terre cristiane". Le leggi restrittive di Omar non furono applicate nemmeno durante la vita di Omar, e mentre i fanatici musulmani rifiutavano gli ebrei come correligionari, non li disprezzavano come cittadini, ma mostravano grande onore agli ebrei meritevoli. I primi maomettani trattavano gli ebrei come loro pari; li rispettavano come amici e alleati e si prendevano cura di loro anche come nemici[155]."

---

[154] šhādu anna lā ilāy illā [A]llâhu wa anna Muhammadan rasūlu l-lâh: "Porto testimonianza che non c'è altra divinità all'infuori di Dio e che Mohammad è il messaggero di Dio". (NdT).

[155] Heinrich Graetz, *Storia degli ebrei III*, Londra, Myers High Holborn, 1904, pagg.

XXXIII. Spagna visigota II

Gli ebrei di Spagna, come abbiamo visto, dovevano emigrare o convertirsi al cattolicesimo e promettere per iscritto, su espressa richiesta del re Chintila, il loro sincero rifiuto dell'ebraismo.

"Ma, sebbene fossero stati convertiti con la forza, gli ebrei della Spagna visigota si aggrapparono comunque saldamente alla loro religione proibita. I nobili visigoti indipendenti li protessero in qualche misura dalla severità del re, e non appena gli occhi del fanatico Chintila furono chiusi alla sua morte, gli ebrei tornarono apertamente all'ebraismo sotto Chindasvinto, il suo successore (642-652)".

Il figlio e successore di Chindasvinto, Recesvinto (652-672), fu molto ostile agli ebrei. Raccomandò vivamente agli ecclesiastici, riuniti nell'ottavo concilio di Toledo, di prendere misure forti contro gli ebrei, soprattutto contro i Relapsed. Il concilio non votò nuove misure e si limitò a confermare le disposizioni del quarto concilio. Agli ebrei fu permesso di rimanere nel Paese, ma non avevano il diritto di possedere schiavi, di ricoprire cariche pubbliche o di testimoniare contro un cristiano.

Sapendo che la nobiltà del Paese difendeva gli ebrei e permetteva a coloro che erano stati costretti al battesimo di vivere secondo le loro usanze, Recesvint emanò un editto secondo il quale nessun cristiano avrebbe dovuto proteggere coloro che praticavano il giudaismo in segreto, pena la scomunica o l'esclusione dalla Chiesa. Questa legge, tuttavia, non produsse gli effetti desiderati. I *cristiani giudaizzanti,* come venivano chiamati coloro che rimanevano attaccati alla loro vecchia religione, "impararono presto l'arte di rimanere fedeli nell'intimo alla loro religione e di stancare la sospettosa vigilanza dei loro nemici. Continuarono a celebrare le feste ebraiche nelle loro case, ignorando le feste istituite dalla Chiesa[156] ".

Durante il regno di re Wamba (672-680), gli ebrei erano ancora numerosi nella penisola. Ma poiché doveva la sua elezione al clero, il nuovo re dovette prestare il giuramento prescritto dal Concilio di Toledo e ordinare che tutti gli ebrei non convertiti fossero espulsi dal regno.

Questa volta il decreto fu eseguito in modo spietato. I molti ebrei che si rifiutarono di accettare il battesimo attraversarono i Pirenei e cercarono rifugio in Settimania. Il governatore di questa provincia, il conte Hilderic, si era rifiutato di riconoscere il re appena eletto e aveva guidato la ribellione. Per raccogliere nuovi sostenitori, aveva offerto ai convertiti ebrei un rifugio nelle sue terre, garantendo loro la libertà religiosa, e molti avevano risposto

---

88, 89.
[156] Heinrich Graetz, *History of the Jews III*, London, Myers High Holborn, 1904, p. 103, 106.

al suo invito. L'insurrezione di Hilderic a Nîmes raggiunse una dimensione importante, ma gli insorti furono infine sconfitti. Wamba si presentò con il suo esercito davanti a Narbonne ed espulse gli ebrei dalla città.

I falsi convertiti cercarono anche di infiltrarsi nella Chiesa cattolica comprando le più alte magistrature ecclesiastiche. Il problema fu sollevato a Toledo in un nuovo concilio. Il canone 9 insisteva sulla repressione della simonia contro coloro che "tentavano di comprare la dignità di vescovo".

Wamba fu detronizzato da un signore di origine bizantina di nome Ervigius. Prima del concilio che lo avrebbe incoronato, nel 681, Ervigius pronunciò un discorso fanatico contro gli ebrei che iniziava così: "Con le lacrime che mi sgorgano dagli occhi, imploro questa onorevole assemblea di manifestare il suo zelo e di purificare il Paese da questa lebbra di corruzione. Alzatevi, vi grido! Alzatevi, vi grido; sterminate questi ebrei puzzolenti che non cessano di indurirsi in nuove follie, mettete alla prova le leggi contro l'apostasia degli ebrei che abbiamo appena promulgato[157] ".

Heinrich Graetz aveva distorto il testo nella sua traduzione. Maurice Pinay, in *Complotto contro la Chiesa*, presentò il testo originale: ""Riparate i reverendissimi Padri e gli onorevoli Sacerdoti dei Ministeri celesti... perciò mi presento con un'effusione di lacrime alla venerabile riunione della Vostra Paternità, affinché, con lo zelo del vostro regime, la terra sia purificata dal contagio della malvagità. Alzati, ti supplico, alzati, sciogli i legami dei colpevoli, correggi le abitudini disoneste dei trasgressori, porta la disciplina del tuo fervore contro i perfidi e spegni l'amarezza dei superbi, alleviate il peso degli oppressi e, cosa ancora più importante, estirpate la pestilenza giudaica, che cresce ogni giorno di più (*et quod plus hic omnibus est, Iudaeorum pestem, quae in novam semper recrudescit insaniam, radicibus extirpate*). Esaminate anche con la massima attenzione le leggi che la nostra gloria ha promulgato poco tempo fa contro la perfidia dei Giudei, aggiungete ad esse la vostra sanzione e riunitele in un unico statuto per frenare gli eccessi della stessa perfidia[158] ".

Dei ventisette paragrafi che il re Ervigius sottopose all'approvazione del concilio, solo uno riguardava gli ebrei. Tutti gli altri riguardavano coloro che si erano convertiti per interesse e che, nonostante le loro dichiarazioni scritte a mano, continuavano a giudaizzare in segreto. Per portare gli ebrei al cristianesimo, Ervigius propose semplicemente di obbligare loro, i loro figli e tutti i loro parenti a presentarsi al battesimo entro un anno e, se non avessero obbedito a quest'ordine, di confiscare tutti

---

[157]Heinrich Graetz, *Geschitchte der Juden; Histoire des juifs III*, Éd. Durlacher, Parigi, 1888, p. 308-309.
[158]Maurice Pinay, *Complot contra la Iglesia, capitolo XIV* (1962), trascrizione pdf da Ediciones Mundo Libre, Messico, 1985, p. 202, citando la fonte: Juan Tejada y Ramiro, Colección de cánones citada, tomo II, pp. 454, 455.

i loro beni, di punirli con cento frustate, di strappare loro la pelle della fronte e della testa e di espellerli dal Paese.

Il Concilio approvò anche un provvedimento volto a distruggere la quinta colonna ebraica nella Chiesa. Il canone 18 stabiliva un vero e proprio spionaggio nel domicilio dei cristiani di origine ebraica e obbligava i loro servi cristiani a denunciare le loro pratiche ebraiche, offrendo loro come premio per la denuncia la liberazione dalla loro servitù. "La suddetta legge, riferendosi ai suddetti servi, ordina: "... che, in qualsiasi momento, chiunque proclami, riconosca, dica e giuri di essere cristiano, o di esserlo diventato, e scopra l'infedeltà dei suoi padroni (padroni), e neghi il suo errore, in quel momento sarà libero pubblicamente, con tutto il suo peculium e avrà la possibilità di lasciarlo in eredità (ai suoi successori)[159] ".

I cristiani giudaizzanti che viaggiavano attraverso il territorio erano inoltre obbligati a presentarsi al clero delle località in cui soggiornavano per dimostrare che stavano adempiendo fedelmente ai loro doveri religiosi.

Un nuovo consiglio, presieduto dal metropolita ebreo Giuliano di Toledo, approvò tutte le misure proposte da Ervigius e decise che non avrebbero mai potuto essere abolite. Due giorni dopo la chiusura dell'assemblea, il 25 gennaio 681, gli ebrei furono convocati per essere informati delle nuove misure prese nei loro confronti. Per la terza volta, gli ebrei battezzati dovettero abiurare il giudaismo e firmare un atto di fede. Fu anche ordinato loro di portare con sé il testo delle leggi che li riguardavano, in modo da non poterne sostenere l'ignoranza in caso di inadempienza.

Il potere degli ebrei in Spagna fu completamente annientato durante il regno di Egica, tra il 687 e il 702.

Nell'anno 694 fu scoperta una grande cospirazione. Falsi cristiani, in combutta con i loro fratelli in Africa, cospiravano per fomentare una rivoluzione. Felice, arcivescovo di Toledo, reagì prontamente e convocò un nuovo concilio che trattò e riportò le prove della cospirazione cripto-giudaica. L'ottavo canone del XVII Concilio di Toledo, letteralmente intitolato "Sulla dannazione dei Giudei" (*Iudaeorum damnatione*), espone le sue forti conclusioni: ""È noto che la plebe ebraica è macchiata da una bruttissima nota di sacrilegio e di sanguinosa effusione del sangue di Gesù Cristo, e contaminata inoltre dalla profanazione del giuramento (tra l'altro perché avevano giurato di essere fedeli cristiani e di non giudaizzare in segreto), cosicché le loro malvagità sono senza numero; Perciò è necessario che piangano per essere incorsi in un così grave peccato di animosità coloro

---

[159]Maurice Pinay, *Complotto contro la Chiesa, capitolo XIV* (1962), trascrizione pdf da Ediciones Mundo Libre, Messico, 1985, p. 205.

che, a causa della loro malvagità, non solo hanno voluto turbare lo stato della Chiesa, ma con tirannica audacia hanno tentato di rovinare il Paese e la nazione, tanto che, rallegrandosi nella convinzione che il loro tempo fosse già giunto, hanno causato vari scempi ai cattolici. Per questo motivo la crudele e stupenda presunzione deve essere estirpata con una tortura più crudele. Così che il giudizio contro di loro deve essere tanto più severo, in quanto dappertutto puniscono ciò che si sa essere stato definito malvagio".

Il re Egica li espropriò completamente, proibì loro di possedere case e terreni, di commerciare e navigare in Africa e, in generale, di fare affari con i cristiani. Gli ebrei furono costretti a cedere tutte le loro proprietà all'erario dietro un piccolo compenso. Furono anche espulsi dal loro luogo di residenza.

Tutti gli ebrei di Spagna furono messi in servitù e distribuiti tra i grandi signori del Paese, senza mai poter essere liberati: "E per quanto riguarda i loro figli di entrambi i sessi, decretiamo che non appena avranno raggiunto l'età di sette anni, saranno separati dalla compagnia dei loro genitori, senza permettere loro alcun attrito, dovendo i loro signori stessi consegnarli ai cristiani più fedeli, per essere educati, in modo che i ragazzi possano sposare donne cristiane e viceversa, senza che né i genitori né i figli possano, come abbiamo già detto, celebrare in nessun caso le cerimonie della superstizione giudaica, né ritornare in nessuna occasione sulla via dell'infedeltà[160]"."

Le punizioni approvate dal concilio contro i cospiratori cripto-ebraici furono applicate in tutte le province del regno visigoto, tranne che nella Gallia Narbonensis (Septimania), allora devastata da un'epidemia mortale. La tolleranza fu concessa a condizione che diventassero cristiani sinceri. Numerosi ebrei vi emigrarono, ma come dimostrarono i secoli successivi, questi falsi cristiani non abbandonarono il giudaismo e il sud della Francia divenne una nuova Giudea. La regione, infatti, diventerà la sede e la culla delle eresie rivoluzionarie più distruttive d'Europa, in particolare delle dottrine gnostiche e della Cabala ebraica[161].

Purtroppo, il figlio di Egica, Witiza, fu un principe disastroso, la cui politica pose fine all'impero visigoto in Spagna. Nell'aprile del 711, Tarik, un audace e abile generale musulmano, attraversò lo stretto di Gibilterra e invase il sud della penisola con forze considerevoli. Gli ebrei banditi dalla Spagna ingrossarono le file degli eserciti musulmani e l'aiuto di quelli rimasti fu prezioso. A luglio gli eserciti di Rodrigo (Roderico), l'ultimo re visigoto, furono sconfitti e i musulmani penetrarono rapidamente

---

[160] Maurice Pinay, *Complot contra la Iglesia*, capitolo XVI (1962), trascrizione pdf da Ediciones Mundo Libre, Messico, 1985, p. 211-212, citando la fonte: Juan Tejada y Ramiro, Colección de cánones citada, tomo II, pp. 602, 603.
[161] Vedi *Psicoanalisi dell'ebraismo* (N.T.).

nell'interno del Paese. Grazie agli ebrei incaricati di sorvegliare le città conquistate, i generali musulmani avevano sempre a disposizione tutte le loro truppe per continuare la conquista del Paese.

A Toledo, la domenica delle Palme del 712, gli ebrei cacciarono i mori in città. Gli aristocratici e il clero erano fuggiti e, mentre i cristiani imploravano la protezione divina nelle loro chiese, gli ebrei spalancarono le porte dei templi, unendosi ai musulmani per massacrare i cristiani[162].

Le testimonianze degli storici cristiani sono abbastanza coerenti con quelle raccolte da Heinrich Graetz, il quale afferma anche che "in ogni città conquistata, i generali musulmani potevano lasciare solo una piccola guarnigione delle proprie truppe, perché avevano bisogno di tutti gli uomini per sottomettere il Paese; perciò le affidarono alla custodia degli ebrei. Così gli ebrei, che fino a poco tempo prima erano stati servi della gleba, divennero padroni delle città di Cordova, Granada, Malaga e molte altre. Quando Tarik arrivò alla capitale, Toledo, la trovò occupata solo da una piccola guarnigione, poiché i nobili e il clero erano fuggiti per mettersi al sicuro. Mentre i cristiani erano in chiesa a pregare per la sicurezza del loro Paese e della loro religione, gli ebrei spalancarono le porte agli arabi vittoriosi (Domenica delle Palme, 712), accogliendoli con acclamazioni e vendicando così le molte miserie che li avevano colpiti nel corso di un secolo dopo i tempi di Recaredo e Sisebut[163]".

Un altro noto intellettuale ebreo in Francia, Jacques Attali, la cui opera abbiamo ampiamente esaminato per i nostri precedenti libri, lo conferma: "Con il loro aiuto, le truppe musulmane sconfissero il re Roderico nel luglio del 711 e conquistarono rapidamente l'intera penisola". Così gli ebrei furono naturalmente esposti a nuove rappresaglie: "Così, l'arcivescovo di Toledo accusò gli ebrei di tradimento a favore dei saraceni, provocando una rivolta; organizzò anche il saccheggio delle sinagoghe[164]".

---

[162] Cronaca del vescovo di Tuy.

[163] Heinrich Graetz, *History of the Jews III*, London, Myers High Holborn, 1904, p. 111. Cecil Roth, invece, è di gran lunga lo storico ebreo più disonesto. Nella sua *Storia del popolo ebraico* (*Histoire du peuple juif*, 1936, Stock, 1980), scrive: "Più tardi, i cronisti ecclesiastici malintenzionati attribuirono la disfatta dei Visigoti agli Ebrei che avevano presumibilmente invitato e aiutato gli invasori" (pagina 183). (pag. 183). Di certo, con Cecil Roth, nulla - nemmeno il minimo errore - permette di capire perché gli ebrei siano il bersaglio dell'ostilità dei goyim.

[164] Jacques Attali, *Los judíos, el mundo y el dinero*, Fondo de cultura económica, 2005, Buenos Aires, p. 134, 204. ["È noto che l'invasione degli arabi fu promossa esclusivamente dagli ebrei che vivevano in Spagna. Essi aprirono loro le porte delle principali città. Erano infatti numerosi e ricchi e già al tempo di Egica avevano cospirato, mettendo in serio pericolo la sicurezza del regno. Il Concilio XVII li punì molto severamente, riducendoli in schiavitù (Can. VIII); ma Witiza li favorì di nuovo, e a tale patrocinio essi risposero cospirando con tutti gli scontenti. La popolazione

Quasi tutta la Spagna divenne una provincia musulmana. In cambio del loro sostegno, i Mori trattarono gli ebrei con grande benevolenza, permettendo loro di praticare apertamente la loro religione e di avere tribunali propri. In questo modo riacquistarono tutto il potere che avevano perso e furono in grado di consigliare e guidare i califfi a loro piacimento.

Heinrich Graetz spiega così i vantaggi del cambio di regime per gli ebrei: "I primi califfi della casa di Ommiyyah... si erano completamente liberati da quella mentalità ristretta e da quella mania persecutoria che aveva caratterizzato il fondatore e i primi due califfi... Erano molto più mondani che spirituali; il loro orizzonte politico era ampio e si limitavano pochissimo ai precetti ristretti del Corano e delle tradizioni (Sunna)[165] ".

La Spagna sotto il dominio musulmano rimane nell'immaginario ebraico come una tanto agognata età dell'oro. Il grande storico ebreo Leon Poliakov ha scritto: "Nel 711, l'invasione araba li catapultò in cima alla scala sociale, come consiglieri e alleati dei conquistatori[166] ". Jacques Attali

---

indigena avrebbe potuto resistere al manipolo di Arabi che passò lo Stretto; ma Witiza li aveva disarmati, le torri erano a terra e le lance erano diventate rastrelli. La storia non ricorda una conquista più rapida di quella. Goti ed ebrei, malcontento politico, vendette personali e odi religiosi contribuirono alla lotta". Marcelino Menendez Pelayo, *Historia de los Heterodoxos españoles, Tomo I*, Ed. F. Maroto, Madrid, 1880, p. 216. Menendez Pidal era molto critico nei confronti dei Visigoti e della loro eredità storica in Spagna: "Witiza è per noi il simbolo dell'aristocrazia visigota, né ariana né cattolica, ma scettica, nemica della Chiesa, perché questa moderava il potere reale e si opponeva ai suoi eccessi. La nobiltà gotica era estremamente disinvolta nei suoi costumi: crudeltà e lussuria macchiano le pagine della sua storia a ogni passo...
"Quello stesso individualismo o eccesso di personalismo che le razze del Nord portarono con sé, le indusse a frequenti e scandalose ribellioni, a discordie interne e, quel che è peggio, a tradimenti, a spergiuri contro il loro popolo e la loro razza, perché non nutrivano quelle grandi idee di patria e di città, proprie degli Elleni e dei Latini. Per questo la nobiltà visigota, guidata dai figli di Witiza e dall'arcivescovo D. Oppas, vende la terra ai Romani. Oppas, venduta la terra ai musulmani, defeziona al Guadalete e Teodomiro, dopo una breve resistenza, si arrende ad Abdalassis in un patto disonorevole. La razza visigota aveva grandi difetti da eliminare. Non ultimo, la sua totale incapacità di formare un regime o una civiltà stabili. Eppure, quanta grandezza in quel periodo! Ma la scienza e l'arte, i canoni e le leggi sono la gloria della Chiesa, la gloria della Spagna. I Visigoti non hanno lasciato nulla, non una pietra, non un libro, non un ricordo, se si escludono le lettere di Sisebuto e Bulgoranos, forse scritte da vescovi spagnoli e poste a nome di quegli alti personaggi. Non lasciamoci disilludere: la civiltà peninsulare è romana dalla testa ai piedi, con un po' di semitismo; di teutonico, grazie a Dio, non abbiamo nulla. Ciò che i Goti ci hanno portato si è ridotto a poche leggi barbare, che cozzano con il resto dei nostri Codici, e a quell'indisciplina e disordine che hanno rovinato l'impero che hanno fondato". *Historia de los Heterodoxos españoles, Volume I*, Ed. F. Maroto, Madrid, 1880, p. 213–214, 215).
[165]Heinrich Graetz, *History of the Jews III*, London, Myers High Holborn, 1904, p. 112.
[166]Léon Poliakov, *Histoires des crises d'identité juives*, Austral, 1994, p. 22.

lo ha confermato ancora una volta: "Gli ebrei non hanno mai conosciuto un luogo di soggiorno più bello di questo Islam europeo dell'VIII secolo". I finanzieri ebrei trionfarono[167].

XXXIV. Agobardo di Lione e Amolon

I regni di Carlo Magno (768-814) e di suo figlio Luigi I o Luigi il Pio (814-840) furono un periodo felice per gli ebrei. Quest'ultimo "fu straordinariamente favorevole agli ebrei", scrive Graetz, "... potevano possedere terre, esercitare mestieri e diventare armatori e non dovevano subire disagi o vessazioni".

Infatti, "il notevole favore mostrato agli ebrei dal pio imperatore era dovuto principalmente a motivi commerciali. Il commercio internazionale che Carlo Magno aveva istituito, e che i consiglieri di Ludovico desideravano sviluppare, era per la maggior parte nelle mani degli ebrei. Questi ultimi potevano entrare più facilmente in rapporti commerciali con i loro fratelli in altri Paesi[168]..."

A quel tempo, gli ebrei si stabilirono in varie regioni della Germania, estendendosi da lì ai territori abitati dagli slavi oltre il fiume Oder, fino alla Boemia e alla Polonia. Essi dominavano il grande commercio, erano "i principali agenti del commercio di esportazione e di importazione, scrive Graetz, compravano e vendevano merci e schiavi".

L'attività degli ebrei occidentali si sviluppò in tutte le direzioni. Bernard Lazare descrive la situazione come segue: "Protetti in Spagna dai Califfi e sostenuti da Carlo Magno, che lasciò cadere nel dimenticatoio le leggi merovingie, estesero il loro commercio che, fino ad allora, era consistito principalmente nella vendita di schiavi. Inoltre, si trovavano in condizioni particolarmente favorevoli. Le loro comunità erano in costante contatto tra loro[169]".

Carlo Magno aveva tuttavia imposto agli ebrei che comparivano in tribunale, come testimoni o contendenti contro i cristiani, una formula speciale che li distingueva dagli altri abitanti: "Dovevano circondarsi di

---

[167] Nel frattempo, in Oriente, stava apparendo un altro nuovo "Messia". Nel 723, un certo Zonaria si manifestò in Siria e gli ebrei di Spagna e di altri Paesi credettero che fosse il vero Messia. Le loro illusioni non durarono a lungo: il vali di Cordova Ambisa Ben Sohim sequestrò i beni di tutti coloro che lo avevano seguito (Joseph Conde, *Histoire de la domination des Arabes et Maures en Espagne et en Portugal*, tome I. Alexis Eymery, Parigi, 1825, p. 129).

[168] Heinrich Graetz, *History of the Jews III*, London, Myers High Holborn, 1904, p. 165.

[169] Bernard Lazare, *L'antisemitismo, la sua storia e le sue cause, (1894)*. Edizioni La Bastille, edizione digitale, 2011, p. 46.

spine, prendere la Torah nella mano destra e invocare su di sé la lebbra di Naaman e la punizione della fazione di Korah[170] a testimonianza della veridicità della loro dichiarazione". Questa è una prova di quanto i cristiani diffidassero degli ebrei, sempre inclini a difendere sistematicamente i loro simili.

Ma il periodo più benevolo per gli ebrei di Francia fu senza dubbio quello del regno di Luigi il Pio (soprannominato in Francia anche il Bonario). L'imperatore «li prese sotto la sua speciale protezione, mettendoli al riparo dalle ingiustizie, sia da parte dei baroni che del clero. Essi godevano del diritto di stabilirsi ovunque nel regno. Nonostante i numerosi decreti contrari, non solo potevano impiegare manovalanza cristiana, ma potevano persino importare schiavi. Al clero fu proibito di battezzare gli schiavi degli ebrei affinché potessero riacquistare la libertà. Per rispetto nei loro confronti, il giorno del mercato fu cambiato dal sabato alla domenica. Gli ebrei furono liberati dalla punizione della fustigazione ed ebbero la giurisdizione sui criminali ebrei nelle loro mani. Inoltre, non furono sottoposti alle barbare prove del fuoco e dell'acqua. Avevano il permesso di esercitare i loro mestieri senza ostacoli o impedimenti, ma dovevano pagare una tassa all'erario e fare una dichiarazione periodica del loro reddito. Gli ebrei riscuotevano anche le tasse, ottenendo con questo privilegio un certo potere sui cristiani, sebbene ciò fosse contrario a quanto espressamente stabilito dalle leggi canoniche». Ad esempio, il mercante Abramo di Saragozza aveva piena libertà di acquistare servi all'estero - per lo più slavi ancora pagani - e rivenderli nell'Impero o ai Saraceni[171].

Durante il regno di Carlo Magno e di suo figlio, gli ebrei, grazie ai rapporti con i loro correligionari all'estero, concentrarono nelle loro mani tutto il commercio del Paese, soprattutto l'esportazione e l'importazione di merci[172]. Gli ebrei poterono avere tribunali propri e un funzionario speciale, con il titolo di *signore degli ebrei* (*magister Judærum*), fu incaricato di garantire il rispetto dei loro diritti. Alcuni furono persino nominati esattori delle tasse. Il favore di Ludovico I era probabilmente dovuto all'influenza della sua seconda moglie, Giuditta di Baviera, che aveva una profonda venerazione per l'ebraismo.

---

[170]Korah ben Izhar (Korah, figlio di Izhar) è un personaggio biblico che cospirò contro Mosè e Aronne. Alla fine, Yahweh punì i ribelli e la maggior parte di loro fu inghiottita dalla terra. Invece, Korah e altri 250 uomini che si trovavano all'ingresso del tabernacolo furono consumati da un fuoco di origine divina (NdT).
[171]Heinrich Graetz, *History of the Jews III*, London, Myers High Holborn, 1904, p. 164–165, 147 e in Charta, Ludov., n. 32, 33, 34, nel volume IV degli *Historiens de France*.
[172]Mas L. Margolis e Alexandre Marx, *Histoire du peuple juif*, Payot, Paris, 1930, p. 323, in Abbé Jules Minvielle, *De la Cabale au progresisme*, Éditions Saint-Rémi, p. 143.

Agobardo, prelato di origine ispanica e arcivescovo di Lione dall'814 all'840, denunciò la debolezza di Luigi il Bonario nei confronti degli ebrei e si oppose con tutte le sue forze alla loro crescente influenza, mostrando un ardore instancabile. Era "un acerrimo nemico degli ebrei", scrive Graetz. Ma a corte, gli onnipotenti finanzieri ebrei avevano corrotto il personale politico e conquistato alla loro causa i principali funzionari e signori. Orgogliosi delle carte imperiali che brandivano trionfalmente, gli ebrei si credevano impuniti e ignoravano le minacce del clero e gli statuti degli antichi concili ecclesiastici.

Abbiamo visto come, durante i regni della dinastia merovingia, un semplice ordine di un vescovo fosse sufficiente per bandire gli ebrei da una diocesi. Agobardo, il vescovo di Lione, e quindi uno dei principali ecclesiastici di Francia, non era nemmeno lontanamente in grado di far rispettare i decreti dei re e dei concili contro di loro.

In effetti, Agobardo subì diverse battute d'arresto nella sua lotta contro gli ebrei e arrivò a lamentarsi formalmente e a denunciare i loro eccessi in una lettera all'imperatore Luigi nell'822, intitolata *Epistola de baptizandis Hebraeis*. Seguiranno altre cinque lettere[173]. Nel suo trattato *De insolentia Judaeorum* (827), l'imperatore mette nuovamente in guardia contro i Giudei: costruiscono sinagoghe, estorcono denaro con tutti i mezzi, non tollerano i mercati pubblici il sabato, quando invece era consuetudine universale; infine, rapiscono persino bambini cristiani per portarli in Spagna e venderli ai Saraceni come schiavi.

Agobardo ha citato eventi specifici, come l'arrivo nella sua diocesi di uno spagnolo di Cordova che, ventiquattro anni prima, era stato rubato dagli ebrei di Lione e venduto come schiavo quando era ancora bambino. Il cordovano era riuscito a fuggire insieme a un'altra vittima, originaria di Arles, che era rimasta nella stessa situazione per sei anni. Agobardo aveva richiesto un'indagine su questo vergognoso traffico, che aveva rivelato che il rapimento e la vendita di bambini cristiani da parte degli ebrei non era nulla di eccezionale[174].

Una volta Agobardo battezzò una schiava che era scappata dalla casa del suo padrone - un ebreo di Lione - per liberarla dalla sua condizione. I funzionari ebrei avevano chiesto all'amministrazione imperiale di restituire la schiava fuggita al suo padrone, ma Agobardo si era rifiutato di obbedire ed era stato deposto. Pur avendo ottenuto il sostegno del partito ecclesiastico a corte, gli ebrei, da parte loro, avevano fatto valere la loro influenza presso l'imperatore. Luigi il Pio nominò allora una commissione per esaminare la questione controversa, che alla fine decise a favore degli

---

[173]B. Blumenkranz, *Juifs et chrétiens dans le monde occidental*, Paris, 1960.
[174]Leggi *La mafia ebraica*, Omnia Veritas. 2022.

ebrei.

Ritiratosi nella sua diocesi, Agobardo continuò a combattere i suoi nemici. Affrontò la questione in cinque epistole che seguivano la dottrina tradizionale della Chiesa: "Tenete gli ebrei a distanza, non lasciate che dominino[175]", ammonì i suoi contemporanei. Seguendo i suoi ordini, i sacerdoti attaccarono gli ebrei nelle loro prediche, proibendo ai loro parrocchiani di avere rapporti con loro, di comprare o vendere qualcosa a loro, di pranzare o cenare con loro o di lavorare per loro in qualsiasi circostanza. Gli ebrei di Lione ottennero allora delle *lettere di protezione (Indiculi)* con il sigillo imperiale e ad Agobardo fu ordinato di porre fine alla loro propaganda (intorno all'828).

Il vescovo di Lione non si lasciò scoraggiare. Organizzò una petizione collettiva e scrisse a tutti i vescovi di Francia per fare pressioni sul re Luigi affinché togliesse la barriera che un tempo proteggeva i cristiani. Probabilmente furono informati che i cospiratori erano pronti a sostenere la ribellione dei figli del primo matrimonio dell'imperatore contro l'imperatrice e l'arcicancelliere Bernhard, che aveva consigliato al monarca di ridistribuire l'impero a favore del figlio di Giuditta. Su ripetuta sollecitazione di Agobardo, nell'829 si riunirono a Lione numerosi prelati e fu inviata una missiva a Luigi per denunciare i pericoli derivanti dalle libertà concesse agli ebrei. Scrisse anche una lettera a Nibridio, vescovo di Narbona, *De cavendo convictu et societate Iudaeorum*, e infine, in collaborazione con Bernardo, arcivescovo di Vienna, un breve trattato intitolato *de Iudaicis superstitionibus*. Questo trattato, *Sulla superstizione degli ebrei*, era preceduto da un'introduzione in cui Agobardo giustificava la condotta tenuta fino ad allora nei confronti degli ebrei. Non solo accusò gli ebrei, ma scrisse una severa critica contro i loro protettori e coloro che erano stati corrotti dalla loro aurea.

Ma Luigi il Gentile non tenne conto dell'atto di accusa formulato dal sinodo di Lione. Nell'830, Agobardo, che aveva preso parte alla congiura contro l'imperatrice Giuditta e i suoi amici, fu deposto e costretto a fuggire in Italia. In seguito fu canonizzato dalla Chiesa.

Nell'840, alla morte dell'imperatore Ludovico il Pio, scoppiò immediatamente una guerra tra i suoi figli per la divisione del grande impero di Carlo Magno. I diritti concessi a Carlo il Calvo, figlio di Luigi e Giuditta, a scapito dei fratellastri più anziani, furono la causa dei problemi che afflissero la fine del regno. Nell'843, l'impero di Carlo Magno fu diviso in tre parti.

Carlo il Calvo, che ricevette la Francia occidentale, sembra aver

---

[175] Secondo monsignor Bressoles, vicepresidente onorario dell'Istituto Cattolico nel 1949. *Dottrina e azione politica di Agobard*, Parigi, Librairie philosophique J. Vrin, 1949.

ereditato la predilezione della madre per il giudaismo. Egli impiegò numerosi ebrei alla sua corte, così come altri carolingi. Un israelita di nome Juda era il suo banchiere o tesoriere personale. In una lettera, Carlo chiamò *Juda il suo fedele*, menzionando i buoni servizi che gli aveva reso[176]. Il suo medico era un altro ebreo di nome Sedecias. "Sotto Carlo il Calvo", scrive Graetz, "come sotto il suo predecessore, gli ebrei godevano della parità con i cristiani. Avevano il permesso di esercitare il loro commercio senza ostacoli, e anche di possedere beni immobili[177] ". "Gli ebrei erano riusciti a insediarsi negli uffici di esattori delle tasse, dai quali erano stati esclusi sotto i re merovingi. I cristiani si lamentavano, come in passato, dell'umiliante durezza con cui questa riscossione veniva effettuata dagli infedeli[178] ". Carlo impose solo una leggera restrizione ai mercanti ebrei, obbligandoli a versare all'erario l'11% delle loro entrate, mentre gli altri mercanti pagavano un decimo (10%).

Il suo acerrimo nemico in quel periodo era il discepolo e successore di Agobardo, Amolon, il nuovo arcivescovo di Lione. Nella sua *Epistola Amulonis contra Judaeos*, Amolon scrisse: "Maledicendo l'infedeltà dei Giudei e cercando sempre di proteggere il popolo cristiano dal loro contagio, ho ordinato pubblicamente per tre volte che gli infedeli fossero allontanati, che nessun cristiano fosse loro servo nelle città o nei villaggi, lasciando che i loro schiavi pagani li aiutassero nelle loro fatiche; ho proibito di assaggiare il loro cibo e le loro bevande. Inoltre, ho emanato diversi ordini severi per estirpare il male e imitare l'esempio del nostro pio pastore, maestro e predecessore Agobardo".

Hinkmar, vescovo di Reims e favorito dell'imperatore Carlo, così come l'arcivescovo di Sens e Bourges e altri ecclesiastici, lo sostengono nella sua lotta. Nell'845, riuniti nel concilio della città di Meaux, questi prelati decisero di ristabilire le vecchie leggi canoniche. Non indicarono con precisione le misure che il re avrebbe dovuto applicare agli ebrei, ma si limitarono a ricordargli gli editti promulgati in passato contro di loro a partire da Costantino il Grande, menzionando il divieto di Teodosio II di ricoprire un incarico o una qualsiasi dignità, ricordandogli le decisioni dei concili, nonché l'editto del re merovingio Childeberto che aveva vietato loro di esercitare le funzioni di giudice o di doganiere e di uscire per le strade durante la festa di Pasqua. Invocarono anche le decisioni sinodali promulgate fuori dalla Francia, in particolare le disposizioni adottate dai

---

[176]Lettera di Carlo il Calvo in *L'Histoire des comtes de Barcelone*, di Diago, in Georges-Bernard Depping, *Les Juifs dans le Moyen-Âge*, (1823), Éd. Wouters, Bruxelles, 1844, p. 46.
[177]Heinrich Graetz, *Storia degli ebrei III*, Londra, Myers High Holborn, 1904, p. 173.
[178] Georges-Bernard Depping, *Les Juifs dans le Moyen-Âge*, (1823), Éd. Wouters, Bruxelles, 1844, p. 46.

Visigoti in Spagna contro gli ebrei ribelli.

Carlo il Calvo decise di ignorare il parere dei vescovi e, nonostante il suo favorito Hinkmar fosse membro della riunione, sciolse il concilio. Il 14 febbraio 846 ordinò che un nuovo concilio si riunisse a Parigi per esaminare le modifiche da apportare all'organizzazione della Chiesa, ma il re proibì di discutere il tema degli ebrei.

Amolon consigliò quindi all'alto clero di rivolgersi ai principi e ai signori per esortarli ad abolire i privilegi degli ebrei. Nella sua lettera ai prelati, egli enumerava le stesse lamentele che Agobardo aveva evidenziato a suo tempo. A poco a poco, l'antigiudaismo progredì. A Beziers, il vescovo teneva appassionate prediche ogni anno, dalla vigilia della Domenica delle Palme al giorno dopo Pasqua, che poi sfociavano in gravi disordini. In questa occasione erano ammesse solo le pietre e il popolo corse a prendere a sassate le case degli ebrei. Gli ebrei, seguendo la stessa antica usanza, avevano la possibilità di difendersi anche con le pietre. La città rimase quindi in uno stato di anarchia e di guerra civile fino alla Pasqua ebraica. Una cronaca afferma addirittura che spesso c'erano molti feriti da entrambe le parti[179]. "Questi misfatti si ripeterono anno dopo anno per secoli. Gli ebrei di Beziers si difesero e in queste occasioni furono inflitte ferite fisiche da entrambe le parti", scrive Graetz. Così questi disordini divennero una sorta di tradizione in questa città e fu solo a forza di soldi che gli ebrei di Beziers riuscirono nel 1160 a porre fine a questa usanza. Il visconte Raymond Trencavel, in un atto solenne ritrovato negli archivi della cattedrale di Beziers, si impegnò a perdonare agli ebrei le umiliazioni e gli insulti abituali in cambio del pagamento di duecento sous[180] e di un affitto di quattro sterline da pagare la Domenica delle Palme per l'ornamento della chiesa[181].

Un'altra curiosa tradizione era il diritto dei conti di Tolosa, il Venerdì Santo, di schiaffeggiare il sindaco della comunità ebraica della città davanti alla cattedrale. Questa cerimonia era nota come "*colaphisation*[182]". Nel 1018, il cappellano del conte Aimeric de Rochechouart, chiamato Hugo, chiese l'autorizzazione a esercitare questo diritto signorile, dando al

---

[179] Georges-Bernard Depping, *Les Juifs dans le Moyen-Âge*, (1823), Éd. Wouters, Bruxelles, 1844, p. 48.

[180] Antica moneta francese derivata dal *solidus* romano. Dopo la riforma di Carlo Magno, il solidus non era più 1/72 della libbra d'oro romana ma 1/20 della libbra d'argento carolingia. Il sou era diviso in 12 *denari*, che, con poche eccezioni - come il gros *tournoi* di San Luigi - erano gli unici in circolazione nella pratica. Il sistema di 1 libbra = 20 sous di 12 denari rimase invariato fino alla Rivoluzione francese.

[181] Catel, *Histoire du Languedoc*.

[182] In francese, dal verbo in disuso *colaphiser* (latino: *colaphizare*, sostantivo *colaphizo*, dal greco antico *Kolaphizo*: colpire con un pugno) (NdT).

sindaco uno schiaffo così brutale che l'ebreo morì[183]. Questa usanza era stata istituita dopo il tradimento commesso dagli ebrei al tempo dell'invasione musulmana.

Abbiamo notizie degli ebrei anche nel X secolo, al tempo di Carlo III il Semplice: gli ebrei erano stati espulsi dalla contea di Narbonne e il re aveva sequestrato e donato all'arcivescovado e alle chiese le terre, le vigne, le case e i mulini che erano loro appartenuti[184]. Ma il regno di Francia era in quegli anni devastato dalle invasioni vichinghe e quasi nessuno si preoccupava più della sorte degli ebrei.[185]

XXXV. I re del commercio in Oriente

In Oriente, gli ebrei non soffrirono molto sotto Harun al-Rashid e i suoi figli che gli succedettero a Baghdad. Tuttavia si distinsero dagli altri abitanti: nell'807, Harun al-Rashid li obbligò a portare un segno distintivo, un pezzo di stoffa gialla sul vestito. È possibile che questa misura fosse la controparte della persecuzione diretta contro i cristiani, che dovevano indossare un pezzo di stoffa blu.

In Palestina la situazione era notevolmente peggiorata. Nell'809, dopo la morte di Harun e la divisione dell'impero, scoppiò una guerra tra i suoi due figli, Muhammad al-Amin e Abdallah al-Mamun. Graetz ha scritto di questo episodio: "Le sofferenze devono essere state così terribili che un predicatore dell'epoca le dichiarò un segno della venuta del Messia[186]. "Israele può essere redento solo attraverso la penitenza, e la vera penitenza può essere evocata solo dalla sofferenza, dall'afflizione, dalla peregrinazione e dal bisogno", dichiarò questo oratore per la consolazione della sua congregazione afflitta. Nella guerra civile tra i due califfi, egli credeva di vedere l'imminente distruzione del dominio ismailita e l'avvento dell'impero messianico. "Due fratelli regneranno infine sugli ismaeliti (maomettani); sorgerà allora un discendente di Davide, e nei giorni di questo re il Signore dei cieli stabilirà un regno che non perirà mai". "Dio sterminerà i figli di Esaù (Bisanzio), nemici di Israele, e anche i figli di Ismaele, loro avversari[187] "".

---

[183]S. Schwarzfuchs, *Storia mondiale del popolo ebraico*, Massadah Publishing, Tel-Aviv, 1966.
[184]Si vedano i regolamenti degli anni 899, 914, 928, nel volume IX degli *Historiens de France*, in Georges-Bernard Depping, *Les Juifs dans le Moyen-Âge*, (1823), Éd. Wouters, Bruxelles, 1844, p. 49.
[185]Nell'848, anche gli ebrei di Bordeaux tradirono la città durante l'invasione vichinga.
[186]Sui dolori della nascita del Messia si legga l'ultimo capitolo di questo libro, oltre a *Psicoanalisi del giudaismo, Fanatismo ebraico* e *Lo specchio del giudaismo*.
[187]Heinrich Graetz, *Storia degli ebrei III*, Londra, Myers High Holborn, 1904, p. 148.

Sappiamo infatti che nell'escatologia ebraica cristiani e musulmani saranno definitivamente sconfitti e annientati per sempre. "Ma queste, come in molte altre occasioni, erano speranze illusorie", riconosce Heinrich Graetz. Il califfato vacillò, ma non fu distrutto dalla guerra civile; al-Amin morì e al-Mamun fu dichiarato capo dell'impero. Dopo la morte di al-Mamun, gli ebrei furono gradualmente sottoposti a varie restrizioni, come nei Paesi cristiani. Il califfo al-Mutawakkil, terzo successore di al-Mamun, rinnovò le leggi di Omar contro di loro, imponendo loro, come ai cristiani, una particolare forma di abbigliamento e colore, trasformò sinagoghe e chiese in moschee, vietò loro l'accesso alle funzioni pubbliche e proibì ai musulmani di istruirli (849-856). Non avevano il diritto di andare a cavallo e potevano cavalcare solo asini o muli (853-854). Se acquistavano una casa, dovevano pagare al califfo un decimo del suo valore.

Nonostante ciò, gli ebrei esercitarono il loro dominio sul commercio e sulla finanza. Intorno all'anno 1000 erano i padroni del denaro, come ha scritto lo storico ebreo Leon Poliakov: "Re delle finanze di Baghdad e banchieri dei califfi per un quarto di secolo, benché ben-Pichas e ben-Amram fossero i primi, non erano gli unici". Un'altra cronaca ci informa che la maggior parte dei mercanti di Tustar in Persia erano ebrei. A Ispahan, nota per il suo fiorente commercio come "la seconda Baghdad", il quartiere yahudiano era il centro degli affari[188] ".

Esistono pochissime fonti sui Radhaniti, i commercianti ebrei dell'Alto Medioevo che dominarono il commercio tra il mondo cristiano e quello musulmano. Dalla valle del Rodano scendevano verso il Nord Africa, passando per la Spagna o l'Italia, proseguivano verso il Medio Oriente e poi verso l'India e la Cina, attraversando il continente asiatico. Ibn Khordadhbeh, direttore del servizio postale e della polizia della provincia di Jibal, scriveva intorno all'870 nel suo *Libro delle rotte e dei regni*: "Questi commercianti parlano arabo, persiano, greco, franco, spagnolo e slavo. Viaggiano da est a ovest, per terra e per mare. Portano da ovest eunuchi, donne schiave, bambini, seta, spade, castori, zibellini e altre pellicce".

I mercanti potevano prendere un'altra strada: dal Rodano attraverso la Germania e i Paesi balcanici, o dal nord attraverso la Russia. Gli storici Cecil Roth e Claude Cahen hanno collocato il centro dell'attività radhanita nella valle del Rodano, il cui nome latino era Rhodanus. Ma altri studiosi sostengono che il nome derivi dal persiano, da *rah* ("strada") e *dan* ("conosce").

I Radhaniti svolsero un ruolo essenziale nella tratta degli schiavi diffusa nel IX e X secolo. Verdun era allora un importante centro commerciale e

---

[188] Léon Poliakov, *Les Juifs et notre histoire*, Science Flammarion, 1973, p. 48.

uno dei primi mercati di schiavi. Gli schiavi venivano catturati dalle tribù slave e pagane nei mercati orientali dell'Impero carolingio e rivenduti in tutto il mondo musulmano. Il commercio era controllato da mercanti ebrei: "Il commercio deve essere stato importante perché la parola *servus* è scomparsa a favore della parola *slavus* da cui si è formato "schiavo". Tuttavia, sappiamo che la comunità ebraica di Verdun, nota per la gestione di questo commercio, contava solo poche decine di membri[189] ".

Verdun era anche un luogo importante per la castrazione degli schiavi. Infatti, gli ebrei di Verdun avevano l'abitudine di castrare i loro schiavi cristiani per farne degli eunuchi destinati agli harem dei principi saraceni[190]. Le lettere dell'imperatore Luigi il Pio ci hanno lasciato i nomi di due mercanti di Lione, Davide e Giuseppe, che beneficiarono del privilegio di questo lucroso commercio. Da Lione, i mercanti trasportavano bestiame umano ad Arles, sede di una grande comunità ebraica, poi a Narbonne, sede della più grande comunità ebraica d'Europa, prima di attraversare i Pirenei[191]. La tratta degli schiavi in Europa diminuì gradualmente nei secoli successivi, quando i musulmani iniziarono a sostituirli con i neri provenienti dall'Africa subsahariana.

Granada, 30 dicembre 1066.

Tutta la Spagna meridionale era in mano ai musulmani. Dall'invasione di Tarik nel 711, gli ebrei vissero una vera e propria età dell'oro. Erano i principali commercianti e facilitatori di merci. Lo storico medievale Jacques Heers ha scritto: "Gli autori, musulmani e cristiani, insistono particolarmente sul ruolo degli ebrei che, nella Spagna musulmana, costituivano la maggior parte della popolazione delle grandi città, soprattutto di Granada, comunemente chiamata nell'VIII secolo la "città degli ebrei". I commercianti di beni di lusso, metalli, gioielli, seta e gli usurai si riunivano in piccole società di parenti e amici (...)".

Il commercio di schiavi bianchi era il loro monopolio. Roberta Strauss-Feuerlicht, una storica ebrea, lo ha confermato: "L'età d'oro dell'ebraismo in Spagna dovette gran parte della sua fortuna all'esistenza di una rete internazionale di mercanti ebrei..... Gli ebrei di Boemia compravano gli slavi e li rivendevano agli ebrei spagnoli, che a loro volta li rivendevano ai

---

[189] André Cheville, *La France au Moyen Âge*, Presses Universitaires de France, 1965, p. 28.
[190] Si legga la testimonianza di Luitprando di Cremona (morto intorno al 972), storico e diplomatico che compì diverse ambasciate nell'Impero romano d'Oriente. Sulla schiavitù, si veda *La mafia ebraica*.
[191] S. Schwarzfuchs, *Storia mondiale del popolo ebraico*, Massadah Publishing, Tel-Aviv, 1966.

mori[192] ".

Nel X secolo, i commercianti musulmani erano riluttanti a recarsi in Gallia, "dove trovavano solo popolazioni ostili". Non li si vedeva frequentare i mercati degli schiavi, mentre gli ebrei erano comunemente indicati come i padroni di quell'infame commercio", scrive Jacques Heers. Si diceva anche che, poiché i musulmani si rifiutavano di farlo, questi trafficanti israeliti assicuravano il buon funzionamento dei centri di castrazione degli schiavi[193] ".

Tuttavia, qui come ovunque e in ogni tempo, la loro prosperità, la loro arroganza, la loro immoralità, il loro modo di deridere continuamente i costumi degli altri e il loro desiderio di stabilire il loro dominio assoluto gli valsero l'ostilità del popolo.

A capo dell'ebraismo andaluso c'era un certo Semuel Ibn Nagrella. Nel 1025 era diventato consigliere personale del re Badis ben Habus, che lo consultava su tutte le questioni importanti. Nel 1027, alla morte del suo visir, il re berbero Habus elevò Semuel al rango di segretario di Stato (*Katib*), affidandogli la direzione degli affari diplomatici e militari. Il vecchio Semuel ibn Nagrella morì nel 1055 e fu sepolto a Granada, vicino alla Porta Elvira. Suo figlio, Abu Hussein Yosef ibn Nagrella (nato nel 1031) eresse un magnifico mausoleo e succedette al padre in tutte le sue funzioni e dignità. Sfortunatamente per lui, il popolo era a quel tempo stufo della dominazione ebraica.

Lo scrittore ottocentesco Eduard Drumont raccontò questo episodio nel suo famoso libro *La Francia ebraica (1886)*: "Con la sua insolenza (*insolentia Judeorum*) mise tutti contro di lui, insultò gravemente la religione del Paese e ben presto tutti vollero liberarsi di lui e della cricca che seguiva le sue orme. Il regno", dice uno storico arabo, "valeva allora meno di una lampada notturna dopo l'alba". Un poeta religioso, il glorioso Abu Ishaq Al Elbiri (di Elvira), andava di città in città, censurando i difetti, predicando la dedizione e il sacrificio, riconciliando tra loro i Cindajiti e i Berberi da tempo inimicati, recitando ovunque la sua famosa Kacida in rima *suora* per eccitare il coraggio. Ovunque la gente ripeteva con lui il ritornello della sua canzone: "Gli ebrei sono diventati grandi signori... Regnano in tutta la capitale e nelle province; hanno palazzi di marmo, belle fontane e giardini. Vestono splendidamente e cenano sontuosamente, mentre voi siete poveri e malnutriti".

Lo storico ebreo Leon Poliakov ha presentato in uno dei suoi libri le parole dello stesso poeta musulmano Abu Ishaq di Elvira:

"Il capo di queste scimmie ha adornato la sua residenza con preziosi

---

[192] Roberta Strauss-Feuerlicht, *The Fate of the Jews*, New York, Time Books, 1983, pag. 39.
[193] Jacques Heers, *Les Négriers en terre d'Islam*, Perrin, 2003, Poche, 2007, p. 17.

intarsi di marmo, ha fatto costruire fontane da cui sgorga l'acqua più pura e, mentre ci fa aspettare davanti alla sua porta, si prende gioco di noi e della nostra religione. Se dicessi che è ricco come te, mio Re, direi la verità; affrettati a sgozzarlo e a offrirlo in olocausto, sacrificalo! È un grasso ariete! E non risparmiate i suoi parenti e i suoi alleati; anche loro hanno accumulato immensi tesori...[194]". È uno dei rari esempi, sotto la penna di un autore ebreo, in cui l'antisemitismo della popolazione viene più o meno spiegato.

L'omicidio dell'ebreo fu compiuto da un piccolo numero di cospiratori. L'occasione si presentò con l'incursione dei soldati di Almotacén, principe di Almería, che aveva invaso Granada. I berberi assediarono il palazzo di Yosef Nagrella un sabato sera, sfondarono il cancello d'ingresso e uccisero l'ebreo. Il suo cadavere fu crocifisso alla porta di Granada il 30 dicembre 1066.

La morte del ministro ha ulteriormente risvegliato il popolo, che era deciso a eliminare una volta per tutte gli ebrei del regno. Più di quattromila ebrei furono liquidati. La pulizia di Granada scosse profondamente la Spagna ebraica, lasciando un segno profondo nella sua memoria.

Eduard Drumont raccontò la fine dell'episodio: "La leggenda ha conservato il ricordo del superbo gesto di altruismo di Abu Ishaq. Quando, nei giardini dell'aguzzino, la folla venne a trasportare il poeta, davanti al quale i capi militari avevano abbassato rispettosamente le loro scimitarre insanguinate, le pile d'oro, le gemme scintillanti, le collane preziose, i tessuti scintillanti e gli oggetti d'arte che coprivano a migliaia il suolo, Abu Ishaq raccolse una melagrana appesa a un albero da frutto, la aprì lentamente, se ne inumidì le labbra e disse: "Il caldo è pressante oggi, avevo sete; dividete questi tesori tra di voi, figli miei, ma non dimenticate di dire le vostre preghiere stasera, perché solo Dio è grande[195] !".""

XXXVII. Gregorio VII

La situazione degli ebrei iniziò ad oscurarsi in Europa solo alla fine dell'XI secolo. Nel 1012, l'imperatore germanico Enrico II aveva già espulso gli ebrei da Magonza. Per salvare le loro vite e le loro proprietà, molti ebrei avevano abbracciato il cristianesimo. Ma i ricchi ebrei avevano fatto pressione sul principe attraverso uno dei loro più importanti congeneri: "Simon ben Isaac, corrompendo i funzionari con grandi somme di denaro e dopo aver dimostrato grande impegno, riuscì a fermare la persecuzione e ottenne persino il permesso per gli ebrei di stabilirsi nuovamente a

---

[194] Léon Poliakov, *Histoire de l'antisémitisme, tomo I*, 1981, Points Seuil, 1990, p. 104.
[195] Edouard Drumont, *La France juive*, 1886, tomo I, pag. 153, 154.

Magonza", racconta Graetz.

Ma nel 1078, durante il Concilio di Roma, Papa Hildebrand, noto come Gregorio VII, figlio di un modesto falegname, decise di minare il potere ebraico. Proibì l'ammissione degli ebrei agli impieghi pubblici o a qualsiasi carica che li ponesse al di sopra dei cristiani in termini di autorità. Heinrich Graetz scrisse in modo un po' comico: "Egli, il più potente dei potenti... desiderava anche umiliare gli ebrei indifesi e privarli del rispetto e degli onori che avevano acquisito grazie ai propri meriti[196] ".

Nel Sacro Impero, nonostante i divieti del diritto canonico e l'espressa volontà del Papa, gli ebrei potevano ancora acquistare schiavi e assumere balie e servitori cristiani. Lo stesso imperatore Enrico IV offrì loro la sua protezione. Il 6 febbraio 1095 emanò un editto che proibiva il battesimo forzato degli ebrei o dei loro schiavi e ordinava che i processi tra ebrei e cristiani fossero regolati dalla legge ebraica.

In un documento dell'anno 1090, gli ebrei di Praga - all'epoca città dell'Impero - sono descritti come mercanti e cambiavalute che possedevano grandi somme di denaro; erano i mercanti più ricchi di tutti i popoli. Lo scrittore ebreo Julius Brutzkus scrisse: "Nel X secolo gli ebrei possedevano già miniere di sale a Norimberga. Commerciavano armi e sfruttavano i tesori delle chiese. Ma la loro grande specialità era la schiavitù".

In effetti, in documenti del 1124 e del 1222 si parla di ebrei che commerciano in schiavi provenienti dall'Estremo Oriente, attraversando i confini con le loro carovane. Il tasso di interesse richiesto dagli ebrei praghesi, la cui attività era in piena espansione, variava tra il 108% e il 180%.

Anche in Polonia alcuni mercanti ebrei prosperavano sulla schiavitù. Il cronista Gallus affermava nel 1085 che Giuditta, moglie del principe polacco Ladislao Herman, cercava di comprare la libertà degli schiavi cristiani dai mercanti ebrei[197].

XXXVIII. La prima crociata

Alla fine dell'XI secolo, l'ennesimo ebreo illuminato che si credeva un profeta o un messia aveva risvegliato le speranze messianiche nei cuori degli ebrei della Germania e della Francia settentrionale. Aveva calcolato che, verso la fine del 256° ciclo lunare, tra il 1096 e il 1104, il Messia

---

[196]Heinrich Graetz, *History of the Jews III*, London, Myers High Holborn, 1904, p. 252, 300.
[197] Abraham Léon, *La Conception matérialiste de la question juive*, Études et Documentation internationales, 1942, Paris, 1968, p. 113.

sarebbe finalmente venuto a radunare i figli di Israele dispersi per portarli a Gerusalemme e offrire loro l'impero sul mondo. Invece, gli ebrei videro i crociati imbarcarsi per la Terra Santa.

Il 27 novembre 1095, al Concilio di Clermont, Papa Urbano II lanciò un appello per una crociata in aiuto dell'imperatore bizantino minacciato dai Turchi e per liberare la Terra Santa.I primi due eserciti crociati, guidati da Pietro l'Eremita e Gualterio (Walter l'Indigente), non maltrattarono particolarmente gli ebrei; ma altri gruppi provenienti da Francia, Inghilterra, Lorena e Fiandre si prepararono alla guerra contro i musulmani massacrando tutti gli ebrei sul loro cammino. Sono "orgogliosi", "malvagi" e "insolenti", ha scritto il monaco di Cluny Raul Glaber. Anche in Francia, da dove era partita la crociata, i massacri erano molto rari. Solo a Rouen, città sotto il dominio inglese, i crociati attaccarono gli ebrei, costringendoli a convertirsi o a essere decapitati in caso di resistenza. Come si diceva in francese antico: "*Et cel qui ne voudrent croire furent occis et commandez as doubles[198]* ". Né le scomuniche lanciate dai sacerdoti, né le minacce e le proibizioni dei principi riuscirono a fermare questi violenti oltraggi.[199]

Guibert de Nogent (1055-1125), abate di Nogent-sous-Coucy, nato nel distretto di Beauvaisis, fu uno dei principali cronisti della prima crociata che ne raccontò alcuni episodi nelle sue *Gesta Dei per Francos*: "Vogliamo andare a combattere i nemici di Dio in Oriente, ma abbiamo gli occhi puntati sugli Ebrei, una razza più ostile a Dio di qualsiasi altra[200] ", scriveva questo cronista e crociato.

Pietro di Cluny, che all'epoca era la figura più importante della cristianità dopo il Papa, riprese la riflessione di Guibert de Nogent e pose a Filippo I questa domanda: "Perché dovremmo cercare i nemici di Cristo in paesi lontani, quando ebrei bestemmiatori, peggiori dei saraceni, vivono in mezzo a noi e oltraggiano impunemente Cristo e i santuari della Chiesa?". Nel 1096, Filippo I seguì il consiglio di Pietro di Cluny ed espulse gli ebrei dalle sue terre.

Ma fu soprattutto in Germania che la vendetta cristiana fu saziata con la massima violenza e spargimento di sangue. Le bande che entrarono in quel Paese erano guidate da un cavaliere francese di nome Guillaume le Charpentier (Guglielmo il Carpentiere). Quando fu annunciato l'arrivo dei crociati, gli ebrei di Treviri fuggirono terrorizzati. Riunitisi per decidere quale azione intraprendere, decisero, su consiglio di uno dei loro capi di nome Michea, di "adottare il cristianesimo in apparenza" (Heinrich Graetz).

---

[198]Giberti abbat. Monodiarum lib I, et Chron, Richardi Pictav. Ad ann. 1096, nel volume XII degli *Historiens de France*.
[199] Georges-Bernard Depping, *Les Juifs dans le Moyen-Âge*, (1823), Éd. Wouters, Bruxelles, 1844, p. 87.
[200] Citato da V. Duruy, *Histoire de l'Europe et de la France au Moyen Age*, 1875.

Il vescovo Egibert lesse ad alta voce il Credo cristiano, gli ebrei lo ripeterono e furono poi battezzati.

Da Treviri i crociati si recarono a Spira. Gli ebrei di questa città erano stati dichiarati inviolabili dal vescovo e dall'imperatore, ma i crociati non ne tennero conto e il 3 maggio 1096 i cristiani si vendicarono di tutte le umiliazioni subite. Gli ebrei scampati al massacro si rifugiarono nel palazzo del vescovo Johansen, che concesse loro protezione e asilo, e nel castello imperiale. Il vescovo ordinò l'arresto e l'impiccagione di alcuni crociati, sufficienti a fermare il disordine.

Le bande attesero nuovi pellegrini e, con questi rinforzi, marciarono sulla città di Worms. Il vescovo Allebrand si rifiutò di difendere gli ebrei della città, ma offrì asilo nel suo palazzo ad alcuni di loro. Domenica 16 maggio, i crociati saccheggiarono e distrussero le case degli ebrei, spaccarono le sinagoghe e bruciarono i rotoli della Torah. Quel giorno perirono ottocento ebrei.

A Magonza, i crociati erano guidati da un conte di nome Emich di Leiningen (in Renania), parente stretto dell'arcivescovo Ruthard. Più di milleduecento ebrei erano accampati nel cortile del palazzo arcivescovile quando, all'alba di martedì 27 maggio, Emich irruppe con le sue bande e invase la residenza dell'arcivescovo. Nessuno degli ebrei imprigionati nel palazzo arcivescovile ne uscì vivo. L'unico che avrebbe potuto intercedere a favore degli ebrei, l'imperatore Enrico IV, era allora in Italia impegnato a difendersi.

Dopo Magonza, fu la volta di Colonia. Sotto la guida di Guglielmo il Falegname, i crociati si riunirono intorno alla città alla vigilia della Pentecoste. Il giorno di San Giovanni invasero Neus, uno dei villaggi dove si erano nascosti gli ebrei, e li massacrarono. Da lì seguirono le tracce e uccisero altri ebrei nei villaggi della regione.

Il numero di ebrei delle comunità renane uccisi da maggio a luglio 1096 è stimato in dodicimila. I sopravvissuti, che avevano temporaneamente abbracciato la fede cristiana, speravano che l'imperatore tornasse dall'Italia e li riprendesse sotto la sua protezione, permettendo loro di tornare alla loro vecchia fede.

Infatti, al suo ritorno dall'Italia nel 1097, l'imperatore Enrico IV espresse pubblicamente la sua compassione verso gli ebrei e, su richiesta del capo della comunità di Spira, Moses ben Guthiel, autorizzò tutti gli ebrei che erano stati battezzati con la forza a tornare all'ebraismo. "Questa fu un'esplosione di gioia per gli ebrei della Germania. I convertiti non esitarono a fare uso della loro libertà per gettare la maschera del cristianesimo". Nel 1103, l'imperatore fece anche giurare ai principi e ai borghesi di non maltrattare la popolazione ebraica e di lasciarla vivere in pace.

In seguito a questa notizia, anche gli ebrei di Boemia tornarono alla loro vecchia religione. Tuttavia, temendo ulteriori persecuzioni, decisero di emigrare con le loro ricchezze in Polonia e Ungheria. Venuto a conoscenza della decisione degli ebrei, il duca di Boemia Wratislaw, tornato nella sua terra, ordinò l'occupazione di tutte le case da parte dei soldati e radunò i capi degli ebrei, informandoli che tutti i loro beni sarebbero stati sequestrati: "Non avete portato in Boemia nessuno dei tesori di Gerusalemme. Conquistati da Vespasiano e venduti per nulla, siete stati dispersi per il mondo. Nudi siete entrati in questa terra e nudi ne uscirete". Gli ebrei di Boemia furono così spogliati di tutte le loro ricchezze che avevano accumulato a spese dei cristiani.

Quando, dopo un lungo assedio e grandi sforzi, Goffredo di Buglione riuscì finalmente a prendere Gerusalemme, gli ebrei e i saraceni furono duramente sconfitti. "Se volete sapere cosa è successo al nemico a Gerusalemme, sappiate che nel Portico e nel Tempio di Salomone i nostri avevano il vile sangue dei Saraceni fino alle ginocchia dei loro cavalli". I crociati perpetrarono una grande "strage di maomettani, condussero gli ebrei, rabbaniti e karaiti insieme, in una sinagoga, le diedero fuoco e bruciarono crudelmente tutto ciò che si trovava all'interno delle sue mura (15 luglio 1099)[201] ".

XXXIX. San Bernardo

L'audacia degli ebrei si spinse fino a rivendicare il trono di San Pietro. Ma i sostenitori del cardinale Pierleoni incontrarono una vigorosa resistenza.

All'inizio del 1130, mentre papa Onorio II giaceva sul letto di morte, il cardinale Aimerico convinse il papa morente a istituire una commissione di otto cardinali per eleggere il suo successore. Il Sacro Collegio Cardinalizio avrebbe dovuto solo ratificare la scelta. I sostenitori di Pierleoni, maggioranza nel Sacro Collegio ma minoranza nella commissione, sarebbero così stati sconfitti. Quando Onorio II morì nella notte tra il 13 e il 14 febbraio, Aimerico riunì i membri della commissione presenti e il virtuoso Papareschi, cardinale di Sant'Angelo, di tendenza giudaico-scettica, fu così eletto con sei voti contro uno, assumendo per il suo regno il nome di Innocenzo II. Il voto fu confermato da dieci cardinali della stessa fazione, la maggior parte dei quali francesi. Ma poche ore dopo, tre quarti dei cardinali elessero Pietro Pierleoni, un falso cristiano che prese per sé il nome di Anacleto II. Scoppiò così uno scisma a Roma.

Anacleto II era sostenuto dagli ebrei di Roma e dai normanni del re

---

[201] Heinrich Graetz, *History of the Jews III*, London, Myers High Holborn, 1904, p. 313, 315.

Ruggero II di Sicilia, così Innocenzo II fu costretto a lasciare Roma. Andò in esilio prima in Toscana, poi in Liguria e infine in Provenza.

Quando San Bernardo, Dottore della Chiesa e Abate di Chiaravalle, venne a conoscenza di questi sfortunati eventi, decise di abbandonare la sua vita pacifica e tranquilla nel monastero e di gettarsi nella battaglia, anche se la causa sembrava persa, poiché il Papa cripto-giudaico aveva il pieno controllo della situazione grazie all'oro e al sostegno che aveva raccolto. Da parte sua, Innocenzo II era stato abbandonato e scomunicato da Anacleto. In una lettera all'imperatore Lotario, Bernardo scrisse che "era un affronto a Gesù Cristo che un discendente di un ebreo occupasse il trono di San Pietro".

L'imperatore Lotario II non aveva fretta di decidere, ma il re francese Luigi VI era più reattivo, senza dubbio grazie ai buoni consigli del suo ministro Suger de Saint-Denis. Egli convocò a Etampes gli arcivescovi di Sens, Reims e Bourges, nonché i vescovi e gli abati, tra cui San Bernardo. Nell'ottobre 1130, Innocenzo II convocò a sua volta un sinodo a Clermont-Ferrand per scomunicare Anacleto. Dopo il Concilio di Reims dell'ottobre 1131, Pierleoni ebbe l'appoggio dell'Italia (per la maggior parte) solo grazie al sostegno del cognato, il duca Ruggero II di Sicilia, che dominava la situazione nella penisola italiana. Il matrimonio strategico della convertita ebrea Pierleoni, sorella dell'antipapa, con il duca aveva rafforzato la sua posizione in Italia. Sposato con la sorella di Pierleoni, Ruggero II sostenne con tutte le sue forze l'antipapa ebreo, aprendo al contempo la sua corte a ebrei e musulmani.

Per sconfiggere l'occupazione cripto-giudaica di Roma, era necessaria un'invasione militare. San Bernardo e San Norberto di Xanten, fondatore dell'ordine norbertino e arcivescovo di Magdeburgo, riuscirono a convincere l'imperatore tedesco Liberio II a intraprenderne una. Con un piccolo esercito, si unì a Innocenzo nell'Italia settentrionale e insieme marciarono su Roma, che presero senza opporre resistenza, poiché molti nobili avevano tradito Anacleto all'ultimo momento. Lotario insediò Innocenzo al Laterano, mentre Pierleoni si rifugiò nel castello di Sant'Angelo. Ma Ruggero II contrattaccò con il suo potente esercito, costringendo Lotario a ritirarsi, e ancora una volta l'antipapa ebreo prese il controllo della situazione in Vaticano. La posizione del "Pontefice ebreo" fu mantenuta fino alla sua morte, avvenuta il 25 gennaio 1138.

Innocenzo dovette rifugiarsi in Francia. Lì, il combattivo monaco diventato papa ottenne l'appoggio del re Luigi VII e radunò un esercito alla cui testa entrò nuovamente in Italia. Alle porte di Roma, questa volta ricevette l'inaspettato sostegno di Ruggero II di Sicilia. Nel corso degli anni, infatti, questo principe normanno era cambiato notevolmente e si era reso conto di essere stato ingannato. Nei suoi Stati aveva promulgato leggi che obbligavano gli ebrei a convertirsi al cristianesimo. Quando offrì il suo aiuto a Innocenzo, Ruggero di Sicilia aveva quindi fatto una svolta di 180 gradi rispetto alla sua politica precedente. Il Papa accettò il suo aiuto e, il 28 novembre 1149, Innocenzo II entrò a Roma accompagnato dalle truppe normanne. Innocenzo II morì nel 1153, lo stesso anno in cui morì San Bernardo. Grazie "alla crociata organizzata per volere di San Bernardo... fu possibile, con l'aiuto di Dio, salvare la Santa Chiesa dalle grinfie del giudaismo, mentre San Bernardo ottenne la sua meritata canonizzazione[202]".

XL. La seconda crociata

Sotto i regni dei due re capetingi Luigi VI e Luigi VII, nella prima metà del XII secolo, le comunità ebraiche di Francia godettero di una situazione prospera. "Le congregazioni del nord della Francia vivevano in una situazione di benessere e prosperità che facilmente suscitava invidia nei loro confronti. I loro granai erano pieni di grano, le loro cantine di vino, i loro magazzini di merci e i loro forzieri di oro e argento. Non possedevano proprietà, ma avevano campi e vigneti, che coltivavano loro stessi o i servi cristiani. Si dice che metà della popolazione della città di Parigi, che non aveva ancora raggiunto una grande importanza, fosse composta da ebrei[203]", scrive Heinrich Graetz.

I finanzieri ebrei dominavano la situazione economica del regno. "Un ebreo di Digione, chiamato Salamine, era creditore di alcune delle più grandi abbazie della Borgogna, come Sainte-Benigne e Sainte-Seine. Fu la duchessa Alix di Borgogna che, nel 1122, saldò i debiti dovuti al banchiere per queste due abbazie, come si evince da due lettere di questa duchessa".

Il conte di Montpellier, ad esempio, doveva a un ebreo di nome Bendet una somma di 50.000 sous. In una lettera al re di Francia, Papa Innocenzo III espresse la sua indignazione per il fatto che gli ebrei si stavano appropriando di proprietà della Chiesa e di terreni e vigneti[204].

"Ora, se i potenti signori e le grandi comunità religiose erano indebitati con gli ebrei, possiamo supporre quanti privati dipendessero da questi mercanti di denaro il cui capitale cresceva ogni giorno grazie a un'enorme usura e ad abili speculazioni. Ben presto i francesi si trovarono così indebitati da disperare di poter pagare i loro debiti, e la posizione dei debitori divenne sempre più critica e imbarazzante per le autorità, dato che

---

[202] Maurice Pinay, *Complotto contro la Chiesa*, Volume II, Capitolo I (1962), trascrizione pdf da Ediciones Mundo Libre, Messico, 1985, p. 136.
[203] Heinrich Graetz, *Storia degli ebrei III*, Londra, Myers High Holborn, 1904, pag. 350.
[204] Abraham Léon, *La Conception matérialiste de la question juive*, Études et Documentation internationales, 1942, Parigi, 1968, p. 83.

gli ebrei non erano disposti ad allentare per un momento le loro pretese usuraie[205]".

Il commercio di schiavi era ancora una delle attività preferite dai mercanti ebrei. Nel 1105, il conte Bernardo III concesse il monopolio dell'importazione di schiavi siciliani a tre mercanti e armatori ebrei di Barcellona[206]. In Germania, il commercio di schiavi era fiorente in quel periodo. Nell'elenco dei dazi doganali di Wallenstadt e Coblenza si legge che i mercanti ebrei dovevano pagare quattro denari per ogni schiavo. Un documento del 1213 spiega che gli ebrei di Laubach "sono straordinariamente ricchi e che commerciano ampiamente con i veneziani, gli ungheresi e i croati[207]".

Gli spiriti dell'epoca erano anche molto preoccupati per la riconquista di Gerusalemme, allora in mano ai Saraceni. Il 31 marzo 1146, a Vézelay, alla presenza del re Luigi VII e di una grande folla, Bernardo di Chiaravalle predicò la crociata, promettendo l'assoluzione da tutti i peccati a chi avesse preso la croce. L'anno successivo, Luigi VII partì per la crociata accompagnato dalla regina Eleonora.

San Bernardo è spesso citato dai difensori degli ebrei per via di due lettere del 1146 in cui inveiva contro coloro che li massacravano senza pietà. Nella prima, indirizzata ai vescovi e al popolo franco, ricordava loro che non era permesso uccidere, maltrattare o depredare gli ebrei. Ma nelle sue prediche insistette ripetutamente sulle disposizioni della bolla di Papa Eugenio III che, per rafforzare gli eserciti crociati, aveva esentato tutti i crociati dal pagamento degli interessi sui debiti contratti con gli ebrei.

Contemporaneo di San Bernardo, Pietro di Montboissier, abate di Cluny, noto come Pietro il Venerabile (1092-1156), fu autore di un *trattato contro la durezza inveterata degli ebrei (Tractatus adversus Iudeorum inveteratam duritiem)*. Sembra che sia stato il primo nell'Occidente cristiano ad essersi basato direttamente sui testi originali del Talmud. Scriveva a Luigi VII nel 1146: "A che serve andare in paesi lontani alla ricerca dei nemici del cristianesimo, quando permettiamo agli ebrei, che sono peggio dei saraceni, di essere in pace tra noi e di oltraggiare le nostre pratiche più sacre? Perché il saraceno, pur negando l'incarnazione, ammette almeno che Gesù è nato da una vergine, mentre il maledetto ebreo rifiuta tutte le nostre credenze. Fedele alla legge che vieta l'omicidio, non vi chiedo di ordinare l'uccisione di questi blasfemi: Dio non vuole che

---

[205] Georges-Bernard Depping, *Les Juifs dans le Moyen-Âge*, (1823), Éd. Wouters, Bruxelles, 1844, p. 115.
[206] Abraham Léon, p. 84. A. Léon si riferiva qui al libro di Henri Pirenne, *Les Villes au Moyen Age*.
[207] Abraham Léon, p. 84. Sulla tratta degli schiavi e la tratta degli schiavi bianchi, si veda *La mafia ebraica*.

siano sterminati, devono vagare per il mondo come Caino, gravati da vergogna e disonore, e condurre una vita mille volte peggiore della morte. La loro esistenza è ignobile, miserabile e turbata da una continua paura. Perciò non bisogna ucciderli, ma infliggere loro una punizione adeguata alla loro condizione".

Pietro il Venerabile conclude la sua lettera consigliando al re di spogliare i Giudei di tutti i loro beni: "È tempo che sia fatta giustizia, e lungi da me pensare che debbano essere messi a morte; ma ciò che chiedo è che siano puniti in proporzione alla loro perfidia. E quale punizione è più giusta di quella che è allo stesso tempo una condanna dell'iniquità e una soddisfazione data alla carità? Quale più giusta che spogliarli di ciò che hanno accumulato con la frode? Hanno imbrogliato e saccheggiato come ladri; e, quel che è peggio, come ladri si sono assicurati fino ad oggi l'impunità! Ciò che dico è ampiamente e pubblicamente noto. Non è con le semplici fatiche dell'agricoltura, né con il regolare servizio negli eserciti, né con l'esercizio di funzioni oneste e utili, che riempiono le loro botteghe di grano, le loro taverne di vino, i loro forzieri d'oro e d'argento. Che cosa non hanno accumulato con tutto ciò che l'astuzia ha permesso loro di strappare ai cristiani e di comprare furtivamente e a vile prezzo dai ladri[208] !".

L'abate denunciò anche gli ebrei come i principali ricettori, soprattutto di oggetti sacri rubati dalle chiese: "Quando un ladro prende di notte vasi sacri, calici e incensieri, si rifugia nel covo degli ebrei e vende gli oggetti del suo furto. Una legge antica ma detestabile, promulgata però dai principi cristiani, sembra proteggerli in questo scandaloso commercio. Secondo questa legge, un ebreo che trova in casa sua degli arredi sacri, anche se sono stati rubati in sacrilegio, non è obbligato a restituirli, né a denunciare il ladro. Così il suo crimine rimane impunito, e ciò che per un cristiano sarebbe il massimo del tormento, per l'ebreo è un arricchimento che lo fa nuotare in abbondanza [209] ". Poi continuò: "Si tolga loro questa sovrabbondanza (*pinguedo*) di ricchezze illecite, o almeno la si riduca di molto, e l'esercito cristiano, che per amore di Cristo non risparmia né l'oro né i beni per essere in grado di trionfare sui Saraceni, non risparmi neppure questi tesori degli Ebrei, così criminalmente acquisiti. Lasciateli vivere,

---

[208]Patrologia di Migne (T. 189, 1. IV, epist. 36). Si veda anche *L'Église et la Synagogue* (Parigi, 1859). La lettera è riprodotta in parte da Roger Gougenot des Mousseaux in *El Judío, el Judaísmo y la judaización de los pueblos cristianos (1869)*, versione pdf, tradotta in inglese dalla professoressa Noemí Coronel e dalla preziosa collaborazione dell'équipe del Nacionalismo Católico Argentina, 2013, p. 168.

[209]Epist. Petri Venerab. ad. Ludovicum, regem Francor. *Sutirn Bernardi Epist.*, nel volume XV degli *Historiens de France*. In Georges-Bernard Depping, *Les Juifs dans le Moyen-Âge*, (1823), Éd. Wouters, Bruxelles, 1844, p. 90.

dunque, ma lasciate che il loro denaro venga loro tolto. *Reservetur eis vita, auferatur ab eis pecunia[210]* ".

Luigi VII non era disposto a reprimerli con la stessa forza. Se da un lato dovette permettere l'applicazione della bolla papale che esentava i crociati dal pagare i debiti agli ebrei, dall'altro non vi furono misure legali di ritorsione contro gli ebrei sotto il suo regno. "Papa Alessandro III scrisse all'arcivescovo di Bourges per lamentarsi dell'eccessiva tolleranza del re e per ricordargli le severe misure recentemente prescritte dal Concilio Lateranense[211] ". Il re ordinò semplicemente che i convertiti che fossero tornati all'ebraismo non potessero rimanere nel regno, pena la condanna alla pena capitale.

Grazie alla benevolenza del re e dei suoi ministri, ma anche all'intervento dell'abate Suger di Saint-Denis e di San Bernardo, gli ebrei furono risparmiati dalla furia dei crociati.

La situazione era diversa in Germania, soprattutto nelle comunità renane che avevano già subito le devastazioni della Prima Crociata. Fu un monaco francese, Rodolfo, un ex cistercense di Clairvaux, che con i suoi discorsi incendiari provocò un'ondata di violenza contro gli ebrei. Egli guidò la rivolta, andando di città in città, di villaggio in villaggio, predicando ovunque lo sterminio degli israeliti. La rivolta popolare sarebbe stata ancora più sanguinosa della prima se l'imperatore Corrado III non avesse fornito agli ebrei una protezione efficace.

Nei propri domini, a Norimberga e in altre roccaforti, Corrado offrì loro asilo e chiese ai principi laici ed ecclesiastici di difenderli nelle città o nelle regioni in cui non aveva autorità diretta.

Tuttavia, ci furono delle vittime. Gli ebrei del Reno acquistarono dai principi il diritto di rifugiarsi nei loro castelli. Il cardinale Arnold di Colonia fornì loro il castello di Wolkenburg, vicino a Kœnigswinter, e le armi per difendersi, ma non appena uscirono dalla piazza, i crociati si avventarono su di loro e li decimarono.

Anche l'arcivescovo di Magonza, Enrico I, cancelliere dell'impero, aveva offerto asilo nel suo palazzo ad alcuni ebrei perseguitati dal popolo vendicativo, ma alcuni abitanti del luogo riuscirono a entrare nel palazzo arcivescovile e massacrarono gli ebrei sotto gli occhi del prelato. L'arcivescovo riferì l'accaduto a San Bernardo, pregandolo di cercare di reprimere questa violenza. L'abate di Chiaravalle pubblicò allora una lettera pastorale in cui bollava il monaco Rodolfo come "un figlio indegno della Chiesa, un ribelle davanti al superiore del suo convento, un

---

[210] Charles Auzias-Turenne, *Revue Catholique des Institutions et du Droit*, ottobre 1893.
[211] Lettera di Pope del 1179, inserita nel volume XV degli *Historiens de France*, pagina 769, in Georges-Bernard Depping, *Les Juifs dans le Moyen-Âge*, (1823), Éd. Wouters, Bruxelles, 1844, p. 91.

disobbediente ai vescovi, un predicatore di omicidi in opposizione alle leggi della sua religione". Ha inoltre sottolineato che è indispensabile non maltrattare gli ebrei, poiché la Chiesa prega per la loro conversione in una preghiera speciale il Venerdì Santo. "Ora", ha detto, "è impossibile convertirli se vengono uccisi". Questa pastorale fu inviata agli ecclesiastici e ai cristiani di Francia e Baviera.

Scriveva al clero: "Gli ebrei non devono essere perseguitati; non devono essere massacrati o cacciati come animali selvatici. Guardate cosa dicono le Scritture su di loro. So cosa viene profetizzato sugli ebrei nel Salmo: "Il Signore", dice la Chiesa, "mi ha rivelato la sua volontà riguardo ai miei nemici: non ucciderli, perché il mio popolo non si dimentichi". Essi sono, infatti, i segni viventi che ci ricordano la Passione del Salvatore. Inoltre, sono stati dispersi in tutto il mondo, affinché, mentre pagano la colpa di un così grande crimine, siano testimoni della nostra Redenzione[212] ".

Ancora, nella sua lettera 365, indirizzata a Enrico, arcivescovo di Magonza, scriveva: "La Chiesa non trionfa forse ogni giorno sugli ebrei in modo più nobile facendo loro vedere i loro errori o convertendoli, piuttosto che uccidendoli? Non è invano che la Chiesa universale ha istituito in tutto il mondo la recita della preghiera per gli ebrei ostinatamente increduli, affinché Dio sollevi il velo che copre i loro cuori e li conduca dalle loro tenebre alla luce della verità. Infatti, se non sperasse che coloro che non credono possano credere, sembrerebbe semplice e senza scopo pregare per loro[213] ".

San Bernardo non esitò a predicare davanti alle sinagoghe bruciate. Ma i rivoltosi della valle del Reno non capivano né il suo latino né il suo francese. Ciononostante, riuscì a fermare le persecuzioni. Il monaco Rodolfo, da parte sua, ignorò gli ordini di San Bernardo e continuò la sua opera di liberazione radicale del popolo.

Un giorno, nei pressi di Würzburg fu trovato il corpo di un cristiano. Immediatamente la comunità ebraica di Wurzburg fu attaccata e venti ebrei furono giustiziati, tra cui il rabbino Isaac ben Eliakim. Altri furono maltrattati e torturati finché non furono dati per morti. Il vescovo della città fece trasportare i cadaveri nel suo palazzo e li seppellì nel giardino. Questo avvenne il 24 febbraio 1147.

Quando l'imperatore Corrado prese la croce con i suoi cavalieri e la maggior parte del suo esercito e lasciò la Germania, le rivolte contro gli ebrei si moltiplicarono. Nel maggio 1147, il popolo massacrò gli ebrei in varie parti del territorio.

L'insurrezione si diffuse in Francia, anche se ci furono solo alcuni

---

[212]San Bernardo, Epist. 363 e 365. Migne 182.
[213]Julio Meinvielle, *El judío en el misterio de la historia,* Cruz y Fierro Editores, Buenos Aires, 1982 p. 120-121. 120-121

disordini locali. A Carentan, in Normandia, in un cortile dove erano riuniti molti ebrei, ci fu un vero e proprio scontro con i crociati. Gli ebrei soccombettero tutti, poiché nessuno di loro fu risparmiato.

Anche in Inghilterra, dove numerosi ebrei provenienti dalla Francia si erano stabiliti fin dai tempi di Guglielmo il Conquistatore, non subirono persecuzioni degne di nota, poiché il re Stefano d'Inghilterra non tollerava questi oltraggi.

La seconda crociata fu quindi meno dolorosa per gli ebrei rispetto alla prima, da un lato perché i principi e gli alti dignitari della Chiesa li proteggevano più efficacemente, dall'altro perché l'imperatore di Germania e il re di Francia, che avevano guidato i crociati, questa volta non avevano accolto nei loro eserciti bande come quelle di Guglielmo il Carpentiere e di Emich di Leiningen.

Tuttavia, gli ebrei tedeschi pagarono a caro prezzo la protezione concessa dalle autorità: l'imperatore fu d'ora in poi considerato il protettore degli ebrei e gli ebrei, fino ad allora liberi e indipendenti come i tedeschi e i romani, divennero "servi della camera imperiale". Erano inviolabili come servitori dell'imperatore, ma in cambio dovevano pagare un tributo annuale al tesoro imperiale.

XLI. Gli Almohadi

In Nord Africa, un riformatore di nome Abu Abdalah Muhammad ibn Tumart, ex allievo a Baghdad del filosofo mistico Al-Ghazali[214], aveva fondato la setta degli Almohadi, cioè i "sostenitori dell'unità". Ibn Tumart diffuse la sua dottrina con la spada nell'impero almoravide e, dopo di lui, il suo discepolo Abd al-Mu'min continuò la sua opera. Di vittoria in vittoria, rovesciò la dinastia almoravide e prese il potere in tutto il Nordafrica.

Nel 1146, dopo aver conquistato la città di Marrakech che aveva subito un lungo assedio, 'Abd al-Mu'min convocò tutti gli abitanti ebrei e li pose di fronte a una scelta: convertirsi all'Islam o morire. 'Abd al-Mu'min permise loro di emigrare e diede loro persino il tempo di vendere i beni immobili e le altre proprietà che non potevano portare con sé. Chi rimaneva doveva diventare musulmano o morire. In tutto l'impero almohade, che si

---

[214] Ab Hamid Muḥammad ibn Muḥammad al-Ghazali (1057-1111) è stato un polimatico, teologo, giurista, filosofo e mistico sufi di origine persiana, considerato uno dei più importanti pensatori della filosofia islamica, rappresentante del misticismo più profondo. Membro della scuola *Shafi'i*, le sue opere hanno permesso al sufismo di essere accettato per la prima volta come ortodosso nel sunnismo. A lui si deve anche l'introduzione della logica e della sillogistica aristotelica nella giurisprudenza e nella teologia islamiche. Ha scritto *La rinascita della scienza religiosa*, probabilmente la sua opera apologetica più importante.

estendeva dalle montagne dell'Atlante all'Egitto, le sinagoghe furono distrutte. Molti ebrei lasciarono quindi il Maghreb per stabilirsi soprattutto in Spagna o in Italia, ma la maggior parte di loro si sottomise temporaneamente all'editto di 'Abd al-Mu'minn e accettò la religione del Profeta Maometto. "La maggior parte di loro, per il momento, obbedì volentieri all'editto e adottò la veste dell'Islam in attesa di tempi più favorevoli (1146)... perché, sebbene molti ebrei nordafricani avessero apparentemente accettato l'Islam, solo pochi lo fecero davvero. In realtà, non dovevano fare altro che professare la loro fede nella missione profetica di Maometto e frequentare occasionalmente le moschee. In privato, tuttavia, praticavano i riti ebraici in ogni dettaglio, perché gli Almohadi non impiegavano spie di polizia per osservare le azioni dei convertiti", spiega Graetz.

Molti pii rabbini non esitarono a diventare musulmani perché era sufficiente dichiarare Maometto un profeta senza dover rinnegare esplicitamente la propria religione. "Non era loro richiesto di rinnegare l'ebraismo. Dovevano semplicemente pronunciare la formula di credere che Maometto fosse un profeta, che in effetti era ben lontana dal culto degli idoli. Alcuni si consolavano con la speranza di non rimanere a lungo in questa situazione, perché speravano che il Messia sarebbe presto apparso e li avrebbe liberati dalla loro miseria".

Abd al-Mu'minn attraversò gli stretti e marciò sull'Andalusia. Dilaniata dalle divisioni interne, la Spagna musulmana fu rapidamente conquistata. Cordova cadde in mano agli Almohadi nel giugno del 1148 e nel giro di un anno la maggior parte dell'Andalusia subì lo stesso destino. Ovunque passassero i conquistatori, gli ebrei venivano condannati a scegliere tra l'apostasia, l'emigrazione o la morte e le sinagoghe venivano rase al suolo. Le scuole ebraiche di Siviglia furono chiuse e molti ebrei lasciarono la città. "Gli altri seguirono l'esempio degli ebrei africani, cedettero per il momento alla coercizione, finsero di riconoscere l'Islam e osservarono privatamente la loro antica fede, finché non trovarono l'occasione di tornare apertamente all'ebraismo[215]".

Toledo, 1180

Con la conquista dell'Andalusia musulmana da parte degli Almohadi, gli ebrei scomparvero dalla carta geografica, almeno in apparenza. Molti di loro erano emigrati a nord al tempo di Alfonso VII di León, nella terra di coloro che avevano tradito secoli prima, nei cinque regni cristiani di

---

[215] Heinrich Graetz, *History of the Jews III*, London, Myers High Holborn, 1904, pagg. 368, 369, 370.

Castiglia, León, Aragona, Portogallo e Navarra.

Toledo, la capitale della Castiglia, a quel tempo contava più di 12.000 ebrei e diverse sinagoghe. Il Paese era governato dal re Alfonso VII, facilmente corruttibile, che prese come consigliere un ebreo di nome Judah ibn Ezra[216]. Dopo aver riconquistato la fortezza di Calatrava, situata a sud tra Toledo e Cordova, Alfonso affidò il governo della città a Juda ibn Ezra, concedendogli persino il titolo di principe.

Nella Spagna cristiana, gli ebrei esercitavano, tra le altre, le professioni di spicco di banchieri, esattori e fornitori del re. I reali li proteggevano perché rappresentavano un grande sostegno economico e politico. In Aragona, un certo Judah de la Cavalleria fu uno di questi grandi "capitalisti" ebrei del XIII secolo. Affittava le miniere di sale, batteva moneta, riforniva l'esercito e possedeva grandi appezzamenti di terreno e una moltitudine di greggi[217]. Israel Abrahams ha notato a sua volta in un articolo dell'*Enciclopedia Ebraica* (volume II, pagina 402) che, nel XII secolo, "gli ebrei spagnoli dovevano la loro grande fortuna al commercio degli schiavi".

Anche il re Alfonso VIII di Castiglia (nipote di Alfonso VII di León) si circondò di personaggi ebraici di spicco. "Sotto Alfonso VIII, detto il Nobile (1166-1214), molti ebrei di talento ottennero alte cariche, furono nominati funzionari di Stato e, da parte loro, si adoperarono per la grandezza della loro amata patria [Israele]. Joseph ben Solomon Ibn Shoshan, detto "il Principe", fu una figura di spicco alla corte di Alfonso (nacque intorno al 1135 e morì nel 1204-5). Erudito, pio, ricco e caritatevole, Ibn Shoshan godette del favore del re e fu probabilmente attivo negli affari di Stato. "Il re e i grandi gli concedevano favori e gli dimostravano benevolenza. Con la sua consueta liberalità, incoraggiò lo

---

[216] Judah ben Yosef ibn Ezra fu un importante ebreo spagnolo del XII secolo. Fu elevato da Alfonso VII di Castiglia e León alla dignità di amministratore della casa reale. Giuda usò la sua posizione e la sua ricchezza a beneficio dei suoi correligionari, perseguitati dagli Almohadi. Con il permesso di Alfonso, Giuda combatté vigorosamente contro il karaismo, un movimento ebraico basato esclusivamente sulla Bibbia ebraica scritta (la Torah) che si stava radicando in Castiglia e che era uno strenuo avversario dell'ebraismo rabbinico tradizionale, in quanto non riconosceva l'autorità del Talmud (la tradizione orale). Giuda ibn Ezra scrisse diverse confutazioni dei loro argomenti sotto forma di esegesi letteraria e poetica, ma li combatté anche con altri mezzi: "Giuda ibn Ezra ricorse all'aiuto di armi secolari e implorò il gentile permesso dell'imperatore Alfonso VII di permettergli di inseguire i karaiti.... Giuda ibn Ezra umiliò così duramente i karaiti che non furono mai più in grado di rialzare la testa. Probabilmente furono banditi dalle città in cui vivevano i Rabbaniti (1150-57)". Heinrich Graetz, *Storia degli ebrei III*, p. 372.

[217] Abraham Léon, *La Conception matérialiste de la question juive*, Études et Documentation internationales, 1942, Paris, 1968, p. 84.

studio del Talmud ed eresse, con principesca magnificenza, una nuova sinagoga a Toledo. Suo figlio Salomone lo eguagliò in molte virtù[218] ". Anche Alfonso VIII, sposato con la principessa di origine inglese Eleonora Plantageneta (figlia della famosa Eleonora d'Aquitania), ebbe per sette anni una favorita ebrea di nome Rachele, figlia del suo ministro delle Finanze. Queste leggendarie relazioni amorose tra Raquel "la Fermosa" e il re Alfonso VIII avrebbero ispirato Lope de Vega, quattro secoli dopo, nella sua opera *Las Paces de los Reyes e Judía de Toledo*. L'opera del drammaturgo spagnolo sarà ripresa nel XIX secolo da Franz Grillparzer, nella sua tragedia *Die Juden von Toledo*. Questa storia d'amore aveva suscitato la gelosia e l'odio della regina Leonor.

Nel 1180 fu ordita una congiura per eliminare colei che aveva stregato il cuore del monarca. I cospiratori fecero irruzione nel palazzo e uccisero Rachele e i suoi amici sotto gli occhi del re stesso. Questo sanguinoso attacco fu seguito da un attacco diretto agli ebrei. Alfonso, vedendo la furia dei suoi sudditi, dai Grandi alla gente comune, non osò punire nessuno degli assassini per paura di subire la stessa sorte della sua amante. Fu un terribile avvertimento per lui.

Dopo aver favorito con ogni mezzo l'invasione musulmana della penisola nel VII secolo, era ora interesse degli ebrei combattere i musulmani. Come al solito, gli ebrei esternalizzarono il compito e, grazie al loro oro, affidarono ai cristiani la difficile impresa. Gli ebrei di Toledo, che prosperavano nei regni cristiani, appoggiarono il re Alfonso nella sua lotta contro i Mori, fornendogli denaro e ingenti prestiti[219]. Nella battaglia di Alarcos, il 19 luglio 1195, Alfonso fu duramente sconfitto e perse l'élite dei suoi cavalieri. Ma il 16 luglio 1212 si vendicò e schiacciò i Saraceni a Las Navas de Tolosa.

XLIII. Filippo Augusto

Alcuni degli ebrei che avevano lasciato la Spagna musulmana, conquistata dagli Almohadi, si erano rifugiati nel sud della Francia. Alla fine del XII secolo, gli ebrei della Linguadoca e della Provenza erano piuttosto numerosi. Heinrich Graetz scrisse, senza ironia, che "gli ebrei di questo Paese, così altamente benedetti dalla Natura, si sentivano anch'essi favoriti, portavano la testa alta, si interessavano al benessere del Paese e si

---

[218] Heinrich Graetz, *Storia degli ebrei III*, Londra, Myers High Holborn, 1904, pagg. 395-396.
[219] Alfonso VIII doveva agli usurai ebrei un'enorme quantità di maravedis - 18.000 maravedis, si dice - con cui pagò le imprese belliche della riconquista di Cuenca e della guerra contro gli Almohadi (NdT).

impegnavano nelle questioni spirituali con instancabile zelo". E aggiunge: "Le congregazioni [ebraiche] si sostenevano lealmente l'una con l'altra ed erano interessate agli affari più intimi dell'altra. Se un pericolo minacciava una particolare congregazione, le altre prendevano immediatamente provvedimenti per aiutare e scongiurare il pericolo imminente. La prosperità generale era raggiunta in parte con l'agricoltura e in parte con il commercio, che allora si svolgeva con la Spagna, l'Italia, l'Inghilterra, l'Egitto e l'Oriente, e che era al suo massimo splendore[220]".

Nel nord della Francia, la loro situazione rimase prospera fino agli ultimi due decenni del XII secolo. Il re Luigi VII, come abbiamo visto, protesse gli ebrei. Non volle nemmeno applicare contro di loro la decisione del Concilio Lateranense che vietava loro di avere infermiere o servitori cristiani e, nonostante il divieto del Papa, permise loro di costruire nuove sinagoghe. Nella popolazione, invece, gli ebrei erano oggetto di un odio molto particolare.

È a partire da questo periodo che comparvero contro di loro accuse di crimini rituali e profanazioni di ostie sacre. A partire dal XII secolo si possono registrare più di cento casi di profanazione di ostie e più di centocinquanta processi per crimini rituali, ma queste cifre sono probabilmente inferiori alla realtà[221].

Nel 1144, il corpo di un apprendista fu scoperto in una foresta vicino a Norwich, in Inghilterra. Tre anni dopo, a Würzburg, il corpo di un cristiano scoperto nel fiume Meno aveva portato al massacro di venti ebrei.

Nel 1171, a Blois, tutti gli ebrei (uomini, donne e bambini) furono bruciati vivi dopo essere stati condannati da un tribunale. Per la prima volta, gli ebrei furono accusati di usare il sangue cristiano per la celebrazione della Pasqua. Una sera, verso il crepuscolo, il servitore di un signore vide un ebreo gettare nel fiume Loira il cadavere di un bambino, che aveva spaventato il suo cavallo e gli aveva impedito di guadare il fiume. Il conte Teobaldo (Thibaut) di Chartres ordinò allora l'imprigionamento di tutti gli ebrei di Blois (circa cinquanta). Gli ebrei cercarono allora di comprare la loro vita offrendogli cento libbre d'argento e la remissione di centottanta libbre dovute, ma Teobaldo rifiutò di farsi corrompere e li condannò tutti a essere bruciati vivi. Trentaquattro uomini e diciassette donne morirono tra le fiamme. Questo avvenne il 20 del mese di *Sivan* (26 maggio 1171)[222].

---

[220]Heinrich Graetz, *History of the Jews III*, London, Myers High Holborn, 1904, p. 402, 403.
[221]Si veda, ad esempio, *Le Diable pour père*, un articolo della rivista *Sodalitium* che elenca una sessantina di casi.
[222]Queste sono le cifre fornite da Heinrich Graetz. Secondo la cronaca di Robert de Torigny, abate di Mont St Michel, 21 uomini e 17 donne furono messi al rogo per questo crimine. Questa cifra è stata ripresa dallo storico Jean Delumeau: 38 in tutto. Nello

Nel 1180, Filippo Augusto succedette al padre Luigi VII. Secondo lo storico Rigord, gli ebrei avevano acquisito la proprietà di quasi la metà della città di Parigi[223]. Serviti da servi cristiani, erano i creditori della borghesia, dei soldati e dei contadini. Nelle città, nei villaggi e nei sobborghi, la rete dei loro crediti si estendeva. Un gran numero di cristiani era stato espropriato da loro a causa dei loro debiti.

Su questo tema è necessario leggere il testo dell'abate Claude Fleury (1640-1723). Originario di Rouen, l'abate Claude Fleury fu autore di una *Storia ecclesiastica*, vero e proprio monumento di erudizione. Fu eletto all'Accademia di Francia e nominato istruttore religioso del futuro Luigi XV. Ciò che scrisse su Filippo Augusto ci dà un'idea delle rimostranze dell'epoca nei confronti degli ebrei:

"Il re Filippo era ancora animato contro gli ebrei, perché l'antichità del loro insediamento a Parigi e la fama dei loro dottori li aveva arricchiti a tal punto da possedere quasi metà della città, che in barba alle leggi e ai canoni (cioè alle regole del diritto ecclesiastico) tenevano nelle loro case schiavi cristiani di entrambi i sessi, giudaizzandoli e praticando l'usura senza limiti su cristiani, nobili, borghesi e contadini, molti dei quali furono costretti a vendere le loro eredità, altri a rimanere nelle case degli ebrei come prigionieri, essendo legati a loro da un giuramento[224]."

"Vivono solo di commercio, e del tipo più sordido; sono commercianti, mediatori e usurai. Molti di loro si occupavano di medicina, dedicandosi ad essa fin dal tempo di cui parlo qui..... Nel Vangelo si parla di una donna che aveva sofferto a causa di molti medici, che avevano consumato tutto il suo patrimonio in medicine[225] ".

Una delle prime decisioni di Filippo fu quella di risolvere i problemi legati alla presenza degli ebrei nel suo territorio. Il 19 gennaio 1180, un giorno di sabato, fece arrestare tutti gli ebrei del dominio reale[226], senza formulare accuse precise nei loro confronti, li mise in gabbia e non li liberò finché non ricevette un riscatto di 1500 marchi d'argento.

Nello stesso anno cancellò tutti i debiti dei cristiani nei confronti degli ebrei, ma obbligò i debitori a pagare un quinto dei loro debiti all'erario.

Il 10 marzo 1182, un editto del re li privò di tutte le loro proprietà e li

---

stesso anno, gli ebrei furono espulsi dalla città di Bologna a causa dei loro abusi usurari.
[223] Rigord, *Gestis Philippi Aug.*, nel volume XVII degli *Historiens de France*.
[224] Abbé Claude Fleury, *Histoire ecclésiastique*, tome quatrième, livre soixante-treizième, paragraphe 41, édition de 1856, p. 769.
[225] Abbé Claude Fleury, *Mœurs des Israélites et des Chrétiens*, Tours, 1867, troisième partie, cap. 33, *Les Mœurs des Juifs des Derniers Temps*, p. 109.
[226] Le terre della corona, i possedimenti della corona, il *domaine royal de France* (da *demesne*, dominio reale, royale) si riferiscono alle terre, ai feudi e ai diritti detenuti direttamente dai re di Francia.

espulse dal territorio reale. Gli ebrei dovevano lasciare il territorio reale tra aprile e il giorno di San Giovanni (24 giugno). Come al solito, offrirono grandi somme di denaro, ma il re rimase intrattabile. Nonostante l'oro, Filippo Augusto rimase fermo nella sua decisione.

Solo i loro beni mobili potevano essere presi; i beni rimanenti venivano distribuiti alle corporazioni. I campi, le vigne, le fattorie e le altre proprietà immobiliari dovevano tornare al re. Il re Filippo potrebbe quasi essere considerato un moderato, perché pretese di riscuotere solo un quinto di tutti i debiti degli ebrei e condonò il resto ai loro debitori.

Questa misura si applicava principalmente agli ebrei della regione dell'Ile-de-France, che in seguito emigrarono nel Sud, in Borgogna, Champagne, Alsazia e Lorena.

Rigord approfondì ulteriormente questo episodio: "Quell'anno, spiegò Rigord, meritava di essere chiamato anno giubilare, perché grazie all'azione del re i cristiani riacquistarono per sempre la loro libertà, compromessa dai debiti con gli ebrei".

L'anno successivo, il re trasformò tutte le sinagoghe in chiese, ottenendo così la benedizione di tutto il suo popolo[227]. Solo alcuni ebrei che avevano accettato il battesimo mantenero le loro proprietà e la loro libertà.

Nell'ottobre del 1187, la presa di Gerusalemme da parte del Saladino suscitò grande impressione nella cristianità e l'evento spinse Filippo Augusto e il re d'Inghilterra Riccardo Cuor di Leone a prendere insieme la croce nella Terza Crociata. Re Riccardo si mise particolarmente in luce, salvando gli Stati latini d'Oriente. Filippo, da parte sua, dovette tornare in fretta e furia in Francia per regolare la successione fiamminga.

Appena tornato dalla Terra Santa, dovette anche occuparsi di una questione molto spiacevole. Nel 1192, mentre si trovava a Saint-Germain-en-Laye, venne a sapere che a Braisne (oggi Bray-sur-Seine, a monte di Parigi), nel dominio di un vassallo del conte di Champagne, la signora del luogo, Agnès, contessa di Dreux, aveva abbandonato alla vendetta degli ebrei un uomo accusato da loro di furto e omicidio. Era stato legato per le mani, coronato di spine e flagellato dal villaggio, e infine crocifisso.

Il re fu informato che quell'uomo era innocente e che i Giudei lo avevano deriso come Gesù Cristo. L'indignazione fu generale. Il re, saputo ciò, si recò immediatamente di persona a Braisne, circondò la piazza, catturò tutti gli ebrei e ordinò che fossero bruciati sul posto in sua presenza[228]. Quel giorno morirono tra le fiamme ventiquattro ebrei.[229]

---

[227] Abbé Claude Fleury, *Histoire ecclésiastique,* tome quatrième, livre soixante-treizième, paragraphe 41, édition de 1856, p. 769.
[228] Vincent de Beauvais, *Spec. Histor.*, lib. XXX, cap. VIII
[229] *Histoire des ducs et comtes de Champagne*, t. IV, 1a parte, p. 72; Parigi, 1865; di M.

Pochi anni dopo, nel 1198, l'energico Papa Innocenzo III lanciò la Quarta Crociata. Il predicatore Fulk di Neuilly attraversò città e villaggi per incoraggiare i cristiani a partecipare. Come il monaco Rodolfo, Fulk li incoraggiò a saccheggiare le case degli ebrei per recuperare ciò che avevano rubato ai cristiani. Sovraeccitati dai suoi discorsi infuocati, molti baroni lasciarono che il popolo esasperato prendesse in mano la legge ed espellesse gli ebrei dalle loro terre.

Nel luglio del 1198, Filippo Augusto permise agli ebrei di tornare nei suoi domini, ma come servi della gleba e senza il diritto di possedere alcunché, il che non li scoraggiò affatto. "La fortuna degli ebrei appartiene al barone" era allora un principio accettato in tutto il nord della Francia, dove l'ebreo era accettato in proporzione al suo reddito. Così, ad esempio, un nobile aveva venduto le sue proprietà e i suoi ebrei alla duchessa di Champagne.

Resta comunque vero che gli ebrei continuarono a prosperare, perché dopo la quarta crociata "il re Filippo Augusto dovette emanare la famosa ordinanza del settembre 1206 che stabiliva tra l'altro: 'Nessun ebreo può prendere più interessi di due denari per libbra alla settimana [il tasso massimo di usura era fissato al 43% di interesse]. Ciò significa che in passato gli usurai erano soliti chiedere di più]. Al momento del prestito, l'ebreo e il debitore sono tenuti a dichiarare: prima il debitore, che ha ricevuto tutto il contenuto dell'obbligazione e che nulla è stato dato o promesso all'ebreo, e poi l'ebreo, che nulla è stato ricevuto e nulla è stato promesso a lui. Se poi si convincono del contrario, l'ebreo perderà il suo diritto e il debitore sarà alla mercé del re. In ogni città ci saranno "due uomini di buona volontà" che custodiranno il sigillo degli Ebrei e giureranno sul Vangelo di non sigillare alcun pegno, a meno che non siano a conoscenza, da parte loro o di altri, che la somma in esso contenuta è giustamente dovuta ".[230]

L'ordinanza proibiva inoltre agli ebrei di ricevere in pegno vasi sacri e vesti insanguinate, che erano chiaramente un'altra delle loro usanze.

XLIV. L'incoronazione di Riccardo Cuor di Leone

Guglielmo il Conquistatore, che aveva invaso vittoriosamente

---

d'Arbois de Jubainville, scritto secondo le Lettres e premiato con il grand prix Gobert dell'Académie des Inscriptions, in Roger Gougenot des Mousseaux, *L'ebreo, il giudaismo e l'ebraicizzazione dei popoli cristiani (1869)*. Versione in pdf. Tradotto in inglese dalla professoressa Noemí Coronel e dalla preziosa collaborazione del team di Nacionalismo Católico Argentina, 2013, p. 195.

[230] Mons. Henri Delassus, *La Conjuration antichrétienne III*, Desclée De Brouwer, 1910, p. 1154.

l'Inghilterra nel 1066, aveva proibito agli ebrei di avere servi cristiani e di impiegare balie cristiane. In Inghilterra e nei territori francesi dipendenti dalla corona d'Inghilterra, gli ebrei vivevano comunque in relativa sicurezza. "Abitavano le grandi città e a Londra molti di loro erano diventati così ricchi che le loro case avevano l'aspetto di palazzi reali", ha raccontato Graetz.

All'epoca del re Enrico II, nella seconda metà del XII secolo, gli ebrei praticavano già l'usura su larga scala. Sono generalmente molto ricchi", scrive Abraham Leon, "e la loro clientela è composta da grandi proprietari terrieri. Il più famoso di questi banchieri era un certo Aronne di Lincoln, molto attivo alla fine del XII secolo. Solo il re Enrico II gli doveva 100.000 sterline, una somma equivalente al bilancio annuale del regno d'Inghilterra dell'epoca. Grazie a tassi di interesse estremamente elevati - che oscillavano tra il 43 e l'86% - un'enorme massa di terreni della nobiltà passò nelle mani degli usurai ebrei[231]."

I suoi problemi iniziarono il 3 settembre 1189, giorno dell'incoronazione di Riccardo. Di ritorno dalla cattedrale, dove era stato incoronato dall'arcivescovo di Canterbury, Riccardo ricevette diverse delegazioni, tra cui una degli ebrei. Alla vista dei magnifici doni che gli ebrei gli offrirono, Baldovino, l'arcivescovo di Canterbury, consigliò al re che era suo dovere rifiutare i doni ed espellere gli ebrei dalla sala. Riccardo annuì e in tutta la città di Londra si sparse la voce che il re aveva espulso i delegati ebrei dal palazzo. Fu il segnale di un'insurrezione generale.

Il popolo e i crociati si accordarono immediatamente per saccheggiare gli ebrei e gli insorti diedero fuoco alle loro dimore. Case e sinagoghe furono bruciate e numerosi ebrei furono massacrati a Londra, Lincoln e Stamford[232].

Il giorno dopo, re Riccardo ordinò l'arresto e l'esecuzione dei principali capibanda e dichiarò inviolabili gli ebrei. Ma non appena lasciò l'Inghilterra, per guidare la crociata con Filippo Augusto, i massacri di Londra furono imitati in diverse città inglesi. Scene di sangue si ripeterono a Lynn e Norwich, dove gli ebrei furono uccisi e le loro case saccheggiate.

Il cronista Riccardo di Devizes, monaco del convento di Swithun, a Winchester, scrisse: "Il giorno stesso dell'incoronazione, nell'ora solenne in cui il Figlio fu immolato al Padre, iniziarono nella città di Londra a immolare gli ebrei al loro padre, il diavolo. E fu speso così tanto tempo per

---

[231] Abraham Léon, *La Conception matérialiste de la question juive*, Études et Documentation internationales, 1942, Paris, 1968, p. 81, 82. Abraham Leon era un marxista di tendenza trotskista.
[232] Guill. Neubrigensis, de Rebus anglicis, lib. IV; Radulphi Coggeshale Chron. Anglic.; Annal. Waverley; Chronicon anonymi Laudun. Canonici, nel volume XVIII degli *Historiens de France*.

celebrare un così grande sacrificio che l'olocausto fu a malapena completato il giorno successivo. Altre città, altri paesi del paese, imitarono l'atto di fede dei londinesi e mandarono con la stessa devozione all'inferno tutte quelle sanguisughe e il sangue di cui si erano ingozzati. In questa occasione e in tutto il regno, ma con fervore diseguale, furono intraprese azioni simili contro i reprobi. Solo la città di Winchester risparmiò i parassiti di cui si nutriva: gli abitanti di quella città sono saggi e prudenti, e hanno sempre dato prova di moderazione[233] ".

Un anno dopo, la tragedia si abbatté sulla città settentrionale di York: "Ma più tragica di tutte fu la sorte degli ebrei di York, perché tra loro c'erano due uomini che godevano di fortune principesche, avevano costruito palazzi magnifici e di conseguenza avevano suscitato l'invidia degli abitanti cristiani. Uno di loro era Giuseppe, l'altro Benedetto, che era stato brutalmente maltrattato durante l'incoronazione di Riccardo. Quest'ultimo, tornato al giudaismo dopo il battesimo forzato, morì per le ferite infertegli a Londra. Crociati desiderosi di ricchezza, cittadini che non vedevano di buon occhio la prosperità degli ebrei, nobili che dovevano loro del denaro e sacerdoti animati da un fanatismo sanguinario, tutti cospirarono per distruggere gli ebrei di York[234] ", ha scritto Heinrich Graetz.

Sotto la guida di un certo Mallebidde (o Malebydde), i signori debitori attaccarono i creditori ebrei, ai quali si unirono tutti i cristiani. Non erano tanto l'invidia e il fanatismo ad animare i cristiani, quanto l'esasperazione. Tutti, contadini, artigiani, borghesi, nobili e monaci, volevano affrontare e mettere a ferro e fuoco questi ignobili usurai che non smettevano, come se non bastasse, di farsi beffe della religione cristiana, di ricevere merce rubata e di abbandonarsi a costumi disgustosi.

"Nella città di York il popolo saccheggiò e bruciò la casa di Benedict, un ricco israelita che era stato ucciso nella rivolta di Londra. Tutti gli altri ebrei della città fuggirono allora con le loro famiglie e i loro oggetti di valore al castello, dove mantennero l'assedio contro il popolo insorto. Dopo vani tentativi di placare l'animosità del popolo, la disperazione li spinse a commettere atrocità simili a quelle che le persecuzioni avevano provocato in Germania. Gli assediati seppellirono l'oro e l'argento, bruciarono gli altri beni, sgozzarono mogli e figli e si suicidarono. Le rovine della vecchia Clifford's Tower, che secondo la tradizione fu teatro di questi orrori, sono ancora visibili nei pressi di York". La leggenda, alimentata da storici ebrei, sostiene che non un solo membro della comunità

---

[233] In Michèle Brossard-Dandre e Gisèle Besson, *Richard Coeur de Lion, Histoire et légende*, Christian Bourgeois, 1989, citato da Gérald Messadié, *Histoire générale de l'antisémitisme*, Lattès, 1999, p. 197.
[234] Heinrich Graetz, *Storia degli ebrei III*, Londra, Myers High Holborn, 1904, p. 422, 425–426.

di York sopravvisse; il numero di ebrei uccisi sarebbe stato di circa cinquecento.

"Il popolo, la cui rabbia non si era ancora placata con la morte degli ebrei, si recò alla cattedrale e, dopo aver fatto restituire ai funzionari pubblici i contratti dei debiti ebraici, consegnò tutti questi atti alle fiamme nella navata della chiesa.

"Il governo, tuttavia, non rimase spettatore inattivo di questa insurrezione popolare. I principali colpevoli furono perseguiti, lo sceriffo e il governatore della città furono destituiti e i borghesi furono convocati davanti alla corte per rispondere della loro condotta[235] ".

La Domenica delle Palme ci fu un regolamento di conti in tutte le città inglesi dove vivevano ebrei.

A Sant'Edmond furono massacrati settantacinque ebrei. Re Riccardo incaricò il suo cancelliere di perseguire e giustiziare i colpevoli, ma i crociati erano scomparsi e i nobili e i borghesi che avevano preso parte alle rivolte erano fuggiti in Scozia. Gli ebrei, invece, poterono rimanere e continuare a commerciare in Inghilterra. Riccardo si limitò a sottoporre il loro prestito di denaro a maggiori formalità legali, per evitare le numerose frodi.

Giovanni Senza Terra, che succedette al fratello maggiore Riccardo, fu forse un po' meno sentimentale e più pragmatico. Poiché un finanziere ebreo, Abramo di Bristol, si rifiutava di pagare il contributo richiestogli, il re ordinò che gli venissero estratti tutti i denti, uno al giorno. La tradizione vuole che alla settima estrazione Abramo si sia finalmente sottomesso alla volontà del monarca.

XLV. in Oriente

I Bizantini avevano sempre impedito agli ebrei di accedere agli impieghi pubblici ed erano soggetti a una pesante tassazione. Nelle città cristiane c'erano solo piccoli gruppi di ebrei. In tutta la Palestina cristiana non c'erano più di mille ebrei. Beniamino di Tudela, un ebreo della Navarra, che nel XII secolo si recò in Terra Santa in tutti i luoghi dove pensava ci fossero sinagoghe, per informarsi sullo stato della setta, riferì di aver trovato non più di duecento ebrei a Gerusalemme. Erano quasi tutti tintori di lana, raggruppati in un quartiere isolato sotto la Torre di Davide[236]. Il suo resoconto fu confermato da quello di Rabbi Petaiah di Ratisbona, che visitò

---

[235] Mathieu. Parigi, Hist. Angl. — Tovey, Anglia judaica. in Georges-Bernard Depping, *Les Juifs dans le Moyen-Âge*, (1823), Éd. Wouters, Bruxelles, 1844, p. 99-100.
[236] *Itinerarium D. Benjaminis cum versions et notis*, Constant. L'Empereur; Lugd. Batavorum, 1733, p. 41.

i suoi fratelli giudei nello stesso secolo[237].

Sia Gerusalemme che la Terra Santa furono spopolate dagli ebrei. Anche Tiberiade non fece eccezione. Beniamino di Tudela trovò non più di cinquanta persone della sua setta, una sola sinagoga e poche tombe.

Nelle città dell'Asia Minore dove dominava l'Islam, invece, gli ebrei erano molto numerosi. Le comunità più numerose si trovavano allora nella regione tra i fiumi Tigri ed Eufrate. La comunità di Mosul era importante almeno quanto quella di Baghdad.

Nel Maghreb e in Andalusia, gli Almohadi tennero il giudaismo saldamente in riga per evitare che fosse dannoso. Ma in Egitto i banchieri ebrei erano i re. La comunità ebraica "era fiorita sotto il regno degli arabi", scrive lo storico Cecil Roth. "Sebbene il folle Hakim (996-1021) avesse esercitato la più fanatica repressione contro i seguaci delle religioni dissenzienti, i suoi successori trattarono gli ebrei con gentilezza, impiegandoli persino nell'amministrazione pubblica: dal 1044 fino al suo assassinio nel 1047, il banchiere e amministratore di corte Abraham (Abu Said) ben Sahl, visir della madre del Sultano, governò il Paese in modo efficace[238]".

Fu in Egitto che trovò rifugio con la sua famiglia il più grande intellettuale ebreo del Medioevo, il celebre Moses ben Maimon, Maimonide, nato a Cordova nel 1135. Da ogni parte del mondo ebraico, gli uomini si appellavano al suo giudizio e alla sua sentenza. "Quando un falso Messia appariva nello Yemen, o un'epidemia di persecuzione sorgeva nel Maghreb, o un dubbio filosofico turbava i rabbini di Marsiglia, il grande studioso egiziano scriveva per indicare nei termini più chiari l'atteggiamento da adottare per essere in accordo con i principi dell'ebraismo[239]."

Mosè Maimonide aveva anche usato la sua scienza per giustificare il comportamento degli ebrei che fingevano di praticare l'Islam, al fine di minare più efficacemente il nemico dall'interno. Un autore già citato e piuttosto filo-ebraico, Georges-Bernard Depping, ha scritto: "È fastidioso trovare nelle opere di Maimonide l'odio degli ebrei verso coloro che praticano un'altra religione. Non solo permette che vengano ingannati, ma dimentica se stesso al punto di esprimere la convinzione che i traditori, gli epicurei e gli eretici debbano essere sterminati, con il banale pretesto di

---

[237] *Tour du monde, ou Voyage du rabin Péthachia, de Ratisbonne, dans le douzième siècle*, par Carmoly; Paris, 1831, p. 98. In Augustin Lemann, *L'Avenir de Jérusalem, Ésperance et chimères*, 1901, première partie, chapitre III

[238] Cecil Roth, *Histoire du peuple juif*, 1936, Stock, 1980, p. 204. Tutti coloro che si oppongono alla sua influenza sono sistematicamente trattati come "pazzi" dagli intellettuali ebrei, ancora oggi.

[239] Cecil Roth, *Histoire du peuple juif*, 1936, Stock, 1980, p. 205.

tutti i persecutori, che il pericolo che minaccia la vera religione deve essere scongiurato[240]."

Probabilmente aveva ragione lo sceicco Abd al Qadir al Khilani (1083-1166), un santo iraniano della stirpe di Ali, quando scrisse: "Gli ebrei, che vivono sparsi in tutto il mondo e tuttavia sono saldamente uniti, sono astuti e nemici degli uomini; sono creature pericolose da paragonare al serpente velenoso: non appena si avvicina, schiacciategli la testa, perché se gli lasciate alzare la testa, anche solo per un momento, vi morderà e il suo morso è mortale[241]."

A Baghdad, Beniamino di Tudela, durante la sua visita alla città, contò ventotto sinagoghe e dieci yeshivas (università ebraiche). In città vivevano circa 40.000 ebrei. Gli Almohadi avevano imposto loro un abito giallo e i Mamelucchi d'Egitto un turbante dello stesso colore (blu per i cristiani). Ma la *dhimmituda* islamica (status di *dhimmi*: status giuridico di protezione e sottomissione per ebrei, cristiani e zoroastriani, ndt) era un regime mite rispetto a quello che gli ebrei sopportavano nel mondo cristiano.

Nell'Impero ottomano del XVI secolo, alcuni ebrei occupavano le posizioni più alte dell'apparato statale. Sappiamo anche che ebbero un ruolo di primo piano durante la rivoluzione kemalista del 1922 in Turchia[242]. Nel mondo musulmano in generale, la situazione si è deteriorata per loro solo dopo la Seconda guerra mondiale, in seguito alla creazione dello Stato di Israele in Palestina.

XLVI. Innocenzo III

Il Papato, come la maggior parte delle autorità dell'epoca, fu fino al XIII secolo relativamente tollerante nei confronti degli ebrei. Papa Alessandro III (1159-1181) era piuttosto favorevole nei loro confronti. Infatti, il suo tesoriere era l'ebreo Yehiel ben Abraham.

Ma con Innocenzo III (1198-1216), gli ebrei incontrarono un avversario che oppose una vera resistenza. Innocenzo III, "il più sconsiderato e arbitrario di tutti i principi della Chiesa", fu indubbiamente, scrive Graetz, "un acerrimo nemico degli ebrei e dell'ebraismo, e sferrò contro di loro colpi più duri di tutti i suoi predecessori[243]". Le grandi bolle papali sugli

---

[240] Si veda il suo trattato *Hilkolh avarlah sarah*, capitolo X. In Georges-Bernard Depping, *Les Juifs dans le Moyen-Âge*, (1823), Wouters, Bruxelles, 1844, p. 63. Wouters, Bruxelles, 1844, p. 63. E anche in Israel Shahak, *Historia judía, Religión judía, El peso de tres mil años*, Ediciones A.Machado, 2016, Madrid.
[241] Abd al-Qadir al-Khilani, in al-Fath ar Rab-bani wal-Faid ar-Rahmani, Mag. 37.
[242] Sul ruolo dei Dunmeh (cripto-ebrei) in Turchia, si veda *Psicoanalisi dell'ebraismo* e *Lo specchio dell'ebraismo*.
[243] Heinrich Graetz, *Storia degli ebrei III*, Londra, Myers High Holborn, 1904, p. 417,

ebrei apparvero quindi a partire dall'anno 1200.

Sebbene all'inizio del suo magistero Innocenzo III si fosse mostrato piuttosto equanime nei confronti degli ebrei, intervenendo contro le violenze dei soldati crociati, proibendo i battesimi forzati degli ebrei, la spoliazione dei loro beni senza autorizzazione legale, le aggressioni con i flagelli o le lapidazioni durante le loro feste o la profanazione dei loro cimiteri, egli li aborriva non di meno.

Una delle principali lettere di Innocenzo III fu indirizzata all'arcivescovo di Sens e al vescovo di Parigi nel 1205. Nello stesso anno, rimproverò il re Filippo Augusto per la sua mancanza di vigilanza dopo che li aveva riammessi nel suo regno e raccomandò maggiore severità: "Ho appreso che in Francia gli ebrei si sono appropriati dei beni della Chiesa e dei cristiani con l'usura; che, contrariamente alla decisione del Concilio Lateranense tenutosi sotto Alessandro III, impiegano balie e servitori cristiani; che i tribunali non accettano la testimonianza dei cristiani contro gli ebrei; che la comunità di Sens ha costruito una nuova sinagoga che supera in altezza la chiesa vicina, e dove le preghiere vengono recitate non a bassa voce, come prima dell'espulsione, ma a voce così alta da disturbare il culto dei cristiani; e, infine, che agli ebrei è permesso mostrarsi in pubblico durante la Settimana Santa, nelle città e nei villaggi, e che addirittura distolgono i fedeli dalla loro fede[244]."

Accennò anche al fatto che "le case degli ebrei rimanevano aperte fino a notte fonda e venivano usate per nascondere beni rubati; avvenivano anche omicidi, come testimoniato da un povero scolaro che era stato recentemente trovato morto in una casa ebraica". Il Papa consigliava di dare qualche esempio di severità per incutere un salutare timore[245] ".

A maggio, il Papa scrisse una dura lettera ad Alfonso VIII di Castiglia, perché il principe non permetteva al clero di prendere gli schiavi musulmani dagli ebrei per battezzarli, né obbligava ebrei e musulmani a pagare la decima dovuta al clero.

Scrisse poi un'altra lettera all'attenzione del conte di Nevers, datata gennaio 1208. Il Papa diceva: "Gli ebrei dovrebbero vagare, come Caino, per il mondo, e portare sul volto il marchio della loro abiezione. Invece di umiliarli e ridurli in schiavitù, i principi cristiani li proteggono, li ospitano in città e paesi e li usano come banchieri per estorcere denaro ai cristiani. Inoltre, mettono in prigione i debitori cristiani degli ebrei e permettono che vengano dati in pegno a loro castelli e villaggi cristiani, le cui decime non

---

512.
[244]Regesta L. VIII, 121, insérée aux Décrétales (L. V t. 6 *De Iudaeis*, cap. 3)
[245]Lettera di Innocenzo III, 1205, nel volume II dei *Diplomata*, de Brequigny et Dutheil; lettera 186 e lettera del 1208, in Georges-Bernard Depping, *Les Juifs dans le Moyen-Âge*, (1823), Éd. Wouters, Bruxelles, 1844, p. 121.

vengono più pagate alla Chiesa. E non è scandaloso che i cristiani facciano macellare i loro animali e spremere la loro uva per gli ebrei, in modo che questi ultimi prendano ciò che vogliono e lascino gli avanzi ai cristiani?".

Tuttavia, Innocenzo III non predicò una guerra di sterminio come fece contro gli Albigesi, la setta gnostica dei Catari in Linguadoca. La dottrina della Chiesa prevedeva che gli ebrei fossero il popolo testimone della vittoria del cristianesimo.

Innocenzo III aveva riassunto la dottrina e la giurisprudenza sugli ebrei come segue (Costituzione *Licet perfidia Iudaeorum* del 15 settembre 1199): "Non si permetta a nessun cristiano di far loro del male, di sequestrare i loro beni o di cambiare i loro costumi senza un giudizio legale. Nessuno li molesti nelle loro feste, né picchiandoli, né lapidandoli, e nessuno imponga loro in quei giorni azioni che possono fare in altri momenti. Inoltre, per opporci con tutte le nostre forze alla malvagità e alla cupidigia degli uomini, vietiamo a chiunque di violare i loro cimiteri, di disseppellire i loro cadaveri e di sottrarre loro denaro. Chi contravviene a queste disposizioni sarà scomunicato[246] ". Il numero di documenti pontifici di questo tipo - costituzioni, bolle, lettere, epistole, ecc. - è davvero considerevole.

Ogni volta che i popoli esasperati commettevano massacri o saccheggi, i papi avevano alzato la voce, condannando i crimini e chiedendo ai vescovi di intercedere e proteggere le vittime, congratulandosi con coloro che lo avevano fatto di propria iniziativa. I papi avevano sempre permesso ai fuggiaschi ebrei di stabilirsi nei loro Stati, sia nella contea di Venesino che in Italia. Allo stesso modo, i papi avevano ripetutamente proibito ai cristiani di costringere gli ebrei a battezzarsi, di espropriarli delle loro proprietà e di violare i loro cimiteri[247].

Tutti questi fatti documentati non impedirono allo storico ebreo Heinrich Graetz - come tutti i suoi colleghi - di distorcere la storia a suo piacimento: "Innocenzo III fu il primo papa a trattare gli ebrei con disumana durezza[248] ", scrisse con orgoglio.

La setta eretica degli Albigesi aveva avuto un certo successo in Linguadoca, nel sud della Francia, dove era protetta da alcuni nobili locali. L'eresia - e non è un caso - aveva messo radici in una terra dove la popolazione ebraica era molto numerosa e prospera. Raimondo V di Tolosa esercitava su di loro una sovranità benevola, e il suo successore, "Raimondo VI di Tolosa favorì gli ebrei forse anche più del padre, e li promosse a posizioni ufficiali (1194-1222)", conferma Graetz.

---

[246] Julio Meinvielle, *El judío en el misterio de la historia*, Cruz y Fierro Editores, Buenos Aires, 1982 p. 62. 62.
[247] Charles Auzias-Turenne *Revue Catholique des Institutions et du Droit*, ottobre 1893.
[248] Heinrich Graetz, *Geschitchte der Juden; Histoire des juifs IV*, Éd. Durlacher, Parigi, 1888, p. 163.

Il giudaismo talmudico era evidentemente la fonte principale a cui gli Albigesi attingevano per il loro odio contro la Chiesa cattolica. Infatti, Heinrich Graetz lo riconosce esplicitamente: "Gli Albigesi del sud della Francia, che essi bollavano come eretici e che erano i più decisi oppositori del papato, erano stati impregnati di ostilità attraverso i loro rapporti con gli ebrei istruiti. Tra gli Albigesi c'era persino una setta che dichiarava senza esitazione che la legge ebraica era preferibile a quella dei cristiani. Lo sguardo di Innocenzo era quindi rivolto agli ebrei della Francia meridionale, oltre che agli albigesi, per frenare la loro influenza sugli spiriti cristiani[249]".

Non è quindi senza motivo che Papa Innocenzo III tenesse d'occhio gli Albigesi e gli Ebrei nel sud della Francia. Raimondo VI fu bersaglio di molti attacchi e subì molti dispiaceri, sia per la sua amicizia con gli ebrei sia per aver protetto gli albigesi. Nel 1209 fu umiliato da Milone, legato del papa: il conte di Tolosa fu sequestrato, flagellato e condotto nudo in chiesa con una corda al collo. Dovette confessare i suoi peccati in pubblico e giurare, tra l'altro, che avrebbe licenziato tutti i suoi funzionari ebrei. Tredici baroni, accusati come lui di essere favorevoli agli Albigesi e agli Ebrei, furono a loro volta costretti a giurare che avrebbero espulso i loro funzionari ebrei e non ne avrebbero mai più nominati.

Il papa decise infine di organizzare una spedizione contro i catari, promettendo ai combattenti le stesse indulgenze e gli stessi favori dei crociati diretti in Terra Santa. In un primo momento chiese al re Filippo Augusto di prendere la guida di questa spedizione, ma quest'ultimo, ancora in guerra con il re inglese Giovanni d'Inghilterra, non volle aprire un altro fronte e rifiutò l'incarico. In un primo momento, il re di Francia vietò addirittura ai baroni del regno di partecipare alla crociata albigese, prima di cambiare idea e dare la sua autorizzazione. Il papa ottenne inoltre dal re che i debitori cristiani degli ebrei che marciarono per combattere gli albigesi fossero dichiarati liberi da ogni interesse di mora e che il pagamento del capitale fosse differito[250].

I crociati, guidati dal conte Simone IV di Montfort e da Arnoldo Amalrico, abate di Poblet, inquisitore e legato del Papa, si riunirono a Lione prima di dirigersi verso sud. Per preservare i loro Stati dalla minaccia e dalla distruzione, Raimondo VI di Tolosa accettò di fare la pace (18 giugno 1209).

Arnold Amalric decise allora di attaccare senza indugio i feudi di Raymond Roger Trencavel, visconte di Beziers e Carcassonne, ville che ospitavano una moltitudine di catari ed ebrei. Il 22 luglio 1209, i crociati

---

[249]Heinrich Graetz, *Storia degli ebrei III*, Londra, Myers High Holborn, 1904, p. 517.
[250]Lettera del 1208, *Epistola. Innocenzo. III*, lib. XI, in Georges-Bernard Depping, *Les Juifs dans le Moyen-Âge*, (1823), Éd. Wouters, Bruxelles, 1844, p. 121.

assaltarono Beziers, prendendo la città e sottomettendola con sangue e fuoco. A Arnold chiesero come distinguere gli eretici dai fedeli e lui rispose: "Uccideteli tutti, Dio riconoscerà i suoi" ("*Caedite eos. Novit enim Dominus qui sunt eius*»).

Dopo la presa della città, il legato scrisse al papa: "Non abbiamo tenuto conto né del sesso né dell'età: circa ventimila persone sono cadute sotto i nostri colpi. Dopo il massacro, abbiamo saccheggiato e bruciato la città". Duecento ebrei erano morti nel massacro e molti erano stati fatti prigionieri.

A settembre, il Concilio di Avignone, presieduto da Milone - legato del Papa - decise che i baroni e tutte le città libere avrebbero dovuto promettere con giuramento che non avrebbero più assunto ebrei e che non avrebbero permesso agli ebrei di assumere servitori cristiani. Questo stesso concilio proibì agli ebrei di lavorare la domenica e nelle festività cristiane e di mangiare carne nei giorni di digiuno cristiani. Il quarto canone proibì ai cristiani di fare affari pecuniari con i Giudei e questi ultimi furono condannati a restituire tutto ciò che avevano estorto con l'usura[251].

I soldati di Arnold Amalric si recarono quindi in Spagna, dove i cristiani combattevano contro i musulmani. In quegli anni, un capo almohade del Maghreb, Muhammad Alnassir, aveva portato circa mezzo milione di suoi correligionari musulmani attraverso lo stretto di Gibilterra. Di fronte al pericolo imminente, i re cristiani di Spagna si erano uniti e avevano chiesto a Papa Innocenzo III di indire una crociata contro i musulmani. Numerosi guerrieri europei si recarono oltre i Pirenei per combattere la mezzaluna, tra cui l'abate di Cîteaux, Arnold Amalric, e i suoi soldati, gli "Ultramontani". Nel 1212 si avventarono sugli ebrei di Toledo e probabilmente avrebbero massacrato l'intera comunità senza l'intervento del re Alfonso VIII, dell'arcivescovo Giménez de Rada e dei cittadini cristiani della città che accorsero in difesa degli ebrei.

Il dodicesimo Concilio Ecumenico, il Quarto Concilio Lateranense, riunitosi a Roma nel novembre 1215 nella Basilica Lateranense, confermò le antiche ingiunzioni contro gli ebrei e ne aggiunse altre. La mancanza di obbedienza da parte di principi e popoli rendeva necessari questi frequenti richiami.

I canoni 67, 68 e 69 vietavano agli ebrei di chiedere interessi esorbitanti, pena l'"ostracismo". I cristiani, da parte loro, non dovevano avere rapporti continuativi con loro, pena la scomunica. Non era permesso dare loro impieghi pubblici; in caso contrario, il trasgressore doveva essere punito e l'ebreo, dopo essere stato disgraziatamente revocato, doveva anche consegnare al vescovo tutto il salario che aveva ricevuto. Il denaro confiscato doveva essere distribuito ai poveri.

---

[251] Charles Auzias-Turenne *Revue Catholique des Institutions et du Droit*, ottobre 1893.

Vediamo, inoltre, l'obbligo per gli ebrei di portare un marchio per distinguersi dai cristiani, e questo fin dalla tenera età di dodici anni. Questa usanza era già antica, ma fu la prima volta che un concilio la impose espressamente: da allora l'ordine di conformarsi ad essa fu ripetuto frequentemente nella cristianità.

Il marchio imposto era di solito un'insegna circolare gialla di stoffa, chiamata *rodella (da rotella (latino), rouelle* in francese). Gli ebrei cercavano sempre di ridurla consumandola, di renderla invisibile fino a farla quasi scomparire o di nasconderla sotto forma di un sottile ornamento.

Anche le donne erano tenute a portare la *fibbia* o, come prescritto da alcuni concili, in particolare quello di Avignone del 1326, le *cornelias*, una sorta di acconciatura a spiga. In Italia, invece, erano gli uomini a doversi distinguere con un copricapo, ovvero un *berretto* giallo, il *birettum glaucum*.

La *fibbia*, come veniva chiamata, non era una vera e propria novità. Il papa sembra essersi ispirato alla legislazione dei Paesi musulmani. Fu infatti il principe almohade Abu Yusuf Ya'aqoub al-Mansur a costringere per primo gli ebrei, che erano stati costretti ad abbracciare l'Islam nelle sue terre, a indossare un indumento speciale, un abito grossolano con maniche lunghe e, al posto del nobile turbante, un velo di forma ridicola.

Se fossi sicuro", disse l'astuto principe, « che gli ebrei si sono convertiti sinceramente, permetterei loro di sposare i musulmani. Se invece sapessi che persistono nella loro vecchia fede, li metterei a ferro e fuoco, renderei schiavi i loro figli e confischerei i loro beni. Ma ho dei dubbi, quindi voglio che indossino abiti che li mettano in ridicolo ».

Fu questa legge che Innocenzo III introdusse nei Paesi cristiani il 30 novembre 1215. In seguito alla decisione del papa, i consigli provinciali, gli Stati e i principi deliberarono sulla fibbia per determinarne con precisione il colore, la forma, la lunghezza e la larghezza. Ma che fosse rotonda o quadrata, gialla o rossa, sul cappello o sul petto, il risultato era di fatto lo stesso: la fibbia permetteva ai cristiani di proteggersi dalle astuzie degli ebrei, sempre pronti a spacciarsi per indigeni per meglio ingannare gli incauti.

I concili di Narbonne (1227), Rouen (1231), Tarragona (1239) e Beziers (1246) rinnovarono in tutto o in parte le prescrizioni precedenti e ne aggiunsero altre. Tutti insistettero sull'inginocchiarsi, come fecero i concili teutonici di Fritzlar (1259) e di Aschaffenburg (1292), vicino a Magonza, che vietarono anche agli ebrei, sotto una multa di un marco d'argento, di uscire (il primo concilio) e di affacciarsi alle finestre (il secondo concilio) il Venerdì Santo[252].

---

[252]Charles Auzias-Turenne *Revue Catholique des Institutions et du Droit*, ottobre 1893.

Il successore di Innocenzo III, Onorio III (1216-1227), insistette con la massima chiarezza e severità affinché gli ebrei d'Inghilterra fossero costretti a portare la fibbia. Nel 1222, il Concilio di Oxford rinnovò le misure dettate dal IV Concilio Lateranense sette anni prima. In questo Paese, la fibbia assunse la forma di due quadrati bianchi, che evocavano le tavole della Legge, che gli ebrei erano tenuti a cucire sui loro mantelli e cappotti. Per il resto, dalla morte di Giovanni il Senza Terra e durante la minoranza di Enrico III, il vero sovrano del regno fu Stefano Langton, arcivescovo di Canterbury, "un implacabile nemico degli ebrei", secondo Graetz.

Nel Sacro Impero, l'imperatore Federico II, che regnò fino al 1250, fu un principe "liberale e illuminato". Alla sua corte, studiosi ebrei traducevano opere filosofiche dall'arabo al latino, modificando il significato dei testi secondo i loro interessi: "Amava le scienze e sosteneva i geni con generosità principesca. Era interessato a far tradurre dall'arabo scritti di filosofia e astronomia, e a questo scopo impiegava molti abili ebrei... Eppure, nonostante tutto questo, l'imperatore Federico non era meno nemico degli ebrei del suo avversario, l'intollerante Luigi il Santo di Francia[253]". Pur essendo uno strenuo avversario del papato, fece rispettare nei suoi Stati la bolla che toglieva agli ebrei gli impieghi pubblici e impose loro le decisioni del Concilio Lateranense in modo ancora più duro dei re di Spagna. Anche se permise agli ebrei provenienti dall'Africa, in fuga dagli Almohadi, di stabilirsi in Sicilia, essi dovettero pagare pesanti tasse, mentre il resto degli immigrati ne fu esentato.

XLVII. Nicholas Donin e il Talmud

Durante il regno di Luigi VIII, figlio e successore di Filippo Augusto, le lamentele dei debitori e le cause intentate dagli usurai provocarono nuovi disordini. Con un'ordinanza del 1223, il nuovo re annullò in un colpo solo gli obblighi di interesse contratti con gli ebrei quell'anno dal giorno di Ognissanti. Dichiarò nulli i titoli datati cinque anni prima e concesse ai debitori tre anni di tempo per saldare i loro debiti in nove rate uguali. Questa misura non aveva altro scopo che quello di liberare il governo da incessanti richieste, ma gli ebrei continuarono a praticare l'usura[254]. "Non presterai a interesse (usura) a tuo fratello; non importa se il prestito è di

---

[253]Heinrich Graetz, *History of the Jews III*, London, Myers High Holborn, 1904, p. 583, 585.
[254]Carta dell'anno 1223, in Brussel, *Uso generale dei feudi*, tomo I, liv. II cap. XXXIX, in Georges-Bernard Depping, *Les Juifs dans le Moyen-Âge*, (1823), Éd. Wouters, Bruxelles, 1844, p. 122.

denaro, di cibo o di qualsiasi altra cosa che possa maturare interessi. A uno straniero puoi prestare a interesse, ma a tuo fratello non presterai a interesse, affinché Yahweh, il tuo Elohim, ti prosperi in qualsiasi cosa tu ti impegni a fare nel Paese in cui stai entrando per prenderne possesso", afferma chiaramente la Torah (Deuteronomio XXIII, 19-20).[255]

La regina Bianca di Castiglia - madre di San Luigi - che governò il regno di Francia durante la minorità del figlio, cercò di porre fine alla piaga dell'usura ebraica. Nel dicembre 1230, l'ordinanza di Melun stabilì che le somme dovute agli ebrei sarebbero state pagate in tre anni e il pagamento finale sarebbe stato effettuato il giorno di Ognissanti. Gli ebrei dovevano presentare i conti o gli obblighi ai loro signori prima del giorno di Ognissanti. Nel 1234, una nuova ordinanza rese più facile per i cristiani pagare i loro debiti agli usurai ebrei.

Il poeta Gautier de Coincy (1178-1236), monaco e trovatore nato in Piccardia, fu uno dei più grandi poeti francesi del Medioevo. Egli seppe esprimere chiaramente il disprezzo della gente comune per i membri di questa setta :[256]

> *Più bestiale che bestes nues*
> *Sont les Juyfs, ce n'est pas doute (...)*
> *Moult les haïr, et je les haiz,*
> *Et Dieu les het, et je si faiz.*
> *Et tout li monde les doilt haïr*[257].

Durante l'estate del 1236, la partenza dei crociati per la Palestina mise in luce il violento risentimento dei cristiani nei confronti degli ebrei. Nell'Angiò e nel Poitou, a Bordeaux e ad Angoulême, si verificarono grandi massacri: "I crociati agirono con una crudeltà inaudita nei loro confronti, e calpestarono molti di loro sotto gli zoccoli dei loro cavalli. Non risparmiarono né i bambini né le donne incinte, e lasciarono i cadaveri insepolti, preda di bestie selvatiche e uccelli. Distrussero i libri sacri, bruciarono le case degli ebrei e ne sequestrarono i beni. In questa occasione perirono più di tremila persone, mentre più di cinquecento abbracciarono

---

[255]Versione messianica israelita Kadosh, in www.bibliatodo.com. (NdT).
[256]Gilbert Dahan, *Les Juifs dans les miracles de Gautier de Coincy*, Archives juives, N°16, 1980. Si vedano anche gli studi sull'opera di Gautier de Coincy disponibili su Gallica.bnf.fr.
[257]Più bestiale delle bestie nude.
Sono gli ebrei, senza dubbio (...)
Molti li odiano e io li odio,
E Dio li odia, quindi io li odio.
Tutti devono odiarli.

il cristianesimo. Ancora una volta, gli ebrei sopravvissuti si lamentarono con il Papa di questa insopportabile crudeltà. Il Papa si sentì costretto a inviare una lettera in merito ai prelati della Chiesa di Bordeaux, Angoulême e altri vescovati, e anche al re Luigi IX di Francia (settembre 1236), in cui deplorava gli eventi che si erano verificati e sottolineava che la Chiesa si opponeva all'annientamento totale degli ebrei, così come al loro battesimo forzato[258] ".

Nel 1249, il conte di Poitou, Alfonso, fratello di San Luigi e signore di La Rochelle, ordinò l'espulsione degli ebrei dai suoi possedimenti. Nel 1291, l'avversione pubblica nei confronti degli ebrei divenne così virulenta a La Rochelle che il consiglio comunale, in linea con l'animosità generale, decise di espellerli tutti dalla città.

La rivolta popolare del 1236 era stata incoraggiata da un certo Nicolas Donin. Egli fomentò la folla contro gli ebrei, attraversando la regione, di città in città e di villaggio in villaggio. Nicolas Donin era un ex ebreo che aveva abbandonato il giudaismo e si era messo contro la setta. Conoscendo la lingua ebraica, era stato scomunicato dai rabbini dopo aver espresso dubbi sul valore del Talmud e sull'autenticità della Legge orale. Si era quindi completamente dissociato dall'ebraismo e aveva accettato il battesimo con il nome di Nicola. Nel 1238 si recò a Roma per denunciare a Papa Gregorio IX gli orrori contenuti nel Talmud.

Ricordiamo che il Talmud, il libro sacro degli ebrei, contiene gli insegnamenti dei rabbini dei primi secoli dopo Gesù Cristo (il rabbinismo medievale è il diretto successore del farisaismo, ndt). Trascrive o riassume le tempestose discussioni che si svolgevano nelle varie accademie della Palestina e della Babilonia. Un maestro esponeva un problema, il suo discepolo proponeva una soluzione alla quale il discepolo del discepolo rispondeva a sua volta, finché il problema non veniva risolto dalla generazione successiva. Diverse generazioni di maestri e allievi avevano così continuato lo stesso dibattito, che il Talmud riassumeva in un breve passaggio o in un semplice paragrafo[259].

Le domande più semplici e insignificanti erano oggetto di infiniti giochi di prestigio. I rabbini cercavano misteri nelle frasi più semplici o insignificanti della Torah, indulgendo in stravaganti congetture ed estrapolazioni. Arrivarono a sostenere che ogni passo della Torah era suscettibile di settanta, o addirittura seicentomila, spiegazioni diverse.

Dal Talmud si può dimostrare che i rabbini predicano una cosa e il suo contrario, lodano e condannano la tolleranza, approvano e rifiutano l'usura, apprezzano e disprezzano le donne, ecc. Ma non è meno vero che l'opera

---

[258]Heinrich Graetz, *History of the Jews III*, London, Myers High Holborn, 1904, p. 588.
[259] Elie Wiesel, *Célébration talmudique*, Seuil, 1991, p. 275.

contiene molti passaggi oltraggiosi per i non ebrei[260].

È indubbio", scriveva Graetz, "che il Talmud, composto senza alcuno spirito di critica scientifica o storica, contiene ogni sorta di asserzioni". Lo storico ebreo riconosceva che alcune affermazioni dei rabbini potevano offendere i cristiani, anche se si difendeva: "Per danneggiare gli ebrei si è voluto dare lo stesso valore a tutto ciò che è contenuto nel Talmud e mettere sullo stesso piano semplici battute e importanti prescrizioni[261]".

"L'apostata aveva estratto diversi passi dal Talmud e formulato trentacinque articoli su cui basava le sue accuse. In alcuni di essi si affermava che il Talmud conteneva molti errori grossolani e assurdità, oltre a bestemmie contro Dio; in altri si sosteneva che esso sosteneva la pratica dell'infamia e dell'inganno contro tutta l'umanità; in altri ancora si affermava che il Talmud insultava e bestemmiava contro Gesù, la Vergine e la Chiesa.... Tuttavia, tra le sue accuse contro il Talmud, Nicholas Donin aveva distorto la verità. Sosteneva che gli scritti talmudici insegnavano che era un'azione meritoria uccidere l'uomo migliore tra i cristiani; che un cristiano che riposava il sabato o studiava la Legge doveva essere punito con la morte; che era lecito ingannare un cristiano senza alcuno scrupolo; che era lecito per gli ebrei infrangere una promessa fatta con giuramento; e molte altre affermazioni mendaci[262]".

Le accuse che Nicholas Donin rivolse per la prima volta al Talmud ebbero conseguenze dolorose per il "popolo eletto". In seguito, gli studiosi cristiani di ebraismo hanno continuato a studiare il Talmud e hanno confermato ciò che tutti sospettavano. Ecco alcuni precetti tratti da questo "libro sacro" scritto dai "saggi" di Israele:

I cristiani sono idolatri, non associatevi a loro (*Hilkhoth Maakhaloth*);
i cristiani sono impuri perché mangiano cibi impuri (*Shabbath, 145b*[263]);

---

[260] Il Talmud raccoglie la Mishnah (la raccolta scritta delle leggi orali, secondo Esodo 24, 12) e la Gemara (i commenti dei Rabbini alla Mishnah). La Gemara dei rabbini spiega la Mishnah. Il Talmud è diviso in 63 trattati in sei ordini principali. Gli ordini centrali sono *Zeraim* (le Semine: trattati di agricoltura), *Moed* (Stagioni e festività, contenente il trattato fondamentale sul sabato), *Nashim* (dedicato interamente alle donne, alla sessualità e alla riproduzione, e composto da numerosi trattati piuttosto scabrosi), e l'ordine propriamente giuridico chiamato *Nezikin* (sui danni. Diritto civile e penale). L'esclusivismo e la nozione di purezza razziale e sessuale sono onnipresenti nel Talmud. In effetti, un intero trattato, chiamato *Niddah*, tratta del sangue delle donne e delle mestruazioni. In sostanza, il Talmud tratta le questioni del denaro, del sesso, della purezza e del messianismo, oltre a una serie di contingenze e questioni molto noiose e contorte. Il Talmud è anche ferocemente suprematista e anti-gentile.
[261] Heinrich Graetz, *Histoire des juifs III*, Éd. Durlacher, Parigi, 1888, p. 195.
[262] Heinrich Graetz, *Storia degli ebrei III*, Londra, Myers High Holborn, 1904, p. 595-593.
[263] "(...)Per quale motivo i Gentili sono moralmente contaminati? Rispose: Perché mangiano creature abominevoli e cose che strisciano e che causano tratti di carattere

le donne ebree sono contaminate dal solo incontro con i cristiani (*Yore Dea, 198*); Gli ebrei sono umani, i cristiani no, sono bestie (*Keritot, 6b*[264]); i cristiani sono stati creati per servire gli ebrei (*Midrash Talpioth, 225*[265]); i cristiani non sono più da compatire dei maiali quando sono malati di stomaco (*Orach Chayim, 57, 6a*); l'anima dei non ebrei viene dalla morte e dall'ombra della morte (*Emek Haschanach, 17a*[266]); il seme dei goyim è come quello delle bestie (*Yevamot, 98a*[267]); gli schiavi cristiani morti devono essere sostituiti come il bestiame (*Yore Dea, 377*[268]); Gli ebrei devono essere chiamati uomini, non cristiani (*Yevamot, 61a*[269]); colpire un

---

negativo". *Shabbath, 145b.* (sepharia.org) (NdT).
[264] "La Mishnah include nella sua lista di persone suscettibili di *Karet* [punizione]: Colui che si applica l'olio per ungere la pelle. I Saggi insegnarono in una *Baraita* [tradizione, insegnamento, ma al di fuori della Mishnah]: Chi applica l'olio dell'unzione su animali o recipienti è esente, e chi lo applica su gentili o cadaveri è esente. La Gemara obietta: è vero che si è esenti nel caso di animali e recipienti, poiché è scritto: "Sulla carne di una persona non sarà applicato" (*Esodo 30:32*), e animali e recipienti non sono la carne di una persona. È chiaro anche perché si è esenti se lo si applica su un cadavere, poiché una volta che qualcuno è morto, il corpo è chiamato cadavere e non persona. Ma se uno applica l'olio per l'unzione ai gentili, perché è esente - non sono forse inclusi nel significato del termine persona [Adam]? La Gemara spiega: In effetti, non lo sono. Come è scritto: "E voi, le Mie pecore, le pecore del Mio pascolo, siete persone [Adamo]" (*Ezechiele 34:31*), da cui si evince che voi, il popolo ebraico, siete chiamati Adamo, ma i gentili non sono chiamati Adamo". *Keritot, 6b.* (sepharia.org) (NdT).
[265] Ovadia Yosef, il rabbino leader del partito israeliano Shas, ha dichiarato in un evento pubblico: "I Goyim sono nati solo per servirci. Oltre a questo, non hanno alcuno scopo nel mondo; solo quello di servire il Popolo d'Israele". In *JTA, Jewish Telegraphic Agency*, 18 ottobre 2010: Il *leader sefardita Yosef: i non ebrei esistono per servire gli ebrei*. Nel 2013, il suo funerale è stato il più grande nella storia di Israele, raccogliendo quasi 800.000 presenze durante l'ultima processione. "Personaggi pubblici hanno inviato le loro condoglianze, ricordando un gigante del pensiero ebraico", in *The Times of Israel*, 7 ottobre 2013. (NdT).
[266] Credenza comune degli ebrei chassidici Chabad Lubavitch. Si legga in *Psicoanalisi dell'ebraismo*.
[267] "Imparate da questo che il Misericordioso spoglia il maschio gentile della sua discendenza, come è scritto a proposito degli Egiziani: "La cui carne è la carne degli asini e il cui seme è lo sperma dei cavalli" (*Ezechiele 23:20*), cioè la discendenza di un maschio gentile non è considerata più affine a lui della discendenza degli asini e dei cavalli". *Yevamot, 98a.* (sepharia.org) (NdT).
[268] "Per quanto riguarda gli schiavi maschi e femmine, non si offre alcun conforto al loro padrone, ma gli si dice: "Il Signore sostituisca la tua perdita", così come si dice a un uomo riguardo al suo bue e al suo asino: "Il Signore sostituisca la tua perdita"" *Yoreh De'ah, 377.* (sepharia.org) (NdT).
[269] "Le tombe dei gentili non diventano impure attraverso una tenda, come si legge: "E voi, mie pecore, pecore del mio pascolo, siete uomini [Adamo]" (*Ezechiele 34:31*), da cui si evince che voi, popolo ebraico, siete chiamati uomini [Adamo] ma i gentili non sono chiamati uomini [Adamo]. Poiché la Torah introduce la halachà dell'impurità

ebreo è come schiaffeggiare Dio *(Sanhedrin, 58b*[270]*)*; un ebreo pio è sempre considerato intrinsecamente buono, nonostante i peccati che può commettere. Solo il suo involucro è contaminato, mai il suo interno *(Chagigah, 15b*[271]*)*; un ebreo non dovrebbe entrare in casa di un gentile in un giorno di festa e salutarlo, perché sembrerebbe che lo stia benedicendo in onore della sua festa *(Gittin 62a);* Evitare di mangiare con i cristiani, perché ciò genera familiarità *(Iore Dea 112, 1)*; non bere il latte munto da un cristiano *(Avodah Zarah, 35b)*; il vino deve essere gettato via se è stato toccato da un cristiano *(Avodah Zarah, 72a, b)*; il recipiente comprato da un cristiano deve essere gettato via o purificato (Iore *Dea. 120, 1*[272]); ogni contatto con i cristiani deve essere interrotto tre giorni prima dell'inizio di una delle loro feste *(Avodah Zarah, 2a*[273]); un bambino ebreo non deve

---

rituale di una tenda con le parole: "Quando un uomo [Adamo] muore in una tenda" *(Numeri 19:14)*, questa halachà si applica solo ai cadaveri degli ebrei, ma non a quelli dei gentili". *Yevamot 61a.* (sepharia.org) (NdT).

[270] "Rabbi Ḥanina dice: Un gentile che colpisce un ebreo è passibile di pena di morte, come si legge quando Mosè vide un egiziano colpire un ebreo: 'Vide un Mitzrayimi [egiziano] colpire un ebreo, uno dei suoi fratelli. Guardò di qua e di là; e quando vide che non c'era nessuno in giro, uccise il Mitzrayimi e nascose il suo corpo nella sabbia" *(Esodo 2, 11-12)* E Rabbi Ḥanina dice: "Chi schiaffeggia la guancia di un ebreo è considerato come se avesse schiaffeggiato la guancia della Presenza divina; come è detto: "È un'insidia dedicare a Elohim un'offerta con leggerezza e riflettere poi sui voti". "*(Proverbi 20:25)*. Il versetto è interpretato omileticamente nel senso di: Chiunque colpisca [nokesh] un ebreo è considerato come se ferisse la guancia [lo'a] del Santo". *Sanhedrin, 58b.* (sepharia.org) (NdT).

[271] "La Gemara chiede: (...) una fonte afferma che si può imparare solo da uno studioso che è irreprensibile nei suoi modi, mentre un'altra indica che è lecito imparare anche da uno il cui carattere non è irreprensibile (...) Rava insegnò: Qual è il significato di ciò che è scritto: " scesi nel frutteto dei noci per vedere il verde della valle" *(Cantico dei Cantici 6:11)*? Perché gli studiosi della Torah sono paragonati alle noci? Come questa noce, anche se è macchiata di fango ed escrementi, il suo contenuto non diventa ripugnante, perché solo il suo guscio è macchiato; così anche uno studioso della Torah, anche se ha peccato, la sua Torah non diventa ripugnante". *Chagigah, 15b.* (sepharia.org) (NdT).

[272] "(...) Quando servite il vino, non lasciate che un gentile si avvicini per aiutarvi, per evitare che abbiate abbassato la guardia e appoggiate il recipiente nelle mani del gentile, e il vino esca a causa della sua forza e diventi proibito...". *Avodah Zarah (72a e b)*; "Chiunque acquisti da un adoratore di idoli uno o più recipienti per alimenti di metallo o di vetro o rivestiti di piombo - anche se sono nuovi - deve immergerli in un *mikveh* [bagno di purificazione] o in un ruscello che abbia quaranta *se'ot*". *Yoreh De'ah (120, 1)* (sepharia.org) (NdT).

[273] "Mishnah: Nei tre giorni che precedono le feste dei gentili sono proibite le seguenti azioni, in quanto renderebbero felice il gentile, che in seguito renderebbe grazie all'oggetto del suo culto idolatrico durante la sua festa: è proibito fare affari con loro; prestare loro oggetti o prendere in prestito oggetti da loro; prestare loro denaro o prendere in prestito denaro da loro; e pagare debiti a loro o riscuotere il pagamento di

essere allattato da una balia cristiana, perché il suo latte gli trasmette una natura malvagia (*Iore Dea, 81*[274]); Le balie cristiane inducono i bambini ebrei all'eresia (*Iore Dea, 153*); si può fingere di essere felici con i cristiani durante le loro feste, se si riesce così a nascondere il proprio odio (*Iore Dea, 148*); la proprietà di un cristiano o di un gentile non serve a nulla, appartiene al primo ebreo che la rivendica (*Baba Batra, 54b*[275]); se un cristiano restituisce per errore troppo denaro, questo deve essere conservato (*Choschen Ham, 183, 7*); gli ebrei possono conservare i beni di un cristiano senza preoccuparsene (Choschen *Ham, 226*); è permesso spergiurare e imbrogliare i cristiani in tribunale (*Baba Kamma, 113a, b*[276]); gli ebrei che imbrogliano un cristiano devono dividere il beneficio in parti

---

debiti da loro. Rabbi Yehuda dice: Si può riscuotere il pagamento dei debiti da loro, perché questo provoca angoscia al gentile. I rabbini dissero a Rabbi Yehuda: "Anche se ora è angosciato, quando restituirà il denaro, si rallegrerà dopo essere stato liberato dal debito, e quindi c'è da temere che renda grazie al suo oggetto di culto idolatrico durante la sua festa". *Avodah Zarah, 2°* (sepharia.org) (NdT).

[274]*Iore Dea 81* (=Yoreh *De'ah, 81*) non è tradotto in inglese su sepharia.org, ma appare solo il testo ebraico. È tradotto solo il versetto 4, che recita: "È permesso mangiare la placenta di un'asina, perché è considerata solo una secrezione". Lol.

[275] "(...) La Gemara racconta: Rav Huna comprò un terreno da un gentile. Arrivò un altro ebreo e lo arò leggermente. Rav Huna e quell'ebreo si presentarono davanti a Rav Naḥman, che stabilì la proprietà in possesso di quest'ultimo. Rav Huna disse a Rav Naḥman: "Che cosa stai considerando nel prendere questa decisione? È perché Shmuel dice che la proprietà di un gentile è come un deserto, e chiunque ne prenda possesso l'ha acquisita" *Bava Batra, 54b.* (sepharia.org).

[276] "Rav Ashi disse: La Mishnah emette la sua sentenza riguardo a un esattore doganale gentile, che può essere ingannato, come insegnato in una *baraita* [tradizione, insegnamento, ma al di fuori della Mishnah]: Nel caso in cui un ebreo e un gentile si presentino in tribunale per essere giudicati in una disputa legale, se potete difendere l'ebreo secondo la legge ebraica, difendetelo e dite al gentile: Questa è la nostra legge. Se può essere difeso in base alla legge gentile, difendetelo e dite al gentile: questa è la vostra legge. E se non è possibile difenderlo in base a nessuna delle due leggi, affrontate il caso indirettamente, cercando una giustificazione per difendere l'ebreo. Questa è l'affermazione di Rabbi Yishmael. Rabbi Akiva non è d'accordo e dice: non si affronta il caso in modo indiretto per difendere l'ebreo a causa della santificazione del nome di Dio, perché il nome di Dio sarà profanato se il giudice ebreo usa mezzi disonesti. La Gemara deduce da questa *baraita*: e anche secondo Rabbi Akiva, il motivo per cui il tribunale non impiega mezzi disonesti per difendere l'ebreo è solo perché c'è la considerazione della santificazione del nome di Dio. Di conseguenza, se non c'è la considerazione della santificazione del nome di Dio, il tribunale affronta il caso in modo subdolo. A quanto pare, è permesso ingannare un gentile. La Gemara risponde che Rav Yosef ha detto: "Non è difficile, poiché questa sentenza che permette al tribunale di ingannare un gentile è emessa nei confronti di un normale gentile, mentre quel versetto, che insegna che è proibito ingannare un gentile, è affermato nei confronti di un gentile che risiede in Eretz Yisrael e osserva le sette mitzvot noachiche [*ger toshav*]". *Baba Kamma, 113a, b.* (sepharia.org) (NdT).

uguali (*Choschen Ham, 183, 7*); l'usura è permessa con i cristiani e gli apostati (*Iore Dea, 159*[277]). Inoltre, gli ebrei possono mentire, se è nell'interesse di uno di loro e della comunità, o per condannare un cristiano (*Baba Kamma, 113a*). Gli ebrei possono giurare falsamente usando frasi a doppio senso o con qualsiasi sotterfugio (*Schabbouth Hag., 6d* e *Kol Nidré*[278]). È permesso uccidere indirettamente un cristiano, ad esempio se qualcuno che non crede nella Torah cade in un pozzo, si deve rimuovere rapidamente la scala (*Choschen Ham, 425*); non si aiuta una donna non ebrea a partorire di Shabbat, nemmeno facendo qualcosa che non comporti la profanazione dello Shabbat (*Orach Chayim 330, 2*); non si deve mai guarire un cristiano, a meno che non diventi così un nemico di Israele (*Yore Dea, 158*); per quanto riguarda i cristiani che non sono nemici, un ebreo non deve comunque intervenire o avvertirli di fronte a una minaccia mortale (Yore *Dea, 158, 1*); non si devono salvare i cristiani di fronte a un pericolo mortale (*Hilkhot Akum, 10, 1*); chiunque confessi i segreti di Israele ai non ebrei deve essere ucciso prima di rivelare loro qualcosa (*Choschen Hamm, 386, 10*); gli eretici, gli informatori e gli apostati devono essere calati in una fossa e dimenticati lì (*Avodah Zarah, 26b*[279]); chi dà denaro ebraico ai cristiani deve essere ucciso (*Choschen Hamm, 388, 15*); i goyim che cercano di scoprire i segreti della Legge di Israele commettono un crimine punibile con la morte (*Sanhedrin, 59a*); gli ebrei battezzati devono essere puniti con la morte (*Hilkhot Akum, X, 2*); anche il migliore

---

[277]"La Legge ha dichiarato che è permesso prestare ai gentili con usura (...) L'usura agli apostati è permessa, ma è proibito prendere a prestito da loro con usura". *Yoreh De'ah, 159*. ["Perché Yahweh, il vostro Dio, vi benedirà, come vi ha detto, e presterete a molti popoli e non dovrete prendere a prestito da nessuno; dominerete su molte nazioni ed esse non domineranno su di voi."" (*Deuteronomio 15, 6-8*); "Come abbiamo appreso in una mishnah: Rabbi Yishmael dice: Chi cerca di essere saggio dovrebbe dedicarsi alle leggi monetarie, perché non c'è disciplina più grande nella Torah, perché sono come un pozzo che scorre da cui sgorgano continuamente innovazioni". *Berakhot, 63b*]. (sepharia.org).
[278]"Gli ebrei possono giurare falsamente usando frasi a doppio significato o qualsiasi sotterfugio". (Talmud, *Schabbouth Hag., 6d*). Inoltre, alla vigilia dello Yom Kippur, la festa dell'espiazione dei peccati, la più solenne delle festività ebraiche, la celebrazione religiosa inizia con la recita del *Kol Nidre*: "Tutti gli impegni, le restrizioni, i giuramenti, le scomuniche, le rinunce e tutti i sinonimi con cui ci siamo impegnati, abbiamo giurato, o con cui ci siamo scomunicati o limitati; dal presente Yom Kippurim fino al successivo Yom Kippurim, che è a nostro beneficio, (per quanto riguarda tutti), li ripudiamo. Sono tutte disfatte, abbandonate, cancellate, annullate e invalidate, senza forza ed effetto. Le nostre promesse non sono più promesse, i nostri divieti non sono più divieti e i nostri giuramenti non sono più giuramenti". Il contenuto della preghiera *Kol Nidré* compare nel Talmud nel libro di *Nedarim 23a-23b*. I voti e le promesse non sono validi, purché ci si ricordi di essi al momento di pronunciarli.
[279] Su sepharia.org.

dei goyim deve essere messo a morte (*Avodah Zarah, 26b*); se un ebreo uccide un cristiano, non è peccato (*Sepher Or Israel, 177b*); versare il sangue dei malvagi è un sacrificio gradito a Dio (*Yalkut Simoni, 245c*[280]), ecc. E molte altre citazioni che potrebbero non sembrare credibili ai neofiti, perché in realtà sono molto offensive nei confronti dei goyim[281].

Nicolas Donin aveva raccolto diversi brani del Talmud, seguiti da trentacinque accuse come base dell'accusa. A seguito del suo lavoro, il 9 giugno 1239, Papa Gregorio IX inviò una lettera a tutti i vescovi di Francia, Inghilterra, Castiglia, Aragona e Portogallo, ordinando loro di confiscare tutte le copie del Talmud e di consegnarle ai monaci domenicani e francescani. I sovrani di questi Paesi dovevano assistere i vescovi, mentre i priori dei domenicani e dei francescani erano incaricati di aprire un procedimento contro il Talmud e di bruciare tutte le copie confiscate.

Quando la vigilanza si allentava, gli ebrei si affrettavano a riprodurre nuove copie del loro "libro sacro". Così gli ordini di papi e vescovi venivano rinnovati di frequente. Dopo Gregorio IX, i papi Innocenzo IV (1244), Clemente IV (1267), Onorio IV (1286), Giovanni XXII (1320), Benedetto XIV (1415), Giulio III, Paolo IV, ecc. misero più volte in guardia i cristiani dalle barbarie contenute nelle pagine del Talmud.

XLVIII. 1240: l'espulsione dalla Bretagna

La principale occupazione degli ebrei in Bretagna, come altrove, era il prestito a interesse. Ma la Bretagna fu la provincia francese che dimostrò la maggiore tenacia nel combattere l'usura ebraica. Nel 1239, gli Stati (il parlamento) del ducato decisero che i debitori sarebbero stati dichiarati liberi dai debiti contratti con gli ebrei, che questi ultimi sarebbero stati banditi dal Paese e che tutti i beni, mobili e immobili, da loro detenuti in pegno sarebbero stati restituiti ai debitori. L'assemblea obbligò persino il duca di Bretagna a promettere con giuramento, a suo nome e a nome dei suoi discendenti, pena la scomunica in caso di contravvenzione, di non ammettere più ebrei nel ducato e di non tollerare che nessuno dei suoi

---

[280]Non tradotto in inglese su sepharia.org.
[281]Le parti o i tratti del Talmud chiamati *Choschen Ham* e *Schabbouth Hag* (così come alcune parti di *Iore Dea*) citati nel testo sono introvabili su Internet (sepharia.org e halakha.com). Alcuni sostengono che questi passaggi aggressivi non esistano e siano stati inventati di proposito dall'autore del noto libro "antisemita" Le *Talmud démasqué- Les Enseignements rabbiniques secrets concernant les chrétiens* (latino: *Christianus in Talmude Iudaeorum- sive Rabbinicae doctrinae de christianis secreta*) - *Il Talmud smascherato - Gli insegnamenti rabbinici segreti sui cristiani*, di Justinas Bonaventura Pranaitis (1861-1917). Altri sostengono che alcuni dei tratti più offensivi del Talmud siano stati espurgati e nascosti nel tempo dagli stessi rabbini (NdT).

baroni li ospitasse nelle sue terre. L'avversione nei confronti degli ebrei era giunta a tal punto che le uccisioni di ebrei, avvenute pochi anni prima in occasione delle Crociate, furono scagionate e fu vietato perseguire chiunque per quei massacri[282].

Bertrand d'Argenté presentò nel 1588 il testo latino del documento riprodotto qui di seguito: "In quel tempo il paese era molto devastato dagli Ebrei che abitavano nel paese di Bretagna, i quali per l'inclemenza e la crudeltà della loro usura, che era loro consentita, consumavano nobili e mercanti, e soprattutto la gente comune, il che sconvolse il paese e portò a riunire gli Estati, il Clero, e del clero, dei nobili e del Terzo Stato, e fece immediata ingiunzione al Duca di espellerli; alla fine fu deliberato che gli ebrei fossero banditi secondo il brevetto che recita come segue, estratto dalle lettere di Bretagna trovate nelle corrispondenze di San Melanio, dell'Abbazia di Kemperlé[283]."

Nel 1716, Dom Pierre Morice riassunse questo documento come segue: "Le usure erano così oltraggiose che i prelati e i baroni supplicarono il duca di espellerli [gli ebrei] completamente dalle terre della loro obbedienza. Per soddisfarli, il Duca, trovandosi a Ploërmel il 20 aprile 1240, emanò un Editto in cui dichiarava: 1. che espelleva gli ebrei da tutta la Bretagna e che non li avrebbe più tollerati né nelle sue terre né in quelle dei suoi sudditi; 2. che aboliva tutti i debiti contratti con gli ebrei, di qualsiasi natura; 3. che i beni mobili o immobili dati in pegno agli ebrei sarebbero stati estinti. Che i beni mobili o immobili, dati in pegno per tali debiti, torneranno ai debitori o ai loro eredi, eccetto quelli venduti legalmente ai cristiani; 4. Che nessuno sarà indagato per i debiti contratti con gli ebrei. Che nessuno sarà indagato per la morte di ebrei finora deceduti. che impedirà il pagamento dei debiti contratti con gli ebrei nelle terre di suo padre e, infine, che farà confermare il suo Editto dal Re di Francia. Il Duca si impegnò con giuramento a mantenere in vigore questa ordinanza per tutta la vita e si sottopose, in caso di contravvenzione, alla censura della Chiesa. Sottopose allo stesso giuramento tutti i suoi successori, vietando loro di prestare fedeltà prima di aver adempiuto a questo dovere e obbligo. Anche i prelati e i baroni giurarono da parte loro che non avrebbero più tollerato gli ebrei nelle loro terre[284]".

---

[282]Proclama del duca Jean de Bretagne, datato Ploërmel e inserito tra i documenti del volume II de *L'Histoire de Bretagne*, di D. Pierre H. Morice, e del volume I delle *Mémoires pour servir de preuves à l'histoire de Bretagne*, di D. Pierre H. Morice, in Georges-Bernard Depping, *Les Juifs dans le Moyen-Âge*, (1823), Éd. Wouters, Bruxelles, 1844, p. 130.

[283]Bertrand d'Argenté, *Histoire de Bretagne — des roys, comtes et princes dicelle*, Parigi, 1588, pag. 245.

[284]Dom Pierre-Hyacinthe Morice, *Histoire ecclésiastique et civile de Bretagne*, Paris,

Riportiamo di seguito l'editto del 20 aprile 1240 con cui il duca di Bretagna Jean I le Roux (Giovanni I il Rosso), su proposta del parlamento di Bretagna, espulse gli ebrei dalle loro terre:

"A tutti coloro che leggono queste lettere, io, Giovanni, duca di Bretagna, conte di Richemont, saluto.

"Sappiate che noi, su richiesta dei vescovi, degli abati, dei baroni e dei vassalli di Bretagna, dopo aver attentamente valutato l'interesse del Paese, abbiamo espulso dalla Bretagna tutti gli ebrei. Né noi né i nostri eredi ne tollereremo mai uno nelle nostre terre di Bretagna e non permetteremo a nessuno dei nostri sudditi di averne nelle loro.

"Tutti i debiti contratti con gli ebrei stabilitisi in Gran Bretagna, in qualsiasi forma e per qualsiasi motivo, li rimborsiamo integralmente e ne diamo ricevuta.

"Tutte le terre ipotecate agli ebrei, tutti i titoli mobiliari o immobiliari da loro detenuti dovranno essere restituiti ai debitori o ai loro eredi, ad eccezione delle terre e degli altri pegni che sono stati venduti ai cristiani per decisione giudiziaria del nostro tribunale.

"Nessuno sarà accusato o perseguito per aver ucciso un ebreo.

"Supplichiamo e chiediamo in buona fede e con tutto il nostro potere al nostro signore il re di Francia di confermare con le sue lettere la presente decisione o ordinanza, e rispondiamo per nostro padre e per noi stessi che i debiti contratti in Bretagna con gli ebrei non saranno mai pagati nella terra di nostro padre.

"Questa decisione, così come è scritta, abbiamo giurato in buona fede di osservarla in perpetuo; se per qualsiasi motivo dovessimo contravvenire, tutti i vescovi della Bretagna, insieme o separatamente, potranno scomunicarci e bandirci dalle nostre terre situate nelle loro diocesi, nonostante qualsiasi privilegio ottenuto o da ottenere da parte nostra.

"Inoltre, desideriamo e concordiamo che i nostri eredi, che nei tempi a venire ci succederanno quando avranno raggiunto l'età legittima, si impegnino con giuramento a rispettare fedelmente questa decisione come qui descritta. I baroni, i vassalli e tutti coloro che sono tenuti a giurare fedeltà al conte di Bretagna non lo faranno, né presteranno obbedienza ai nostri eredi finché essi, debitamente richiesti da due vescovi o da due baroni almeno a nome degli altri, non avranno giurato di osservare fedelmente questa decisione. Ma, dopo aver prestato questo giuramento, i baroni e tutti coloro che devono fedeltà al Duca di Bretagna dovranno immediatamente giurare fedeltà e prestare obbedienza ai nostri eredi.

"Dato a Ploërmel, il martedì prima della Resurrezione di Nostro Signore,

---

1716, ed. 1974, t. I, p. 174, citato da Alain Guionnet.

anno MCCXXXIX²⁸⁵ ".

L'editto fu rigorosamente rispettato e per secoli non ci furono più ebrei in Gran Bretagna.

Nel frattempo, dall'altra parte dell'Europa, i Mongoli e i Tartari di Gengis Khan stavano devastando la Russia e la Polonia e tentavano incursioni in profondità in Germania. Ancora una volta, gli ebrei giocarono la carta dell'invasore. Heinrich Gratez scrive: "In Germania circolava la notizia che gli ebrei si erano offerti di fornire ai mongoli provviste avvelenate. Con questo pretesto avevano cercato di fornire loro armi di ogni tipo chiuse in barili. Un audace doganiere alla frontiera, destando i suoi sospetti, insistette perché i barili fossero aperti e il complotto fu scoperto. Questa storia fu accolta con generale credulità e fu causa di molte sofferenze per gli ebrei tedeschi²⁸⁶ ".

XLIX. Luigi IX, San Luigi

San Luigi regnò in Francia dal 1226. Questo re, reso popolare dalla storia per la sua giustizia e bontà, aveva naturalmente orrore del giudaismo²⁸⁷.

Conosciamo il famoso aneddoto raccontato da San Luigi stesso, così come ci è stato riferito da Giovanni (Signore) di Joinville:

"Il re mi disse che c'era una grande disputa tra clero ed ebrei nel monastero di Cluny. C'era un cavaliere, al quale l'abate diede la possibilità di intervenire. Il cavaliere chiese all'abate di lasciargli la prima parola,

---

²⁸⁵Arthur le Moyne de La Borderie, *Histoire de Bretagne*, Rennes, t. 3, 1899, p. 337; citato da Alain Guionnet. La Borderie precisa dopo questa datazione: "20 aprile 1240 nuovo stile". Nel 1240 la Pasqua cadeva il 15 aprile, il martedì precedente era il 13 aprile (nota di La Borderie, p. 339).

²⁸⁶ Heinrich Graetz, *Storia degli ebrei III*, Londra, Myers High Holborn, 1904, p. 599-600.

²⁸⁷ "Il monarca Luigi IX, un tempo nobile e ben disposto, era talmente dominato da questo sentimento di avversione che non poteva sopportare di guardare un ebreo. Incoraggiò con ogni mezzo la conversione degli ebrei e permise che i figli di padri convertiti, che avevano nuovamente aderito all'ebraismo, fossero strappati dal grembo delle loro madri. Agli ebrei rimaneva un solo mezzo per placare l'ira che si era scatenata contro di loro: il denaro..... Ma questo mezzo si rivelò uno strumento a doppio taglio che si rivolse contro le stesse persone di cui avrebbe dovuto beneficiare. Per ottenere grandi somme di denaro, gli ebrei furono costretti a chiedere interessi esorbitanti e persino a ricorrere alla frode. In questo modo si guadagnarono l'odio della popolazione e furono sottoposti a ulteriori oltraggi. Le ripetute lamentele sulla loro usura resero necessaria la legge di Luigi IX, che la limitò opportunamente e in molti casi condonò una parte dei debiti contratti con gli ebrei". Heinrich Graetz, *Storia degli ebrei III*, Londra, Myers High Holborn, 1904 pag. 589

anche se gli fu concessa con difficoltà. Allora si alzò, appoggiandosi alla croce della sua spada, e disse che il più grande clero e il più grande maestro degli ebrei dovevano essere portati da lui. Essi lo fecero. Poi fece una domanda come questa:

Maestro », disse il signore, « vi faccio questa domanda: credete che la Vergine Maria, che Dio ha portato nel suo grembo e tra le sue braccia, abbia partorito da vergine, e che sia la madre di Dio?

» (testo originale: *Et li juii respondi que de tout ce en creoit il riens*).

« Il cavaliere rispose che erano molti i pazzi e gli stolti che non credevano in lei né l'amavano e che entravano nel suo monastero e nella sua dimora:

E davvero », disse il signore, « la pagherete!

Poi alzò il forcone, colpì l'ebreo all'orecchio e lo gettò a terra ». I Giudei si voltarono e fuggirono, portando con sé il loro padrone gravemente ferito. Così si concluse la lite.

« L'Abate allora si avvicinò al cavaliere e gli disse che aveva commesso una grande follia. Al che il cavaliere rispose che era lui, l'abate, ad aver commesso una follia ancora maggiore nel fare una simile disputa. Infatti, il laico, quando sente parlare male della fede cristiana, non deve difendere la fede cristiana se non con la spada, dalla quale deve dare tra ventre e ventre, per quanto possa entrare[288] ».

---

[288] Jean de Joinville, di R. P. Bruckberger, in *Tableau de la littérature française*, tome I, Gallimard, 1962, p. 125-127. [Il testo in francese antico si trova anche in www.archives.org, Sire de Joinville, *Histoire de Saint-Louis, Roi de France*, Chez l'éditeur rue Grange-aux-Belles, Paris, 1822, p. 16-17:

« *Il me conta que il ot une grande desputaison de clers et de juis ou moustier de Clygni*. Là c'era uno Chevalier a cui l'Abbé aveva donato il dolore per Dio, e che richiedeva all'Abbé di dire la prima parola e di fare la pipì.

Et lors il se leva et s'apuia sus sa croce, et dit que l'en li feist venir le plus grant clerc et le plus grant mestre des juis, et si firent il; et li fist une demande qui fu tele: — » Mestre, fist le Chevalier, je vous demande se vous créez que la Vierge Marie qui Dieu porta en ses flans et en ses bras, enfantast vierge, et que elle soit mere "de Dieu". — Et li juis respondi que de tout ce en creoit il riens. — Et le Chevalier li respondi, que moult avait fait que fol, quant il ne la créoit, en ne l'amoit, et estoit entré en son moustier et en sa mesori, Et vraiement, fist le Chevalier, vous le comparrez, et lors il liauça sa potence et feri le juif lés l'oye et le porta par terre. "Et les juis tournèrent en fuie, et enporterent leur mestre tout bleciè; et ainsi demoura la desputaison.

Lors vint l'Abbé au Chevalier, et li dist que il avait fait grant folie. Et le Chevalier dit que encore avoit il fait greingneur folie, d'assembler tele desputaison; car avant que la desputaison feust menée à fin, avoit il séans grant foison de bons crestiens, qui s'en feussent parti touz mescréanz, parce que il n'eussent mie bien entendu les juis. —" Aussi vous di je, fist li Roys, que nulz, se il n'est très bon clerc, ne doit desputer à eulz; mès l'omme lay, quant il ot mesdire de la loy crestienne, ne doit pas deffendre la loy crestienne; ne mais de l'espée de quoy il doit donner parmi le ventre dedens, tant comme elle y puet entrer. » (NdT)]

Questa storia del cavaliere di Cluny fu raccontata dallo stesso re San Luigi, che voleva che fosse un esempio per tutti i cristiani: a meno che non siate un uomo colto, un "ottimo ecclesiastico", non discutete con l'ebreo, ma trafiggete il suo corpo con la vostra spada.

Così come il grande re lo disse in francese antico: "*Aussi vous di je, fist li Roys, que nulz, se il n'est très bon clerc, ne doit desputer à eulz; mès l'omme lay, quant il ot mesdire de la loy crestienne, ne doit pas deffendre la loy crestienne; ne mais de l'espée de quoy il doit donner parmi le ventre dedens, tant comme elle y puet entrer"*."

Luigi IX, San Luigi, diede ordine di organizzare una controversia pubblica tra Nicolas Donin e quattro rabbini, al fine di smascherare gli ebrei. I quattro difensori del Talmud erano Yehiel di Parigi, Mosè di Coucy, Juda ben David di Melun e Samuel ben Solomon di Château-Thierry. La controversia si svolse il 25 giugno 1240 alla corte del re, alla presenza di diversi vescovi e domenicani e davanti alla regina madre, Bianca di Castiglia, figlia di Alfonso VIII di Castiglia.

Il dibattito ruotava intorno a queste due domande: il Talmud contiene bestemmie contro Dio e affermazioni antimorali? Contiene bestemmie contro Gesù Cristo? Scrive Graetz a questo proposito: "Yehiel confutò le accuse mosse riguardo alle presunte espressioni blasfeme e immorali. Riguardo alla seconda di queste accuse, egli affermò che non c'era dubbio che nel Talmud fossero riportati molti fatti odiosi riguardanti un certo Gesù, figlio di Pantheras; tuttavia, questi non si riferivano a Gesù di Nazareth, ma a uno con un nome simile che era vissuto molto tempo prima di lui. Fece questa affermazione in tutta serietà, quasi come un giuramento, perché la tradizione e la cronologia talmudica lo avevano portato a credere erroneamente che il Gesù il cui nome compariva nel Talmud non fosse identico al fondatore del cristianesimo".

Ovviamente il Talmud fu condannato e il 6 giugno 1242 ventiquattro carri pieni di copie di questo libro nauseabondo furono bruciati in una piazza pubblica di Parigi.

"Il dolore degli ebrei francesi di fronte a questi eventi era straziante. Si sentivano come se il loro cuore fosse stato strappato. Gli uomini più pii tra loro celebrarono l'anniversario del rogo del Talmud con un giorno di digiuno[289]".

Era la prima volta dai tempi dell'imperatore Giustiniano che si legiferava contro il Talmud. Nel 1244, quando papa Innocenzo IV fu informato che gli ebrei erano riusciti a salvare dalle fiamme un gran numero di copie del Talmud, incoraggiò il re di Francia a effettuare ulteriori

---

[289]Heinrich Graetz, *Storia degli ebrei III*, Londra, Myers High Holborn, 1904, p. 595-596, 598.

ricerche e sequestri.

Poiché il Talmud e altri libri clandestini degli ebrei li incitavano a commettere ogni sorta di misfatti, il papa ordinò nella stessa Bolla che tutte queste opere fossero bruciate pubblicamente "per confondere la perfidia degli ebrei". L'importante bolla del 9 maggio 1244, *Impia judaeorum perfidia*, recitava: "L'empia perfidia dei Giudei, dai cui cuori, a causa dell'immensità dei loro crimini, il nostro Redentore non strappò il velo, ma lasciò che rimanessero ancora nella cecità... che, solo per misericordia, la compassione cristiana li accoglie e tollera pazientemente la loro convivenza; essi commettono tali enormità che provocano stupore in chi le ascolta e orrore in chi ne viene a conoscenza[290]".

Gli ebrei, come già detto, erano obbligati a portare un segno distintivo. San Luigi voleva a tutti i costi che gli ebrei fossero facilmente riconoscibili dai cristiani, per cui aveva imposto una pesante multa di dieci sterline agli ebrei che avessero omesso di indossare la fibbia. Questo segno non impedì comunque agli ebrei di continuare a praticare l'usura e a rovinare i cristiani con ogni mezzo.

Inoltre, il re aveva esortato gli ebrei della Linguadoca a dedicarsi a commerci onorevoli e legali, ma essi preferivano chiaramente impegnarsi in prestiti a interesse e in altre attività più lucrative. I mutuatari, incapaci di liberarsi dai debiti, furono costretti a vendere le loro proprietà e divennero prigionieri dei loro spietati creditori.

La maggior parte dei concili francesi che si svolsero in quel periodo maledirono e condannarono l'usura: il Concilio di Château-Gontier nel 1231, i due concili di Lione nel 1245 e 1247, quelli di Albi nel 1254, di Montpellier nel 1258, di Sens nel 1269, di Arles e Poitiers nel 1273, di Avignone nel 1282, ecc.[291].

---

[290] Maurice Pinay, *Complotto contro la Chiesa, capitolo XLI* (1962), trascrizione pdf da Ediciones Mundo Libre, Messico, 1985, p. 371.

[291] "Nel corso della storia, abbiamo visto papi che hanno servito come protettori di questo popolo oppresso, e altri papi che hanno approvato o sostenuto i rigori dei re e l'odio del popolo. Sento di dover fare più luce su questa variabile condotta della Chiesa. Nel 1213 si riunì a Parigi un concilio a cui partecipò Robert de Courzon come legato. Questo concilio ordinò ai cristiani di dichiarare ai sacerdoti tutto ciò che sapevano sulle transazioni usurarie, e agli usurai di rendere conto dei loro prestiti, di restituire i profitti usurari o di scendere a compromessi con i mutuatari, pena la scomunica e la confisca dei beni acquisiti in modo usurario. Gli usurai impenitenti dovevano essere abbandonati dalle loro stesse famiglie e i loro corpi gettati per strada: "Poiché gli usurai e gli estorsori hanno stabilito e radicato troppo solidamente, continua il Concilio, in quasi tutte le città, i paesi e i villaggi del regno di Francia, sinagoghe che sono volgarmente chiamate *comuni*, per il sovvertimento di ogni giurisdizione ecclesiastica, ordiniamo, sotto pena di responsabilità nel Giudizio Universale, che nessuno si sottometta alle pene che le dette sinagoghe hanno decretato contro tutti coloro che denunciano segretamente ai vescovi le esazioni e gli altri crimini degli usurai. Decretiamo, sotto pena di sospensione

I Concili di Béziers del 1246 e di Albi del 1254 vietarono ai cristiani di rivolgersi a un medico ebreo. Il Concilio di Vienna del 1267 ordinò che un ebreo che avesse fornicato con una donna cristiana fosse condannato a una multa di 10 marchi d'argento e che la donna fosse pubblicamente fustigata e bandita dalla città in perpetuo.

Nel 1254, nell'Ordinanza generale per la riforma dei costumi, San Luigi ratificò ciò che era stato precedentemente ordinato da sua madre. Aggiunse l'ordine di bruciare il Talmud, secondo le prescrizioni di Innocenzo IV. Ma l'usura ebraica resistette a tutti gli sforzi del re. Un terzo di tutti i debiti usurari fu abolito, furono previste due rate per il pagamento del resto e fu proibito ai merinos del regno di arrestare i cristiani per debiti con gli ebrei o di costringerli a vendere il loro patrimonio.

"L'ordinanza degli Ebrei, che desideriamo sia rispettata, è la seguente: che gli Ebrei cessino le loro usure, bestemmie, incantesimi e stregonerie, e che il loro Talmud e gli altri libri in cui si trovano bestemmie siano bruciati, e che gli Ebrei che non si attengono a questo siano espulsi e i trasgressori siano legittimamente puniti; e così che tutti gli Ebrei vivano del lavoro delle loro mani e di altri compiti senza usure[292]".

Questa ordinanza fu applicata con estremo rigore. Gli autori raccontano come gli ebrei si lamentassero di aver subito una persecuzione senza precedenti. Nel 1257 o 1258, San Luigi decretò che l'usura riscossa dagli ebrei sarebbe stata restituita a coloro che l'avevano pagata o ai loro eredi.

Ma questi ordini non erano sufficienti e si dovette ricorrere nuovamente a un atto di autorità. Così vediamo, in un atto di Teobaldo I, re di Navarra e conte di Champagne, che re Luigi e suo figlio avevano segretamente pianificato di arrestare tutti gli ebrei nei loro domini lo stesso giorno del 1268[293].

---

e scomunica, che nessun avvocato possa perorare la causa di queste sinagoghe o *comuni* contro le chiese e i vescovi". E più avanti i padri conciliari dissero: "Poiché gli usurai e i persecutori della Chiesa formano ovunque sinagoghe o assemblee di uomini malvagi, armati contro Dio e la Chiesa; che hanno recentemente fondato nuove scuole e nuove scienze, opposte alle vere scienze insegnate nelle scuole, e poiché istruiscono i loro figli solo a tenere il conto dei debiti acquisiti dai loro genitori con l'usura, il concilio ingiunge ai giovani di abbandonare questo tipo di studi, per imparare solo scienze utili, poiché è illecito arricchirsi a spese degli altri"."" In Georges-Bernard Depping, *Les Juifs dans le Moyen-Âge*, (1823), Éd. Wouters, Bruxelles, 1844, p. 277-278. (NdT).

[292] Auguste-Arthur Beugnot, *Les Juifs d'Occident*, 1824, p. 94. Beugnot era uno studioso cattolico, originario della Piccardia, filosemita e membro dell'Académie des Inscriptions et Belles Lettres.

[293] Atto pubblico di Teobaldo, re di Navarra, dell'anno 1268. Tesoro delle Lettere, cartone J, 613. Lettere patenti dell'anno 1268. Brussel, *Uso generale dei feudi*, tomo I, liv. II, cap. XXXIX, in Georges-Bernard Depping, *Les Juifs dans le Moyen-Âge*, (1823), Éd. Wouters, Bruxelles, 1844, p. 127.

L. San Tommaso d'Aquino

Il teologo napoletano Tommaso d'Aquino (1225-1274) lo aveva formalmente stabilito nella sua *Summa Theologica* (II-II. c. 10, art. 8): "Tra gli infedeli ci sono quelli che non hanno mai accettato la fede, come i gentili e gli ebrei. Questi, certamente, non devono assolutamente essere costretti a credere, poiché credere è un atto di volontà. Tuttavia, se i mezzi sono disponibili, devono essere costretti dai fedeli a non porre ostacoli alla fede, né con bestemmie, né con incitamenti disonesti, né con aperte persecuzioni... Gli ebrei non devono essere costretti ad abbracciare la fede se non l'hanno mai accettata.

D'altra parte, San Tommaso era ben consapevole del pericolo rappresentato dagli ebrei per la società cristiana, motivo per cui sosteneva che dovevano imperativamente essere sottomessi all'autorità della Chiesa: "Non c'è altra alternativa se non quella di espellerli dal paese, o di lasciarli vivere, ma soggetti a una dura servitù che leghi le loro mani e impedisca loro di causare tanto danno". Ora, per San Tommaso le parole *servis, servitus*, non avevano il significato esclusivo che hanno oggi. Non si tratta di schiavitù in quanto tale, ma di uno stato di inferiorità che priva gli ebrei di vari diritti di cui godono gli altri cittadini e li sottopone a vari oneri da cui gli altri sono liberi, per evitare che facciano danni alla società[294].

San Tommaso metteva chiaramente in guardia i fedeli cristiani: "Se infatti sono cristiani saldi nella fede, tanto che dalla loro comunicazione con gli infedeli ci si può aspettare la conversione di questi ultimi piuttosto che l'allontanamento dei primi dalla fede, non si deve proibire loro di comunicare con gli infedeli che non hanno mai ricevuto la fede, cioè con i pagani e gli ebrei, soprattutto quando la necessità è urgente. Se invece sono semplici e deboli nella fede, di cui si può temere una probabile perversione, si deve proibire loro di avere rapporti con gli infedeli; soprattutto si deve proibire loro una familiarità eccessiva e una comunicazione non necessaria". (*Summa Theologica*, II-II a, c. 10, art. 9).

Un altro suo scritto, intitolato *De regimine Iudaeorum*, non è presentato come un trattato sull'argomento, come ci si potrebbe aspettare, ma sotto forma di una breve risposta alla duchessa di Brabante, Alix di Borgogna, che nel 1261 aveva consultato San Tommaso su vari argomenti per aiutarla nel suo governo dopo la morte del marito. Per riaffermare la sua fede e la sua coscienza, Alix aveva consultato il grande dottore della Chiesa.

San Tommaso rispose: "Vostra Eccellenza", scrisse il domenicano alla duchessa Alix, "chiedeva innanzitutto se fosse lecito, e in quale occasione, imporre tasse, contributi e confische agli ebrei. A questa domanda,

---

[294]Charles Auzias-Turenne, *Revue Catholique des Institutions et du Droit*, ottobre 1893.

formulata in modo assoluto, egli rispondeva che gli ebrei, come è detto nella legge, sono in virtù della loro colpa condannati alla servitù perpetua, e che quindi i padroni della terra possono usare i beni di questi uomini come se fossero loro. Tuttavia, devono farlo con parsimonia, in modo che in nessun caso venga loro sottratto il necessario per la sussistenza..." (*Necessarium vitae subsidia eis nullatenus substraantur*). Raccomandava una certa clemenza e di non praticare rappresaglie abusive e specificava che la parola "necessario" doveva essere intesa in senso ampio.

Più avanti, San Tommaso afferma che i principi dovrebbero costringere gli ebrei a guadagnarsi da vivere con un lavoro onesto, piuttosto che lasciarli arricchire con l'usura: "Il vostro smarrimento a questo proposito mi sembra, per quanto posso immaginare, accresciuto dalle conseguenze della vostra prima domanda. Mi dite che gli ebrei nei vostri Stati possiedono solo ciò che hanno acquisito con la loro detestabile usura; ignorate quindi se sia lecito esigere qualcosa da loro, dal momento che dovrebbero restituire ciò che hanno estorto in questo modo. Su questo punto la mia risposta è la seguente: è evidente che gli ebrei non possono trattenere legittimamente i proventi della loro usura; quindi, se li prendete da loro, non potete legittimamente trattenerli, a meno che non provengano da estorsioni di cui voi o i vostri predecessori siete stati vittime. Se, al contrario, proviene dall'estorsione di altri, e voi ve ne siete impadroniti, dovete restituirlo a coloro ai quali gli stessi ebrei avrebbero dovuto restituirlo: così, se ci sono persone alle quali gli ebrei hanno estorto somme usurarie, queste devono essere restituite agli interessati; se non ce ne sono, devono essere destinate a opere pie su consiglio del vescovo diocesano e di uomini di riconosciuta probità, o a oggetti di pubblica utilità, purché la necessità sia impellente e il bene generale lo richieda. E sarebbe perfino permesso esigere questa restituzione una seconda volta dagli ebrei, in conformità con le consuetudini osservate dai vostri predecessori e con l'intenzione di fare l'uso indicato sopra[295]."

Concludeva raccomandando alla duchessa di applicare nei suoi domini la disposizione dei concili relativa all'inginocchiatoio giallo: "In ogni regno cristiano e in ogni tempo, gli ebrei di entrambi i sessi devono essere distinti dai cittadini con un segno esterno". Si trattava di un saggio consiglio che permetteva di identificare a colpo d'occhio la volpe che entrava nel pollaio.

---

[295] Georges-Bernard Depping, *Les Juifs dans le Moyen-Âge*, (1823), Éd. Wouters, Bruxelles, 1844, p. 140, 141.

LI. Pablo Christiani e la controversia di Barcellona

Il re Alfonso X il Saggio di Castiglia, che regnò dal 1252 al 1284, emanò diversi editti contro gli ebrei basati sulla legislazione visigota: "Per amore della Chiesa, o anche a causa della sua intolleranza, impose molte restrizioni agli ebrei con varie leggi, e li ridusse in una condizione degradata". Non è certo se la raccolta di leggi gotiche occidentali (chiamata *Forum Judicum*, Fuero juzgo) sia stata tradotta in castigliano da Alfonso o da suo padre. Da questa raccolta gli spagnoli trassero un indelebile spirito di odio contro gli ebrei. Che Alfonso ne sia responsabile o meno, è certo che intendeva ridurre gli ebrei in uno stato miserabile per mezzo di una serie di ordinanze promulgate da lui stesso[296] ", scrive Heinrich Graetz. Il codice visigoto era stato probabilmente tradotto in castigliano per ordine di Alfonso tra il 1257 e il 1266. Ad esso fu aggiunto un capitolo in cui si affermava che "nessun ebreo può ricoprire una carica pubblica o ricevere una dignità in Spagna".

Alfonso X integrò nel suo codice tutte le leggi di eccezione che i Bizantini e i Visigoti avevano emanato contro gli ebrei, aggiungendo altre restrizioni. Ordinò agli ebrei e alle ebree di portare un segno distintivo nell'acconciatura, pena l'ammenda o la fustigazione per i trasgressori. Ebrei e cristiani non potevano mangiare insieme, né fare il bagno.

Alfonso X il Saggio attestò anche che gli ebrei crocifiggevano ogni anno un bambino cristiano e ribadì il divieto di uscire il Venerdì Santo. D'altra parte, non permise ai cristiani di attaccare o profanare le sinagoghe, di imporre agli ebrei il battesimo forzato o di farli comparire in tribunale durante le loro feste. Alfonso X non mise in atto tutte queste leggi, ma in seguito furono applicate e contribuirono a contenere l'aggressività degli ebrei in Spagna.

Secondo un censimento dell'epoca, gli ebrei in Castiglia erano circa 850.000 e costituivano più di ottanta comunità nel Paese, la più importante delle quali era quella di Toledo[297].

L'Aragona formò un regno indipendente, con Maiorca e la Sicilia. Gli ebrei erano meno liberi che in Castiglia. Il re d'Aragona, Giacomo I, che

---

[296] Heinrich Graetz, *Storia degli ebrei III*, Londra, Myers High Holborn, 1904, p. 614.
[297] "Gli ebrei del regno di Castiglia, la cui popolazione ammontava a quasi 850.000 anime, contribuirono con 2.780.000 maravedis in tasse.... In questi territori c'erano più di ottanta comunità ebraiche, la più famosa delle quali era la capitale Toledo che, insieme alle città minori adiacenti, contava 72.000 ebrei. Vi erano comunità molto numerose anche a Burgos, con quasi 29.000 anime, a Carrión, con 24.000, e lo stesso a Cuenca, Valladolid e Ávila. Più di 3.000 ebrei vivevano a Madrid, che a quel tempo non aveva ancora raggiunto un certo grado di importanza". Heinrich Graetz, *History of the Jews III*, London, Myers High Holborn, 1904, p. 638.

possedeva proprietà nel sud della Francia ed era in frequente contatto con San Luigi (suo nipote) e i suoi consiglieri, inasprì la legislazione ebraica.

Il suo confessore, Raimondo di Peñafort, maestro generale dell'ordine domenicano, aveva probabilmente svolto un ruolo importante in queste decisioni. Nella speranza di convertire gli ebrei, Peñafort aveva organizzato scuole in cui i monaci predicatori studiavano l'arabo e l'ebraico per prepararsi a combattere con maggior successo i dotti ebrei. Creò così una tradizione di apologeti che non si limitavano più a rintracciare e compilare i passi dell'Antico Testamento che prefiguravano la Santa Trinità o profetizzavano la venuta del Messia, ma cercavano di confutare i libri rabbinici e le affermazioni talmudiche.

Un domenicano di nome Paul Christiani - un ex ebreo originario di Montpellier - sfidò e provocò gli ebrei in controversie pubbliche nel sud della Francia e in altre regioni per dimostrare che i loro stessi libri sacri avevano già annunciato la divinità di Gesù.

Il suo superiore, Raimondo di Peñafort, decise di organizzare una controversia a corte tra Paolo e uno dei più famosi rabbini dell'epoca, Nachmanide, maestro della scuola cabalistica di Gerona. Nel 1263, il re Giacomo, piegandosi ai desideri dei domenicani, invitò Nachmanide (noto anche come Bonastruc ça Porta in catalano) e diversi rabbini a partecipare a un colloquio pubblico a Barcellona.

Per quattro giorni, a partire dal 20 luglio, Nachmanide e Paulus Christiani si confrontarono sulla divinità di Gesù. La famosa "disputa" (*disputatio*) ebbe luogo nel palazzo del sovrano, alla presenza di tutta la corte, degli alti dignitari della Chiesa, della nobiltà e del popolo riunito[298].

Il sostenitore del giudaismo fu infine bandito e Paolo Christiani fu inviato a predicare agli ebrei nelle principali città del regno, con il potere speciale di radunare gli ebrei ovunque ritenesse necessario e con il diritto

---

[298]Diago, *Stor. Provin. Aragoniae*, lib. I, cap. XV"[Il dibattito verteva sulle seguenti questioni:
1. se il Messia fosse apparso o meno; 2. se, secondo le Scritture, il Messia fosse un essere divino o umano ; 3. se il Messia fosse destinato a soffrire e a morire; 4. se con l'avvento del Messia la legge e i riti ebraici avessero perso la loro forza e, di conseguenza, se gli ebrei o i cristiani avessero la vera fede.
4. se con l'avvento del Messia la legge e i riti ebraici avessero perso la loro forza e, di conseguenza, se la vera fede fosse quella degli ebrei o dei cristiani.
Di fronte all'accusa di nascondere l'arrivo del Messia, il rabbino rispose che per l'ebraismo tale arrivo non era avvenuto perché i parametri indicati nelle profezie per l'arrivo del Messia non si erano realizzati: la pace universale non era stata raggiunta, gli ebrei non erano stati chiamati nella Terra Promessa e il Tempio di Salomone non era stato ricostruito". (su https://www.jewishvirtuallibrary.org/disputation-of-barcelona).
Si legga Hervé Ryssen, *Speranze planetarie* e *psicoanalisi dell'ebraismo*].

di sequestrare tutti i loro libri. Assistito da diversi chierici, padre Christiani portò a termine la sua missione con grande zelo.

Questi libri furono utilizzati dal domenicano Raymond Martin per comporre i trattati *Capistrum Judeorum* (*Bavaglio sugli ebrei*) e soprattutto il *Pugio fidei* (*Pugnale della fede*). Quest'ultima opera, pubblicata nel 1278, fu quella di maggior successo. Fu ampiamente consultata, studiata e plagiata. L'autore era un uomo esperto di ebraico, arabo, caldeo e siriaco (una lingua derivata dall'aramaico) e di grande erudizione. Martino aveva una padronanza dell'ebraico migliore di quella di San Geronimo e conosceva bene la letteratura biblica e rabbinica. Aveva studiato la Haggadah talmudica, gli scritti di Rachi, Ibn Ezra, Maimonide e Kimhi. Combatteva gli ebrei con le loro stesse armi, cioè la legge mosaica e il Talmud. Il suo enorme infolio è disseminato di citazioni ebraiche e di diffusi cavilli che dimostrano che l'autore era stato allievo della scuola rabbinica prima di diventare un violento antagonista dei rabbini. Egli rimproverava ai rabbini di insegnare, tra le altre dottrine, che era lecito per gli ebrei uccidere i goyim. In effetti, il trattato *Avodah Zarah (26b)* raccomanda di abbandonare i goyim nei pozzi quando vi cadono, così come di gettarvi *i minims* (ebrei eretici), i traditori e gli apostati[299].

"Un altro convertito, Geronimo di Santa Fe, fece lo stesso rimprovero agli ebrei e citò per questo un passo di Rabbi Simeone, figlio di Rabbi Joanhia, che afferma che il migliore dei cristiani deve essere ucciso, così come la testa del migliore dei serpenti deve essere schiacciata[300]".

Se in quel periodo la situazione degli ebrei era ancora "abbastanza buona" in Castiglia, racconta Graetz, era "molto soddisfacente" nel giovane regno del Portogallo, sotto il regno dei re Alfonso III (1248-1279) e Dionisio (1279-1325). "Non solo erano esenti dai decreti canonici che imponevano loro di portare un segno distintivo e di pagare le decime alla Chiesa, ma anche persone di spicco tra loro venivano elette a cariche molto importanti. Il re Dionigi aveva un ministro delle finanze ebreo di nome Giuda. Il rabbino capo del Portogallo, Rabbi Mor, era così ricco da poter anticipare grandi somme di denaro per l'acquisto di una città. Ebrei e maomettani furono incaricati di ottenere un risarcimento dal clero ribelle che, costantemente istigato dal Papato, cercava di modificare le leggi nazionali in accordo con le decisioni canoniche; questo tentativo accese

---

[299] Raymundi Martini, *Pugio fidei adversus Mauros et Judæos*, cunt observationibus Jos. De Voisin, et introductione J.B. Carpzovii. Lipsiæ, 1687. Si veda in quest'opera Wolf, *Bibliotheca hebræ*, volume I. Basnage, *Histoire des juifs*, tomo IX, part. 3. Chiarini, *Théorie du Judaism*, tomo I, pagina 96.

[300] Alfonso de Spina, *Fortalilium fidei*, lib. III, cap. 16. *Crudelitas Judoeorum*, in Georges-Bernard Depping, *Les Juifs dans le Moyen-Âge*, (1823), Ed. Wouters, Bruxelles, 1844, p. 233.

una feroce lotta tra la monarchia e la Chiesa.... Dionigi alla fine si arrese e introdusse le leggi canoniche nel suo Paese, anche se non le mise effettivamente in pratica[301] ".

LII. In Europa centrale

Alla fine del XIII secolo, gli ebrei in Polonia godevano di libertà sufficienti per esercitare il loro dominio sui cristiani. La Carta di Boleslao, firmata a Kalisz nel 1264 (confermata nel 1343 a Cracovia dal re Casimiro), aveva concesso loro la piena libertà di agire come volevano. Gli ebrei erano ricchi, potenti, padroni e signori di quasi tutti i commerci.

Disposizioni simili esistevano in alcune regioni limitrofe. In Slesia, il duca di Breslau, Enrico IV, che era stato totalmente corrotto da finanzieri ebrei, aveva garantito la protezione del suo governo anche agli ebrei, alle loro proprietà, alla loro religione e alle loro scuole, nonché a tutti i loro affari, traffici e speculazioni. Era persino vietato muovere contro di loro la comune accusa di infanticidio, a meno che l'accusa non fosse sostenuta dalla testimonianza di tre cristiani e altrettanti ebrei. Se l'accusatore non riusciva a provarlo, doveva affrontare la punizione che sarebbe toccata all'ebreo colpevole.

In Moravia gli ebrei erano protetti da leggi speciali, come in Slesia e in Polonia. Otakar II, re di Boemia, le aveva promulgate nel 1254. Gli ebrei si arricchirono e, come ovunque, il denaro dei cittadini passò gradualmente nelle loro mani. Ma quando la mitra dell'abate di Trebish fu data in pegno a un'istituzione ebraica, i cittadini, il popolo e il clero di quella città, esasperati, reagirono espellendo gli ebrei[302].

Nel 1267, dopo il Concilio di Vienna, Otakar prese finalmente delle misure di protezione, ripristinando tutte le vecchie restrizioni agli Stati della Bassa Austria. Erano obbligati a indossare un costume speciale, con un copricapo alto e largo e probabilmente un cappello a punta. Fu vietato loro di costruire nuove sinagoghe o di ingrandire e abbellire quelle vecchie, di assumere lavoratori o servitori cristiani, di ricoprire cariche pubbliche, di praticare la medicina e di vendere cibo o bevande. Cristiani ed ebrei non potevano pranzare insieme, incontrarsi nei mercati, ai bagni o ai matrimoni. I sacerdoti decidevano in caso di denunce per usura eccessiva ed erano incaricati di riscuotere una tassa che gli ebrei dovevano pagare ai cristiani come risarcimento nei luoghi in cui si erano stabiliti. Infine, se uno di loro

---

[301] Heinrich Graetz, *Storia degli ebrei III*, Londra, Myers High Holborn, 1904, p. 638-639.
[302] Georges-Bernard Depping, *Les Juifs dans le Moyen-Âge*, (1823), Éd. Wouters, Bruxelles, 1844, p. 153, 154.

avesse avuto rapporti carnali con un cristiano, sarebbe stato punito con il carcere e una multa di almeno dieci marchi, mentre il cristiano sarebbe stato fustigato ed espulso dalla città[303].

Gli ebrei ricoprivano numerosi incarichi pubblici in Ungheria. Possedevano miniere di sale, riscuotevano le tasse e spesso erano proprietari terrieri. Il re ungherese Bela IV (1235-1270) li mantenne nei loro posti di lavoro e introdusse persino nel suo Paese la regola di Federico II, che proteggeva gli ebrei dal popolo e concedeva loro una giurisdizione speciale.

Dopo l'intervento del papato, la situazione cambiò bruscamente. Legioni di domenicani e francescani invasero le regioni dei Carpazi, in parte per predicare una crociata contro i mongoli, in parte anche per riportare l'autorità del papa agli scismatici della Chiesa greca.

Sotto la sua spinta, i prelati dell'Ungheria e della Polonia meridionale si riunirono nel sinodo di Ofen (Budapest, ex Ofen-Pesth) nel settembre 1279, presieduto dal legato del Papa, e promulgarono leggi restrittive contro gli ebrei di Ungheria, Polonia, Dalmazia, Croazia, Slovenia e Galizia.

Era vietato affittare qualsiasi cosa agli ebrei o assegnare loro funzioni pubbliche. Il Sinodo di Ofen obbligò inoltre gli ebrei ungheresi a portare sul petto un'insegna di stoffa rossa a forma di fibbia. Ma queste misure non furono applicate molto seriamente. Passarono quasi cinquant'anni prima che l'ultimo re della casa Arpad, Ladislao IV, desse forza di legge a queste regole sinodali.

LIII. Cappelli a punta e crimini rituali

In Germania, dopo la morte dell'imperatore Federico II nel 1250, scoppiò una lotta tra i guelfi, sostenitori del papa, e i ghibellini, sostenitori dell'imperatore. Durante il vuoto di potere, fino all'elezione dell'imperatore Rodolfo d'Asburgo nel 1273, gli ebrei non beneficiarono più della sicurezza garantita dall'autorità del principe. La gente comune si vendicò di tutte le umiliazioni subite e migliaia di ebrei furono sgozzati.

Ogni anno si verificavano nuovi massacri a Wisssembourg, Arnstadt, Coblenza, Sinzig, Erfurth e in molte altre città della Germania. Gli antisemiti si chiamavano allora con orgoglio *Judenbreter, gli uccisori di*

---

[303]Charles Auzias-Turenne, *Revue Catholique des Institutions et du Droit,* ottobre 1893. Anche gli ebrei, da parte loro, applicavano regole molto severe: "Ai bestemmiatori veniva tagliata la lingua. Le donne ebree che avevano rapporti con i cristiani erano condannate a essere sfigurate: veniva loro tagliato il naso", Bernard Lazare, *L'antisemitismo, la sua storia e le sue cause, (1894).* Edizioni La Bastille, edizione digitale, 2011, p. 51.

ebrei.

Il Concilio di Vienna del 1267, presieduto da un legato papale, decise che, al posto della fibbia, gli ebrei avrebbero indossato un cappello a punta o un'acconciatura a forma di corno, il *Judenhut*. Il concilio richiamò tutte le misure precedenti e ordinò ai cristiani di conformarsi rigorosamente ad esse. Aggiunse anche il divieto di partecipare ai giochi ebraici e di acquistare carne dagli ebrei.

I crimini rituali scatenavano regolarmente rivolte popolari. Un giorno del 1234, il corpo di un cristiano fu scoperto nel paese di Bade, tra Lauda e Bischofsheim. Otto membri della comunità ebraica furono processati e giustiziati il 2 e 3 gennaio 1235.

Nel 1283, verso Pasqua, il corpo di un bambino cristiano fu ritrovato sulle rive del Reno vicino a Magonza. L'arcivescovo della città, Werner, cancelliere dell'Impero, cercò invano di calmare la folla proponendo di aprire un procedimento e di portare l'accusato davanti a un tribunale ordinario. Ma i cristiani, fuori di sé, si avventarono sugli ebrei il secondo giorno di Pasqua, ne uccisero una dozzina e saccheggiarono diverse case. L'intervento dell'arcivescovo ristabilì l'ordine. Lo stesso giorno, nella vicina città di Bacharach, ventisei ebrei furono sgozzati.

Due anni dopo, nel 1285, il corpo di un altro bambino cristiano fu trovato a Monaco. Il popolo vendicò ancora una volta il crimine. Gli ebrei che riuscirono a fuggire cercarono di sottrarsi alla furia della folla rifugiandosi nella sinagoga. Gli assalitori vi accatastarono intorno legna e materiali infiammabili e le diedero fuoco. Centottantotto ebrei morirono nell'incendio.

La vendetta dei Goyim si scatenò anche nel 1286 a Boppard e a Oberwesel, vicino a Bacharach, dove quaranta ebrei furono giustiziati dopo il ritrovamento del corpo di un uomo che la popolazione locale chiamava *il buon Werner*.

Gli ebrei proposero a Rodolfo d'Asburgo di pagargli 20.000 marchi d'argento se avesse accettato di punire i rivoltosi di Oberwesel e Boppard e di proteggere gli ebrei dalla violenza del popolo. Rodolfo, che era piuttosto tollerante e favorevole agli ebrei, accettò le condizioni, ma la sua protezione non bastò a fermare la rabbia popolare e gli ebrei di diverse comunità in Germania decisero di emigrare nella primavera del 1286. A Magonza, Worms, Spire, Oppenheim e in altre città, numerose famiglie ebree abbandonarono tutti i loro beni e possedimenti per emigrare in Palestina. Infatti, circolava la voce che il Messia era finalmente apparso in quel Paese e che avrebbe liberato il "popolo di Israele". Tuttavia, "questi sfortunati avevano probabilmente appreso che i loro fratelli vivevano felici in Siria, sotto il dominio di un sovrano mongolo, che mostrava una considerazione ancora maggiore per gli ebrei che per i musulmani e affidava loro alte funzioni[304] ", scrive Graetz.

La collusione tra ebrei e mongoli era allora di dominio pubblico, poiché anche in Inghilterra, nel XVII secolo, William Pryne, un autore prolifico, raccontava ancora come in Germania, nel 1241, gli ebrei fossero stati scoperti a cospirare con il nemico per rifornire di armi l'invasore tartaro e distruggere i cristiani[305].

In Francia, durante la Pasqua del 1288, fu trovato il cadavere di un cristiano nella casa di uno dei personaggi importanti della comunità ebraica di Troyes, di nome Isaac Châtelain. L'indagine fu condotta dai frati francescani e domenicani e, il 24 aprile, tredici ebrei, per lo più membri della famiglia Châtelain, furono bruciati sul rogo.

LIV. Nicola IV, Turbato corde, 1288

Di fronte a questa dura repressione, alcuni ebrei si erano falsamente convertiti al cristianesimo per continuare dall'interno la loro lenta opera di distruzione del cristianesimo. Uno dei papi che lottò più energicamente contro il cripto-giudaismo fu Niccolò IV. Nella sua bolla del 5 settembre 1288, *Turbato corde*, incaricò gli inquisitori, i chierici e le autorità secolari di perseguire con fermezza i marrani e coloro che li avevano protetti e ospitati: *"Sentiamo e riferiamo che non solo alcuni convertiti dall'errore della cecità giudaica, alla luce della fede cristiana, sono tornati alla loro precedente perfidia, ma anche moltissimi cristiani, rinunciando alla fede cattolica, l'hanno scambiata con il rito giudaico, che è degno di condanna.Contro tutti coloro che hanno commesso questo, come contro gli eretici, e anche contro i loro sostenitori, favoreggiatori e difensori, dovete procedere con zelo. Quanto a quegli ebrei che hanno indotto o hanno indotto cristiani di entrambi i sessi al loro esecrabile rito, puniteli con la meritata pena*[306] ", ha detto espressamente il Santo Padre.

Questa bolla fu una delle basi più solide della lotta della Chiesa contro la quinta colonna ebraica infiltrata nel cristianesimo e contro gli induttori di eresia o i loro protettori. Infatti, bastava difendere o coprire un cripto-giudeo o un eretico per cadere sotto la giurisdizione dell'Inquisizione pontificia[307].

---

[304]Heinrich Graetz, *Geschitchte der Juden; Histoire des juifs III*, Éd. Durlacher, Parigi, 1888, p. 221.
[305]Daniel Tollet, *Les Textes judéophobes et judéophiles dans l'Europe chrétienne à l'époque moderne*, Presses universitaires de France, 2000, pag. 156.
[306]Maurice Pinay, *Complotto contro la Chiesa, capitolo XLI* (1962), trascrizione pdf da Ediciones Mundo Libre, Messico, 1985, p. 372.
[307] "Ecco perché, fin dai movimenti eretici cripto-giudaici del primo millennio, e soprattutto quelli del Medioevo, si tendeva a trasformare la mentalità dei cristiani e dei

Finché i papi sostennero fermamente le disposizioni di questa bolla e i canoni dei Concili Lateranensi, fu molto difficile per gli ebrei penetrare nella cittadella cristiana. Ciò non avvenne fino a quando Martino V (1417-1431) e Leone X (1513-1521) non disattesero quanto ordinato dai loro predecessori. Solo allora la Sinagoga poté iniziare a demolire pazientemente il cristianesimo.

LV. Edoardo I e l'espulsione dall'Inghilterra, 1290

In Inghilterra, il re Enrico III Plantageneto (1227-1272), figlio di Giovanni il Senza Terra e di Isabella d'Angoulême, favorì l'immigrazione degli ebrei e li protesse dall'ira del popolo.

Nel 1255 si scatenò un'indignazione generale in tutto il regno: a Lincoln fu ritrovato in una fossa poco profonda un bambino di dieci anni scomparso alcuni giorni prima. Secondo il cronista dell'epoca, Matthew Paris, numerosi ebrei furono massacrati dalla folla e, il 25 agosto 1255, l'ebreo ritenuto colpevole dalla corte di giustizia fu torturato e impiccato[308]. I suoi vicini ebrei erano stati arrestati con la stessa accusa e portati a Londra. Diciotto di loro furono impiccati e gli altri assolti. Il bambino che avevano ucciso era conosciuto come Sant'Ugo di Lincoln.[309]

Nel 1263 e 1264 ci fu una rivolta dei baroni contro il potere reale, guidata da Simone V di Montfort, conte di Leicester. Gli ebrei furono accusati di essere strumenti dell'oppressione reale e le comunità di Londra, Cambridge, Canterbury e Lincoln furono teatro di gravi rivolte. A Worcester, Simon de Montfort espulse gli ebrei dalle loro terre dopo aver abolito i debiti. A Londra, nel 1264, più di 500 ebrei furono massacrati, le loro case saccheggiate e le sinagoghe distrutte.

Gli ebrei erano stati espulsi da diverse città durante il regno di Enrico III: i cittadini di Newcastle nel 1234 e quelli di Derby nel 1260-1261 avevano addirittura acquistato il diritto di vietare agli ebrei di risiedere tra loro[310].

---

dirigenti della Chiesa e dello Stato, cercando di cambiare il loro antigiudaismo in un filo-giudaismo, un piano che ha dato origine a questi costanti movimenti filo-giudaici organizzati dalla quinta colonna ebraica introdotta nella società cristiana e nel clero della Chiesa". Maurice Pinay, *Complotto contro la Chiesa*, capitolo XXVIII, p. 294.

[308]Mathieu Paris, *Histor. Angl.*, ad ann. 1255. Alph. De Spina, *Fortalitium Fidei*, cap. *Tertia expulsio Judæorum*.

[309]Si veda la ballata anglo-normanna sull'assassinio del bambino Lincoln pubblicata con note da Franc. Michel, nel volume X delle *Mémoires de la Société royale des antiquaires de France*, in Georges-Bernard Depping, *Les Juifs dans le Moyen-Âge*, (1823), Éd. Wouters, Bruxelles, 1844, p. 134.

[310]Cecil Roth, *A History of the Jews in England*, Oxford, 1964, p. 82.

Nei primi anni del regno di Edoardo (1272-1307), figlio di Enrico III e di Eleonora di Provenza, il re vietò loro di costruire sinagoghe e di possedere feudi e terre. Lo *Statutum de Judaism* del 1275 proibì loro di prendere in prestito denaro a interesse, ma alcuni cercarono di aggirare questo divieto. Pessima idea: 293 furono impiccati per aver violato il decreto reale.

Ben presto si scoprì che in Inghilterra circolava moneta falsa e che i denari d'argento del Paese venivano spesso coniati. La reazione di re Edoardo I fu esemplare. Venerdì 17 novembre 1278, tutti gli ebrei del Paese, uomini, donne e bambini, furono imprigionati e fu avviata un'inchiesta. Circa trecento ebrei furono riconosciuti colpevoli di aver alterato il conio. La maggior parte fu impiccata, altri furono condannati all'ergastolo e gli altri furono espulsi dal Paese e privati dei loro beni.

Le ignominie commesse dagli ebrei si moltiplicarono. Dopo l'omicidio di un ragazzo cristiano a Northampton, i colpevoli furono arrestati a Londra. Il 2 aprile 1279 furono fatti a pezzi e i loro corpi appesi a una gogna.

Una delle menti più brillanti dell'epoca, il teologo John Duns Scot (1266-1308), allora professore a Oxford, si distinse per aver preso posizione sul modo migliore per annientare il giudaismo. Duns Scot rappresentò l'orgoglio dell'ordine francescano e influenzò profondamente Guglielmo di Ockham. Il "dottore sottile" (*doctor subtilis*) si spinse oltre San Tommaso, poiché propose una soluzione radicale al problema ebraico che consisteva nella completa distruzione della setta.

Alla domanda: "I bambini ebrei devono essere battezzati contro la volontà dei genitori?", i canonici e i teologi del XIII secolo, con San Tommaso in testa, risposero negativamente. Duns Scot, al contrario, riteneva che fosse dovere del re sottrarre i bambini ebrei ai loro genitori e battezzarli[311].

Contro l'argomento della necessaria conservazione del popolo ebraico, in attesa della sua conversione alla fine dei tempi, il francescano riteneva che a questo scopo "è sufficiente tenerne un piccolo numero separato su un'isola".

Nel novembre 1286, il nuovo papa Onorio IV, in una lettera al suo legato e all'arcivescovo di York, chiese un'azione urgente. Il 16 aprile 1287, il clero inglese si riunì in sinodo a Exeter e decise di aggiornare e mettere in atto tutte le misure decretate dai concili contro gli ebrei. Due settimane dopo, il re Edoardo decretò che tutti gli ebrei in Inghilterra sarebbero stati nuovamente imprigionati, ma questa volta gli ebrei furono rapidamente rilasciati in cambio del pagamento di un'ingente somma di denaro, circa

---

[311] I lettori dei nostri libri precedenti sanno che questa misura salutare spezzerebbe la catena delle generazioni incestuose e porrebbe fine alla trasmissione dei traumi nella comunità ebraica.

dodicimila sterline.

Il 1290 avrebbe dovuto essere un anno felice per gli ebrei. Abraham Abulafia, un illuminato cabalista spagnolo, autoproclamatosi profeta di Israele, un decennio prima aveva concepito lo strano piano di convertire il papa all'ebraismo: "Nel 1280 intraprese un viaggio a Roma per presentarsi al papa e discutere con lui "a nome degli ebrei" e convertirlo alla sua dottrina messianica e realizzare l'opera del Messia che avrebbe dovuto unificare i tre rami abramitici per adempiere alle profezie della fine dei tempi. In questo sforzo fu senza dubbio influenzato dagli scritti di Nachmanide di Gerona: "Quando verrà il tempo della fine, il Messia, per ordine di Dio, andrà dal Papa e gli chiederà la liberazione del suo popolo; solo allora si riterrà che il Messia sia veramente venuto, ma non prima". Venuto a conoscenza del piano di Abulafia, papa Nicola III diede ordine di arrestare Abulafia e di giustiziarlo. Ma l'improvvisa scomparsa del papa gli salvò la vita[312] ". Abulafia si recò quindi in Sicilia, dove si dichiarò direttamente il Messia in persona: Dio gli aveva rivelato i suoi segreti e annunciava l'inizio della liberazione messianica. Questo periodo benedetto sarebbe iniziato, secondo lui, nel 1290.

Ma il 1290 non fu un anno positivo. In quell'anno, a Praga, un'insurrezione contro gli ebrei si diffuse rapidamente in tutta la Boemia, la Moravia e la Germania, e si verificarono numerosi massacri senza che le autorità riuscissero a fermarli. Si parla di 10.000 morti. In ogni caso, si trattò di una delle reazioni più sanguinose subite dagli ebrei dal loro ingresso in Europa.

In Inghilterra, infine, con il decreto del 18 luglio 1290, Edoardo I espulse tutti gli ebrei dal regno, di propria autorità e senza aver consultato il Parlamento. La data, secondo Heinrich Graetz, coincideva quell'anno con il 9 del mese di *Av* (di nuovo), data in cui gli ebrei commemorano la distruzione del Tempio di Gerusalemme. Gli ebrei potevano convertire le loro proprietà in denaro fino a novembre, dopodiché quelli che si trovavano ancora nel territorio dovevano essere impiccati. Dovevano inoltre restituire ai proprietari tutti i pegni che i debitori cristiani avevano depositato.

Re Edoardo proibì ai suoi funzionari di maltrattarli alla partenza e di estorcere loro denaro nei porti di imbarco. Finalmente, il 9 ottobre, sedicimilacinquecentoundici ebrei lasciarono l'Inghilterra. I beni che non erano riusciti a vendere furono confiscati e consegnati al Tesoro Reale.

Graetz raccontava come, nonostante un ordine reale, il capitano di una nave avesse giocato un tiro mancino a un gruppo di ebrei: "Il capitano di una nave, incaricato di trasportare diverse famiglie attraverso il Tamigi fino al mare, fece sbattere la nave contro un banco di sabbia e li fece sbarcare

---

[312] https://www.kabbale.eu/abraham-aboulafia/

fino all'arrivo della marea. Quando la marea cominciò a risalire, sbarcò di nuovo sulla sua nave con i suoi marinai, salpò e gridò sprezzantemente agli ebrei disperati: "Gridino a Mosè, che condusse i loro antenati in salvo attraverso il Mar Rosso, di portarli sulla terraferma". Questa povera gente perì tra le onde[313]".

Gli ebrei della Guiana, allora ducato inglese nel sud-ovest della Francia, furono inclusi nella proscrizione generale. Emigrarono nelle terre del re francese, dove Filippo il Bello inizialmente permise loro di stabilirsi. Ma ben presto, nel 1291, il re Filippo cambiò idea e, con l'accordo del Parlamento, decretò che gli ebrei esiliati d'Inghilterra e della Guiana avrebbero dovuto lasciare la Francia a metà Quaresima (*Mi-carême*[314].).

LVI. In Persia, marzo 1291

La Persia era caduta sotto il giogo dei Mongoli, guidati da Arghun Khan. Il loro medico, un ebreo di nome Sa'ad al-Dawla, aveva attirato l'attenzione del suo sovrano sulle malversazioni di alcuni funzionari, guadagnandosi così la fiducia del principe. All'inizio del 1288, Sa'ad al-Dawla fu inviato a Baghdad per controllare i conti della città e, al suo ritorno in estate, fu elevato al rango di ministro delle Finanze. Poiché il khan non aveva una grande considerazione dei musulmani, Sa'ad al-Dawla assegnò le cariche più importanti a cristiani ed ebrei. Così, "era naturale che Sa'ad al-Dawla favorisse ora soprattutto i suoi parenti, che lo avevano aiutato con grande zelo nel suo difficile incarico. Grazie alla fedeltà con cui Sa'ad-al-Dawla servì il suo signore, guadagnò così tanta fiducia che quasi tutti gli affari di Stato passarono per le sue mani, ed ebbe persino il potere di prendere decisioni senza riferire tutti i dettagli al grande Khan. Probabilmente grazie al suo aiuto e ai suoi consigli, Arghun stabilì relazioni diplomatiche con l'Europa e persino con il Papa. Con l'aiuto degli europei, i maomettani poterono essere espulsi dal Medio Oriente e, in particolare, dalla Palestina. Il Papa, tuttavia, si illudeva che Arghun sarebbe diventato un membro della Chiesa cattolica", ha raccontato Graetz.

I musulmani, che erano stati banditi da tutte le cariche pubbliche importanti, nutrivano un odio invincibile per il ministro ebreo. Una setta di criminali, gli *assassini*, fondata appositamente per uccidere i nemici dell'Islam, decise di uccidere tutta la sua famiglia, ma il complotto fallì.

---

[313]Heinrich Graetz, *Storia degli ebrei III*, Londra, Myers High Holborn, 1904, p. 668.
[314]La *Mi-Carême* (mezza Quaresima) era una festa di carnevale tradizionale di origine francese. Veniva celebrata nel giorno che cade a metà della Quaresima, che, secondo la tradizione cristiana, è il ventesimo giorno dei quaranta giorni di digiuno che precedono la Pasqua.

Sa'ad-al-Dawla si era guadagnato molto odio a causa della sua arroganza, anche tra i mongoli. Così, quando Arghun si ammalò nel novembre 1290, tutti i malcontenti si unirono contro il ministro. Nel marzo 1291, quando tutti videro che il khan era definitivamente condannato dalla malattia, si affrettarono ad assassinare il ministro ebreo e i suoi favoriti, inviando messaggeri nelle varie province per sequestrare tutti i parenti di Sa'ad-al-Dawla, confiscare i suoi beni e ridurre in servitù mogli e figli.

"Anche la popolazione maomettana si avventò sugli ebrei in tutte le città dell'impero per vendicarsi della degradazione subita sotto il dominio mongolo. A Baghdad ci furono vere e proprie battaglie campali tra maomettani ed ebrei, e molti furono i morti e i feriti da entrambe le parti[315]".

Nella generazione successiva, il teologo Ibn Qaim Al-Jawziah (1292-1350), autore di oltre sessanta opere, scrisse: "Per quanto riguarda la nazione che suscita l'ira divina, questi sono gli ebrei, la nazione della menzogna e della perfidia, della truffa, dell'inganno e del sotterfugio".

LVII. Rindfleisch di Rættingen, 1298

Nel 1294, a Berna, un nuovo caso di crimine rituale portò all'espulsione degli ebrei, in seguito alla quale il comune costruì un monumento dal nome significativo: *Kinderfressenbrunnen*, la fontana del mangiatore di bambini.

Nello stesso anno, gli ebrei fuggirono da Zurigo dopo aver dovuto pagare una multa di millecinquecento fiorini. Trentotto ebrei furono bruciati sul rogo a Schaffhouse e a Vinterthur, e quelli che scamparono alle fiamme cercarono rifugio fuori dalla Svizzera[316].

Durante la guerra civile in Germania tra Adolfo di Nasau e Alberto d'Austria, un nobile di nome Rindfleisch, originario di una cittadina della Franconia chiamata Rœttingen, decise di mettere da parte le imposizioni della dottrina ecclesiastica e iniziò a sterminare direttamente gli ebrei. La storia di un'ostia profanata aveva innescato una polveriera.

Il 20 aprile 1298, Rindfleisch ordinò di gettare nelle fiamme tutti gli ebrei della zona. Sotto la sua guida, i cristiani stufi degli ebrei andarono di città in città, reclutando nuovi seguaci lungo la strada e uccidendo tutti gli ebrei che cadevano nelle loro mani.

---

[315]Heinrich Graetz, *Storia degli ebrei III*, Londra, Myers High Holborn, 1904, p. 669-670, 672.
[316]Lettera del ballo Jacques de Kienburg, dell'anno 1294. *Pro impetitione de occisione Beati Radolfi quem dicti Judoei ut dicitur occiderunt, 500 marcas roibi expedierunt in meara utilitatem.* Jean de Millier, Geschichten schweiz. Eidgenossenschaft, liv. II, cap. 7, in Georges-Bernard Depping, *Les Juifs dans le Moyen-Âge*, (1823), Éd. Wouters, Bruxelles, 1844, p. 142.

Il 24 luglio, la comunità di Würzburg fu completamente massacrata. A Norimberga, gli ebrei, rifugiati nel castello della città, si difesero coraggiosamente. Ma il 1° agosto il castello fu conquistato e tutti gli ebrei furono spietatamente annientati. In Baviera, solo due comunità furono risparmiate dalla vendetta dei cristiani: Ratisbona e Augusta.

"Questa sanguinosa persecuzione si estese dalla Franconia e dalla Baviera all'Austria, spazzò via più di centoquaranta comunità e più di 100.000 ebrei e durò quasi un anno e mezzo. Tutti gli ebrei della Germania tremarono e si prepararono alla distruzione. Questo sarebbe accaduto se la guerra civile in Germania non si fosse conclusa con la morte dell'imperatore Adolfo e l'elezione di Alberto. Il secondo Asburgo ristabilì vigorosamente la pace nel Paese, perseguì gli autori dei maltrattamenti agli ebrei e impose multe alle città che vi avevano preso parte, sostenendo di aver subito delle perdite[317] ".

LVIII. Filippo IV il Bello

Il re di Francia, Filippo il Bello, fu particolarmente illustre per la fermezza della sua politica nei confronti degli ebrei. Ecco uno dei suoi editti del luglio 1291, riguardante la situazione nel Poitou:

"Io, Filippo, re dei Franchi, per grazia di Dio, saluto tutti coloro che leggono questa lettera.
Avendo appreso dalle relazioni di un gran numero di uomini molto degni di fede che il territorio di Poitou è disumanamente sfruttato e assolutamente schiacciato da un numero considerevole di ebrei che vi praticano l'usura criminale e ogni tipo di commercio illecito; desiderando vegliare sulla felicità degli abitanti di questo territorio e cedere alla volontà che essi sono venuti ad esprimere in vari modi; concediamo a tutti, prelati, capitoli, abati, priori, collegi, città, comuni, baroni e altri signori temporali del seneschalty di Poitiers, a tutti coloro che governano gli uomini e a tutti coloro che dipendono anche da loro, che gli Ebrei siano espulsi in perpetuo e irrevocabilmente dal detto seneschalty. Non permettiamo in nessun momento che vi prendano dimora; ordiniamo che siano espulsi e banditi dal nostro seneschal prima della Natività della Beata Vergine Maria[318] ".

Nel 1299 rinnovò l'ordinanza di San Luigi che prevedeva la restituzione dell'usura estorta dagli ebrei. Nel 1304, attraverso una convenzione

---

[317] Heinrich Graetz, *History of the Jews IV*, Philadelphia, The Jewish Publication Society of America, 1894, pag. 36.
[318] Henri Delassus, *La Conjuration antichrétienne III*, Desclée De Brouwer, 1910, p. 1155-1156.

concordata con il duca di Borgogna, Filippo proibì ai suoi funzionari di occuparsi delle denunce degli usurai ebrei nel ducato e di perseguire i borgognoni che il duca stesso aveva esonerato dal ripagare i loro debiti[319].

Ma Filippo decise presto di applicare una soluzione definitiva e di estirpare le fazioni in grado di minacciare direttamente il potere reale. Iniziò con gli ebrei, prima di rivolgere la sua attenzione ai Cavalieri Templari. Nell'estate del 1306, ordinò segretamente a tutti i funzionari, grandi e piccoli, di imprigionare tutti gli ebrei di Francia. La mattina del 22 luglio, tutti gli ebrei furono arrestati dai funzionari del re e imprigionati. L'ordine fu eseguito il giorno successivo all'anniversario della distruzione del Tempio di Gerusalemme (9 *Av*, nel calendario ebraico); gli ebrei non si erano ancora ripresi dal digiuno osservato in commemorazione di quell'evento quando furono informati che avevano un mese di tempo per prepararsi a lasciare il regno. Dopo quella data, coloro che non avessero lasciato la Francia sarebbero stati giustiziati.

Heinrich Gratez ha commentato nella sua opera: "Il loro spietato saccheggio dimostrava che il loro obiettivo erano i beni degli ebrei. Gli ufficiali non lasciarono agli infelici ebrei nient'altro che i vestiti che indossavano, e ognuno di loro non più di quanto bastasse per vivere per un giorno. Carretti pieni di beni, oro, argento e pietre preziose degli ebrei furono trasportati alla tesoreria reale; e gli oggetti di minor valore furono venduti a un prezzo ridicolmente basso[320]".

"Il re mostrò un tale disprezzo per gli esuli che regalò al suo cocchiere la sinagoga che gli ebrei di Parigi possedevano in Rue de la Tacherie. Diversi anni prima, aveva multato gli ebrei di Parigi con trecento sterline per aver cantato a voce troppo alta nella loro sinagoga[321]".

"All'inizio fu concesso un periodo di vent'anni ai loro ex debitori. I commissari ebbero grandi difficoltà a districarsi nel labirinto di obblighi, accordi e contratti, la maggior parte dei quali clandestini, che erano stati conclusi tra ebrei e cristiani; furono concesse agevolazioni ai debitori che si autodenunciarono, ma pochi di loro furono abbastanza ingenui da rivelare gli obblighi che avevano segretamente contratto.

"Gli ebrei si offrirono di rendere noto lo stato esatto dei loro debiti se avessero avuto il permesso di tornare. In effetti, fu permesso a un certo numero di loro di rientrare, i quali, mentre si occupavano dello stato dei loro beni, seppero trarre un tale vantaggio dal loro ritorno che corruppero i

---

[319] Georges-Bernard Depping, *Les Juifs dans le Moyen-Âge*, (1823), Éd. Wouters, Bruxelles, 1844, p. 146.
[320] Heinrich Graetz, *History of the Jews IV*, Philadelphia, The Jewish Publication Society of America, 1894, pagg. 47–48.
[321] Auto dell'anno 1288, citato da Brussel, *Usage des fiefs*, tome I, in Georges-Bernard Depping, *Les Juifs dans le Moyen-Âge*, (1823), Éd. Wouters, Bruxelles, 1844, p. 147.

commissari reali e tornarono a prestare a usura. Nella lista dei debitori che presentarono c'erano così tante vedove, orfani e poveri - che negavano anche i loro obblighi - che il re, non osando espropriare questi poveri disgraziati, respinse le dichiarazioni degli ebrei come false e calunniose, ordinò loro di lasciare immediatamente il regno, licenziò i commissari delle province e ordinò loro di venire a Parigi per rendere conto della loro condotta. Allo stesso tempo, vietò alle autorità di indagare ulteriormente sui debiti degli ebrei e di riscuoterli, a meno che non fossero evidenti e di scarso valore[322] ".

Nel mese di settembre, quasi centomila ebrei dovettero lasciare la Francia. A Troyes, Parigi, Sens, Chinon, Orléans e in molte altre città, i commissari reali furono incaricati di vendere le case, le sinagoghe e le scuole degli ebrei; vendite che generarono notevoli profitti.

La maggior parte di loro si stabilì nelle regioni di confine della Francia, in Lorena, Alsazia, Savoia, nel Delfinato, in Provenza - parte della quale era sotto l'autorità del Sacro Romano Impero - e anche nel Roussillon.

L'imperatore Alberto protesse gli ebrei che cercavano rifugio nelle Germanie; e quando le rivolte popolari scoppiarono di nuovo in Franconia, Svevia e Baviera, garantì loro asilo e fece perseguire e punire gli insorti[323]. Va notato che gli ebrei erano per gli imperatori una proprietà da cui traevano un sostanzioso usufrutto, come se fossero beni immobili. In effetti, nei loro atti pubblici si riferiscono a loro in questo senso e si esprimono in modo molto imperioso per riferirsi ai loro diritti di possesso su tutti gli ebrei dell'Impero.

In Guascogna, il re d'Inghilterra Edoardo II, sommerso dalle lamentele per gli abusi degli usurai, ordinò a tutti gli ebrei di lasciare i suoi possedimenti nel 1314. L'ordine non fu probabilmente eseguito alla lettera, poiché egli lo rinnovò più di trent'anni dopo, affermando che era suo espresso desiderio che gli ebrei fossero banditi[324].

Tuttavia, in Francia rimase una classe molto particolare di ebrei, i convertiti. La maggior parte di loro erano cristiani molto dubbiosi e, non appena entravano in relazione con i loro ex correligionari, tornavano alla fede e ai costumi dei loro padri. Ma l'Inquisizione era lì per vegliare sul

---

[322] Ordinanza di Saint-Ouen dell'anno 1311, volume I delle *Ordonnances des rois de France*, in Georges-Bernard Depping, *Les Juifs dans le Moyen-Âge*, (1823), Éd. Wouters, Bruxelles, 1844, p. 156.

[323] Cronaca di Otakar, citata da Menzel, *Geschichte der Deutsehen*, volume IV, in Georges-Bernard Depping, *Les Juifs dans le Moyen-Âge*, (1823), Éd. Wouters, Bruxelles, 1844, p. 148.

[324] Lettera di Edoardo al Seneschal di Guascogna, 1314, alla Torre di Londra, in Georges-Bernard Depping, *Les Juifs dans le Moyen-Âge*, (1823), Éd. Wouters, Bruxelles, 1844, p. 130.

gregge della Chiesa..... L'apostasia era un crimine pari all'eresia e coloro che cercavano di tornare all'ebraismo erano perseguitati senza pietà.

LIX. 1320: La crociata dei pastori

L'esilio degli ebrei non durò a lungo. Infatti, nel 1315, il successore di Filippo il Bello, Luigi X l'Egoista (cioè il *litigioso*), che regnò per non più di due anni, riammise tutti gli ebrei nel regno per finanziare la guerra nelle Fiandre[325] per un periodo di dodici anni, con la promessa che, se il re avesse deciso di espellerli dopo questo periodo, avrebbe dato loro un preavviso di un anno. Nonostante le proteste di tutte le regioni del regno, gli ebrei furono riammessi. I commissari ebrei, nominati dal re, si incaricarono di consegnare a tutti coloro che desideravano tornare delle lettere che indicavano dove potevano stabilirsi.

Quando un anno dopo, alla morte di Luigi X, gli succedette il fratello Filippo V, detto il Lungo, egli confermò e addirittura ampliò i privilegi degli ebrei, proteggendoli soprattutto dagli attacchi del clero e decretando che solo i funzionari reali avrebbero avuto il diritto di confiscare i loro beni e libri. Un atto pubblico fissava i loro diritti e doveri e assicurava loro un'esistenza tollerabile. Ecco le disposizioni degli articoli principali: vivranno del lavoro delle loro mani o della vendita di beni; potranno prestare in pegno, ma senza incorrere nell'usura. Saranno pagati i loro vecchi debiti; riceveranno un terzo e il re i restanti due terzi (probabilmente questo articolo è stato uno dei motivi principali del loro ritorno); non potranno essere citati in giudizio per ciò che è accaduto prima del loro ritorno. Nessun signore potrà trattenere nelle sue terre ebrei diversi dai suoi. Saranno restituiti loro gli antichi privilegi e potranno riacquistare le loro sinagoghe e i loro cimiteri al prezzo di vendita. Saranno restituiti loro i libri che non erano stati venduti, tranne il Talmud, condannato dalla Chiesa[326].

Ancora abbastanza frequenti nel XIII secolo, i dibattiti teologici davanti a grandi platee scomparvero nel corso del XIV secolo. Il Talmud non veniva più discusso, ma bruciato. Nel monumentale *Traité de la police* di Delamarre, pubblicato quattro secoli dopo, nel 1705, leggiamo che il trattato del giugno 1315 stabiliva "che tutti i libri della legge fossero loro restituiti, tranne il Talmud, perché quel libro è abominevole (...) Fatta di innumerevoli indignazioni, quest'opera enorme contiene, oltre a una moltitudine di abomini, le maledizioni e le spaventose imprecazioni che i

---

[325] Questa è l'interpretazione di Robert Fawtier, *L'Europe Occidentale de 1270 à 1380*, Paris, Presses Universitaires de France, 1940, pag. 429.

[326] Si legga il testo dell'ordinanza in Auguste-Arthur Beugnot, *Les Juifs d'Occident*, 1824, pagg. 107-109.

perfidi e ingrati ebrei pronunciano ogni giorno contro i cristiani nelle loro preghiere e nei loro esercizi di devozione. Prenderemo quindi quell'empio libro degno di tutti gli anatemi[327]."

"Gli ebrei, quindi, avrebbero potuto occupare una posizione onesta nella società, dedicandosi all'artigianato e al commercio, e persino al prestito legale, in conformità con i privilegi appena ottenuti. Le terribili lezioni ricevute avrebbero dovuto ispirare loro un'estrema circospezione che purtroppo sembra essere stata loro sconosciuta. Almeno le grida contro l'usura non cessarono: nello stesso anno in cui Filippo il Lungo confermò i loro privilegi, si dovette reprimere l'usura degli ebrei di Montpellier, che furono costretti a portare il marchio. Il parlamento del re arrivò a imporre all'intera nazione ebraica del regno, come ammenda, un contributo di millecinquecento sterline, una somma enorme per l'epoca[328] ".

Al loro ritorno in Francia, gli ebrei non avevano ancora imparato la lezione. Nel 1317, a Chinon, si verificò un altro caso di omicidio rituale. Un altro caso di omicidio si verificò anche a Saint Quentin. Gli ebrei di Lunel, in Linguadoca, furono incriminati nel 1319 per aver parodiato la Passione di Cristo e profanato una croce.

Nel 1319, su istigazione dell'inquisitore Bernard Gui, gli ecclesiastici bruciarono a Tolosa due carri pieni di copie del Talmud. L'anno successivo, papa Giovanni XXII, originario di una famiglia borghese benestante di Cahors e papa dal 1316, promulgò una bolla, *Cum sit absurdum*, che condannava nuovamente il Talmud. Nel 1320 scoppiò una rivolta a Le Puy, in seguito a un'altra accusa di omicidio rituale[329]. Nello stesso anno scoppiò la rivolta dei pastori.

Dopo un pellegrinaggio a Mont Saint-Michel in Normandia, gruppi di *Miquelots*, soprattutto giovani contadini del nord della Francia, si organizzarono spontaneamente in una crociata. Questo movimento popolare fu incoraggiato dalla predicazione appassionata di un Benedetto apostata e di un sacerdote. In grandi gruppi, questi pastori convergono su Parigi, dove entrano il 3 maggio 1320. Cinque giorni dopo, informato di questo movimento incontrollato e sovversivo, Papa Giovanni XXII dichiarò la scomunica contro tutti coloro che attraversavano senza

---

[327] *Traité de la police* de Delamarre, 4 vol. in-fol., t.1, pp. 282-284, 1705, in Roger Gougenot des Mousseaux, *L'ebreo, il giudaismo e l'ebraicizzazione dei popoli cristiani (1869)*, p. 87. I quattro volumi di questo *Traité de la police* furono pubblicati nel 1705, 1710, 1719 e 1738. Gougenot invitava il lettore a leggere "l'opera monumentale di Baronio", *Annales ecclesiasticæ*, ecc. *In Angliam Judæi...ut ob graviora scelera...*, 1286.

[328] Georges-Bernard Depping, *Les Juifs dans le Moyen-Âge*, (1823), Éd. Wouters, Bruxelles, 1844, p. 160.

[329] R. Anchel, *Les Juifs de France*, Paris, J.B. Janin, 1946, p. 82-83.

autorizzazione pontificia.

Dopo aver perpetrato diversi pogrom, i Pastori furono convinti a lasciare Parigi. Una truppa di quarantamila pastori marciò di villaggio in villaggio, con gli stendardi spiegati. Questa singolare unione di pastori e contadini si diffuse come un torrente attraverso la Francia, devastando tutto ciò che incontrava sul suo cammino. Lungi dall'arrendersi di fronte agli ostacoli incontrati, il movimento vide i suoi ranghi ingrossarsi costantemente.

All'inizio di giugno attraversarono la Saintonge e il Perigord, che devastarono e saccheggiarono, reclutando nuovi seguaci lungo il cammino. Sempre più numerosi, penetrarono in Guiana. Più di cinquecento ebrei si erano rifugiati nella fortezza di Verdun (vicino al fiume Garonna), riuscendo inizialmente a respingere i ripetuti assalti degli aggressori. Tutti i bambini ebrei, i cui genitori non osavano sacrificare, furono battezzati.

Arrivati nella regione di Agen, i pastori si divisero in due gruppi. Il primo attraversò i Pirenei sul cammino di Santiago per continuare i massacri in Spagna. Questi pastori entrarono a Jaca, massacrarono selvaggiamente gli ebrei di Montclús prima di dirigersi verso Pamplona, la capitale della Navarra. Giacomo III d'Aragona pose fine alle loro imprese inviando il figlio Alfonso che li annientò con la forza delle armi.

Il secondo gruppo seguì la valle del fiume Garonna, massacrando gli ebrei lungo il percorso. Questi insediamenti di conti si diffusero in tutta la regione, da Bordeaux ad Albi, Foix e altre città del sud della Francia. Più di 120 comunità ebraiche furono così distrutte in Guascogna.

Giovanni Raimondo di Comminges, che papa Giovanni XXII aveva nominato arcivescovo di Tolosa, scrisse al papa per chiedere aiuto e consiglio. "Il papa allora accusò il re di Francia di irresponsabilità e si stupì davanti al suo legato Gaucelme che la lungimiranza reale avesse trascurato di reprimere gli eccessi e l'esempio pernicioso dei Pastori, che dovrebbero piuttosto essere chiamati lupi rapaci e omicidi, poiché le loro azioni offendono gravemente la Divina Maestà, disonorano il potere reale e preparano pericoli ineffabili per tutto il regno se non vengono frenati".

Il 25 giugno, i Pastori attaccarono gli ebrei di Albi e Tolosa. Il governo di Tolosa ordinò ai suoi cavalieri di arrestarli. Numerosi pastori furono sequestrati e imprigionati in quella città, ma la folla in rivolta li liberò e si avventò nuovamente sugli ebrei, che furono massacrati. Certamente, i pastori erano ovunque con l'aiuto e la complicità della gente comune.

Quattro giorni dopo erano alle porte di Carcassonne, dove li attendeva l'esercito reale. Sotto il comando di Aimeric de Cros, seneschal della Linguadoca, l'esercito era sostenuto dalle truppe del giovane guascone II di Foix-Bearn. I Pastori furono infine schiacciati.

I superstiti fuggirono verso Narbonne. I consoli, informati dal Seneschal, misero allora la loro città in stato di allarme e si prepararono a difenderla. Il Papa scrisse all'arcivescovo Bernard de Fargues di fare lo stesso. Le strade e i passi montani furono tagliati e i fuggitivi, o chiunque vi assomigliasse, furono sistematicamente impiccati. Nell'autunno del 1320 non era rimasto un solo pastore nella regione.

Tuttavia, gli ebrei non sembrano aver capito la lezione. Nel 1321, le comunità senesi di Carcassonne chiesero ufficialmente al re Filippo il Lungo di espellere gli ebrei a causa della loro usura e dei loro oltraggi. Furono anche accusati di ruffianeria e blasfemia: "Corrompono le donne cristiane, abusano delle loro debitrici insolventi e insultano la religione cristiana[330]".

Quell'anno, Edoardo II, re d'Inghilterra e duca d'Aquitania, si affrettò a scrivere al senescalco di Guascogna per reclamare la proprietà degli ebrei trucidati: «Questa proprietà», disse freddamente il monarca, «appartiene a noi, e a nessun'altra persona[331]».

Gli ebrei si vendicarono delle persecuzioni avvelenando i pozzi. Nel luglio 1321, molti furono arrestati per questo crimine, torturati e bruciati sul rogo. A Chinon, centosessanta ebrei furono bruciati in due giorni. Scavarono una fossa, appiccarono un grande fuoco e li gettarono dentro, sia uomini che donne.

A Vitry-le-François, quaranta ebrei imprigionati furono giustiziati. Si stima che dopo queste accuse di avvelenamento, circa cinquemila ebrei abbiano pagato con la vita questo crimine (Heinrich Graetz). Per lo storico ebreo Leon Poliakov, si trattò evidentemente di un "nuovo mito" che creò la "leggenda degli ebrei avvelenati[332]". Comunque sia, la verità è che gli ebrei di Francia furono condannati a pagare una multa di 150.000 sterline per aver avvelenato i pozzi d'acqua.

Nel Brabante, insorti antisemiti assediarono Genappe, sede di una grande comunità ebraica. Il duca Giovanni II respinse energicamente i ribelli, con il sostegno della corte pontificia di Avignone, che approvò la durezza del duca di Brabante.

Nella stessa regione, a Mons, nel 1326, un ebreo convertito fu accusato di aver profanato un'immagine della Vergine dipinta sul muro di un'abbazia di Cambron. L'ebreo fu arrestato e sottoposto a un duro

---

[330]Devic-Vaissete, *Histoire générale du Languedoc*, t. IX, Tolosa, 1885, p. 411.
[331] Lettera di Edoardo II, negli archivi della Torre di Londra, in Georges-Bernard Depping, *Les Juifs dans le Moyen-Âge*, (1823), Éd. Wouters, Bruxelles, 1844, p. 165.
[332]Léon Poliakov, *Histoire de l'antisémitisme*, Tome I, Point Seuil, 1981, p. 288, 289. Ricordiamo che nel 1945 i commando ebraici avevano avvelenato il pane nei campi di prigionia tedeschi. Nel maggio 2006, un rapporto di Amnesty International ha accusato gli ebrei di aver avvelenato i serbatoi d'acqua in Palestina. Ma tutto questo probabilmente non è altro che "leggende". Su queste esazioni, leggere *Il fanatismo ebraico*.

interrogatorio. Tuttavia, poiché in mezzo alle pene l'ebreo continuava a protestare e a sostenere la sua innocenza, fu rilasciato. Ma in quel momento irruppe un fabbro che, affermando di aver ricevuto in sogno la missione di vendicare la Vergine, si offrì di combattere in un'ordalia contro l'ebreo. Alla porta di Mons fu allestito un campo chiuso e una folla accorse per assistere allo spettacolo. I due campioni entrarono nell'arena, entrambi armati di bastoni. Il maniscalco ebbe la meglio e l'ebreo soccombette. Appesero il suo cadavere per i piedi e accesero un fuoco sotto di lui per farlo bruciare lentamente[333].

LX. 1328: La rivolta della Navarra

La Navarra era stata integrata nel regno di Francia nel 1285 grazie al matrimonio di Giovanna di Navarra con Filippo il Bello. "In Navarra, che per mezzo secolo era appartenuta alla corona di Francia, l'odio contro gli ebrei bruciava con una frenesia che fino ad allora si era vista solo in Germania", ha riconosciuto Heinrich Gratez.

La morte di Carlo IV a febbraio e il conseguente vuoto di potere favorirono l'instabilità. Il 5 marzo 1328, un giorno di sabato, gli abitanti di Estella diedero il segnale per un attacco. Gli abitanti della città, incoraggiati dal francescano Pedro de Oligoyen e affiancati da bande di "assassini di ebrei" provenienti dall'esterno, assaltano il quartiere ebraico, i cui abitanti vengono massacrati. In tutta la Navarra, la folla si avventò sugli ebrei e perpetrò un vero e proprio massacro. Secondo le fonti, furono uccisi più di 6.000 ebrei. Solo la comunità di Pamplona, la capitale della Navarra, sembra essere sfuggita agli attacchi cristiani[334].

Filippo VI segnò l'inizio del regno della dinastia Valois in Francia. Appena salito al trono, il nuovo re impose multe a tutte le città coinvolte in questi eventi per un ammontare di 200 sterline, a Viana, e fino a 10.000 sterline per alcune città come Estella. Fra Pedro de Oligoyen fu imprigionato sotto la custodia del vescovo.

---

[333] *Mathœi Analecta*, tomo II.
[334] "Le ripercussioni di questo fanatismo si fecero sentire in Navarra, dove il popolo, seguendo l'esempio degli indiavolati francesi, volle vendicarsi degli ebrei usurai e li saccheggiò e massacrò prima a Estella, poi a Viana, Marcilla e altre città. Secondo la storia, diecimila ebrei furono immolati da questa barbara furia. Tuttavia, non è certo che in Navarra ci fossero così tanti israeliti. In Aragona si scatenò la stessa furia, ma il re disperse rapidamente i ribelli e ne punì alcuni. A Tudela, i cristiani caritatevoli aprirono i loro granai ai perseguitati". Georges-Bernard Depping, *Les Juifs dans le Moyen-Âge*, (1823), Éd. Wouters, Bruxelles, 1844, p. 164.

LXI. Spagna, preda degli ebrei

Il centro dell'attività ebraica in Europa era allora la Spagna. "I brillanti affari che gli ebrei svolgevano nell'amministrazione delle finanze del regno, la durezza con cui trattavano i cristiani e probabilmente anche la loro arroganza, attirarono presto l'odio dei grandi, dei prelati e del popolo. Contro questi ricchi e potenti finanzieri si formò una lega che attendeva solo l'occasione propizia per scoppiare. Fu alle Cortes di Madrid del 1309 che si formò questa lega. Si lamentarono dei tesorieri ebrei e parlarono dell'opportunità e persino della necessità di rimuoverli dalla gestione degli affari monetari.

"Alle Cortes di Burgos del 1315 si decise, tra le altre regole, che gli esattori delle tasse e dei dazi del re dovessero essere scelti tra i notabili delle varie località e che non potessero essere nobili, sacerdoti o israeliti. Il clero appoggiò gli Stati del regno e decise, nel Concilio di Valladolid del 1322, di far rispettare gli antichi canoni della Chiesa che escludevano gli ebrei dagli impieghi pubblici[335] ".

Ma le decisioni dei concili ecclesiastici ebbero scarso effetto. Sotto il regno di Alfonso XI (1325-1350), "gli ebrei si trovavano in una situazione così prospera che, rispetto ad altri Paesi europei, questo periodo poteva essere definito l'età dell'oro. Diversi ebrei intelligenti, sotto il modesto titolo di ministri delle finanze, esercitarono successivamente la loro influenza sul corso della politica. Non solo la corte, ma anche i grandi nobili si circondarono di consiglieri e funzionari ebrei. Invece del portamento umile e servile e delle insegne degradanti che la Chiesa aveva decretato per gli ebrei, gli ebrei spagnoli portavano ancora il capo eretto e si vestivano d'oro e di seta. Abbagliati dalla luminosità di questo stato di cose favorevole, alcuni riconobbero l'adempimento dell'antica profezia "Lo scettro non si allontanerà da Giuda", che i cristiani avevano così spesso utilizzato nei loro attacchi al giudaismo".

"Non sorprende che gli ebrei spagnoli si rallegrassero eccessivamente per la promozione di alcuni di loro a cariche statali. Uomini pubblici così importanti erano, per la maggior parte, uno scudo protettivo per le comunità contro gli ordini avari e turbolenti della nobiltà, contro la stupida credulità e l'invidia del popolo e l'astuzia serpeggiante del clero, nascosto ma sempre pronto ad attaccare gli ebrei. I ministri e i consiglieri ebrei al servizio del re, vestiti con gli abiti di corte e con al fianco la spada da cavaliere, proprio per queste circostanze, senza una particolare intercessione, disarmarono i nemici dei loro fratelli di fede e di razza. I

---

[335] Georges-Bernard Depping, *Les Juifs dans le Moyen-Âge*, (1823), Éd. Wouters, Bruxelles, 1844, p. 222.

nobili impoveriti, che non possedevano altro che le loro spade, erano pieni di invidia per gli ebrei ricchi e colti della corte; ma erano costretti a reprimere i loro sentimenti. Le masse, guidate dalle apparenze, non osavano, come facevano in Germania, maltrattare o uccidere ogni ebreo che incontravano, come un reietto o un paria, perché sapevano che gli ebrei godevano di grande favore a corte,[336] ", racconta Graetz con soddisfazione.

Quando divenne maggiorenne, Alfonso XI prese lui stesso le redini del governo, scegliendo come consiglieri due favoriti ebrei, Don José de Écija e Samuel Ibn Wakar.

Il nome reale completo di don Giuseppe di Ecija era Yosef ben Ephraim Benevist Halevi. Raccomandato dallo zio, il re lo aveva nominato tesoriere e consigliere personale. José de Ecija usciva solo nella sua carrozza ufficiale accompagnato da cavalieri, e i grandi uomini di Spagna si sedevano spesso alla sua tavola per cenare.

Don Samuel Ibn Wakar (Samuel Abenhuacar), l'altro ebreo favorito, era medico, astronomo e astrologo del sovrano. Pur non avendo alcuna funzione politica, godeva di grande credito a corte. Don José e Don Samuel erano sospettosi l'uno dell'altro e la loro rivalità avrebbe avuto gravi conseguenze l'uno per l'altro.

"Alcuni ricchi ebrei, probabilmente contando sulla posizione favorevole dei loro amici a corte, si impegnarono in operazioni monetarie senza scrupoli. Facevano estorsioni ad alto tasso di interesse e perseguivano senza pietà i loro dilatori debitori cristiani. Il re stesso incoraggiava l'usura di ebrei e mori, perché ne traeva vantaggio. Le lamentele del popolo contro gli usurai ebrei divennero molto numerose. I tribunali di Madrid, Valladolid e altre città fecero di questo punto oggetto di petizioni presentate al re, chiedendo l'abolizione di questi abusi, e il re fu costretto a cedere alle loro suppliche. Gli animi del popolo, tuttavia, erano ancora accesi contro gli ebrei. I tribunali di Madrid chiesero allora l'applicazione di diverse leggi restrittive nei confronti degli ebrei, come il divieto di acquisire proprietà e di essere nominati tesorieri reali o esattori (1329). Questa volta Alfonso rispose che, in generale, le cose dovevano continuare come prima. Don Samuel Ibn Wakar salì ancora di più nel favore reale. Don Alfonso gli affidò lo sfruttamento delle entrate derivanti dall'importazione di beni dal regno di Granada. Inoltre, ottenne il privilegio di poter emettere la moneta del regno solo sotto il titolo legale. José de Écija si ingelosì e offrì una somma maggiore per il diritto di riscuotere le tasse di importazione di Granada. Quando pensava di aver soppiantato il suo rivale, quest'ultimo gli inflisse un duro colpo. Ibn Wakar riuscì a

---

[336] Heinrich Graetz, *History of the Jews IV*, Philadelphia, The Jewish Publication Society of America, 1894, p. 75–76.

convincere il re che sarebbe stato più vantaggioso per il popolo di Castiglia portare il sistema di protezione alle sue ultime conseguenze e vietare tutte le importazioni dal vicino regno moresco (1330-1331)".

Con la rapida e costante crescita del commercio, numerosi ebrei erano stati attratti in Aragona e vi avevano prosperato grazie all'usura. Con un'ordinanza reale, agli ebrei che prestavano a interesse fu proibito di chiedere più del venti per cento e di accumulare interessi e capitali. "Ma la semplice proibizione non era sufficiente a prevenire gli abusi della speculazione ebraica. Qualche anno dopo fu necessario redigere statuti più dettagliati *contro l'avarizia degli ebrei e la durezza dell'usura (*questa era la dichiarazione del contenuto degli statuti). Dalle numerose e sagge precauzioni in esso prescritte, al fine di prevenire le varie frodi degli usurai, vediamo che in Aragona il loro spirito inventivo aveva trovato, come ovunque, il modo di aggirare le leggi. Nel preambolo si diceva che i cristiani avevano quasi completamente rinunciato all'usura, ma che l'insaziabile avidità degli usurai israeliti era arrivata a sconvolgere le fortune e non conosceva più alcun freno, soprattutto attraverso l'accumulo di interessi con il capitale. Non è intenzione del governo impedire agli ebrei di prestare denaro, soprattutto perché queste transazioni sono utili e convenienti per i cristiani; ma per porre fine agli abusi, si ordina che tutti gli ebrei che desiderano prestare denaro a interesse nelle città o in campagna debbano prima giurare davanti a un tabelion [notaio] che si conformeranno alle leggi[337]".

In tutto il Paese, l'esasperazione dei cristiani raggiunse il parossismo. "Il loro campione era un ebreo che, appena convertito al cristianesimo, divenne un fanatico persecutore dei suoi fratelli. Si trattava del famigerato Abner di Burgos o, come fu poi chiamato, Alfonso di Valladolid. Conosceva bene gli scritti biblici e talmudici, si dedicava alla scienza e praticava la medicina. Le sue conoscenze avevano distrutto le sue convinzioni religiose e lo avevano spinto non solo contro l'ebraismo, ma contro tutte le religioni.... Abner decise, quando aveva quasi sessant'anni, di adottare il cristianesimo, anche se questa religione non era in grado di dargli soddisfazione interiore, come quella che aveva abbandonato... Divenne sacrestano di una grande chiesa di Valladolid[338]". Fu autore di diversi scritti di polemica religiosa e soprattutto del grande *Libro mostrador de justicia*, una somma antiebraica che denunciava le preghiere quotidiane degli ebrei e le maledizioni pronunciate contro i cristiani. "Verso i suoi ex correligionari mostrava un odio violento. Conoscendo la

---

[337] Georges-Bernard Depping, *Les Juifs dans le Moyen-Âge*, (1823), Éd. Wouters, Bruxelles, 1844, p. 228-229.
[338] Heinrich Graetz, *History of the Jews IV*, Philadelphia, The Jewish Publication Society of America, 1894, pagg. 80, 81, 82.

letteratura ebraica, indicava tutti i passaggi che potevano essere fuorvianti e moltiplicava le accuse contro gli ebrei e l'ebraismo[339] ".

Scrisse molti scritti in cui attaccava duramente la religione dei suoi antenati o difendeva il cristianesimo contro le obiezioni degli ebrei. Poiché parlava meno bene lo spagnolo che l'ebraico, Abner denunciò in ebraico gli scritti del Talmud che contenevano passi offensivi contro Gesù Cristo.

Su richiesta di Abner, il re di Castiglia invitò i delegati della comunità di Valladolid a venire a discutere pubblicamente con il loro nemico. Alla richiesta di giustificarsi, i rappresentanti degli ebrei di Valladolid affermarono che le imprecazioni non erano in alcun modo rivolte al fondatore del cristianesimo e ai suoi seguaci; ma non riuscirono a ingannare nessuno. Il 25 febbraio 1336, a seguito di questa controversia, il re Alfonso decretò che d'ora in poi agli ebrei sarebbe stato vietato recitare i passi incriminati.

Re Alfonso prese come suo favorito un altro uomo di nome Gonzalo Martínez (Núñez) de Oviedo, originariamente un povero cavaliere delle Asturie che era stato promosso grazie al patrocinio del favorito ebreo del re, Don José de Écija. Tuttavia, lungi dall'essere grato al suo benefattore, provava un profondo odio nei confronti di colui che lo aveva elevato in tal modo, e il suo sentimento ostile si estendeva a tutti gli ebrei. Quando salì alla carica di ministro del palazzo reale e poi a quella di Gran Maestro dell'Ordine di Alcántara (1337), rivelò il suo piano di annientamento degli ebrei. Accusò formalmente Don José e Don Samuel Ibn Wakar di essersi arricchiti illecitamente al servizio del re. Ottenne dal re il permesso di trattare con loro a suo piacimento, per estorcere loro del denaro. Gonzalo ordinò quindi di imprigionare entrambi, insieme a due fratelli di Ibn Wakar e a otto parenti e alle loro famiglie, e di confiscare i loro beni. Don José de Ecija morì in prigione e don Samuel morì a causa delle torture a cui fu sottoposto. Dopo questo primo successo cercò di distruggere altri due ebrei che occupavano posizioni di rilievo nella corte, Moses Abudiel e Sulaiman Ibn Yaish. Li coinvolse in un'accusa, fingendo però di essere loro amico. Con la loro caduta in disgrazia, Gonzalo Martinez pensò di poter realizzare il suo piano contro gli ebrei castigliani senza difficoltà. Prima di una campagna contro il regno di Granada, alla quale partecipò come generale, Gonzalo incoraggiò il re a imitare Filippo il Bello e a privare gli ebrei delle loro ricchezze e a espellerli dalla Castiglia. In questo modo, grandi somme di denaro sarebbero entrate nel tesoro reale. Ma il suo consiglio fu smentito dal consiglio reale e persino dai prelati più importanti.

Infine, Gonzalo marciò verso il confine contro l'esercito moresco e

---

[339] Heinrich Graetz, *Geschitchte der Juden; Histoire des juifs IV*, Éd. Durlacher, Parigi, 1893, p. 267.

ottenne una brillante vittoria. Il generale moresco Abumelik fu trafitto da una freccia e il suo esercito sconfitto fuggì in disordine. La gloria del Gran Maestro di Alcántara raggiunse allora il suo apice.

"Pensava allora di ottenere una tale preponderanza negli affari spagnoli che il re sarebbe stato obbligato ad approvare tutte le misure da lui proposte. Era, infatti, pieno di quell'orgoglio che precede la caduta. Ma la debole mano di una donna fu la causa della sua caduta. La bella e arzilla Leonora de Guzman, che aveva talmente ammaliato il re con il suo fascino da essergli più fedele della moglie, odiava il favorito Gonzalo Martinez e riuscì a far credere al re che parlasse male di lui. Alfonso, ansioso di conoscere la verità, ordinò a Gonzalo di comparire davanti a lui a Madrid; quest'ultimo, però, disobbedì all'ordine reale. Per sfidare l'ira del re, incitò i cavalieri dell'Ordine di Alcántara e i cittadini delle città assegnate al suo dominio a ribellarsi al loro sovrano, intavolò trattative a tradimento con il re del Portogallo e con i nemici della Corona[340] ". Così, l'intervento di una dama di corte salvò gli ebrei all'ultimo momento e fece precipitare la caduta di Gonzalo Martínez.

Nel 1339, Alfonso XI convocò tutti i suoi cavalieri e marciò contro il ribelle. Spaventati dalle conseguenze di una guerra civile, alcuni cavalieri di Alcántara abbandonarono la causa del loro Gran Maestro e consegnarono al re le torri sotto il suo comando e la sua custodia. Trovandosi impotente a continuare la lotta, Gonzalo implorò il perdono del re, ma fu condannato a morte come traditore e bruciato vivo. Le comunità ebraiche di Castiglia celebrarono allora il giorno della sua morte come un giorno di liberazione. Re Alfonso trattò nuovamente gli ebrei con benevolenza e diede a Moisés Abudiel un'alta posizione a corte.

LXII. Lo Judenschlaeger tedesco, 1336-1338

In Germania scoppiò una nuova rivolta contro l'oppressore ebreo. L'imperatore Ludovico di Baviera era piuttosto favorevole agli ebrei, mentre il suo rivale, l'austriaco Federico il Bello, era molto più ostile, ordinando ai suoi Stati di cercare e distruggere copie del Talmud e insistendo, insieme ad altri principi, affinché il Papa mettesse in riga gli ebrei.

Di fronte al pericolo imminente, gli ebrei di Roma inviarono un delegato alla corte del papa ad Avignone per difendere la loro causa e un altro al re Roberto di Napoli, il feudatario di Roma che proteggeva gli ebrei. Il delegato ebraico riuscì a calmare l'ira del papa e di sua sorella "grazie a

---

[340] Heinrich Graetz, *History of the Jews IV*, Filadelfia, The Jewish Publication Society of America, 1894, pagg. 82–85.

un dono di 20.000 ducati", scrive Gratez. Il pericolo fu così scongiurato.

Dal 1236, gli ebrei dell'impero non erano più uomini liberi, ma "servi della camera imperiale". Ludovico di Baviera impose loro una nuova tassa: il denario d'oro. Ogni ebreo o ebrea dell'Impero germanico di età superiore ai dodici anni, che avesse a disposizione venti fiorini, doveva pagare una tassa annuale di un fiorino. A suo parere, questa tassa era giustificata dal fatto che gli ebrei pagavano fin dai tempi di Vespasiano e Tito un'imposta annuale agli imperatori romani di cui i Cesari germanici si dichiaravano eredi legittimi e diretti.

Sotto il regno dell'imperatore Ludwig, gli ebrei subirono le conseguenze dei disordini della guerra civile che allora infuriava in Germania. Per due anni consecutivi (1336-1338), bande di contadini e banditi, che si definivano "assassini di ebrei", devastarono le comunità della Germania meridionale.

A capo di questi *Judenschlaeger* c'erano due membri della nobiltà e un oste alsaziano chiamato Cimberlin, il "re dei poveri". Questi capibanda si facevano chiamare *Armleder*, "braccio di cuoio", per via delle bende di cuoio che portavano avvolte intorno alle braccia. Per più di due anni si aggirarono nei territori tra l'Alsazia e l'Austria, uccidendo gli ebrei e distruggendo tutte le loro proprietà. Armati di forconi, picche e fiocine, circa cinquemila contadini si vendicarono di tutte le umiliazioni subite.

In Alsazia, nelle prime località in cui entrarono, Roufiach ed Ensisheim, sentirono la rabbia repressa della gente comune che era stata disprezzata per troppo tempo. Quasi 1.500 ebrei furono massacrati. Gli ebrei sopravvissuti si rifugiarono nella città murata di Colmar. Le truppe dei ribelli arrivarono presto sotto le mura e chiesero la resa delle loro vittime. Al rifiuto dei magistrati, i contadini insorti si sparsero per il paese e commisero ogni sorta di disordine.

La protezione dell'imperatore fu inefficace o arrivò troppo tardi. I *Judenschlaeger* si dispersero, o almeno furono contenuti dall'arrivo dell'imperatore Ludovico, ma dopo la sua partenza i Judenschlaeger si raggrupparono e ripresero le loro attività. Il vescovo cercò di formare una lega di signori e magistrati per spezzare la resistenza. Alla fine, la forza armata riuscì a catturare uno degli *Armleder* e l'imperatore ordinò la sua decapitazione.

Diversi massacri simili ebbero luogo in quel periodo in Baviera dopo un nuovo caso di profanazione di ostie. Gli stessi consiglieri comunali di Deckendorf avevano fissato la data dell'insurrezione. Il 30 settembre 1337, quando la campana della chiesa diede il segnale, il cavaliere Hartmann von Deggenburg, seguito da diversi cavalieri, entrò a Deckendorf e travolse gli ebrei di sorpresa. Gli ebrei furono saccheggiati, massacrati e i loro cadaveri bruciati. Gli abitanti costruirono sul luogo una chiesa dedicata al Santo Sepolcro, che divenne un luogo di pellegrinaggio. Da Deckendorf, i disordini si diffusero in tutta la Baviera e in Boemia, Moravia e Austria. Migliaia di ebrei morirono irrimediabilmente.

L'imperatore, che all'epoca era in forte contrasto con il Papa e il re di Francia, aveva chiuso un occhio. Il suo parente Enrico, duca di Baviera e del Palatinato, si congratulò addirittura con gli abitanti di Deckendorf per aver liquidato gli ebrei e permise loro di godere pubblicamente di tutto ciò che era stato loro sottratto.

Gli ebrei, protetti dai papi, avevano sempre avuto la possibilità di rifugiarsi nei loro Stati. Se non furono mai perseguitati a Roma o ad Avignone, fu perché non fu mai permesso loro di opprimere il popolo, di dedicarsi a traffici illeciti, di deridere la religione e di fomentare l'eresia, come spesso accadeva nei domini dei signori temporali.

Nello stesso anno, un concilio riunito ad Avignone adottò, tra le tante, questa risoluzione: "Ogni cristiano deve rifiutare e disprezzare i fetidi servizi degli ebrei. Gli ebrei si elevano troppo al di sopra della condizione servile che spetta loro".

LXIII. 1348: La peste nera

La peste nera arrivò dall'Oriente nel porto di Marsiglia sulle navi dei mercanti ebrei internazionali[341]. Dal 1348 al 1352, la malattia decimò la popolazione per quattro anni con una virulenza senza precedenti, uccidendo un quarto della popolazione europea, circa venticinque milioni di individui. La peste colpì anche gli ebrei, anche se apparentemente, come scrisse Graetz, "morirono in numero minore", il che fece nascere una legittima diffidenza tra la popolazione. Inoltre, gli ebrei avevano già avvelenato i pozzi d'acqua vent'anni prima per vendicarsi dei pastori crociati.

La popolazione, convinta che gli ebrei avessero causato la peste per odio verso i cristiani, diede vita a una campagna di massacri che le autorità riuscirono a malapena a reprimere.

A metà maggio alcuni ebrei furono linciati. In seguito, il movimento si diffuse in Catalogna e in Aragona. A Barcellona, la popolazione aveva ucciso venti ebrei e saccheggiato diverse case. Pochi giorni dopo, le stesse scene si ripeterono a Cervera. Diciotto ebrei morirono, gli altri fuggirono. In tutto il nord della Spagna, le comunità ebraiche si rifugiarono nei loro quartieri.

All'inizio di luglio, papa Clemente VI promulgò una bolla che proibiva, pena la scomunica, l'uccisione degli ebrei senza una condanna da parte

---

[341]Durante, *Histoire de Nice*, III, pag. 3, in Jacques Decourcelles, *La Condition des Juifs de Nice aux XVII et XVIII siècles*, Paris, 1923, p. 12.

della giustizia ordinaria, e che vietava loro di essere battezzati con la forza o di farsi rubare beni e proprietà. Questa bolla ebbe forse qualche effetto nella Francia meridionale, vicino alla residenza del papa ad Avignone, ma non ne ebbe alcuno nel resto della cristianità.

Anche l'area intorno al lago di Ginevra divenne teatro di sanguinose rivolte. Su ordine del duca Amedeo di Savoia, diversi ebrei, accusati di avvelenamento, furono imprigionati a Chillon, Thonon e Chatel. A Chillon, gli accusati furono sottoposti a tortura. Uno di questi ebrei, di nome Aquet, dichiarò di aver avvelenato diversi pozzi a Venezia, in Puglia, in Calabria e a Tolosa. Queste dichiarazioni furono registrate dai cancellieri nei loro verbali e controfirmate dai giudici. Dopo queste confessioni, i giudici procedettero a bruciare non solo gli accusati ma anche tutti gli ebrei della città. Papa Clemente VI emanò una nuova bolla, ma non fu più rispettata.

I massacri assunsero un carattere selvaggio, soprattutto nel Sacro Romano Impero. Invano il nuovo imperatore Carlo IV cercò di intervenire.

Graetz scrive qui: "I tedeschi non commisero le loro terribili atrocità contro gli ebrei solo per il gusto del saccheggio.... La pura stupidità li portò a credere che gli ebrei avessero avvelenato i pozzi e i fiumi. I consigli di diverse città ordinarono di chiudere le sorgenti e i pozzi, in modo che i cittadini non fossero avvelenati, e dovettero bere l'acqua piovana o la neve sciolta[342] ".

Verso la fine del 1348, gli ebrei furono espulsi da tutte le città dell'alto Reno. Erano considerati al di fuori della legge e venivano espulsi o portati direttamente al rogo. Una volta espulsi dalle città, venivano radunati e picchiati a sangue nelle campagne dai contadini.

A Basilea subirono il calvario. Stipati su un'isola del Reno, furono rinchiusi in una casa appositamente costruita e bruciati vivi. Dopo questa espulsione sommaria, il consiglio decise che per due secoli non sarebbe stato permesso agli ebrei di stabilirsi in città. Pochi giorni dopo, fu la volta degli ebrei di Friburgo.

I versi di Guglielmo di Machaut (1310-1377), il più famoso poeta francese di quel secolo, probabilmente riflettono abbastanza bene i sentimenti del popolo francese dell'epoca. Ecco un passo del suo *Giudizio del re di Navarra*[343] (1349):

Poi è arrivata una patulea

---

[342] Heinrich Graetz, *History of the Jews IV*, Philadelphia, The Jewish Publication Society of America, 1894, p. 106. È noto, tuttavia, che nel 1945 gruppi di "Vendicatori" ebrei avevano progettato di avvelenare l'acqua di diverse città come Monaco, Norimberga e Amburgo (cfr. *Jewish Fanaticism*, 2007).

[343] *Jugement du roi de Navarre*, in Marie-France Rouart, *L'Antisémitisme dans la littérature populaire*, Berg International, pag. 63.

> *Falso, traditore e rinnegato*
> *Era la Giudea il famigerato*
> *Il malvagio, l'infedele*
> *Come odia e ama tutto ciò che è cattivo,*
> *Chi ha donato tanto oro e argento*
> *E ha promesso ai cristiani*
> *Quali pozzi, fiumi e sorgenti*
> *Chiaro e sereno*
> *In tanti luoghi hanno avvelenato*

Nel Delfinato, il sovrano era anche complice degli insorti antiebraici: mentre il popolo si avventava sugli israeliti e li massacrava, il signore arrestava gli altri per condannarli e sequestrare i loro beni[344]. "Gli archivi delfici contengono i resoconti delle spese per l'esecuzione di coloro che i giudici delfici avevano giudicato colpevoli. Il procedimento contro gli ebrei di Vizille durò dieci giorni e costò ventisette franchi, diciassette centesimi e un denario. In questi resoconti si parla di un maestro Girard che fu tagliato in due e legato alla forca dopo essere stato accusato di aver rubato un bambino cristiano e di averlo consegnato agli ebrei. A Yeynes, nel paese di Gap, vennero massacrati tredici individui di questa nazione; quelli di Sam Saturninus subirono la stessa sorte pochi giorni dopo[345]".

A Rouffach, un gran numero di ebrei fu bruciato in una valle che da allora ha mantenuto il nome di "valle degli ebrei". A Strasburgo, vasi pieni di veleno furono trovati nei pozzi. I magistrati della città persistevano nei loro sentimenti benevoli verso gli ebrei, ma il borgomastro dovette cedere rapidamente alle richieste della folla. Le corporazioni dei lavoratori si riunirono nella piazza della cattedrale, con gli stendardi issati in testa, e non si separarono finché non ebbero costretto Winterthur e i suoi colleghi a dimettersi dalle loro cariche. A quel punto iniziarono le scene di vendetta. Il 14 febbraio 1349, duemila ebrei furono portati in prigione e poi trascinati al loro cimitero, dove diverse centinaia furono bruciate in una grande baracca[346]. Sul luogo del cimitero fu costruita la casa della prefettura e la sinagoga fu demolita e sostituita da una cappella. Il nuovo consiglio proibì agli ebrei di risiedere a Strasburgo per un secolo e le immense ricchezze degli ebrei furono confiscate. Gli unici che riuscirono a salvarsi furono quelli che si convertirono al cristianesimo.

In molte città, i magistrati sequestrarono tesori e pietre dalle case

---

[344]Valbonais, *Storia del Delfinato*, tomo II
[345]Frammento di *Memorabilia Humberti*, in Georges-Bernard Depping, *Les Juifs dans le Moyen-Âge*, (1823), Éd. Wouters, Bruxelles, 1844, p. 170.
[346]Cronaca di Koenigshoven, in Georges-Bernard Depping, *Les Juifs dans le Moyen-Âge*, (1823), Éd. Wouters, Bruxelles, 1844, p. 168.

ebraiche per abbellire le proprie città[347].

"A Mulhouse, in Alsazia, dove già nel 1290 l'imperatore tedesco aveva assolto gli abitanti colpevoli di violenza e condonato loro duecento libbre d'argento dovute agli ebrei, una carta imperiale assolve nuovamente i borghesi dopo i massacri del 1348 e concede loro le case e i beni delle vittime[348]."

"Scene altrettanto crudeli ebbero luogo a Spire, Worms, Oppenheim e Magonza, dove molti ebrei si suicidarono dopo aver seppellito i loro tesori per non lasciare nulla ai loro persecutori. I loro cadaveri furono messi in barili e fatti rotolare lungo il Reno. I magistrati vietarono di cercare i tesori delle vittime, probabilmente per evitare che la vista di oro e argento riaccendesse l'ardore omicida nei cuori delle persone. Alcuni funzionari imperiali in Alsazia osarono sfidare il fanatismo della folla: il conte palatino Rupert, incurante del clamore della folla scatenata, accolse e protesse gli ebrei fuggiti da Spire e Worms. A Francoforte, dove le autorità non erano così ferme, il saccheggio delle case ebraiche portò a un incendio che distrusse un quarto della città. In Germania comparvero altri esaltatori: i flagellanti, che andavano in gruppo di città in città gridando penitenza e spaventando la gente, incutendo un nuovo terrore negli ebrei. Così, a Magonza, un drappello di flagellanti sobillò la popolazione, che poi attaccò gli ebrei della città e li cacciò nelle loro case, dove i malcapitati furono tutti bruciati[349]".

La persecuzione seguita all'epidemia di peste nera raggiunse Colonia, dove gli ebrei erano particolarmente numerosi dopo le espulsioni dalle regioni vicine. Furono attaccati dai cristiani lo stesso giorno in cui i loro correligionari di Magonza soccombevano. Furono tutti massacrati.

Questi massacri si diffusero di città in città in tutta la Germania, dalle Alpi al Mare del Nord. Il contagio raggiunse la Baviera e la Svevia, dove gli abitanti di Memmingen ottennero dall'imperatore lettere che li assolvevano da ogni responsabilità per i massacri compiuti sugli ebrei[350]. Qualche anno prima, nel 1344, gli ebrei di Memmingen erano stati abbastanza potenti da indurre il vescovo a censurare i borghesi, probabilmente a causa dei loro debiti. Pagarono cara questa imprudenza quando scoppiò la rivolta generale contro la nazione israelita[351].

---

[347] Alberti Argent. Cronaca. P. 149, in Georges-Bernard Depping, *Les Juifs dans le Moyen-Âge*, (1823), Éd. Wouters, Bruxelles, 1844, p. 169.
[348] Graf, *Histoire de Mulhouse*, tome I, chap. VII, in Georges-Bernard Depping, *Les Juifs dans le Moyen-Âge*, (1823), Éd. Wouters, Bruxelles, 1844, p. 170.
[349] Georges-Bernard Depping, *Les Juifs dans le Moyen-Âge*, (1823), Éd. Wouters, Bruxelles, 1844, p. 169.
[350] Schelhorn, *Beytræge zur Erlœuterung der Geschichte*. Memmingen, 1774.
[351] Georges-Bernard Depping, *Les Juifs dans le Moyen-Âge*, (1823), Éd. Wouters,

Anche Augsburg, Würzburg e Monaco uccisero i loro ebrei. "Gli ebrei di Norimberga, grazie al loro vasto commercio, possedevano grandi ricchezze e case, ed erano quindi particolarmente odiati dai cristiani", riferisce Heinrich Graetz. L'imperatore Carlo IV avvertì quindi il consiglio comunale che sarebbe stato ritenuto responsabile di qualsiasi maltrattamento inflitto loro. Alla fine, il loro destino si compì. In un luogo poi chiamato *Judenbühle* (collina degli ebrei), i cristiani eressero un tumulo e tutti coloro che non erano riusciti a fuggire furono bruciati su un grande falò.

Anche a Ratisbona, dove si trovava la più antica comunità della Germania meridionale, la gente comune chiedeva la morte o almeno l'espulsione degli ebrei. A salvarli furono il Consiglio e la nobiltà, che implorarono solennemente il borgomastro Bertold Egoltspecht di difenderli da ogni aggressione.

A Bruxelles, tutti gli ebrei della città, almeno cinquecento, furono massacrati dalla folla. Nel Brabante non si trattò di un'improvvisa e aneddotica adesione di furia: durante tutta l'epidemia, cioè per circa due anni, ebrei e lebbrosi furono continuamente giustiziati. Quando il furore popolare si stava placando, i flagellanti tornarono a ravvivarlo.

Vi erano, tuttavia, diversi Paesi in cui gli ebrei non soffrivano troppo. Luigi, re d'Ungheria, li aveva espulsi dai suoi Stati, con l'accusa di essere empi, ma non di essere avvelenatori.

In Polonia, dove la peste devastò anche il Paese, gli ebrei non furono maltrattati grazie alla protezione del re Casimiro il Grande, che fu sempre amichevole con gli ebrei. Va detto che questo re si era innamorato del fascino di un'ebrea di nome Esterka, sua amante. Nel 1354, su richiesta di alcuni influenti ebrei, Casimiro confermò la carta di Kalisz, promulgata nel secolo precedente, che concedeva agli ebrei privilegi esorbitanti. Gli ebrei si rifugiarono in massa nel regno polacco, che iniziò un lungo declino fino allo smembramento da parte dei suoi vicini alla fine del XVIII secolo.

Nel novembre 1355, alla Dieta di Norimberga fu promulgata una sorta di costituzione dell'Impero germanico con il nome di Bolla d'Oro. Il monarca concesse ai sette grandi Elettori dell'Impero alcuni poteri statali, come il diritto di acquisire miniere di metallo e di sale, nonché il diritto di possedere ebrei liberi, cioè di avere una fonte di reddito aggiuntiva. In pratica, quindi, gli ebrei erano allo stesso tempo rifiutati e desiderati, disprezzati e voluti dai principi e dalla nobiltà.

"Così gli ebrei erano allo stesso tempo respinti e attratti, evitati e corteggiati, banditi e adulati. Sapevano bene che non erano tollerati per il loro bene, ma solo per i vantaggi che offrivano alle autorità. Come non ci

---

Bruxelles, 1844, p. 171.

si poteva aspettare che si dedicassero a fare soldi, l'unico mezzo con cui potevano prolungare la loro miserabile esistenza ?".[352]

LXIV. Il risveglio tardivo di Giovanni il Buono

Re Giovanni II, detto Giovanni il Buono, fu re di Francia dal 1350 al 1364. Era stato fatto prigioniero dagli inglesi nel 1356 nella battaglia di Poitiers. Durante la sua prigionia, gli ebrei avevano abilmente negoziato la loro riammissione nel regno con il suo delfino, il futuro Carlo V, ottenendo privilegi che furono confermati dopo il ritorno di re Giovanni.

Con l'editto del marzo 1360, gli ebrei furono autorizzati a tornare in Francia dietro pagamento di una rendita e per un periodo limitato a vent'anni. Ottennero quindi notevoli privilegi commerciali: "Il loro commercio godeva della massima protezione. Erano autorizzati ad applicare un interesse dell'80% (4 denari per libbra) sui prestiti[353] ".

Il banchiere ebreo Manassé de Vesoul aveva condotto questa trattativa con zelo e grande abilità. Gli fu affidata la riscossione delle tasse annuali imposte ai suoi correligionari. Per difenderli dall'arbitrio di giudici e funzionari, un tribunale ebraico fu autorizzato a esercitare su di loro la giurisdizione civile e penale. Questi privilegi attirarono molti ebrei in Francia.

"Probabilmente dovevano questi vantaggi a un banchiere ebreo di corte, Manassé de Vesoul, che era stato nominato loro commissario e al quale il governo ripagava con questa condiscendenza verso la sua nazione i servizi resi durante la penuria di tesoreria.

"Ecco gli articoli del trattato concluso tra il banchiere israelita e il governo reale[354] : "Il re permette agli ebrei di entrare nel regno, di rimanervi per vent'anni, di acquistare case, di fare commercio e intermediazione, di praticare le arti liberali e meccaniche, di prestare denaro a interesse, il tutto senza ostacoli da parte delle autorità del regno e dei signori, di essere sotto la protezione reale e di non avere altri giudici che il commissario reale, il conte di Étampes. Ogni ebreo dovrà pagare, al momento dell'ingresso nel regno, quattordici fiorini per sé e per la moglie, e un fiorino e due *gros tournois*[355] per ciascuno dei suoi figli e del suo

---

[352] Heinrich Graetz, *History of the Jews IV*, Philadelphia, The Jewish Publication Society of America, 1894, pag. 128.
[353] Heinrich Graetz, *History of the Jews IV*, Philadelphia, The Jewish Publication Society of America, 1894, p. 130.
[354] Si vedano le varie ordinanze nel volume III delle Ordinanze dei Re di Francia e nel volume V della Compilazione delle antiche leggi francesi, Parigi, 1824.
[355] Dopo la caduta dell'Impero Romano, i vari regni che si costituirono adottarono più o meno il sistema *denario/solidus/librae*. Nel Medioevo, il denario equivaleva a 1/240

popolo. Inoltre, ogni ebreo dovrà pagare sette fiorini di capitazione all'anno per sé e per la moglie, e un fiorino per ciascuno dei suoi figli e del suo popolo. In cambio di questo pagamento, essi saranno esenti da ogni altra tassa di qualsiasi tipo e non saranno soggetti ad alcuna servitù o imposta padronale. Avranno un protettore o tutore, che il re nominerà il conte di Etampes, principe del sangue; risponderanno solo a lui o al re, e nessun altro giudice del regno potrà perseguirli in caso di reato; inoltre, i procuratori del re non li processeranno finché le cause contro di loro non saranno state esaminate a fondo. In caso di reati semplici, saranno rilasciati su cauzione fornita da ebrei o cristiani. Nessun ebreo potrà essere processato per reati o crimini commessi prima del suo ritorno nel regno.

"Se uno di loro diventa indegno di rimanere nella comunità, due rabbini, assistiti da altri quattro ebrei nominati a tale scopo, possono bandirlo dal regno; ma in questo caso il re confischerà i suoi beni e riceverà dai due rabbini la somma di cento fiorini. Coloro che prestano denaro ai cristiani in cambio di un pegno possono chiedere solo un interesse di quattro denari alla settimana per ogni libbra. Tutto ciò che avranno addebitato in eccesso sarà restituito ai debitori. Le autorità li assisteranno nella riscossione dei loro debiti; potranno prestare su ogni tipo di obbligazioni e pegni, eccetto le navi della chiesa e gli attrezzi agricoli... Non potranno essere costretti ad assistere alle prediche dei cristiani, né a combattere in un campo chiuso; i loro libri non potranno essere sequestrati. Tutte le ordinanze contrarie a queste libertà sono abolite; i vecchi privilegi saranno confermati quando lo vorranno".

"È evidente che la stesura di questo trattato era stata raccomandata dagli stessi ebrei, perché senza dubbio il governo del re non avrebbe messo insieme da solo e con tanta cura tutte le garanzie atte a prevenire le ingiustizie del passato....

"I privilegi concessi erano esorbitanti e preannunciavano nuove violenze. Filippo Augusto aveva fissato un tasso di interesse di due denari alla settimana, che era già eccessivo. Il tasso che ora veniva loro concesso era il doppio.

"È chiaro che sotto il re Giovanni furono gli ebrei a portare il tasso a quattro denari, cioè quasi l'ottanta per cento all'anno". Ma a prescindere dalla scarsità di denaro, bisogna ammettere che il tasso legale fissato dall'ordinanza del 1361 era intollerabile, e che il re fu molto sfortunato o

---

di libbra. Tuttavia, questo tasso subì numerose modifiche sotto l'azione delle varie riforme monetarie reali. In Francia, la *libbra tournois* fu l'antica moneta di conto dal regno di San Luigi fino al 1795. Sei *doppi tournois* formavano un *gros tournois*. Venti *gros tournois* formavano una *livre tournois*. All'epoca di San Luigi, la *livre tournois* conteneva 80,88 grammi di argento fino. Il fiorino fiorentino fu la moneta d'oro di riferimento fino al XV secolo.

molto miope nel lasciarsi sorprendere in questo modo dall'avidità degli usurai ebrei, che erano abbastanza sicuri di poter compensare in breve tempo, a spese dei sudditi del re, la capitazione che si erano impegnati a versare all'erario. Se il capitale da loro apportato al regno era così redditizio da ripagarli all'ottanta per cento nel primo anno, quale abbondante raccolto potevano aspettarsi durante i vent'anni di permanenza in Francia?".

Questo è il motivo principale per cui gli ebrei hanno sempre insistito tanto per rimanere tra i cristiani, nonostante tutte le battute d'arresto e le punizioni che hanno regolarmente subito nel corso del tempo.

"Tutto il denaro dei francesi sarebbe finito nelle casseforti degli ebrei e il loro soggiorno sarebbe costato al regno molto di più della prigionia del re[356]".

Gli ebrei stipularono nel trattato anche il diritto di possedere case, ma senza mai menzionare i terreni agricoli. Questo perché per loro il punto essenziale era il diritto di prestare denaro, non di lavorare la terra. Gli storici ebrei o gli storici filosemiti che difendono l'idea che gli ebrei nel Medioevo praticassero l'usura perché costretti a farlo sono o ignoranti o disonesti. Chi ha letto i nostri libri precedenti sa perfettamente qual è la loro posizione su questo argomento.

E ciò che doveva accadere si ripeté: da tutte le parti del regno si levarono denunce contro gli usurai. Il re, allertato dai notabili delle grandi città, "dichiarò con un'ordinanza emessa a Reims, nell'ottobre del 1363, che i grandi abusi commessi dagli ebrei nei confronti dei privilegi ottenuti lo obbligavano ad abolirli; li costrinse quindi a portare sulle loro vesti una fibbia bianca e rossa delle dimensioni del sigillo reale e, nonostante tutte le prerogative precedentemente concesse, li sottopose all'autorità dei tribunali ordinari dei territori in cui vivevano. Dichiarò inoltre nulli gli obblighi per i quali i cristiani avevano dato in pegno i loro corpi agli ebrei[357]". Questo dimostra chiaramente che, dopo aver spogliato i debitori dei beni che possedevano, gli usurai ebrei erano soliti chiedere la servitù fisica alle persone che dovevano loro del denaro. Infatti "è certo che gli auspici favorevoli con cui erano entrati in Francia e gli straordinari privilegi loro concessi devono averli indotti a credere che tutto fosse loro

---

[356] Georges-Bernard Depping, *Les Juifs dans le Moyen-Âge*, (1823), Éd. Wouters, Bruxelles, 1844, p. 176-178. G.B. Depping esprime più volte nella sua opera la sua compassione verso gli ebrei, ma riconosce in questo caso che i tassi di interesse richiesti erano eccessivi.

[357] Editto dei re, ottobre 1363, nel volume IV delle Ordinanze dei re di Francia e nel volume V della Compilazione generale delle antiche leggi francesi, in Georges-Bernard Depping, *Les Juifs dans le Moyen-Âge*, (1823), Éd. Wouters, Bruxelles, 1844, p. 179-180.

permesso e che nulla avrebbe impedito le loro avide speculazioni". L'obbligo di portare la fibbia sulle vesti fu rinnovato poco dopo, in occasione dell'assemblea degli Estati Generali tenutasi ad Amiens[358] ". Dal 1215 al 1370, dodici concili e nove ordinanze reali prescrissero agli ebrei di indossare la fibbia, a riprova del fatto che cercavano continuamente di evitarla.

LXV. La morte di Blanca de Borbón

Alfonso XI di Castiglia era sposato con Maria del Portogallo, da cui aveva avuto un figlio di nome Pedro. Ma il re aveva trascurato la moglie e il figlio legittimo a favore della sua amante, la bella Leonora de Guzmán. Questa situazione suscitò un profondo risentimento in Pedro I e in sua madre che, dopo la morte del re nel 1350 (a causa della peste nera durante l'assedio di Algeciras), vollero vendicarsi dei bastardi del defunto re, tanto che Pedro venne presto soprannominato "il Crudele".

Don Pedro, figlio e successore di Alfonso XI, salì al trono all'età di 15 anni. Durante il suo regno, gli ebrei godettero di una grandissima influenza negli affari della Castiglia. Tanto che "per gli ebrei di spicco il favore del re era illimitato". Don Juan Alfonso de Alburquerque, loro tutore e ministro onnipotente, raccomandò per il posto di ministro delle Finanze un ebreo che gli aveva reso grandi servigi, e il re nominò don Samuel ben Meir Allavi (o Ha-Levi), membro della principale famiglia di Toledo, gli Abulafia-Halevis, a un incarico governativo di fiducia, sfidando così la decisione dei tribunali secondo cui gli ebrei non erano più idonei a tali funzioni. Samuel Abulafia divenne non solo tesoriere capo (Tesorero Mayor), ma anche consigliere personale (privato) del re, che aveva voce in capitolo in tutte le consultazioni e le decisioni importanti... Un altro ebreo di spicco che figurava alla corte di Don Pedro era Abraham Ibn-Zarzal, medico e astrologo del re. Don Pedro era di fatto circondato da ebrei, tanto che i suoi nemici rimproveravano alla sua corte di essere ebrea. Non si sa se la sua protezione dei sudditi ebrei fosse dovuta all'influenza di questi favoriti ebrei o ai suoi stessi impulsi[359] ", racconta Heinrich Graetz. In effetti, la corte di Pietro I fu sprezzantemente chiamata dagli spagnoli "corte ebraica".

---

[358]Editto o ordinanza del 5 dicembre 1363, nel volume III delle Ordinanze dei Re di Francia e nel volume V della Compilazione delle antiche leggi francesi, in Georges-Bernard Depping, *Les Juifs dans le Moyen-Âge*, (1823), Éd. Wouters, Bruxelles, 1844, p. 180.
[359]Heinrich Graetz, *History of the Jews IV*, Philadelphia, The Jewish Publication Society of America, 1894, pag. 115–116.

Nel 1352, per suggellare un'alleanza strategica, Pietro decise di prendere in moglie Bianca di Borbone, sorella di Giovanna di Borbone, regina consorte di Francia (moglie di Carlo V).

In quel periodo c'erano grandi e vivaci dissensi tra i cortigiani, alcuni dei quali si dichiaravano a favore della principessa di Borbone e altri a favore dell'amante del re, Maria de Padilla. Samuele, e con lui tutti gli ebrei di Spagna, si erano schierati con Maria de Padilla. Avevano saputo che Blanca non vedeva di buon occhio l'alta posizione degli ebrei a corte e aveva dichiarato pubblicamente la sua intenzione di espellerli.

Nel luglio 1353, Pietro il Crudele sposò Bianca di Borbone, ma con il pretesto di ritardare il pagamento della dote, abbandonò poco dopo la giovane moglie, imprigionandola per raggiungere la sua amante, che gli aveva già dato una figlia. Il fallimento di questo matrimonio portò immediatamente alla rottura dell'alleanza con il re di Francia. Don Pedro si emancipò allora dalla tutela materna mandando la madre in esilio, a Evora, nel suo Portogallo, prima di ordinarne l'avvelenamento. Poi, nel 1358-1359, si sbarazzò di tutti i suoi nemici, a cominciare dai suoi tre fratellastri. Quindi istigò l'assassinio della zia Leonor di Castiglia e della cognata Juana Nuñez de Lara (moglie di un altro fratellastro). La Castiglia fu quindi insanguinata dalla guerra civile. Enrique de Trastámara, un altro fratellastro di Don Pedro, prese la guida della rivolta.

Alla corte di Don Pedro, Samuel Ha-Levi godeva ora di un notevole potere. Le sue ricchezze erano immense e favorì la costruzione di molte sinagoghe, scrive Graetz, tanto che "molti ebrei, incrollabili nelle loro speranze, videro l'alto status di Samuel e di altri favoriti ebrei come una chiara prova che i tempi messianici erano vicini[360] ".

Don Pedro si offese e fece confiscare l'intero patrimonio di Samuele e della sua famiglia. Il tesoro reale recuperò così 230.900 dobloni[361] , 4.000 marchi d'argento, 125 casse di tessuti preziosi e 180 schiavi. "Secondo alcuni autori, una quantità straordinaria di oro e argento fu trovata sepolta sotto la casa di Samuele. Don Pedro ordinò che il suo ex favorito fosse imprigionato a Toledo e torturato per costringerlo a rivelare dove si trovavano i suoi tesori. Ma Samuele rimase fermo, non rivelò nulla e soccombette sotto tortura... La morte di Samuele non intaccò le relazioni amichevoli tra il re e gli ebrei. Gli ebrei gli rimasero fedeli ed egli continuò a conferire importanti distinzioni ai membri della comunità[362] ", riconosce

---

[360]Heinrich Graetz, *Geschitchte der Juden; Histoire des juifs IV,* Éd. Durlacher, Parigi, 1893, p. 293.

[361]Prima del 1350, Alfonso XI di Castiglia coniò le prime monete d'oro che imitavano i dinari d'oro degli Almohadi, note localmente come *dobloni* o *doubloon* e in francese come "*alfonsinos*". Il peso di ciascuna moneta era di 4,6 g di oro a 23¾ carati (NdT).

[362] Heinrich Graetz, *History of the Jews IV,* Philadelphia, The Jewish Publication

Graetz. Non è quindi senza motivo che Enrico di Trastamara si riferisca continuamente a Pietro come "il re degli ebrei".

Nel 1361, Pedro fece assassinare la prima moglie Blanca de Borbón, che aveva precedentemente imprigionato. Secondo Graetz, "fu inventata la storia che un ebreo avesse somministrato del veleno alla regina su ordine del re, perché aveva insistito sull'espulsione degli ebrei dalla Spagna. Un romanzo francese perpetuò questa leggenda[363] ".

Questa leggenda era però un fatto storico accertato che spinse il re di Francia a inviare il famoso conestabile Beltrán Duguesclín (Bertrand Du Guesclin) e le sue grandi compagnie in Spagna per dare una mano a Enrico di Trastámara. L'anno era il 1365. Il resoconto dettagliato si trova nella *"Collection complète des Mémoires relatifs à l'Histoire de France"* (*Raccolta completa delle memorie sulla storia di Francia*)[364]. Il volume IV, pubblicato nel 1819 da Jean Petitot, è dedicato alle memorie del Connestabile di Francia e Castiglia Beltran Duguesclin. Si tratta della ristampa di un testo di Jacques Le Febvre, "prevosto e teologo di Arras, già cappellano e predicatore della Regina", pubblicato nel 1692 a Douai e intitolato: *"Anciens Memoires du quatorzième siècle, depuis peu découverts, où l'on apprendra les aventures les plus surprenantes et les circonstances les plus curieuses de la vie du fameux Bertrand Du Guesclin, connétable de France"*.(*"Memorie antiche del XIV secolo, recentemente scoperte, in cui apprenderemo le avventure più sorprendenti e le circostanze più curiose della vita del famoso Beltran Duguesclin, Connestabile di Francia"*).

In questa edizione, Jean Petitot espone in dettaglio la storiografia relativa a Beltran Duguesclin e spiega la sua preferenza per l'opera di Le Febvre, che era un'imitazione delle vecchie cronache medievali. Le Febvre aveva conservato l'antico linguaggio dell'epoca di Duguesclin. "Ho pensato", scrisse, "che la grazia del patois del XIV secolo, che uso in alcune parti del mio libro, ma con grande riserbo e discrezione, sarebbe servita a intrattenere il mio lettore, e persino a deliziare il suo spirito, mostrandogli i tratti vivaci e ingenui trasmessi dalla sua energia".

Jean Petitot ha aggiunto: "Abbiamo quindi deciso di riprodurre il testo originale di Le Febvre, la cui disattenzione ricorda piuttosto il tono e i modi degli autori del XIV secolo".

Society of America, 1894, p. 121.

[363] Heinrich Graetz, *History of the Jews IV*, Philadelphia, The Jewish Publication Society of America, 1894, p. 122, e Histoire *des juifs IV*, Éd. Durlacher, Parigi, 1893, p. 295.

[364] *Collection complète des Mémoires relatifs à l'Histoire de France depuis le règne de Philippe-Auguste jusqu'au commencement du XVIIe siècle*, tome IV, Paris, Foucault, librairie, 1819.

Il capitolo XIV era intitolato *"De l'origine de la guerre qui se fit en Espagne entre le roi Pierre, dit le Cruel, et son frère naturel Henry, comte de Tristemarre"* ("Sull'origine della guerra che ebbe luogo in Spagna tra il re Pietro, detto il Crudele, e il suo fratello naturale Enrico, conte di Trastamara").

"Beltran era sempre alla ricerca di nuove opportunità per dimostrare la sua bravura e il suo coraggio, e trovò un luogo per soddisfare la sua inclinazione bellicosa in Spagna, dove il popolo era diviso, alcuni dalla parte di re Pietro e altri dalla parte di Enrico, conte di Trastamara. Beltran appoggiò la contesa di quest'ultimo, come vedremo in seguito. La causa di questa disputa era la cattiva condotta e la crudeltà di Pedro, accusato di due enormi ingiustizie. La prima era il maltrattamento della regina Bianca di Borbone, sua moglie e sorella della regina di Francia. Le indignazioni che inflisse a questa principessa scandalizzarono tutti i suoi sudditi, che non potevano non essere indignati per tutte le crudeltà che le infliggeva, per una signora la cui dolcezza, nascita e bellezza avrebbero dovuto essere i tre vincoli più capaci di legarlo strettamente a lei. Ma l'amore ardente che provava per Maria de Padilla, che l'aveva incantato con una filastrocca che gli aveva fatto fare, soffocò nel suo cuore tutta la tenerezza che avrebbe dovuto naturalmente provare per una regina così realizzata. Questa concubina aveva acquisito un tale ascendente sul suo spirito da dominarlo in modo assoluto e da fargli commettere mille affronti alla sua stessa moglie, che considerava sua rivale.

"L'altra ingiustizia di cui questo re era accusato era quella di non aver avuto rapporti con i cristiani, i cui costumi e la cui religione non gli piacevano affatto. Gli ebrei erano gli unici confidenti di tutti i suoi segreti; egli prestava loro tutto il suo orecchio e raccontava loro tutto ciò che era più nascosto nel suo cuore. Nei confronti di tutti gli altri, mantenne una profonda dissimulazione, rendendosi non solo impenetrabile a tutti i signori della sua Corte, ai quali non poteva negare l'accesso, ma anche impraticabile in questioni che non potevano impedirgli di essere comunicate a causa dell'eminenza del suo carattere e dell'autorità reale che deteneva nelle sue mani. Nemmeno i suoi parenti più stretti potevano avere la chiave del suo cuore, tanto era riservato e misterioso in tutto. Questo comportamento sorprendente gli alienò tutti gli spiriti e gli guadagnò l'antipatia di tutti i suoi sudditi, che desideravano solo una rivoluzione, nella speranza di vedere le cose cambiate.

"Questo principe, giustamente chiamato Pietro il Crudele, portò a tal punto l'inumanità che provava per la moglie, che non solo la privò della libertà, confinandola in prigione, ma attentò anche alla sua vita, con un veleno che le fece somministrare, ma dal quale lei riuscì ad evitarsi vomitando, perché, conoscendo l'indole malvagia di questo principe e la gelosia della sua concubina, stava sempre in guardia. Tutti questi oltraggi

non le fecero perdere il rispetto e la considerazione che avrebbe dovuto avere per lui, promettendo a se stessa che Dio avrebbe toccato il suo cuore e disincantato i suoi occhi per farlo uscire dalla sua cecità.

"Come Pierre si rese odioso, così Enrico, il suo presunto fratello naturale, si fece amare. Sembrava che la Corona dovesse più a lui che al re barbaro, perché aveva trovato il segreto per conquistare tutti i cuori con la sua aria seducente, e nessuno lasciava la sua presenza se non era ben soddisfatto dell'accoglienza ricevuta, perché tale era il suo dono di piacere a tutti. Tutti i cuori si volgevano verso di lui. L'orgoglio del primo faceva adorare la dolcezza del secondo, e la religione cattolica, di cui egli faceva un'alta e sincera professione, rendeva odiosa l'inclinazione di Pietro per la superstizione dei Giudei. Per questo desideravano vederlo sul trono al posto di quest'ultimo, di cui non potevano più sopportare la condotta.

"Enrico parlò al re Pietro della sua condotta, sperando di modificarla, ma ciò non fece altro che renderlo ancora più acido.....La partenza di questo principe fu assecondata in modo molto incauto da un ebreo di nome Giacomo, che si trovava lì in quel momento; volendo adulare Pietro e corteggiarlo a spese di Enrico, ebbe l'ardire di dire a quest'ultimo che era molto audace pretendere di dare lezioni al re più saggio del paese e che la cosa migliore da fare in futuro sarebbe stata quella di non presentarsi mai più davanti a lui; Ma Enrico gli fece presto ingoiare queste parole a costo della sua stessa vita; infatti, dopo avergli rimproverato i perniciosi consigli elargiti a Pietro e l'infamia della sua nazione, gli conficcò il pugnale nel cuore e lo gettò a terra morto. Il re, molto sorpreso e indignato per questa aggressione commessa in sua presenza, volle vendicare la morte dell'ebreo su suo fratello con un altro omicidio, estraendo un coltello dal fodero per ucciderlo; ma fu impedito da un cavaliere che lo afferrò per un braccio mentre stava per sferrare il colpo.

"Enrico fuggì nello stesso istante e, non appena scese i gradini, disse ai suoi uomini di sellare i cavalli, per salvarsi continuamente la vita scappando. Pietro aveva quattro uomini che lo trattenevano, maledicendo mille volte coloro che lo trattenevano e rimproverandoli di essere complici di quel bastardo, che non avrebbe mai perdonato per il sangue che aveva appena versato. Non importava quanto gli venisse detto che era solo la morte di un ebreo, la cui razza aveva attirato su di sé la maledizione di Dio, essendo una nazione che era diventata l'orrore e l'esecrazione degli uomini, per il deicidio che aveva commesso nella persona del Salvatore; ma tutto questo olio gettato sul fuoco lo riaccese a tal punto che Pietro fece impiccare subito questo povero gentiluomo, che gli aveva impedito di uccidere Enrico".

Il capitolo XV del resoconto del buon Jacques Le Febvre era intitolato "*De la mort tragique de la reine Blanche de Bourbon, commandée par Pierre le Cruel, son propre mari*" ("Della *tragica morte della regina*

Bianca di Borbone, ordinata da Pietro il Crudele, suo stesso marito").

"Questo barbaro re aveva concepito un'avversione così mortale per Blanca de Bourbon, sua moglie, che aveva organizzato tutto per intraprendere un'azione contro la sua vita. Il veleno che usò per sbarazzarsi di lei non ebbe effetto su di lei, perché, conoscendo il disegno di metterla a morte, prese tutte le precauzioni necessarie per proteggersi da tale avvelenamento. Maria de Padilla, l'amante di Pedro, fece in modo che il principe la allontanasse completamente dalla Corte e la stabilisse in qualche provincia, in modo che non fosse mai vista e che questa assenza, senza speranza di ritorno, avesse lo stesso effetto della sua morte. Pietro, follemente innamorato di questa concubina, seguì il suo consiglio. Confinò la principessa nella provincia più lontana dalla Corte e le diede alcune terre per mantenere il suo status di regina, non osando irritare ulteriormente il suo popolo contro di lui se avesse osato ridurla pubblicamente in una condizione di indigenza. Questo dominio, che Blanca aveva ricevuto, le valse il dovuto omaggio di tutti i vassalli che dipendevano dalla sua signoria.

"Un ricco ebreo possedeva un terreno all'interno del dominio della regina. Venne alla sua corte per adempiere, come tutti gli altri, al suo dovere di suddito e, poiché a quel tempo era consuetudine baciare la guancia del sovrano in segno di rispetto, per sottolineare lo zelo e l'affetto che si avrebbe avuto per tutta la vita al suo servizio, questo ebreo si avvicinò alla regina per salutarla come la sua padrona e padroncina; lei non poté resistere dal ricevere da lui questo segno di servitù come suo suddito; Ma dopo che egli ebbe lasciato la sua camera, ella mostrò il suo orrore per questa ridicola cerimonia, rimproverando i suoi servitori per la poca cura che avevano avuto nell'impedire a quel furfante di avvicinarsi a lei, e fece immediatamente portare dell'acqua calda per lavarle la bocca e il viso e pulire, per così dire, le macchie che il bacio dell'ebreo aveva lasciato su di loro. La sua indignazione non si fermò lì, perché, essendo sovrana, desiderava punire con la massima tortura la temerarietà di cui aveva dato prova nell'emanciparsi; e alla prima reazione di rabbia volle che fosse impiccato. Quando all'ebreo fu detto che era stato condannato dalla regina e che per suo ordine doveva essere legato alla forca, fuggì immediatamente e si affrettò a lamentarsi con il re Pietro del proposito di Blanche di farlo mettere a morte, rendendo un reato capitale il fatto che avesse compiuto un dovere cerimoniale che si era preso la libertà di fare. Il re lo prese sotto la sua protezione, dicendogli di non temere nulla a questo proposito e dicendogli che era ben consapevole che quella principessa, che nutriva odio e avversione per tutte le persone che considerava, non avrebbe avuto remore ad attentare anche alla sua vita quando ne avesse trovato l'occasione; che, quindi, bisognava metterla in guardia, anche se lui sarebbe stato ben lieto di sbarazzarsi di lei con mezzi

segreti, per mantenere le apparenze e senza darle vantaggio su di lui.

"L'ebreo, ardente dal desiderio di vendetta, gli assicurò che non c'era niente di più facile che eliminarla senza che sul suo corpo apparisse un solo colpo o una sola ferita. Pietro apprezzò molto questa soluzione e dichiarò che chiunque fosse riuscito a togliere questa spina gli avrebbe fatto un grande favore. Lasciò quindi che il giudeo portasse a termine la faccenda come aveva previsto, senza fare storie. Quest'uomo vendicativo, che non vedeva l'ora di soddisfare il suo risentimento contro la principessa, fu felicissimo di aver ricevuto questo barbaro ordine da Pietro. Radunò molti della sua nazione per aiutarlo a portare a termine il colpo e, camminando nella notte, si recò con tutti loro negli appartamenti della regina. Penetrò nella sua camera e, bussando alla porta in un'ora così fuori stagione, una delle donne di Sua Maestà si rifiutò di aprire e, stupita da tanto rumore, disse dal buco della serratura che non era il momento giusto per parlare con la sua padrona e chiese quale fosse lo scopo di una visita fatta così tardi e così fuori stagione. Per aprirsi, l'ebreo rispose che aveva una notizia molto piacevole da dare alla regina, perché suo marito, per dimostrare che desiderava riconciliarsi completamente con lei, stava venendo a giacere con Sua Maestà. La cameriera corse subito con gioia ad annunciare alla sua padrona questa inaspettata avventura, che le avrebbe fatto molto piacere, congratulandosi in anticipo con lei che il Re stava ricambiando il suo cuore e desiderava renderle in futuro più giustizia di quanta ne avesse fatta a lei. La regina, che si rese conto del pericolo che la minacciava, cominciò subito a piangere, sapendo che le restavano ancora poche ore di vita, perché prevedeva che gli ebrei, che la odiavano mortalmente, non sarebbero venuti nella sua camera in così gran numero e in un'ora così impropria senza avere qualche ordine sanguinario contro di lei che erano pronti a eseguire. Quando la cameriera si rese conto delle pene e delle disgrazie della sua padrona, cominciò a piangere ad alta voce e, versando torrenti di lacrime, disse che non avrebbe aperto la porta a meno che Sua Maestà non glielo avesse assolutamente ordinato. La Regina le fece cenno di non lottare più con gli ebrei per entrare nella sua camera, e allo stesso tempo alzò gli occhi al cielo per raccomandare la salvezza della sua anima, protestando di non pentirsi di morire innocente sull'esempio del suo Salvatore, e pregando Dio di elargire le sue benedizioni sul Duca di Borbone, suo fratello, sulla Regina di Francia, sua sorella, su Carlo il Saggio e su tutta la sua famiglia reale. Non appena ebbe terminato queste parole, gli ebrei si precipitarono nella sua stanza. Trovarono questa santa principessa sdraiata sul letto, con un salterio in una mano e una candela nell'altra per leggere nelle sue ore; e volgendo lo sguardo verso coloro che erano appena entrati, chiese loro cosa volessero da lei e chi li avesse mandati così tardi a parlarle. Risposero che erano disperati per essere costretti ad annunciarle il severo ordine che avevano

ricevuto dal Re di metterla a morte, e che doveva prepararsi in anticipo per quest'ultima ora.

"Questo discorso fu interrotto dalle grida delle sue serve, che si strapparono i capelli e fecero risuonare tutta la stanza con i loro singhiozzi e sospiri, dicendosi l'un l'altra che la migliore principessa del mondo stava per essere messa a morte ingiustamente e pregando il Cielo di vendicare questa disumanità sugli autori. La povera regina le pregò di trattenere le loro lamentele, aggiungendo che non dovevano compatirla con tanto dolore, visto che sarebbe morta innocente, e che era piuttosto la condotta di suo marito Pietro a doverle far compatire, avendo commesso questa barbarie per i cattivi consigli della sua concubina, da tempo mutata nel suo sangue.

"Gli ebrei, temendo che le urla e il tumulto che le mogli della regina stavano per fare avrebbero impedito l'esecuzione della loro padrona e rivelato l'omicidio che volevano nascondere, le trascinarono fuori dalla camera da letto e le trascinarono in una cantina, dove le strangolarono e poi uccisero la Regina Bianca con maggiore segretezza e libertà. Questi uomini rabbiosi non tardarono a eliminarla, trafiggendole il ventre con la caduta di una grossa trave, che lasciarono cadere su di lei per soffocarla, senza che una goccia di sangue apparisse sul suo viso o sul suo corpo; e quando ebbero compiuto questo atto detestabile, si ritirarono immediatamente in un castello situato su un'alta roccia, che il Re aveva indicato loro come un rifugio sicuro.

Questo principe disumano, non volendo essere rimproverato per l'omicidio che aveva ordinato, mantenne tutta la finzione che poteva osare, pubblicando un manifesto in cui si discolpava al meglio di questa azione; ma la sua condotta successiva giustificava troppo bene che ne fosse l'autore; Infatti, invece di assediare il castello in cui erano rinchiusi quei disgraziati per farsi giustizia da soli, sei mesi dopo lasciarono la piazza con un'impunità che fece inorridire tutti, e fu chiaro che erano stati solo i ministri della crudeltà di Pietro. Tutti imprecarono contro questo principe malvagio che non si era vergognato di commettere un oltraggio così esecrabile contro una principessa che avrebbe dovuto adorare per i suoi costumi innocenti e la nobiltà della sua estrazione. Anche la maggior parte dei Giudei, che fino a quel momento erano stati i suoi più accesi sostenitori, non riuscirono a tacere. Pietro, da parte sua, prese precauzioni contro qualsiasi azione che Enrico avrebbe potuto intraprendere nei suoi Stati. Raccolse truppe forti, conquistò i principali signori di Castiglia con doni e favori e fece di tutto per portare il popolo dalla sua parte, tanto che il povero Enrico fu abbandonato da tutti e costretto a cercare asilo in paesi stranieri. Lo sfortunato principe si gettò tra le braccia del re d'Aragona, che lo accolse alla sua corte con grande onestà[365]*".*

LXVI. Beltrán Duguesclín e la Compagnia Bianca

Pietro il Crudele ordinò allora al re d'Aragona di smettere di proteggere il suo nemico, sotto la minaccia di dichiarargli guerra. Per evitare un conflitto armato, il re d'Aragona fu costretto a separarsi dal suo amico.

Il capitolo XVI era intitolato *"De l'adresse dont Bertrand se servit pour faire un corps d'armée de tous les vagabonds de France et les mener en Espagne contre Pierre le Cruel, pour venger la mort de la reine Blanche et faire monter en sa place Henry sur le trône"* ("*Dell'abilità di cui Beltrand si servì per formare un corpo d'armata di tutti i vagabondi di Francia e condurli in Spagna contro Pietro il Crudele, per vendicare la morte della regina Bianca e mettere Enrico sul trono*").

"Tutta la Francia apprese con dolore l'inumanità che Pierre aveva commesso nei confronti della regina Bianca, sua stessa moglie, facendola morire ingiustamente e abbandonandola all'arbitrio degli ebrei, che l'avevano colpita nel suo letto dopo essere entrati di notte nella sua camera da letto e averla trovata a pregare con una candela in mano. Tutte queste circostanze aggravarono il crimine di Pierre e resero ancora più pietosa la sorte di questa principessa. La Regina di Francia, sua sorella, e il Duca di Borbone, suo fratello, condannarono fermamente un'azione così vile, che meritava una vendetta esemplare. Re Carlo il Saggio condivideva fortemente il loro risentimento e cercava solo un'occasione per renderlo noto al più presto. Quella che gli si presentò fu la più favorevole del mondo. Il regno di Francia era invaso da furfanti e vagabondi che lo desolavano con il brigantaggio e il saccheggio. Questo disordine non poteva essere evitato, perché la moltitudine di questi briganti cresceva ogni giorno, grazie a un milione di stranieri che erano penetrati nel regno per unirsi a loro, approfittando della licenza e dell'impunità. Numerosi tedeschi, inglesi, navarresi e fiamminghi infestavano l'intera campagna, bruciando castelli dopo averli saccheggiati ed estorcendo tutta la nobiltà. Gli editti del principe erano disprezzati. La loro forza e la loro violenza facevano legge sovrana nello Stato, al punto che sembrava che la Francia fosse diventata preda di questi uomini inferociti.

"Il re Carlo, desideroso di arrestare il corso di tanti mali, convocò i più saggi capi di stato, affinché insieme escogitassero i mezzi per porre presto

---

[365] Jacques Le Febvre, «Anciens Memoires du quatrozième siècle... in Collection complète des Mémoires relatifs à l'Histoire de France depuis le règne de Philippe-Auguste jusqu'au commencement du XVIIe siècle, tome IV, Paris, Foucault, librairie, 1819, p. 306-320.

rimedio a tante disgrazie, senza ricorrere alla guerra aperta contro tutti questi banditi. Beltran lo destò dall'imbarazzo suggerendogli lo specioso pretesto di vendicare in Spagna la crudele morte della regina Bianca, sua cognata, e assicurandogli che, se fosse riuscito a scendere a patti con queste bande di vagabondi, li avrebbe così ben convinti dei suoi sentimenti, ispirando loro il desiderio di rivolgere le armi contro il re Pietro, nella speranza di arricchirsi con il bottino di tutta la Spagna, che sarebbe stato loro aperto dalla guerra che sarebbe stata dichiarata a questo principe. Si offrì persino di mettersi alla loro testa e di comandarli, per assicurare il successo di una spedizione così giusta, rappresentando al re che con questo artificio avrebbe salvato la Francia da tutti questi stranieri e li avrebbe impiegati utilmente altrove contro i nemici della Corona. Carlo accettò subito la saggia proposta di Beltran e inviò immediatamente un araldo ai capi e ai comandanti di tutti questi popoli per ottenere da loro un salvacondotto, in modo da poter inviare loro qualcuno che si occupasse della spedizione".

Beltran Duguesclin si recò quindi a Chalon-sur-Saône, dove era di stanza la "Grande Compagnie", un'amalgama di soldati indisciplinati che devastarono il regno di Francia dopo la guerra contro gli inglesi.

"Beltran spiegò loro il motivo per cui era venuto da loro, dicendo che il re di Francia, infuriato contro Pietro, intendeva farlo pentire della crudele morte che aveva causato alla regina Bianca, sua cognata, e che, per punire questo crudele principe per un oltraggio così grave, aveva deciso di portare la guerra nei suoi Stati; che il Re, suo signore, lo aveva incaricato di dire loro, a suo nome, che se avessero accettato un così giusto risentimento e gli avessero prestato le loro truppe e il loro aiuto, non solo avrebbe fatto pagare loro la somma di duecentomila sterline in contanti, ma avrebbe anche interceduto presso il Santo Padre per l'assoluzione di tutti i peccati che avevano commesso; che li consigliava di schierarsi, tanto più che sarebbero andati in un paese molto grasso, il cui bottino avrebbe potuto renderli molto ricchi."

Hugues de Caurelay radunò tutti i capi, « *gasconi, inglesi, bretoni, navarresi, che gli diedero la loro parola di marciare sotto gli stendardi di Beltran... Duguesclin tornò con la più grande soddisfazione, e si affrettò a Parigi per assicurare al re che avrebbe liberato il regno da tutti i briganti e i fanti che fino ad allora lo avevano saccheggiato con le loro razzie* ».

Questi leader furono invitati al Tempio di Parigi, dove il re Carlo aveva preso residenza.

"Il principe li accarezzò in mille modi, li trattò come meglio poteva e offrì loro ricchi intrattenimenti per coinvolgerli ancora di più nei suoi interessi. I principali signori della Corte non si accontentarono di fare la loro conoscenza, ma desiderarono stringere un'amicizia più stretta con questi generali con i quali avrebbero trascorso più di un giorno. Il Comte

de la Marche, la Besque de Vilaines, il Maresciallo d'Andreghem, Olivier de la Mauny, Guillaume Boitel e Guillaume de Launoy li avvicinarono e dichiararono che sarebbero stati lieti di condividere con loro i pericoli della guerra che stavano per intraprendere. Questi capi si rallegrarono nell'apprendere la loro decisione, assicurando loro che una compagnia così nobile e generosa avrebbe dato loro tanto più fervore per combattere bene. Beltran li radunò tutti a Chalons-sur-Saône e li fece marciare verso Avignone".

Nell'autunno del 1365 Beltran Duguesclin partì per la Spagna. Ad Avignone, nella città del Papa, fece capire a un cardinale che era nell'interesse del Papa pagarli *"se avessero frenato la licenza di tutti quei vagabondi, le cui mani erano avvezze alla rapina, e che si preoccupavano meno dell'assoluzione promessa loro che dei denari richiesti, essendo tutti pronti, in caso di rifiuto, a compiere orribili depredazioni negli Stati del Papa".*

Il cardinale se ne accorse e andò subito a informare il papa dell'accaduto. Il papa, venuto a conoscenza della situazione, radunò i borghesi della città e li mise a contribuzione. Soldati, vagabondi e furfanti lasciarono la piazza con le tasche ben piene e con l'assoluzione del Papa. Si diressero quindi a Tolosa e infine in Aragona per aiutare Enrico contro Pietro il Crudele, *"che non aveva buoni sentimenti verso la religione cristiana, ma tutta la sua inclinazione era verso il giudaismo, di cui faceva segreta professione e che, inoltre, era diventato l'orrore e l'esecrazione di tutta l'Europa".*

Enrico andò incontro a Beltran. *"Duguesclin lo abbracciò teneramente e gli fece un sincero proclama che non avrebbe rimesso piede in Francia prima di averlo innalzato al trono di Spagna".*

"Va notato", scrive Le Febvre, *"che le truppe guidate da Duguesclin si chiamavano la Compagnia Bianca, perché portavano tutti una croce bianca sulle spalle, come a testimoniare che avevano preso le armi solo per abolire il giudaismo in Spagna, e per combattere lo sfortunato principe che lo proteggeva a scapito della croce".*

L'esercito lasciò l'Aragona *"per addentrarsi nella Spagna, alla ricerca di Pedro, e per non dargli né riposo né tregua".* Dovevano raggiungere la città di Magallón. *"Da lì avrebbero potuto attraversare facilmente la Spagna".*

La città fu presa e saccheggiata, *"dopo che i soldati vittoriosi avevano messo a terra un gran numero di spagnoli e di ebrei che fingevano di resistere".* Il bottino fu grande, perché gli ebrei che si arresero a discrezione, per salvare le loro vite, sacrificarono tutte le loro ricchezze per riscattarsi e pagare il riscatto. Mai un esercito fece un bottino più piacevole. Beltran l'aveva promesso; bisognava quindi soddisfare l'ingordigia di tanti bretoni, francesi, normanni, liegi, valloni, fiamminghi, brabanti e gasconi, di cui erano composte le sue truppe e che si erano* *imbarcati in questa spedizione solo per arricchirsi con la rovina della Spagna. Il maresciallo d'Andreghem, Hugues de Caurelay, Gautier Hüet e suo fratello, Guillaume Boitel e Monsieur de Beaujeu affiancarono Beltran con ammirevole coraggio, ponendosi alla testa di coloro che comandavano e guidandoli nell'assalto dando loro l'esempio di come farlo bene".*

Heinrich Graetz ha scritto: "Duguesclin fu ancora più duro nei confronti degli ebrei, che trattò non come soldati che combattevano per il loro re, ma come schiavi in ribellione contro il loro padrone[366] ".

La cattura di Magallón seminò il terrore in tutta la Spagna. Beltran lasciò una guarnigione in città e proseguì per Borja[367]. Arcieri e balestrieri spararono sugli assediati che si erano avvicinati alle mura per difenderle, mentre "*servi e fanti*" riempivano le fosse. Le mura furono aperte "*a forza di picche e piedi di porco*" e scale di corda permisero ai più intrepidi di penetrare nella fortezza, *"anche se gli ebrei e i saraceni, di cui la città era piena, gettavano loro addosso acqua bollente"*. Rapidamente i soldati della Compagnia Bianca si impadronirono della piazza.

"Un normanno ebbe il coraggio di piantare per primo lo stendardo di Beltran sul muro e di gridare agli altri che la città era stata presa e di salire coraggiosamente a sua volta. Fu presto seguito da una folla di uomini determinati che si aggrapparono ai gradini e si unirono a lui in gran numero. Quindi, affluendo in città, andarono a impadronirsi delle porte e le aprirono ai loro compagni, che si precipitarono a capofitto su di loro, mentre tutti i cittadini gridavano pietà e, inginocchiati con le loro mogli e i loro figli, imploravano un po' di tregua, dichiarando di arrendersi al principe Enrico, che volevano riconoscere in futuro come loro padrone e sovrano".

Enrico, *"desideroso di far valere la sua clemenza per attirare altri dalla sua parte, cedette alle loro suppliche e promise loro che non solo avrebbe risparmiato le loro vite, ma anche il godimento dei loro beni, che aveva proibito di toccare. Era disposto a mostrare questa clemenza solo nei confronti dei cristiani, ma nei confronti degli ebrei e dei saraceni, che sapeva essere completamente devoti a Pietro, non mostrò alcuna pietà....*

---

[366] Heinrich Graetz, *History of the Jews IV*, Philadelphia, The Jewish Publication Society of America, 1894, p. 126. "A capo di questi banditi francesi e inglesi c'era il guerriero più importante del suo tempo, l'eroe e cavaliere errante Bertrand du Guesclin, celebre per le sue imprese, la sua bruttezza e la sua eccentricità, che, come il Cid, era glorificato dalla leggenda. Gli ebrei unirono la loro fortuna a quella del partito di Don Pedro e lo sostennero con il loro denaro e il loro sangue. Accorsero al suo stendardo sul campo di battaglia e presidiarono le città contro gli attacchi di Don Enrique e Du Guesclin. I selvaggi mercenari a cui si opponevano si vendicavano non solo dei soldati ebrei, ma anche di quelli che non avevano portato le armi". *Storia degli Ebrei IV*, p. 123.

[367] Ville di Magallón e Borja, tra Saragozza e Soria (NdT).

"Dopo che la Compagnia Bianca ebbe trascorso un po' di tempo in questo paese per riposare e riprendersi da tutte le fatiche di questi due assedi, e dopo che i feriti furono curati, queste truppe vittoriose procedettero verso Bervesque, una fortezza dove Pedro aveva portato una grande guarnigione di spagnoli completamente devoti alla sua causa".

Duguesclin ordinò immediatamente l'assedio della città e si mise alla testa dei più coraggiosi per intraprendere l'attacco. *"Gli assediati si avvicinarono alle mura decisi a difendersi bene. Mentre Beltran li intratteneva con tiratori scelti che lanciavano loro dardi e frecce, Hugues de Caurelay scelse alcune delle truppe più battagliere con le quali si avvicinò al quartiere ebraico, dove aprì le mura con grandi colpi di martello d'acciaio e vi aprì ampi varchi: gli ebrei, temendo tutti che si sarebbe fatta una grande carneficina se avessero continuato a opporre una resistenza ostinata, facilitarono l'ingresso in città attraverso il loro quartiere per salvarsi la vita. Un bretone di Caurelay si recò immediatamente sui bastioni e alzò lo stendardo di Beltran, gridando Duguesclin. Questo segnale incoraggiò gli altri a fare un ultimo sforzo per salire su alcune scale di corda di cui c'era una buona scorta. L'assalto fu in qualche modo mortale da entrambe le parti: mentre i francesi si arrampicavano sui bastioni e si tiravano l'un l'altro in cima alle mura, gli spagnoli gettavano secchi pieni di acqua bollente sulle loro teste e li facevano cadere nel fossato. Questa disgrazia non smorzò l'ardore degli assedianti, che si rialzarono con maggiore rabbia e furore e ripresero l'assalto con rinnovata ostinazione. Gli assediati lanciarono contro di loro barili pieni di pietre e grosse travi, tanto che questa vigorosa resistenza fece dubitare i francesi del successo dell'assedio. Pensavano di perdere troppo tempo e di essere costretti a picchettare la piazza senza aver fatto nulla. Anche Enrico, temendo che l'assedio venisse abbandonato, stava facendo gli ultimi sforzi di persona con la sua gente, quando Beltran, che non era mai stato disturbato e la cui intrepidezza aumentava in presenza del pericolo, si avvicinò alle porte con un'ascia e sferrò colpi così pesanti da farle crollare. Tutti i più coraggiosi, incoraggiati dal suo esempio, si precipitarono in massa e fecero un'incursione così grande che entrarono in città con i nemici da tutte le parti e ne fecero un'orribile strage. Coloro che riuscirono a evitare la furia dei soldati fuggendo si nascosero nelle loro case, pensando di essere al sicuro da ogni pericolo, ma alla fine non furono più al sicuro. Le donne si inginocchiarono davanti ai vincitori per salvare la vita dei loro mariti, e i bambini si prostrarono ai piedi dei soldati per supplicarli di non mettere a morte i loro genitori: ma tutte queste suppliche furono impotenti a fermare la violenza e il massacro. Rimaneva da prendere una vecchia torre dove si erano rifugiati alcuni ebrei. Beltran incendiò i cancelli con un fuoco d'artificio, che presto li fece crollare. Non fu concesso alcuno scampo ai più ostinati tra quelli che si trovavano all'interno, ma fu mostrata una certa clemenza agli altri, che si arresero a discrezione in buona fede".*

Pietro il Crudele, che si trovava a Burgos con la sua corte, fu informato della cattura di Bervesque da due borghesi che erano riusciti a fuggire:

"Gli raccontarono che i nemici si erano arrampicati come scimmie sulle sue mura con scale di corda e che avevano aperto il passaggio nonostante tutti gli sforzi fatti per contrastarlo; che alla fine la città era tutta inondata del sangue degli ebrei, dei saraceni e degli spagnoli che avevano versato per impadronirsene. Il principe dapprima stentò a credere a questa sorprendente conquista e, immaginando che i due borghesi avessero venduto la città per denaro, minacciò di farli mettere a morte. Uno di loro, per discolparsi, gli disse che coloro che avevano preso la città non erano uomini, ma demoni contro i quali era impossibile resistere; che erano persone che non temevano né dardi né frecce, né la morte né le ferite; che combattevano attraverso tutti i pericoli, avanzando sempre senza mai ritirarsi, e che non credeva esistesse in tutti i loro Stati una sola fortezza che potesse resistere per quindici giorni a truppe così determinate, che sembravano uscite dall'inferno...".

"Pietro non era tornato dall'angoscia che lo affliggeva, così mandò a chiamare tre ebrei in cui aveva una singolare fiducia. Il primo si chiamava Giacomo, il secondo Giuda e il terzo Abramo, e chiese loro di condividere con lui le loro conoscenze e i loro consigli sullo stato deplorevole in cui la sfortuna aveva ridotto la sua condizione. Questi tre uomini erano a loro volta piuttosto inquieti, non sapendo quale strada il principe avrebbe dovuto intraprendere per uscire da una situazione così pericolosa. Un quarto consigliere di questa nazione, di nome Manases, si fece avanti e si permise di dirgli che non pensava di essere al sicuro a Burgos e che avrebbe fatto meglio a stabilirsi a Toledo, le cui mura erano sicure e la cittadella ben fortificata... Pedro pensò di aver messo in ordine i suoi affari e, scontando la lealtà di quelli di Burgos, non pensò ad altro che a partire per Toledo, accompagnato dal conte de Castro e dai suoi quattro ebrei, i suoi più intimi confidenti. In questa grande città fu accolto con acclamazioni straordinarie..... Non appena Pedro lasciò Burgos, una spia lasciò la città per venire a portare la notizia a Enrico, dicendogli che aveva preso la strada per Toledo, dove si riteneva avesse intenzione di rinchiudersi. Bertrand, che era presente al rapporto di questa spia, era del parere che si dovesse prendere Burgos, promettendo a Enrico che lì sarebbe stato incoronato re di Spagna....

"La marcia dell'esercito iniziò all'alba del giorno successivo. L'avanguardia era guidata dal maresciallo d'Endreghem, affiancato da Olivier de Mauny, Hugues le Caurelay, Nicolas Strambourc, Jean d'Evreux, Gautier Huët e molti gentiluomini inglesi, tutti di buona e pronta compostezza. La retroguardia era comandata da Beltran, il cui solo nome

era così temibile che tutti erano convinti che da solo valesse un intero esercito. Il conte de la Marche, monsieur de Beaujeu, Guillaume Boitel, Guillaume de Launoy, Henry de Saint Omer, tutti erano onorati di accompagnare un così grande capitano e di condividere con lui il pericolo e la gloria che avrebbero incontrato in questa escursione; ma, soprattutto, il principe Enrico si convinse che ciò sarebbe stato vantaggioso per lui, sotto il vessillo di un generale le cui armi erano sempre state vittoriose, sperando inoltre che Dio, conoscendo la giustizia della causa che li spingeva tutti ad agire, avrebbe fatto piovere la sua benedizione sulla loro impresa, dal momento che il nemico contro cui dovevano combattere era un principe reprobo, che non solo aveva pubblicamente rinnegato la religione cristiana con i suoi infami rapporti con gli ebrei, con grande scandalo di tutti i suoi sudditi, ma si era anche macchiato le mani con il sangue innocente della principessa più santa e più realizzata di tutta la terra, di cui avrebbe dovuto prendersi cura tanto più che era sua moglie e che discendeva anch'essa da San Luigi."

Il capitolo XVIII era intitolato "*De la reddition volontaire que ceux de Burgos et de Tolede firent de leurs villes, aussitôt qu ils apprirent que Bertrand et la Compagnie blanche étaient en marche pour les assierger*" ("*Sulla resa volontaria che quelli di Burgos e Toledo fecero delle loro città, non appena seppero che Beltran e la Compagnia Bianca erano in marcia per assediarle*"). Dove si dice che le "*tre sette*", cristiani, saraceni ed ebrei, "*avevano avuto tutti lo stesso sentimento e avevano riconosciuto Enrico come loro re... a patto che promettesse di non intaccare i loro costumi e privilegi*".

L'incoronazione del re Enrico e della regina ebbe luogo a Burgos nell'aprile del 1366, il giorno di Pasqua.

"*Beltran e tutta la sua Compagnia Bianca, dopo aver gloriosamente eseguito ciò che avevano intrapreso a favore di Enrico, tennero un consiglio con l'idea di rivolgere le armi verso Granada, contro i Saraceni che se ne erano impossessati. Ma Enrico, vedendo che questo proposito sarebbe stato molto dannoso per i loro interessi, che sarebbero rimasti imperfetti e che sarebbero potuti cadere in rovina se abbandonati da loro, li esortò a seguire i loro primi passi e a brandire le loro punte contro gli Stati di Pietro, come avevano ben iniziato, rappresentando loro che se era un motivo religioso che li spingeva a rivolgere i loro pensieri contro il regno di Granada, perché era pieno di ebrei e saraceni, non ce n'erano di meno nelle terre dell'obbedienza a Pietro, che potevano servire loro come oggetto per realizzare i loro pii disegni; che avrebbe lasciato loro anche il bottino di tutte le conquiste fatte, da cui avrebbero potuto arricchirsi notevolmente.*"

Alla notizia, Pedro il Crudele lasciò Toledo per rifugiarsi a Cardona e nascondersi in un bosco, "*tanto era terrorizzato dal pericolo che lo minacciava"*. La borghesia di Toledo, terrorizzata, non combatté. Enrico si avvicinò alla città con il suo esercito e ricevette le chiavi della città dal vescovo. Fuggendo dal suo nemico, Pedro si diresse verso Siviglia, l'unica città di una certa importanza che gli era rimasta. Da lì apprese che anche Cardona si era arreso.

Si scaglia poi contro i suoi due consiglieri ebrei, Danius e Turcan, *"i cui perniciosi consigli lo avevano invischiato in tutte le spiacevoli vicende che aveva dovuto sopportare"*. *Li rimproverò di essere la causa di tutte le sue disgrazie, poiché gli avevano malignamente consigliato di far uccidere la Regina Bianca, diventando essi stessi i ministri e gli strumenti di questa crudeltà, per saziare la loro particolare vendetta; che per questo detestabile crimine avevano suscitato l'indignazione di tutti i suoi sudditi e la rivolta del suo stesso fratello, che lo stava sconfiggendo ovunque, che meritavano di essere puniti con il massimo supplizio, ma che lui si accontentava di bandirli per sempre dalla sua corte, alla quale proibiva di avvicinarsi pena la morte. I due ebrei obbedirono senza replicare e, senza tentare di discolparsi davanti a questo principe iracondo di cui temevano l'ira, presero la strada per Lisbona per ripararsi dalla tempesta che li minacciava. Ma sfortunatamente una mattina furono raggiunti da Matteo di Gournay, un cavaliere inglese, che li sorprese mentre uscivano da una valle per andare a foraggiare. Appena li vide, si avvicinò con la spada in mano, intimando loro di arrendersi o di rischiare la vita. I due disgraziati, tremanti di paura, chiesero pietà: egli chiese loro se fossero ebrei o saraceni; Turcan rispose che erano effettivamente ebrei, ma che se fosse stato così gentile da non metterli a morte, avrebbero promesso di consegnargli la città di Siviglia il giorno successivo. Il cavaliere assicurò loro che non solo la loro vita sarebbe stata risparmiata, ma che sarebbero stati ricompensati in proporzione a un servizio così essenziale, se avessero avuto la fortuna e l'abilità di compiere l'impresa. Turcan prese nuovamente la parola, rivelando i mezzi che avrebbe usato per sconfiggerli. Gli disse che, poiché gli ebrei avevano un quartiere separato a Siviglia, che potevano aprire e chiudere a loro piacimento, sarebbe stato facile per lui entrare nel luogo che occupavano e conquistare i più importanti, con i quali aveva rapporti segreti; che avrebbero fatto girare così bene la testa a loro favore che li avrebbe fatti accondiscendere a ciò che gli piaceva, a patto che gli fosse promesso che, aiutando le truppe di Enrico a prendere la città, non sarebbero stati toccati i loro beni e tanto meno le loro vite"*.

In effetti, Turcan riuscì a convincere i capi della comunità ebraica di Siviglia. Pietro, informato in tempo di questo tradimento da una spia ebrea, lasciò Siviglia in tutta fretta. *"Enrique, Beltran e tutta la Compagnia Bianca approfittarono di questa occasione favorevole per presentarsi davanti alle mura della città. Le informazioni che avevano già in piazza con gli ebrei facilitarono enormemente la loro resa"*, ed Enrico entrò a

Siviglia alla testa del suo esercito.

Il capitolo XIX racconta gli eventi successivi: Pedro si recò a Lisbona per incontrare il re del Portogallo e chiedere aiuto, ma quest'ultimo gli fece capire che non aveva i mezzi per combattere i francesi. D'altra parte, il Principe di Galles, figlio primogenito del Re d'Inghilterra, che controllava la Guiana, sarebbe stato senza dubbio più disposto a sostenerlo. *"Queste ragioni spinsero Pierre a recarsi a Bordeaux per parlare con il Principe di Galles, che aveva lì la sua corte. Così fece preparare una nave e la caricò dei suoi beni più ricchi e preziosi, senza dimenticare la sua tavola d'oro, e poi si imbarcò, seguito da venticinque cavalieri, cinquanta scudieri spagnoli e un gran numero di ebrei, che formavano una compagnia molto fedele"*.

Nel febbraio 1367, il Principe di Galles, la cui caratteristica armatura nera gli era valsa il soprannome di Principe Nero, attraversò i Pirenei. La sua avanguardia subì una sconfitta per mano dei francesi, ma in aprile, contro il parere di Duguesclin, Enrico combatté una battaglia a Najera, attirato dall'irruenza di alcuni giovani signori spagnoli. La battaglia fu persa e Duguesclin fu fatto prigioniero, mentre Enrico di Trastámara si rifugiò al di là dei Pirenei, dove riorganizzò immediatamente il suo esercito.

Pietro il Crudele, che non aveva più bisogno del Principe di Galles, lo invitò perfidamente a far stazionare le sue truppe dalla parte della Navarra, facendogli credere che i rifornimenti sarebbero stati abbondanti e che lui stesso si sarebbe fatto avanti per pagargli tutte le somme che gli aveva promesso. Ma una volta arrivato in Navarra con le sue truppe, il Principe Nero non trovò provviste sufficienti, *"tutto il raccolto era stato consumato... e Pietro, che doveva portargli tanto denaro, tante ricchezze e tanti tesori, lo lasciò a languire con tutta la sua gente"*.

Duguesclin stesso fissò il riscatto a 100.000 fiorini. La Principessa di Galles gli offrì circa 30.000 fiorini e 4.000 cavalieri e scudieri francesi che lo avevano seguito in Spagna pagarono il resto. Il Principe Nero lo rilasciò volentieri, poiché si diceva anche che fosse tenuto prigioniero perché lo temeva. Duguesclin tornò in Castiglia con Enrico e riconquistarono rapidamente il Paese. L'assedio di Toledo durò nove mesi. La città fu coraggiosamente difesa dai sostenitori di Don Pedro, "soprattutto dagli ebrei", scrive Graetz: "La comunità di Toledo soffrì di più. Emulando i seguaci cristiani di Don Pedro, fecero i più grandi sacrifici per la difesa della città e sopportarono un lungo e terribile assedio. La carestia durante l'assedio fu così grande che i disgraziati consumarono non solo la pergamena della Legge, ma persino la carne dei loro stessi figli. A causa della carestia e della guerra perì la maggior parte della comunità di Toledo, secondo alcuni autori 8.000 persone, secondo altri più di 10.000".

Pietro il Crudele era venuto in aiuto di Toledo con un esercito composto principalmente da mori ed ebrei. Il 14 marzo 1369 subì una pesante sconfitta nella battaglia di Montiel e fu fatto prigioniero. Quando Duguesclin andò a trovarlo insieme a Enrico, i due fratellastri si affrontarono: "Quando i fratelli si incontrarono, si dice che Enrico gli scagliò in faccia queste parole ingiuriose: "Dov'è l'ebreo, figlio di una prostituta, che si fa chiamare re di Castiglia?". Poi ingaggiarono una lotta. Don Pedro fu sconfitto e decapitato dal generale del fratello, Du Guesclin", racconta Heinrich Gratez nelle sue pagine. Così, la morte di Pietro il Crudele pacificò la Spagna e Du Guesclin poté tornare in Francia con la sensazione di aver compiuto la sua missione, di aver accresciuto la sua fama e di aver guadagnato grandi ricchezze. Quando Papa Urbano V apprese la notizia "non riuscì a contenere la sua gioia per la notizia della morte di Don Pedro. "La Chiesa deve rallegrarsi", scrisse, "per la morte di un tale tiranno, ribelle alla Chiesa e partigiano di ebrei e saraceni. I giusti esultano per questo castigo". L'umiliazione degli ebrei spagnoli, che il Papato aveva a lungo fallito, fu inaspettatamente ottenuta dalla guerra civile in Castiglia[368] ".

LXVII. Maggio 1370: le schiere di Enghien.

Nel Brabante si diffuse la voce che gli ebrei della città di Enghien avevano rubato sedici ostie consacrate dalla chiesa di Bruxelles per trafiggerle nelle loro sinagoghe con pugnali e coltelli. Un'anziana donna ebrea aveva denunciato i colpevoli al sacerdote, dopo di che il grido di indignazione era stato unanime. "Gli anziani della sinagoga di Enghien furono torturati; tre di questi sfortunati furono legati e bruciati vivi il 22 maggio 1370 vicino alla Porta di Namur a Bruxelles; uno di loro, Jonathas, aveva acquisito grandi ricchezze grazie alle sue speculazioni. Tutti gli altri ebrei furono banditi dal Brabante e i loro beni confiscati.... Si decise di perpetuare il ricordo come un evento glorioso per il Brabante. Per la chiesa di Santa Gudula a Bruxelles furono dipinti diciotto quadri con tutti i dettagli dell'evento, compresa la macabra esecuzione dei tre anziani della sinagoga. Fu istituita una festa secolare, la cui effemeride fu poi fissata a mezzo secolo[369] ".

"Nel luglio del 1820, la storia delle ostie di Enghien e della conseguente persecuzione fu celebrata ancora per otto giorni. Le cerimonie religiose si combinavano con i divertimenti mondani... il Santissimo Sacramento,

---

[368] Heinrich Graetz, *History of the Jews IV*, Philadelphia, The Jewish Publication Society of America, 1894, pag. 126.
[369] Sander, Chorograph. sacra Brabant. — Calfmcier, *Vénérable histoire du trèssaint Sacrement*, etc., in Georges-Bernard Depping, *Les Juifs dans le Moyen-Âge*, (1823), Éd. Wouters, Bruxelles, 1844, p. 174.

contenente le sedici ostie profanate, veniva portato in processione, ornato di strass, mentre le strade venivano piantate con fiordalisi e fiori, e nelle case venivano appesi arazzi; c'erano banchetti, concerti, sparatorie, fuochi d'artificio e luminarie[370] ".

LXVIII. I funerali di Carlo V di Francia

Quando Carlo V salì al trono di Francia nel 1364, in un Paese devastato e in parte occupato dagli inglesi, si affrettò ad abolire le restrizioni ordinate dal padre sui privilegi degli ebrei e li autorizzò a prolungare il loro soggiorno in Francia. I privilegi degli ebrei furono ripristinati per altri sei anni. Con il loro oro, gli ebrei "ottennero alla corte di questo debole principe tutto ciò che volevano". Manasse di Vesoul, il loro agente, usò molto abilmente il suo credito a loro favore.

Nonostante l'espresso divieto di prendere più di quattro denari di interesse per libbra ogni settimana, gli ebrei, incorreggibili, andavano ben oltre questo tasso, già troppo alto. Come di consueto, le lamentele giunsero al Re, che doveva essere giustamente indignato dal fatto che persone appena rientrate nel regno grazie a un perdono speciale fossero incorreggibili nelle loro abitudini viziose e conservassero una tale avidità nei confronti della nazione che li aveva accolti. Il prevosto di Parigi avviò un procedimento contro di loro e li condannò a pesanti multe; nel Consiglio del Re si parlò addirittura di espellere nuovamente dal regno questa razza di disonesti usurai; ma Manasse di Vesou, per millecinquecento franchi d'oro, ottenne un ordine reale che metteva a tacere la questione e il procuratore del Re; poi, per tremila franchi d'oro, gli ebrei ottennero una proroga di dieci anni del loro soggiorno in Francia, che era già stato prolungato a ventisei[371] ".

Se frequentavano le fiere di Champagne e Brie, non era tanto per esporre merci quanto per speculare sul bisogno di denaro degli altri mercanti. Inoltre, ipotecavano le proprietà dei debitori, portandoli alla rovina.

Carlo Evrart di Tremagon, un giurista bretone vissuto all'epoca, fu l'autore del *Sogno del Vergel (Songe du Verger)*, completato nel 1376, uno dei libri più penetranti del XIV secolo e anche un'accusa all'ebraismo. In questo dialogo tra un ecclesiastico e un cavaliere leggiamo affermazioni

---

[370]*Unterhaltungsbloetter fur Welt und Menschenkunde*, 1082, n° 8, in Georges-Bernard Depping, *Les Juifs dans le Moyen-Âge*, (1823), Éd. Wouters, Bruxelles, 1844, p. 174.
[371]Privilegi concordati da Carlo V, Vincennes, 1373; carta dello stesso, dell'anno 1374, nel volume V della Compilazione delle Ordinanze, in Georges-Bernard Depping, *Les Juifs dans le Moyen-Âge*, (1823), Éd. Wouters, Bruxelles, 1844, p. 183.

come queste:

"E infatti", disse uno, "conosco un tale che ha preso in prestito X franchi[372] da un ebreo, per i quali ha pagato XIII cento franchi sia per il lotto [capitale] che per l'usura [interessi], e non è ancora in pace. E chi volesse fare un'indagine diligente troverebbe cinquantamila persone nel regno di Francia diseredate e impoverite da questi ebrei".

E l'altro rispose: "Le donne cristiane, a causa della loro grande povertà, per recuperare le loro vesti, giacciono con loro in modo riprovevole". Ed entrambi concordarono sui "mali e gli orrori che accadono ogni giorno alla cristianità come risultato del conversare [frequentare] con gli ebrei[373]".

Gli ebrei erano ancora soggetti a una tassa su alcuni pedaggi. A Saint-Symphorien d'Oson, un ebreo a piedi doveva pagare quattro denari, un ebreo a cavallo e un'ebrea incinta il doppio.

Un'umiliazione ancora più insultante era praticata a Le Puy. Quando un ebreo osava farsi vedere in città, rischiava di essere giustiziato dai chierichetti della cattedrale. In una sentenza del 1373, questi ragazzi condannarono a una multa di trecento sterline un ebreo che fosse stato sorpreso all'interno della città[374].

Nella contea di Lesmont, nella Champagne, ogni ebreo che passava era obbligato a inginocchiarsi davanti alla porta del signore o del suo inquilino per ricevere uno schiaffo in faccia[375]. Georges-Bernard Depping, che riferì di questi eventi a metà del XIX secolo, si indignò in seguito e scrisse: "Questi erano gli affronti a cui il popolo di Mosè e di Salomone era esposto in modo disumano[376] !"

Carlo V morì nel settembre 1380. La popolazione parigina colse l'occasione e si rivoltò contro gli ebrei. Il quartiere ebraico della capitale fu raso al suolo e alcuni ebrei furono uccisi. Il potente prevosto di Parigi, Hugues Aubriot, noto per essere il difensore e il protettore degli ebrei, non riuscì a impedire le rivolte[377].

---

[372]Si tratta del *"Franc à Cheval 1360"* (*"Franco a Cavallo 1360"*), la prima moneta d'oro a introdurre la moneta storica: il Franco. Creata il 5 dicembre 1360, questa moneta fu emessa per pagare il riscatto del re Giovanni II il Buono, tenuto prigioniero dagli inglesi. Equivalente a una sterlina tournois, questa moneta diffuse in tutto il Paese l'uso del termine *"franco"* per indicare la moneta nazionale francese. (NdT).

[373] *Livre du Verger*, 1376, livre premier (*Libro del Vergel*, 1376, primo libro).

[374] Archivi della Chiesa di Puy, citati nel volume IV della *Storia generale della Linguadoca*.

[375]Stendardo destro del pedaggio della contea di Lesmont, inserito nel volume I delle Ephemerides di Grosley, pag. 162, edizione del 1811.

[376] Georges-Bernard Depping, *Les Juifs dans le Moyen-Âge*, (1823), Éd. Wouters, Bruxelles, 1844, p. 163.

[377] Cronaca di Carlo VI. Sauval, *Antiquités de Paris*, tomo II, liv. X, in Georges-Bernard Depping, *Les Juifs dans le Moyen-Âge*, (1823), Éd. Wouters, Bruxelles, 1844, p. 185.

Aubriot aveva da tempo usato il pugno di ferro, quindi i suoi nemici erano innumerevoli. Il 24 settembre, durante i funerali del re, si verificò un incidente. Quando il rettore dell'Università di Parigi, seguito dai professori e dagli studenti, volle unirsi al corteo funebre, Hugues Aubriot vietò loro il passaggio e ne seguì una feroce rissa. Il giorno dopo, mentre la bara di Carlo V veniva trasportata dalla Cattedrale di Notre-Dame a Saint-Denis, si ripeterono gli stessi incidenti. Per vendicarsi, gli studenti universitari si riunirono con i detrattori del prevosto e si lanciarono all'assalto. Gli ecclesiastici accusarono allora Aubriot di eresia e un processo dell'inquisizione venne a sostenere il procedimento civile di cui il rettore riuscì a prendere la guida. L'accusato fu risparmiato dal rogo, ma dovette fare ammenda: fu privato delle sue funzioni e imprigionato.

Nella *Cronaca dei Quattro Primi Valois (Chronique des Quatre premiers Valois) si* legge che Aubriot fu accusato di essere un "retrogrado dell'eresia, sodomita e falso cristiano", e di "aver fatto molte cose orribili e abominevoli, come possedere donne in modo bestiale contro natura, di aver avuto compagnia carnale con donne ebree, come pure di aver restituito agli ebrei i figli di ebrei che erano stati cristiani, come pure di aver corrotto le donne e poi di aver impiccato i loro mariti, per essere un sodomita e non aver osservato la legge cristiana[378]."

Nel vicino ducato di Borgogna, gli ebrei non se la passarono tanto male. Filippo il Temerario (1363-1404) aveva mantenuto il divieto imposto agli ebrei di indossare abiti colorati, di fare il bagno negli stessi luoghi dei cristiani, di toccare i cibi esposti nei mercati per essere venduti, nonché l'obbligo di avere un solo cimitero e una sola sinagoga per diocesi. Ordinò anche di astenersi dal mangiare carne durante la Quaresima come i cristiani. Ma durante il suo regno non ci furono persecuzioni sanguinose.

A Strasburgo, la città imperiale, gli ebrei furono riammessi in città nel 1383, con un atto pubblico che inizialmente limitava la loro permanenza a un numero esiguo di anni; ma una volta reintegrati nella piazza, gli ebrei non ebbero difficoltà a rimanere e a farsi rispettare.

Ecco una storia accaduta in Alsazia in quel periodo: "Un nobile di Mulhouse, invece di rivolgersi al Papa, prese una via più breve e violenta per liberarsi del suo creditore ebreo. Quando fu citato in giudizio per il suo

---

[378] *Chronique des Quatre premiers Valois*, p. 294-295 — Année 1381. « Ben presto egli stesso fu oggetto delle più nere accuse. L'università lo denunciò al vescovo di Parigi come un segreto devoto al giudaismo. Si sosteneva che le donne ebree esercitavano la massima influenza sull'uomo che governava la corte e la città; si parlava di eresia ed empietà. Aubriot, il magistrato a cui la città doveva i suoi miglioramenti e il suo buon ordine, fu condannato a trascorrere il resto della sua vita in una prigione. La caduta del loro protettore espose gli ebrei a nuove calamità ». In Georges-Bernard Depping, *Les Juifs dans le Moyen-Âge*, (1823), Éd. Wouters, Bruxelles, 1844, p. 185.

debito, i cui interessi superavano già il capitale, invitò l'ebreo a recarsi a casa sua, dopo aver tolto di nascosto tutti i suoi averi; poi, alla comparsa del creditore, lo fece mettere in un bagagliaio da quattro robusti servitori e lo trasportò in Borgogna, da dove il prigioniero tornò solo alla fine di quattro settimane e dopo aver pagato quattrocento fiorini per il suo riscatto. Il caso fu portato davanti al magistrato e il signore, noto come de Neuenstein, fu bandito a vita e la sua casa confiscata a beneficio della città, che la trasformò in una fabbrica di tegole[379] ".

LXIX. L'insurrezione generale del 1391 in Spagna

Enrico di Trastámara, salito al trono di Castiglia nel 1369, non era malvagio nei confronti degli ebrei del suo regno. La sua lotta con Don Pedro aveva assorbito ingenti somme e doveva molto denaro ai suoi alleati. Aveva quindi bisogno di abili finanzieri per trovare il denaro necessario e riscuotere regolarmente le tasse. A questo scopo chiamò due ebrei da Siviglia, Don José Pichon (o *Picho*), che nominò Ministro delle Finanze, e Don Samuel Abrabanel.

Fin dalla prima riunione delle Cortes di Toro, nel 1371, crebbe il sentimento di ostilità nei confronti degli ebrei. "Le Cortes espressero al re il loro disappunto per il fatto che questa "razza malvagia e audace", questi nemici di Dio e della cristianità, fossero impiegati in "alte cariche" a corte e dai grandi di Spagna, e che venissero incaricati di riscuotere le tasse, per mezzo delle quali i deboli cristiani venivano sottomessi e terrorizzati", scrive Heinrich Graetz.

Enrico deve aver tenuto conto di queste recriminazioni ed emise due editti contro gli ebrei. Ordinò loro di indossare la fibbia, come i loro compagni ebrei nel resto d'Europa, e di cambiare i loro cognomi castigliani e assumere i loro veri cognomi ebraici.

Nel 1370 in Castiglia c'erano circa 200.000 ebrei, ovvero il 3-5% della popolazione totale. Nel regno di Aragona, con 60.000 ebrei, la proporzione era del sei-sette per cento.[380]

Gli ebrei più ricchi e influenti erano entrati nell'intero apparato statale, si erano arricchiti con l'usura e si pavoneggiavano in pubblico con abiti d'oro e di seta. Erano anche ruffiani: nel 1387, a Barcellona, un ruffiano ebreo fu punito con una pesante multa[381]. Graetz scrive che alcuni "ebrei si

---

[379] Georges-Bernard Depping, *Les Juifs dans le Moyen-Âge*, (1823), Éd. Wouters, Bruxelles, 1844, p. 173.
[380] Yod, *Revue des études modernes et contemporaines hébraïques et juives*, numero 35, 1992.
[381] M. Kriegel, *Les Juifs à la fin du moyen âge*, p. 249, in Georges Valensin, *La Vie*

lamentavano che il loro senso morale era profondamente ferito dall'egoismo e dall'avidità dei loro fratelli ricchi. "Per questi problemi", disse uno di loro, "gli ebrei ricchi e titolati sono i maggiori responsabili; la loro unica considerazione è la loro posizione e il loro denaro... In effetti, l'unione, che un tempo era stata la principale fonte di forza tra gli ebrei spagnoli, si è spezzata. La gelosia e l'invidia tra i grandi ebrei avevano minato il sentimento fraterno che in passato aveva indotto ciascuno a unire i propri interessi con quelli della comunità in generale e a unirsi per difendersi a vicenda. "La maggior parte dei ricchi ebrei", dice Salomone Alami nel suo "*Specchio della morale*", che sono ammessi alle corti reali e ai quali vengono date le chiavi delle casse pubbliche, sono orgogliosi delle loro dignità e delle loro ricchezze, ma non pensano ai poveri. Costruiscono palazzi per se stessi, viaggiano in splendide carrozze o su muli riccamente bardati, vestono con abiti magnifici e adornano le loro mogli e figlie come principesse con oro, perle e pietre preziose[382]".

Sempre più spesso si verificano denunce tra gli ebrei. "Persino i rabbini venivano denunciati", osserva Graetz. Il ministro ebreo Joseph Pichon fu accusato di appropriazione indebita da alcuni favoriti del tribunale ebraico e fu successivamente imprigionato e condannato a una multa di 40.000 dobloni. Dopo aver pagato questa somma, fu rilasciato. Per vendicarsi, o forse semplicemente per giustificarsi, Pichon coinvolse i suoi accusatori in una "accusa molto grave", scrive Graetz senza approfondire la questione.

Re Enrique morì nel 1379. Durante i festeggiamenti per l'incoronazione del figlio Don Juan I a Burgos, un tribunale di rabbini condannò Pichon come denunciatore senza nemmeno ascoltare la sua difesa. Alcuni ebrei della corte chiesero allora al giovane re l'autorizzazione a giustiziare un pericoloso correligionario il cui nome era tenuto segreto. Armati della lettera timbrata dal re e del mandato d'arresto, i nemici di Pichon si recarono dal capo della polizia - l'ufficiale giudiziario - e chiesero la sua assistenza per eseguire la sentenza dei rabbini.

Il 21 agosto 1379, di buon mattino, alcuni ebrei accompagnati dal conestabile entrarono in casa di Pichon, lo svegliarono e lo trascinarono fuori con un pretesto. Quando raggiunsero la soglia della porta, l'ex ministro fu abbattuto.

Questa esecuzione provocò una profonda commozione. Il giovane re Juan I condannò a morte gli assassini ebrei, un membro del tribunale rabbinico di Burgos e il balivo Fernán Martín. Inoltre, il re ritirò la giurisdizione penale ai tribunali ebraici: d'ora in poi, gli ebrei avrebbero dovuto scegliere dei cristiani per condurre i loro processi penali. Giovanni

---

sexuelle juive, p. 65, 66
[382] Heinrich Graetz, *History of the Jews IV*, Philadelphia, The Jewish Publication Society of America, 1894, p. 138, 154.

I ordinò loro, pena una severa punizione, di astenersi dal fare proselitismo e di eliminare i passaggi ingiuriosi dalle loro preghiere.

In seguito, la situazione degli ebrei di Spagna peggiorò notevolmente. Per volere delle Cortes di Valladolid, nel 1385, Giovanni I convertì in legge statale le disposizioni canoniche che vietavano agli ebrei di soggiornare nella stessa casa dei cristiani o di impiegare balie e domestiche cristiane. Decise inoltre che né gli ebrei né i musulmani potevano servire come tesorieri reali, sia per il re, sia per la regina o i principi.

Fu l'arcidiacono[383] di Ecija, Ferrán (o Fernando) Martínez, a sollevare il popolo spagnolo contro i suoi oppressori. Dal 1378, Martinez, ex confessore della regina Eleonora d'Aragona, tuonò contro le loro astuzie, denunciando nei suoi sermoni "la loro ricchezza e il loro indomito orgoglio". "Un giorno, il 15 marzo 1391 - un giorno memorabile non solo per gli ebrei e per la Spagna, ma per la storia del mondo, perché in quel giorno fu creato il primo germe dell'Inquisizione - Martinez, predicando come al solito contro gli ebrei, incitò deliberatamente la folla alla sommossa nella speranza che molti ebrei abiurassero la loro religione. Le passioni della folla si accesero e scoppiarono in tumulti selvaggi". Le autorità, sotto la guida dell'ufficiale giudiziario di Siviglia, punirono due dei capi della folla, ma questo intervento non fece altro che fomentare la rabbia del popolo. "Alcuni dei principali ebrei di Siviglia, vedendo che le autorità locali non erano abbastanza forti per affrontare la rivolta, si affrettarono a recarsi alla corte del giovane re e si appellarono al consiglio di reggenza affinché fermasse il massacro dei loro fratelli. Le loro proteste furono accolte favorevolmente. Immediatamente furono inviati dei messaggeri a Siviglia con l'ordine alla popolazione di astenersi da ulteriori atrocità. La nobiltà locale appoggiò l'azione del re e, schierandosi con gli ebrei, riuscì a sottomettere i rivoltosi[384] ", racconta Graetz nella sua opera. La resistenza popolare era stata così schiacciata dalle élite.

Tuttavia, Fernando Martínez continuò a predicare. Tre mesi dopo, il 6

---

[383] L'arcidiacono (dal greco ἀρχι: il primo e διάκονος: servo, ministro) o arcidiacono era il diacono capo di una cattedrale. Si occupavano principalmente di opere di carità per conto del vescovo, di amministrare le diocesi e infine di gestire alcune aree (soprattutto rurali) chiamate arcidiaconati o arcidiaconie. Nel XII secolo, la figura dell'arcidiacono si era diffusa in tutta la cristianità e gli erano state affidate nuove funzioni, come quelle di giudice nelle cause ecclesiastiche, sempre con la delega del vescovo; Egli compariva nei concili cattedrali per presiederli, come vicario naturale del vescovo, come giudice o provisore, amministratore dei beni e visitatore della diocesi; aveva potere sugli arcipreti rurali, sui parroci e sugli altri sacerdoti, convocava il sinodo diocesano, univa e smembrava i benefici e imponeva censure. Sebbene la sua autorità provenisse dal vescovo, arrivò a emanciparsi da lui.
[384] Heinrich Graetz, *History of the Jews IV*, Philadelphia, The Jewish Publication Society of America, 1894, pag. 167, 168.

giugno 1391, la popolazione di Siviglia si riversò nuovamente sul quartiere ebraico e lo incendiò. La folla massacrò la popolazione in modo tale che la comunità ebraica di Siviglia scomparve quasi completamente: "Il risultato fu che dell'importante e ricca comunità di Siviglia, che contava 7.000 famiglie, ovvero 30.000 anime, ne rimasero solo poche. Gli omicidi contarono non più di 4.000 vittime, ma per sfuggire alla morte la maggior parte di loro accettò il battesimo con la forza. Donne e bambini furono venduti come schiavi ai maomettani. Delle tre sinagoghe di Siviglia, due furono trasformate in chiese". Da Siviglia l'insurrezione si diffuse in tutta la Spagna.

Dopo Siviglia, Cordoba, la culla dell'ebraismo spagnolo, si unì al movimento. Una parte della comunità fu massacrata, l'altra accettò il battesimo. Anche a Toledo una parte della comunità si convertì al cristianesimo. Circa settanta comunità ebraiche in Castiglia subirono le rivolte dei cristiani che ne avevano abbastanza della dominazione ebraica.

A Saragozza, il principale agitatore era il nipote dell'arcidiacono. La gente irrompeva negli aljamas (quartieri ebraici) come se fosse impegnata in una guerra santa.

Anche nel regno di Aragona, nonostante le differenze con la Castiglia, i cristiani presero le armi. Tre settimane dopo i massacri di Toledo, le stesse scene si ripeterono a Valencia: "Delle cinquemila anime che costituivano la comunità ebraica nella città di Valencia, non ne rimase nemmeno una. Circa duecentocinquanta furono uccise, alcune si salvarono fuggendo e le altre abbracciarono il cristianesimo". Si stima che circa 7.000 ebrei si convertirono per sfuggire alla morte.

A Palma di Maiorca, un gruppo di vagabondi e marinai innalzò una croce e attraversò la strada ebraica di Montesión gridando: *Morte agli ebrei!* Quel giorno furono uccisi trecento ebrei e molti abiurarono la loro fede. Anche la Sicilia, all'epoca terra aragonese, fu teatro di violenze contro gli ebrei.

Tre giorni dopo, iniziò il massacro a Barcellona, la capitale della Catalogna. Gli ebrei del quartiere Call avrebbero vissuto quattro giorni di terrore[385]. Sabato 5 agosto 1391, verso l'una e mezza del pomeriggio, una

---

[385] Nel suo periodo d'oro, nel XIII secolo, il Call de Barcelona era la più grande aljama della Catalogna. La Barcellona medievale contava circa il 15% di ebrei durante il suo periodo d'oro, e la maggior parte di loro si guadagnava da vivere grazie ai 4000 ebrei che vivevano nel quartiere ebraico. Barcellona si guadagnò la reputazione di "città degli studiosi" tra gli ebrei. Gli ebrei lavoravano come medici, scienziati, mercanti e prestatori di denaro per l'aristocrazia catalana. Gli ebrei divennero i finanziatori ufficiali dei sovrani di Catalogna. Gli ebrei erano ufficialmente proprietà della corona e, durante il quarto Concilio Lateranense del 1215, le istruzioni papali imponevano agli ebrei di indossare cappucci e un bottone rosso cucito sui vestiti per identificarli. Nel 1268, il re Giacomo I eliminò l'obbligo per gli ebrei in aljama di indossare le insegne.

piccola truppa di marinai provenienti dalla Castiglia si affollò nel porto e iniziò a bruciare le porte del quartiere ebraico, penetrando e massacrando centinaia di ebrei. La folla si unì al saccheggio, che continuò per tutta la notte, mentre gli ebrei sopravvissuti si rifugiarono nel castello reale. Domenica 6 agosto la città tornò alla calma. Si tentò persino di lanciare un contrattacco e alcuni dei colpevoli furono arrestati e imprigionati. I funzionari reali, i consiglieri e i capi della città si misero di guardia intorno al quartiere ebraico e al castello per proteggerli.

Lunedì 7 agosto, decine di uomini d'arme si riunirono agli ordini dei consiglieri e dieci marinai castigliani furono condannati all'impiccagione. All'una del pomeriggio, quando Guillén de San Clemente, *ciutadano onorato* dell'oligarchia urbana e delegato del re, stava per eseguire la sentenza, scoppiò di nuovo una rivolta della gente comune e umile. I ribelli si recarono alla prigione e liberarono i prigionieri. Martedì 8 agosto, affamati e assetati, gli ebrei del castello si arresero. Una processione partì dalla cattedrale per avvicinarli e la maggior parte degli ebrei accettò immediatamente il battesimo nella cattedrale e nelle chiese. Gli altri furono giustiziati. Poco dopo, Lérida, Gerona e altre città vissero episodi simili. Saragozza, invece, non fu colpita, poiché la sua signoria era più potente e in grado di mantenere l'ordine.

Il 14 dicembre 1391, undici capi dell'insurrezione di Barcellona furono impiccati. Il 22 dicembre, altri dieci subirono la stessa sorte e due furono smembrati, tra cui un sarto di nome Armentora. Il numero totale dei condannati salì a 25 persone.

Questi disordini, durati più di due mesi, dal 6 giugno al 13 agosto 1391, avevano provocato centinaia di morti. Le stime più alte sembrano dubbie: 4.000 morti a Siviglia, più di 2.000 a Córdoba. Altre stime sono più limitate: tra 100 e 250 a Valencia, 250 e 400 a Barcellona, 78 a Lérida[386].

Heinrich Graetz scrisse qui: "Per tre mesi il fuoco e la spada infuriarono

---

Fonte Wikipedia, NdT.

[386]Yod, *Revue des études modernes et contemporaines hébraïques et juives*, numero 35, 1992, p. 15-22. [La minore intensità delle rivolte è stata notata nella loro diffusione in altri luoghi una volta raggiunte Ciudad Real, Toledo e Madrid. Illescas, Ocaña e Torrijos subirono danni meno gravi. Altre città della zona centrale con notevoli quartieri ebraici non sembrano aver subito rivolte, come Maqueda, Talavera de la Reina, Alcalá de Henares, Guadalajara, Hita, Uceda, Buitrago, Mondéjar, Pastrana, Almoguera, Zorita, Tendilla, Cogolludo, El Puente del Arzobispo, Cobeña o Torija. Ciò è stato attribuito alla sottomissione di questi quartieri ebraici a potenti signori, come l'Arcivescovado di Toledo, l'Ordine di Calatrava e la Casa dell'Infantado. Per quanto riguarda la Corona d'Aragona, mentre le comunità ebraiche di Barcellona, Valencia e Maiorca furono duramente colpite (si dice addirittura che siano "scomparse"), quella di Saragozza addirittura prosperò, passando da 300 famiglie nel 1369 a 350 all'inizio del XV secolo. Fonte Wikipedia, NdT].

irresistibilmente nella maggior parte delle giudecche spagnole. Quando la tempesta si placò, gli ebrei rimasti erano talmente abbattuti nello spirito che non si avventurarono fuori dai luoghi in cui si erano rifugiati.... Le conseguenze della persecuzione furono ancora più terribili della persecuzione stessa. Il loro orgoglio fu completamente schiacciato e il loro spirito permanentemente oscurato. Essi, che un tempo avevano tenuto la testa così orgogliosamente alta, ora si allontanavano timidamente, evitando con ansia ogni cristiano come possibile assassino. Se un centinaio di ebrei erano riuniti, bastava un incidente per farli fuggire come uno stormo di uccelli spaventati. Questa persecuzione fece loro sperimentare per la prima volta l'amarezza dell'esilio, poiché, nonostante le molte circostanze avverse, si erano sempre immaginati sicuri e a casa in Spagna[387] ". Queste violenze e avversità indicavano senza dubbio l'avvicinarsi dei tempi messianici e facevano presagire una loro precoce liberazione[388].

Alcuni ebrei spagnoli attraversarono il Mediterraneo per stabilirsi ad Algeri o a Fez. Altri andarono in Portogallo, che divenne un asilo per gli ebrei che non avevano rinunciato alla loro fede messianica. Re Joao I mantenne vigorosamente l'ordine e punì spietatamente gli agitatori.

Papa Bonifacio IX proibì nuovamente ai cristiani di usare la violenza per battezzare gli ebrei. La sua bolla fu pubblicata in ogni città del Portogallo ed elevata a legge statale. Il 17 luglio 1392, il re Joao I emanò un editto che puniva gli ebrei ribelli (quelli che erano tornati alla loro

---

[387] Heinrich Graetz, *History of the Jews IV*, Philadelphia, The Jewish Publication Society of America, 1894, p. 169, 170–171, 172–173.

[388] "I tempi difficili, gettando le ombre di un futuro ancora più infelice, produssero il malinconico fenomeno di un'altra frenesia messianica. Questa si manifestò nuovamente nelle menti dei mistici. Lo *Zohar* era stato abilmente elevato alla dignità di autorità approvata e la Qabalah acquisiva ogni giorno più influenza, anche se non veniva studiata in proporzione allo zelo con cui veniva difesa la sua autorità. Tre cabalisti furono particolarmente attivi nell'eccitare le emozioni e nel far cambiare idea al popolo ebraico: Abraham di Granada, Shem Tob ben Yosef e Moses Botarel. Il primo compose (tra il 1391 e il 1409) un'opera cabalistica, una farragine di strani nomi della Divinità e degli angeli, di lettere trasposte e di giochi di vocali e accenti. Abramo di Granada ebbe l'audacia di insegnare che coloro che non riuscivano a comprendere Dio con metodi cabalistici appartenevano ai deboli nella fede, erano peccatori ignoranti e, come i depravati e gli apostati, erano ignorati da Dio e non considerati degni della sua speciale Provvidenza. Pensava che la rinuncia alla loro religione da parte degli ebrei istruiti si spiegasse con la loro desolante dedizione allo studio scientifico e il loro disprezzo per la Cabala. D'altra parte, egli affermava di vedere nelle persecuzioni del 1391 e nella conversione al cristianesimo di tanti ebrei di spicco i segni dell'era messianica, delle sofferenze che l'avrebbero preceduta e dell'avvento della Redenzione". Heinrich Graetz, *History of the Jews IV*, Philadelphia, The Jewish Publication Society of America, 1894, p. 196–197. Per saperne di più sul processo della Redenzione di Israele (e del mondo!) e della liberazione messianica, leggete *Psychoanalysis of Judaism*.

religione d'origine).

Nel frattempo, all'altro capo dell'Europa, nel Sacro Impero, più di tremila ebrei furono massacrati a Praga durante una rivolta popolare e le sinagoghe furono bruciate e distrutte (Pasqua 1389). L'anno successivo, l'imperatore Venceslao emanò un editto secondo il quale "tutti i conti, i baroni, i signori, i cavalieri, i servi e i camerieri, i borghesi e gli altri sudditi che vivevano nel Paese franco erano liberati e assolti da tutti i debiti ebraici in capitale e interessi".

LXX. 1394: l'espulsione dalla Francia

Nel 1380, "al momento dell'ascesa al trono di Carlo VI, appena uscito dall'infanzia, il governo fu affidato agli intrighi dei cortigiani; i duchi di Berri, di Borgogna e di Orléans avevano i loro sostenitori e le loro fazioni; chi aveva più credito al momento otteneva gli ordini reali che desiderava, o bloccava le procedure in Parlamento. Gli ebrei erano troppo abili per non guadagnarsi amici e protettori in questa lotta di partiti; senza dubbio avevano anche più di un importante debitore".

Come abbiamo visto, in queste circostanze si verificarono rivolte antiebraiche a Parigi e in altre città di provincia. Il popolo, irritato dall'impunità dell'usura, aveva saccheggiato i quartieri ebraici e ferito o ucciso molti membri della comunità ebraica. Ma la comunità ebraica riuscì a farsi valere e ricevette ingenti risarcimenti. Gli ebrei sostenevano di essere stati derubati dei beni di valore che avevano preso in garanzia - oro, argento, pietre, gioielli, ecc. Furono quindi esentati senza che il governo pensasse a risarcire i mutuatari.

"Dai documenti pubblici dell'epoca si evince che, pur lamentandosi della loro povertà, non mancavano di fornire al re fondi, sia per le guerre che per le altre spese. Nel 1388, come prezzo di questi anticipi abilmente offerti, gli strapparono un atto di concessione che fu allo stesso tempo un errore di valutazione da parte di Carlo VI e una dimostrazione dell'audacia degli ebrei di Francia. Essi godevano da tempo del diritto di far pagare quattro denari per libbra come interesse, un tasso esorbitante, come già notato in precedenza. Nell'accordare loro questa ampia concessione, i re avevano sempre proibito l'accumulo di rendite con il capitale e la riscossione di interessi su interessi, che nel linguaggio dell'epoca si chiamava *fare montes de* montas.... Agli ebrei non era mai stato permesso di praticare l'usura fino a questo punto; ma sotto Carlo VI, confidando nell'ascendente che avevano raggiunto e probabilmente anche nel denaro che distribuivano a corte, praticarono l'usura in questo modo rovinoso. In conformità alle leggi vigenti, il procuratore del re e altri funzionari di corte avviarono procedimenti contro gli usurai colpevoli. Temendo di scoprire transazioni che avrebbero scatenato una nuova tempesta contro di loro, gli ebrei si affrettarono ad anticipare una grossa somma al re; poi vennero a lamentarsi che i funzionari della legge li perseguitavano, per odio o per altri motivi, e supplicarono il re di proteggerli da questa persecuzione. Il monarca ebbe l'incredibile debolezza di imporre il silenzio perpetuo al suo procuratore e di proteggerli da qualsiasi persecuzione per dieci anni[389] ".

"Gli sfortunati mutuatari dovettero pagare forse dieci volte quello che era costato agli ebrei ottenere questa concessione. Il re fu così accondiscendente da proibire al procuratore di accusarli di qualsiasi abuso durante questo periodo, di disturbarli o ostacolarli in qualsiasi modo, per permettere loro di fare pieno uso dei loro privilegi; di conseguenza, la ricchezza dei privati fu lasciata a discrezione degli usurai per dieci anni. Mai dal regno di Ludovico Pio (IX secolo) avevano ottenuto tanto. Sotto un re folle e un governo di fazioni, gli ebrei avrebbero potuto facilmente evitare il controllo pubblico e non essere altro che cittadini onesti e laboriosi; invece preferirono speculare sulla miseria pubblica e arricchirsi rapidamente come usurai... Credendo di non avere nulla da nascondere, in una delle loro petizioni ammisero ingenuamente che quasi tutti i loro beni consistevano in debiti che i cristiani avevano contratto con loro. Chiesero che il re non concedesse più ai debitori quelle lettere di dilazione che si ottenevano contro la persecuzione dei creditori, quando si aveva credito a corte; il re, che aveva firmato queste lettere, dichiarò che non avrebbero avuto alcun valore; ma costò loro diecimila franchi ottenere il sigillo per questa concessione. Tutto il resto del regno fu un susseguirsi di concessioni fatte agli ebrei[390] ".

Fortunatamente, alcuni giudici integerrimi reagirono contro questi parassiti. "Nonostante gli ordini formali di un re folle, gli ebrei colpevoli di aver superato il tasso d'interesse legale e di aver fatto *monta su monta*, furono sequestrati, rinchiusi a *La Conciergerie*, e si parlò di processarli e confiscare i loro beni. La nazione israelita impedì questo affronto, o meglio questa giusta punizione; con denaro alla mano si recò in tribunale per sostenere che i prigionieri erano innocenti, che avevano semplicemente fatto uso dei loro privilegi e che, nonostante tutte le persecuzioni che pendevano sulle loro teste, la comunità era disposta a pagare qualsiasi somma di denaro che il re avrebbe voluto imporre loro. Con il pagamento di seimila franchi, in contanti, ottennero il rilascio dei colpevoli e lettere di abolizione che imponevano nuovamente il silenzio al procuratore del re".

---

[389] ""... *Ricordiamoci che fino all'età di dieci anni, alcuni sacerdoti, procuratori e funzionari non potranno avvicinarsi agli ebrei, né potranno portarli in giudizio o processarli per abuso di monti o per fare o aver fatto monti in altri abusi, affinché non siano accusati di altro, ecc."*», in Georges-Bernard Depping, *Les Juifs dans le Moyen-Âge*, (1823), Éd. Wouters, Bruxelles, 1844, p. 187.
[390] Sauval, *Antiquités de Paris*, tomo II, liv. X.

"Nel 1388, le guardie della zecca di Montpellier arrestarono un ebreo condannato per aver emesso moneta falsa; il difensore dei privilegi ebraici della città reclamò il prigioniero, sostenendo che solo lui aveva il diritto di giudicarlo; ma quando il caso fu portato davanti al consiglio del re, si decise che la sentenza apparteneva ai maestri generali della zecca[391] ". Non si sa quale fosse la sentenza.

Gli ebrei hanno perso la loro credibilità dopo il caso di Denis Machault. Era un ebreo molto ricco di Villa-Parisis che si era convertito al cattolicesimo. Un giorno scomparve. Si scatenò un grande putiferio nel villaggio e il caso fu portato davanti al prevosto di Parigi. Furono arrestati sette ebrei che ammisero di aver spinto Denis Machault a tornare all'ebraismo. L'apostasia era un crimine così poco tollerato all'epoca che un cristiano fu addirittura messo al rogo a Parigi per aver avuto dei figli da una donna ebrea che praticava la religione della madre[392]. Assistito da avvocati e teologi, il prevosto condannò gli ebrei al rogo. Ma il caso fu deferito al Parlamento, che commutò la sentenza in bando e confisca e decise che i colpevoli fossero fustigati in tre piazze di Parigi, che pagassero una multa di diecimila sterline per la costruzione del ponte dell'*Hôtel-Dieu* e che rimanessero in prigione fino a quando non avessero riportato Denis Machault.

Il poeta Eustace Deschamps, nella sua *Complainte de l'Église* (1393) (*Lamento della Chiesa*), si schierò direttamente a favore dell'espulsione degli ebrei.

Gli oppositori degli ebrei approfittarono del caso Denis Machault per ottenere la revoca di tutti i privilegi concessi agli ebrei e la loro espulsione dal regno. Non conosciamo i dettagli degli intrighi di corte che portarono infine a questa espulsione. Il periodo di ventotto anni che il re Giovanni aveva concesso loro di rimanere in Francia nel 1360, più la proroga di sedici anni che Carlo V aveva concesso loro, scadde nel 1404. Ma i crimini e gli abomini che commettevano quotidianamente costrinsero il re Carlo VI ad anticipare la scadenza. L'esasperazione del popolo era così grande che non poteva più essere contenuta.

"L'ebreo che applicava tassi di interesse molto alti e faceva imprigionare i debitori che non volevano pagare" si guadagnò tutta l'inimicizia. "Il popolo odiava l'ebreo", scrive Graetz. L'incessante derisione della religione cattolica, l'appropriazione di beni rubati, l'ignobile usura, la pederastia, la ruffianeria, i crimini rituali, ogni tipo di traffico e di truffa avevano suscitato la stanchezza e l'odio dei cristiani verso i membri della setta. Il 17 settembre 1394, giorno dell'espiazione, il

---

[391] Georges-Bernard Depping, *Les Juifs dans le Moyen-Âge*, (1823), Éd. Wouters, Bruxelles, 1844, p. 185, 186-188, 191.
[392] Jean Gullas, citato da Sauval, *Antiquités de Paris*, tomo II, liv. X.

re prese finalmente la decisione di espellere gli ebrei dal regno:
"Da molto tempo e in diverse occasioni siamo stati informati da persone fidate, dai nostri procuratori e dai nostri ufficiali, di diverse grandi lamentele e clamori che giungevano loro ogni giorno per gli eccessi e le offese che i Giudei commettono ogni giorno contro i Cristiani, e per questo motivo i nostri procuratori hanno fatto diverse indagini dalle quali risulta che i Giudei hanno offeso in molti modi, specialmente contro la nostra fede e il contenuto delle nostre lettere..... Per matura deliberazione del nostro consiglio, desideriamo che, come istituzione o costituzione irrevocabile, d'ora in poi nessun ebreo possa vivere, risiedere o convertirsi nel nostro regno, ecc.[393]".

I debiti degli ebrei furono cancellati e i loro debitori furono esonerati dal pagamento. Questo memorabile editto pose fine all'esistenza legale degli ebrei in Francia.

Il testo che segue è di Michel Pintoin, religioso di Saint Denis e storico del re: "Le usure degli ebrei stavano diventando sempre più odiose e si stavano diffondendo in tutto il regno. Numerose famiglie erano state gettate nella più terribile miseria. Questi nemici di Gesù Cristo si erano così guadagnati l'odio di tutti i francesi. Il re, informato di questi disordini e cedendo ai saggi consigli della regina, sua amata moglie, decise, nonostante le enormi somme estratte ogni anno dagli ebrei che incrementavano il suo tesoro, di separare il grano dalla pula e di proteggere i credenti dagli infedeli. Un'ordinanza, pubblicata in tutte le città del regno, ordinò agli ebrei di lasciare la Francia prima di Natale e di cercare asilo all'estero, pena la condanna per lèse-majesté e la confisca di tutti i loro beni[394]".

Heinrich Graetz ha suggerito che questo editto sarebbe stato consapevolmente promulgato nel giorno dell'espiazione (Yom Kippur), mentre gli ebrei erano riuniti nei loro templi. Tuttavia, lo storico ebreo non fornisce molte spiegazioni in merito, ma piuttosto vaghe e scagionanti: "Il decreto reale non poteva imputare agli ebrei crimini o reati specifici e si limitava quindi a vaghe generalità. Sua Maestà era stato informato da persone fidate, tra cui molti dei suoi luogotenenti e altri funzionari, che erano state presentate denunce per i reati commessi dagli ebrei contro la religione cristiana e le leggi speciali elaborate per il loro controllo[395]".

---

[393] Ordinanza reale del 17 settembre 1394, nel volume VIII delle Ordinanze, in Georges-Bernard Depping, *Les Juifs dans le Moyen-Âge*, (1823), Éd. Wouters, Bruxelles, 1844, p. 193 (nota 3).
[394] *Chronique du Religieux de Saint-Denis*, tome second, Paris, 1839, p. 118-123, traduzione dal latino.
[395] Heinrich Graetz, *History of the Jews IV*, Philadelphia, The Jewish Publication Society of America, 1894, p. 175–176.

Carlo VI li trattò comunque meno duramente del suo antenato Filippo il Bello. Concesse loro il tempo di riscuotere i loro legittimi debiti e ordinò al prevosto di Parigi e ai governatori delle province di proteggerli e di sorvegliarli con ufficiali fino alla frontiera per impedire qualsiasi attacco contro di loro. Gli ebrei lasciarono la Francia solo tra la fine del 1394 e l'inizio del 1395. Si recarono in Provenza, che non era ancora francese, in Italia e nell'Impero germanico. Alcuni riuscirono a rimanere nei territori del Papa: nella Contea di Venesine, ad Avignone e a Carpentras.

Alcuni ebrei avevano dato ingenti somme di denaro al famoso Nicolas Flamel, uno scrittore giurato all'Università di Parigi, che aveva fama di stregone e alchimista, capace di trasformare il mercurio in oro, e che frequentava i cabalisti del suo tempo. Si dice che Flamel non abbia mai restituito il suo denaro agli ebrei e che avrebbe utilizzato queste somme per ingrandire la chiesa di *Saint-Jacques-de-la-Boucherie*, di cui oggi rimane solo il campanile, vicino al Municipio[396].

Quando fu decretata l'espulsione degli ebrei, il grande teologo John Gerson lodò Carlo VI per questa decisione[397].

Nel 1398, il priore provenzale Onorio Bonet, che allora viveva a Parigi, pubblicò un testo intitolato *L'Apparition de maistre Jehan de Meun*. Il grande scrittore gli apparve in sogno, caricandolo di rimproveri per i mali che stavano devastando la Francia e contro i quali aveva giurato di insorgere. Fu per bocca di Jean Meun, l'autore del poema *Le Roman de la Rose*, che Onorio espresse le sue recriminazioni contro gli ebrei:

"Siete stati espulsi dal regno a causa delle vostre grandi iniquità, della vostra usura e dei vostri peccati. Inoltre, si troveranno così tanti rimproveri contro di voi che dovreste essere tutti bruciati, perché non esercitate nessun buon commercio e nessun profitto o utilità sorge dove vivete. Non arate la terra e non sfruttate il mare. Non avrete parte al Paradiso".

Alcuni ebrei furono lasciati all'interno del regno, probabilmente involontariamente o perché avevano crediti in sospeso da parte di creditori cristiani. Nel 1395, sette di questi ebrei si appellarono al prevosto di Parigi contro il procuratore del re che li aveva processati e "tormentati". Rimasero in prigione almeno fino al 1397. Due di loro morirono in prigione e altri otto li raggiunsero. Per essere rilasciati dovettero pagare 4.000 scudi

---

[396] La Torre di Saint Jacques è l'unico resto della chiesa di *Saint Jacques de la Boucherie*, fondata nel XII secolo, ampliata nei secoli successivi e distrutta nel 1797 durante la Rivoluzione francese. Questo santuario era il punto di incontro e di partenza dei pellegrini che percorrevano la *Via Turonensis*, il cammino verso Santiago de Compostela passando per Tours. I pellegrini partivano verso sud, attraversavano l'Île *de la Cité* e arrivavano attraverso il *Petit Pont* alla *Rue de Saint-Jacques*, dove lasciavano la città. (NdT).

[397] *Archives juives*, numero 1, 1973

d'oro[398] alla regina e furono poi portati al ponte di Lione o di Mâcon per essere espulsi dal regno, insieme ad altri ebrei.

Il 30 gennaio 1398, un'ordinanza di Carlo VI stabilì che tutte le obbligazioni contratte dai cristiani a favore degli ebrei sarebbero state "annullate, distrutte e bruciate[399] ".

Questa volta il Paese era diventato *judenrein*, purificato dagli ebrei. Per i quattro secoli successivi, almeno fino al 1789, la Francia visse una magnifica epoca di abbondanza e splendore sotto ogni aspetto.

Dopo la loro partenza, il ricordo della loro presenza fu talmente negativo che per molti anni si continuò a nutrire odio e disprezzo per questi "feroci usurai". Nel *Mistero della Passione* (1452), Arnoul Gréban fece dire ai suoi personaggi teatrali che gli ebrei erano "*più crudeli dei lupi*", "*più spietati dello scorpione*", "*più fieri di un vecchio leone*", "*più rabbiosi dei falsi cani*". "*Malvagi e felloni*", "*lussuriosi*", "*prole meretrice e perversa*", "*diavoli dell'inferno*[400] " erano alcune delle espressioni per riferirsi a loro.

L'antisemitismo "senza ebrei" e senza ebrei che gli intellettuali ebrei fingono di non capire si spiega così, e non altrimenti.

LXXI. 1397: l'espulsione da Venezia

Poiché l'Italia era divisa in un gran numero di Stati, non potevano esserci misure generali contro gli ebrei in tutta la penisola e nelle isole. Se uno Stato limitava le loro libertà, un altro principe ne traeva vantaggio proteggendoli.

L'obbligo di portare la fibbia fu difficile da attuare in Italia come in Francia e dovette essere ripetutamente rinnovato. Il sinodo di Ravenna, nel 1311, li obbligò nuovamente a portare il marchio sulle vesti e ordinò anche che gli ebrei non potessero soggiornare per più di un mese in luoghi dove non ci fossero sinagoghe[401].

"A Malta, il vescovo era il custode della fibbia rossa, cioè si assicurava

---

[398]L'escutcheon era una moneta francese del Medioevo. Fu creata intorno al 1263 e poteva essere d'oro o d'argento. La moneta durò fino al 1878, quando la produzione cessò. Il valore dello scudo variava notevolmente nel tempo. Dopo l'emissione degli scudi d'oro, furono introdotti gli scudi d'argento, noti come escudos d'argento. Il valore dello scudo d'argento era solitamente compreso tra un quarto e la metà del valore dello scudo d'oro. La maggior parte della popolazione non possedeva scudi d'oro.
[399]*Archives juives*, numero 1, 1973
[400] *Mystère de la Passion*, in H. Pflaum, *Les Scènes de juifs dans la littérature dramatique du Moyen Âge*, Revue des études juives, 1930, p. 111-134, in Jean Delumeau, *La Peur en Occident*.
[401]Muraotori, *Judæis Dissert*.

che gli ebrei portassero sotto la barba un segno rosso delle dimensioni del sigillo reale[402]... Papa Paolo II li obbligò a indossare *tabarri* rossi (una sorta di corto mantello), ad eccezione degli ebrei che praticavano o studiavano medicina. In seguito furono imposti loro dei nastri gialli a Roma, ma i nastri furono difficili da introdurre come i *tabarri*[403]."

"Già nel 1298, a Venezia, il Gran Consiglio ritenne necessario nominare cinque magistrati per sorvegliare gli ebrei e multare quelli che praticavano l'usura. In un primo momento, fu concesso loro solo il permesso di soggiornare e aprire banche a Venezia per cinque anni, obbligandoli a rinnovare questa licenza chiamata condotta. Questa licenza fu rinnovata nel 1373 e nel 1381, poi fu concessa loro una *condotta* decennale a condizione che pagassero ogni anno all'erario quattromila ducati[404]... Il tasso di interesse legale sui prestiti non poteva superare il dieci per cento se non c'era un contratto; se c'era un contratto, il tasso di interesse poteva salire al dodici per cento. Con questa distinzione, il Senato voleva probabilmente costringere gli ebrei a redigere sempre contratti scritti, per evitare le continue dispute tra ebrei e cristiani sugli interessi dei prestiti.

"Nel 1385 il Gran Consiglio emanò un'ordinanza in cui si affermava che la ragione particolare per cui gli ebrei erano stati accolti a Venezia era che potevano contribuire a soddisfare i bisogni pecuniari dei poveri dando loro denaro in cambio di pegni; ma che gli ebrei stavano commettendo gravi abusi, rifiutando di prestare o chiedendo interessi usurari, in modo da ottenere notevoli profitti a spese dei poveri. Di conseguenza, fu ordinato loro di non rifiutarsi mai di prestare quando il mutuatario avesse dato in pegno il valore del prestito. Fu anche denunciato che ricevevano in garanzia dai sacerdoti ogni tipo di vaso sacro e di suppellettile ecclesiastica, che esponevano addirittura per la vendita nelle loro botteghe di Rialto. Era loro vietato avere rapporti intimi con donne cristiane, anche con le prostitute, pena una multa e la reclusione da sei mesi a un anno[405] ".

Tuttavia, queste norme non misero fine ai disordini. Nel 1388, il Senato cominciò a lamentarsi del fatto che gli ebrei si rifiutassero di prestare l'8% di somme inferiori a 30 ducati ai poveri di Venezia. Il Senato ordinò nuovamente di concedere questi prestiti sotto la minaccia di un'ammenda

---

[402]*Rocchi Pirri Sicil. Sacra*, tom. II, p. 907. Atto di Catana, dell'anno 1395

[403] Georges-Bernard Depping, *Les Juifs dans le Moyen-Âge*, (1823), Éd. Wouters, Bruxelles, 1844, p. 281.

[404]Il ducato era una moneta d'oro utilizzata in Europa fin dal Medioevo. Rimase in circolazione in Austria e Ungheria fino al 1914. Coniato per la prima volta in argento da Ruggero II di Sicilia (1140) per il suo ducato, fu adottato da Firenze (fiorino d'oro, 1252) e Venezia (cequí d'oro, 1283). (NdT).

[405] Georges-Bernard Depping, *Les Juifs dans le Moyen-Âge*, (1823), Éd. Wouters, Bruxelles, 1844, p. 307-308.

e vietò di dare in pegno gli oggetti di culto.

Il 27 agosto 1394, due anni e mezzo prima della scadenza del mandato decennale, il Senato decise quasi all'unanimità che tutti gli ebrei dovevano essere espulsi dalla città. Infatti, si leggeva nella relazione del Senato che "tutte le ricchezze mobili dei veneziani rischiavano di cadere nelle loro mani". La *Judeorum expulsio* doveva entrare in vigore dal 21 febbraio 1397. Da quella data, gli ebrei potevano entrare in città solo con gli appositi permessi di quindici giorni ed erano obbligati a portare il ginocchiello giallo sul bavero. Il prestito a usura a Venezia, "pubblicamente o segretamente", era ora punito con una multa di 1000 ducati. Solo all'inizio del XVI secolo gli usurai ebrei della vicina città di Mestre furono autorizzati a fare affari a Venezia, a determinate condizioni.

LXXII. Pablo de Santa María

Mentre molti ebrei erano fuggiti dalla Spagna dopo le rivolte del 1391, la maggior parte era rimasta nel Paese, dovendosi convertire al cattolicesimo. Questi nuovi cristiani erano chiamati marranos, o conversos. Ma, come scrive Gratez, "la maggior parte di loro, incapace di lasciare il territorio spagnolo ma riluttante ad abbandonare completamente la vecchia fede, partecipava a cerimonie e celebrazioni ebraiche fingendosi cristiana. I re di Castiglia e Aragona, che avevano disapprovato la violenza popolare e le conversioni forzate, permisero agli ebrei di fare ciò che volevano. Le autorità non vedevano o non volevano vedere la loro ricaduta nel giudaismo". L'Inquisizione non esisteva ancora, ma la gente comune non si sbagliava sui sentimenti interiori di questi falsi cristiani. Il popolo spagnolo "che li soprannominava *Marranos* o "*Los Malditos*", li considerava con più diffidenza e odio degli ebrei dichiarati, non per la loro segreta fedeltà all'ebraismo, ma per la loro ascendenza e la loro innata intelligenza, energia e abilità[406] ", scriveva con orgoglio Graetz.

Tuttavia, alcuni ebrei erano davvero dei convertiti sinceri. In effetti, furono i primi a chiedere l'istituzione dell'Inquisizione. Ovunque si stabilissero, i marrani venivano presi di mira e perseguitati, spesso da quei convertiti sinceri "che non avevano scrupoli e trovavano particolare piacere nella persecuzione della loro vecchia religione e dei suoi seguaci". In effetti, questo era il modo per testare la sincerità di questi nuovi cristiani: con la forza del loro antigiudaismo. E lo è ancora.

Don Pero Ferrús, ebreo battezzato e poeta, lanciò innumerevoli filippiche contro il rabbino e la comunità di Alcalá. Anche il monaco Diego

---

[406] Heinrich Graetz, *History of the Jews IV*, Philadelphia, The Jewish Publication Society of America, 1894, p. 180.

de Valencia era un ex ebreo. Nelle sue satire contro la setta mescolava parole ebraiche e castigliane. Anche il poeta Alfonso Álvarez de Villasandino abbellì le sue poesie con termini ebraici. Il medico apostata Astruc Raimoc de Fraga, un tempo uno dei più strenui bastioni dell'ebraismo, si distinse per la sua attiva propaganda cristiana con il nome di Francisco Dios Carne.

Ma nessuno di questi ebrei fece tanto male ai suoi ex correligionari quanto Salomone Levi di Burgos, conosciuto con il nome cristiano di Pablo de Santa Maria. Prima del battesimo era un rabbino, un uomo vivace e indaffarato con uno stile di vita da gran signore, che usciva in lussuose carrozze ed era accompagnato da un numeroso seguito. Nel 1391, all'età di quarant'anni, fu battezzato con il fratello e quattro figli. Paolo di Santa Maria si recò all'Università di Parigi per studiare teologia cristiana e dopo pochi anni fu ordinato sacerdote. Si recò quindi ad Avignone, dove il cardinale Pietro de Luna era appena stato eletto antipapa con il nome di Benedetto XIII. Grazie alla sua abilità, al suo zelo e alla sua parlantina, Paolo si guadagnò i favori del papa. Grazie alla raccomandazione del papa, fu nominato arcidiacono e canonico e poi vescovo di Cartagena. Il re Enrico III di Castiglia lo ricoprì a sua volta di numerosi favori. Pubblicò anche lo *Scrutinium Scripturarum contra perfidia iudaeorum*, un testo in cui accusava gli ebrei di omicidio, adulterio, ladrocinio e mendacità e si rallegrava dei massacri del 1391. Paolo di Santa Maria istigò nuove persecuzioni contro gli ebrei, consigliando al re Enrico III di bandire gli ebrei e i nuovi cristiani dagli impieghi pubblici. "Nei suoi scritti, Paolo di Santa Maria mostrava tanto odio per il giudaismo quanto per gli ebrei", scrive Graetz. "Gli ebrei più accorti riconobbero presto in questo nuovo cristiano il loro più acerrimo nemico e si prepararono a una lotta feroce con lui[407]".

Tuttavia, il re Enrico "il Sofferente" tenne al suo fianco i due medici ebrei, nei quali riponeva assoluta fiducia. Il regno di Enrico III fu per gli ebrei come la calma tra due tempeste.

La situazione si deteriorò notevolmente dopo la morte del monarca nel 1406. L'erede al trono, Giovanni II, aveva allora due anni e la regina madre Caterina di Lancaster assunse la reggenza fino alla sua morte nel 1418. Al suo fianco, l'infante Don Fernando, che sarebbe poi diventato re d'Aragona, deteneva la coreggenza. Tra i consiglieri del regno c'era Pablo de Santa María, precettore del giovane principe, che godeva di grande influenza nel consiglio di reggenza.

Nel 1408, in nome del giovane re, fu promulgato un editto che

---

[407] Heinrich Graetz, *History of the Jews IV*, Philadelphia, The Jewish Publication Society of America, 1894, p. 185–186.

ripristinava tutti i paragrafi del compendio di leggi di Alfonso X il Saggio ostili agli ebrei. Gli impieghi pubblici erano loro vietati. Ogni ebreo che accettava un incarico da un nobile o da una città era passibile di una sanzione, di solito una multa pari al doppio della somma guadagnata con quell'incarico. Se il suo patrimonio non era sufficiente a pagare la multa, tutti i suoi beni venivano confiscati e, inoltre, veniva condannato a ricevere cinquanta colpi di cinghia.

Il 2 gennaio 1412, la reggente Doña Catalina, in accordo con l'Infante Don Fernando e Pablo de Santa María, promulgò un editto in nome di Juan II, composto da ventiquattro articoli volti a proteggere la popolazione cristiana dagli ebrei, che d'ora in poi dovevano rimanere nei loro quartieri speciali (juderias), che potevano avere una sola porta per entrare e uscire. Agli ebrei, che d'ora in poi dovevano rimanere nei loro quartieri speciali (juderias), che potevano avere solo una porta per entrare e uscire, fu proibito di praticare la medicina, di avere rapporti commerciali con i cristiani, di assumere cristiani, anche di sabato, e di occupare qualsiasi funzione pubblica. La giurisdizione privata era stata tolta. Alcuni articoli dell'editto regolavano il modo di vestire: non potevano indossare gli abiti del paese, né sfoggiare tessuti ricchi, pena una pesante multa; in caso di recidiva, erano passibili di punizioni corporali e persino della confisca dei loro beni. Non potevano portare armi. Inoltre, dovevano rigorosamente indossare la fibbia rossa. A un ebreo era anche vietato radersi la barba o tagliarsi i capelli troppo corti, altrimenti veniva punito con cento colpi di cinghia. Infine, non potevano ricevere per iscritto o verbalmente il titolo di Don, ed erano obbligati a vivere in una città, senza poter cambiare residenza o lasciare il territorio senza permesso. Tutti coloro che venivano arrestati per emigrazione perdevano tutti i loro beni e venivano ridotti allo stato di servi del re. Anche la nobiltà e il clero venivano puniti severamente se proteggevano gli ebrei.

Questo editto, in cui l'intervento di Paolo di Santa Maria era trasparente, fu applicato rigorosamente. Uno scrittore ebreo contemporaneo, Salomon Alami, citato da Graetz, descrisse così gli effetti dell'editto sulla loro situazione: "I ricchi abitanti del palazzo furono costretti a vivere in angoli miserabili, in capanne buie. Al posto delle nostre eleganti e sontuose vesti, eravamo costretti a indossare abiti miserabili, che attiravano su di noi il disprezzo. Vietato radersi la barba, dovevamo avere un aspetto da lutto. I ricchi esattori delle tasse sprofondavano nella miseria, perché non sapevano come guadagnarsi da vivere, e gli artigiani non trovavano clienti. La fame perseguitava tutti[408]".

---

[408] Heinrich Graetz, *History of the Jews IV*, Philadelphia, The Jewish Publication Society of America, 1894, p. 204.

LXXIII. Vincent Ferrer

Tale era la situazione degli ebrei quando Vicente Ferrer arrivò alla corte di Castiglia. Vincenzo Ferrer era un frate domenicano di Valencia che aveva rifiutato un'alta carica alla corte di Avignone per viaggiare in Europa a piedi nudi, come semplice frate flagellante. Per vent'anni, dal 1399 fino alla sua morte, viaggiò attraverso la Spagna, l'Italia, la Svizzera e persino la Scozia. Era noto per la grande austerità delle sue abitudini, il suo disprezzo per le ricchezze e la sua sincera umiltà. Spesso era accompagnato da una folla impressionante di discepoli, tanto che doveva predicare in grandi spazi all'aperto per essere ascoltato da tutti. Piena di verve ed eloquenza, la sua voce calda e vibrante era in grado di smuovere le masse. Sia che narrasse la Passione di Cristo singhiozzando, sia che annunciasse l'imminente distruzione dell'universo, Vincenzo Ferrer faceva venire le lacrime agli occhi di tutti i presenti ed esercitava su di loro un dominio assoluto. Ovunque apparisse, era acclamato come un santo. Una moltitudine di discepoli lo accompagnava. Al suo arrivo in una città, tutta la popolazione lasciava il lavoro e veniva ad incontrarlo. Quando ordinava alla folla di scoprirsi le spalle e di flagellarsi le carni come aveva fatto Gesù Cristo, migliaia di ascoltatori versavano lacrime con lui. I ricchi abbandonavano i loro beni per vivere in austerità, le donne delle grandi famiglie si ritiravano nei chiostri. I confessori non erano sufficienti per far fronte a tutte le richieste di confessione: si vedevano criminali, furfanti e cortigiane accusarsi a gran voce degli scandali della loro vita passata. I notai che accompagnavano i domenicani redigevano atti di restituzione di beni acquisiti ingiustamente. Famiglie, partiti e città si riconciliarono.

Questo missionario, venerato come un santo dai cristiani, era molto temuto dagli ebrei. Vincenzo Ferrer godeva di grande influenza presso i re di Spagna, poiché più di una volta era riuscito a placare le rivolte popolari grazie all'autorità che esercitava sulle masse. Fu quindi facile per lui ottenere dalla famiglia reale il permesso di predicare nelle sinagoghe e nelle moschee e di costringere ebrei e musulmani ad ascoltare la sua predicazione.

Vincenzo Ferrer era contrario alla violenza fisica contro gli ebrei e a costringerli a battezzarsi. Ma con l'appoggio delle autorità civili, costrinse gli ebrei a venire ad ascoltare le sue prediche. Con la croce in mano e il rotolo della Legge al braccio, in mezzo a una scorta di flagellanti e uomini con la spada, invitò gli ebrei ad accettare il battesimo.

Con la penna e la parola, intraprese una crociata implacabile che durò molti anni. In un primo momento, diresse i suoi attacchi contro i nuovi cristiani, che accusò di non essere abbastanza ferventi. Temendo di ricevere la terribile punizione riservata ai recidivi, e forse anche grazie all'infuocata eloquenza del domenicano, molti marrani fecero pubblicamente penitenza.

Nel 1412, in collaborazione con Pablo de Santa Maria, Ferrer indusse il governo a promulgare l'editto degli statuti di Valladolid, che vietava agli ebrei, tra l'altro, di vendere o offrire cibo ai cristiani, di far arare le loro terre e di radersi la barba. Gli ebrei erano obbligati a portare un segno distintivo e a sottostare a numerose altre regole.

"In mezzo a queste tribolazioni, il domenicano Ferrer irruppe nelle sinagoghe, con il crocifisso in mano, predicando il cristianesimo con voce di tuono, offrendo ai suoi uditori il godimento della vita e le opportunità di avanzamento, oppure minacciando la dannazione qui e nell'aldilà. Il popolo cristiano, infiammato dall'appassionata eloquenza del predicatore, enfatizzava i suoi insegnamenti con violenti attacchi agli ebrei... La fuga era fuori questione, perché la legge la proibiva sotto pena di terribili punizioni. Non c'è da stupirsi, quindi, che i più deboli e tiepidi tra loro, gli amanti del conforto e delle parole, cedessero alla tentazione e si salvassero con il battesimo. Molti ebrei delle comunità di Valladolid, Zamora, Salamanca, Toro, Segovia, Avila, Benavente, Leon, Valencia, Burgos, Astorga e altre piccole città dove Vicente Ferrer predicava, si convertirono al cristianesimo. Ferrer trasformò diverse sinagoghe in chiese. Durante il suo soggiorno di quattro mesi (dal dicembre 1412 al marzo 1413) nel regno di Castiglia, questo disastroso proselito inflisse agli ebrei ferite così profonde che le comunità morirono dissanguate[409] ", rimproverò Heinrich Graetz al missionario valenciano.

Chiamato dal regno di Aragona, dove diversi pretendenti si contendevano la corona, Ferrer riuscì nel giugno 1414 a incoronare l'infante don Fernando re di quel Paese, venendo subito nominato, come ricompensa per i suoi servigi, confessore e direttore di coscienza del monarca.

Come i suoi correligionari in Castiglia, gli ebrei furono costretti ad ascoltare le prediche del frate domenicano e in molte comunità, a Saragozza, Tortosa, Valencia e Maiorca, ci furono numerose abiure; si stima che circa ventimila ebrei in Castiglia e Aragona abbiano accettato il battesimo dopo la sua predicazione. Vicente Ferrer morì nel 1419 e fu canonizzato nel 1455. Viene festeggiato il 5 aprile.

LXXIV. Geronimo di Santa Fe e la disputa di Tortosa

Il grande scisma d'Occidente[410] , che vide per quarant'anni due papi in

---

[409] Heinrich Graetz, *History of the Jews IV*, Philadelphia, The Jewish Publication Society of America, 1894, p. 204–205.
[410] Lo Scisma d'Occidente, noto anche come Grande Scisma d'Occidente (distinto dal Grande Scisma d'Oriente e d'Occidente) e spesso chiamato Scisma di Avignone, si

due sedi, una a Roma e l'altra ad Avignone, si concluse nel 1417 dopo il Concilio di Costanza.

Qualche anno prima, nel 1409, un concilio riunito a Pisa aveva cercato di trovare una soluzione. I cinquecento rappresentanti avevano deciso di deporre i due papi e di eleggerne uno nuovo. In giugno, il concilio pronunciò la condanna dei due papi rivali e i cardinali elessero Alessandro V. Questi cardinali furono a loro volta eletti come nuovi papi. Questi cardinali furono a loro volta scomunicati dai due papi rivali, e la situazione si aggravò ulteriormente, perché c'erano allora tre papi, due dei quali erano antipapi.

Nel maggio 1410, Alessandro V morì e fu sostituito da Giovanni XXXIII. Enguerrand de Monstrelet descrisse nelle sue *Cronache* l'incoronazione di Papa (Antipapa) Giovanni XXIII a Bologna, come in quel giorno di festa gli ebrei applaudirono la processione che passava per la loro strada e come presentarono al Papa un rotolo della Torah, come era loro abitudine. Il papa lo gettò dietro di sé e disse: « La vostra legge è buona, ma la nostra qui è migliore ». Gli ebrei seguirono il corteo e cercarono di avvicinarsi al papa, lanciando anche loro delle monete. Ma i duecento uomini armati alla testa e alla coda del corteo avevano ciascuno "una mazza di cuoio con la quale picchiavano i Giudei, tanta era la gioia di vederlo[411]".

L'antipapa di Avignone, Benedetto XIII (Pedro Luna), cercava allora di conquistare sostenitori incoraggiando conversioni di massa degli ebrei in Spagna. A questo scopo, e in accordo con il re Ferdinando, convocò i più dotti rabbini e scrittori ebrei dell'Aragona per partecipare a un colloquio religioso a Tortosa alla fine del 1412. In questo incontro, Girolamo di Santa Fe avrebbe dovuto dimostrare loro, con il Talmud in mano, che il Messia era già arrivato, incarnandosi nella persona di Gesù. La corte papale voleva soprattutto convertire al cristianesimo gli eminenti ebrei di Aragona, convinta che se i capi si fossero convertiti, il popolo ebraico li avrebbe seguiti.

Girolamo di Santa Fe era all'epoca uno dei più implacabili nemici di Israele. Come Paolo di Santa Maria, anche lui era un ex ebreo. Prima della conversione si chiamava Yosua Lorqui Alcañiz ed era il medico del papa di Avignone. Fu Girolamo a stilare la lista delle persone da convocare al dibattito.

---

riferisce alla spaccatura che si verificò nella Chiesa cattolica nel periodo compreso tra il 1378 e il 1417, quando due vescovi, e dal 1410 in poi anche tre, si contesero l'autorità papale (NdT).

[411] Enguerrand de Monstrelet, *Choix de chroniques*, éd. Buchon, Panthéon litté., 1836, p. 170 in Archives juives, 1973, numéro 1. Citato anche da Jules Michelet nella sua *Histoire de France*, volume III.

Gli ebrei sapevano per esperienza che queste conferenze erano una trappola per loro, ma non erano in grado di rifiutare l'invito dei cristiani. Per difendersi non avevano altra scelta che farsi rappresentare dai loro medici più competenti. Al colloquio si presentarono quindi ventidue tra i più importanti ebrei d'Aragona, guidati dal poeta e medico Vidal Benveniste Ibn Labi, di Saragozza, proveniente da una numerosa famiglia ebraica. Tutti i rappresentanti dell'ebraismo aragonese erano ben istruiti, ma, scrive Graetz, "il susseguirsi delle umiliazioni e delle persecuzioni aveva spezzato la virilità anche degli ebrei più orgogliosi, e li aveva trasformati tutti in deboli cuoricini. Non erano all'altezza di questi tempi pericolosi. Quando la convocazione di Benedetto li raggiunse, tremarono. Avevano deciso di agire con circospezione e calma, di non interrompere l'avversario e, soprattutto, di essere uniti e armoniosi, ma non rispettarono questi propositi, misero in mostra la loro debolezza e alla fine si divisero in fazioni, ognuna delle quali prese la propria strada". Nel corso delle discussioni, "i notabili si fecero coraggio e chiesero al Papa di essere esonerati dalla controversia, adducendo come motivo il fatto che i loro avversari utilizzavano metodi di ragionamento scolastici nei quali era impossibile per loro seguirli, dal momento che la loro fede non si basava su sillogismi, ma sulla tradizione[412] ".

Questa controversia durò, con molte interruzioni, per ventuno mesi (dal febbraio 1413 al 12 novembre 1414), distribuita in sessantotto sedute, a

---

[412] Heinrich Graetz, *History of the Jews IV*, Philadelphia, The Jewish Publication Society of America, 1894, p. 208, 211 (cfr. Salomon Ben-Virga, *Schevet Jehttda, cap. 40*). [La luce che si era formata nelle grandi città dell'Andalusia sembrava essersi accesa nel XV secolo in tutte le città della Spagna dove c'erano comunità ebraiche; ovunque c'erano studiosi talmudici, medici, matematici, poeti e filosofi; scrivevano in arabo accanto all'ebraico e componevano una moltitudine di opere su ogni tipo di argomento, di cui si conservano ancora copie manoscritte nella biblioteca dell'Escorial. Ma, sorprendentemente, in questa quantità di scritti non ce n'è nessuno che possa essere paragonato al buon gusto dei modelli classici dell'antichità. I capolavori greci e romani erano ancora quasi del tutto sconosciuti agli Ebrei, e gli Ebrei di Spagna potevano solo imitare gli Arabi, ai quali si adattavano perfettamente per l'esuberanza delle parole, la grandiosità dello stile, l'esagerazione e il disordine dei pensieri e la fervida immaginazione. Uno dei loro scrittori, Salomone Ben Virga, ammise ingenuamente questo stato di cose attraverso uno degli interlocutori del suo libro *Lo scettro di Giuda*: « Anticamente », disse, « gli Ebrei sembravano uomini la cui fiaccola fosse stata accesa in un fuoco che brillava in lontananza; avevano il dono della divinazione e possedevano tradizioni preziose. Gli ebrei del nostro secolo, ahimè, sembrano trarre a fatica qualche scintilla da un sasso; i loro grandi sforzi hanno scarsi risultati: anche ciò che producono si riduce quasi a nulla » ». In Georges-Bernard Depping, *Les Juifs dans le Moyen-Âge*, (1823), Éd. Wouters, Bruxelles, 1844, p. 248. (I rabbini e i saggi ebrei non praticano la logica aristotelica, ma il commento e l'interpolazione senza tempo, la loro "tradizione". Si veda la nota 111 sul *Midrash* in *Psicoanalisi dell'ebraismo*).

volte davanti a duemila spettatori. Al sessantatreesimo giorno, Girolamo da Santa Fe attaccò virulentemente il Talmud, come aveva fatto in precedenza Nicolas Donin, accusandolo di contenere ogni sorta di orrori, bestemmie ed eresie, chiedendo che il libro fosse condannato e censurato. Per raggiungere il suo obiettivo, Girolamo raccolse ed elencò tutti questi abomini. Heinrich Graetz notò che "aveva raccolto tutte le stravaganze pronunciate accidentalmente da uno o due delle centinaia di *aggadisti* elencati nel Talmud[413] ".

Girolamo ribadì quindi le accuse mosse dal suo predecessore Alfonso di Valladolid. Gli ebrei si divisero quindi in due gruppi. In accordo con la maggioranza dei suoi colleghi, Astruc Levi dichiarò per iscritto che le *aggadah* talmudiche incriminate non avevano alcuna autorità e non rappresentavano alcun obbligo religioso. Ma Giuseppe Albo e don Vidal protestarono e affermarono di sottomettersi all'autorità delle *aggadah*, anche se con qualche riserva poiché, secondo loro, i passi citati da Girolamo non erano da prendere alla lettera.

La corte papale aveva anche richiesto la presenza a Tortosa di quelle migliaia di ebrei che avevano ascoltato Vicente Ferrer e avevano accettato il battesimo. Si presentarono in gruppi nella sala delle udienze e professarono pubblicamente la loro fede cristiana. Tremila neofiti sfilarono così nei battisteri di Tortosa e l'anno 1414 fu ricordato dagli ebrei come "l'anno dell'apostasia". Nell'ultima sessione del colloquio, il Papa si congedò freddamente dai notabili ebrei e annunciò che sarebbero state adottate nuove misure restrittive nei confronti dei suoi correligionari. Tutti i rabbini, tranne due, dichiararono, a nome della moltitudine di ebrei che avevano partecipato ai dibattiti, di riconoscere e abiurare i loro errori e di chiedere il battesimo[414].

"L'11 maggio 1415 il Papa inviò da Valencia la bolla che doveva determinare il destino degli ebrei non convertiti e porre un nuovo sigillo di condanna su questa nazione. La bolla conteneva quasi un intero codice, ogni articolo del quale era in qualche modo una punizione per gli ebrei. Si ordinava loro di consegnare entro un mese tutte le copie, i commentari e gli estratti del Talmud alle chiese e alle cattedrali delle varie diocesi; si proibiva loro di leggere o insegnare questo libro, così come il *Marmar Yeschu,* o qualsiasi altro libro contrario ai dogmi della Chiesa, pena l'essere trattati come bestemmiatori. Fu dichiarato che nessun ebreo avrebbe potuto in futuro esercitare le funzioni di giudice, anche per i processi della sua

---

[413] Heinrich Graetz, *History of the Jews IV*, Philadelphia, The Jewish Publication Society of America, 1894, p. 213. [L'*Aggadah* è un miscuglio di racconti e aneddoti su rabbini, figure bibliche, angeli, demoni, stregonerie e miracoli. Si veda la nota 106 sull'*Aggadah* in *Psicoanalisi dell'ebraismo*].

[414] Cfr. Rodrigo de Castro, *Biblioth. Espan.*, vol.

nazione, né quelle di medico, chirurgo, farmacista, locandiere, né in breve qualsiasi ufficio pubblico che mettesse nelle sue mani gli affari dei cristiani; fu proibito loro persino di commerciare e fare contratti con i cristiani, di mangiare, di fare il bagno con loro, di essere i loro amministratori o agenti e di avere servitori o infermieri cristiani. Fu inoltre ordinato che tutte le sinagoghe di nuova costruzione o riparate dovessero essere chiuse; che laddove ve ne fossero due o più, solo la più piccola dovesse essere lasciata aperta; che d'ora in poi gli ebrei dovessero occupare quartieri separati dai cristiani nelle città e nei villaggi; che i genitori ebrei non potessero diseredare i loro figli convertiti per nessun motivo; e che, infine, ovunque rimanessero degli ebrei, venissero loro impartiti tre sermoni pubblici all'anno, ai quali dovevano essere obbligati a partecipare[415] ".

Il figlio dell'apostata Paolo, Gonzalo de Santa Maria, battezzato nello stesso periodo del padre, fu incaricato di vigilare sulla rigorosa esecuzione di questo editto papale. Indubbiamente, questa bolla non era altro che una riaffermazione delle disposizioni prese dalla regina Caterina. Ma con la differenza che la bolla di Benedetto XIII si applicava agli ebrei in tutti i Paesi cristiani e non solo in Castiglia.

Se la bolla di Benedetto XIII fosse stata applicata, avrebbe significato la fine dell'esistenza politica degli ebrei. In effetti, i diritti civili della setta sarebbero scomparsi e gli ebrei sarebbero stati esclusi dalla società cristiana. Ma l'antipapa Pedro Luna, riconosciuto solo in Aragona, non aveva sufficiente autorità sulla cristianità. Anche la Castiglia non si attenne alla sua bolla.

Benedetto XIII, destituito dal Concilio di Costanza e abbandonato dai suoi amici, vide rapidamente la sua magnificenza ridotta alla piccola fortezza di Peniscola. Non si conosce il destino di Girolamo di Santa Fe dopo la caduta del suo protettore. Nei circoli ebraici, questo temuto convertito fu soprannominato *Megaddéf* (il Bestemmiatore). Re Ferdinando d'Aragona, la reggente Caterina e Vincenzo Ferrer scomparvero dalla scena più o meno nello stesso periodo, tra il 1417 e il 1419.

In Castiglia, le leggi restrittive di Caterina continuarono ad essere applicate e la bolla di Benedetto XIII rimase in vigore in Aragona. Il proselitismo di Ferrer aveva seriamente danneggiato le comunità ebraiche spagnole e anche all'estero", scrive Graetz. In molti altri luoghi d'Europa, Ferrer, con la sua predicazione o con la fama delle sue azioni, aveva causato "danni considerevoli agli ebrei".

---

[415] Georges-Bernard Depping, *Les Juifs dans le Moyen-Âge*, (1823), Éd. Wouters, Bruxelles, 1844, p. 238-239.

LXXV. Martin V

Dopo la fine del grande scisma d'Occidente, un sinodo organizzato dalle comunità ebraiche d'Italia, tenutosi a Bologna e a Forlì (1416 e 1418), aveva raccolto i fondi necessari per acquistare la protezione del Papa e del Collegio cardinalizio. Papa Martino V si lasciò corrompere e il 31 gennaio 1419 promulgò una bolla che iniziava come segue: ""Considerando che gli ebrei sono fatti a immagine di Dio e che il residuo della loro nazione sarà un giorno salvato, decretiamo, seguendo le orme dei nostri predecessori, che non saranno molestati nelle loro sinagoghe; che le loro leggi, i loro diritti e i loro costumi non saranno attaccati; che non saranno battezzati con la forza, costretti a osservare le feste cristiane, né a indossare nuove insegne distintive, e che non saranno ostacolati nelle loro relazioni commerciali con i cristiani"."""

"Cosa poteva indurre Papa Martino a mostrare un atteggiamento così amichevole nei confronti degli Ebrei? La considerazione principale era probabilmente i ricchi doni con cui i rappresentanti degli Ebrei si rivolgevano a lui. Al Concilio di Costanza nessun cardinale era più povero di Martino, e la sua elezione al soglio di San Pietro fu in gran parte dovuta al fatto che egli non mostrava alcuna avversione per il denaro. Al contrario, tutto si poteva ottenere da lui se si pagava il denaro; senza di esso, nulla[416] ", spiega Gratez nelle sue pagine.

In seguito, però, Martino V dovette dare un giro di vite ai crimini commessi dagli ebrei. È noto che i mercanti della setta non si facevano scrupoli quando si trattava di trafficare carne umana. Sulle rive del Mar Nero, alcuni di loro non esitavano a vendere giovani cristiani ai musulmani. La città di Cafa, in Crimea, era una colonia fiorente, un emporio del commercio genovese sul Mar Nero. Molti stranieri vi si erano stabiliti per approfittare dell'attività di questa colonia italiana, e gli ebrei non furono lasciati indietro. Non abbiamo molte informazioni sugli affari che conducevano lì, ma sappiamo che molti di loro, pur non praticando il culto pubblico e stando attenti a non mostrare alcun segno religioso esteriore, erano impegnati nel commercio di schiavi. Acquistavano ragazzi e ragazze adolescenti dai Tartari, dai Russi e dal Caucaso e li rivendevano ai Saraceni con un buon profitto. I giovani schiavi cristiani, maschi e femmine, finivano negli harem musulmani. I domenicani di Cafa avvisarono il Papa di questo abominevole traffico e Martino V, indignato, ordinò con una bolla che gli ebrei dovessero sempre portare il segno distintivo sui vestiti; autorizzò poi il vescovo di Cafa e gli altri empori genovesi a sequestrare i

---

[416] Heinrich Graetz, *History of the Jews IV*, Philadelphia, The Jewish Publication Society of America, 1894, p. 220.

beni degli ebrei che avevano venduto schiavi e a utilizzare il denaro raccolto per il riscatto dei giovani venduti. I recalcitranti dovevano essere espulsi dalle colonie[417].

Un autore italiano del XV secolo, Giovani Fiorentino, aveva perfettamente compreso la natura degli ebrei. In uno dei suoi racconti, mostra un ebreo di Mestre disposto a tagliare una libbra di carne dal corpo del suo debitore veneziano, semplicemente per la gioia di vedere morire un cristiano.

Alla fine del XIV secolo era stato pubblicato un testo di un autore anonimo intitolato *Gernutus, the Jew of Venice*. Cantata sulle note di *Black and Yellow*, la ballata era stata ripresa nel 1765 da un folklorista inglese di nome Thomas Percy, canonico di Dromore: "Nella città di Venezia/ Non molto tempo fa/ viveva un crudele ebreo/ Che viveva di usura/ Secondo gli scrittori italiani[418]...". Tra il 1553 e il 1640, il teatro inglese contò non meno di sessanta opere con un usuraio ebreo tra i protagonisti. William Shakespeare aveva ripreso questo tema nel 1600 nella sua famosa opera *Il mercante di Venezia*, il cui orribile usuraio Shylock personifica ancora oggi l'odio implacabile dell'ebreo verso i cristiani[419].

LXXVI. Gli hussiti e il Concilio di Basilea

Dall'altra parte dell'Europa, la popolazione diffidava degli ebrei quanto o addirittura più che nella penisola iberica. La fibbia, imposta dal quarto Concilio Lateranense del 1215, era utile per sapere con chi si aveva a che fare. Il canone 33 del Concilio di Salisburgo del 1418 conteneva una disposizione specifica per mettere in guardia i goyim troppo ingenui: mentre agli uomini ebrei era stato ordinato di indossare il berretto giallo, alle donne ebree era stato imposto di appendere un campanellino al vestito[420].

I disordini iniziarono in Austria nel 1420 per i soliti motivi. Il 23 maggio, l'arciduca Alberto (Albrecht) fece arrestare e imprigionare gli ebrei del regno. Nelle prigioni, le donne furono separate dai mariti e i bambini dai

---

[417] Georges-Bernard Depping, *Les Juifs dans le Moyen-Âge*, (1823), Éd. Wouters, Bruxelles, 1844, p. 311-312. Ricordiamo che negli anni '90, dopo il crollo del blocco sovietico, decine di migliaia di giovani donne russe, moldave e ucraine sono state letteralmente rapite attraverso falsi annunci e costrette a prostituirsi nei bordelli di Israele. Leggete la tratta delle schiave bianche nella *mafia ebraica* (2008).

[418] Marie-France Rouart, *L'antisémitisme dans la littérature populaire*, Berg International, p. 87.

[419] Vedere il film *Il mercante di Venezia* (2003), di Michael Radford, con Al Pacino. Almeno la scena del processo.

[420] Charles Auzias-Turenne, *Revue Catholique des Institutions et du Droit*, ottobre 1893.

genitori. Coloro che si rifiutavano di abiurare venivano condotti al rogo. Più di cento vittime morirono a Vienna il 12 marzo 1421, bruciate in un prato sulle rive del Danubio. Lo stesso giorno fu distrutta la sinagoga di Vienna. Inoltre, un editto dell'arciduca vietò d'ora in poi a tutti gli ebrei di rimanere a Vienna.

I nuovi convertiti si rifugiarono in Polonia, Italia e Boemia. Ma quest'ultimo Paese divenne sempre meno sicuro per loro. Dopo la morte di Giovanni Hus, avvenuta nel luglio del 1415, la lotta religiosa tra cattolici e hussiti era diventata una lotta nazionale tra cechi e tedeschi[421]. Gli ebrei, che favoriscono sistematicamente tutto ciò che contribuisce a indebolire la Chiesa cattolica, sostengono naturalmente il movimento hussita fornendo loro denaro e armi. Perciò gli hussiti non mostrarono alcun odio nei confronti degli ebrei. Solo in un'occasione, quando saccheggiarono le case cattoliche, saccheggiarono anche alcune case ebraiche.

"Ogni volta che un partito costituito all'interno della cristianità si opponeva alla Chiesa dominante, assumeva un carattere veterotestamentario, per non dire ebraico. Gli hussiti consideravano il cattolicesimo come paganesimo e loro stessi come israeliti, che dovevano condurre una guerra santa contro filistei, moabiti e ammoniti. Chiese e monasteri erano per loro i santuari di un'idolatria dissoluta, templi di Baal e Moloch... da consumare con il fuoco e la spada[422]", osserva Graetz.

L'imperatore Sigismondo raccolse allora forze considerevoli,

---

[421] Il termine hussita si riferisce al movimento riformatore e rivoluzionario sorto in Boemia all'inizio del XV secolo. Il nome deriva dal teologo Giovanni Hus (1369-1415), condannato e giustiziato al Concilio di Costanza per aver assunto una posizione fortemente critica nei confronti del potere ecclesiastico. La sua terribile morte aggravò le tensioni religiose, sociali e nazionali, portando all'esplosione rivoluzionaria del luglio 1419, quando la folla prese d'assalto il municipio di Praga, defenestrò le autorità comunali, liberò alcuni prigionieri accusati di essere hussiti e prese il potere in città. La morte del re Venceslao nell'agosto dello stesso anno e la rivendicazione del trono ceco da parte del fratello Sigismondo complicarono ulteriormente la scena politica, poiché l'alta nobiltà lo sosteneva, mentre la piccola nobiltà, la borghesia e le classi sociali meno abbienti si opponevano alle sue rivendicazioni. Giovanni Hus, che aveva studiato le idee del teologo e riformatore inglese John Wyclif, non si limitò a parlare di questioni di fede, ma aggiunse i suoi commenti sulla situazione della Chiesa e le sue opinioni politiche, in particolare sui diritti del regno di Boemia, che lo fecero apprezzare dai suoi ascoltatori. Attraverso Hus, il movimento di riforma degli studiosi cominciò a collegarsi con l'emergente opposizione popolare agli abusi della Chiesa. Da quel momento in poi, il messaggio di riforma religiosa associato alla necessità di cambiamenti sociali e politici e alla questione nazionale iniziò a diffondersi. Nel giro di pochi anni, quasi tutta la Boemia seguì l'esempio di Hus, che fu visto come un pericolo da una Chiesa che stava facendo i conti con la crisi dello Scisma.

[422] Heinrich Graetz, *History of the Jews IV*, Philadelphia, The Jewish Publication Society of America, 1894, p. 222.

assoldando lanzichenecchi tedeschi e mercenari dal Brabante e dall'Olanda. Bande armate giunsero da ogni parte e marciarono su Praga, dove il leader hussita Ziska organizzò la difesa del Paese. I soldati tedeschi attaccavano sistematicamente gli ebrei al loro passaggio. Nelle province del Reno, in Turingia e in Baviera, uccisero tutti gli ebrei che incontravano. Sigismondo non voleva permettere che venissero maltrattati, ma non era nemmeno un loro fervente difensore. Fu in questo periodo che la comunità ebraica di Colonia fu completamente espulsa (1426). A Ravensburg, Ueberlingen e Lindau, gli ebrei accusati di omicidio rituale furono imprigionati e bruciati (1430).

Il Consiglio di Basilea (giugno 1431 - maggio 1443) deliberò su tutte le principali questioni europee. Il concilio rinnovò tutte le vecchie misure restrittive contro gli ebrei. Furono ripristinate le regole canoniche che proibivano agli ebrei di avere rapporti con i cristiani, di impiegarli come servitori, di essere i loro medici e di ricoprire cariche pubbliche. Agli ebrei fu imposto di indossare abiti particolari e di rimanere nei loro alloggi speciali. A questi vecchi divieti, il concilio ne aggiunse altri: gli ebrei non potevano avere titoli universitari e dovevano essere costretti, anche con la forza, ad ascoltare la predicazione dei missionari. Si decise inoltre di introdurre lo studio dell'ebraico, del caldeo e dell'arabo nelle scuole superiori per facilitare le conversioni. Il Consiglio si occupò anche del problema dei convertiti ebrei. Raccomandò di essere gentili con loro, ma di sorvegliarli attentamente.

È molto probabile che gli apostati Gonzalo e Alfonso de Cartagena, inviati come delegati a questa assemblea dal re Giovanni II di Castiglia, abbiano giocato un ruolo importante. Infatti, l'influenza dei due fratelli è visibile in diverse risoluzioni approvate dal concilio, giustificate solo perché erano contro gli ebrei di Spagna. Certo, a quel tempo in Germania non si poteva ancora pensare di proibire agli ebrei di tenere una cattedra in una scuola, poiché gli ebrei tedeschi non osavano ancora entrare nelle università come professori.

L'imperatore Sigismondo morì nel 1437. Il suo successore Alberto d'Austria fu un implacabile nemico degli ebrei e degli eretici, di cui Graetz scrisse: "Non riuscì a sterminare né gli uni né gli altri, perché gli hussiti avevano coraggio e armi, e gli ebrei erano una fonte inesauribile di denaro; ma cercò sempre di collaborare con coloro che volevano danneggiarli". Quando il consiglio comunale di Augusta decise di espellere la comunità ebraica (1439), l'imperatore diede allegramente il suo consenso. Fu concesso loro un periodo di due anni per vendere le loro case e i loro beni immobili; alla fine di questo periodo furono tutti banditi e le lapidi del cimitero ebraico furono utilizzate per riparare le mura della città. Fortunatamente per gli ebrei, Alberto regnò solo per due anni e il governo del Sacro Romano Impero... passò al gentile, debole, indolente e docile

Federico III[423] ". In effetti, questo monarca sarebbe stato più favorevole agli ebrei.

LXXVII (1449): gli Statuti di pulizia del sangue in Spagna

La reazione spagnola contro gli ebrei continuò con maggiore forza. Nel 1434, all'età di 82 anni, Pablo de Santa María aveva scritto un nuovo libello contro gli ebrei e l'ebraismo, *Examen de la santa Escritura,* che prendeva la forma di un dialogo tra il miscredente Saul e il convertito Pablo.

Anche un ex rabbino di nome Juan de España, che la predicazione di Vincenzo Ferrer aveva condotto al cattolicesimo in età avanzata, aveva denunciato i crimini del giudaismo. Giustificò la sua abiura e incoraggiò i suoi ex correligionari a imitarlo. La critica di Girolamo da Santa Fe al Talmud durante la disputa di Tortosa si era diffusa in tutto il Paese. In seguito a quella grande controversia, uno degli ebrei battezzati, il giurista Pedro de la Caballería, scrisse nel 1450 un trattato intitolato *Zelus Christi contra Judeos, Saracenos et infideles.* In quei decenni, molti ebrei in Spagna avevano definitivamente abbandonato l'ebraismo.

All'inizio del suo pontificato, Eugenio IV fu benevolo nei confronti degli ebrei, confermando i privilegi concessi loro dal predecessore Martino V. Vietò i battesimi forzati o i maltrattamenti agli ebrei. Ma cambiò rapidamente politica, probabilmente influenzato da Alfonso de Cartagena, vescovo di Burgos, che al Concilio di Basilea aveva difeso strenuamente la causa di Papa Eugenio. Questo vescovo di origine ebraica fu definito dal papa *la gioia della Spagna e l'onore del clero.* Il 10 agosto 1442, Eugenio IV scrisse una missiva ai vescovi di Castiglia e León per dire loro che gli ebrei stavano abusando delle prerogative concesse dai papi precedenti. Egli ripristinò tutte le misure restrittive emanate contro gli ebrei da papa Benedetto XIII, che non erano mai state prese in considerazione dal re Giovanni II.

I "nuovi cristiani" avevano acquisito molta influenza in Spagna, e non tutti erano convertiti sinceri, tutt'altro. Heinrich Graetz scrisse qui: "Inebriati dalla loro brillante posizione e dalle loro ricchezze, molti di loro mostrarono l'orgoglio degli emergenti, attirando con la loro presuntuosa arroganza l'invidia e l'odio dei vecchi cristiani[424] ".

Nel 1449, a Toledo, il Connestabile di Castiglia Álvaro de Luna ordinò

---

[423] Heinrich Graetz, *History of the Jews IV,* Philadelphia, The Jewish Publication Society of America, 1894, pag. 249.
[424] Heinrich Graetz, *Geschitchte der Juden; Histoire des juifs IV,* Éd. Durlacher, Parigi, 1893, p. 359.

l'emissione di un prestito. La misura suscitò la repulsione e la resistenza della popolazione nei confronti degli esattori marrani. L'insurrezione, guidata dal sindaco della città, Pedro Sarmiento, riuscì a respingere l'esercito reale. Per la prima volta scoppiarono scontri durante i quali vennero catturati e impiccati alcuni dei più importanti neocristiani. Questa fu la prima rivolta anti-convertita in Spagna. Pedro Sarmiento, proprietario del luogo, espulse per decreto (*Sentencia estatutos*) tutti i conversos dalle cariche importanti della città di Toledo (consiglieri, giudici, ecc.). Data la doppiezza dei marrani, che si fingevano buoni cattolici, il concetto di *limpieza de sangre* sembrava legittimo.

Il 2 maggio fu inviata una *Supplica* al re Giovanni II e si riunì un tribunale per discutere del diritto dei conversos a ricoprire cariche pubbliche. Il 5 giugno il tribunale si pronunciò, nonostante l'opposizione del clero: i convertiti furono dichiarati inabili a ricoprire cariche pubbliche a Toledo e a testimoniare contro i cristiani.

Papa Niccolò V condannò la *sentenza di* Toledo con una bolla del 24 settembre 1449, raccomandando "misure severe contro i torturatori dei *convertiti*" e ordinando, con la bolla *Humani generis inimicus*, che "tutti i convertiti, presenti o futuri, gentili o ebrei, che hanno condotto una buona vita cristiana, siano ammessi a tutti i ministeri e a tutte le dignità, a testimoniare e a esercitare tutti i doveri al pari dei vecchi cristiani".

Questa decisione non impedì ad Álvaro de Luna di decidere l'allontanamento dei conversos che occupavano posizioni nell'amministrazione. Nel 1451, il re Giovanni II di Castiglia scrisse al nuovo papa Niccolò V per informarlo che molti nuovi cristiani, laici ed ecclesiastici, monaci e religiosi, praticavano segretamente riti ebraici e si facevano beffe della Chiesa. Niccolò V ordinò allora, in una lettera indirizzata al vescovo di Osma e ai domenicani dell'Università di Salamanca, che i marrani sospettati di giudaizzare fossero portati davanti a un tribunale speciale. Gli accusati, anche se vescovi, dovevano comparire davanti a questo tribunale, giustificarsi e, se riconosciuti colpevoli, essere spogliati dei loro beni e destituiti dalle loro funzioni e consegnati al braccio secolare per essere giustiziati (Relax). Questo tribunale prefigurava quindi la Santa Inquisizione.

LXXVIII. Giovanni da Capistrano, il flagello degli ebrei

A partire dal XV secolo, gli ebrei cominciarono a essere espulsi frequentemente dalle città più importanti della Germania: prima da Strasburgo nel 1388, poi dal Palatinato nel 1394, dall'Austria nel 1420, da Friburgo e Zurigo nel 1424, da Colonia nel 1426, da Augusta nel 1439, dalla Baviera nel 1442, da Norimberga nel 1448, da Würzburg nel 1453 e da Erfurt nel 1458. Ne seguì un effetto palla di neve: Ulm nel 1499, Ratisbona nel 1519 e così via. Gli ebrei di Magonza furono espulsi quattro volte in cinquant'anni, dal 1420 al 1471. Molti si rifugiarono in Polonia. Altri si accamparono alle porte delle città. Quelli di Norimberga, ad esempio, poterono rifugiarsi a Furth.

Nel 1450, per liberare i numerosi debitori intrappolati nelle reti degli usurai, il duca bavarese di Landshut, Luigi IX il Ricco, fece arrestare in un giorno tutti gli ebrei del suo territorio. Gli uomini furono imprigionati e le donne rinchiuse nelle sinagoghe. I debitori cristiani furono autorizzati a pagare ai loro creditori ebrei solo il capitale dovuto, meno gli interessi già pagati. Gli ebrei, dopo un mese di detenzione, dovettero comprare la loro libertà per 30.000 fiorini e andare in esilio. Il duca Ludwig avrebbe volentieri inflitto lo stesso trattamento alla ricca e importante comunità di Ratisbona sotto la sua giurisdizione, anche se solo in parte, ma essi, in quanto cittadini della città, avevano diritto alla protezione del consiglio comunale. Dovette quindi limitarsi a imporre loro una tassa.

Al consiglio provinciale di Bamberga del maggio 1451, un cardinale di nome Nicola di Cusa (originario di Cues, nella Mosella), che era anche legato pontificio, era riuscito a decretare l'obbligo per gli ebrei di indossare un pezzo di stoffa rossa sul busto e per le donne ebree di portare un nastro blu tra i capelli.

In Italia, le figure antiebraiche più importanti furono due francescani, Giovanni da Capestrano e Bernardino de Feltro. A Roma, Papa Niccolò V "odiava profondamente gli ebrei", scrive Graetz. Iniziò col privare gli ebrei italiani dei loro precedenti privilegi, dopodiché emanò una nuova bolla che li sottoponeva a tutte le leggi restrittive che il suo predecessore aveva emanato contro gli ebrei di Castiglia. Giovanni da Capestrano, "nemico giurato degli ebrei", fu incaricato di sorvegliare la loro rigorosa esecuzione e "svolse il suo compito con una ferocia senza precedenti".

Capistrano era un monaco dal volto sparuto. Dormiva e mangiava poco, era caritatevole con il prossimo e la sua vita austera gli valse l'ammirazione e il rispetto del popolo. Giovanni nacque il 24 giugno 1386 nel paese di Capistrano, in Abruzzo, vicino a Napoli. Secondo Maurice Pinay, autore di *Complot contro la Chiesa* (1962), discendeva da un nobile signore, probabilmente angioino o savoiardo, che aveva seguito Luigi I d'Angiò nella sua conquista del regno di Napoli. Rimasto orfano in tenera età, fu mandato a Perugia dove studiò diritto civile e canonico per dieci anni. Era così brillante che i suoi insegnanti si appellavano al suo giudizio per rispondere a questioni spinose.

Nominato governatore di Perugia da re Ladislao (1412), Giovanni da Capestrano fu un giudice integerrimo e incorruttibile. Una volta un signore aveva cercato di corromperlo per ottenere una condanna a morte contro un nemico, ma Giovanni, che aveva indagato attentamente sul caso, riconobbe l'innocenza dell'accusato e lo rilasciò nonostante le minacce dell'accusatore. Capistrano aveva anche l'autorità di punire gli ebrei che trasgredivano le prescrizioni canoniche o non indossavano il segno distintivo imposto loro.

Nel 1415 vendette i suoi beni, distribuì il resto ai poveri e, nell'ottobre del 1416, fu ammesso nell'ordine francescano a Perugia, dove dimostrò zelo e carità verso i fratelli malati. Studiò teologia ed ebbe come primo maestro Bernardino da Siena, che non tardò a notare i sorprendenti progressi del suo allievo. Un giorno Bernardino disse di lui: "Giovanni impara dormendo quello che gli altri imparano lavorando giorno e notte".

Profondo teologo e dotto canonista, Capistrano fu anche il più grande missionario del suo tempo. Intorno al 1420, era diacono quando San Bernardino lo inviò a predicare a Siena e in Toscana. Dopo l'ordinazione sacerdotale, avvenuta intorno al 1425, Giovanni viaggiò per l'Italia senza sosta per combattere tutti gli errori, attaccando tutte le sette. La sua voce seducente e la sua volontà energica abbagliavano le masse. In tutta la penisola, migliaia di abitanti accorrevano per ascoltarlo. Denunciò l'usura degli ebrei e i loro incessanti intrighi per dissolvere la società cristiana. Migliaia di ascoltatori si riunirono intorno a lui e vibrarono di entusiasmo nell'ascoltarlo.

Fu legato di Eugenio IV a Milano (1432) e in Borgogna. Dopo il Concilio di Firenze, fu nominato nunzio apostolico in Sicilia e poi legato in Francia. Fu poi inviato in Germania, dove l'imperatore Federico III e suo fratello Alberto, duca d'Austria, chiesero il suo aiuto per combattere gli hussiti e ristabilire la concordia tra i principi tedeschi. Giovanni da Capestrano, nunzio apostolico e inquisitore, scelse dodici compagni che partirono a piedi per la Germania. Il loro passaggio attraverso la Lombardia fu una marcia trionfale, perché ovunque Giovanni andasse era accolto come un inviato di Dio.

Pio II lo ritrae così: "Era piccolo di statura, di età avanzata (65 anni), avvizzito, emaciato, sfinito, con solo pelle e ossa, eppure sempre allegro e instancabile nel lavoro. Predicava ogni giorno, trattando le questioni più profonde, piacendo sia alla gente semplice che ai dotti; aveva da venti a trentamila ascoltatori ogni giorno; predicava in latino, e un interprete traduceva i suoi discorsi".

Espose i suoi insegnamenti nelle piazze pubbliche, dove molte persone potevano ascoltarlo. Giovanni fu subito soprannominato il "santo predicatore" o il "*flagello degli ebrei*", perché sollevava i poveri contro l'usura degli ebrei. Per Maurice Pinay, "San Giovanni da Capestrano fu il leader cristiano antigiudaico più energico ed efficace che sia mai emerso dopo Cristo nostro Signore e gli apostoli. La distruzione che egli operò nella Sinagoga di Satana è considerata da alcuni ebrei come la più catastrofica[425] ". Heinrich Gratez conferma: "Quando questo francescano infuriato visitò la Germania, diffuse terrore e sgomento tra gli ebrei. Essi tremavano alla sola menzione del suo nome[426] ".

Giovanni fu un impressionante missionario, predicando in Carinzia, Stiria, Austria, Boemia, Moravia, Slesia, Baviera, Turingia, Sassonia, Franconia, Polonia, Transilvania, Moldavia, Valacchia e altre province, compiendo prodigi e guarigioni e persino, secondo la leggenda, resurrezioni. Inviò molti dei suoi religiosi in Prussia e in altre province, perché ovunque richiedevano la sua presenza e il suo consiglio.

Il vescovo Goffredo di Würzburg, che era anche duca di Franconia, aveva inizialmente concesso numerosi privilegi agli ebrei nel suo territorio. Ma qualche anno dopo, dopo aver ascoltato la predicazione di Capistrano, la sua mentalità cambiò completamente. Così, nel 1453, ordinò agli ebrei di vendere tutti i loro beni entro il gennaio dell'anno successivo e di emigrare quindici giorni dopo, in modo che non rimanesse un solo ebreo nel suo vescovato. A sua volta, aveva trasmesso l'ordine alle città, ai conti, ai signori e ai giudici di eseguire l'espulsione degli ebrei.

Capistrano si dimostrò degno del suo titolo di "*flagello degli ebrei*" in Slesia. Su invito del vescovo Pietro Nowak di Breslavia, Giovanni si recò a Breslavia e riunì il clero nella chiesa. Quando le porte furono chiuse, Giovanni alzò la voce con la sua solita eloquenza contro gli hussiti e gli ebrei. Il suo discorso non cadde nel vuoto, perché molti nobili e borghesi erano indebitati e rischiavano la rovina a causa degli usurai. Lo storico ebreo Heinrich Graetz raccontò gli eventi come segue:

"Dopo aver convocato il clero, il predicatore francescano lo rimproverò per la sua vita peccaminosa, immorale e sensuale... Ma ciò che più gli interessava, oltre al recupero del clero, era lo sterminio degli hussiti, che erano numerosi in Slesia, e la persecuzione degli ebrei. Il fanatismo frenetico con cui le arringhe di Capistrano ispiravano il popolo di Breslau era diretto soprattutto contro gli ebrei. Si diffuse la notizia che un ebreo di nome Meyer, uno dei più ricchi israeliti di Breslau, sotto la cui custodia erano molti dei debiti dei borghesi e dei nobili, aveva comprato un'ostia da un contadino, l'aveva profanata e bestemmiata....".

"Una perfida ebrea battezzata dichiarò che una volta gli ebrei di Breslavia avevano bruciato un'ostia e che, in un'altra occasione, avevano rapito un bambino cristiano, lo avevano ingrassato e messo in un barile con chiodi affilati che avevano fatto rotolare fino a quando la vittima era morta. Il suo sangue fu distribuito tra le comunità della Slesia. Si disse persino che

---

[425]Maurice Pinay, *Complotto contro la Chiesa*, capitolo XLI (1962), trascrizione pdf da Ediciones Mundo Libre, Messico, 1985, p. 369.
[426]Heinrich Graetz, *History of the Jews IV*, Filadelfia, The Jewish Publication Society of America, 1894, p. 258.

furono trovate le ossa del bambino ucciso. La colpevolezza degli ebrei sembrava provata in tutti questi casi e un gran numero di loro, 318 persone in tutto, fu arrestato in diverse località e portato a Breslau. Capistrano li processò e si affrettò a giustiziarli[427] ". Il 2 giugno 1453, quarantuno di questi accusati furono bruciati sul *Salzring*, l'attuale *Blücherplatz*, e l'intera popolazione ebraica fu espulsa da Breslavia. I bambini di età inferiore ai sette anni furono separati dai genitori, battezzati e affidati a genitori cristiani per essere educati alla religione cattolica. I proventi della vendita delle proprietà ebraiche furono utilizzati per costruire la Chiesa dei Bernardini. Nelle altre città della Slesia, gli ebrei subirono lo stesso destino di Breslavia: alcuni furono bruciati sul rogo, altri furono espulsi.

Il giovane re Ladislao, sollecitato dal consiglio della borghesia cittadina, non si accontentò di vietare il ritorno degli ebrei. Come degno successore del padre Alberto II, che aveva espulso gli ebrei dall'Austria, approvò le torture inflitte agli ebrei della Slesia, ritenendo "che fossero stati trattati come meritavano". Probabilmente su istigazione di Capistrano, che soggiornò per qualche tempo a Olomouc, Ladislao espulse nuovamente gli ebrei da questa città e dalla vicina Brno.

Gli ebrei polacchi godevano di una situazione incomparabilmente migliore rispetto ai loro correligionari negli altri Paesi europei. Da tempo godevano della parità di diritti che aveva assicurato loro la preponderanza sui cristiani. La Polonia era così diventata un paradiso per gli ebrei "perseguitati" di Germania, Austria e Ungheria. Espulse dalla costa adriatica, le prime famiglie ebraiche erano arrivate nel Paese intorno al 1264, anche se la grande ondata di emigrazione iniziò solo settant'anni dopo, sotto il re Casimiro. Infatti, la carta di Kalisz concesse loro libertà e grandi privilegi che furono alla base della loro esistenza religiosa, nazionale ed economica per tre secoli[428].Per intensificare il commercio e

---

[427] Heinrich Graetz, *History of the Jews IV*, Philadelphia, The Jewish Publication Society of America, 1894, p. 260–262. ["Immediatamente tutti gli ebrei di Breslau, uomini, donne e bambini, furono imprigionati, tutte le loro proprietà nella "*Judengasse*" furono confiscate e, cosa più importante per gli autori della catastrofe, furono confiscate le obbligazioni dei loro debitori per un valore di circa 25.000 fiorini d'oro ungheresi (2 maggio 1453). La colpevolezza degli ebrei fu resa più credibile dalla fuga di alcuni di loro, che però furono presto arrestati. Capistrano assunse la direzione delle indagini su questa importante questione. In qualità di inquisitore, aveva il diritto di assumere la guida del processo contro i bestemmiatori dell'ostia consacrata. Ordinò che alcuni ebrei fossero messi alla graticola e istruì personalmente i torturatori nel loro compito, poiché era esperto in questo tipo di lavoro. Gli israeliti torturati confessarono". *Storia degli Ebrei IV*, p. 261].

[428] Lo scrittore impegnato Manes Sperber (1905-1984) non ha esitato a scrivere queste parole sui suoi antenati polacco-ebraici: "In mezzo a popoli arretrati, essi si sono proposti di creare una civiltà esemplare per i suoi valori umanitari e religiosi", *Être Juif*,

l'industria, Casimiro "Il Grande" (1333-1370) promulgò leggi favorevoli agli ebrei quando questi erano perseguitati in Germania per i loro crimini e l'usura. Sotto il suo regno si riversarono masse di emigranti ebrei. Questo re, che unificò lo Stato polacco, fu in gran parte responsabile del futuro declino della Polonia, fino alla definitiva spartizione del Paese nel XVIII secolo e alla sua completa scomparsa.

I re di Polonia erano fortemente indebitati con i finanzieri ebrei. Casimiro, ad esempio, aveva preso in prestito un'enorme somma di 15.000 marchi da banchieri ebrei. Re Ludovico d'Ungheria, da parte sua, doveva all'usuraio Levko di Cracovia più di 30.000 Gulden. Anche il re Vladislav II Jagiellon e la regina Edvige gli dovevano somme molto elevate. I registri della cancelleria lituana indicano che nel periodo dal 1463 al 1494 gli ebrei affittarono quasi tutte le dogane del ducato lituano[429].

Importanti comunità ebraiche si stabilirono nella capitale del regno, a Cracovia, a Lemberg e in altre grandi città[430]. Si dice che la benevolenza di Casimiro fosse dovuta alla sua storia d'amore con un'ebrea di nome Ester, figlia di un sarto. La gente comune, invece, vedeva con ostilità la presenza degli ebrei. A Poznan, nel 1399, un rabbino e tredici notabili della comunità furono arrestati e bruciati sul rogo. A Cracovia, nel 1406, si verificò un massacro di ebrei. Ma la sfortuna della Polonia era che i suoi principi erano facilmente acquistabili dai finanzieri. Anche Casimiro IV, re di Polonia e principe di Lituania (1447-1492), protesse gli ebrei come meglio poté.

Il potente vescovo di Cracovia, il cardinale Zbigniew Olesnizki, capo del clero polacco, invitò Capistrano a venire a predicare nella sua diocesi. A Cracovia il frate francescano fu accolto trionfalmente e per tutta la sua permanenza a Cracovia (1453-1454) lui e il vescovo non smisero di esortare il re a combattere gli ussiti e gli ebrei, rimproverando pubblicamente il re Casimiro e predicendogli che sarebbe stato definitivamente sconfitto nella sua guerra contro i cavalieri teutonici di Prussia se non si fosse deciso ad abolire i privilegi degli ebrei e a separarsi dagli ussiti. Nel settembre 1454, i cavalieri teutonici sconfissero l'esercito polacco e costrinsero Casimiro a fuggire dal campo di battaglia in disgrazia. Il re prese allora provvedimenti contro gli ebrei. In tutto il Paese, i banditori pubblici annunciarono che tutti i privilegi degli ebrei erano stati aboliti.[431]

In quel periodo si verificò un evento storico cruciale che scosse l'intera

---

Odile Jacob, 1994, p. 115, 116.
[429] Abraham Léon, *La Conception matérialiste de la question juive*, Études et Documentation internationales, 1942, Paris, 1968, p. 114-117.
[430] Simon Doubnov, in *Précis d'histoire juive, des origines à 1934*.
[431] Gli ebrei polacchi furono espulsi per breve tempo dal granduca Alessandro nel 1495, ma furono reintrodotti pochi anni dopo dal nuovo re di Polonia, Alessandro I, nel 1501. In Europa, quindi, solo i Paesi Bassi non hanno mai espulso gli ebrei.

cristianità e che ebbe conseguenze molto favorevoli per gli ebrei: il 29 maggio 1453 Costantinopoli fu conquistata dal conquistatore turco Mehmed II, portando a termine la distruzione dell'Impero bizantino. Il vincitore inflisse ai vinti ogni sorta di umiliazione e tortura. Lo storico Herinrich Graetz non nasconde una certa soddisfazione e un certo revanscismo: "Da Costantino, il fondatore dell'impero bizantino, che mise una spada insanguinata nelle mani della Chiesa, fino all'ultimo degli imperatori, Costantino Dragasi, della dinastia dei Paleologi, tutti i governanti della lunga serie (con l'eccezione dell'apostata Giuliano) furono più o meno ispirati dalla falsità e dal tradimento, da uno spirito arrogante e ipocrita e da un eccessivo ardore di persecuzione. E il popolo, così come i servitori dello Stato e della Chiesa, erano degni dei loro governanti. Da loro, i popoli tedeschi, latini e slavi avevano derivato il principio che gli ebrei dovevano essere degradati da leggi eccezionali, o addirittura sterminati. Ora, però, la stessa Bisanzio giaceva frantumata nella polvere e barbari selvaggi stavano erigendo al suo posto il nuovo impero turco. Una grande vendetta era stata compiuta".

Mehmed II permise agli ebrei di stabilirsi liberamente a Costantinopoli e in altre città dell'Impero Ottomano. Permise loro di costruire sinagoghe e scuole, garantendo loro una completa libertà commerciale. Ognuno era libero di disporre delle sue proprietà come voleva, di vestirsi liberamente, di coprirsi di seta e oro. "In breve, scrive Graetz, la Turchia fu giustamente descritta da un appassionato ebreo come una terra "in cui non mancava nulla, assolutamente nulla". Due giovani immigrati, Kalman e David, pensavano che se gli ebrei tedeschi avessero conosciuto un decimo della felicità che si poteva trovare in Turchia, avrebbero sfidato qualsiasi difficoltà per raggiungerla[432] ". In effetti, ciò si sarebbe verificato qualche decennio più tardi con l'espulsione di massa degli ebrei dalla Spagna nel 1492.

Dopo la caduta di Costantinopoli, i turchi minacciarono l'Ungheria. Mehmed II preparò l'invasione con un esercito di 100.000 uomini. I cristiani, da parte loro, si prepararono alla guerra. Alla Dieta di Neustadt, il 2 febbraio 1455, Giovanni di Capistran riuscì a proclamare la crociata. Entrò trionfalmente in Ungheria e, alla Dieta di Bude, dissipò tutte le esitazioni e agitò tutti i cuori e le menti. Predicò in tutto il Paese a favore della crociata e fu infine nominato generalissimo della crociata da Giovanni Hunyadi.

Giovanni Hunyadi rifornì e fortificò la città di Belgrado a proprie spese. Poi costruì un esercito di supporto e una flotta di duecento corvette. I

---

[432] Heinrich Graetz, *History of the Jews IV*, Philadelphia, The Jewish Publication Society of America, 1894, p. 267, 271.

signori ungheresi, diffidenti nei confronti del suo crescente potere, gli permisero ancora una volta di finanziare l'intera operazione. Hunyadi aveva raccolto circa 15.000 mercenari e Capistrano portò con sé un esercito di 35.000 contadini, artigiani e studenti, la maggior parte dei quali armati solo di fionde e falci. I due marciarono alla testa dei loro soldati verso Belgrado, controllata dai turchi. Il 14 luglio 1456, Giovanni Hunyadi arrivò vicino a Belgrado e riuscì a rompere il blocco navale turco. Durante gli undici giorni che seguirono la vittoria navale, Capistrano rimase giorno e notte in mezzo ai crociati, senza mai vacillare, incoraggiandoli a resistere.

Il 21 luglio Mehmed II, desideroso di approfittare dei danni subiti dalla fortezza, ordinò l'assalto finale per tutta la notte. Gli attaccanti entrarono nella città bassa e iniziarono ad attaccare la fortezza. Hunyadi ordinò allora ai difensori di Belgrado di lanciare materiali infiammabili contro gli Ottomani. In effetti, i giannizzeri furono separati dal resto dell'esercito dalle fiamme. Furono circondati e la battaglia volse a favore dei cristiani che respinsero gli assalitori fuori dalle mura della città. Il 22 luglio 1456, i contadini crociati intrapresero un'azione spontanea. Nonostante gli ordini di Hunyadi, evasero dalle mura quasi in rovina di Belgrado e attaccarono i soldati ottomani. Immediatamente altri cristiani si unirono all'offensiva e l'inaspettato movimento si trasformò in una vera e propria battaglia decisiva. Giovanni da Capestrano decise allora di guidare circa 2.000 crociati contro le linee turche, gridando: *"Il Dio che ha iniziato la porterà a termine!"*. Allo stesso tempo, Hunyadi approfittò della situazione per caricare dal forte e impadronirsi dei cannoni turchi. I 5000 giannizzeri cercarono invano di riportare l'ordine e di fermare il panico nelle file dell'esercito turco. Il sultano stesso dovette intervenire nella battaglia, ma una freccia nella coscia lo abbatté, provocando la ritirata delle truppe turche e dei loro feriti.

Dopo questa grande vittoria, nell'esercito ungherese si manifestò un'epidemia di peste. Giovanni Hunyadi si ammalò e morì l'11 agosto 1456 tra le braccia di Giovanni di Capistrano. Anche quest'ultimo, logorato dagli anni e dalla fatica, divorato dall'interno da una febbre costante, vide avvicinarsi l'ora della morte. Il 23 ottobre 1456 ricevette gli ultimi sacramenti nel convento di Vilak e morì serenamente all'età di settant'anni. Il corpo di Giovanni Capistran fu sepolto nella chiesa del convento di Vilak. Fu canonizzato nell'ottobre del 1690 e da allora la sua festa si celebra il 23 ottobre.

La vittoria cristiana a Belgrado fermò per qualche decennio l'avanzata ottomana in Europa centrale, ma nel 1521 i turchi conquistarono la città e il castello di Vilak, radendo al suolo il convento francescano. Nel 1527 erano alle porte di Vienna.

LXXIX. Alfonso de Espina

La situazione degli ebrei in Spagna sembrava ancora abbastanza soddisfacente durante i regni di Enrico IV (1457-1474), re di Castiglia, e di Giovanni II (1450-1479), re di Aragona. Enrico IV, forse ancora più indolente del padre Giovanni II di Castiglia, non si preoccupava troppo dell'effettiva applicazione delle leggi canoniche sugli ebrei. Ma la rabbia del popolo cresceva ovunque.

Alfonso de Espina, un frate francescano rettore dell'Università di Salamanca, tuonava contro di loro dall'alto della sua cattedra, attaccando gli ebrei e i loro protettori con la parola e con la penna. Intorno al 1460, scrisse in latino un libello contro eretici, ebrei e musulmani, sotto il titolo *Fortalitium fidei*, la *Forza della fede*, in cui espresse le solite recriminazioni: "Spirito di tradimento, crimini rituali, avvelenamento dei medici, distruzione dei cristiani con l'oltraggiosa pratica dell'usura, falsi ebrei e sodomiti, ecc.

L'avidità degli israeliti li rendeva già particolarmente odiosi. Alfonso de Espina citò il caso di un usuraio di Zamora, che per diecimila monete d'argento prestate ne aveva ricevute sessantamila di interessi. Altri avevano preteso il cento per cento di interessi; signorotti e nobili erano di fatto suoi prigionieri. I contadini, per liberarsi dei debiti, erano costretti a dargli i frutti dei loro raccolti. Alle Cortes di Valladolid del 1385, molti si lamentarono del fatto che i nobili si erano messi d'accordo con loro per espropriare i comuni dei loro beni[433].

Il francescano presentò anche un catalogo enumerativo e cronologico dei crimini rituali perpetrati dagli ebrei. Omicidi e atti di stregoneria erano le principali infamie di questa lunga serie nera.

"Alfonso de Espina accusò gli ebrei dei più grandi crimini e dei più odiosi vizi. Sosteneva che in Spagna si abbandonavano alla sodomia più sfacciata, che mescolavano veleni in modo subdolo e che ogni anno si accordavano per sgozzare un bambino cristiano in una città o in un'altra. Ne citò uno, secondo un testimone oculare, che gli raccontò più o meno in questi termini la terribile scena a cui fu costretto ad assistere. Si chiamava Manuel ed era figlio di un abile medico genovese di nome Salomone; nel 1450 si confessò davanti al vescovo che doveva battezzarlo, così come davanti al decano della chiesa di Compostella e ad altri notabili, ecclesiastici e laici, e il notaio dell'udienza reale fece un verbale della deposizione da conservare nell'archivio del convento dove fu firmato

---

[433] Georges-Bernard Depping, *Les Juifs dans le Moyen-Âge*, (1823), Éd. Wouters, Bruxelles, 1844, p. 255.

l'atto[434] : Quando mi trovavo a Savona, città dipendente da Genova", racconta, "mio padre mi portò in casa di un ebreo, dove sette o otto uomini della sua religione erano segretamente riuniti per sacrificare un bambino cristiano. Dopo aver chiuso le porte con grande cura, tutti giurarono solennemente di non rivelare mai nulla di ciò che stavano per fare, e di morire e togliersi la vita piuttosto che rivelare la minima cosa a qualsiasi mortale. Fatto questo giuramento, portarono un bambino di circa due anni e lo posero su un vaso in cui di solito si raccoglieva il sangue dei circoncisi. Due ebrei gli stesero le braccia a forma di croce; un terzo gli tenne la testa sollevata; un quarto, che era incaricato dell'esecuzione, gli mise della quercia fumante in bocca per impedirgli di urlare; poi prese dei lunghi spuntoni di ferro e li conficcò in varie parti del corpo del ragazzo, in modo che le sue viscere venissero trafitte e il sangue fluisse abbondantemente nel vaso. Rimasi profondamente inorridita da questo spettacolo crudele; non potevo più guardare e dovetti andarmene. Mio padre mi seguì e mi implorò di non rivelare mai a nessuno ciò che avevo appena visto, e che avrei preferito morire per mano mia piuttosto che ammetterlo. Poi mi riportò nella stanza: il ragazzo era già morto. Il suo corpo fu gettato in una latrina profonda. Poi tagliarono a pezzi vari frutti, come mele, pere, noci, nocciole, ecc. e li gettarono nel vaso pieno di sangue. Io fui costretto a fare come gli altri, ma appena l'assaggiai quasi mi ammalai, e per due giorni le mie budella sembravano ribollire di orrore ogni volta che volevo mangiare qualcosa ".[435]

Alfonso de Espina raccontò anche il caso di un medico ebreo che aveva fornito un veleno a un nobile di nome Juan de Vega, che voleva liberarsi del fratello maggiore per ricevere la sua eredità. Il crimine fu scoperto. Il nobile sfuggì al processo prendendo i voti monastici e l'ebreo si suicidò[436].

La prospettiva escatologica era presente anche nel *Fortalitium fidei*: quando apparirà l'Anticristo, gli ebrei si uniranno intorno a lui e lo adoreranno come un dio. Seguendo l'esempio di Duns Scot e di Giovanni da Capestrano, Alfonso di Spina sosteneva la separazione dei bambini ebrei dai loro genitori per educarli alla fede cattolica[437]. Inoltre, era d'accordo con tutte le persecuzioni del passato, compresi i massacri. Il *Fortalitium*

---

[434] Certissime enim çompertum est quod omni anno in qualibet provincia sortes mittunt quæ civitas vel oppidum christiani sanguinem aliis civitatibus tradat. *Fortalitium fidei*, lib. III, cap. Quinta crudelitas Judoeorum.

[435] Georges-Bernard Depping, *Les Juifs dans le Moyen-Âge*, (1823), Éd. Wouters, Bruxelles, 1844, p. 246-247.

[436] Georges-Bernard Depping, *Les Juifs dans le Moyen-Âge*, (1823), Éd. Wouters, Bruxelles, 1844, p. 255.

[437] Sarebbe infatti il modo migliore per spezzare il trauma e la catena delle "generazioni incestuose". Leggere *Psicoanalisi dell'ebraismo* e *Lo specchio dell'ebraismo*.

fidei ebbe almeno otto ristampe in cinquantotto anni (1471-1529), di cui tre nella città di Lione in Francia.

In Spagna, il popolo cristiano era particolarmente sospettoso nei confronti dei marrani, poiché questi nuovi cristiani avevano raggiunto le più alte sfere politiche ed ecclesiastiche e svolgevano un ruolo di primo piano nelle Cortes e nel Consiglio di Stato, occupando persino seggi episcopali[438]. I Francescani furono i primi a lanciare l'allarme contro questi falsi convertiti negli ordini religiosi e nel clero secolare. Nel 1461, chiesero al Generale dell'Ordine di San Geronimo, Frate Alonso de Oropesa, di aiutarli a estirpare il male. L'Ordine di San Geronimo aveva molti nuovi cristiani al suo interno e il Generale si trovò sotto il fuoco incrociato. Egli propose, tuttavia, che i vescovi fossero incaricati di giudicare i marrani e istituì un'Inquisizione per giudicare i casi. Scrisse un trattato intitolato *Lumen ad revelationem gentium et gloriam Israel* (1465), in cui denunciò sia gli ebrei che i marrani.

Il *Libro di Alboraique*, pubblicato nel 1488 da un autore anonimo, "riprende in una decina di pagine le accuse popolari rivolte questa volta sia ai neocristiani che agli ebrei: bugiardi, vani, vigliacchi, bestemmiatori, sacrileghi e sodomiti[439]". Nell'introduzione l'autore scrive di voler fornire

---

[438] "Ma dopo il 1391, quando la pressione sugli ebrei divenne più violenta, intere comunità abbracciarono la fede cristiana. La maggior parte dei neofiti approfittò della loro nuova posizione. Si affollarono a centinaia e a migliaia in luoghi dai quali erano stati precedentemente esclusi dalla loro fede. Entrarono in professioni proibite e nei tranquilli chiostri delle università. Conquistarono posizioni importanti nello Stato e penetrarono persino nel sancta sanctorum della Chiesa. Il loro potere aumentava con la loro ricchezza e molti potevano aspirare ad essere ammessi nelle famiglie più antiche e aristocratiche della Spagna... Un italiano quasi contemporaneo osservò che gli ebrei convertiti praticamente dominavano la Spagna, mentre la loro segreta adesione al giudaismo stava rovinando la fede cristiana. Un cuneo di odio inevitabilmente allontanò le relazioni tra vecchi e nuovi cristiani. I neofiti erano conosciuti come marranos (probabilmente "i reprobi" o "i porci"). Erano disprezzati per i loro trionfi, per il loro orgoglio, per la loro cinica adesione alle pratiche cattoliche. Mentre le masse guardavano ai trionfi dei nuovi cristiani con cupa amarezza, il clero denunciava la loro slealtà e insincerità. Sospettavano che la maggior parte dei convertiti fosse ancora ebrea nel cuore, che la conversione forzata non avesse estirpato l'eredità di secoli. Decine di migliaia di nuovi cristiani si sottomisero esteriormente, andarono meccanicamente in chiesa, borbottarono preghiere, eseguirono riti e osservarono usanze. Ma lo spirito non si era convertito. In Abram Leon Sachar, *Storia degli ebrei*, cap. XVI (*I marrani e l'Inquisizione*), trad. dalla seconda ed. americana riveduta al 1940, Ediciones Ercilla, Santiago del Cile, 1945, p. 276, 277.

[439] Daniel Tollet, *Les Textes judéophobes et judéophiles dans l'Europe chrétienne à l'époque moderne*, Presses Universitaires de France, 2000, p. 30, 34. *Et quod vereor calamo scribere... ceciderunt in passiones ignominiæ... laudantes se per vicos et plateas crimen pessimum commississe. Fortalitiumfidei*, lib. III, cap. *De statu Judoeorum in regno Castellæ*, in Georges-Bernard Depping, *Les Juifs dans le Moyen-*

ai suoi lettori "armi contro i nemici di Cristo".

La predicazione di Alfonso de Espina contro i marrani scatena l'agitazione popolare a Madrid. A Toledo gli scontri si ripeterono nel 1467, ripetendo le scene del 1449; ma questa volta furono i convertiti a iniziare la lotta assaltando la cattedrale. Si impadronirono poi dei ponti e delle porte della città. Questo momentaneo successo durò fino al ritorno alla cattedrale, perché all'interno del tempio i Vecchi Cattolici assediati riuscirono a suonare le campane e arrivarono i rinforzi. La controffensiva dei Vecchi Cristiani sconvolse completamente i Marrani, che furono totalmente sconfitti. La folla massacrò centotrenta marrani. Quelli che si difesero furono impiccati alla forca e seicento case dei marrani furono bruciate.

Nel 1469, il matrimonio dell'Infanta Isabella, in seguito soprannominata *la Cattolica*, con l'Infante Ferdinando d'Aragona inaugurò definitivamente l'era della preponderanza spagnola. All'inizio del regno di Ferdinando e Isabella si verificarono nuove rivolte popolari contro gli ebrei. Nel 1471, gli abitanti di Sepúlveda, una piccola città vicino a Segovia, si vendicarono degli ebrei locali dopo la morte di un bambino cristiano durante la Settimana Santa. Per ordine del vescovo, Juan Arias Dávila, figlio del ministro marrano Diego Arias Dávila, otto degli accusati ritenuti colpevoli furono portati a Segovia e condannati. Alcuni furono bruciati sul rogo, altri furono impiccati o sequestrati. A quanto pare, questa esecuzione non fu una punizione sufficiente per gli abitanti di Sepúlveda, che preferirono finire direttamente gli ebrei, massacrandoli quasi tutti senza pietà.

A Cordova i marrani furono messi alla gogna. Nel 1473, in questa città si formò una confraternita religiosa consacrata alla Vergine Maria, dalla quale furono esclusi i convertiti. Durante la processione organizzata da questa confraternita la vigilia di Pasqua, le case e le strade di Cordova furono decorate con fiori e arazzi. Ma durante la processione, una giovane marrano gettò dell'acqua sporca sull'immagine della Vergine. Le case dei marrani furono tutte incendiate e la maggior parte di loro fu uccisa, mentre gli altri fuggirono dalla città.

LXXX. *Bernardino di Feltre*

In Italia, come altrove, gli usurai ebrei avevano ridotto molti cristiani in miseria. Naturalmente, Heinrich Graetz aveva una visione più sfumata della situazione: "Gli ebrei, in quanto capitalisti e abili diplomatici, erano quindi ben accolti in Italia. Ne è prova il fatto che quando la città di Ravenna volle unirsi a Venezia, incluse tra le condizioni dell'unione la

---

Âge, (1823), Éd. Wouters, Bruxelles, 1844, p. 246.

richiesta di inviare ricchi ebrei per aprire banche di credito e alleviare così la povertà della popolazione. In molte città italiane, i capitalisti ebrei ricevettero dai principi o dai senati regnanti ampi privilegi che permisero loro di aprire banche, di affermarsi come mediatori e persino di applicare un alto tasso di interesse (20%)... Un ebreo di Pisa, di nome Yechiel, controllava il mercato del denaro in Toscana. Non era affatto un semplice avaro senza cuore, come lo chiamavano i cristiani, ma piuttosto un uomo di animo nobile e di cuore tenero, sempre pronto ad aiutare i poveri con il suo oro e a confortare gli sfortunati con le parole e con i fatti[440] ".

Per contrastare questa situazione, i monaci francescani decisero di combattere l'usura ebraica creando istituti di credito - i montes de piedad - che dovevano competere con gli ebrei sul loro stesso terreno. Questi banchi di pegno concedevano prestiti a un tasso di interesse molto basso[441]. L'instancabile predicazione dei frati francescani portò alla creazione di una trentina di istituzioni di questo tipo in tutto il Paese tra il 1462 (Monte di Pietà di Perugia) e il 1496 (quelli di Treviso, Udine, Pisa e Firenze).

Nel 1462, a Perugia, un frate francescano di nome Barnaba era riuscito a raccogliere una grande quantità di capitale da mettere a disposizione dei prestatori. I poveri potevano depositare alcuni indumenti come garanzia e prendere piccole somme di denaro in cambio di un piccolo interesse per coprire i costi di manutenzione del Monte di Pietà.

Imitando l'esempio di Perugia, gli abitanti di Savona, anch'essi afflitti da usurai ebrei, crearono lo stesso istituto di credito e ottennero la conferma dalla Santa Sede nel 1479. Pochi giorni dopo, la città di Mantova fondò un'altra istituzione simile che doveva essere governata da dodici direttori, di cui quattro religiosi, due nobili, due giuristi o dottori, due mercanti e due borghesi. I religiosi dovevano essere membri in perpetuo e gli otto laici dovevano occupare il loro posto per due anni, con la metà di loro rinnovata ogni anno.

Bernardino de Feltre, veneto, fu il più diligente promotore di questi monti di pietà e uno dei più strenui nemici dei banchieri e degli usurai ebrei. Fu il più implacabile nemico degli ebrei del suo tempo e un degno successore di Capistrano. Oratore di grande popolarità, Bernardino predicò

---

[440] Heinrich Graetz, *History of the Jews IV*, Philadelphia, The Jewish Publication Society of America, 1894, p. 286. ["Gli ebrei d'Italia erano cittadini desiderabili, non solo per la loro capacità finanziaria, ma anche per la loro abilità come medici. Nella sua lettera a Yechiel, Abravanel chiedeva se ci fossero medici ebrei negli Stati italiani e se i principi della Chiesa li impiegassero. I medici, diceva, hanno la chiave del cuore dei grandi, da cui dipende il destino degli ebrei", in *Storia degli ebrei* IV, p. 287].
[441] Il termine francese (e spagnolo) deriva da un'errata traduzione dell'italiano "*monte di pietà*"; da *monte* (valore, quantità, somma) e *pietà* (pietà, carità). Avrebbe dovuto essere tradotto come "*crédito de caridad*" o "*crédito de piedad*".

in Italia contro il lusso e sollevò le masse contro gli usurai.

"Poiché alcuni capitalisti ebrei avevano avuto successo, egli individuò tutti gli ebrei come vampiri e parassiti estorsori, suscitando il malanimo del popolo contro di loro", scrive Gratez.

Per lui, Capistrano era il modello di un vero cristiano. Pur « ammettendo che il cristianesimo imponeva di essere giusti e umani nei confronti degli ebrei, teneva in maggior conto le disposizioni del diritto canonico che proibivano qualsiasi commercio con loro, come condividere il cibo o consultare i loro medici... "Io, diceva Bernardino, che vivo di elemosina e vivo del pane che mi danno i poveri, non posso rimanere come un cane silenzioso, senza abbaiare, quando vedo gli ebrei divorare i cristiani fino alle midolla. Perché non dovrei abbaiare in onore di Gesù Cristo[442] ?".

Instancabile nel suo zelo, Bernardino riuscì a fondare monasteri di pietà ad Assisi, Parma, Cesena, Chieti, Rieti, Narni e Lucca. A Camposampiero, un piccolo paese del padovano, espulse il proprietario ebreo di un banco dei pegni per fondare un monastero pio. Tutte le imprese ebraiche erano soggette agli attacchi di questo monaco impetuoso.

A Plasencia gli usurai applicavano interessi che potevano raggiungere il cento per cento, per cui non fu difficile introdurre l'idea di creare un nuovo banco dei pegni. Lo stesso accadeva a Padova, dove il monte de piedad prestava gratuitamente per somme inferiori a trenta sous. Per somme superiori, il tasso di interesse non superava il 5%.

"Ravenna, Cremona, Vicenza, Bologna e persino Firenze, così come molte altre città italiane, ebbero i loro banchi di pegno alla fine del XV o all'inizio del XVI secolo". Roma e Napoli non li ebbero fino al 1539 e 1540. In quest'ultima città, due cittadini caritatevoli liberarono tutti gli effetti impegnati dagli ebrei e li restituirono senza interessi, e non appena fu fondato il banco dei pegni, il viceré di Toledo espulse gli ebrei dal regno di Napoli[443] ».

Bernardino de Feltre metteva a disagio le autorità locali a causa delle rivolte che fomentava. Alcuni personaggi di alto rango, corrotti dall'oro degli ebrei, contribuirono al fallimento dei suoi progetti. A Firenze, e in generale in tutta la Toscana, il principe e il consiglio difesero vigorosamente gli usurai[444]. Bernardino de Feltre li accusò di essersi

---

[442]Heinrich Graetz, *Geschitchte der Juden; Histoire des juifs IV,* Éd. Durlacher, Parigi, 1893, p. 385; e in *Storia degli ebrei IV,* p. 296.
[443] Georges-Bernard Depping, *Les Juifs dans le Moyen-Âge,* (1823), Éd. Wouters, Bruxelles, 1844, p. 287.
[444]« Firenze era una delle città più ricche e commerciali d'Italia; i fiorentini erano stati i più grandi speculatori e spietati usurai. Muratori ammetteva che era a questa usura che Firenze doveva gran parte del suo splendore; questa repubblica usuraria e commerciale

lasciati comprare da Yechiel di Pisa e da altri ricchi ebrei del Paese. Quando venne a Bergamo per predicare contro gli ebrei, fu imbavagliato da Galeazzo, duca di Milano. Allo stesso modo, i magistrati di Venezia gli proibirono di predicare contro gli ebrei. Agli ebrei, che avevano corrotto i magistrati, fu permesso di tornare in città, poiché Bernardino stesso era stato espulso.

Infine, a Firenze, poiché "Bernardino incitava la gioventù della città contro gli ebrei ed era imminente una rivolta popolare, le autorità gli ordinarono di lasciare immediatamente Firenze e il Paese, ed egli fu costretto a sottomettersi.

A poco a poco, però, ripetendo instancabilmente le stesse accuse, riuscì a infiammare talmente l'opinione pubblica contro gli ebrei che nemmeno il Senato veneziano fu in grado di proteggerli. Infine, riuscì a scatenare una sanguinosa persecuzione degli ebrei, ma non in Italia, bensì nel Tirolo, da dove si diffuse in Germania".

Le sue imprecazioni contro gli usurai ebrei risuonarono in tutte le chiese di Trento. Poi scoppiò un nuovo caso di crimine rituale. Il martedì santo del 1475, nel bel mezzo della settimana di Pasqua, un bambino di due anni e mezzo di una famiglia povera, di nome Simone, scomparve e fu poi trovato annegato nell'Adige. Il suo corpo era finito in acqua e si era arenato in una diga. Il vescovo di Hinderbach, accompagnato da due notabili, si recò sul posto e fece trasportare il corpo in chiesa. Bernardino de Feltre e gli altri sacerdoti esposero pubblicamente il corpo del bambino e poi "il vescovo fece imprigionare tutti gli ebrei di Trento". Avviò un procedimento contro di loro e chiamò un medico, Mattia Tiberino, a testimoniare la morte violenta del bambino. Un ebreo battezzato, Wolfkan, di Ratisbona, incisore, si fece avanti con le accuse più temibili contro i suoi ex correligionari. Le sue accuse trovarono maggiore credibilità quando gli ebrei imprigionati confessarono, sotto tortura, di aver ucciso Simone e di aver bevuto il suo sangue la notte di Pasqua. Dissero che l'ebrea Bruneta aveva fornito gli aghi per pungere il corpo. Si disse anche che era stata trovata una lettera in possesso di un rabbino, Mosè, inviata dalla Sassonia, che chiedeva sangue cristiano per la prossima Pasqua ebraica.... Tutti gli ebrei di Trento furono bruciati e fu deciso che nessun ebreo avrebbe più dovuto stabilirsi in città. Solo quattro ebrei accettarono il battesimo e furono graziati[445] ".

In tutti i Paesi in cui giunse la notizia di questo evento, gli ebrei furono

---

doveva quindi una certa indulgenza a un popolo sfortunato che aveva in comune con sé questo spirito speculativo e usuraio, ma che, invece dello splendore del popolo fiorentino, aveva ricevuto solo esilio e oppressione in Europa ». In Georges-Bernard Depping, *Les Juifs dans le Moyen-Âge*, (1823), Éd. Wouters, Bruxelles, 1844, p. 288.
[445] Heinrich Graetz, *History of the Jews IV*, Philadelphia, The Jewish Publication Society of America, 1894, p. 297, 298.

esposti ai maggiori pericoli. In Italia, non potevano più lasciare le città senza rischiare di essere attaccati dai cristiani. Scoppiarono rivolte antiebraiche a Brescia, Pavia, Mantova e Firenze, alcune provocate da Bernardino de Feltre. Il clero organizzò pellegrinaggi per visitare le spoglie del martire, l'innocente Simone di Trento, che sarebbe stato beatificato nel 1582.

In Germania, l'odio verso gli ebrei aumentò ancora di più. Pochi anni prima, a Endigen, nel paese di Bade, i parrocchiani avevano scoperto i corpi di un uomo e di una donna, oltre ai resti di due bambini decapitati, durante i lavori per l'ossario della chiesa. Questo avveniva nel 1470. Erano stati identificati con una famiglia povera che era scomparsa otto anni prima dopo essere stata vista entrare per l'ultima volta nella casa di un ebreo. Si svolse un processo per crimini rituali e quattro ebrei della città furono condannati e giustiziati. Il caso divenne in seguito il soggetto di una famosa opera teatrale dell'epoca, *L'Endinger Judenspiel*.

Dopo l'assassinio di Simone di Trento, la borghesia di Francoforte sul Meno eresse una statua vicino al ponte che conduce a Saxenhausen, raffigurante il bambino martirizzato da orribili personaggi ebrei in conversazione con il diavolo. Sul piedistallo erano incisi questi due versi: *So lan Trient und das kind wird gennant/ Der Juden Schelmstück bleibt bekannt*. Che significava: Finché *si parlerà di Trento e del bambino, la malizia degli ebrei sarà ricordata*[446].

A Ratisbona, il nuovo vescovo Enrico e il duca Ludwig, risoluto nemico degli ebrei, unirono le forze per assicurarsi l'appoggio del papa e di alcuni dei membri più influenti del Consiglio della borghesia, e per arruolare i servizi di due rinnegati ebrei. Uno di loro, Peter Schwarz, "scrisse opuscoli diffamatori e calunniosi contro i suoi ex correligionari". L'altro, un certo Hans Vayol, riversò le più vili calunnie sull'anziano rabbino Israel Bruna, accusandolo, tra l'altro, di aver comprato da lui un bambino cristiano di sette anni e di averlo sacrificato[447]...", secondo Graetz.

In ogni caso, la notizia dell'omicidio del ragazzo di Trento giunse a Ratisbona proprio in quel periodo. Il vescovo Enrico chiese immediatamente al Consiglio di Ratisbona di avviare un procedimento

---

[446]Heinrich Graetz, *Geschitchte der Juden; Histoire des juifs IV*, Éd. Durlacher, Parigi, 1893, p. 388. Nel febbraio 2007, in Italia scoppiò un caso molto delicato che fece molto scalpore. Il professor Areil Toaff, figlio dell'ex rabbino capo di Roma, aveva appena pubblicato un libro di 400 pagine intitolato *Pasque di sangue, gli ebrei d'Europa e le accuse di omicidio rituale*. Il professor Toaff, docente all'Università Bar-Ilan di Gerusalemme, riconosceva che l'omicidio rituale era stato praticato da alcuni ebrei ashkenaziti nel nord Italia. Leggi in *Fanatismo ebraico*.

[447] Heinrich Graetz, *History of the Jews IV*, Philadelphia, The Jewish Publication Society of America, 1894, pagg. 301–302.

penale contro alcuni ebrei della città. Le guardie bloccarono le quattro porte del quartiere ebraico, impedendo a tutti di entrare o uscire. I beni della comunità ebraica furono sequestrati.

Nella primavera del 1478, gli ebrei di Passau che avevano comprato e profanato le ostie furono giustiziati per ordine del vescovo. Alcuni furono condannati a morte di spada, altri furono bruciati vivi sul rogo e ad altri ancora fu strappata la carne con pinze roventi. L'imperatore Federico, tuttavia, proibì la tortura o l'uccisione degli ebrei per la profanazione delle ostie. Tutti gli ebrei in Svevia furono espulsi in quel periodo. Tra il 1478 e il 1492 furono registrati molti crimini rituali a Mantova, Arena, Portobuffolé (vicino a Trevisa), Verona, Viadana (vicino a Mantova), Vicenza e Fano, e tutti furono condannati a morte. Nel 1490, la città di Norimberga espulse gli ebrei dopo aver aperto un monte di pietà.

Bernardino de Feltre era tornato in Italia, perché lo vediamo nel 1488 a Ravenna fondare un altro monte di pietà e convincere le autorità a espellere gli usurai ebrei dalla città. Bernardino morì a Pavia il 28 settembre 1494, data in cui da allora viene celebrato. La sua tomba rimane in quella città, nella chiesa di Santa Maria del Carmine.

LXXXI. Torquemada contro i marrani

In Spagna, i marrani, o nuovi cristiani, "che si contavano a centinaia e migliaia nei regni di Aragona e Castiglia.... ricoprivano alte cariche di Stato e, grazie alla loro ricchezza, esercitavano una grande influenza. Erano anche imparentati con molti degli antichi nobili; infatti, erano poche le famiglie importanti che non avessero sangue ebraico nelle vene. Costituivano circa un terzo della popolazione della città..... Questi marrani, per la maggior parte, avevano conservato l'amore per l'ebraismo e per la loro razza nel profondo del cuore[448]". Per la grande maggioranza della popolazione spagnola, questa situazione era insopportabile: "Sembrava loro che tutta la corte fosse di origine ebraica[449]."

Il matrimonio tra Isabella di Castiglia e Ferdinando d'Aragona nel 1469 cambierà radicalmente la situazione nella penisola. Nel 1478, su iniziativa di Ferdinando e Isabella, papa Sisto IV emanò una bolla che autorizzava la coppia reale a nominare ecclesiastici come inquisitori con poteri di giudicare gli eretici e i ribelli, nonché i loro protettori. È probabile che la reazione dei monarchi sia stata sollecitata da un domenicano di nome

---

[448] Heinrich Graetz, *History of the Jews IV*, Philadelphia, The Jewish Publication Society of America, 1894, p. 308.
[449] Heinrich Graetz, *Geschitchte der Juden; Histoire des juifs IV*, Éd. Durlacher, Parigi, 1893, p. 393. Si veda ancora la nota 438.

Alfonso de Ojeda, priore del convento di San Pablo a Siviglia e con un accesso privilegiato alla regina. Una commissione istituita dai "re cattolici" fu incaricata di redigere il regolamento del tribunale e nel 1480 il tribunale dell'Inquisizione iniziò a funzionare. Era composto da due monaci domenicani, Miguel Morillo e Juan de San Martino, e da assessori laici. Il tribunale ebbe la sua prima sede a Siviglia, per sorvegliare questa regione governata direttamente dai sovrani - senza l'intermediazione delle Cortes - e che da un secolo contava un gran numero di marrani. Con un'ordinanza reale, tutti i funzionari furono invitati a collaborare pienamente con gli inquisitori.

"Se i demoni dell'inferno più profondo avessero cospirato per tormentare uomini innocenti fino all'ultimo limite di sopportazione e per rendere la loro vita un martirio incessante, non avrebbero potuto escogitare mezzi più perfetti di quelli che questi tre monaci impiegarono contro le loro vittime", lamentò Heinrich Graetz, che aggiunse: "Non appena i Nuovi Cristiani di Siviglia e dintorni ricevettero la notizia dell'istituzione dell'Inquisizione, si riunirono per studiare i mezzi per deviare il colpo diretto contro di loro. Diversi uomini ricchi e rispettati di Siviglia, Carmona e Utrera, tra cui Abulafia, agente finanziario della coppia reale, si prepararono a dare battaglia ai loro persecutori".

Tuttavia, "pochi giorni dopo furono bruciati i cospiratori di Carmona, Siviglia e altre città, e tre dei marrani più ricchi e rispettati, tra cui Diego de Susón, possessore di dieci milioni, e Abulafia, ex talmudista e rabbino. Il 26 marzo, diciassette vittime morirono nel rogo del *Quemadero*[450] ".

Il complotto era stato denunciato dalla figlia di Suson, che aveva una relazione segreta con un cavaliere cristiano. Diversi cospiratori furono imprigionati. Seguirono altri arresti e presto furono imprigionati così tanti marrani che le prigioni del convento di San Pablo erano stracolme.

Molti nuovi cristiani di questa città si rifugiarono a sud, nella regione di Medina Sidonia e Cadice, per sfuggire alle persecuzioni. Ma il 2 gennaio 1481, un editto del tribunale dell'Inquisizione prescrisse a tutti gli ufficiali la cattura e la consegna di tutti i marrani fuggitivi e il sequestro di tutti i loro beni, minacciando chiunque contravvenisse a questi ordini con la scomunica e le pene riservate agli eretici. Gli arresti furono così numerosi che il tribunale decise di stabilirsi in un luogo più ampio per giudicare tutti gli accusati. Il tribunale si stabilì quindi in un castello alla periferia di Siviglia, chiamato La Tablada.

Il tribunale poté quindi aprire la sua prima sessione. Sei marrani ribelli, che avevano proclamato davanti ai giudici la loro fedeltà al giudaismo,

---

[450] Heinrich Graetz, *History of the Jews IV*, Philadelphia, The Jewish Publication Society of America, 1894, pagg. 312, 313, 317.

furono condannati a morte dal priore Alfonso de Ojeda e bruciati sul rogo. I cospiratori, guidati dal ricchissimo Diego de Susón, furono poi portati davanti al tribunale. Nei giorni seguenti, le vittime giornaliere furono così tante che la città di Siviglia dovette mettere a disposizione del tribunale una delle sue piazze per tenere acceso un falò in modo permanente. A questa piazza fu dato il nome di *Quemadero*.

Oltre ai singoli marrani, gli inquisitori incoraggiarono tutti i cristiani spagnoli a rafforzare la loro vigilanza e a denunciare tutti i giudaizzanti eretici di cui erano a conoscenza. Per facilitare queste denunce, l'Inquisizione elencava tutti i fatti che costituivano il reato di eresia o apostasia: un ebreo convertito era recidivo se celebrava il sabato o qualsiasi altra festa ebraica, se circoncideva i figli, se osservava le leggi alimentari, se il sabato indossava una camicia bianca o abiti più belli del solito, o se non accendeva il fuoco. Venivano anche accusati di apostasia se li si vedeva uscire per strada a piedi nudi o chiedere perdono a un amico nel Giorno dell'Espiazione (*Yom Kippur*), o se benedicevano i loro figli ponendo le mani sul loro capo senza fare il segno della croce, o se recitavano una formula di benedizione con una coppa di vino prima di far bere gli ospiti. Si era davvero sospetti quando ci si asteneva dal seguire le usanze cristiane, come ad esempio terminare un salmo senza aggiungere "Gloria al Padre, al Figlio e allo Spirito Santo", o mangiare carne durante la Quaresima. Se qualcuno mandava o riceveva regali da un ebreo durante la festa delle Capanne (*Sukkot*) veniva anche accusato di giudaizzare. Le prigioni dell'Inquisizione si riempirono rapidamente. Fin dal primo giorno furono effettuati circa quindicimila arresti.

Nel primo auto de fe - atto di fede - i sacerdoti inauguravano il rogo con una solenne processione: vestiti di sacco - il sambenito - con una croce rossa dipinta sopra, i condannati avanzavano verso il luogo dell'esecuzione accompagnati da ecclesiastici e nobili vestiti di nero, tra i canti del popolo riunito. Arrivati al rogo, gli inquisitori leggevano le condanne prima di procedere all'esecuzione. Gli eretici impenitenti venivano gettati nelle fiamme senza ulteriori indugi, a meno che non si pentissero all'ultimo momento, e allora venivano strangolati prima. Il 26 marzo 1481, diciassette vittime furono bruciate al *Quemadero*. Da quel giorno fino a novembre, quasi trecento persone morirono sul rogo a Siviglia. La persecuzione arrivò al punto che, se si scopriva che i marrani deceduti si erano giudaizzati in vita, le loro ossa venivano dissotterrate e bruciate e i beni dei loro eredi confiscati.

Si noti che solo i marrani potevano essere oggetto di un processo inquisitorio e non gli ebrei in sé. Gli ebrei non battezzati non potevano essere convocati davanti al tribunale dell'Inquisizione, così come i mori non battezzati. Solo i recidivi di queste due nazioni venivano convocati. Ma gli ebrei erano i più ostinati, perché erano determinati ad attirare a sé i convertiti ed erano instancabili nel loro proselitismo.

Da tutte le parti si levarono opinioni e richieste per il completo isolamento dei marrani dagli ebrei. Nel 1482, la coppia reale ordinò l'espulsione degli ebrei dall'Andalusia, soprattutto dalle diocesi di Siviglia e Cordova, dove i nuovi cristiani erano molto numerosi. Più di 4.000 case di proprietà ebraica furono lasciate disabitate. Fuori dall'Andalusia, nelle città in cui fu permesso loro di stabilirsi, furono soggetti a leggi che limitavano totalmente il commercio con i cristiani e costretti a indossare segni distintivi. "Erano finiti i tempi, scrive Graetz, in cui gli ebrei influenti potevano far intervenire il tribunale a favore dei loro correligionari e attenuare l'effetto delle leggi restrittive[451] ".

Durante i primi anni dell'Inquisizione, diverse migliaia di marrani erano scomparsi dalla Spagna, alcuni bruciati sul rogo, la maggior parte dimenticata nelle prigioni. Fino ad allora, l'azione dell'Inquisizione si era limitata alla Spagna meridionale, principalmente nelle province di Siviglia e Cadice. A causa dell'opposizione delle Cortes, non era stato possibile estenderla al resto delle province spagnole.

Nonostante le lamentele degli ebrei presso la Santa Sede, Papa Callisto IV permise ai monarchi spagnoli di introdurre l'Inquisizione nelle province aragonesi e di nominare un giudice supremo. I re nominarono così un inquisitore generale nel 1943, incaricato di istituire tribunali ovunque lo ritenesse necessario e di dirigerli e supervisionarli. L'incarico fu affidato al frate domenicano Tomás de Torquemada.

Subito dopo la sua nomina, Torquemada istituì tre nuovi tribunali nelle città di Cordoba, Jaen e Villareal. Redasse una sorta di codice che servisse da regolamento per i processi di eresia. Fu concesso un periodo di grazia a coloro che si denunciavano spontaneamente come giudaizzanti, ma dovevano mettere per iscritto le loro confessioni, rispondere alle domande poste con totale onestà, indicare i nomi dei loro complici e anche di coloro che sembravano loro sospetti. I nomi dei colpevoli sarebbero stati rivelati dopo il periodo di grazia e avrebbero perso i loro beni. Sarebbero stati assolti, ma contaminati per sempre, non avrebbero potuto ricoprire alcuna carica pubblica, né i loro discendenti.

Il tribunale dell'Inquisizione di Toledo fu inaugurato nel maggio 1485. Anche nei regni di Aragona e Valencia l'Inquisizione fu istituita nello stesso anno. Gli influenti marrani usarono allora tutto il loro potere, ottenendo che le Cortes di Saragozza protestassero vigorosamente presso il Papa e il re contro l'istituzione di questi tribunali. A Roma, il successo della richiesta era quasi certo, poiché "alzando il prezzo", scrive Graetz,

---

[451]Heinrich Graetz, *Geschitchte der Juden; Histoire des juifs IV*, Éd. Durlacher, Parigi, 1893, p. 398.

era possibile ottenere l'intervento favorevole della corte pontificia. Ma si rivelò più difficile piegare la volontà di Ferdinando. Infatti, Ferdinando si rifiutò categoricamente di abolire questi tribunali.

Gli ebrei decisero allora di organizzare una congiura per far sparire il canonico Pedro de Arbués, che Torquemada aveva nominato Grande Inquisitore nel regno di Aragona. A capo del complotto c'erano Juan Pedro Sánchez, una figura influente alla corte reale, un giureconsulto di nome Jaime de Montesa e due marrani. I cospiratori avevano il pieno appoggio dei notabili di origine ebraica.

Il 15 settembre 1485, prima dell'alba, Arbués fu pugnalato mentre pregava in ginocchio nella cattedrale di Saragozza. La notizia di questo omicidio suscitò una profonda emozione e tutti i marrani sarebbero stati massacrati senza l'intervento dell'arcivescovo Alfonso d'Aragona, che attraversò la città a cavallo per calmare la popolazione, promettendo che i colpevoli sarebbero stati severamente puniti.

I domenicani seppero sfruttare l'omicidio di Arbués per vendicarlo. Grazie alla confessione pubblica di uno dei cospiratori, un certo Vidal de Uranso, gli inquisitori vennero a conoscenza dei nomi di tutti coloro che avevano preso parte alla congiura e li perseguitarono con doppia crudeltà: come eretici e come nemici del Sant'Uffizio. Una volta arrestati, i principali colpevoli vennero trascinati per le strade di Saragozza, tagliati le mani e impiccati. Più di trecento marrani furono condannati al rogo, tra cui una trentina di uomini e donne delle migliori famiglie della città.

Gaspar de Santa Cruz, uno dei cospiratori, riuscì a fuggire e a rifugiarsi a Tolosa, dove morì indisturbato. Dopo aver bruciato la sua effigie, gli inquisitori imprigionarono il figlio, accusato di aver aiutato il padre a fuggire, costringendolo a recarsi a Tolosa per dissotterrare e bruciare i resti del padre con l'aiuto dei domenicani di quella città.

Nel 1486, gli inquisitori di Toledo, dopo aver costretto i rabbini della sinagoga a denunciare i convertiti che erano tornati all'ebraismo, condannarono settecentocinquanta marrani a fare ammenda sfilando a piedi nudi, indossando il sambenito e tenendo una candela in mano in mezzo alla folla. Altri settecento ricevettero la stessa punizione e ventisette furono bruciati vivi.

La volontà del re Ferdinando e la tenacia di Torquemada misero fine a ogni resistenza. L'anno successivo alla morte di Arbués, gli inquisitori cominciarono a indagare a Barcellona e sull'isola di Maiorca, consegnando alle fiamme duecento scrofe: "Un ebreo dell'epoca, Isaac Arama, scrisse così di questi eventi: "In quei giorni il fumo dei roghi dei martiri saliva incessantemente al cielo in tutti i regni spagnoli e nelle isole. Un terzo dei marrani era morto tra le fiamme, un altro terzo vagava senza fissa dimora per la terra in cerca di un posto dove nascondersi, e il resto viveva nel perpetuo terrore del processo dell'Inquisizione".

Sotto l'impulso degli undici tribunali che funzionavano in Spagna, il numero di marrani scoperti cresceva di anno in anno. Nei tredici anni di governo di Torquemada (1485-1498) più di duemila marrani morirono sul rogo e si stima che diciassettemila furono banditi dopo aver fatto atto di contrizione. Dal 1480 al 1487, a Siviglia, 5.000 conversos furono accusati di giudaizzazione e 700 relapsos furono bruciati. A Toledo, in quattro anni, ci furono 4850 "riconciliazioni" e 200 esecuzioni.

Nel 1490, sei ebrei e cinque convertiti di La Guardia, vicino a Toledo, furono accusati di magia nera e di aver crocifisso un bambino cristiano. Gli spagnoli punirono i criminali e da allora venerano il "Santo Bambino di La Guardia", così come gli italiani e i tedeschi avevano organizzato il culto di Simone di Trento.

Torquemada non ignorava che la sua azione energica gli aveva attirato l'odio eterno degli ebrei e temeva continuamente per la sua vita. Sul suo tavolo c'era sempre la statuetta di un unicorno che, secondo le superstizioni dell'epoca, si riteneva avesse il potere di annullare gli effetti dei veleni. Quando usciva, era sempre scortato da una guardia di cinquanta cavalieri e fino a duecento fanti. Dopo aver attaccato i marrani, l'Inquisizione doveva naturalmente spezzare il potere ebraico. Graetz descrive la situazione come segue: "Il rapporto tra ebrei e marrani era troppo stretto perché i primi non condividessero le disgrazie dei secondi. Avevano rapporti intimi tra loro, erano legati da stretti vincoli fraterni. Gli ebrei erano solidali con i loro sfortunati fratelli, che indossavano con tanta riluttanza la maschera del cristianesimo, e si sforzavano di tenerli in contatto con la comunità ebraica. Istruivano i marrani di origine cristiana nei riti dell'ebraismo, tenevano con loro incontri segreti di preghiera, fornivano loro libri e scritti religiosi, li tenevano informati sull'osservanza dei digiuni e delle feste, li rifornivano a Pasqua di pane azzimo e durante tutto l'anno di carne preparata secondo il loro rituale, e circoncidevano i loro figli appena nati[452]".

Ferdinando e Isabella decisero allora di proibire rigorosamente tutti gli scambi commerciali con gli ebrei, anche se questa proibizione non ebbe alcun effetto. "La legge di separazione, rigorosamente applicata, non riuscì a recidere le relazioni affettive esistenti tra ebrei e marrani. Ciononostante, la comunione più stretta fu mantenuta tra loro, solo più segreta, più circospetta. Quanto maggiore era il pericolo di essere scoperti, tanto maggiore era l'attrattiva di incontrarsi, per confortarsi e sostenersi a vicenda, nonostante gli occhi vigili delle spie sacerdotali e dei loro scagnozzi".

Quando l'Inquisizione si convinse che gli ebrei non avrebbero mai

---

[452] Heinrich Graetz, *History of the Jews IV*, Philadelphia, The Jewish Publication Society of America, 1894, p. 332, 334, 335.

denunciato i marrani, ma avrebbero continuato a mantenere relazioni segrete con loro, chiese ai re cattolici di espellere tutti gli ebrei dalla Spagna. Gli ebrei non potevano immaginare la catastrofe così vicina. Avevano, scrive Graetz, "una fiducia illimitata nell'influenza dei favoriti ebrei a corte". Oltre ad Abraham Senior, che godeva di grande stima, un'altra personalità ebraica occupava una posizione molto elevata alla corte di Castiglia in quel periodo: il famoso Isaac Abravanel. Ma con Isaac Abravanel si conclude la lunga serie di statisti ebrei che avevano avuto un'influenza così disastrosa sulla storia della Spagna.

LXXXII. 1492: L'espulsione degli ebrei dalla Spagna

Alfonso V, re del Portogallo, aveva richiesto i servizi di Abravanel per gestire le finanze del suo regno. Ammesso a corte, si era guadagnato la fiducia assoluta del suo sovrano, che lo consultava su tutte le questioni importanti. Abravanel godette alla corte del Portogallo della piena vita di un ministro e, grazie al suo credito, gli ebrei insediati nel regno e i rifugiati dalla Castiglia vissero in pace e liberi di continuare i loro traffici. La maggior parte dei proprietari fiscali del Paese (*Rendeiros*) erano ebrei. In Portogallo, gli ebrei non portavano segni distintivi e avevano un'organizzazione giuridica autonoma.

Ma quando Alfonso V morì, tutto cambiò. Il suo successore, il figlio minore e più energico Joao II (1481-1495), volle imitare il suo contemporaneo francese Luigi XI e cercò di instaurare una monarchia assoluta riducendo il potere dei grandi signori. Nel giugno 1483, il duca di Bragança fu imprigionato, processato come traditore e giustiziato, e i suoi possedimenti passarono al dominio reale. In quanto amico del duca e dei suoi fratelli, anche Isaac Abravanel fu coinvolto nell'accusa di tradimento. Abravanel arrivò così in Spagna. Il sovrano portoghese respinse tutte le proteste del finanziere ebreo e confiscò tutti i suoi beni[453].

---

[453] "Il regno di Alfonso fu la fine dell'età dell'oro per gli ebrei della penisola iberica. Sebbene ai suoi tempi fosse stato completato il Codice delle leggi portoghesi (*Ordenaçoens* de Alfonso V), che conteneva elementi bizantini e restrizioni canoniche per gli ebrei, bisogna ricordare che, da un lato, il re, che era minorenne, non aveva partecipato alla sua elaborazione e, dall'altro, le leggi odiose non furono eseguite. Ai suoi tempi, gli ebrei del Portogallo non portavano insegne, ma cavalcavano su cavalli e muli riccamente bardati, indossavano il costume del Paese, lunghi mantelli, cappucci e gilet di seta, e portavano spade d'oro, in modo da non poter essere distinti dai cristiani. La maggior parte degli esattori delle tasse (*Rendeiros*) in Portogallo erano ebrei. I principi della Chiesa arrivarono a nominare gli ebrei come destinatari delle tasse ecclesiastiche, e i tribunali di Lisbona si lamentarono. L'indipendenza della popolazione ebraica sotto il rabbino capo e i sette rabbini provinciali fu protetta durante

In Castiglia, Abravanel iniziò una nuova carriera. Fondò una banca e si arricchì di nuovo, venendo rapidamente introdotto alla corte di Ferdinando e guadagnandosi la fiducia del re. Ferdinando e Isabella gli affidarono quindi l'amministrazione delle finanze spagnole, nonostante il ripetuto divieto delle Cortes di assumere ebrei. "Abravanel stesso racconta di essersi arricchito al servizio del re, di aver acquistato terre e proprietà e di aver ricevuto dalla corte e dai più grandi signori grande considerazione e onore. Doveva essere indispensabile, visto che i sovrani cattolici, sotto gli occhi del maligno Torquemada, e nonostante i decreti canonici e tutte le risoluzioni più volte stabilite dalle Cortes che vietavano agli ebrei di ricoprire cariche di governo, erano costretti ad affidare a questo ministro delle finanze ebreo il fulcro della vita politica. Quanti servizi rese Abravanel ai suoi durante il suo mandato! La memoria riconoscente non poté conservarli a causa della tempesta di disgrazie che in seguito si abbatterono sugli ebrei; ma in Castiglia, come era stato in Portogallo, egli fu per loro come un muro di protezione", raccontava con ammirazione Graetz.

Il regno di Granada era ancora sotto il dominio musulmano e ospitava anche molti ebrei, ai quali si erano aggiunti molti marrani dopo i primi processi dell'Inquisizione. Gli ebrei erano liberi di praticare la loro religione e di commerciare liberamente. Anche qui alcuni di loro erano molto influenti alla corte del principe, come un certo Isaac Hamon, che era il medico di uno degli ultimi sultani di Granada. Ma anche qui divennero insopportabili. La rabbia del popolo si manifestò con violenza: "Un giorno scoppiò una lite per le strade di Granada, e i passanti implorarono invano i litiganti di cessare in nome del profeta. Ma quando fu chiesto loro di arrendersi in nome del medico del Sultano, cedettero. Questo evento, che dimostrava che Isacco Hamon era più rispettato dal popolo del Profeta Maometto, incitò alcuni maomettani intransigenti ad avventarsi sugli ebrei di Granada e a massacrarli. Solo coloro che si rifugiarono nel castello riuscirono a salvarsi. I medici ebrei di Granada decisero allora di non indossare più la seta e di non andare più a cavallo per non suscitare l'invidia dei maomettani".

---

il regno di Alfonso e inclusa nel codice. Questo codice concesse agli ebrei il diritto di stampare i documenti pubblici in ebraico, anziché in portoghese come era stato ordinato fino ad allora. Abravanel non era l'unico ebreo favorito alla corte di Alfonso. Anche due fratelli Ibn-Yachya Negro frequentavano la corte di Lisbona. Erano figli di un certo Don David, che aveva consigliato loro di non investire la loro ricca eredità in beni immobili, poiché vedeva che gli ebrei portoghesi erano destinati all'esilio. Finché Isaac Abravanel godette del favore del re, fu come "uno scudo e un muro per la sua razza, e protesse i sofferenti dai loro oppressori, sanò le differenze e tenne a bada i leoni feroci", come scrisse il suo figlio poetico, Judah Leon". Heinrich Graetz, *Storia degli ebrei IV*, p. 338-339.

Il regno di Granada cadde finalmente in mani cristiane: il 2 gennaio 1492, Ferdinando e Isabella entrarono solennemente in città con le loro truppe al suono delle campane. Il potere musulmano scompare dalla penisola iberica dopo otto secoli di presenza. Come al tempo dei Visigoti, l'intera Spagna tornò a essere cristiana.

Il 31 marzo 1492, con un editto firmato nel palazzo dell'Alhambra, i Re Cattolici ordinarono l'espulsione di tutti gli ebrei dalla Spagna. Fu ordinato loro di lasciare i territori di Castiglia e León, Aragona, Sicilia e Sardegna entro quattro mesi, pena la morte. Avrebbero potuto portare con sé i loro beni, ad eccezione di metalli preziosi e denaro. Fu ordinato loro di lasciare in Spagna l'oro e l'argento e di portare con sé solo le cambiali e le merci. Allo scadere del periodo di quattro mesi, le proprietà di qualsiasi cristiano che avesse ospitato o accolto un ebreo sarebbero state confiscate.

Questa fu per gli ebrei una "terribile catastrofe", "erano storditi dal colpo ricevuto", scrive Graetz. Abravanel si rivolse al re Ferdinando e alla regina Isabella e per tre volte offrì loro somme considerevoli per far revocare l'editto di espulsione. Ma non appena Torquemada venne a conoscenza delle intenzioni del ministro ebreo, si presentò ai sovrani con un crocifisso in mano e si rivolse loro con queste parole: "Giuda Iscariota ha venduto Cristo per trenta pezzi d'argento; le vostre altezze stanno per venderlo per 300.000 ducati. Eccolo, prendetelo e vendetelo". Poi uscì dalla stanza lasciando il crocifisso dietro di sé[454]". Questa scena fece molta impressione alla regina Isabella, che riuscì a imporre il suo giudizio al marito e a mantenere intatto l'editto di espulsione.

Anche Don Abraham Senior, grande favorito della regina, cercò di interferire a favore dei suoi correligionari, ma invano. Alla fine di aprile del 1492 fu proclamato in tutto il Paese, al suono di una tromba, che gli ebrei non erano più tollerati in Spagna e che alla fine di luglio coloro che avessero prolungato il loro soggiorno oltre il periodo stabilito sarebbero stati passibili di pena di morte.

Gli ebrei d'Inghilterra, espulsi nel 1290, e gli ebrei di Francia, espulsi un secolo dopo, avevano potuto andare in esilio con le loro ricchezze. Gli ebrei di Spagna, invece, furono costretti a vendere tutto e a trasformare il loro denaro in cambiali, poiché era loro vietato portarlo con sé. Ma non riuscirono a procurarsi abbastanza cambiali: "In Spagna, a causa del settore cavalleresco ed ecclesiastico dominante, non c'erano luoghi di scambio come in Italia, dove gli effetti commerciali avevano valore. Gli affari su larga scala erano in mano, per la maggior parte, a ebrei e marrani, e questi ultimi, per paura, dovevano tenersi lontani dai loro fratelli di razza. Gli

---

[454] Heinrich Graetz, *History of the Jews IV*, Philadelphia, The Jewish Publication Society of America, 1894, pagg. 343, 344, 348.

ebrei che possedevano terre erano costretti a cederle a prezzi assurdi, perché non c'erano acquirenti, ed erano obbligati a chiedere in cambio ai cristiani anche la cosa più insignificante". Con questo monopolio ebraico sull'attività economica e in assenza di acquirenti, i beni immobili dei fuorilegge venivano venduti a prezzi irrisori. Secondo la testimonianza di un contemporaneo, Andrés Bernáldez, sacerdote di Los Palacios, una casa veniva scambiata con un asino e una vigna con un pezzo di savana o di stoffa. E per rendere ancora più difficile agli ebrei la vendita delle loro proprietà, Torquemada proibì ai cristiani di commerciare con loro. "E fu così che la considerevole ricchezza degli ebrei spagnoli svanì nel nulla[455]".

Circa 50.000 ebrei scelsero il battesimo e duecentomila preferirono andare in esilio, non considerando più la possibilità di abbracciare il cristianesimo e giudaizzare in segreto, poiché avevano capito che l'Inquisizione sarebbe stata implacabile. Un anno prima della promulgazione dell'editto di espulsione, nella sola città di Siviglia, trentadue nuovi cristiani erano stati bruciati vivi e altri sedici solo in effigie; seicentoventiquattro erano stati condannati a umilianti penitenze. Da parte sua, Graetz stimava in trecentomila il numero degli esuli ebrei. Essi andarono nei vicini regni di Navarra e Portogallo, oltre che in Italia, Turchia e Africa.

I convertiti aiutarono i loro fratelli esiliati come meglio poterono, accettando depositi d'oro e d'argento e poi inviando loro questi metalli preziosi attraverso persone fidate, o compensandoli con cambiali in luoghi stranieri. Quando il re fu informato della manovra, ordinò la ricerca e il sequestro di queste ricchezze.

Nonostante il divieto, numerosi fuorilegge avevano cercato di portare con sé l'oro e l'argento, ingerendo letteralmente (fisicamente) quantità non trascurabili. La voce si diffuse e alcuni spagnoli non esitarono a sventrarli per cercare questi tesori nelle loro viscere. I capitani e gli equipaggi delle navi genovesi li trattavano "con selvaggia ferocia". Per avidità o per puro piacere nell'agonia degli ebrei, ne gettarono molti in mare". "Le descrizioni dei contemporanei sulle sofferenze degli ebrei fanno rizzare i capelli in testa. Erano perseguitati ovunque andassero. Quelli che erano stati

---

[455]Heinrich Graetz, *Geschitchte der Juden; Histoire des juifs IV*, Éd. Durlacher, Paris, 1893, p. 418. Heinrich Graetz intendeva far coincidere l'espulsione degli ebrei dalla Spagna (31 luglio 1492, cioè 7 Av, nel calendario ebraico) con la data dell'anniversario della distruzione del Tempio, il 9 Av: "Invece di espellere gli ebrei il 31 luglio, come avevano deciso in origine, Ferdinando e Isabella li autorizzarono a rimanere fino a due giorni dopo. Per una sorprendente coincidenza, il loro esodo finale dalla Spagna avvenne il 9 di Av, la data più dolorosa di tutta la storia ebraica, poiché ricordava a Israele la distruzione del Tempio di Gerusalemme".

risparmiati dalla peste e dalla carestia caddero nelle mani di uomini brutalizzati", affermava un amareggiato Graetz (l'autore si dilungò molto sulle tribolazioni degli ebrei sefarditi[456]). Indubbiamente, gli spagnoli dovevano nutrire da tempo sentimenti di vendetta nei confronti degli ebrei e non si lasciarono sfuggire questa occasione.

Circa 95.000 di loro attraversarono la frontiera portoghese e andarono a vivere nelle città che il sovrano aveva assegnato loro per il soggiorno temporaneo. Altri dodicimila si stabilirono in Navarra, ma Ferdinando, re di Navarra, li costrinse a scegliere tra l'emigrazione e il battesimo. La maggior parte di loro si convertì, dato che il tempo per decidere era molto breve.

Diverse migliaia di ebrei provenienti dall'Aragona, dalla Catalogna e da Valencia si stabilirono nel regno di Napoli. Tra questi fuorilegge c'era l'importante Abravanel e la sua famiglia. Nei primi tempi del suo soggiorno, egli visse in isolamento, ai margini, occupandosi solo di commentare i libri storici della Bibbia, lavoro che aveva dovuto interrompere in Spagna[457]. Ma Ferdinando I, il re di Napoli, scoprì la sua presenza e lo convocò per offrirgli il posto di ministro delle Finanze del suo regno.

Alcuni ebrei rimasero comunque in Spagna, rischiando la vita per continuare a riunirsi in segreto, a praticare il loro culto e a maledire i cristiani, fingendo in pubblico di essere buoni cattolici. "C'erano ancora ebrei in Spagna, ma indossavano la maschera del cristianesimo e si nascondevano sotto il nome di Nuovi Cristiani" (....). Per non tradire il loro segreto attaccamento al giudaismo, erano obbligati a mostrare un maggiore zelo per la religione cristiana, a farsi sempre i segni della croce, a recitare il rosario e a mormorare i Padri Nostri[458] ".

"Alcuni ebrei, a rischio della loro vita, continuavano a riunirsi in segreto per praticare il culto dei loro padri, pur fingendosi in pubblico cristiani. Nel 1501 fu scoperta a Valencia una sinagoga clandestina. Il proprietario fu arrestato e costretto a fare penitenza in un'auto de fe; la sua casa fu rasa al suolo e l'Inquisizione eresse una cappella nella piazza, che ancora oggi è

---

[456] Heinrich Graetz, *History of the Jews IV*, Philadelphia, The Jewish Publication Society of America, 1894, p. 362. ["Battezzati a forza, esiliati, decimati dalla morte in tutte le sue orribili forme; dalla disperazione, dalla carestia, dalla pestilenza, dal fuoco, dal naufragio, tutti i tormenti uniti avevano ridotto il loro numero da centinaia di migliaia ad appena un decimo di quel numero. Quelli che erano rimasti vagavano come spettri, braccati di paese in paese...". Heinrich Graetz, *Storia degli ebrei IV*, p. 383].
[457] Leggete in *Psicoanalisi del Giudaismo le* riflessioni esegetiche di Abravanel, cioè le sue profezie vendicative nei confronti delle nazioni gentili.
[458] Heinrich Graetz, *Geschitchte der Juden; Histoire des juifs IV*, Éd. Durlacher, Parigi, 1893, p. 421, 422

nota come Cruz Nueva (Croce Nuova)⁴⁵⁹ ".

Molti anni dopo, l'odio della popolazione verso gli ebrei era ancora percepibile, a dimostrazione del fatto che essi avevano lasciato un pessimo ricordo nella popolazione. A Siviglia esisteva un cimitero ebraico vicino alla Porta di Minjoar⁴⁶⁰, che prendeva il nome da un ebreo molto ricco che aveva vissuto lì. Nel 1580, i bei monumenti funerari e le tombe che vi erano rimasti furono sistematicamente saccheggiati e demoliti, come per esorcizzare la presenza di demoni. Ancora a quell'epoca, i camini delle case abitate dagli ex convertiti venivano sorvegliati il sabato, per verificare che non ne uscisse fumo durante il sabato.

Quanto a Torquemada, non si arricchì mai personalmente con le grandi ricchezze e i beni sequestrati ai marrani. Il denaro era stato utilizzato per l'amministrazione dei tribunali dell'Inquisizione e per aprire monasteri dell'ordine domenicano. Una volta compiuta la sua missione, Torquemada tornò alla vita semplice e austera di un semplice fratello nel convento di Santo Tomás de Ávila, dove morì cristianamente il 16 settembre 1498.

LXXXIII. 1497: l'espulsione dal Portogallo

Su istigazione di Papa Innocenzo VIII, il re Joao II (Giovanni II) aveva nominato una commissione inquisitoria per arrestare tutti i marrani ribelli di Castiglia e condannarli. Inviò i suoi figli più piccoli (dai tre ai dieci anni) in terre lontane e appena scoperte, come le isole di San Tommaso, le Isole Perdute o l'Isola dei Serpenti, per sradicarli dalla tirannia del giudaismo e liberarli dalla setta.

Alla morte di Joao II, nel 1495, il giovane Manuel, suo cugino, ereditò la corona. I re cattolici, ansiosi di stringere un'alleanza con lui, gli concessero la mano della figlia Isabella, a condizione che si alleassero contro il re francese Carlo VIII ed espellessero dal Paese tutti gli ebrei, nativi e immigrati, senza eccezioni.

Isabella, regina del Portogallo, sarà l'istigatrice delle misure adottate contro gli ebrei, in particolare l'espulsione degli ebrei dal Portogallo. Il contratto di matrimonio fu firmato il 30 novembre 1496. Il 5 dicembre 1496, il re promulgò una legge che ordinava a ebrei e musulmani di diventare cristiani o di lasciare il Portogallo entro un termine stabilito, pena la morte. Fu concesso loro quasi un anno, fino a ottobre, per prepararsi.

Un ex ebreo, Levi ben Schem Tob, il cui nome cristiano era Antonio, aveva pubblicato un pamphlet contro i suoi ex correligionari. Grazie al suo

---

[459] Llorente, *Histoire de l'Inquisition d'Espagne,* tome I, chap.10, in Georges-Bernard Depping, *Les Juifs dans le Moyen-Âge,* (1823), Éd. Wouters, Bruxelles, 1844, p. 260.
[460] La Porta della Carne era l'antico ingresso al quartiere ebraico.

consiglio, il re Manuele fece chiudere tutte le sinagoghe e le scuole ebraiche, e agli ebrei fu proibito di riunirsi il sabato. Poiché gli ebrei si riunivano nelle loro case, il re, sempre su istigazione di Antonio, ordinò segretamente che la domenica di Pasqua tutti i bambini ebrei di età inferiore ai quattordici anni fossero battezzati. All'inizio di aprile del 1497 furono così battezzati circa 20.000 ebrei.

In ottobre, la maggior parte degli ebrei si trovava ancora in territorio portoghese. Re Manuele comunicò loro, nei termini previsti dalla legge, che d'ora in poi sarebbero stati schiavi soggetti esclusivamente alla sua volontà e procedette a battezzarli tutti. A questo proposito, lo storico Heinrich Graetz ha alimentato con cura il mito dell'ebreo che preferisce la morte al battesimo e ha sostenuto che molti ebrei si sono suicidati: "Ma questo non è riuscito alla maggior parte di loro: hanno preferito morire di fame piuttosto che appartenere a una religione che aveva seguaci come i loro persecutori". Di fronte a ciò, Manuel procedette a misure estreme. Con delle corde, tirati per i capelli e le barbe, furono trascinati dalle loro case alle chiese. Per fuggire, alcuni saltavano dalle finestre e le loro membra venivano schiacciate. Altri si liberarono e si gettarono nei pozzi. Alcuni si sono suicidati nelle chiese. Un padre stese il suo *tallith* (scialle di preghiera) sui figli e li uccise insieme a se stesso[461]". Probabilmente c'è una buona dose di leggenda in queste ripetute affermazioni.

Coloro che si erano convertiti continuavano a praticare l'ebraismo in segreto. Tra le migliaia di ebrei portoghesi che si erano rassegnati al battesimo, "la maggior parte aspettava solo un'occasione favorevole per emigrare in un Paese dove sarebbero stati liberi di tornare all'ebraismo".

Gli ebrei rimasti in Portogallo, sottomettendosi al battesimo per non essere separati dai loro figli, inviarono una delegazione a Papa Alessandro VI con una grossa somma di denaro con cui volevano che dichiarasse nullo il battesimo loro imposto. Il 30 maggio 1497, il re Manuele promulgò infine un editto di tolleranza, valido solo per i marrani portoghesi, per proteggere tutti gli ebrei battezzati per vent'anni: nessuna indagine sarebbe stata condotta sulla loro vita privata. Così, per tutto il regno di Manuele I, chi voleva poteva continuare a praticare il suo antico culto clandestinamente senza essere disturbato dalle autorità. D'altra parte, rispettando le clausole del suo matrimonio, secondo cui tutti gli ebrei condannati dall'Inquisizione spagnola e rifugiatisi in Portogallo dovevano essere espulsi entro un mese, il re Manuele ordinò l'espulsione di tutti i marrani spagnoli. A Lisbona, il popolo mise a soqquadro le case e massacrò coloro che caddero nelle loro mani.

---

[461] Heinrich Graetz, *History of the Jews IV*, Philadelphia, The Jewish Publication Society of America, 1894, p. 377.

LXXXIV. Savonarola e la cacciata da Firenze[462]

A Firenze, il domenicano Girolamo Savonarola predicò con fervore contro il lusso, l'avidità di guadagno e la depravazione dei potenti e della Chiesa[463]. Quando i Medici furono rovesciati dai francesi nel 1494, Savonarola negoziò i termini di pace ed evitò il sacco della città. Il re di Francia autorizzò i fiorentini a scegliere la propria forma di governo e Savonarola divenne il sovrano della città. Dal 1494 al 1497, il predicatore istituì una dittatura teocratica che chiamò *repubblica cristiana e religiosa*. Modificò il sistema fiscale, emanò nuove leggi contro l'usura, istituì una corte d'appello e un sistema di aiuti ai poveri, e organizzò il famoso *Falò delle Vanità*, in cui i fiorentini furono invitati a gettare via gli oggetti di lusso e i cosmetici, oltre ai libri considerati licenziosi. Savonarola accusò inoltre gli ebrei di aver accumulato, in sessant'anni, profitti per cinquanta milioni di fiorini, per cui decise di espellerli da Firenze. Ma questi eccessi nella repressione del lusso, dei piaceri della vita e delle arti gli costarono la vita, e gli ebrei tornarono in furgoni medicei. In effetti, a Firenze la virtù obbligatoria non attecchì, perché i potenti e la gente comune divennero presto nostalgici del piacere.

LXXXV. La diaspora sefardita

L'espulsione degli ebrei dalla Spagna - l'aristocrazia di Israele, i "più nobili di tutti, alcuni diretti discendenti del re Davide", scrive Graetz - fu una vera "catastrofe". "Essi, principi tra gli ebrei, furono costretti a bussare come mendicanti alle porte dei loro fratelli". Graetz precisa le dimensioni del dramma: "I trenta milioni di ducati che, secondo la stima più bassa, gli ebrei spagnoli possedevano al momento della loro espulsione, si erano sciolti nelle loro mani, e così erano stati spogliati di tutto in un mondo ostile, che valutava gli ebrei solo per il loro valore monetario". Lo storico ebreo prosegue sottolineando un aspetto molto particolare e notevole della

---

[462] Si veda la nota del traduttore nell'Allegato II: Firenze: Umanesimo e Rinascimento.
[463] Girolamo Savonarola (1452-1498) fu un frate domenicano che osò criticare i costumi di Firenze sotto il regno di Lorenzo il Magnifico. Testimone della politica dei Medici contro la Chiesa e la Francia, predisse l'invasione delle truppe francesi in Italia. Critico del Rinascimento, avvertì la Chiesa di catastrofi imminenti se non si fosse prima riformata. Savonarole voleva combattere i Medici e ripristinare la moralità predicando un governo democratico e cristiano. Ma la sua politica divenne estremista e puritana, trasformandolo in una sorta di tiranno. La Chiesa stessa, dopo aver invitato alla moderazione, non poté accettare la sua intolleranza e condannò il suo atteggiamento ribelle scomunicandolo. Savonarole perse infine il potere nel 1498 e fu impiccato e il suo corpo bruciato sul rogo. (NdT).

psicologia ebraica: "Le enormi disgrazie subite innalzarono la dignità degli ebrei sefarditi ancora di più, fino a un livello che si avvicina all'orgoglio. Perché loro, che la mano di Dio aveva colpito così duramente, così insistentemente, e che avevano sofferto un dolore così indicibile, dovevano occupare una posizione particolare e appartenere agli eletti speciali. Questo era il pensiero o il sentimento che esisteva più o meno chiaramente nel cuore dei sopravvissuti. Consideravano il loro esilio dalla Spagna come un terzo esilio, e loro stessi come favoriti di Dio, che, a causa del suo maggiore amore per loro, aveva punito più severamente[464] ".

Quasi tutti coloro che furono espulsi dalla Spagna, dal Portogallo o dalla Germania si recarono prima in Italia per vivere sotto la protezione di un principe tollerante, oppure in Grecia, Turchia o Palestina. Tra tutti i governanti italiani, i papi furono senza dubbio i più benevoli. Alessandro VI, Giulio II, Leone X e Clemente VII, più preoccupati di consolidare il loro potere temporale nei loro Stati che di applicare leggi restrittive contro gli ebrei, assunsero persino medici ebrei, come fecero gli stessi cardinali, in diretta violazione delle decisioni del Concilio di Basilea. Così Alessandro VI ebbe come medico l'ebreo Bonet de Lates, originario della Provenza, e Giulio II si avvalse dei servizi di Simeone Sarfati.

Tra i fuggitivi più importanti, la famiglia di Isaac Abravanel soffrì le maggiori difficoltà durante il suo esilio. "Fu a Napoli che, insieme ad altri ebrei esiliati dalla Spagna, si rifugiò il famoso Abravanel, un tempo responsabile delle finanze della Penisola. Fu ben accolto da Ferdinando I, che ne apprezzò le grandi doti finanziarie". Ma dovettero fuggire prima dell'invasione della penisola italiana da parte dei francesi, guidati dal loro re Carlo VIII.

Durante la loro visita a Roma nel 1494, alcune guardie francesi e scozzesi attaccarono gli ebrei e decisero di distruggere la sinagoga. Il re francese Carlo VIII ordinò allora l'arresto dei colpevoli e sei di loro furono impiccati in una piazza pubblica[465]. Abravanel si rifugiò con il suo sovrano in Sicilia, poi nell'isola di Corfù. In seguito si stabilì a Monopoli, in Puglia. "Quelli che erano rimasti, presi dal panico, erano pronti ad abbracciare il cristianesimo, pur di conservare i loro beni e la loro libertà. Ma non appena il pericolo passava, dimenticavano la loro professione di fede e il battesimo e tornavano al giudaismo, o almeno smettevano di praticare il cattolicesimo. Non ci si preoccupava molto di mantenere questi cristiani. Così, quando Gonzalo de Córdoba prese Napoli per il re di Spagna, si parlò di espellere

---

[464] Heinrich Graetz, *History of the Jews IV*, Philadelphia, The Jewish Publication Society of America, 1894, p. 383, 386–387. [Si legga la particolare psicologia ebraica in *Psychoanalysis of Judaism*. NdT].
[465] André de la Vigne, *Histoire du voyage de Naples du Roy Charles VIII*, éditions Godefroy, Paris, 1684, p. 124; in *Archives juives*, numero 1, 1973.

tutti gli ebrei, in modo almeno apparentemente coerente, visto che erano stati espulsi dagli Stati spagnoli. Ma il capitano del re, chiamato il gran capitano dai suoi compatrioti, riteneva che si sarebbero ritirati a Venezia con grande danno dello Stato, e che c'erano pochi veri ebrei, dato che la maggior parte di loro si spacciava per cristiani battezzati; pensava che sarebbe stato meglio perseguitarli come cattivi cristiani che espellerli come ebrei. Di conseguenza, invece di promulgare l'editto di espulsione, volle istituire l'Inquisizione. Ciò avvenne nel 1504... Le proteste si levarono da tutte le parti e, nel 1510, gli ebrei furono tutti espulsi dal regno... Questa fu la fine degli insediamenti israeliti nel sud della penisola. Abravanel andò a morire a Venezia, dove si era guadagnato la fiducia del governo, come ovunque avesse soggiornato. I Veneziani lo avevano persino incaricato di negoziare un trattato commerciale con il Portogallo a nome della loro repubblica... Carlo Quinto, nemico dei protestanti, lo era ancora di più della legge ebraica. Espulse tutti gli ebrei dai suoi Stati in Italia. Questi furono infine dispersi in Turchia, nello Stato Pontificio e altrove[466] ".

Gli ebrei sefarditi trapiantarono la lingua e i modi spagnoli ovunque si stabilissero: in Africa, Turchia, Siria, Palestina, oltre che in Italia e nelle Fiandre. I *sefarditi si* contrapponevano nettamente agli ebrei tedeschi o *ashkenaziti*, che parlavano il gergo tedesco e vivevano separati dai cristiani. Questi ultimi riconobbero la superiorità dei loro correligionari sefarditi, la cui influenza prevalse presto, anche se erano una minoranza. Collocati tra questi due gruppi, gli ebrei d'Italia erano di scarsa importanza e spesso erano costretti a imparare il tedesco o lo spagnolo.

Alla fine, la maggior parte degli esuli terminò il proprio viaggio in Turchia. La comunità ebraica di Costantinopoli, cresciuta notevolmente con l'afflusso dei fuggitivi dalla penisola iberica, contava circa 30.000 anime e aveva quarantaquattro sinagoghe. Anche Salonicco aveva una popolazione ebraica consistente e molto intraprendente. Dopo l'espulsione degli ebrei dalla Spagna, il sultano Bajazet ebbe questa ingenua frase da goy: "Voi chiamate Ferdinando, che ha impoverito il suo Paese e arricchito il nostro, un re saggio!"

Gli ebrei, scrive Graetz, "non solo si occupavano del commercio all'ingrosso e al dettaglio via terra e via mare, ma erano anche produttori e artigiani. Soprattutto i marrani fuggiti dalla Spagna e dal Portogallo producevano per i bellicosi turchi nuove armature e armi da fuoco, cannoni e polvere da sparo, e insegnavano ai turchi come usarli". In questo modo, la stessa cristianità persecutrice fornì ai suoi principali nemici, i turchi, le armi che le permisero di schiacciarli con una sconfitta dopo l'altra,

---

[466] Georges-Bernard Depping, *Les Juifs dans le Moyen-Âge*, (1823), Éd. Wouters, Bruxelles, 1844, p. 291-293.

un'umiliazione dopo l'altra[467] ". Non c'è dubbio, quindi, che gli ebrei abbiano incoraggiato i turchi alla guerra contro i cristiani, placando così la loro sete di vendetta.

LXXXVI. Gli Askenazisti espulsi dalla Germania

Gli ebrei della Germania e dell'Europa centrale vivevano allora in isolamento, chiusi nella loro comunità ed evitando accuratamente di mescolarsi con i cristiani. Il noto storico ebreo Leon Poliakov ha ricordato nella sua opera il primato accordato allo studio e all'erudizione in questi ebrei ashkenaziti del XV secolo: "Tutti gli aspetti della vita comunitaria ebraica riflettevano questo clima di penitenza e austerità. Solo una volta all'anno, a Purim, era permesso e persino raccomandato abbandonarsi apertamente all'allegria carnevalesca, travestirsi e ubriacarsi, e infine vendicarsi dei colpevoli bruciando sulla pubblica piazza il manichino di legno di Haman[468], il prototipo di tutti gli antisemiti..... Negli altri giorni, le distrazioni erano rare e, soprattutto, strettamente regolamentate. Il teatro profano, equiparato alla depravazione, era severamente vietato, così come le danze tra uomini e donne, anche nei matrimoni. I giochi di carte erano permessi solo in circostanze eccezionali, così che alla fine solo gli scacchi e i giochi da tavolo, come le sciarade su temi biblici, erano le uniche forme di intrattenimento che non suscitavano mai la censura dei rabbini. Tutti gli ornamenti e i vestiti stravaganti erano banditi; uomini e donne vestivano di nero o di grigio, in un'epoca in cui il colore e la variegatura regnavano sovrani[469] ".

Ma a quanto pare, questi costumi austeri non erano incompatibili con l'avidità, i traffici illeciti e il desiderio di danneggiare i goyim. In Germania, come abbiamo già visto, le espulsioni degli ebrei risalgono al XV secolo e si intensificarono a partire dal 1450. Alla fine del secolo, esistevano solo sacche residue di popolazione ebraica.

"A Villach, in Carinzia, le famiglie israelite vivevano sotto la protezione del vescovo di Bamberga, che spesso aiutavano a superare le loro difficoltà

---

[467] Heinrich Graetz, *History of the Jews IV*, Philadelphia, The Jewish Publication Society of America, 1894, p. 356, 401. [Si legga in *Psychoanalysis of Judaism* la sete di vendetta degli ebrei, in particolare la *Jaram* contro la Spagna, la maledizione ebraica pronunciata contro la Spagna citata da Joseph Roth nel suo libro *Wandering Jews*].

[468] Haman, secondo il racconto biblico di Ester, era il visir dell'Impero persiano sotto il regno di Assuero (Serse I di Persia). Per gli ebrei, Haman è l'archetipo del male e dell'antisemitismo. Leggi in *Lo specchio del giudaismo*.

[469] Léon Poliakov, *Histoire de l'antisémitisme*, tome I, Point Seuil, 1981, p. 327. Lo storico ebreo Bernard Lazare non esitò a parlare di "tirannia talmudica" e di "abominevole oppressione". (*L'Antisémitisme*, 1894, cap. VI).

finanziarie e che a sua volta li aiutava a volte con le sue scomuniche per ottenere il pagamento dai creditori; ma il fanatismo popolare finì per avere la meglio sull'indulgenza del vescovo. Nel 1421, l'opinione pubblica accusò i rabbini di aver profanato le ostie. Le autorità ci credono, arrestano i capi, li torturano e li condannano a morte. Nel 1454 e nel 1455, Ladislao, re d'Ungheria e Boemia e duca d'Austria, permise ai borghesi di Znaym, Brunn e Vienna di espellere gli israeliti dalle loro città, di prendere possesso delle case, delle sinagoghe e delle terre appartenenti a queste persone, in cambio delle tasse che erano soliti pagare, e di estinguere i debiti che gli ebrei avevano ancora nei confronti dei borghesi[470] ".

Il popolo di Praga si era ripetutamente ribellato agli ebrei e la borghesia ne chiedeva regolarmente l'espulsione. La nobiltà, invece, corrotta dall'oro degli usurai, era spesso a loro favore. A metà del XV secolo, il re Ladislao autorizzò finalmente l'espulsione degli ebrei e minacciò persino di bandire i cristiani che li sostenevano. Ma nonostante la decisione del monarca - non si sa in quali circostanze - gli ebrei rimasero in città.

L'imperatore Massimiliano aveva assistito impassibile all'espulsione degli ebrei dalle città e dagli Stati dell'Impero. Sotto il suo regno, gli ebrei furono accusati di aver immolato bambini cristiani, di aver contraffatto moneta, di aver imitato i sigilli delle lettere e di aver perpetrato un'enorme usura. L'imperatore, cedendo alle grida di indignazione del popolo, decise di bandirli dai suoi Stati; il vescovo di Bamberga non osò proteggerli a Villach. Si dispersero a Gorice, Udine, Venezia. Un villaggio vicino a Villach porta ancora il nome di *Judendorf*, cioè villaggio ebraico.

"Allo stesso tempo vennero banditi dalla Stiria, dove avevano ricche case, soprattutto a Gralz, Marburgo e Judenburg.... L'imperatore ne ricavava una buona rendita, così, quando si parlò di bandirli, gli Stati della Stiria pensarono di compensare Massimiliano per ciò che avrebbe perso con la loro partenza, in cambio di una somma di trentottomila fiorini. Pensavano che avrebbero guadagnato da questo sacrificio, tanto era l'odio degli ebrei all'epoca. Gli abitanti del Paese inclusero addirittura l'espulsione degli israeliti tra i loro diritti, che fecero giurare agli arciduchi d'Austria di difendere[471] ".

Furono espulsi da Norimberga nel 1499. L'imperatore era stato sollecitato dalla borghesia a espellere gli ebrei da questa città a causa del loro comportamento licenzioso: erano accusati, scrive Graetz, di aver accolto troppi "correligionari stranieri, cosicché il numero legale di ebrei era aumentato eccessivamente in città; di aver praticato un'usura eccessiva;

---

[470]Carlo di Ladislao a Praga, 23 e 27 luglio 1454, e a Tiena, 22 marzo 1435, in *Archiv fur Geschiehte, elc.*, anno 1820.
[471] Georges-Bernard Depping, *Les Juifs dans le Moyen-Âge*, (1823), Éd. Wouters, Bruxelles, 1844, p. 317.

di aver commesso frodi nella riscossione dei debiti, cosicché i mercanti onesti erano stati impoveriti e, infine, di aver ospitato furfanti e vagabondi". Gli ebrei erano già stati espulsi una volta durante la peste nera, ma erano tornati dopo l'epidemia. Nel 1490, "un ricco cittadino di nome Antonio Koberger fece ristampare a sue spese il libello antiebraico *Fortalitium Fidei* del francescano spagnolo Alfonso de Spina. Dopo lunghe deliberazioni, l'imperatore Massimiliano accolse infine la richiesta di Norimberga, "per la fedeltà con cui la città aveva sempre servito la casa imperiale", abrogò i privilegi di cui godevano gli ebrei e permise al consiglio comunale di fissare un termine per la loro espulsione, stabilendo però che le case, le terre, le sinagoghe e persino il cimitero ebraico degli ebrei passassero all'erario imperiale[472] ". La decisione fu presa il 5 luglio 1498. Inizialmente il Consiglio voleva concedere solo un periodo di quattro mesi per i preparativi del viaggio, ma alla fine furono aggiunti tre mesi. Il 10 marzo 1499 gli ebrei di Norimberga furono definitivamente espulsi.

Altre città imperiali espulsero gli ebrei in questo periodo: Ulm, Nordlingen, Colmar e Magdeburgo. La comunità ebraica di Ratisbona fu espulsa pochi anni dopo. In Germania rimasero solo due grandi comunità ebraiche, a Francoforte sul Meno e Worms, sebbene anch'esse fossero minacciate di proscrizione.

All'inizio del XVI secolo, i membri della setta persero anche i loro insediamenti nel Brandeburgo: oltre a essere espulsi, furono costretti a giurare che non sarebbero mai tornati e che avrebbero impedito ai loro correligionari di insediarsi nuovamente nella regione [473]. Questo giuramento era apparentemente obbligatorio solo per gli individui espulsi, poiché i loro discendenti sarebbero presto tornati.

Espulsi dalla loro patria, i talmudisti tedeschi si stabilirono più a est, in Polonia, Lituania, Rutenia e Volhynia. Gli ebrei tedeschi vi trapiantarono la loro lingua, che fu adottata dagli ebrei autoctoni di quelle regioni. A quel tempo la Polonia era l'unico Paese in cui i principi li tolleravano e nessun segno apparente li distingueva dai cristiani, perché potevano persino portare la spada. Avevano prosperato molto: "I pedaggi e le distillerie affittate erano per lo più nelle mani degli ebrei. Va da sé che possedevano anche terreni [che affittavano] e commerciavano. Rispetto ai 500 cristiani, in Polonia c'erano 3.200 commercianti all'ingrosso ebrei e il triplo degli artigiani, tra cui lavoratori dell'oro e dell'argento, fabbri e tessitori,[474] ", scrive Graetz.

---

[472] Heinrich Graetz, *History of the Jews IV*, Philadelphia, The Jewish Publication Society of America, 1894, p. 415.
[473] Gerken, *Codice diplomatico. Brandeburgo*. Stendal, 1775, tomo V.
[474] Heinrich Graetz, *History of the Jews IV*, Philadelphia, The Jewish Publication Society of America, 1894, pag. 419.

Tuttavia, Giovanni Alberto e Alessandro, figli e successori di Casimiro IV, abolirono i loro privilegi e li confinarono in quartieri speciali, espellendoli anche da alcune città (1496-1505). Ma non appena Sigismondo I (1506-1548) salì al trono, gli ebrei riacquistarono tutti i loro privilegi. Essi godettero anche di un efficace sostegno da parte della nobiltà polacca, che li protesse per interesse personale. Inoltre, poiché gli alti funzionari polacchi provenivano dalla nobiltà, le leggi restrittive emanate contro gli ebrei rimasero lettera morta, con grande scandalo del clero e dei contadini.

LXXXVII. 1501: L'espulsione dalla Provenza

Numerosi ebrei francesi si erano stabiliti in regioni periferiche come la Provenza. Lì, come altrove, gli abitanti erano sospettosi nei loro confronti come nei confronti della peste. Gli statuti di Avignone vietavano agli ebrei di toccare il pane o la frutta esposti nei mercati. Se lo facevano, dovevano pagare la merce. All'epoca si temevano la lebbra e altre malattie contagiose, soprattutto alcune malattie della pelle che gli ebrei tendevano a portare[475]. Anche i medici ebrei erano diffidati. Secondo le regole della città di Frejus, i cristiani non potevano consultare un medico ebreo o prendere le medicine da lui prescritte.[476]

Nel 1343, la comunità ebraica di Carpentras, nella Contea di Venesino, contava circa quattrocento individui. Nel 1359, dieci anni dopo i grandi massacri perpetrati contro di loro, i padri di famiglia ebrei erano 210, pari a mille ebrei. Ciò significa che gli ebrei, nonostante le regolari percosse, erano intenzionati a rimanere in mezzo ai cristiani che sfruttavano fino allo spargimento di sangue.

---

[475]Esistono numerose malattie e difetti genetici che colpiscono in modo particolare gli ebrei a causa dell'estrema consanguineità e dei rapporti incestuosi praticati da secoli. Le malattie della pelle sono comuni nella comunità ebraica. Inoltre, è noto che l'organizzazione di matrimoni era una specialità della setta. "Nessuno sapeva lodare come loro i vantaggi e le qualità di un giovane uomo o donna da sposare. Un predicatore provenzale dell'epoca, Marini, malizioso come molti predicatori dell'epoca, raccontava dal suo pulpito che un ebreo, incaricato di proporre un matrimonio a una giovane donna, avrebbe fatto un'offerta a favore del suo cliente al di sopra di tutto ciò che il padre della ragazza diceva di vantaggioso su di lei. Alla fine, però, il padre si azzardò a dire che la figlia soffriva di una malattia della pelle poco attraente, e il sensale ebreo, abituato a fare offerte su tutto, esclamò: "Oh, il mio giovane ha croste anche sulle orecchie ed è coperto di lebbra!". Georges-Bernard Depping, *Les Juifs dans le Moyen-Âge*, (1823), Éd. Wouters, Bruxelles, 1844, p. 198. Sui sensali (*shadkhen*) e le tare genetiche nella comunità, si veda *Psicoanalisi dell'ebraismo*.

[476] *Nulius in infirmitate vocare debeat medicum judaeum, ecc. Statuta Bajuliæ Forojuliensis*, dell'anno 1235, manoscritto della Biblioteca del Re, n. 4768.

Nel 1261, gli abitanti di Manosque denunciarono gli usurai. Facevano pagare dieci denari al mese di interesse per ogni libbra presa in prestito, cioè il 30% all'anno. Gli ebrei avevano conquistato più della metà dell'intero territorio di questa città[477].

Ogni volta che gli Stati di Provenza si riunivano, i privilegi degli ebrei e la loro usura erano oggetto di lamentele al signore. I documenti che ci sono pervenuti ne sono pieni. Si richiedeva allora che gli ebrei portassero la fibbia, che non potessero chiedere più di cinque denari al mese di interesse per libbra e che fossero obbligati a vivere in quartieri separati. Nel 1421 gli Stati, o meglio i signori, chiesero addirittura l'amnistia per i crimini commessi contro gli ebrei. Ma alcuni signori avevano interessi maggiori in gioco. Nel 1448, l'ebreo Bonnefoy de Châlons ricevette il monopolio della banca di Nizza per il commercio di valuta, il cambio e i banchi dei pegni[478].

Nel 1475 la regione fu teatro di grandi rivolte antiebraiche. Tra il 1484 e il 1486 si verificarono diversi attacchi contro gli ebrei ad Aix, Marsiglia e Arles. Dopo l'annessione della Provenza al regno di Francia nel 1481, gli abitanti delle città provenzali chiesero la loro espulsione.

Nel 1484, i contadini della Provenza, del Delfinato e dell'Alvernia provocarono grandi disordini nella città di Arles e distrussero la sinagoga[479]. Nel 1487, Marsiglia inviò un deputato per chiedere la loro espulsione a causa dell'usura che rovinava la popolazione. "Infine, nel 1498, in risposta a ulteriori lamentele dei cristiani, fu ordinato agli ebrei di lasciare il regno; tuttavia, l'editto non fu applicato rigorosamente e Luigi XII, in un nuovo editto promulgato nel 1501, ordinò la loro espulsione definitiva e confiscò le proprietà di coloro che non volevano diventare cristiani. Alcuni andarono nel Levante, altri nella Contea di Venesino. Trovarono rifugio anche nel principato di Orange, ma quattro anni dopo il principe Filippo di Châlons li bandì da questo piccolo Stato[480] ". Solo il Papa li conservò nel Venesino. Gli ebrei poterono sempre rimanervi e mantenere le loro sinagoghe ad Avignone, Carpentras e Cavaillon.

LXXXVIII. Lisbona, 1506

I conversos spagnoli erano tenuti sotto stretta osservazione

---

[477] Columby, *De Manuasca urbe*, lib. III.
[478] Jacques Decourcelles, *La Condition des Juifs de Nice aux XVII et XVIII siècles*, Parigi, 1923.
[479] Valbelle, *Journal manuscrit*, citato da P. Bougerel.
[480] Gaufredy, *Histoire de Provence*. — Bouche, *Histoire de Provence* — Columby, *De manuasca urbe*, lib. iii.

dall'Inquisizione nonostante la loro conversione al cristianesimo, probabilmente perché erano odiati per la loro doppiezza e gli incessanti crimini. Il nuovo inquisitore generale che succedette a Torquemada fu il domenicano Diego Deza, che trattò i marrani in modo ancora più rigoroso. Aiutato da Diego Rodríguez Lucero, Deza fece morire centinaia di marrani. Il terzo Inquisitore generale, Giménez de Cisneros, trattò i nuovi cristiani di origine ebraica con la stessa inesorabile severità dei suoi predecessori. Quando Carlo Quinto avanzò l'idea di permettere ai marrani di Spagna di praticare liberamente la religione ebraica in cambio di una somma di 800.000 corone d'oro, Gimenez de Cisneros non esitò a rispondere con un linguaggio minaccioso.

In Portogallo, il 19 aprile 1506 scoppiò una rivolta a Lisbona durante la settimana di Pasqua. I domenicani si erano ribellati alla città e i marinai tedeschi, olandesi e francesi si erano uniti alla popolazione locale. Circa diecimila persone marciarono per la città uccidendo tutti i marrani che cadevano nelle loro mani, uomini, donne e bambini. Il massacro durò tre giorni e provocò 2.300 morti. Il re Manuel I reagì con fermezza, fece giustiziare alcune decine di colpevoli e chiuse il convento domenicano. Il 1° marzo 1507 abolì le differenze giuridiche tra vecchi e nuovi cristiani, che ottennero così il diritto di lasciare il Paese, cosa che fecero in massa.

Nel 1536, con il pretesto di perseguitare i seguaci della nuova dottrina protestante, l'Inquisizione fu finalmente introdotta in Portogallo in seguito a un accordo firmato tra il Papa e il re Giovanni III. I giudaizzanti non furono dimenticati. Re Giovanni era riuscito a infiltrare alcune spie tra i marrani, la più importante delle quali era un nuovo cristiano spagnolo di nome Enrico Nunez. Formatosi alla scuola dell'inquisitore Lucero, desiderava che il Portogallo imitasse il regno vicino. Si introdusse come amico nelle case dei suoi ex correligionari per spiarli e comunicare al re i loro pensieri segreti, le cospirazioni e le truffe.

Sotto l'inquisitore Giovanni Soares, le prigioni furono riempite di maiali e furono accesi numerosi falò, con grande sollievo e soddisfazione dei cristiani. Il poeta ebreo Samuel Usque, che fu testimone di queste scene in gioventù, ha lasciato questa drammatica descrizione: "L'Inquisizione privò gli ebrei della pace mentale, riempì le loro anime di dolore e di pena, e li spinse dalle comodità della casa in tetre prigioni dove vivevano tra tormenti e sospiri di angoscia. Ha appeso la sua cavezza al loro collo e li ha trascinati nelle fiamme; con i suoi decreti dovevano vedere i loro figli uccisi, i loro mariti bruciati a morte e i loro fratelli derubati della vita; dovevano vedere i loro figli resi orfani, il numero delle vedove aumentato, i ricchi impoveriti, i potenti abbattuti, i nobili nati trasformati in criminali, le donne caste e modeste alloggiate in dimore oscene e ignominiose.Ne ha bruciati molti, non uno alla volta, ma trenta per trenta, cinquanta per cinquanta. Non contento di bruciare e annientare, induce i cristiani a vantarsi di tali imprese, a gioire quando i loro occhi vedono le membra del mio corpo (i figli di Giacobbe) bruciare fino alla morte nelle fiamme, accese con tronchi trascinati da lontano sulle spalle di uomini[481] ".

Tra il 1538 e il 1609, in Portogallo ci furono 105 autos de fe. I roghi dell'Inquisizione, sebbene meno frequenti che in Spagna, seminarono un tale terrore tra i marrani portoghesi che ciò che rimaneva dell'ebraismo scomparve gradualmente.

LXXXIX. Johannes Pfefferkorn contro Johannes Reuchlin

La reazione intellettuale tedesca all'aggressività del giudaismo fu piuttosto vigorosa all'inizio del XVI secolo. Ortuin de Graes, noto come Grazio, "odiava gli ebrei con passione", scrive Graetz. Nato nel 1491 a Holtwick, in Westfalia, figlio di un ecclesiastico, fu una figura di spicco dell'ordine domenicano di Colonia e scrisse un'opera intitolata *De Vita et Moribus Judærum* (1504), che poi tradusse in tedesco. Ortuin tradusse anche i libri di Pfefferkorn in latino.

Johannes Pfefferkorn fu un polemista famoso e molto discusso. Si era battezzato all'età di trentasei anni con la moglie e i figli, abbandonando definitivamente l'ebraismo, come si evince dal grado di antisemitismo che manifestò in seguito. Dopo la conversione, divenne il protetto e il favorito dei domenicani di Colonia. Fu anche in contatto con Cunegunda, sorella dell'imperatore Massimiliano, sposata con il duca bavarese Alberto di Monaco. Quando quest'ultimo morì in giovane età nel 1508, Cunegunda si ritirò in convento e divenne badessa delle Clarisse. Insieme a Pfefferkorn, i due intrapresero una crociata intellettuale e spirituale contro l'ebraismo, concordando sulla necessità di estirpare innanzitutto lo spirito nauseabondo contenuto nel Talmud. Cunegunda consegnò a Pfefferkorn una lettera per suo fratello Massimiliano, in cui gli assicurava che avrebbe accolto la richiesta del domenicano. Con questa lettera, Pfefferkorn si recò dall'imperatore e, il 10 agosto 1509, riuscì a ottenere da lui una commissione generale che lo autorizzava a confiscare ed esaminare i libri ebraici in tutto l'Impero e a distruggere quelli contenenti affermazioni ostili al cristianesimo. In base allo stesso decreto, agli ebrei era severamente vietato opporsi alle ricerche o nascondere i libri in questione.

Pfefferkorn iniziò la sua opera di sanità pubblica nella grande comunità di Francoforte, dove all'epoca vivevano molti talmudisti, "oltre a numerosi

---

[481] Heinrich Graetz, *History of the Jews IV*, Philadelphia, The Jewish Publication Society of America, 1894, p. 522.

ebrei benestanti", scrive Graetz, e dove c'erano molte copie nuove del Talmud e di altre opere ebraiche. Su richiesta di Pfefferkorn, il Senato di Francoforte convocò tutti gli ebrei nella sinagoga e li informò dell'ordine imperiale. Venerdì 28 settembre 1509, alla presenza di ecclesiastici e di alcuni membri del Senato, tutti i libri di preghiera della sinagoga furono confiscati. Era la vigilia della festa delle Capanne (*Sukkot*). Pfefferkorn si spinse oltre e vietò agli ebrei di recarsi in sinagoga perché voleva approfittare della festività per effettuare perquisizioni domiciliari, ma gli ecclesiastici presenti non vollero impedire agli ebrei di celebrare la loro festa e rimandarono le perquisizioni al lunedì successivo.

Nel frattempo, la comunità ebraica di Francoforte inviò un delegato a Uriel di Gemmingen, principe elettore e arcivescovo di Magonza, da cui dipendeva il clero di Francoforte, per pregarlo di impedire agli ecclesiastici di realizzare il loro progetto. Il prelato accolse la richiesta e li difese vigorosamente. Quando il Senato di Francoforte fu informato della decisione dell'arcivescovo di Magonza, ritirò il suo sostegno a Pfefferkorn. Gli ebrei delegarono anche Jonathan Cion a perorare la loro causa presso l'imperatore Massimiliano e invitarono tutte le comunità ebraiche tedesche a un incontro il mese successivo.

Pfefferkorn si recò nuovamente dall'imperatore con una nuova e più pressante lettera della sorella Cunegunda e il 10 novembre 1509 Massimiliano gli concesse un nuovo mandato che gli consentiva di sequestrare le opere incriminate. L'arcivescovo Uriel di Gemmigen ebbe il compito di esaminarle, ma in consultazione con le facoltà teologiche di Colonia, Magonza, Erfurt e Heidelberg, nonché con studiosi come Johannes Reuchlin, Victor di Karben e l'inquisitore domenicano Jacob van Hochstraten[482].

Pfefferkorn tornò a Francoforte dove sequestrò millecinquecento opere manoscritte e le depositò nel municipio, ripetendo l'operazione con la stessa solerzia in vari luoghi. Gli ebrei, tuttavia, avevano nuovamente esercitato pressioni sull'imperatore e il 23 maggio 1510 Massimiliano revocò parzialmente i suoi ordini precedenti e invitò il Senato di Francoforte a restituire i libri.

In quel periodo si verificò un incidente di cui i domenicani poterono approfittare. Un ciborio con un ostensorio d'oro era stato rubato da una chiesa della Marca di Brandeburgo. Il colpevole arrestato affermò di aver venduto le ostie agli ebrei locali. L'Elettore Gioacchino I arrestò gli accusati e li portò a Berlino, dove furono accusati sia della profanazione delle ostie che dell'omicidio di un bambino. Il 19 luglio 1510, su ordine di

---

[482]Vittorio di Karben fu autore di tre trattati contro gli ebrei: *Judeorum erroris et moris* (Colonia, 1509), *Propagnaculum fidei christiana* (1510), *De vita et moribus Judærum* (con Ortuin de Graes).

Gioacchino, trentotto ebrei furono torturati su una graticola ardente. Due di loro accettarono il battesimo e furono semplicemente decapitati. La vicenda aveva suscitato grande clamore in Germania.

Cunegunda cercò ancora una volta di convincere il fratello Massimiliano. Durante un incontro con lui a Monaco di Baviera, lo pregò di smettere di favorire gli ebrei con la sua protezione. Il 6 luglio 1510, per la quarta volta, Massimiliano emanò un ordine riguardante la confisca dei libri ebraici: l'arcivescovo Uriel doveva richiedere relazioni di tesi sulla questione a diverse università tedesche, nonché agli studiosi Johannes Reuchlin, Victor de Karben e Jacob van Hochstraten, e Pfefferkorn doveva trasmettere le conclusioni all'imperatore.

Lo studioso "umanista" Giovanni (Johannes) Reuchlin di Pforzheim ebbe un ruolo importante in tutta questa disputa[483]. Alla corte dell'antico imperatore Federico III a Linz, Reuchlin entrò in contatto con il medico ebreo Jacob Loans, con il quale perfezionò la sua padronanza dell'ebraico. Reuchlin cercò di dimostrare che le opere ebraiche, lungi dall'essere dannose per il cristianesimo, potevano al contrario servire a dimostrarne il carattere divino, e si pronunciò contro la soppressione del Talmud. Pfefferkorn pubblicò un opuscolo contro di esso in tedesco intitolato *L'Handspiegel* (*Handspiegel*, Magonza, 1509) che fu distribuito a migliaia in tutto il Paese. Ma nel settembre 1511, Reuchlin rispose al pamphlet di Pfefferkorn con un altro pamphlet scritto in tedesco, *Lo specchio degli occhi*.

A Roma e a Parigi, la controversia tra Reuchlin e i domenicani diede luogo ad accese discussioni. Il domenicano Jacob van Hochstraten, professore di teologia e inquisitore a Colonia, teneva in grande considerazione l'opinione dei maestri dell'Università di Parigi, per cui cercò in tutti i modi di ingraziarseli. Anche a Roma usò tutta la sua influenza.

---

[483] Johannes Reuchlin (1455-1522) fu un umanista tedesco. Studiò in diverse università europee prima di frequentare le lezioni di ebraico all'Accademia di Firenze con Pico della Mirandola (vedi Appendice II). Qui familiarizzò con testi ebraici, come la Cabala. Grazie a queste prime letture, Reuchlin scrisse il *De Verbo mirifico*, la sua prima ricerca cabalistica. Da latinista ed ellenista, Reuchlin divenne ebraista e direttore della biblioteca di Heidelberg. Nel 1506 pubblicò il *De Rudimentis hebraïcis*, un'opera notevole che forniva un dizionario e una grammatica ebraica e contribuiva in modo decisivo alla potente influenza delle Scritture ebraiche sul pensiero protestante. Difensore del Talmud contro coloro che cercavano di distruggerlo, Reuchlin difese l'utilità del Talmud e della Cabala per la comprensione del cristianesimo (nel suo trattato *Augenspiel*). Gli studiosi tedeschi si divisero allora tra cabalisti e scolastici. Infine, nel 1517, Reuchlin scrisse *De arte cabbalistica*, un trattato in cui si dimostrò il degno successore di Pico della Mirandola, che aveva sottoposto il cristianesimo e la Bibbia alla Cabala, e un chiaro continuatore della Cabala dello *Zohar*. (NdT)

La controversia doveva essere risolta da un processo, la cui istruzione fu affidata da Papa Leone X al cardinale Domenico Grimani. Questo principe della Chiesa era noto per essere un conoscitore della letteratura rabbinica e della Cabala. Inoltre, come superiore dei Francescani, detestava i monaci dell'ordine di San Domenico. Gli ebrei erano stati tenuti in secondo piano, ma il loro ruolo era comunque evidente: "Senza dubbio ebrei di spicco lavorarono a Roma per Reuchlin, ma, come gli ebrei tedeschi, ebbero il buon senso di rimanere in secondo piano, per non mettere in pericolo la causa bollandola come ebraica,[484] ", riconosce Graetz.

Nel giugno 1514, il cardinale Grimani inviò una convocazione a entrambe le parti, ma in considerazione dell'età avanzata di Reuchlin gli permise di inviare un rappresentante, mentre Jacob van Hochstraten dovette presentarsi di persona, affiancato da Arnold di Tongres, professore di teologia.

Ma fu soprattutto a Parigi che si concentrarono tutti gli sforzi e le speranze dei domenicani. L'Università di Parigi era la più antica di tutte le università europee e aveva una grande autorità in materia teologica. Se fosse arrivata a condannare il libro di Reuchlin, il papa stesso non avrebbe osato opporsi al suo giudizio. Il re francese Luigi XII esercitò a sua volta forti pressioni sull'Università di Parigi a favore dei domenicani. È vero che Francia e Germania non avevano ottimi rapporti, e poiché Massimiliano si era espresso a favore di Reuchlin, Luigi XII si dichiarò contrario.

L'università esitò a lungo prima di prendere una decisione. Le discussioni si protrassero fino all'agosto del 1514. Il voto di molti teologi francesi fu infine determinato da quanto era accaduto tre secoli prima: nel 1242, si ricorda, su richiesta dell'apostata Nicolas Donin e per ordine di Papa Gregorio IX, San Luigi aveva ordinato di bruciare tutte le copie del Talmud. Lo *Specchio* di Reuchlin, che difendeva il Talmud, fu quindi dichiarato contenente eresia e dovette essere bruciato. "Se è cristiano odiare gli ebrei", disse Erasmo all'epoca, "allora siamo tutti ottimi cristiani". In Germania, i domenicani si affrettarono a pubblicare un nuovo opuscolo per pubblicizzare il verdetto della Sorbona.

Massimiliano e diversi principi tedeschi fecero pressioni su Papa Leone X affinché scagionasse definitivamente Reuchlin, mentre il re di Francia e il giovane Carlo, il futuro Carlo Quinto, allora duca di Borgogna e poi imperatore di Germania, re di Spagna e sovrano d'America, chiesero che *El Espejo fosse* condannato.

Il Papa colse allora l'occasione per dissociarsi dalla responsabilità della vicenda. Scelse una commissione tra i membri del Gran Consiglio

---

[484] Heinrich Graetz, *History of the Jews IV*, Philadelphia, The Jewish Publication Society of America, 1894, p. 458.

Lateranense, allora in sessione, per riesaminare il caso e pronunciare il verdetto. Questa commissione si pronunciò contro Hochstraten, ma egli non si arrese. A forza di negoziati e appelli, convinse Leone X a sospendere a tempo indeterminato la pronuncia del verdetto. Tuttavia, i Domenicani avevano subito una battuta d'arresto e Jacob van Hochstraten lasciò Roma confuso e irritato. Tuttavia, la sua energia non era diminuita e non disperava di poter riprendere la lotta in circostanze più favorevoli.

Non dichiarandosi apertamente a favore di una parte o dell'altra, Leone X aveva voluto evitare di irritare sia gli umanisti che i domenicani. Ma questa lunga lotta aveva surriscaldato gli animi ed entrambe le parti volevano risolvere la controversia a tutti i costi. Quando Hochstraten tornò da Roma, la sua vita era in pericolo e il domenicano fu oggetto di diversi tentativi di assassinio.

Qualche tempo dopo, Leone X, corrotto dall'oro ebraico, autorizzò finalmente la stampa del Talmud. Nel 1519, un ricco e generoso stampatore cristiano di Venezia, Daniel Bomberg (van Bomberghen), pubblicò un'edizione completa del Talmud babilonese in dodici volumi infolio, che sarebbe servita anche per le edizioni successive[485]. Il papa concesse persino dei privilegi al tipografo per proteggerlo dalle falsificazioni.

Ma in Germania sorse un movimento che mise rapidamente da parte tutti i problemi sorti dal conflitto tra i domenicani e Reuchlin: la Riforma protestante, che avrebbe scosso il papato e scosso la Chiesa cattolica nelle sue fondamenta e scosso l'intera Europa.

CX. Alberto di Brandeburgo

A quel tempo in Germania esistevano solo tre grandi comunità ebraiche, quelle di Ratisbona, Francoforte e Worms. Il margravio Alberto di Brandeburgo, prima vescovo di Magdeburgo e poi di Magonza, divenne un nuovo avversario di Israele. Invitò il clero, i laici e i consigli comunali, in particolare quelli di Francoforte e Worms, a riunirsi per decidere l'espulsione definitiva degli ebrei dalla Germania. Numerosi delegati

---

[485] Fino ad allora gli ebrei avevano a disposizione solo testi stampati in lingua e caratteri ebraici: il primo, nel 1475 a Reggio Calabria, fu un commento di Rabbi Rashi al Pentateuco; nello stesso periodo, Abramo Conat fondò la sua tipografia a Mantova; nel 1480, a Soncino, i rabbini Giosuè e Mosè avviarono la tipografia da cui uscì il primo *Tanakh* (libri che compongono il canone della Bibbia ebraica) stampato nel 1488; nel 1487, un commento ebraico al Pentateuco fu il primo libro stampato a Lisbona; una grammatica ebraica fu stampata a Napoli nel 1488; nel 1493, la stampa di un commento di Isaac Abravanel ai testi biblici da parte di ebrei di Tessalonica fu la prima nell'Impero Ottomano; nel 1505, un Pentateuco con commenti fu stampato da ebrei di Costantinopoli, una prima in quella città. (NdT).

risposero all'appello e si riunirono a Francoforte nel gennaio 1516. L'8 marzo fu adottata la risoluzione di porre il veto agli ebrei in perpetuo, ma questa risoluzione doveva essere sottoposta all'imperatore per la ratifica.

Naturalmente, gli ebrei inviarono una missione a Massimiliano per cercare di corromperlo. Pur essendo sudditi di numerosi principi e signori, gli ebrei di Germania, come sappiamo, dipendevano dall'imperatore solo in quanto servitori della camera imperiale. Corrotto dal denaro degli ebrei, Massimiliano inviò una dura missiva ad Alberto di Brandeburgo e a tutti coloro che avevano partecipato alla dieta di Francoforte.

Ma Massimiliano morì nel febbraio del 1519 e subito scoppiò una rivolta contro gli ebrei guidata dall'ardente predicatore Balthazar Hubmayer. La comunità ebraica di Ratisbona fu infine condannata all'esilio.

Nel 1529 si verificò un altro caso di crimine rituale nell'Impero. Nella comunità ebraica di Bösing, vicino a Pressburg (Bratislava), fu trovato il corpo di un bambino cristiano mutilato. Trentasei ebrei furono condannati e bruciati sul rogo e quasi tutti gli ebrei della Moravia furono imprigionati. Va ricordato che due anni prima gli ebrei avevano servito come spie per i turchi che avevano assediato Vienna, aiutandoli come potevano.

XCI. Le origini ebraiche della Riforma protestante

Gli autori cattolici del XIX secolo, che si interrogavano sulle origini della Rivoluzione francese e che analizzavano i fermenti di distruzione dell'Europa tradizionale, non avevano difficoltà a ricondurli alla fonte ebraica. Un intellettuale ebreo come Bernard Lazare, nel suo famoso *Antisemitismo, la sua storia e le sue cause* (1894), avvalorava l'idea dell'origine ebraica delle eresie medievali, del protestantesimo, del razionalismo e infine della filosofia dell'Illuminismo (*Les Lumières*). L'obiettivo era sempre lo stesso: distruggere la Chiesa cattolica. "Furono questi razionalisti e questi filosofi che, dal X al XV secolo, fino al Rinascimento, divennero gli ausiliari di quella che si potrebbe definire la rivoluzione generale dell'umanità". Nel XIII secolo, "gli israeliti erano in prima fila tra gli esegeti e i razionalisti... Gli ebrei averroisti furono i diretti antenati degli uomini del Rinascimento. È grazie a loro che è nato lo spirito del dubbio e anche quello dell'indagine. I [neo]platonici di Firenze, gli aristotelici d'Italia e gli umanisti di Germania provengono da loro. Fu grazie a loro che Pomponazzo compose i trattati contro l'immortalità dell'anima e fu anche grazie a loro che nei pensatori del XVI secolo nacque il teismo che corrispose a un declino del cattolicesimo... Gli ebrei averroisti, miscredenti, scettici e blasfemi, che minarono il cristianesimo diffondendo il materialismo e il razionalismo, generarono anche quest'altro nemico dei dogmi cattolici: il panteismo[486] ".

Il sacerdote e filosofo tomista argentino Julio Meinvielle, autore di diversi libri sull'argomento, nel 1936 citò un altro passo di Bernard Lazare nel suo libro *L'ebreo nel mistero del mondo*: "Negli anni che precedettero la Riforma, l'ebreo divenne un educatore e insegnò l'ebraico ai saggi. Li iniziò ai misteri della Cabala dopo aver aperto loro le porte della filosofia araba. Fornì loro, contro il cattolicesimo, la temibile esegesi che i rabbini, per secoli, avevano coltivato e rafforzato: questa esegesi che il protestantesimo e, più tardi, il razionalismo, sapranno utilizzare[487]."

Il linguista ebreo James Darmesteter, che scrisse diverse opere alla fine del XIX secolo, confermò questa idea e disse dell'"ebreo": "L'ebreo si occupa di scoprire i punti vulnerabili della Chiesa e ha al suo servizio per scoprirli, oltre alla sua intelligenza dei libri sacri, la terribile sagacia degli oppressi. È il medico del miscredente. Tutti i rivoltosi dello spirito vengono da lui nell'ombra o allo scoperto. È al lavoro nell'immensa officina del grande imperatore blasfemo Federico e dei principi di Svevia o di Aragona; È lui che forgia tutto quell'arsenale criminale di ragionamenti e di ironia che lascerà in eredità agli scettici del Rinascimento, ai libertini del grande secolo, e il sarcasmo di Voltaire non è che l'ultima e clamorosa eco di una parola mormorata sei secoli prima all'ombra del ghetto e prima ancora al tempo di Celso e di Origene, nella culla stessa della religione di Cristo[488]."

Per Jules Meinvielle non c'erano dubbi: tutte le sette e le società segrete, occultiste e cabalistiche che pullulavano ovunque alla fine del Medioevo in forma più o meno mascherata, "erano roccaforti di cospirazione contro la Chiesa e gli Stati cristiani, abilmente gestite dalla satanica mano giudaica[489] ".

---

[486]Bernard Lazare, *L'antisemitismo, la sua storia e le sue cause*, (1894). Edizioni La Bastille, edizione digitale, 2011, p. 140, 141, 60, 142. Citato da Monsignor Henri Delassus, *La Conjuration antichrétienne*, Desclée de Brouwer, 1910, p. 684 (si veda più in dettaglio la nota del traduttore nell'Allegato II).
[487]Bernard Lazare, L'*antisemitismo, la sua storia e le sue cause*, (1894). Ediciones La Bastilla, Ed. digitale, 2011, p. 61, citato in Julio Meinvieille, *El Judío en el misterio del mundo (1937)*, Cruz y Fierro Editores, Buenos Aires, 1982, p. 72.
[488]James Darmesteter, *Coup d'œil sur l'histoire du peuple juif*, Paris, 1881, in Julio Meinvieille, *El Judío en el misterio del mundo (1937)*, Cruz y Fierro Editores, Buenos Aires, 1982, p. 72. La citazione era già presente nel libro di Monsignor Henri Delassus, *L'Américanisme et la conjuration antichrétienne*, Société de Saint-Augustin, D. de Brouwer et Cie, Paris 1899, p. 48.
[489]Julio Meinvieille, *El Judío en el misterio del mundo (1937)*, Cruz y Fierro Editores, Buenos Aires, 1982, p. 72. Alla fine del II secolo, il filosofo Celso, noto per il suo disprezzo nei confronti dei cristiani, si mostrò più indulgente nei confronti degli ebrei. [Julio Meinvielle è anche l'autore di *La Cabala al Progresismo*, un interessantissimo studio storico teologico che ripercorre l'antica gnosi pagana ed ebraica in tutte le sue forme fino all'apparizione della Cabala medievale e moderna, e alle dottrine filosofiche,

Meinvielle ha inoltre citato a sostegno della sua tesi il famoso storico tedesco Werner Sombart, che non era "né cattolico né antisemita" e ha dimostrato nel suo libro *Jews and Economic Life* (1911) che le sette protestanti, in particolare il puritanesimo, erano di ispirazione ebraica.

Il fatto è che durante la Riforma protestante si stabilirono stretti legami tra l'ebraismo e alcune sette cristiane. I Vangeli furono abbandonati a favore della Bibbia (l'Antico Testamento, la Torah degli ebrei) e l'enorme influenza di questo libro sui luterani e, soprattutto, sui calvinisti e sui puritani anglosassoni è ben nota. È noto anche il suo grande interesse per la lingua ebraica e gli studi ebraici. Nell'Inghilterra del XVI secolo, i Puritani circondarono gli ebrei di un culto quasi fanatico. I *Livellatori*, che si definivano ebrei, chiedevano la promulgazione di una legge che facesse della Torah degli ebrei il Codice inglese. I funzionari di Cromwell gli avevano proposto di costituire il suo Consiglio di Stato con 70 membri, alla maniera del Sinedrio degli ebrei. Nel 1629, il Parlamento propose addirittura di sostituire la festa della domenica con il sabato[490].

---

ideologiche e politiche contemporanee. Le élite politiche ed economiche del nostro tempo sono impregnate, almeno diffusamente, di tutte queste dottrine esoteriche e iniziatiche. Si può dire, senza timore di esagerare, che la gnosi cabalistica, attraverso la Massoneria, è la religione secolarizzata dell'epoca contemporanea che plasma i principi ideologici e politici della società occidentale. NdT].

[490]Werner Sombart, *Les juifs et la vie économique*, 1911, Payot, 1923, p. 320-322. [I sentimenti dei Puritani nei confronti degli Ebrei furono espressi nella seguente osservazione di Oliver Cromwell: "Grande è la mia simpatia per questo povero popolo, che Dio ha scelto e a cui ha dato la sua legge; hanno rifiutato Gesù, perché non lo hanno riconosciuto come Messia". Cromwell sognava una riconciliazione tra Antico e Nuovo Testamento, un'intima connessione tra il popolo ebraico di Dio e la teocrazia puritana inglese. Altri puritani erano così assorbiti dallo studio dell'Antico Testamento che il Nuovo Testamento non aveva più importanza per loro. Soprattutto i veggenti dell'esercito di Cromwell e molti membri del Parlamento, che guardavano alla Quinta Monarchia o al regno dei Santi, assegnavano al popolo ebraico una posizione gloriosa nel millennio atteso. Un predicatore puritano, Nathaniel Holmes (Holmesius), desiderava, secondo la lettera di molti versetti profetici, diventare il servo di Israele e servirlo in ginocchio"; "La Bibbia cristiana [Nuovo Testamento, ndt], con le sue figure monastiche, i suoi esorcisti, i suoi fratelli oranti e i suoi santi pietisti, non forniva modelli per i guerrieri che combattevano contro un re infedele, una falsa aristocrazia e sacerdoti empi. Solo i grandi eroi dell'Antico Testamento, con il timore di Dio nel cuore e la spada in mano, campioni religiosi e nazionali allo stesso tempo, potevano servire da modello per i Puritani: i Giudici, che liberarono il popolo oppresso dal giogo della dominazione straniera; Saul, Davide e Ioab, che sconfissero i nemici del loro Paese; e Jehu, che rovesciò una casa reale idolatra e blasfema: questi erano i personaggi preferiti dai guerrieri puritani. In ogni versetto dei libri di Giosuè, Giudici, Samuele e Re, vedevano riflessa la loro stessa condizione; ogni salmo sembrava composto per loro, per insegnare che, sebbene circondati da ogni parte da nemici empi, non dovevano temere finché confidavano in Dio. Oliver Cromwell si paragonò al giudice Gedeone,

Monsignor Henri Delassus, nella sua opera magna *L'Evocazione anticristiana*, pubblicata in tre volumi nel 1910, identificò nel giudaismo la fonte dei mali che minacciavano la Chiesa cattolica e la società europea:

"Da settecento anni, è l'odio che ispira e domina questo popolo, il più tenace, il più incomprensibile dei popoli. Il suo odio ha assunto tutte le forme, ha nascosto e infiltrato, con un'abilità pari alla sua costanza, tutte le rivolte dello spirito umano contro Dio, il suo Cristo e la sua Chiesa. Fin dall'inizio, il giudaismo si è infiltrato nella Chiesa stessa, provocando disordini, divisioni ed eresie. Questo fu opera di Simon Mago degli gnostici, di Manes e dei suoi seguaci o emulatori. In seguito, l'ebreo incoraggiò, se non ispirò, tutte le eresie; più studiamo la sua azione, più lo vediamo implicato in ogni resistenza allo Spirito di Dio. Nel Medioevo, l'ebreo ha tradito i cristiani a favore dei maomettani, che lo hanno disprezzato e maltrattato in Spagna come in Oriente; è stato con gli albigesi contro i cattolici, come lo sarà con i protestanti, come lo è con i liberi pensatori, i giacobini, i socialisti e i massoni; come lo è oggi con i nichilisti in Russia. Come l'avvoltoio, è su ogni campo di battaglia, non per combattere, ma per nutrirsi dei resti del massacro[491]."

"Dall'inizio dell'era cristiana, l'ebreo è stato, ed è tuttora, il grande rivoluzionario ed eresiarca sotto ogni aspetto. Distrugge per il gusto di distruggere, per odio dell'esistente, ma anche nella speranza di costruire su queste rovine il Tempio che abbiamo descritto: la Gerusalemme di un nuovo ordine, situata tra Oriente e Occidente per sostituire la doppia città dei Cesari e dei Papi, cioè la Repubblica universale e la Religione umanitaria di cui vuole essere pontefice e sovrano[492]".

Il protestantesimo non era quindi altro che un nuovo avatar del veleno ebraico: "Un protestante, diceva il giovane poeta ebreo Heinrich Heine, è un cattolico che abbandona l'idolatria trinitaria a favore del monoteismo ebraico".

Il francescano Nicolas de Lira aveva studiato a lungo la letteratura rabbinica ed è stato il precursore dell'esegesi moderna, che è, come ha scritto lo storico ebreo Bernard Lazare, "figlia del pensiero ebraico e il cui razionalismo è puramente ebraico". Per Nicolas de Lira, la spiegazione letterale del testo della Scrittura doveva essere il fondamento della scienza

---

che dapprima obbedì alla voce di Dio con esitazione, ma poi disperse coraggiosamente i pagani che lo attaccavano; o a Giuda Maccabeo, che da un pugno di martiri formò un esercito di guerrieri vittoriosi". Heinrich Graetz, *History of the Jews V*, Philadelphia, The Jewish Publication Society of America, 1895, pag. 26, 27.

[491] Mons. Henri Delassus, *La Conjuration antichrétienne III*, Desclée De Brouwer, 1910, p. 1118-1119.

[492] Mons. Henri Delassus, *La Conjuration antichrétienne II*, Desclée De Brouwer, 1910, p. 688.

ecclesiastica. Egli prese molti dei suoi argomenti dall'ebreo Rashi, e Martin Lutero a sua volta li prese da lui.

Bernard Lazare aveva esplicitamente affermato: "L'esegesi e il libero esame sono fatalmente distruttivi, e sono stati gli ebrei a creare l'esegesi biblica; sono stati loro a criticare per primi i simboli e le credenze cristiane... La Riforma, in Germania come in Inghilterra, fu uno di quei momenti in cui il cristianesimo tornò alle fonti ebraiche. Fu lo spirito ebraico a trionfare con il protestantesimo[493] ".

Il Rinascimento e il Protestantesimo fecero effettivamente breccia nel solido edificio del Cristianesimo. Da quel momento in poi, l'ebreo si accinse a distruggere il cristianesimo e a tentare di stabilire l'impero universale dei suoi sogni. Nel XVI secolo, tuttavia, gli ebrei erano ancora lontani dal trionfare, perché altri popoli cristiani stavano ancora guardando.

Così, mentre i protestanti del nord tornavano alla Bibbia ebraica, gli spagnoli se ne allontanavano. La Bibbia era diventata un oggetto di avversione. Un inquisitore spagnolo di nome Villanueva scrisse nel 1791: "È noto lo zelo con cui il Sant'Uffizio ha cercato di tenere la Bibbia fuori dalle mani del volgo; con il risultato che le stesse persone che un tempo la cercavano, ora la guardano con orrore e la detestano; molti non se ne curano; la maggioranza non la conosce[494] ".

A quel tempo, anche la Russia aveva sperimentato un'eresia giudaizzante. A quel tempo non c'erano ebrei in Russia, perché i granduchi moscoviti ne diffidavano come la peste. Ma nel 1480, un ebreo di Kiev di nome Zaccaria, accompagnato da alcuni correligionari lituani, era giunto a Novgorod e aveva corrotto alcuni sacerdoti cristiani. Si recarono a Mosca, dove fecero proseliti e fondarono la setta dei "cristiani giudaizzanti". Il granduca Ivan III reagì e, nel 1504, ordinò immediatamente di arrestare tutti i capi e di gettarli vivi sul rogo. Il problema fu così rapidamente risolto.

XCII. Martin Lutero

Sostenendo che la Bibbia fosse l'unica fonte legittima di autorità religiosa, Lutero, il padre del protestantesimo, sfidò l'autorità del Papa. All'inizio del 1521, dopo un lungo dibattito, fu scomunicato, anche se in seguito la sua influenza crebbe costantemente. Le guerre di religione si diffusero in tutta Europa e durarono fino al secolo successivo.

La sua posizione nei confronti dell'ebraismo era cambiata. All'inizio, Lutero cercò di attirare gli ebrei verso il cristianesimo mostrandosi

---

[493] Bernard Lazare, L'*antisemitismo, la sua storia e le sue cause, (1894)*. Edizioni La Bastille, edizione digitale, 2011, p. 72, 141, 62.
[494] Leon Poliakov, *Histoire de l'antisémitisme*, tome I, Points Seuil, 1981, p. 182.

benevolo nei loro confronti. Ma non appena si rese conto che gli ebrei erano in realtà completamente ribelli alla conversione e rifiutavano gli insegnamenti della religione riformata, dichiarò loro una guerra spietata.

Nel 1537 riuscì a scacciarli dalla Sassonia, poi nel 1540 da diverse altre città tedesche. Nel 1543 tentò senza successo di scacciarli dal Brandeburgo.

Quell'anno, tre anni prima della sua morte, pubblicò un pamphlet di 200 pagine, "*Sugli ebrei e le loro menzogne*" (*Von Juden und ihren Lügen*), in cui inveiva contro la setta incestuosa. Lutero scrisse, ad esempio:

"Fate attenzione a come mentono quando dicono che li teniamo prigionieri, quando noi cristiani siamo stati vessati e perseguitati dagli ebrei in tutto il mondo per circa trecento anni. Potremmo anche affermare che in quel periodo ci hanno tenuti prigionieri e uccisi, il che è la verità. Inoltre, oggi non sappiamo quale demone li abbia portati nel nostro Paese. Di sicuro non siamo stati noi a portarli da Gerusalemme. Inoltre, nessuno li tiene qui adesso".

E ancora: "Oh, che fanatici del libro di Ester, che è così perfettamente in sintonia con la loro sete di sangue, vendetta e morte. Il sole non ha mai brillato su un popolo più sanguinario e vendicativo di questo, che si immagina di essere il popolo di Dio incaricato e mandato a uccidere i Gentili. Infatti, ciò che si aspettano principalmente dal loro Messia è che egli uccida con la sua spada il mondo intero... Il loro alito puzza di avidità per l'oro e l'argento dei Gentili; perché non c'è nazione sotto il sole più avida di quanto essi siano stati, siano tuttora e saranno mai, come dimostra la loro maledetta usura. Poi si consolano perché quando verrà il Messia, prenderà l'oro e l'argento di tutto il mondo e lo dividerà tra loro".

Lutero ricordava ai suoi lettori che gli ebrei erano stati espulsi violentemente dalla Francia e, "recentemente, il nostro caro imperatore Carlo li ha banditi dalla Spagna, il migliore di tutti i nidi che essi chiamano '*Sepharad*' (anche sulla base di Abdia). Quest'anno sono stati espulsi dalla Boemia, dove hanno uno dei loro migliori nidi, a Praga. Allo stesso modo, durante la mia vita sono stati cacciati da Ratisbona, Magdeburgo e altri luoghi".

Il predicatore non esitò a incoraggiare i ladri e i briganti contro di loro. Avendo saputo che un ricco ebreo stava attraversando la Germania con dodici cavalli, raccomandò ai briganti di essere meno tolleranti dei principi e di rapire i viaggiatori ebrei e le loro ricchezze. Si riferiva agli Ebrei con questi termini duri: "Figli del diavolo", "figli di vipere (Matteo 12, 34)", "miserabili, ciechi e stupidi", "ladri e furfanti", "perversi e bestemmiatori", "feccia", ecc.

"Così anche noi facciamo torto se non vendichiamo tutto questo sangue innocente del nostro Signore e dei cristiani, versato per trecento anni prima della distruzione di Gerusalemme, e il sangue dei bambini che hanno versato da allora (che fa ancora brillare i loro occhi e la loro pelle). Noi sbagliamo se non prendiamo le loro vite. Invece, permettiamo loro di vivere liberamente tra noi anche se ci uccidono, ci maledicono, bestemmiano e mentono contro di noi e ci diffamano; proteggiamo le loro sinagoghe, le loro case, le loro vite e le loro proprietà. Così li rendiamo oziosi e sicuri, e li incoraggiamo a derubarci spudoratamente del nostro denaro e dei nostri beni, nonché a deriderci, a sopraffarci infine, a ucciderci tutti per questo peccato imperdonabile e a derubarci di tutti i nostri beni (come pregano e pregano ogni giorno). Ora, ditemi se non hanno tutte le ragioni per essere nostri nemici, per maledirci e per lottare per la nostra definitiva, completa ed eterna rovina[495] ", ammoniva Lutero.

Certo, i papi raccomandavano di preservare le sinagoghe dalla distruzione, ma Lutero consigliava di distruggerle. Con Lutero, quindi, gli ebrei non avevano guadagnato dal cambiamento, tutt'altro:

In primo luogo, dobbiamo incendiare le loro sinagoghe o le loro scuole e seppellire e ricoprire di terra tutto ciò che non incendiamo, in modo che nessuno veda più pietra o cenere di loro... **In** secondo luogo, consiglio anche di radere al suolo le loro case e di distruggerle...". In terzo luogo, consiglio di togliere loro i libri di preghiera e gli scritti talmudici, per mezzo dei quali insegnano l'idolatria, la menzogna, le maledizioni e le bestemmie... **In quarto luogo,** consiglio di proibire d'ora in poi ai rabbini di insegnare, pena la perdita della vita....... In quinto luogo, che la protezione sulle strade sia completamente abolita per gli ebrei. Non hanno nulla da fare nelle periferie delle città... In sesto luogo, consiglio di proibire loro l'usura e di togliere loro tutto il denaro e tutte le ricchezze in argento e oro, per poi conservare il tutto in un luogo sicuro. La ragione di tale misura, come già detto, è che non hanno altro mezzo per guadagnarsi da vivere che l'usura, per mezzo della quale ci hanno derubato e rubato tutto ciò che **possiedono**.....Settimo, raccomando di mettere nelle mani di giovani e forti ebrei ed ebree un flagello o un'ascia o una zappa o una vanga o un fuso o una conocchia o un fuso e di lasciare che guadagnino e mangino il pane con il sudore del loro volto, come fu fatto ai figli di Adamo (Genesi, 3:19). Non è infatti opportuno che noi maledetti [goyim] ci affatichiamo senza sosta con il sudore della fronte, mentre loro, il "popolo santo", passano le ore a oziare davanti al focolare, a banchettare e a espellere il vento e, come se non bastasse, a vantarsi con bestemmie della loro signoria sui cristiani grazie al nostro sudore. No, dobbiamo sbarazzarci di questi pigri delinquenti per mezzo dei loro calzoni". Probabilmente il lavoro è per gli ebrei una punizione peggiore della morte.

Lutero evocava anche il loro istinto criminale: "**Non sono altro che ladri**

---

[495] Martin Lutero, *Von den Jüden iren Lügen*, traduzione di Martin H. Bertram, in *Oeuvres de Luther*, Philadelphia, Fortress Press, 1971. [Martin Lutero, *Sugli ebrei e le loro menzogne*, Pdf, NdT].

e rapinatori, che ogni giorno non mangiano un boccone e indossano abiti che ci hanno derubato e rubato con la loro maledetta usura. Così vivono giorno per giorno, insieme a moglie e figlio, nella rapina e nel furto, come ladri e rapinatori d'arco, nella totale sicurezza dell'impenitenza... Ho letto e sentito molte storie sui Giudei che concordano con questa valutazione di Cristo, cioè come hanno avvelenato pozzi, ucciso, rapito bambini, come è già stato raccontato. Ho sentito che un ebreo ha inviato a un altro ebreo, e questo attraverso un cristiano, un recipiente pieno di sangue, insieme a una botte di vino, nella quale, dopo averlo bevuto, è stato trovato un ebreo morto. Ci sono altre storie del genere. A causa del rapimento di bambini sono stati spesso bruciati sul rogo o banditi (come abbiamo già sentito)... Questo è ciò a cui pensavo quando ho detto sopra che il cristiano non ha un nemico più acerrimo e mortificante dell'ebreo. A nessuno concediamo così tanto di noi stessi e per nessuno soffriamo così tanto come per questi infami figli del diavolo, questi figli di vipere[496]."

"Dobbiamo evitare che sentano confermate le loro menzogne, calunnie, maledizioni e diffamazioni spudorate. Né osiamo essere partecipi della loro predica demoniaca proteggendoli, dando loro da mangiare e da bere, offrendo loro un tetto e altre gentilezze, tanto più che quando li aiutiamo e li serviamo, essi si vantano vilmente e orgogliosamente che Dio li ha ordinati signori e noi servi. Per esempio, quando un cristiano accende il fuoco per loro di sabato o cucina per loro in una taverna, essi ci rimproverano, ci maledicono e ci diffamano, supponendo che questo sia un merito, e così vivono tutti con le nostre ricchezze, che ci hanno rubato. Quanto sono disperati, assolutamente malvagi, velenosi e diabolici questi ebrei, che per questi quattrocento anni sono stati e sono tuttora la nostra piaga, la nostra pestilenza e la nostra sventura!... Se le autorità sono riluttanti a usare la forza e a frenare l'indecenza diabolica degli Ebrei, questi ultimi dovrebbero essere cacciati dal Paese e mandati nella loro terra e nei loro possedimenti a Gerusalemme; lì potranno mentire, maledire, bestemmiare, diffamare, uccidere, rubare, rapinare, usurpare, deridere e indulgere in tutti quegli abomini infami che praticano tra noi. Lasciateci il nostro governo, il nostro Paese, la nostra vita e le nostre proprietà, ma soprattutto il nostro Signore, il Messia, la nostra fede e la nostra Chiesa ancora incontaminata e incorrotta dalla loro diabolica tirannia e malizia... Dovremo scacciarli come cani rabbiosi per non diventare complici della loro abominevole blasfemia e di tutti gli altri loro vizi e meritare così l'ira di Dio e finire maledetti insieme a loro".

Alcuni mesi dopo la pubblicazione di *Sugli ebrei e le loro menzogne*,

---

[496] Martin Lutero, *Les Juifs et leurs mensonges*, 1543, citato da Joseph Lémann, *L'entrée des Israélites dans la société françaises*, 1886, libro secondo, capitolo IV.

Lutero scrisse un altro pamphlet, *Vom Schem Hamphoras und das Geschlecht Christi* (*Del nome di Hamphoras e della stirpe di Cristo*): "Qui a Wittenberg, nella nostra chiesa, una scrofa è stata scavata nella pietra: maialini ed ebrei la allattano, mentre dietro di lei sta un rabbino che le solleva la gamba destra e con la mano sinistra le tira la coda, chinandosi e contemplando diligentemente dietro la coda il Talmud, come se volesse imparare qualcosa di molto sottile e molto speciale; senza dubbio, hanno ricevuto il loro *Schem Hamphoras* in quel luogo[497]."

Quando Giuda si impiccò e le sue viscere sgorgarono e, come accade in tali circostanze, anche la sua vescica scoppiò, i Giudei erano pronti a ricevere l'acqua e altre cose preziose, e allora si gonfiarono con essa e bevvero avidamente tra di loro, essendo allora dotati di una tale finezza di spirito che furono in grado di percepire commenti nelle Sacre Scritture che né Matteo né lo stesso Isaia.... avrebbero potuto vedere, o forse stavano guardando nel culo stesso del loro Dio "Shed", e trovarono queste cose scritte in quell'orifizio fumante.o forse guardavano nel culo stesso del loro Dio "*capannone*" e trovavano queste cose scritte in quell'orifizio fumante."

Infine, Lutero concludeva che gli ebrei erano il popolo del diavolo: "Il diavolo, con il suo boccale angelico, divora ciò che gli orifizi orali e anali degli ebrei secernono; questo è, infatti, il suo piatto preferito, di cui si rimpinza come una scrofa dietro il bardo[498] ".

L'imperatore Carlo Quinto aveva espulso gli ebrei dal regno di Napoli nel 1541. Sotto l'influenza di Lutero, altri sovrani reagirono. Nel 1543, l'Elettore Giovanni Federico di Sassonia revocò alcune concessioni. Johann di Kustrin, margravio di Neumark, annullò il salvacondotto degli ebrei nei suoi territori. Filippo d'Assia aggiunse ulteriori restrizioni alla sua ordinanza sugli ebrei.

Le comunità ebraiche tramavano i loro intrighi attraverso uno dei loro avvocati, un certo Yosef de Rossheim, che era solito recarsi dall'imperatore e dai principi per perorare la causa della sua setta. Yosef de Rossheim entrò regolarmente alla corte dell'imperatore Carlo V e salvò gli ebrei da grandi mali in molte occasioni negli anni 1520-1550.

Intorno al 1570, il pastore Georg Nigrimus pubblicò *Il nemico ebreo*, che riprendeva il programma di Lutero. Nikolaus Selnecker, uno degli autori della *Konkordienformel* (in latino: *Formula concordiae*), ristampò i libri di Lutero. Nel 1573 gli ebrei furono espulsi da tutto il Brandeburgo. I testi antiebraici di Lutero furono ristampati all'inizio del XVII secolo a Dortmund, dove furono sequestrati dall'imperatore Rodolfo II. Nel 1613 e

---

[497] *Vom Schem Hamphoras und das Geschlecht Christi*, citato in Léon Poliakov, *Histoire de l'antisémitisme, tomo I*, Point Seuil, 1981, p. 311.
[498] Lutero aveva anche tradotto in tedesco il *Toledot Jeschu*, un pamphlet del secondo secolo che insultava Gesù Cristo e che era stato ripubblicato da Raymond Martin.

nel 1617 furono ripubblicati a Francoforte sul Meno dopo l'espulsione degli ebrei. Queste edizioni furono le ultime pubblicazioni popolari prima di quelle del XX secolo.

Johann Eck fu il grande avversario cattolico di Lutero in Germania. Anch'egli sembrava aver compreso la natura profonda del giudaismo, la cui essenza è distruggere tutto ciò che non è ebraico[499]. Denunciò la religione ebraica, il progetto e il comportamento degli ebrei con lo stesso zelo di Lutero. Nel 1541 pubblicò un pamphlet in cui dimostrava che "questi furfanti ebrei hanno fatto molto male alla Germania e ad altri Paesi", denunciando al contempo il carattere sanguinario degli ebrei che profanavano le ostie sacre e usavano il sangue dei bambini cristiani durante la Pasqua.

XCIII. Giulio III e il Talmud

L'avanzata della Riforma protestante aveva provocato un'energica reazione nel mondo cattolico contro l'allentamento della disciplina e dei costumi. Due uomini, soprattutto, avevano preso a cuore il rafforzamento del cattolicesimo e il consolidamento del papato: il napoletano Pietro Caraffa, poi Papa con il nome di Paolo IV, e lo spagnolo Ignazio di Loyola, fondatore dell'ordine dei Gesuiti.

La reazione cattolica contro il protestantesimo colpì la popolazione ebraica italiana, che fino ad allora aveva goduto di una vita relativamente tranquilla rispetto a quella degli ebrei nel resto d'Europa. In una bolla del 1542, *Cupientes judeos,* Papa Paolo III (1534-1549) ordinò la sorveglianza dei convertiti, la loro completa separazione dagli ebrei, il loro matrimonio con donne cristiane e il perseguimento davanti all'Inquisizione di coloro che continuavano a praticare i riti ebraici.

Gli oppositori degli ebrei sollevarono nuovamente la questione del Talmud. Quarant'anni prima, i tentativi dei domenicani di bruciare quest'opera erano falliti. Ma la situazione era cambiata. Come sempre, i principali accusatori erano ebrei convertiti. Elia Levita, il famoso grammatico ebreo, aveva avuto due nipoti: Eliano e Salomone Romano. Eliano, il maggiore, conosceva l'ebraico e faceva il correttore di bozze e lo scrivano in diverse città italiane. Si era convertito al cristianesimo con il nome di Vittorio Eliano e, dopo essere entrato negli ordini, era stato promosso al grado di canonico. Quando Romano venne a conoscenza dell'apostasia del fratello, si recò a Venezia per farlo tornare all'ebraismo,

---

[499] Si vedano i nostri libri precedenti: *Speranze planetarie (2005), Psicoanalisi dell'ebraismo (2006), Fanatismo ebraico (2007), La mafia ebraica (2008) e Lo specchio dell'ebraismo (2009).*

anche se alla fine fu convinto ad accettare il battesimo nel 1551 con il nome di Giovanni Battista. Romano divenne gesuita e pubblicò diverse opere ecclesiastiche. I discendenti di Elia Levita, insieme ad altri due apostati, Ananel di Fogio e Joseph More, ripresero le vecchie accuse di Nicolas Donin contro il Talmud.

Papa Giulio III (1550-1555) non era ostile agli ebrei, ma non spettava a lui pronunciarsi sulla questione. La questione doveva essere risolta dall'Inquisizione, cioè da Pietro Caraffa e dai suoi accoliti. Questi si pronunciò naturalmente contro il Talmud e nell'agosto del 1553 Giulio III dovette ratificare il suo verdetto. Con la bolla *Cum sicut nuper*, Giulio III ordinò che il Talmud fosse distrutto dalle fiamme. Emissari dell'Inquisizione entrarono allora in tutte le case ebraiche di Roma, confiscarono tutte le copie e il 9 settembre 1553, giorno del Capodanno ebraico, i libri ebraici furono gettati nel fuoco.

Da Roma, i documenti si diffusero in Romagna, a Ferrara, a Mantova, a Venezia e persino nelle isole di Candia e Creta, quest'ultima sotto il dominio veneziano. Migliaia di copie del Talmud furono così distrutte. Ben presto le confische non si limitarono più al Talmud, ma riguardarono indistintamente tutti i libri ebraici. Gli ebrei fecero allora pressione e si appellarono al Papa che, il 29 maggio 1554, emanò una bolla che proibiva ai delegati dell'Inquisizione di sequestrare opere ebraiche diverse dal Talmud.

All'inizio del XVI secolo, grazie alla stampa appena inventata, il Talmud era stato ampiamente diffuso. La prima edizione completa del Talmud, con tutte le sue bestemmie contro la religione cristiana, era stata pubblicata a Venezia nel 1519. L'edizione di Amsterdam del 1600 era ancora intatta, così come praticamente tutti i libri ebraici pubblicati nel XVI secolo. Ma verso la fine del secolo e l'inizio del XVII, quando molti studiosi cominciarono a studiare seriamente queste opere, gli ebrei, temendo per la loro sicurezza, iniziarono a espurgare alcuni capitoli del Talmud. Così, ad esempio, il Talmud pubblicato a Basilea nel 1578 aveva censurato numerosi passaggi in cui si attaccava Gesù Cristo e si dichiarava "che i precetti di giustizia, equità e carità verso il prossimo non solo sono impraticabili, ma anche un crimine[500]". Era lasciata alla discrezione degli insegnanti la possibilità di spiegare oralmente agli alunni questi passaggi omessi.

Qualche anno dopo, gli ebrei pensarono di poterli ripristinare in una nuova edizione integrale di Cracovia. Ma questi passaggi reintegrati avevano sollevato le ire e l'indignazione dei cristiani ebrei, tanto che un

---

[500] Gougenot des Mousseaux. *L'ebreo, il giudaismo e l'ebraicizzazione dei popoli cristiani*, p. 102.

sinodo ebraico riunitosi nel 1631 in Polonia ne prescrisse la rimozione dalle future edizioni. Lo slogan dei rabbini recitava così: "Esortiamo pertanto, pena la scomunica maggiore, *a* non stampare nelle future edizioni del Mishchna o del Gemara nulla che abbia un qualsiasi legame, buono o cattivo, con gli atti di Gesù il Nazareno. Invitiamo, quindi, a lasciare in bianco gli spazi che parlano di Gesù il Nazareno. Un cerchio come questo: **O**, messo al suo posto, metterà in guardia i rabbini e i maestri di scuola dall'*insegnare ai* giovani quei passaggi solo a viva voce. Con questa precauzione, i saggi che vivono tra i nazareni (cristiani) non avranno alcun pretesto per attaccarci su questo argomento[501]".

Il famoso rabbino convertito David-Paul Drach, che all'inizio del XIX secolo scrisse "*De l'harmonie entre l'Église et la Synagogue*" (Sull'armonia tra la *Chiesa e la Sinagoga*), dichiarò che il libro conteneva "strane aberrazioni, ciniche nefandezze, calunnie atroci e insensate su tutti gli oggetti di venerazione della Chiesa[502]".

Tuttavia, alcuni libri ebraici furono pubblicati in seguito con pochissime esclusioni, soprattutto nei Paesi Bassi calvinisti, dove gli ebrei espulsi dalla Spagna furono ben accolti. Il Talmud pubblicato lì nel 1644-1648 era quasi identico alla versione di Venezia.

L'ultimo sotterfugio inventato per ingannare i censori fu l'introduzione della parola *haiah (era)* in alcuni punti del testo, per indicare dove si trovavano i passaggi censurati. In molti passaggi, i rabbini non potevano fare a meno di mostrare ciò che volevano nascondere, usando parole come *gam attah (anche ora)*, per indicare che questa legge era ancora in vigore; e *aphilu bazzeman hazzeh (fino ad oggi)*, sottolineando così la validità di questa legge, e altri sotterfugi dello stesso tipo[503].

XCIV. Paolo IV, Cum nimis absurdum, 14 luglio 1555.

Pietro Caraffa, che aveva guidato l'offensiva inquisitoriale contro il Talmud, divenne Papa nel 1555 con il nome di Paolo IV (maggio 1555 - agosto 1559). Apparteneva a una famiglia della nobiltà napoletana. Dal momento della sua ascesa al soglio pontificio, impose una tassa di 10 ducati su ogni sinagoga dei suoi Stati per pagare l'istituzione di catecumenati

---

[501] Gougenot des Mousseaux. *L'ebreo, l'ebraismo e l'ebraicizzazione dei popoli cristiani*, p. 102, Drach, *Harmonie*, tomo 1, pp. 167-168.
[502] Charles Auzias-Turenne, *Revue Catholique des Institutions et du Droit*, ottobre 1893. Vedi anche: *La Question juive*, di A. Béchaux, Corrispondenza agosto 1893, Rorhbacher, volume XV, p. 481.
[503] Justin Bonaventura Pranaitis, *Le Talmud démasqué*, 1892; *Il Talmud smascherato*.

dove gli ebrei venivano iniziati al cattolicesimo.

Il 14 luglio 1555, meno di due mesi dopo la sua elezione, il papa promulgò la sua famosa bolla *Cum nimis absurdum*, dal titolo delle prime parole della bolla (come tutte le bolle papali): "*È troppo assurdo e indecoroso che gli ebrei, condannati da Dio alla schiavitù eterna a causa dei loro peccati, con il pretesto di essere trattati con amore dai cristiani e di poter vivere in mezzo a loro, siano così ingrati da insultarli invece di ringraziarli, e così audaci da ergersi a padroni laddove dovrebbero essere sudditi". Siamo informati che, a Roma e altrove, sono così impudenti da vivere tra i cristiani nelle vicinanze delle chiese senza portare alcun segno distintivo, che affittano le case più eleganti e le piazze delle città, dei paesi e dei villaggi in cui vivono, acquistano e possiedono proprietà, tengono cameriere e bambinaie cristiane e altri servi pagati, e commettono vari altri misfatti a loro vergogna e disprezzo del nome cristiano...*".

Per la maggior parte, le disposizioni adottate erano solo un riassunto del diritto canonico dei secoli passati, ma a differenza dei suoi predecessori, l'intransigente Paolo IV le applicò alla lettera. A Roma e in altre città dello Stato pontificio, gli ebrei dovevano vivere in un quartiere separato da quello dei cristiani, con un'unica entrata e uscita. Non ci doveva essere più di una sinagoga per città. Non potevano nemmeno possedere beni immobili al di fuori del ghetto e avrebbero dovuto vendere le proprietà che possedevano al di fuori della città. Avevano sei mesi di tempo per vendere le loro proprietà immobiliari e dovevano cederle per un quinto del loro valore. Gli ebrei avrebbero dovuto indossare cappelli gialli e non avrebbero potuto assumere servitori cristiani. Non avrebbero potuto lavorare nelle festività cristiane. Inoltre, erano obbligati a usare l'italiano e il latino per tenere i libri di commercio, rendendo impossibile l'uso dell'ebraico, che permetteva loro di trattare i conti senza che i controllori potessero verificarli. Era inoltre vietato loro il commercio di grano o di prodotti necessari al consumo umano e la vendita di beni dati in pegno entro un anno e mezzo. Notiamo che questa proibizione rivelava implicitamente che molti mercanti ebrei speculavano sul grano per arricchirsi a spese della miseria del popolo. Ufficialmente, essi potevano praticare solo il commercio di stracci e il prestito di denaro, la loro più antica specialità. Ma gli ebrei potevano anche continuare il loro commercio clandestino, ad esempio come ricevitori o protettori.

Queste leggi furono applicate rigorosamente e molti ebrei emigrarono da Roma. Quelli che rimasero furono sottoposti ai lavori forzati per aiutare a riparare le mura della città, allora assediata dagli spagnoli. Nello stesso periodo, ventiquattro marrani provenienti dal Portogallo furono bruciati ad Ancona. Fu l'unica volta nella storia italiana che si verificò una simile condanna.

I ghetti furono ufficialmente istituiti nella Repubblica di Venezia, a

Padova, in Toscana, a Firenze, a Siena, a Genova e a Torino. Ma dobbiamo ricordare che, in realtà, gli ebrei hanno preferito vivere separati nei ghetti da tempo immemorabile. Gli ebrei, scrive Bernard Lazare, "si separavano dagli abitanti con i loro riti e i loro costumi. Consideravano impuro il suolo dei popoli stranieri e cercavano di costituire in ogni città una sorta di territorio sacro. Vivevano separati, in quartieri speciali, si chiudevano in se stessi, vivevano in isolamento e si amministravano in virtù di privilegi di cui erano gelosi.... Questi ghetti erano spesso accettati e persino ricercati dagli ebrei nel loro desiderio di separarsi dal mondo e di vivere in disparte, senza mescolarsi con le nazioni, al fine di preservare l'integrità delle loro credenze e della loro razza. Se è vero che in molti luoghi gli editti ordinavano agli ebrei di rimanere confinati in quartieri speciali, essi non facevano altro che consacrare uno stato di cose già esistente[504] ".

Anche Simon Dubnow, famoso storico ebreo del XX secolo, lo ha riconosciuto: "Non era solo per ordine dei potenti che gli ebrei vivevano in strade separate. Spesso erano loro stessi a volerlo. Uomini di una stessa nazione, circondati da stranieri ostili, sentivano il bisogno di vivere insieme, vicino alle loro scuole e sinagoghe, vicino ai loro rabbini e ai leader della comunità. Spesso il quartiere ebraico della città era separato da quello cristiano da un muro, oppure le strade terminavano con cancelli che potevano essere chiusi per difendersi dagli attacchi della folla ostile. Più di una volta, questa misura salvò gli ebrei dal massacro. Nella residenza papale di Roma, la polizia chiudeva i cancelli del ghetto di notte; nessuno poteva entrare o uscire".

Anche l'imperatore Ferdinando I, succeduto al fratello Carlo V nel 1556, fu ostile e spietato nei confronti degli ebrei. Ogni ebreo che si recava a Vienna per affari doveva presentarsi al governatore al suo arrivo e dichiarare il motivo della sua visita e la durata del suo soggiorno in città. Dopo aver adottato altre misure restrittive nei confronti degli ebrei, Ferdinando I decretò la loro espulsione dalla Bassa Austria, dando loro tempo fino al giorno di San Giovanni per lasciare il Paese. Tuttavia, fu concesso loro un ulteriore termine di due anni, ma dopo due anni dovettero rassegnarsi alla via dell'esilio.

Nel 1559, a Praga, un rinnegato ebreo di nome Ascher di Udine incoraggiò la confisca delle opere talmudiche e di tutti i libri di preghiera. I libri furono inviati a Vienna, mentre un incendio ridusse in cenere gran parte del quartiere ebraico della città. Invece di aiutare a combattere le fiamme, la gente comune cristiana si precipitò a saccheggiare le proprietà ebraiche.

---

[504] Bernard Lazare, L'*antisemitismo, la sua storia e le sue cause, (1894).* Edizioni La Bastille, edizione digitale, 2011, p. 16, 55.

Lo stesso anno, a Cremona, la grande biblioteca degli ebrei fu distrutta per ordine di un ardente domenicano, Sisto da Siena. Il frate raccontò freddamente nei suoi scritti di aver gettato nelle fiamme più di dodicimila volumi e di essersi rammaricato che la debolezza e l'avidità dei principi avessero permesso agli ebrei di possedere ancora così tanti libri talmudici[505].

In quell'anno furono espulsi anche dallo Stato Pontificio, ad eccezione dei ghetti di Roma e Ancona.

Alla morte di Paolo IV, gli ebrei di Roma incoronarono la sua statua con un cappello giallo prima di trascinarla nel fango del ghetto. Gli ebrei riusciranno a corrompere il suo successore Pio IV e ad annullare la maggior parte della bolla del 1555. Pio IV li assolse da qualsiasi crimine commesso contro la costituzione di Paolo IV e ordinò la restituzione di tutti i libri contabili confiscati.

XCV. Ivan il Terribile

In Russia, i mercanti ebrei erano noti per essere i principali schiavisti e protettori. Nel XIII secolo erano stati invitati dai Tartari a stabilirsi a Kiev, dove risiedeva la loro autorità suprema, guadagnandosi l'odio degli altri abitanti. Il grande scrittore russo del XX secolo Aleksandr Solzhenitsyn ha citato lo scrittore Nikolai Karamzine: "Queste persone acquistarono il diritto di riscuotere tributi dai Tartari e praticarono un'usura esorbitante sui poveri e, in caso di mancato pagamento, li dichiararono schiavi e li fecero prigionieri". Gli abitanti di Vladimir, Suzdal e Rostov persero la pazienza e si sollevarono all'unanimità, suonando le loro campane, contro questi malvagi usurai: alcuni furono uccisi, gli altri espulsi".

I mercanti ebrei godevano di immense fortune. Solzhenitsyn ha citato un'altra fonte: *La Piccola Enciclopedia Ebraica*, pubblicata a Gerusalemme nel 1976: "Gli archivi del XV secolo menzionano ebrei di Kiev, esattori delle tasse, che godevano di fortune considerevoli[506]."

A metà del XVI secolo, lo zar Ivan IV il Terribile risolse il problema a modo suo. A quel tempo non c'erano ebrei a Mosca. In precedenza, i mercanti ebrei dello Stato polacco si recavano liberamente a Mosca, ma sotto il suo regno era stato loro impedito di entrare in Russia. Quando nel 1550 il re polacco Sigismondo-Augusto chiese che fosse nuovamente consentito il libero accesso alla Russia, lo zar Ivan si oppose in questi

---

[505] *Sixti Sœnensis, ord. prœdic., Bibliotheca sancta*, 3a ediz. Colonia, 1586, in-fol., p. 125, in Georges-Bernard Depping, *Les Juifs dans le Moyen-Âge*, 1823, Paris, Imprimerie royale, Wouters, Bruxelles, 1844, p. 313.

[506] Aleksandr Solzhenitsyn, *Deux Siècles ensemble*, tomo I, Fayard, 2002, pag. 21.

termini:

"Riguardo a ciò che ci scrivi, ovvero che dovremmo permettere ai tuoi ebrei di entrare nelle nostre terre, ti abbiamo già scritto diverse volte raccontandoti le malefatte degli ebrei, che allontanano il nostro popolo da Cristo, portano droghe avvelenate nel nostro Stato e causano molti danni al nostro popolo. Dovresti vergognarti, fratello, di scriverci di loro sapendo delle loro malefatte. Anche negli altri Stati hanno fatto molto male, e per questo sono stati espulsi o condannati a morte. Non possiamo permettere che gli ebrei entrino nel nostro Stato, perché non vogliamo vederci del male; vogliamo solo che Dio permetta al popolo del nostro Paese di vivere in pace, senza alcun disturbo. E tu, fratello, d'ora in poi non dovrai più scriverci degli ebrei[507]".

Nel 1563, i russi si impadronirono della città di Polotzk dai polacchi. Poiché vi era un gran numero di ebrei, Ivan IV ordinò di annegarli tutti nel fiume Dviná, uomini, donne e bambini.

Il danese Pietro di Arelsund ha lasciato una testimonianza del periodo trascorso alla corte dello zar: "Crudele e intollerante com'era, Ivan il Terribile non perseguitò mai nessuno per motivi religiosi, tranne gli ebrei. Non fece alcun tentativo di istruirli nella fede cristiana o di battezzarli; li bruciò vivi, li impiccò e li annegò; era solito dire che nessun principe avrebbe dovuto credere alle sue parole o avere pietà di loro[508]". Indubbiamente, Ivan era un sovrano dalle idee chiare.

XCVI. San Pio V

Papa Pio V (1566-1572) nacque da una famiglia di contadini. Entrato nell'ordine domenicano all'età di 14 anni, insegnò filosofia e teologia all'interno dell'ordine. Nel 1546 entrò nel Sant'Uffizio. Paolo IV lo aveva nominato commissario generale dell'Inquisizione a Roma nel 1551 e poi a Milano e in Lombardia nel 1556. L'anno successivo fu nominato cardinale e nel 1558 fu elevato al rango di grande inquisitore. Si oppose vigorosamente a Pio IV, al quale infine succedette nel gennaio 1566.

Di fronte all'estrema aggressività del giudaismo, Pio V fu fermo e determinato. Allarmato dalla costante azione sovversiva degli ebrei, rinnovò l'obbligo di portare un segno distintivo, per proteggere i cristiani dalla loro ingannevole compagnia e dai loro discorsi fallaci. Il 19 aprile 1566, tre mesi dopo la sua elezione, promulgò la bolla *Romanus Pontifex*,

---

[507] Léon Poliakov, *Histoire de l'antisémitisme, Tome I,* Point Seuil, 1981, p. 419. Queste parole sono citate anche da Aleksandr Solzhenitsyn, in *Deux Siècles ensemble,* Tome I, Fayard, 2002, pp. 26, 27.
[508] Léon Poliakov, *Les Juifs et notre histoire,* Science Flammarion, 1973, p. 84.

che ripristinava tutte le leggi restrittive emanate da Paolo IV contro gli ebrei nello Stato Pontificio e ne estendeva l'applicazione a tutti gli ebrei dei Paesi cattolici. La bolla confermava l'obbligo per tutti gli ebrei di portare un segno distintivo.

Il papa non solo denunciò la loro usura, ma sottolineò anche il loro furto, l'inganno e la "vergognosa adulazione". In effetti, gli Ebrei erano i maggiori ricettori di beni e oggetti rubati e si dedicavano alla prostituzione, quest'ultima una delle loro attività preferite[509] : "*La loro empietà intrisa di ogni sorta di arti esecrabili ha raggiunto un tale grado che è necessario, in vista della salute del Nostro popolo, frenare con la forza una malattia di tale natura con un rapido rimedio. Infatti, tralasciando le numerose forme di usura con cui gli Ebrei hanno ovunque consumato i beni dei cristiani bisognosi, riteniamo del tutto evidente che essi sono dissimulatori e persino complici di ladri e rapinatori che cercano di trasferire ad altri le cose rubate e sottratte o di nasconderle fino ad oggi, non solo quelle di uso profano, ma anche quelle del culto divino. E molti, con il pretesto di occuparsi di cose proprie del loro mestiere, bramando le case di donne oneste, le perdono con lusinghe molto vergognose; e ciò che è più pernicioso di tutto, dediti a stregonerie e incantesimi magici, superstizioni e malefici, inducono molti incauti e malati agli inganni di Satana, vantandosi di predire il futuro, tesori e cose nascoste.... Infine, abbiamo ben conosciuto e indagato sul modo indegno in cui questa razza esecrabile usa il nome di Cristo, e fino a che punto è dannoso per coloro che devono essere giudicati con quel nome, e la cui vita è quindi minacciata dai loro inganni. Mossi da queste e altre cose gravissime, e commossi inoltre dall'ampiezza dei crimini che ogni giorno aumentano a disonore delle nostre città, pensando inoltre che la suddetta razza, ad eccezione di gruppi insignificanti in Oriente, non è di alcuna utilità per la nostra Repubblica*[510]".

Il sacerdote Jules Meinvielle, che ha fatto riferimento a queste parole della Bolla di Pio V nel suo libro *L'ebreo nel mistero della storia*, ha spiegato tuttavia che "la teologia cattolica non ha mancato di riconoscere che, sebbene questo pericolo fosse molto reale, questo popolo meritava comunque una considerazione molto speciale. Infatti, l'ebreo può essere molto malvagio, ma è un popolo santo, per il quale la Chiesa deve avere la massima considerazione, poiché in un certo senso è il Padre della Chiesa".

---

[509] Si veda il capitolo su questo tema in *The Jewish Mafia* (2008).
[510] Julio Meinvielle, *El judío en el misterio de la historia*, Cruz y Fierro Editores, Buenos Aires, 1982, p. 61 e Maurice Pinay, *Complot contra la Iglesia*, capitolo XLI (1962), trascrizione pdf da Ediciones Mundo Libre, Mexico, 1985, p. 365. (Papa San Pio V, *Romanus Pontifex*, 19 aprile 1566, compilato nel *Bularium diplomarum e privilegiorum Sanctorum Romanorum Pontificum*. Torino, 1862. Volume VII, p. 439).

Così la conversione degli ebrei, prevista alla fine dei tempi, vieta qualsiasi forma di misura radicale nei loro confronti, per quanto efferati siano i loro crimini. La Chiesa, conquistatrice degli ebrei, ha sempre accolto il serpente nel suo seno invece di "schiacciargli la testa".

Pio V accusò e fece imprigionare molti ebrei del suo Stato che trasgredivano le leggi canoniche: "Con il pretesto che gli ebrei dello Stato Pontificio avevano violato le sue leggi canoniche, fece imprigionare alcuni di loro e sequestrare e bruciare i loro libri. La prospera comunità di Bologna fu indagata con particolare severità, perché il colpo era diretto contro le sue ricchezze e proprietà. Per avere una ragione legale, questioni confuse sul cristianesimo furono sottoposte a un'udienza formale davanti al tribunale dell'Inquisizione; per esempio, si chiese se gli ebrei considerassero i cattolici come idolatri; o se le maledizioni contro i Minei e il "Regno del Peccato" nelle preghiere si riferissero ai cristiani e al Papato e, soprattutto, se la storia di un "Bastardo figlio di un reietto" contenuta in un'opera poco letta si riferisse a Gesù[511] ", raccontava a questo proposito Heinrich Graetz.

Queste varie accuse erano state raccolte da un ebreo apostata di nome Alessandro Franceschi, divenuto missionario gesuita. La Curia proibì agli ebrei più ricchi di lasciare Bologna, ma essi riuscirono a corrompere una guardia e gran parte della comunità si rifugiò a Ferrara. Pio V annunciò allora al Collegio cardinalizio la sua intenzione di espellere tutti gli ebrei dai suoi Stati.

Il 19 gennaio 1567, il Papa promulgò la Bolla *Cum nos super,* "confermando quelle di molti Papi precedenti, vietando agli israeliti di acquistare beni immobili, obbligandoli a venderli entro un termine perentorio, sotto pena che l'ulteriore disprezzo delle bolle papali avrebbe fatto scattare direttamente la confisca di detti beni immobili".

Il 26 febbraio 1569 Pio V promulgò finalmente la bolla *Hebraeorums gens sola*, che obbligava tutti gli ebrei dello Stato Pontificio, ad eccezione di quelli di Roma e Ancona, a emigrare entro tre mesi; oltre questo termine, sarebbero stati venduti come schiavi o condannati a pene ancora più dure. Alcuni ebrei accettarono il battesimo, ma la maggior parte si rassegnò a emigrare. Avendo poco tempo a disposizione, gli esuli partirono in rovina. Cercarono asilo nei piccoli Stati limitrofi di Pesaro, Urbin, Ferrara, Mantova e Milano.

Nel suo *Complotto contro la Chiesa* (1962), Maurice Pinay notava che questa bolla era nuova su un punto importante: "Questa santa bolla porta un'importante innovazione rispetto alle espulsioni di ebrei effettuate negli Stati cristiani nei secoli precedenti. Come ricorderemo, gli israeliti furono

---

[511] Heinrich Graetz, *History of the Jews IV*, Filadelfia, The Jewish Publication Society of America, 1894, p. 590.

posti di fronte al dilemma se essere espulsi o convertirsi, con il risultato che la maggior parte, per evitare l'espulsione, finse di convertirsi al cristianesimo, costituendo così un pericolo maggiore per la Chiesa e per gli Stati cristiani. San Pio V, senza dubbio consapevole di ciò, decretò l'espulsione dallo Stato Pontificio, non lasciando loro alcun ricorso alla conversione con cui avevano sempre eluso l'espulsione. Si vede che questo santissimo Papa conosceva il problema ebraico meglio di molti gerarchi civili e religiosi che lo avevano preceduto[512]."

Anche gli ebrei di Avignone e della Contea di Venesine, che erano riusciti a rimanere in questa parte della Francia dopo l'espulsione eseguita due secoli prima, furono invitati a lasciare il Paese.

Tutti questi espulsi cercarono asilo nell'Impero Ottomano, dove di solito ricevevano un'ottima accoglienza se durante il tragitto riuscivano a evitare di essere catturati dai Cavalieri dell'Ordine di Malta.

"Alla fine del XIII secolo, gli Angioini, che governavano a Napoli, attuarono una conversione generale degli ebrei nei loro domini, situati nelle vicinanze della città di Trani. Sotto il nome di *"neofiti"*, i convertiti continuarono a vivere come cripto-ebrei per più di tre secoli. La loro segreta fedeltà all'ebraismo fu uno dei motivi per cui l'Inquisizione divenne attiva a Napoli nel XVI secolo. Molti di loro morirono sul rogo a Roma nel febbraio 1572.... Alcuni riuscirono a fuggire nei Balcani, dove si unirono alle comunità ebraiche esistenti[513]".

Pio V si adoperò anche per unire la cristianità contro il pericolo turco. Nel 1566, l'imperatore Massimiliano II aveva fallito nel tentativo di riconquistare l'Ungheria. Il sultano Solimano, cercando di impadronirsi dell'isola di Malta, si era scontrato con l'ostinata resistenza dei Cavalieri di Malta e della popolazione, sostenuta dal Papa e dal re di Spagna. Nel 1570, il suo successore Selim II conquistò l'isola di Cipro, decimando la popolazione senza pietà. Era imperativo fermare l'avanzata ottomana, così Pio V esortò i principi cristiani a unirsi, suscitando nuovamente un grande slancio nella cristianità.

Il 7 ottobre 1571, le 200 navi della Lega Santa, principalmente spagnole e veneziane, sconfissero la flotta ottomana e i suoi alleati nel Golfo di Lepanto. Alla fine della battaglia, quarantamila turchi erano morti. La magnifica vittoria di Lepanto pose fine all'espansione musulmana. Pio V morì il 1° maggio 1572, pochi mesi dopo la vittoria della flotta cattolica. Fu beatificato cento anni dopo e canonizzato nel 1712. Ancora oggi è uno

---

[512]Maurice Pinay, *Complotto contro la Chiesa, capitolo XLI* (1962), trascrizione pdf da Ediciones Mundo Libre, Messico, 1985, p. 366, pubblicato da Omnia Veritas Ltd, www.omnia-veritas.com.
[513]Maurice Pinay, *Complotto contro la Chiesa, capitolo II* (1962), trascrizione pdf da Ediciones Mundo Libre, Messico, 1985, p. 139.

dei papi più illustri della storia della Chiesa.

XCVII. La Sinagoga, "cieca e ostinata", 1593

Gli ebrei, che evidentemente non nutrivano alcun rancore nei confronti dei loro persecutori, furono riammessi da Papa Gregorio XIII, almeno in alcune città dello Stato della Chiesa come Ravenna. Questo ovviamente perché era nel loro interesse vivere tra i cristiani.

Nella sua bolla del 1581, Papa Gregorio XIII (1572-1585) ci informava che gli ebrei erano soliti appendere un agnello a una croce il Venerdì Santo per deridere Cristo. Gregorio XIII proibì la concessione degli ultimi sacramenti a qualsiasi cristiano morente che avesse chiamato un medico ebreo al suo capezzale. Il colpevole sarebbe stato poi sepolto in un luogo non consacrato. Questa prescrizione era valida per tutti, senza distinzione di ceto, classe o privilegio.

Papa Sisto V (1585-1590), corrotto dagli ebrei, aveva permesso a molti di loro di tornare a Roma, e nel 1599 c'erano di nuovo circa 200 famiglie in città. Sisto V proibì anche ai Cavalieri di Malta di continuare a schiavizzare gli ebrei che catturavano in mare quando si recavano nel Levante.

Gli ebrei erano ancora banditi dal regno di Napoli, ma a Venezia viveva una grande comunità con un certo splendore. A differenza degli altri ebrei, gli israeliti di Venezia indossavano cappelli scarlatti con fodere nere.

Papa Clemente VIII (1592-1605) seguì l'esempio di Paolo IV, Pio V e Gregorio XIII nel rispetto degli ebrei: anch'egli confermò le misure di espulsione, concedendo loro solo una residenza parziale a Roma, Ancona e Avignone, dove erano di fatto soggetti a numerose restrizioni. La bolla *Cum hebraeorum malitia* del 25 febbraio 1593 vietava loro di leggere il Talmud, di favorire la prostituzione, il gioco d'azzardo, la ricezione di denaro, la pederastia e denunciava l'usura della sinagoga "cieca e ostinata" (*Cœca et obdurata*): "*Cœca et obdurata... pietati christianae pro gratia injuriam reddens, non cessat quotidie tot committere enormes excessus, tot detestanda patrare flagitia in prejudicium ipsorum Christi fidelium...*" ("Il mondo intero soffre per l'usura dei Giudei, per i loro monopoli, per i loro inganni. Hanno ridotto in miseria molti sventurati, soprattutto i contadini, gli artigiani e i più poveri e laboriosi..."). Quando in seguito la Santa Sede acquisì i ducati di Urbino e Ferrara, gli ebrei che vi risiedevano furono tollerati. Ma con una nuova enciclica, Clemente VIII ordinò che il Talmud e i libri della Cabala fossero cercati e distrutti ovunque[514].

---

[514] Charles Auzias-Turenne, *Revue Catholique des Institutions et du Droit*, ottobre 1893 [Sulla Cabala leggi *Psicoanalisi dell'Ebraismo*].

Nel 1597, Filippo II di Spagna li espulse dal Ducato di Milano. "A Genova, verso la metà del XVI secolo, ottennero il permesso di abitare nei luoghi a loro assegnati, di avere banche e banchi di pegno. I medici furono autorizzati a praticare la medicina. Devono aver sollevato serie lamentele, perché nel 1598 un'ordinanza li bandisce dalla Repubblica. In seguito tornarono, ma vissero con molte limitazioni e poca protezione dagli insulti pubblici[515]."

Il vescovo di Volturara, vicino a Napoli, Simone Maioli, aveva pubblicato nel 1615 un trattato intitolato *Dierum canicularium (I giorni canicolari)*. Nel capitolo intitolato *De perfidia Judaeorum*, accusava esplicitamente gli ebrei di essere spie e traditori, oltre che primi ricettori di beni rubati, ruffiani e trafficanti di carne umana:

"Questi traditori, i più malvagi tra gli uomini, consegnano la nostra patria al turco, le nostre risorse, le nostre forze, e noi li tolleriamo e li nutriamo! È come mettere il fuoco nel nostro petto, come ospitare il serpente". Diffidate, e ancora diffidate! Perché « l'esperienza non manca mai di dimostrare che, dal primo all'ultimo, gli ebrei perseguitano i cristiani con l'odio più implacabile; e che, se l'occasione promette loro l'impunità, si radunano e si precipitano su di loro in battaglioni ravvicinati, somigliando a truppe di arpie che non riescono a saziarsi del sangue che succhiano ». Diffidate anche delle loro attenzioni, anche della loro ossequiosa sottomissione, perché hanno molto più da temere quando la perfidia si insinua sotto le loro attenzioni. Guardate le mille forme fraudolente in cui nascondono l'usura! Trasportata da loro, l'usura si presta a imboscate inimmaginabili per divorarli; e guardate anche: se si trovano ladri, furfanti, prostitute, la casa dell'ebreo si apre per loro e li riconosce come ospiti (*promptum proebent hospitium*). Che questa gente di rapina venga a offrire all'ebreo i prodotti della rapina, e che egli li compri a un prezzo ignobile; egli incoraggia questi miserabili, li stimola e li aiuta nelle loro malefatte. Veri e propri frutti della forca (*furciferi*), flagelli degli onesti, privi del diritto a qualsiasi tolleranza, i Giudei sono, in una parola, gli incitatori e gli aiutanti del figlio contro il padre di famiglia, della figlia contro la madre, del servo contro il suo padrone. E quale servitore della magia non si trova tra le loro fila[516] !".

---

[515] Georges-Bernard Depping, *Les Juifs dans le Moyen-Âge*, (1823), Éd. Wouters, Bruxelles, 1844, p. 311.

[516] Simone Maioli, in Gougenot des Mousseaux. *L'ebreo, il giudaismo e l'ebraicizzazione dei popoli cristiani*, p. 109-110. (*Nec libertatem hereditario acquisitam, ita temere prostituere velint*. T. III, p. 920, col. 2; Moguntiae, 1615: *Hodie etiam apud Judaeos, praesertim in Oriente, quid magia frequentis... Tradunt ipsi Judaici scriptores septuaginta seniores suos, seu Sanhedrin, magiam apprime calluisse, idque, inquit, R. Semoloh, tu praestigiatores eo facilius convincerent*).

I papi avevano tollerato gli ebrei nello Stato Pontificio e nella Contea di Venezia, ma avevano applicato loro le norme della Chiesa, aggiornandole severamente quando gli amministratori e i signori si rilassavano o si lasciavano corrompere. Gli ebrei avrebbero dovuto preferire di insediarsi in massa in questi territori dove non dovevano temere persecuzioni o saccheggi. Infatti, quando c'era una reazione sanguinosa ovunque, venivano a rifugiarsi sotto la protezione del papato; ma non rimanevano a lungo. Il motivo era molto semplice: se da un lato erano protetti nello Stato Pontificio, dall'altro erano anche strettamente sorvegliati e tenuti separati. In altri Paesi, invece, godevano di una certa libertà di manovra e potevano sfruttare i cristiani a loro piacimento, nonostante le reazioni rabbiose che provocavano[517]. Questo spiega perché, una volta passata la tempesta, erano sempre pronti a pagare il prezzo per essere accettati di nuovo tra i Goyim che disprezzavano.

XCVIII. La guerra di Vincent Fettmilch

A Francoforte sul Meno, le corporazioni degli artigiani chiesero con rabbia l'espulsione degli ebrei. Il principale pasticcere, Vincent Fettmilch, si definì apertamente il nuovo Haman, dal nome del ministro del re persiano Assuero, impiccato all'inizio del V secolo a.C.. Secondo la leggenda, una donna ebrea di nome Ester aveva sedotto il re e intrippato contro il ministro "antisemita". L'intera vicenda si era infine conclusa con il massacro di 75.000 persiani per mano degli ebrei, come racconta la Torah nel *Libro di Ester*[518].

Ancora una volta, l'esasperazione raggiunse il suo apice. Il 1° settembre 1614, gli ebrei, riuniti nelle loro case di preghiera, sentirono gli schiamazzi e i colpi alle porte del loro quartiere. Ci furono diversi morti e feriti da entrambe le parti, ma i sostenitori di Vincent Fettmilch trionfarono e per tutta la notte misero a soqquadro il quartiere ebraico, saccheggiando e distruggendo tutte le case. Gli ebrei che non erano riusciti a nascondersi si rifugiarono nel cimitero, temendo di essere massacrati lì. Gli insorti li lasciarono nell'incertezza per tutto il giorno. Nel pomeriggio, agli ebrei fu finalmente ordinato di lasciare Francoforte attraverso la Porta dei Peccatori, spogliati di tutti i loro beni ed effetti personali. Quasi 1.400 ebrei furono così espulsi dalla città.

Disordini simili si verificarono a Worms su istigazione di un avvocato

---

[517] Charles Auzias-Turenne, *Revue Catholique des Institutions et du Droit*, ottobre 1893.
[518] Leggilo su *Lo specchio del giudaismo*. L'autenticità di questa storia è dubbia, ma gli ebrei celebrano questo massacro ogni anno durante la festa di *Purim*.

di nome Chemnitz. Nell'aprile del 1615, nonostante le proteste del magistrato, le corporazioni cittadine, guidate da Chemnitz, notificarono agli ebrei di lasciare Worms prima dell'ultimo giorno di Pasqua. L'arcivescovo di Magonza e il *langravio*[519] Ludovico di Darmstadt autorizzarono gli ebrei a stabilirsi temporaneamente nelle piccole città e nei villaggi dei loro domini. Alla notizia degli eventi di Worms, l'Elettore Federico, amico del medico ebreo Zacuto Lusitanianus, inviò fanteria, cavalleria e artiglieria per reprimere i disordini. Chemnitz, insieme a diversi suoi luogotenenti, fu imprigionato e nel gennaio 1616, per ordine dell'imperatore Mattia, gli ebrei di Worms poterono riconquistare le loro case.

Due mesi dopo, anche gli ebrei di Francoforte furono reintegrati nei loro possedimenti. Rientrarono quasi trionfanti, preceduti da numerosi commissari imperiali e a suon di musica. Poiché Francoforte aveva subito scene di saccheggio e criminalità, gli autori di questi disordini furono puniti più severamente degli agitatori di Worms. Vincent Fettmilch fu impiccato, la sua casa rasa al suolo e la sua famiglia bandita. Per compensare gli ebrei delle perdite subite, la città dovette pagare loro 175.919 fiorini.

Dopo questi eventi violenti, la comunità ebraica di Francoforte decise di celebrare il giorno della punizione dell'"Haman tedesco" ogni anno il 20 Adar. Questa festa divenne nota come "Purim-Vicent" (dal nome Fettmilch). Due secoli dopo, i tedeschi della regione ricordarono l'arroganza della setta incestuosa.

È noto che molti marrani di Spagna e Portogallo erano andati in esilio nel Nord Europa, soprattutto ad Amsterdam, Londra e Amburgo. La comunità di ebrei portoghesi ad Amburgo crebbe rapidamente in ricchezza e influenza[520]. La famiglia Teixeira, in particolare, attirò l'attenzione per il

---

[519]Landgravio era un titolo nobiliare comunemente usato nel Sacro Romano Impero e successivamente nei territori da esso derivati, paragonabile a quello di principe sovrano, anche se etimologicamente significa conte di un paese, con un dovere feudale direttamente nei confronti dell'imperatore. La sua giurisdizione si estendeva talvolta su aree considerevoli, senza essere soggetta a una carica intermedia, come quella di duca, vescovo o conte palatino. Il langravio esercitava diritti sovrani; il suo potere decisionale era paragonabile a quello di un principe.

[520] "Più gli ebrei portoghesi, grazie ai loro capitali e ai loro legami commerciali, acquistavano peso tra gli uomini d'affari del Senato, più rompevano i limiti tracciati da una legislazione ottusa. Quando fu fondata la banca di Amburgo, a cui questa città deve la sua prosperità commerciale (1619-1623), non meno di dodici capitalisti ebrei la sostennero con i loro fondi e i loro sforzi, come avevano fatto i portoghesi di Amsterdam nella formazione delle compagnie olandesi che commerciavano attraverso i mari. I coloni ebrei portoghesi fondarono da soli l'importante commercio di Amburgo con la Spagna e il Portogallo. Perciò potevano supporre che il senato, che deteneva le redini del governo, acconsentisse a queste violazioni della legge". Heinrich Graetz, *History of the Jews IV*, Philadelphia, The Jewish Publication Society of America, 1894, p. 688–

suo stile di vita lussuoso. Il fondatore di questa casa finanziaria, Diego Teixeira de Matos, era soprannominato ad Amburgo - come Giuseppe di Nasso a Costantinopoli - *il ricco ebreo*. Originario del Portogallo, questo marrano era fuggito dalla penisola iberica per tornare all'ebraismo dopo essere sbarcato nelle Fiandre. "Oltre i settant'anni, si sottopose all'operazione di circoncisione per diventare un vero ebreo. Grazie alla sua ricchezza e ai suoi legami con la nobiltà e i capitalisti, Diego Teixeira poteva passare per un aristocratico. Guidava una carrozza foderata di raso e possedeva servitori liberati".

Accanto alla comunità portoghese, c'era una piccola comunità tedesca ad Amburgo. I pastori luterani attaccarono allora gli ebrei con rinnovato vigore. Tra loro spiccava un certo Johannes Müller, che sarebbe diventato uno dei loro più acerrimi nemici. Decano della chiesa di San Pietro, tra il 1631 e il 1644, chiese incessantemente la chiusura di tutte le sinagoghe. La sua campagna fu sostenuta dalle tre facoltà teologiche di Wittemberg, Strasburgo e Rostock. Johannes Müller denunciò la ricchezza e l'arroganza degli ebrei: «Si pavoneggiano con oro e argento, perle costose e pietre preziose. Ai loro matrimoni mangiano e bevono con l'argenteria, guidano carrozze che si addicono a persone di alto rango e, inoltre, hanno cavalieri e molti seguaci[521]». I tedeschi dovevano solo tacere, sopportare le loro innumerevoli truffe e sopportare le loro incessanti beffe.

XCIX. Francia, 1615-1617

I centocinquant'anni che seguirono l'espulsione degli ebrei dal regno di Francia nel 1394 furono una liberazione. Nel nostro Paese, tutto il Rinascimento fu singolarmente privo di ebrei. Se per caso qualche ebreo errante entrava nel territorio, doveva sempre pagare le dovute tasse ai ponti e all'ingresso dei villaggi. Si trattava delle vecchie tasse di un tempo, istituite appositamente per loro, "*l'impôt du pied fourchu*" ("*l'imposta sul piede equino*"), di cui abbiamo almeno due esempi da riportare.

Lucien Rebatet[522], nel settimanale *Je Suis Partout* del 17 febbraio 1939

689.
[521] Heinrich Graetz, *History of the Jews IV*, Philadelphia, The Jewish Publication Society of America, 1894, pagg. 690–691.
[522] Lucien Rebatet (1903-1972) è stato uno scrittore, critico musicale e cinematografico francese, membro dell'*Action française*. Nel 1932 si unì al giornale fascista *Je suis partout*, che dal 1941 in poi fu il principale giornale francese collaborazionista e antisemita durante l'occupazione tedesca. Accolse con entusiasmo la pubblicazione del pamphlet apertamente antisemita di Céline *Bagatelles pour un massacre*. Rebatet si rivelò un antisemita virulento. Oltre ad attaccare gli ebrei, attaccò anche il comunismo, la democrazia e la Chiesa, dichiarandosi apertamente fascista. Nel 1942 pubblicò *Les*

dedicato alla questione ebraica, ha rispolverato il seguente documento. Si tratta del regolamento del pedaggio di Châteauneuf-sur-Loire, "in virtù di un'ordinanza della Corte del 15 marzo 1558". Dopo l'elenco degli animali per i quali si doveva pagare una tassa, si poteva leggere:

"Per ogni bue, maiale ed ebreo: un denario. Per un ebreo: dodici denari. Un fagiolo grasso: nove denari. Un fagiolo singolo: sei denari. Un fagiolo morto: cinque sous. Un'ebrea morta: trenta denari". Rebatet aggiunge: "Confesso che il significato di quest'ultima tariffa mi sfugge: si tratta forse di un errore di copiatura che tutti gli storici hanno trascurato senza battere ciglio? O forse si tratta di uno scherzo macabro che ovviamente disapproviamo?".

Sulla Senna, sulla Saona, a Lione e a Trévoux, paesi di confine, anche gli ebrei erano tassati come maiali. Al pedaggio di Montlhéry, un viaggiatore ebreo pagava di più se portava con sé un candelabro a sette bracci e i suoi libri ebraici. Questi pedaggi rimasero in vigore fino al 1784.

Alcuni marrani erano giunti in Francia in cerca di asilo e rifugio. All'inizio potevano vivere solo travestiti da cristiani. Nel 1550, il re Enrico II li aveva autorizzati a rimanere a Bordeaux e a svolgere i loro affari. Esisteva anche una piccola comunità marrana a Bayonne e altrove. All'esterno", scrive Graetz, "si comportavano come cristiani, battezzavano i loro figli, si sposavano con l'aiuto di sacerdoti cristiani e portavano nomi cristiani, ma in segreto praticavano l'ebraismo[523] ". Nel 1636, Bordeaux contava duecentosessanta marrani, e molti di loro avevano raggiunto posizioni elevate come medici, giureconsulti o scrittori.

Il re Luigi XIII fu informato della presenza di ebrei nel territorio e decise di porre fine alla situazione: con una dichiarazione del 23 aprile 1615, "si ordina a tutti gli ebrei di lasciare il Regno, i paesi, le terre e le signorie sotto l'obbedienza del re, entro un mese, pena la morte e la confisca dei loro beni". Sua Maestà il Re di Francia bandì tutti gli ebrei dal suo regno e vietò loro di rimanervi. Agli ebrei fu concesso un mese di tempo per lasciare il Paese. Di seguito riportiamo un breve estratto di questo testo:

"Io, Luigi, per grazia di Dio, Re di Francia e di Navarra, saluto tutti coloro che leggono queste lettere. "
I Re, nostri predecessori, avendo sempre conservato questo bel titolo di Cristianissimo che ora possediamo, hanno di conseguenza aborrito tutte

---

Décombres, un feroce pamphlet antisemita. Condannato a morte durante la liberazione, ma poi graziato, abbandona la polemica e si dedica alla critica cinematografica e alla carriera di scrittore, pubblicando nel 1951 il suo capolavoro *Les Deux Étendards*. I critici considerano generalmente questo libro come un capolavoro della letteratura francese del XX secolo.
[523] Heinrich Graetz, *Histoire des juifs V*, Éd. Durlacher, Parigi, 1897, p. 148.

le Nazioni nemiche di questo nome, e in particolare quello degli Ebrei, che non hanno mai voluto subire nei loro Regni, Paesi, terre e signorie sotto la loro obbedienza; anche dal tempo del re San Luigi, di lodevole e felice memoria, che espulse completamente da tutto lo Stato coloro che aveva già sofferto in precedenza; in questo siamo decisi a imitarli il più possibile, come in tutte le altre eccellenti qualità che li hanno resi ammirevoli tra le nazioni straniere. Per non tralasciare nulla che possa servire alla reputazione di questo Stato e alla conservazione delle benedizioni che Dio si è compiaciuto di concedergli, e soprattutto perché siamo stati avvertiti che, contrariamente agli Editti e alle Ordinanze dei nostri predecessori, i cosiddetti Ebrei da alcuni anni si sono camuffati in vari luoghi del nostro Regno; non potendo soffrire l'empietà di questa nazione senza commettere una gravissima colpa contro la Bontà Divina, offesa dalle loro ordinarie e recidive bestemmie: Ci viene consigliato di provvedere e rimediare al più presto. Per queste ragioni abbiamo detto e dichiarato, voluto e ordinato, e attualmente diciamo, dichiariamo, vogliamo, vogliamo e siamo lieti di ordinare che tutti gli ebrei che si trovano nel nostro Regno, Paesi, Terre e Signorie della nostra obbedienza, siano obbligati, sotto pena capitale e con la confisca dei loro beni, a sgomberare e ad andarsene da qui in modo incontinente, e questo nel tempo e nel termine di un mese dalla pubblicazione del presente[524]*..."*

Va detto qui come il giovane re Luigi XIII si sia impadronito del potere. Dalla loro espulsione, avvenuta il 17 settembre 1394, non ci furono più ebrei in Francia fino alla conquista dell'Alsazia da parte di Luigi XIV nel 1678. Né il Re Sole né nessun altro sovrano europeo concesse loro il diritto di cittadinanza, che ottennero solo in seguito al caos generale generato dalla Rivoluzione francese.

Dopo l'assassinio del re Enrico IV[525], tuttavia, alcuni ebrei riuscirono

---

[524]*Causes célébres et intéressantes, avec les jugements qui ont décidées*, recueillis par Mr. François Gayot de Pitayal, avocat au Parlement de Paris, tome dix-neuvième, 1750. Cfr. su Internet.

[525]Enrico IV di Borbone (1553-1610), nato a Pau, in una piccola provincia dei Pirenei, fu il primo re di Francia della Casa di Borbone, che in seguito avrebbe regnato in Spagna. Fu re di Navarra e principe di sangue ugonotto, belligerante nelle Guerre di religione francesi, dopo le quali abiurò la sua fede protestante. Vincitore della Lega cattolica e della Spagna che si rifiutava di riconoscere la sua legittimità al trono di Francia, si convertì infine al cattolicesimo per consolidare il suo regno, firmando l'Editto di Nantes che autorizzava il culto protestante in Francia. Sua è la famosa e cinica espressione: "Parigi vale una messa" (cattolica). All'età di 19 anni, il giovane Enrico aveva già cambiato religione tre volte. Fu assassinato da un cattolico estremista, François Ravaillac, nel 1610, mentre stava preparando una nuova guerra contro la Spagna. Enrico IV è una figura molto controversa della storia francese, odiato in vita da entrambi gli schieramenti religiosi a causa delle sue conversioni e venerato dopo la

a infiltrarsi nuovamente nel Paese sotto la reggenza della regina Maria de Medecis. Questa era stata letteralmente soggiogata dall'italiano Concini e dalla sua squilibrata moglie, la pietra e isterica Leonora Dori "Galigai", una donna capricciosa e avida che soffriva di epilessia e praticava esorcismi e incantesimi di annullamento. Per sette anni, dal 1610 al 1617, questa coppia di origine straniera, circondata da ebrei, accumulò una fortuna colossale e regnò di fatto sulla Francia attraverso il terrore. La fortuna di Leonora Dori fu stimata in 15 milioni di sterline, ovvero l'equivalente di tre quarti del bilancio annuale della Francia, senza contare circa un milione di sterline in gioielli e argenteria. L'empietà e la corruzione avevano corrotto l'intero Paese. "Un potere così grande, esercitato per tanti anni con tanta mancanza di scrupoli, non si era mai visto in questo Paese", scrive Michel Carmona nella sua biografia di Marie de Medecis.

La reazione francese fu energica. Il 12 maggio 1615 il Parlamento di Parigi emanò solennemente l'editto di espulsione degli ebrei con lettere patenti. Si respirava un clima di guerra civile. Per intimidire i parigini, Concini fece erigere cinquanta patiboli in vari punti della capitale; le guardie francesi erano state sostituite da svizzero-tedeschi, restii a fraternizzare con la popolazione, e da italiani, totalmente fedeli e impegnati nei confronti del loro connazionale.

Fu infine il barone di Vitry, capitano delle guardie del re, a incaricarsi di risolvere questo disastroso affare con l'approvazione del giovane Luigi XIII, che aveva solo 15 anni. Il 24 aprile 1617, nel grande cortile del Louvre, Vitry e le sue guardie si avvicinarono a Concini, mentre la sua scorta rimaneva indietro.

"In nome del Re, siete in arresto!", disse a voce alta. I francesi prepararono le pistole e il *signor* Concini ricevette tre proiettili ben assestati: uno in mezzo agli occhi, uno alla gola e un terzo nell'occhio. Per essere sicuri del lavoro, il corpo fu pugnalato prima di essere completamente spogliato - gioielli, documenti, vestiti. Il cadavere è stato lasciato completamente nudo.

Dalla sala delle guardie si udirono le parole di Luigi XIII: "*Merci! Grand merci à vous! Á cette heure, je suis Roi*". Dopo il pranzo, Luigi montò a cavallo e fece il giro di Parigi, dove fu acclamato da una folla riconoscente. Il giorno dopo, il cadavere di Concini, che era stato

---

sua morte. Deve anche il suo soprannome di "Gaunt-Green" al suo ardore verso le sue 73 amanti ufficiali, che gli diedero 22 figli legittimi o non riconosciuti che vivevano a corte. Sull'episodio del massacro di San Bartolomeo, dopo il quale Enrico sopravvisse, e sul contesto politico religioso francese dell'epoca, il lettore può guardare l'eccellente film francese *La Reine Margot* (1994). Miguel Bosé interpreta un formidabile Enrico di Lorena, duca di Guisa, storico e sfortunato capo della Lega Cattolica e alleato della Spagna. (NdT).

frettolosamente sepolto nella chiesa di Saint Germain l'Auxerrois, fu dissotterrato dai parigini, picchiato a sangue e trascinato per le strade della capitale. Il corpo mutilato fu poi appeso per i piedi a una delle forche che lo stesso Concini aveva fatto erigere, e nuovamente picchiato e oltraggiato. Alcuni pezzi del suo cadavere furono cucinati e i suoi resti furono infine bruciati e dispersi ai quattro venti.

Mentre il re riceveva una sfilata ininterrotta di cortigiani e notabili venuti a congratularsi con lui, Leonara Galigai veniva arrestata e imprigionata. "Seppellì l'oro, i gioielli e l'argenteria nel suo materasso di paglia, sdraiandosi su di esso come un animale protegge la sua lettiera", scrive Philippe Erlanger nella sua biografia di Luigi XIII. Si degradò al punto da affermare che il marito "se l'era meritato", ma quest'ultima bassezza non le salvò la vita. Galigai fu accusata di stregoneria e anche la presenza di medici ebrei al suo fianco, come Filoteo Montalto, non aiutò la sua difesa. A quel tempo, cabala, magia e stregoneria erano considerate da tutti equivalenti. L'8 luglio 1617 fu condannata alla decapitazione sul patibolo eretto in Place de Grève, decisione che fu eseguita lo stesso giorno. Il suo corpo e la sua testa furono ridotti in cenere.

C. Uriel e Vicente da Costa

Con il dispiegamento della Santa Inquisizione in tutta la penisola iberica, alcuni marrani preferirono cercare fortuna in America, in particolare in Brasile, Messico e Perù, dove alcuni si arricchirono nelle piantagioni di canna da zucchero, nel commercio degli schiavi e sfruttando alcune delle famose miniere d'argento di Potosí[526]. Molti altri si erano stabiliti nel nord Europa, soprattutto ad Amburgo, Londra e Amsterdam. Sappiamo che i calvinisti delle Fiandre e dell'Olanda, nella loro guerra contro la Spagna, erano stati sostenuti finanziariamente dagli ebrei, sempre pronti a indebolire la Chiesa e le monarchie cattoliche. "Nel 1566, tra gli istigatori della resistenza fiamminga c'erano gli influenti marrani Marcos Perez, Martin Lopez e Fernando Bernuy[527]".

Come repubblica, i Paesi Bassi sarebbero diventati il principale asilo per gli ebrei e per tutte le sette protestanti d'Europa. La religione protestante, in particolare il ramo calvinista, era perfettamente in sintonia con lo spirito mercantilista ed esaltava quasi teologicamente

---

[526] « Nella prima metà del XVI secolo, tutte le grandi piantagioni di zucchero erano nelle mani degli ebrei del Brasile », Abraham Léon, *La Conception matérialiste de la question juive*, Études et Documentation internationales, 1942, Paris, 1968, p. 106.
[527] Leon Poliakov, *Histoire de l'antisémitisme, tome I*, Point Seuil, 1981, p. 212. Si legge anche in *Lo specchio del giudaismo*.

l'arricchimento. I Paesi Bassi divennero per un certo periodo la principale nazione commerciale e piratesca d'Europa, prima di essere superati dall'Inghilterra. I valori materialistici ebraici sembravano aver trionfato con il calvinismo e il puritanesimo anglosassone.

Nel 1593 fu fondata ad Amsterdam una comunità ebraica. Essa progredì rapidamente, grazie anche a una legislazione tollerante che si limitava a vietare agli ebrei i matrimoni e l'accesso agli impieghi pubblici. Gli ebrei si diffusero presto in tutti i Paesi Bassi. Erano essenzialmente coinvolti nel settore bancario e commerciale d'oltremare. Grazie ai loro rapporti con i marrani dell'America spagnola e dei Caraibi, costruirono immense fortune attraverso il commercio degli schiavi e il commercio triangolare con l'Africa. Amsterdam fu giustamente chiamata la Nuova Gerusalemme[528].

Ad Amsterdam, il famoso filosofo Spinoza (1632-1677), rampollo di una famiglia marrano portoghese, era in profondo disaccordo con la sua comunità e fu infine scomunicato nel 1656[529]. Ma prima di lui, Uriel da Costa (1594-1647), anch'egli di origine portoghese e di madre ebrea, aveva sfidato le autorità rabbiniche di Amsterdam. Quando giunse nei Paesi Bassi per praticare liberamente l'ebraismo, la sua delusione fu immensa. Il Pentateuco, con il suo codice di seicentotredici comandamenti, era solo la parte visibile di una vegetazione parassitaria le cui ramificazioni invadevano tutti i più reconditi recessi dell'esistenza. Uriel da Costa attaccava le pratiche estremamente meticolose dell'ebraismo e derideva apertamente i rabbini, che chiamava *farisei*. Per lui le religioni erano semplici invenzioni umane. Minacciato di scomunica, persevera in questo modo. Il collegio dei rabbini lo escluse allora dalla comunità e i suoi parenti e amici più stretti presero le distanze da lui. Isolato dai suoi correligionari e dagli amici più stretti, ancora incapace di relazionarsi con i suoi compagni cristiani perché non ne conosceva la lingua, Da Costa pubblicò nel 1623 un'opera intitolata *Examen de las tradiciones farisaicas*, in cui proclamava la sua rottura definitiva con l'ebraismo[530].

I rappresentanti della comunità ebraica di Amsterdam bruciarono il

---

[528] "Filippo II, che morì nel settembre del 1598, poteva ancora vedere come i due popoli che forse odiava di più, gli abitanti dei Paesi Bassi e gli ebrei, si dessero reciproco sostegno per distruggere l'opera che aveva perseguito senza sosta. L'Olanda, nemica dell'intolleranza e del dispotismo, garantì agli ebrei portoghesi la libertà religiosa. Da parte loro, gli ebrei aiutarono l'Olanda a guarire dalle devastazioni della lotta contro il re di Spagna; fornirono i capitali che le permisero di strappare il commercio delle Indie al Portogallo, alleato della Spagna, e di creare le grandi compagnie d'oltremare che la resero così ricca. Anche i legami segreti tra gli ebrei portoghesi e i marrani stabiliti nelle Indie favorirono le imprese olandesi". Heinrich Graetz, *Histoire des juifs* V, Éd. Durlacher, Parigi, 1897, p. 135-136. (NdT).

[529] Su Spinoza, si veda *Speranze planetarie* e *Psicoanalisi dell'ebraismo*.

[530] Su Uriel da Costa si legga *Fanatismo ebraico*.

libro, secondo la loro usanza, e accusarono da Costa di negare e rifiutare non solo le dottrine ebraiche, ma anche gli insegnamenti del cristianesimo[531]. Fu imprigionato per diversi giorni e dovette pagare una pesante multa.

Gli ci vollero quindici anni per riconciliarsi con la Sinagoga. Ma questa riconciliazione fu piuttosto breve. Ancora una volta dichiarò guerra al giudaismo e ancora una volta fu convocato davanti al collegio rabbinico. I suoi giudici decisero che avrebbe potuto sfuggire a una seconda scomunica solo sottoponendosi a una solenne penitenza, e in un primo momento, per rispetto a se stesso, si rifiutò di cedere. Ma poco dopo decise di accettare la sentenza dei rabbini. Fu condotto in una sinagoga piena di uomini e donne, dove dovette proclamare pubblicamente il suo pentimento. Su una piattaforma, lesse una dettagliata confessione di tutti i suoi peccati, accusandosi di aver trasgredito il riposo del sabato e le leggi alimentari, e di aver negato vari articoli di fede. Dopo aver promesso solennemente di non ripetere mai più i suoi errori, giurò di vivere d'ora in poi come un buon israelita. Si ritirò in un angolo della sinagoga, si spogliò fino alla vita e ricevette trentanove frustate con una cinghia. Poi si sedette sul pavimento e la sentenza di scomunica fu revocata. Infine, dovette sdraiarsi sulla soglia del Tempio e lasciare che tutti i presenti passassero sul suo corpo.

La rabbia che provava per questo trattamento umiliante gli fece prendere in considerazione il suicidio, anche se il desiderio di vendicarsi di colui che considerava il principale istigatore di questa persecuzione, suo fratello o cugino, era ancora più forte. Per sconvolgere i suoi contemporanei e i posteri sulla sua sfortunata sorte, racconta Heinrich Graetz, Uriel da Costa "scrisse la sua autobiografia e la sua confessione, che non conteneva nuovi pensieri, ma solo amarezza e attacchi furiosi contro gli ebrei, intervallati da nuove calunnie contro di loro". Questo documento, scritto nel bel mezzo dei preparativi per la morte, non spirava altro che vendetta contro i suoi nemici. Dopo aver terminato il suo appassionato testamento, caricò due pistole e ne sparò una contro il parente che passava davanti a casa sua. Lo mancò, quindi chiuse la porta della sua stanza e si uccise con l'altra pistola (aprile 1640). Entrando nella sua residenza dopo che il colpo era stato sparato, trovarono sul tavolo la sua autobiografia intitolata "*Un esempio di vita umana*", in cui portava alla sbarra gli ebrei e l'ebraismo e attaccava con frasi patetiche[532]..."

---

[531]Nel XII secolo, a Parigi e a Montpellier, gli avversari di Maimonide bruciarono i suoi libri. Nel XVIII secolo, i libri del filosofo ebreo Mendelssohn furono anatemizzati e bruciati in diverse città polacche. In Israele, il 20 maggio 2008 gli studenti di Yehuda hanno bruciato i vangeli cristiani. Leggi l'articolo su *Lo specchio del giudaismo*.
[532]Heinrich Graetz, *History of the Jews V*, Philadelphia, The Jewish Publication Society of America, 1895, pagg. 64–65.

Nel 1623, l'anno in cui Uriel da Costa aveva pubblicato il suo primo libro, un altro da Costa, Vicente da Costa, pubblicò a Lisbona un libro di 428 pagine contro i suoi ex correligionari: *"Breve discurso contra a herética perfidia do judaísmo"*. La sua opera fu immediatamente tradotta in spagnolo con il titolo *Discurso contra los Judios*. Gli ebrei vengono descritti come "avidi, ribelli e bugiardi per natura... Sarebbe impossibile enumerare tutti i loro vizi: l'invidia, l'orgoglio, le loro nobili pretese, il lusso ostentato che sfoggiano quotidianamente in Portogallo e ancor più a Madrid, così come la loro insolenza e la loro *"mancanza di rispetto"*. La sodomia (a cui dedica un capitolo a parte) deriva dalla loro naturale lascivia e dall'ozio in cui si abbandonano... Infatti, gli ebrei del Nord Africa sodomizzano regolarmente le loro mogli e i loro figli[533] !".

Daniel Tollet, che ha pubblicato il libro in cui abbiamo raccolto queste testimonianze, ha finto di non prendere sul serio queste accuse a prima vista grottesche. Ma abbiamo visto, in *Psicoanalisi dell'ebraismo, Fanatismo ebraico* e *Lo specchio dell'ebraismo*, che queste pratiche erano effettivamente incoraggiate dal Talmud e manifestamente molto frequenti all'interno della comunità, a giudicare dall'invasiva produzione letteraria e cinematografica dell'ebraismo, nonché dai numerosi problemi di natura psicopatologica all'interno della setta incestuosa.

CI. Di nuovo nella Spagna liberata

Grazie alla Santa Inquisizione, la Spagna, che aveva espulso gli ebrei nel 1492, riuscì a liberarsi dall'influenza deleteria dei marrani, apparentemente buoni cattolici, ma quinte colonne che cercavano di distruggere la Chiesa e il Paese dall'interno[534].

---

[533]Daniel Tollet, *Les Textes judéophobes et judéophiles dans l'Europe chrétienne à l'époque moderne*, Presses Universitaires de France, 2000, pagg. 30, 34, 39.

[534]I primi 50 anni dell'Inquisizione furono i più duri e decisivi. Secondo l'ispanista inglese Henry Kamen, tra il 1480 e il 1530 l'Inquisizione spagnola giustiziò circa 2.000 persone, quasi tutti ebrei convertiti accusati di "giudaizzare". Lo storico Geoffrey Parker ritiene che, nei suoi 350 anni di esistenza, questo tribunale abbia causato circa 5.000 morti. Quando si parla di cifre più alte, di solito si tende a contare tutte le persone processate e a supporre che siano state tutte giustiziate o morte, mentre non è così. Secondo Jaime Contreras e Gustav Henningsen, che hanno studiato il periodo tra il 1540 e il 1700, quando l'Inquisizione processò 49.000 persone, le condanne a morte furono emesse nel 3,5% dei casi, secondo i calcoli di Gustav Henningsen, ma solo il 2% dei condannati al rogo fu effettivamente giustiziato. Gli altri erano morti prima della fine del processo, erano fuggiti o non erano mai stati catturati. In questi ultimi due casi, le immagini di legno venivano bruciate in loro rappresentanza. Ad esempio, nella più grande esecuzione sommaria dell'Inquisizione, tenutasi nel 1680, 61 persone furono condannate a morire sul rogo, di cui 34 erano statue che rappresentavano gli imputati.

Ma il problema non era stato completamente risolto, perché nel 1575 un cordovano di nobile famiglia, Diego de Simancas (il cui pseudonimo era *Didacus Velasquez*), famoso giurista, pubblicò la *Defensio statuti toletani* (*Difesa dello statuto di purezza del sangue della Chiesa di Toledo*), in cui insisteva nel rivelare la "perfidia ebraica" e accusava i convertiti di essere falsi cristiani. Riconosceva che c'erano convertiti sinceri, ma dovevano accettare di passare attraverso un purgatorio sociale. A metà del XVI secolo, gli statuti sulla purezza del sangue avevano acquisito forza di legge. L'episodio decisivo fu l'epurazione del capitolo di Toledo, in cui si erano radicati i Nuovi Cristiani.

L'uomo che dichiarò loro guerra fu Juan Martínez Siliceo (1485-1557), arcivescovo di Toledo, proveniente da una modesta famiglia di *vecchi agricoltori cristiani* dell'Estremadura. Formatosi a Parigi, fu precettore del giovane re Filippo II, prima di essere nominato arcivescovo di Toledo nel 1544 e nominato cardinale da papa Paolo IV nel 1555. Difese ardentemente il concetto di "purezza del sangue". Juan Martínez Siliceo fu anche il primo a pensare che Cristo non fosse di sangue ebraico[535]. Durante il processo di

---

Coloro che si "pentirono" furono strangolati prima di essere bruciati: pochi furono bruciati vivi. Il resto dei processati in questo periodo di 160 anni (cioè più del 96%) fu punito con multe o anni di galera. A quel tempo, in Spagna, i processi avevano le seguenti cause: 27% per blasfemia, 24% per maomettanismo, 10% per falsi convertiti giudaizzanti, 8% per luteranesimo, 8% per stregoneria e superstizione e 32% per sodomia, bigamia e reati sessuali del clero. Possiamo trovare marrani in diverse categorie oltre al 10% di giudaizzanti, come nei casi di blasfemia, stregoneria o reati sessuali, quindi forse il numero di marrani perseguitati era ancora più alto. In ogni caso, fino al 1700 sembra impossibile che più di 4.000 marrani siano stati condannati dall'Inquisizione, direttamente o indirettamente. Tutti questi casi furono considerati crimini in tutta Europa, anche nei tribunali civili, municipali, regionali, ecc.... Anche in Spagna, alcuni di questi crimini potevano essere giudicati dai tribunali civili, che erano più severi. Tanto che alcuni detenuti nei tribunali civili bestemmiavano per essere processati dall'Inquisizione, che consideravano più "benevola". César Cervera fa notare che, a dispetto dell'immagine che è trapelata, l'Inquisizione spagnola offriva garanzie procedurali più ampie rispetto ai tribunali ordinari e, di fatto, giustiziava meno. Per cominciare, l'Inquisizione ricorreva alla tortura raramente e sempre sotto la supervisione di un inquisitore che aveva l'ordine di evitare danni permanenti, spesso insieme a un medico, a differenza delle torture selvagge applicate dalle autorità civili in tutta Europa. Il corso della tortura veniva scrupolosamente registrato dai segretari, compresi i gemiti e le esclamazioni pronunciate dalle vittime. Le confessioni ottenute durante il supplizio non erano valide di per sé e dovevano essere ratificate al di fuori della tortura entro ventiquattro ore. La leggenda nera spagnola è sopravvissuta fino ai giorni nostri, ma fortunatamente molti studi contemporanei l'hanno completamente demistificata (NdT).

[535] Léon Poliakov, *Les Juifs dans notre histoire*, Science Flammarion, 1973, p. 57. Nel XIX secolo, Houston Stewart Chamberlain riprese questo tema nella sua opera *The Genesis of the 19th Century*.

ammissione a un Ordine o a un Collegio, veniva svolta un'indagine a spese del candidato per stabilire la sua non appartenenza alla "razza ebraica".

Va notato che la *limpieza de sangre* era specifica per ogni istituzione e non fu mai generalizzata a tutto lo Stato spagnolo. In una memoria scritta intorno al 1600 si legge che in Spagna esistevano due tipi di nobiltà: una superiore, la hidalguía, e una inferiore, *la limpieza*. Un popolano *pulito* era stimato più di un nobile *impuro*. Così, tutti i contadini spagnoli si consideravano orgogliosamente di sangue nobile.

L'"Estatuto de limpieza de sangre" spagnolo ebbe una certa influenza in Europa. In Francia, Joachim de Bellay (1522-1560) consigliò al re di preservare la purezza della sua aristocrazia:

"E che il sangue meno audace non permetta a un sangue più generoso di imbastardirsi. Infatti, se siamo così attenti a preservare la razza dei buoni cavalli e dei buoni cani da caccia, quanto più un re dovrebbe provvedere con cura alla razza, che è il suo principale potere?".

Ma questa idea di purezza del sangue non avrebbe mai raggiunto in Francia, Germania e Inghilterra l'importanza che aveva nella Spagna infiltrata da Marrano. L'ordine dei gesuiti aveva preso misure per prevenire l'infiltrazione di cripto-giudei e la distruzione della Compagnia dall'interno. Solo all'epoca del suo fondatore, Ignazio di Loyola, la pulizia del sangue fu trascurata. Da quel momento in poi, la Compagnia di Gesù considerò i convertiti ebrei in qualche modo impuri, *maculati*, il cui sangue era macchiato (*macula*). Era quindi inopportuno che avessero accesso alle cariche cristiane e agli onori pubblici, soprattutto al sacerdozio.

Il fatto è che molti marrani non esitavano a dichiararsi "più cristiani dei cristiani", "più spagnoli degli spagnoli", ma desideravano in cuor loro la distruzione della Chiesa e della Spagna, pregando per un'invasione turca o protestante. La diffidenza degli spagnoli era quindi legittima, anche se certamente, come abbiamo visto, c'erano molti ebrei che avevano sinceramente abbandonato l'ebraismo. Ma ancora una volta, come abbiamo dimostrato nei nostri precedenti lavori, dobbiamo insistere sul fatto che la sincerità di un ebreo convertito si giudica solo dal grado del suo antigiudaismo.

Tre date hanno segnato la storia della Compagnia di Gesù a questo proposito. Innanzitutto, nel 1593, dopo la morte di Ignazio di Loyola, la Convenzione dell'Ordine cessò di ammettere tra i suoi membri "qualsiasi cristiano di origine ebraica"; nel 1608, un decreto stabilì che i novizi dovevano dimostrare di non avere sangue ebraico da cinque generazioni; nel 1623, infine, un emendamento al decreto precedente ridusse il requisito a quattro generazioni.

Tanto che R.P. Koch, nella sua opera *Jesuiten-Lexikon*, poteva scrivere con soddisfazione nel 1934 (un anno dopo il trionfo del Partito Nazionalsocialista in Germania): "Di tutti gli ordini, la Compagnia di Gesù ha le regole che meglio la proteggono dall'influenza ebraica".

CII. Bogdán Jmelnitski, 1648

Nel 1648, durante le guerre condotte dai cosacchi di Bogdan Khmelnitsky contro il regno polacco, scoppiò in Europa orientale una rivolta generale contro gli ebrei. I cabalisti dell'epoca avevano predetto che il Messia sarebbe apparso quell'anno, ma ancora una volta non fu così.

La Polonia cattolica dominava l'intera regione che si estendeva dal Baltico al Mar Nero, e parte dell'Ucraina era sotto il suo dominio. I cosacchi, di religione cristiana ortodossa, costituivano una sorta di barriera contro i turchi e i tartari in quelle terre. Molti ebrei servirono come amministratori ed esattori delle tasse per l'aristocrazia polacca. Inoltre, erano i padroni delle tenute signorili, mentre gli ucraini rimanevano nella condizione di contadini praticamente schiavizzati, vivendo in condizioni molto difficili. In Ucraina, infatti, gli ebrei erano complici della nobiltà polacca e opprimevano i cosacchi e i contadini ucraini. Nel 1638 ci fu una prima rivolta dei cosacchi di Zaporiyia guidati dal loro capo *hetman* Pawliuk. Duecento ebrei furono annientati e diverse sinagoghe furono rase al suolo.

Dopo la morte del re polacco Ladislao durante l'interregno (maggio-ottobre 1648), la Polonia cadde nell'anarchia e si verificò una rivolta generale guidata da Bogdán Jmelnitski. Il leader cosacco era un guerriero coraggioso e uno stratega esperto che riuscì a sconfiggere per la prima volta l'esercito polacco. Dopo questa vittoria, i cosacchi invasero le città a est del fiume Dnieper tra Kiev e Poltava, saccheggiando e massacrando gli ebrei sul loro cammino. Per sfuggire alla morte, quattro comunità ebraiche composte da tremila anime furono trasferite in Crimea e riscattate (comprate) dai loro correligionari turchi. Per raccogliere gli uomini necessari a comprare la libertà di tutti i prigionieri, la comunità di Costantinopoli aveva inviato un delegato nei Paesi Bassi per raccogliere aiuti e sovvenzioni.

Jmelnitsky fece in modo che i suoi luogotenenti e le sue truppe attraversassero le province polacche e compissero massacri su larga scala di polacchi ed ebrei. Morosenko fu uno dei capi che guidarono la rivolta. Un altro capo, Ganja, marciò contro la fortezza di Nemirov, dove erano rifugiati 6.000 ebrei. Furono attaccati dai cosacchi con l'aiuto dei greco-cattolici della città che li odiavano ancora di più. Gli ebrei furono tutti messi a ferro e fuoco e sgozzati.

A Tulezyn c'erano 6.000 cristiani e circa 2.000 ebrei disposti a vendere la propria vita a caro prezzo. L'odio dei polacchi cattolici per gli ebrei era indubbiamente forte quanto quello dei cosacchi, poiché questi ultimi iniziarono le trattative dichiarando ai nobili polacchi che erano pronti a ritirarsi se i loro ex oppressori fossero stati consegnati a loro. Dopo aver raggiunto un accordo, le porte della città vennero aperte e gli ebrei dovettero combattere da soli contro i loro nemici.

Altri insorti guidati da Hodki penetrarono nella Piccola Russia e uccisero numerosi ebrei a Gomel, Starodub, Chernigoc e in altre città a ovest e a nord di Kiev. Durante i dieci anni di guerra (1648-1658), più di 300 comunità ebraiche furono distrutte in Polonia e più di 250.000 ebrei trovarono la morte[536]. Lo storico ebreo Poliakov ha stimato in 100.000 il numero dei morti. Ma una cosa sembra chiara: non c'erano più ebrei sulla riva sinistra del Dnieper.

In seguito, le spaccature tra i cosacchi e i contadini, da un lato, e gli ebrei, dall'altro, si aggravarono ulteriormente. Gli ebrei continuarono a rovinare i contadini con la loro usura e le loro pratiche varie, perché ormai erano diventati venditori di alcolici. Il contadino ingenuo, che prendeva un prestito per divertirsi nella taverna del villaggio, finiva in rovina, costretto a vendere la sua terra, la sua fattoria e i suoi animali.

Un ulteriore regolamento di conti ebbe luogo con una rivolta scoppiata in Ucraina contro gli ebrei nel 1734. Nel 1768 ebbe luogo il massacro di Uman. I Jaidama (cosacchi e contadini ucraini), guidati dall'*atamano* Ivan Gonta, massacrarono migliaia di ebrei nella città di Uman. Il leader Basil Vochtchilo si proclamò come segue: "Ataman Vochtchilo, nipote di Jmelnitsky, grande hetman delle truppe, incaricato di sterminare l'ebraismo e di difendere la cristianità". Accusò con veemenza gli ebrei di omicidio, blasfemia, stupro di cristiani, ecc.: "Spinto dal mio amore per la santa fede cristiana, ho deciso, insieme ad altri uomini validi, di sterminare il maledetto popolo ebraico e, con l'aiuto di Dio, ho già distrutto gli ebrei dei distretti di Kritshchev e Popoysk". Anche se gli ebrei hanno armato le truppe governative contro di me, la giustizia di Dio mi ha protetto in ogni momento".

I ruffiani e i negrieri ebrei stavano già facendo il giro del mondo su entrambe le sponde del Mar Nero. Nel XVII secolo, gli ebrei dell'Impero ottomano si erano specializzati nella vendita di schiavi addestrati a ogni tipo di depravazione e nel commercio di donne. A quanto pare, i bordelli appartenevano già esclusivamente a loro, poiché "a Costantinopoli c'erano ebrei che non avevano altra funzione che quella di verificare la verginità

---

[536] Il numero delle vittime ebree è stato stimato in 500.000, addirittura diviso per 10 da un ricercatore ebreo contemporaneo di nome Jonathan Israel (*European Jewry*, Oxford, 1985), in Israel Shamir, *L'autre Visage d'Israel*, Éditions Al Qalam, 2004. Shamir aggiunge: "Lo stesso declino si verificò già al tempo del pogrom di Chisinau [nel 1903]. All'inizio, le organizzazioni ebraiche e i testimoni avevano parlato di cinquecento morti. La cifra è poi crollata a 48, cioè dieci volte meno".

delle giovani donne vendute come carne di piacere[537]."

CIII. William Prynne, 1656

Gli ebrei, espulsi dall'Inghilterra nel 1290 da re Edoardo, tentarono di tornare in Inghilterra sulla scia degli sconvolgimenti politici causati dalla rivoluzione del 1648, in seguito alla decapitazione di re Carlo I. Anche Menasseh ben Israel, scrittore, studioso, diplomatico e tipografo ad Amsterdam, proveniva da una famiglia di convertiti portoghesi che erano tornati apertamente all'ebraismo nei Paesi Bassi. Nell'autunno del 1655 si recò a Londra, accompagnato da alcuni correligionari, per convincere Cromwell a riaccogliere gli ebrei. Il regicida li accolse con grande cordialità: « Fu ricevuto in modo amichevole da Cromwell e gli fu concessa una residenza. Tra i suoi compagni c'era Jacob Sasportas, un uomo colto, abituato a socializzare con persone di alto rango, che era stato rabbino in città africane. Altri ebrei lo accompagnarono nella speranza che l'ammissione degli ebrei non incontrasse difficoltà. Alcuni ebrei segreti provenienti dalla Spagna e dal Portogallo erano già domiciliati a Londra, tra cui il ricco e rispettato Fernández Carvajal[538] ", riferisce Heinrich Graetz.

L'appello di Menasseh ben Israel fece un'impressione favorevole a Cromwell e ad alcuni influenti membri dei circoli puritani[539], tanto che nel 1656 Cromwell decise di permettere nuovamente agli ebrei di soggiornare in Inghilterra. "Cromwell era decisamente favorevole all'ammissione degli ebrei. È possibile che avesse in mente la probabilità che il vasto commercio e i capitali degli ebrei spagnoli e portoghesi, quelli che professavano l'ebraismo apertamente e segretamente, potessero essere portati in Inghilterra, che a quel tempo non poteva ancora competere con l'Olanda.... Ma ciò che lo influenzò maggiormente fu il desiderio religioso di conquistare gli ebrei al cristianesimo con un trattamento amichevole. Pensava che il cristianesimo, come predicato in Inghilterra dagli Indipendenti, senza idolatria e superstizione, avrebbe affascinato gli ebrei, fino ad allora dissuasi dal cristianesimo. Cromwell e Manasseh ben Israel concordavano su una ragione non detta, visionaria e messianica, per l'ammissione degli ebrei in Inghilterra. Il rabbino cabalista credeva che, in seguito all'insediamento degli ebrei nelle isole britanniche, sarebbe iniziata

---

[537] M. Yarden, in *Les Chrètiens devant le fait juif*, Éd. Beauchesne, Paris, 1929, p. 131, in Georges Valensin, *La Vie sexuelle juive*, pp. 65, 66.
[538] Heinrich Graetz, *History of the Jews V*, Philadelphia, The Jewish Publication Society of America, 1895, p. 38.
[539] Rileggere la nota 490.

la redenzione messianica, mentre il protettore puritano credeva che gli ebrei avrebbero accettato il cristianesimo in gran numero, e che quindi sarebbe arrivato il momento di un pastore e di un gregge[540] ", spiega Graetz. La sua decisione fu preceduta anche da un incidente: un ricco mercante portoghese di nome Robles era stato convocato in tribunale con l'accusa di essere papista. Poiché l'Inghilterra era in guerra con il Portogallo, la sua fortuna fu confiscata. Ma grazie all'iniziativa di Cromwell, il Consiglio di Stato revocò la confisca perché l'imputato era in realtà un ebreo, non un cattolico. Ciò significava riconoscere implicitamente che gli ebrei avevano già un diritto di fatto a rimanere in Inghilterra.

I marrani stabilitisi a Londra non tardarono a togliersi la maschera del cristianesimo. Nel febbraio del 1657 riuscirono persino ad acquistare un cimitero speciale per i membri della loro comunità. Fu anche permesso loro di celebrare le loro feste pubblicamente e di praticare il culto in una casa privata. Cromwell non poteva essere più liberale in questo periodo, perché il clero e il popolo erano unanimi nel rifiutare di ammettere gli ebrei nel regno. Essi continuavano a essere considerati stranieri e quindi tassati più pesantemente.

Il principale avversario degli ebrei era William Prynne, un pubblicista molto popolare a metà del XVII secolo. Prynne, che ha lasciato circa duecento libri e pamphlet, aveva alzato la voce contro la riammissione degli ebrei nel Paese. In un pamphlet del 1656, *"A Short Demurrer to the Jews..." (Una breve obiezione agli ebrei...)*, egli riprese l'accusa di omicidio rituale e riunì tutti i decreti emanati contro di loro nel Medioevo. Erano "una razza di malfattori, una generazione di vipere che facevano il male avidamente e a mani congiunte, secondo tutte le nazioni che li circondavano, pari o peggio di Sodoma e Gomorra[541] ".

Così, a metà del XVIII secolo, l'Inghilterra ospitava circa 22.000 ebrei, di cui 20.000 erano ashkenaziti. Nel 1753, la Camera dei Comuni votò la "Bolla ebraica" che concedeva la naturalizzazione agli ebrei insediati nel Paese da trecento anni e i cui figli fossero nati sul suolo inglese. Ma la legge fu respinta l'anno successivo da re Giorgio III, che aveva emanato un editto che stabiliva che gli ufficiali dell'esercito, i funzionari pubblici e i membri del Parlamento dovevano prestare giuramento: "Sulla mia fede cristiana".

---

[540] Heinrich Graetz, *History of the Jews V*, Philadelphia, The Jewish Publication Society of America, 1895, p. 43.
[541] Daniel Tollet, *Les Textes judéophobes et judéophiles dans l'Europe chrétienne à l'époque moderne*, Presses universitaires de France, 2000, p. 172.

CIV. L'espulsione dell'Austria, 1670

In Spagna e Portogallo, il problema dei marrani non era ancora stato risolto alla metà del secolo. A Lisbona, il marrano Manuel Fernando da Villa-Real, per un certo periodo a capo del consolato portoghese a Parigi, fu imprigionato al suo ritorno in Portogallo, torturato e giustiziato (1° dicembre 1652). A Cuenca, il 29 giugno 1654, cinquantasette cristiani giudaizzanti furono portati in un solo giorno all'auto de fe e dieci furono bruciati vivi. "Tra loro c'era un uomo distinto, Baltasar López de Valladolid, che aveva accumulato una fortuna di 100.000 ducati. Era emigrato a Bayonne, dove era tollerata una piccola comunità di ex marrani, ed era tornato in Spagna con lo scopo di convincere un nipote a tornare all'ebraismo. Fu catturato dall'Inquisizione, torturato e condannato a morte con la forca e il rogo. Sulla via del patibolo, Balthasar Lopez ridicolizzò l'Inquisizione e il cristianesimo. Al boia che stava per legarlo esclamò: "Non credo nel vostro Cristo, anche se mi legherete", e gettò a terra la croce che gli era stata imposta[542] ".

La Spagna era governata da Mariana d'Austria, vedova di Filippo IV (morto nel 1665), che aveva elevato il suo confessore, il gesuita tedesco Neidhard, al rango di Inquisitore Generale e Primo Ministro. Nel 1669, in seguito a diverse denunce da parte delle vittime, la regina decise di espellere gli ebrei che vivevano in Nord Africa, a Orano e in alcune altre località. Il governatore diede loro un termine di otto giorni, poco prima della Pasqua (fine aprile 1669). Gli esuli dovettero vendere i loro beni e le loro proprietà immobiliari a prezzi ridicoli. La maggior parte di loro riuscì a stabilirsi sull'altra sponda del Mediterraneo, in Savoia, a Nizza e a Villefranche.

Sua figlia, Margherita Teresa, imperatrice di Germania, seguì presto l'esempio della madre e decretò l'espulsione degli ebrei da Vienna e dall'Arciducato d'Austria, dove erano stati reintrodotti. A quel tempo, Vienna era diventata la residenza degli imperatori germanici. Nel Medioevo gli ebrei erano stati espulsi, ma nel corso del XVI secolo vi era stata ricostituita una nuova comunità. Gli imperatori avevano permesso agli ebrei di insediarsi, "perché tra loro", scrive lo storico ebreo Simon Dubnow, "c'erano molti uomini molto ricchi che avevano finanziato il governo con denaro e crediti". Ma il loro spirito di tradimento a favore delle potenze straniere, in particolare dell'Impero Ottomano, era giustamente temuto.

Dopo una lunga resistenza da parte dell'imperatore Leopoldo I, i gesuiti

---

[542] Heinrich Graetz, *History of the Jews V*, Philadelphia, The Jewish Publication Society of America, 1895, pagg. 91–92.

riuscirono finalmente a convincerlo e, il 14 febbraio 1670, fu emesso un ordine di espulsione contro gli ebrei, costringendoli a lasciare Vienna e i suoi dintorni. Gli ebrei chiesero l'intervento di uno dei loro correligionari più ricchi e influenti dell'epoca, Manuel Teixeira, rappresentante della regina Cristina di Svezia a Vienna. Teixeira contattò alcuni grandi spagnoli con cui aveva rapporti per chiedere loro di intercedere a loro favore presso il confessore dell'imperatrice. Si rivolse anche al potente e abile cardinale Azzolino a Roma, amico della regina Cristina. Quest'ultima, dopo la sua conversione, godeva di grande credito nel mondo cattolico e si era impegnata a sostenere Teixeira. Ma il suo intervento fu inutile e l'Imperatore, o meglio l'Imperatrice, confermò l'editto di espulsione. Il magistrato di Vienna acquistò il quartiere ebraico per 100.000 fiorini e lo ribattezzò *Leopolstadt*, in onore dell'imperatore. Sul luogo della sinagoga fu costruita una chiesa, la cui prima pietra fu posta da Leopoldo in persona il 18 agosto 1670.

Gli esuli si diffusero in Moravia, in Baviera - dove poterono stabilirsi temporaneamente - a Praga e a Berlino; l'Ungheria pose il veto. Ma qualche anno dopo, gli ebrei riuscirono a farsi riammettere a Vienna in cambio di una grossa somma d'oro.

Quell'anno si verificò un nuovo caso di crimine rituale. Si trattava di un commerciante di animali di Boulay, in Lorena, chiamato Raphael Levy. Il 5 settembre 1669, Rafel Levy si era recato a Metz per fare alcuni acquisti per festeggiare il Capodanno ebraico. Quello stesso giorno, a Glatigny, un villaggio sulla strada da Boulay a Metz, una madre si accorse che suo figlio, Didier Le Moyne di tre anni, era scomparso. Poco dopo, il bambino fu ritrovato in un bosco, orribilmente mutilato. Un cavaliere affermò in seguito di aver visto il mercante ebreo che portava il bambino sotto il suo mantello. Nel 1670, Raphael Levy fu condannato dal parlamento di Metz a essere torturato e giustiziato. Il 17 gennaio 1670, l'ebreo fu bruciato vivo a Glatigny per il suo orribile crimine.

CV. Madrid, 30 giugno 1680

La Spagna, che aveva sofferto molto per la presenza degli ebrei fin dall'Alto Medioevo, era decisa a estirpare il veleno marrano dal suo territorio una volta per tutte. Nel 1674, un frate francescano di nome Francisco de Torrejoncillo, priore di diversi conventi dell'ordine di San Francesco, pubblicò il libro *Sentinela contra judíos* (Sentinella contro gli ebrei). L'opera, suddivisa in quattordici capitoli, cercava di dimostrare che gli ebrei erano presuntuosi e mendaci, che erano sempre stati traditori, che chi li favoriva faceva una brutta fine, che non bisognava credere a loro e alle loro opere, che erano chiassosi, vanitosi e sediziosi e che la Chiesa li stava solo preservando affinché potessero generare l'Anticristo, il loro messia, che sarebbe stato sconfitto alla fine dei tempi.

Torrejoncillo notava anche che non era necessario avere due genitori ebrei per sentirsi completamente ebrei. L'autore parlava qui dell'influenza deleteria del "sangue ebraico", anche se in realtà si trattava solo dello "spirito ebraico", che si trasmette di generazione in generazione e che può infettare anche i veri gentili attraverso un contagio isterico[543] : "Negando la venuta del Messia, perseguitano i cristiani con rivolte e razzie[544] ; e perché questo avvenga quasi per generazione, come se fosse un peccato originale, per essere nemici dei cristiani, di Cristo e della sua Legge divina, non è necessario essere di padre e madre ebrei, ne basta uno solo: non importa se il padre non lo è, basta la madre, e nemmeno tutta la madre, perché ne basta la metà, e nemmeno tanto, ne basta un quarto, e anche un ottavo. E la Santa Inquisizione ha scoperto ai nostri tempi che fino a una distanza di ventuno gradi è stato conosciuto il giudaismo[545]". Ed è "che il peccato del padre è la morte del figlio; e come nel seme è incluso e racchiuso tutto l'albero, così nel padre e nei suoi vizi sono depositati quelli che i figli devono avere. Di conseguenza, tali proprietà e tali cattive inclinazioni, di cui l'Anticristo deve avere la forza, è che derivano da genitori ebrei e convertiti, di pensieri bassi e vili, nella cui discendenza si trovano molti giudaizzanti, e bruciati che il Santo Tribunale dell'Inquisizione ha penitenziato in diverse occasioni". Francisco de Torrejoncillo aggiungeva addirittura: "E nei palazzi dei re e di molti principi, le amanti scelte per allevare i loro figli devono essere vecchie cristiane, perché i figli dei principi non è giusto che siano allevati da nefandezze giudaiche, perché quel latte, come da persone infette, è impossibile che generi altro che inclinazioni perverse[546]".

---

[543] Per comprendere la natura tipicamente isterica dell'ebraismo è necessario leggere i nostri libri precedenti, in particolare *Psicoanalisi dell'ebraismo*.
[544] Inganni, imboscate. NdT.
[545] In realtà, l'identità ebraica è molto più fragile e labile di quanto credesse Francisco de Torrejoncillo. Basta vedere il numero di ebrei che si rivoltano contro la setta. Sono soprattutto i rabbini a sostenere che un ebreo può solo rimanere ebreo.
[546] Francisco de Torrejoncillo, *Centinela contra Judíos, puesta en la Torre de la Iglesia de Dios* (1674), Josep Giralt Impresor, Barcellona anno 1731, pagg. 60, 210, 206. Casi di giudaizzanti apparvero anche nel XVIII secolo, a riprova del fanatico atavismo razziale e spirituale generato dal suprematismo ebraico. Un recente studio universitario dà conto dell'ultimo caso registrato dal Tribunale della Santa Inquisizione nel XVIII secolo. Ecco alcuni estratti dello studio:
"La documentazione mostra come gli imputati facessero parte di famiglie allargate con complessi rapporti clientelari e legate ad altri nuclei familiari da vincoli di parentela, consanguinei o fittizi, con interessi comuni resi più forti dalla condivisione di un segreto, quello dell'ebraismo. L'elemento chiave di questa strategia era il matrimonio, con la celebrazione di matrimoni in cui si può osservare anche un triplice livello endogamico: territoriale (anche se il territorio era spesso distante), socio-economico ed

La Spagna era allora governata dal giovane re Carlo II lo "Stregato", l'ultimo re della Casa d'Austria. Per suo ordine, il Grande Inquisitore Diego Sarmiento de Valladares impose a tutti i tribunali di Spagna di inviare a Madrid tutti gli eretici condannati. Un mese prima della data stabilita, gli araldi annunciarono solennemente l'esecuzione dei traditori agli abitanti della capitale. Per diverse settimane si lavorò per erigere piattaforme per la corte, la nobiltà, il clero e la gente comune.

Il giorno previsto, il 30 giugno 1680, centodiciotto persone di ogni età, tra cui settanta marrani, scalzi e vestiti di San Benedetto e con una candela in mano, furono condotti di buon mattino al luogo dell'esecuzione, affiancati dal clero e dai cavalieri in mezzo alla folla del popolo. Il re, la regina, le dame di corte, gli alti dignitari e tutta la nobiltà assistettero allo spettacolo dalle prime ore del mattino fino al tramonto. Dopo tutto quello che avevano subito per mano degli ebrei, i cristiani si vendicarono.

CVI. *Johann Andreas Eisenmenger*

La questione ebraica era all'ordine del giorno in Germania. Un

---

etnico. Abbiamo potuto constatare che questa usanza era diffusa: in Portogallo cercavano coloro che condividevano il loro segreto, quelli della "casta". Come gli ebrei, i nostri protagonisti evitavano matrimoni con donne gentili o *goyoth:* gli uomini si recavano negli *appezzamenti di famiglia alla* ricerca dell'"origine primitiva"... In alternativa - o forse in prima istanza - si rivolgevano a conoscenti che fungevano da *procacciatori* per trovare una donna della "casta" disposta a sposarsi...".
"In conclusione, riconosciamo tra i nostri protagonisti individui con diversi livelli di reddito: ambulanti, negozianti, artigiani e persino un medico e un insegnante. Tuttavia, l'occupazione più frequente era quella di calzolaio (e conciatore), che identificava la metà dei trattati per i quali disponiamo di dati. Molti di loro avevano anche, come metodo di tutela personale e familiare, un doppio profilo, cioè l'esercizio di un mestiere meccanico e la pratica del commercio e della manipolazione del denaro. Erano per lo più produttori indipendenti che ricevevano un prezzo per i loro prodotti e che instauravano nelle loro relazioni commerciali meccanismi di dipendenza familiare e di clientelismo, permettendo al commercio di svilupparsi in modo sicuro e stabile. Inoltre, sfruttavano la loro mobilità: con la scusa del viaggio, rafforzavano i legami e affermavano la loro solidarietà, avvisandosi a vicenda dei pericoli e preparandosi a fuggire in caso di necessità".
"Sembra quindi che tra i nostri imputati possa esserci stata una radicata sopravvivenza di credenze e pratiche della fede giudaica: rituali, cerimonie, critiche religiose al cristianesimo, preghiere, pratiche alimentari, introduzione alla letteratura religiosa proibita, fughe in cerca di terre di libertà.... Cioè: credenze che avrebbero resistito e che non erano in grado di cancellare l'indottrinamento cristiano e la paura pedagogicamente somministrata dal Sant'Uffizio". *Serranía críptica: la última gran persecución contra judaizantes en la España del siglo XVIII,* José Luis Buitrago González, Universidad Autónoma de Madrid, p. 17-18, 22-23, 44.

protestante della Frigia, Jacob Geusius, ecclesiastico e medico, aveva pubblicato due opuscoli, *Anan e Caifa fuggiti dall'inferno* e *Sacrifici umani*, in cui aveva descritto dettagliatamente tutti i crimini commessi dagli ebrei dai tempi di Apione e Tacito fino alle testimonianze raccontate da Bernardino di Feltre nella storia del martirio del ragazzo Simone di Trento.

Quindici anni dopo, nel 1697, il predicatore Paolo Medici, un apostata di Livorno, pubblicò un opuscolo in cui denunciava anch'egli gli omicidi rituali commessi dagli ebrei. Per quarant'anni girò l'Italia per mettere in guardia tutti gli abitanti dalla setta incestuosa[547].

Johann Christof Wagenseil, nato a Norimberga, grande studioso e professore di storia ed ebraico all'Università di Altdorf, si impegnò a raccogliere tutte le opere ebraiche contenenti attacchi al cristianesimo. Per raccogliere il maggior numero possibile di questi documenti anticristiani, Wagenseil viaggiò fino in Spagna e in Africa. Nel 1681 pubblicò il frutto delle sue ricerche in un'opera che intitolò: *Tela Ignea Satanæ, sive Arcani et Horribiles Judæorum Adversus Christum, Deum, et Christianam Religionem Libri (Reti di fuoco di Satana, sive Arcani et Horribiles Judæorum Adversus Christum, Deum, et Christianam Religionem Libri)*. Wagenseil voleva semplicemente che gli ebrei fossero portati al cristianesimo con la persuasione. Nel 1703 pubblicò ad Altdorf un libro, *Denunciatio Christiana de Blasphemiis Judæorum in Jesum Christum*, che dedicò ad alte personalità dell'Impero, implorandole di fermare l'avanzata del potere e dell'orgoglio ebraico. Aveva pubblicato anche diverse altre opere sull'ebraismo, tra cui una traduzione latina del trattato talmudico *Sotah* (Altdorf, 1674) e la *Disputatio Circularis de Judæis* (Altdorf, 1705).

All'inizio del XVIII secolo, un bibliografo tedesco di nome J.C. Wolf elencò nella sua *Bibliothecae Hebraeae* più di mille opere di *Scriptores Anti-Judaici*. Questo elenco era senza dubbio incompleto, ma dimostrava che la questione ebraica preoccupava seriamente gli spiriti in Germania. Gli opuscoli, il cui prototipo era stato stabilito da Lutero, avevano tutti titoli espliciti: *Il nemico degli ebrei*, *La peste ebraica*, *Le pratiche ebraiche*, *Piccolo repertorio di orribili bestemmie ebraiche*, *La borsa dei serpenti ebraici*, ecc.

Johann Andreas Eisenmenger fu molto più influente. Cristiano protestante tedesco, si distinse in gioventù al Collegio di Heidelberg per il suo zelo nello studio delle lingue ebraiche e semitiche. Insegnò lingue orientali, ebraico, arabo e aramaico a Heidelberg e per vent'anni studiò la letteratura talmudica. Il Talmud dei rabbini era stato a lungo "l'unica autorità riconosciuta" nell'ebraismo, tanto da far "dimenticare quasi completamente la Bibbia", scrive Graetz. Infatti, mentre "si potevano

---

[547] Jean Delumeau, *La Peur en Occident*, Fayard, 1978.

trovare uomini privi di pregiudizi, che sentivano ed esprimevano dubbi sulla verità dell'ebraismo nella sua forma rabbinica e cabalistica più tarda... tali investigatori, naturalmente, non si trovavano tra gli ebrei tedeschi e polacchi, né tra gli asiatici; questi consideravano ogni lettera del Talmud e dello Zohar, ogni legge del codice (*Shulchan Aruch*) come l'inviolabile parola di Dio[548] ".

Eisenmenger raccolse tutte le citazioni presenti in 193 opere e le utilizzò per scrivere il suo libro in due volumi *Entdecktes Judenthum (Il giudaismo svelato), che* fu per molto tempo la fonte per tutti i critici del Talmud e del giudaismo. Il libro fu presentato anche con un titolo secondario: *Rapporto vero e sincero sul modo in cui gli ebrei incalliti pronunciano atroci bestemmie contro la Trinità, insultano la santa madre di Cristo, il Nuovo Testamento, gli Evangelisti e gli Apostoli, deridono la religione cristiana e mostrano il loro disprezzo e orrore per il cristianesimo.*

In quest'opera di 2.000 pagine, Eisenmenger fa riferimento a tutti i casi di omicidio rituale e a tutti i misfatti che erano derivati dalle innumerevoli espulsioni di ebrei. Va notato che l'autore non menziona mai le diatribe di Lutero contro gli ebrei, né cita il suo nome nemmeno una volta.

Ecco due passi che dimostrano bene la serietà e la qualità del suo lavoro: "Nel Talmud *Baba Metzia* (la porta di mezzo) folio 61, 4, verso la fine, nella *tosephot* (o commento), è scritto: 'È permesso imbrogliare un non ebreo e fare usura su di lui', come è scritto nel Deuteronomio 23, versetto 20: 'Allo straniero puoi prestare con interesse, ma a tuo fratello non presterai con interesse'. Inoltre, è permesso imbrogliarlo, come è scritto in Levitico 25, versetto 14: "E quando vendi qualcosa al tuo vicino, o compri dalla mano del tuo vicino, nessuno imbrogli il suo fratello". Quindi è permesso imbrogliare un goy, dato che nella legge di Mosè è vietato solo imbrogliare il vicino o il fratello[549] ".

E quest'altro passaggio: "Gli ebrei intendono per prossimo solo loro stessi, e nessuno che non sia ebreo. Per prossimo, tuttavia, essi intendono solo colui che partecipa alla loro religione, poiché nel libro *Choschen Hammishpat* (folio 132, colonna 2), nelle note o osservazioni, al numero 95, paragrafo 1 dell'edizione di Amsterdam, si legge: "In tutti i luoghi in cui nella legge di Mosè si parla di prossimo, si esclude l'idolatra[550] ".

Quando, nel 1700, gli ebrei di Francoforte vennero a sapere che Eisenmenger stava facendo stampare nella loro città un'opera a loro ostile,

---

[548] Heinrich Graetz, *History of the Jews V*, Philadelphia, The Jewish Publication Society of America, 1895, p. 55.
[549] Johannes Eisenmenger nel secondo volume della sua opera *Giudaismo svelato*, Francoforte sul Meno, 1700, capitolo XI, pag. 577.
[550] Johannes Eisenmenger nel secondo volume della sua opera *Giudaismo svelato*, Francoforte sul Meno, 1700, capitolo XI, pag. 578.

cercarono di impedirne la pubblicazione. Contattarono gli ebrei di palazzo (*Hofjuden*) di Vienna, in particolare il cambiavalute Samuel Oppenheimer, che finanziava le guerre dell'imperatore.

Oppenheimer riuscì a ingannare Leopoldo II, che emanò un editto che proibiva la vendita dell'opuscolo di Eisenmenger. Questo divieto mandò in rovina l'autore, che aveva dedicato l'intera fortuna alla stampa della sua opera e le cui copie sequestrate ammontavano a 2.000. Eisenmenger chiese l'intervento di Federico I, re di Prussia, per revocare il divieto imperiale, ma morì nel 1704 senza vedere accolta la sua richiesta. L'opera vide la luce solo nel 1711, grazie al re Federico Guglielmo I che decise di pubblicarla a proprie spese a Berlino, commissionando una tiratura di 3.000 copie.

Senza dubbio Eisenmenger, per la forza del suo lavoro, la precisione delle sue fonti e la qualità delle sue interpretazioni, aveva superato tutti i suoi predecessori, segnando una pietra miliare nella storia dell'antisemitismo. Il *Giudaismo svelato* fu da allora in poi un'importante fonte di informazione per gli antisemiti dei secoli successivi[551].

CVII. Gli ebrei di Roma sotto sorveglianza

A Roma gli ebrei erano tenuti sotto stretta osservazione. Nel 1667, Clemente IX li colpì con nuove tasse e li costrinse a rendere obbedienza ai rappresentanti della città in modo umiliante: il rabbino doveva prostrarsi davanti al Conservatore, implorando la commiserazione cristiana verso gli ebrei. Il Conservatore gli metteva un piede sulla nuca e gli permetteva di alzarsi.

Tuttavia, nel 1668, Clemente IX abolì un'antica vessazione, raccontata da Michel de Montaigne nel suo *Giornale del viaggio in Italia*, il quale, *nonostante* l'ascendenza ebraica che gli viene attribuita, non sembra esserne troppo commosso. Presero sette o otto ebrei, li vestirono di stracci, li riempirono di cibo e li fecero correre per più di un chilometro tra due file di romani ridenti. L'allegria raggiungeva il suo parossismo con il maltempo: "Lunedì scorso gli ebrei sono stati favoriti da una pioggia e da un freddo degni di questo popolo perfido...". Questo dettaglio, come le mascherate del Carnevale romano, obbligatoriamente aperte da una banda di ebrei in costume burlesco, dà un'idea della stima di cui godeva il popolo del ghetto nella città dei papi.

All'inizio del XVIII secolo, il papato dovette prendere nuovamente

---

[551] Johann Jakob Schudt, nato a Francoforte sul Meno nel 1664, fu anche un importante orientalista. La sua opera più importante fu *Jüdische Merckwärdigkeiten*, pubblicata in tre volumi nel 1714. Il libro riprendeva i temi delineati da Eisenmenger. Raccontava anche dettagli e aneddoti sulla vita degli ebrei di Francoforte.

provvedimenti. Innocenzo XIII, nella bolla *Es injunctis* e Benedetto XIII nella bolla *Aliæ emanerunt*, proibirono agli ebrei di vendere oggetti nuovi. Benedetto XIII (1724-1730) proibì ai cristiani di mangiare, giocare o ballare con gli ebrei. I cristiani furono avvertiti che era severamente vietato partecipare a cerimonie ebraiche. Due editti (1704 e 1721) ricordano agli ebrei della Contea di Venesino l'obbligo di indossare il cappello giallo, misura che non cesseranno di rispettare fino al 1789.

CVIII. L'ebreo Süss, 4 febbraio 1738

Joseph Süss Oppenheimer (1698-1738) era un cortigiano di palazzo ebreo, come venivano chiamati i finanzieri ebrei che consigliavano i principi di numerosi principati dell'Impero germanico. Amministravano le finanze, rifornivano gli eserciti, coniavano moneta, rifornivano la corte di tessuti e pietre preziose e affittavano le royalties derivanti dalla vendita di tabacco o sale.

Süss aveva avuto una fulminea ascesa sociale. Dapprima lavorò per case commerciali ebraiche a Francoforte, Amsterdam e Vienna, arricchendosi notevolmente, e poi prestò denaro a vari principi e prelati tedeschi. Avendo un evidente talento per gli affari, fu nominato esattore delle tasse del Palatinato renano e infine, nel 1733, salì alla carica di consigliere di Carlo Alessandro, duca di Württemberg, che gli affidò prontamente la gestione del governo. Per portare più denaro nelle casse, Joseph Süss Oppenheimer introdusse il monopolio ducale sul commercio del sale, del cuoio, delle carte, del tabacco e dei liquori, e creò nuove multe. Fondò una banca e si arricchì ulteriormente. Condusse uno stile di vita lussuoso e, apparentemente, tenne un'amante cristiana. Divenne noto in tutta la Germania come un eccezionale uomo d'affari. Inoltre, favorì sistematicamente i suoi compatrioti, ad esempio firmando grandi contratti con mercanti ebrei per rifornire l'esercito del Württemberg. Dal punto di vista politico, insieme al Duca, che si era convertito al cattolicesimo, preparò una cospirazione contro il Parlamento per abolire i privilegi. Arrestato dopo la morte improvvisa del suo sovrano nel marzo 1737, Joseph Süss Oppenheimer fu condannato a morte il 13 dicembre per "alto tradimento, furto, usurpazione, frode e violazione della legge". Il 4 febbraio 1738 fu impiccato davanti a 12.000 persone sulla forca più alta della Germania, in una gabbia di ferro. Le sue ultime parole furono "*Shema Israel*[552]".

Süss è rimasto nella storia come figura emblematica e rappresentativa della decina di "ebrei di palazzo" che, nel XVIII secolo, erano saliti

---

[552] *"Ascolta o Israele"*, inizio del Deuteronomio VI, 4.

all'apice del potere in alcuni grandi Stati tedeschi. Dal 1737 al 1739 furono pubblicati molti pamphlet contro l'ebreo Süss. Wilhelm Hauff dedicò un romanzo al personaggio nel 1827, dipingendo un ritratto poco gentile di Joseph Süss Oppenheimer come un ebreo dalle abitudini dissolute. Ma il personaggio è stato identificato soprattutto grazie al film di Veit Harlan, uscito nel 1940.

All'inizio del suo libro *L'ebreo di Süss*, pubblicato nel 1925, il romanziere ebreo Lion Feuchtwanger fa un ritratto sorprendente del tipo di ebreo dell'Ancien Régime che regnava nell'ombra grazie al denaro: "Isaak Landauer sapeva che al mondo esisteva una sola realtà: il denaro. La guerra e la pace, la vita e la morte, la virtù delle donne, il potere del Papa di legare e sciogliere, la libertà degli Stati, la purezza della confessione di Augusta, le navi che solcano i mari, la sovranità dei principi, l'amore, la pietà, la viltà, l'orgoglio, il vizio e la virtù, tutto proveniva dal denaro e ad esso ritornava, e tutto poteva essere espresso in cifre. Lui, Isaak Landauer, lo sapeva, era vicino alla sorgente che faceva scorrere quell'immenso potere e poteva contribuire a dirigerne il corso, prosciugando o fertilizzando la terra. Ma considerava una follia ostentare il suo potere e lo teneva segreto, e un breve sorriso, strano e divertito, era tutto ciò che tradiva la sua conoscenza e il suo potere. E un'altra cosa: forse avevano ragione i rabbini e i saggi delle contrade ebraiche quando parlavano con precisione di Dio e del Talmud, descrivendo il Giardino del Paradiso e la Valle delle Lacrime fin nei minimi dettagli, come se fossero cose reali. Lui, da parte sua, non aveva molto tempo da dedicare a tali discussioni ed era piuttosto incline a seguire la tendenza di certi francesi che trattavano tali argomenti con elegante ironia. In pratica non lo preoccupavano, mangiava quello che gli piaceva e considerava il sabato come un giorno di lavoro. Ma esteriormente si aggrappava tenacemente alla tradizione e il suo caftano era come una seconda pelle per lui. Vestito così, entrava negli uffici dei principi e dell'imperatore. Era un altro segno del suo potere, più profondo e segreto. Disdegnava guanti e parrucche. Avevano bisogno di lui, e questo era il suo trionfo, nonostante il suo caftano e i suoi riccioli[553] ".

Nel frattempo, nella penisola iberica, i marrani vivevano una situazione molto meno invidiabile. A Lisbona, il 1° settembre 1739, si tenne nuovamente un'auto de fe. Quattro uomini e otto donne furono bruciati vivi dopo aver rifiutato di pentirsi di aver giudaizzato di nascosto, mentre altri trentacinque imputati furono condannati all'ergastolo[554].

---

[553]Lion Feuchtwanger, *El judío Süss*, Editorial Sudamericana pdf (Edhasa, Barcellona, 1990), pagg. 10-11. E in Léon de Poncins, *La mystèrieuse Internationale juive*, 1936, p. 188-189. Sull'*ebreo Süss di* Lion Feuchtwanger si veda anche il nostro libro *The Millards of Israel* (2014).
[554]Si legga nuovamente la nota 546.

CIX. Federico II e l'imperatrice Maria Teresa

Nel XVIII secolo, la più grande comunità ebraica dell'Impero si trovava a Praga. Il suo ghetto era una vera e propria città ebraica di quindicimila abitanti, con una propria magistratura e istituzioni di ogni tipo. Questa comunità godeva da tempo di un'ottima reputazione nel mondo ebraico, grazie ai suoi rabbini, alle sue scuole e alle sue tipografie. Altre comunità, meno importanti, erano state fondate in varie città della Boemia.

Per frenare la loro espansione, fu emanato un editto secondo il quale solo il figlio maggiore di ogni famiglia ebraica aveva il diritto di sposarsi e di mettere su casa. Gli altri figli, se si sposavano, non potevano rimanere nel Paese.

Nel 1740, alla morte dell'imperatore Carlo VI, la figlia Maria Teresa fece valere i suoi diritti di successione. Il re Federico II di Prussia colse l'occasione per attaccare e invadere la Slesia, un ricco territorio asburgico, scatenando la Guerra di successione austriaca.

A quel tempo, gli ebrei avevano acquisito un certo potere in Prussia. Tra coloro che erano stati espulsi da Vienna nel 1670, alcuni erano stati autorizzati a stabilirsi a Berlino e in altre città prussiane dal Granduca di Brandeburgo, Federico Guglielmo. I mercanti e i banchieri ebrei divennero rapidamente ricchi e occuparono posizioni importanti a corte. I loro affari prosperarono ancora di più nonostante il fatto che "il filosofico re Federico simpatizzasse con l'antipatia della sua illustre nemica Maria Teresa nei confronti degli ebrei, e promulgasse leggi antiebraiche degne del Medioevo piuttosto che del XVIII secolo". Desiderava che gli ebrei nei suoi domini diminuissero di numero, piuttosto che aumentare [555] ". Tuttavia, il re permise loro di fare fortuna durante le guerre che combatté contro l'Austria e la Francia. Infatti, un gran numero di ebrei berlinesi rifornì l'esercito e approfittò dei tempi duri per arricchirsi notevolmente.

Quando l'esercito prussiano entrò a Praga, la popolazione fu sorpresa di scoprire che gli ebrei simpatizzavano apertamente per la Prussia protestante dell'imperatore "illuminato", amico di Voltaire e dei filosofi, tutti dediti alle idee dell'"Illuminismo".

Maria Teresa, madre della futura regina di Francia Maria Antonietta, prese allora la decisione di espellere gli ebrei da Praga e dal regno di Boemia, dipendente dall'Impero. Il 22 dicembre 1744, l'imperatrice obbligò gli ebrei a cucirsi un pezzo di stoffa gialla sulla manica ed emanò questo editto:

"Per varie ragioni, ho deciso di non tollerare in futuro gli ebrei nel mio

---

[555] Heinrich Graetz, *History of the Jews V*, Filadelfia, The Jewish Publication Society of America, 1895, p. 304.

regno ereditario di Boemia. Pertanto, intendo che l'ultimo giorno di gennaio del 1745 nessun ebreo rimanga nella città di Praga; se qualcuno dovesse ancora essere trovato, sarà espulso dai soldati. Tuttavia, affinché possano sistemare i loro affari e disporre dei loro beni che non possono portare con sé, potranno rimanere per un altro mese nel resto del regno di Boemia. Infine, questa evacuazione di tutto il Paese avrà luogo prima dell'ultimo giorno di giugno 1745".

Gli ebrei furono presi dal panico e fuggirono da Praga per cercare rifugio nei villaggi circostanti. Molti finirono per vagare nella fredda campagna in autunno e in inverno. Per quattro anni, centinaia di famiglie si ridussero a questo estremo. Alla fine, a forza di insistere e di offrire ingenti somme di denaro, gli ebrei riuscirono a convincere Maria Teresa a permettere loro di tornare a Praga.

CX. Benedetto XIV, 1751

Benedetto XIV ha segnato il XVIII secolo con il suo lungo pontificato di 18 anni (1740-1758). Fu un papa appassionato di scienza: fisica, chimica e matematica. Istituì a Roma una facoltà di chirurgia e un museo anatomico. Cercò anche di placare le questioni e le controversie religiose, soprattutto con il giansenismo[556].

All'inizio del suo regno fu favorevole all'Illuminismo e mantenne buoni rapporti con Federico II di Prussia attraverso lo scienziato Maupertuis. Voltaire ammirava sinceramente questo papa erudito e aperto alle idee del suo tempo. Gli dedicò persino la sua tragedia *Mahomet* nel

---

[556] Il giansenismo è una dottrina teologica che ha dato origine a un movimento religioso, poi politico e filosofico, sviluppatosi nel XVII e XVIII secolo, soprattutto in Francia, come reazione ad alcuni sviluppi della Chiesa cattolica e dell'assolutismo reale. La definizione di giansenismo è problematica, in quanto i giansenisti raramente assumevano questo nome, considerandosi solo cattolici. Tuttavia, avevano alcuni tratti caratteristici, come il desiderio di aderire strettamente alla dottrina della grazia di Agostino d'Ippona (Sant'Agostino), concepita come la negazione della libertà umana di fare il bene e di ottenere la salvezza. Secondo loro, ciò era possibile solo attraverso la grazia divina. I giansenisti si caratterizzavano anche per il loro rigorismo morale e l'ostilità nei confronti della Compagnia di Gesù (gesuiti) e della sua casistica, oltre che per l'eccessivo potere della Santa Sede. Il giansenismo, in quanto movimento puritano, pone l'accento sul peccato originale, sulla depravazione umana, sulla necessità della grazia divina che salverà solo coloro ai quali è stata concessa fin dalla nascita e sulla credenza nella predestinazione senza libero arbitrio. Il giansenismo è generalmente considerato sinonimo di intransigenza. A partire dalla fine del XVII secolo, a questa tendenza spirituale si aggiunse un aspetto politico, con gli oppositori dell'assolutismo reale ampiamente identificati con i giansenisti. Il giansenismo fu condannato come eretico dalla Chiesa cattolica.

1745. La lettera di ringraziamento del papa al filosofo testimonia i loro buoni rapporti.

Ma la legislazione era ancora necessaria per contenere l'aggressività degli ebrei. Una lettera al governatore di Roma del 28 febbraio 1747, *De baptismo Judaeorum sive infantum, sive adultorum*, è infatti un lungo trattato - di eccezionale precisione e chiarezza - in cui il papa ricorda le disposizioni dei concili contro gli ebrei, gli antichi canoni e tutte le misure coercitive prese dai suoi predecessori. Ciò non significava, però, che essi potessero essere spogliati di tutto, precisava il papa (*Non ab iis expetendum esse quod iure non potest exigi... Quidquid iniuriam sapit Christianorum indignum est*).[557]

Nel 1751, Benedetto XIV promulgò un'ordinanza che aggiornava le decisioni di Paolo IV. Il Talmud era fuori legge e doveva essere bruciato; agli ebrei era vietato vendere o portare i loro libri nello Stato Pontificio; non potevano avere servi cristiani; non potevano spostarsi senza autorizzazione, possedere carri o cavalli. Dovevano trasportare i loro morti in silenzio al cimitero; tutto questo sotto pena di percosse e multe. L'ordinanza fu confermata nel 1755 e successivamente nel gennaio 1793 da Pio VI. Allo stesso tempo, però, severi decreti punivano con le stesse pene i cristiani che disturbavano ingiustamente gli ebrei.

L'Enciclica del 14 giugno 1751, intitolata *A Quo primum*, indirizzata ai vescovi e al popolo polacco, conteneva una serie di recriminazioni contro gli ebrei. La dichiarazione del Papa era un avvertimento, un segnale di allarme per il decadente regno polacco. Purtroppo l'appello rimase inascoltato e accadde ciò che il papa aveva previsto: il crollo del regno di Polonia, completamente mangiato e minato dagli ebrei, fu presto fatto a pezzi dagli Stati vicini.

"In breve: da persone responsabili, la cui testimonianza merita credito e che conoscono bene lo stato delle cose in Polonia, e da persone che vivono nel regno, che per il loro zelo religioso hanno fatto conoscere le loro lamentele a noi e alla Santa Sede, abbiamo appreso i seguenti fatti. Il numero degli ebrei è molto aumentato. Così, alcune località, villaggi e città che un tempo erano circondate da splendide mura (le cui rovine testimoniano il fatto), e che erano abitate da un gran numero di cristiani, come vediamo dagli antichi elenchi e registri ancora esistenti, ora sono mal tenute e sporche, popolate da un gran numero di ebrei e quasi spogliate dei cristiani. Inoltre, nello stesso regno ci sono un certo numero di parrocchie in cui la popolazione cattolica è notevolmente diminuita. La conseguenza è che le entrate di queste parrocchie sono diminuite così tanto che rischiano di rimanere senza sacerdote. Inoltre, l'intero commercio di

---

[557] Charles Auzias-Turenne, *Revue Catholique des Institutions et du Droit*, ottobre 1893.

articoli di uso comune, come i liquori e persino il vino, è nelle mani degli ebrei; essi sono autorizzati a occuparsi dell'amministrazione dei fondi pubblici; sono diventati affittuari di locande e fattorie e hanno acquisito proprietà terriere. Con tutti questi mezzi, hanno acquisito diritti di proprietà sugli sfortunati coltivatori del suolo, i cristiani, e non solo usano il loro potere in modo disumano e senza cuore, imponendo ai cristiani fatiche severe e dolorose, costringendoli a sopportare pesi eccessivi, ma, inoltre, infliggendo loro punizioni corporali come colpi e ferite. Perciò questi disgraziati si trovano nella stessa condizione di sottomissione a un ebreo come gli schiavi all'autorità capricciosa del loro padrone. È vero che, nell'infliggere le punizioni, gli ebrei sono obbligati a ricorrere a un funzionario cristiano a cui è affidata questa funzione. Ma poiché questo funzionario è obbligato a obbedire agli ordini del padrone ebreo, per non essere lui stesso privato della sua carica, gli ordini tirannici dell'ebreo devono essere eseguiti.

"Abbiamo detto che l'amministrazione dei fondi pubblici e l'affitto di locande, tenute e fattorie sono caduti nelle mani degli ebrei, con grande e vario svantaggio dei cristiani. Ma dobbiamo anche accennare ad altre mostruose anomalie, e vedremo, se le esaminiamo con attenzione, che sono in grado di originare mali ancora maggiori e rovine più estese di quelle che abbiamo già menzionato. È una questione gravida di conseguenze molto grandi e gravi il fatto che gli ebrei siano ammessi nelle case della nobiltà con una capacità domestica e pecuniaria tale da ricoprire la carica di intendente. In questo modo, vivono in condizioni di intimità familiare sotto lo stesso tetto con i cristiani, e li trattano continuamente in modo sprezzante, mostrando apertamente il loro disprezzo. Nelle città e in altri luoghi si vedono ovunque ebrei in mezzo ai cristiani e, cosa ancora più deplorevole, gli ebrei non temono minimamente di avere in casa cristiani di entrambi i sessi che si aggiungono al loro servizio. Inoltre, poiché i Giudei sono molto occupati negli affari commerciali, accumulano enormi somme di denaro da queste attività e procedono sistematicamente a derubare i cristiani dei loro beni e possedimenti per mezzo delle loro esazioni usurarie. Sebbene allo stesso tempo prendano in prestito somme di denaro dai cristiani a un livello di interesse smodatamente alto, per il cui rimborso le loro sinagoghe fungono da garanzia, tuttavia le ragioni per cui lo fanno sono facilmente intuibili. In primo luogo, ottengono dai cristiani denaro che utilizzano per il commercio, ottenendo così un profitto sufficiente a pagare gli interessi pattuiti e, allo stesso tempo, aumentando il proprio potere. In secondo luogo, ottengono tanti protettori delle loro sinagoghe e delle loro persone quanti sono i loro creditori[558] *".*

---

[558] https://www.geocities.ws/magisterio_iglesia/benedicto_14/a_quo_primum.html

CXI. Gli ebrei nel "secolo dei lumi"[559].

L'emancipazione degli ebrei dalla secolare tutela dei rabbini era iniziata nel secolo dei Lumi. Nell'ebraismo, questa corrente intellettuale, chiamata "*Haskala*", era guidata principalmente dal filosofo ebreo tedesco Moses Mendelssohn, che sosteneva l'istruzione laica, l'uso della lingua locale e l'integrazione degli ebrei nella società gentile. Mendelssohn riteneva che gli ebrei avrebbero migliorato la loro sorte avvicinandosi ai cristiani, facendosi conoscere meglio da loro e non rimanendo più arroccati nelle loro tradizioni ristrette e nei loro ghetti misteriosi, ma senza abbandonare la loro religione ancestrale. È in quest'ottica che tradusse la Bibbia in tedesco classico.

Da parte cristiana, il movimento per l'emancipazione ebraica era rappresentato da Gotthold Ephraim Lessing e Wilhelm von Dohm. Altri intellettuali si opposero vigorosamente a queste idee. Uno scrittore di Francoforte sul Meno, Johann-Balthasar Kolbele, denunciò le nefandezze degli ebrei e la nocività del giudaismo, risultando particolarmente offensivo nella sua *Lettera a Herr Mendelssohn* (marzo 1770). Ma ovunque in Europa le idee illuministe stavano guadagnando terreno. Nel 1714, il libero pensatore inglese John Toland aveva pubblicato un pamphlet che chiedeva la completa emancipazione degli ebrei. Ma alcuni deisti inglesi, come Tindal, Morgan e Lord Bolingbroke, denunciarono il cristianesimo attaccando le sue radici ebraiche. Questo argomento fu ripreso in Francia da Voltaire nel suo *Dictionnaire philosophique* (1764), in cui ridicolizzava gli ebrei ignoranti e fanatici.

Le idee dell'Illuminismo diedero i loro frutti. Nel 1781, Giuseppe II d'Austria, un imperatore imbevuto delle idee dell'*Enciclopedia*, emanò un editto di tolleranza che equiparava gli ebrei agli altri cittadini. Ma a quel tempo né i principi né il popolo erano ancora disposti a concedere agli ebrei la piena parità di diritti, il che equivaleva a far entrare la volpe nel pollaio. Persino il re prussiano Federico il Grande, il filosofo reale, si rifiutò di migliorare la loro situazione.

Nel neonato regno di Sassonia, gli ebrei rimasero soggetti alle leggi restrittive che li avevano governati nei secoli precedenti. Gli ebrei

---

[559] Il "Secolo dei Lumi" o Illuminismo fu un movimento filosofico, letterario e culturale borghese che attraversò l'Europa nel XVIII secolo, soprattutto in Inghilterra, Francia e Germania. Il suo scopo era quello di promuovere il razionalismo, l'individualismo e il liberalismo contro l'"oscurantismo" e la superstizione della Chiesa cattolica e l'arbitrarietà della regalità e della nobiltà, utilizzando come modelli la filosofia empirica, l'economia liberale e la monarchia costituzionale inglese. In quest'epoca si diffusero ideali come libertà, uguaglianza, progresso, tolleranza, fraternità, governo costituzionale, cosmopolitismo e separazione tra Chiesa e Stato.

soprannominarono giustamente questo Paese "Spagna protestante". Dal punto di vista legale, non avevano il diritto di rimanervi; solo alcuni erano tollerati a Dresda e Lipsia, ma soggetti all'espulsione in qualsiasi momento. Non potevano avere sinagoghe e per la preghiera si riunivano in semplici stanze. Anche gli ebrei russi sotto Alessandro I furono trattati in modo più liberale.

CXII. Gli ebrei in Francia nel XVIII secolo

Per tre secoli, dal 1394, la Francia fu *judenrein*, purificata dagli ebrei, fino all'annessione dell'Alsazia da parte di Luigi XIV. Alcune famiglie ebree provenienti dalla Germania erano state reincorporate nella città di Metz per volere di Enrico IV. Nel 1720 formavano un nucleo di un centinaio di famiglie ed erano soggette a regole molto severe: indossare sempre abiti neri, vivere nel ghetto con una sola apertura verso l'esterno. I loro servizi erano talvolta richiesti per l'acquisto di foraggio e cavalli, in particolare per l'esercito.

In quegli anni si raccontava che una ventina di ebrei erano riusciti a infiltrarsi a Parigi. Dietro di loro, una piccola banda aveva tentato la stessa fuga, ma la polizia della capitale li aveva inseguiti e l'operazione non era più importante di qualsiasi altro inseguimento di furfanti o sospetti. Si trattava di un semplice aneddoto, molto tipico della mentalità dell'epoca, che dimostrava come la presenza degli ebrei rimanesse profondamente repellente.

Dal 1719, la polizia aveva identificato i vagabondi e aveva emesso un mandato di arresto per circa venticinque persone che non avevano il passaporto obbligatorio e che "meritavano di essere espulse". Nel 1721 era stato creato un posto di ispettore vigilante degli ebrei. Nel 1725, M. Hérault, in sostituzione di M. d'Argenson, raddoppiò la sua severità e chiese lui stesso l'espulsione senza ulteriori indugi di tutti gli ebrei i cui documenti non fossero impeccabilmente in regola, "perché la gente di questa religione è molto sospettosa e ci sono molti furfanti tra loro".

Agli ebrei fu nuovamente proibito di assumere i servizi di una serva cristiana, anche nei giorni di sabato. Questa misura era la risposta al reclutamento di lavoratrici cristiane da parte degli ebrei di Bordeaux, dove ufficialmente c'erano solo "nuovi cristiani" espulsi dalla Spagna e dal Portogallo qualche secolo prima: "Gli ebrei hanno belle cameriere contadine che ingravidano per servire come balie per i loro figli, e poi consegnano la prole che le giovani contadine partoriscono agli ospizi per bambini abbandonati" (Rapport de Monsieur de Boucher, 1733). (*Relazione di Monsieur de Boucher*, nel 1733).

Le relazioni sessuali con i cristiani erano spietatamente perseguitate dalle autorità. Per principio, un ebreo accusato di aver sedotto una donna cristiana rischiava il rogo e il clero gli negava il battesimo se faceva segno di volersi convertire. Nel 1726, ad esempio, una cameriera ariana di nome Marie Becquart fu imprigionata per essere stata l'amante di un certo Lévy.

Sotto la luogotenenza generale di Berryer, a partire dal 1747, l'ebraismo incontrò un formidabile avversario nella persona del vigile ispettore M. Legrand, che, appena entrato in carica, si lamentò delle indulgenze ricevute dagli ebrei e della conseguente invasione. Il numero di ebrei a Parigi in quel periodo era di circa cinquecento.[560]

Nel 1750, Luigi XV in persona scrisse una lettera al luogotenente generale per assicurarsi che tutti gli ebrei avessero i documenti in regola, che li avrebbe tenuti d'occhio e che in caso di rifiuto sarebbero stati imprigionati. Rispetto a questa "marmaglia errante", scrive Lucien Rebatet, "l'ebraismo di Bordeaux, sistemato nei suoi affari, dotato di carte borghesi da Luigi XIV, confermato nei suoi privilegi da Luigi XV, rappresentava evidentemente una società ebraica in regola". Ma anche in questo caso furono sollevate delle lamentele. Finché la colonia non superava i cinquecento membri (dato del 1718), non se ne sentiva parlare. Quindici anni dopo, aveva già raggiunto le quattromila anime.

In Alsazia, annessa alla Francia sotto Luigi XIV, il problema ebraico era molto più pressante che nel resto del Paese. Luigi XIV, fedele ai suoi principi politici, aveva autorizzato l'Alsazia a mantenere i suoi regolamenti speciali, compresi, ovviamente, quelli relativi agli ebrei, così strettamente allineati con le convinzioni della monarchia.

Dalla metà del XIV secolo, Strasburgo aveva proibito agli ebrei di avere una casa o una proprietà nel suo recinto, per quanto modesta o temporanea potesse essere. Al calar della sera, tutti gli ebrei rientravano nel ghetto al suono del corno ebraico, il *Kraüselhorn*, che ne segnalava l'ingresso. Durante il giorno rimanevano aperti solo alcuni negozi, ad esempio il commercio di livree, e potevano entrare in città solo pagando un pedaggio speciale. Così, tra il 1389 e il 1681, nessun ebreo pernottò a Strasburgo. Alcuni ebrei furono occasionalmente autorizzati a fermarsi per una notte, in caso di necessità giustificata, ma sempre nelle locande designate dalla polizia. Per il resto, le ordinanze contro gli ebrei furono rinnovate nel 1708 e nel 1750, e addirittura inasprite. Nel 1708, per prevenire le frodi da parte degli ebrei che si erano installati alle porte della città e si erano mascherati, fu vietato loro di entrare senza un salvacondotto. Ai sudditi cristiani nel raggio di otto miglia da Strasburgo fu anche proibito di intraprendere qualsiasi attività o contratto con gli ebrei, ad eccezione del commercio di cavalli e bestiame e della vendita di beni di prima necessità, generi alimentari e abbigliamento. Queste regole furono osservate così

---

[560] Lucien Rebatet, *Je Suis Partout*, numero speciale del 17 febbraio 1939.

rigorosamente fino alla Rivoluzione francese che il primo proprietario ebreo di una casa a Strasburgo dal Medioevo fu un certo Cerfbeer nel 1780. Tuttavia, questo importante fornitore degli eserciti aveva acquistato la casa in segreto. Quando fu scoperto, l'affare scatenò l'indignazione popolare in tutta la città, che intentò immediatamente una causa contro di lui, molto famosa all'epoca.

Per quanto riguarda gli ebrei dei villaggi delle contee, sparsi nei luoghi più remoti e che frequentavano i contadini, la piaga sociale dell'usura da loro provocata - che vediamo secolo dopo secolo ovunque Israele metta le zanne - era molto più difficile da monitorare e da evocare. Gli ebrei erano soliti predare le famiglie numerose in difficoltà o quelle i cui raccolti erano falliti, concedendo loro prestiti a tassi d'interesse esorbitanti o vendendo a credito le loro greggi, che gli ebrei poi trafficavano. A poco a poco, l'intera popolazione contadina dell'Alsazia era caduta nelle loro grinfie.

CXIII. Luigi XVI

Di tutti i monarchi che si sono succeduti sul trono di Francia, Luigi XVI è stato senza dubbio il più liberale, ma anche il più indeciso e debole di cuore. Dopo aver studiato scrupolosamente il caso degli ebrei dell'Alsazia, questo monarca risolse la questione il 10 luglio 1784 con un brevetto reale. Ecco alcuni estratti del testo autentico che danno un'idea precisa del suo zelo.

"Articolo I - Gli ebrei senza domicilio in Alsazia devono lasciare questa provincia entro tre mesi. Desideriamo che gli ebrei che - dopo la scadenza del periodo fissato dal presente articolo - si trovino nella suddetta provincia, siano perseguitati e trattati come vagabondi e persone senza confessione, e che sia applicata la severità delle ordinanze.

Articolo II - Proibisce espressamente a tutti i signori e a tutte le città e comunità che godono del diritto di signoria di ammettere in futuro qualsiasi ebreo straniero fino a quando Noi non ordineremo diversamente.

Articolo VI - A tutti gli ebrei residenti in Alsazia è espressamente vietato sposarsi senza il nostro permesso, anche al di fuori degli Stati della nostra dominazione, pena l'immediata espulsione dalla suddetta provincia.

Articolo VII - Questo articolo impone una multa di 3.000 sterline ai rabbini che celebrano matrimoni non autorizzati e ordina la loro espulsione in caso di recidiva. Ai rabbini è inoltre vietato ospitare ebrei senza passaporto, come fanno continuamente".

L'articolo VIII proibiva agli ebrei di assumere servi cristiani per gestire le fattorie e l'articolo IX vietava loro di acquistare proprietà immobiliari.

Lucien Rebatet racconta anche questo aneddoto "difficile da verificare, ma di grande verosimiglianza morale": nel 1787, mentre era a caccia nei boschi vicino a Versailles, Luigi XVI si sarebbe imbattuto in un misero seguito di ebrei tedeschi cenciosi, angosciati e spaventati che portavano sulle spalle il cadavere di uno di loro. Spiegarono che lo stavano portando a Parigi, nel cimitero di Montrouge che era stato loro concesso di recente. Fino all'anno precedente, avevano avuto a disposizione solo un angolo del cortile di una locanda della Vilette per seppellire i loro morti. Luigi XVI si commosse e si dice che da questo incontro nacque l'idea di uno statuto generale per gli ebrei di Francia. "Questo è molto in linea con la sua natura sentimentale", ha osservato Lucien Rebatet.

Nello stesso anno, una commissione speciale presieduta da Malesherbes studiò lo statuto. Il dossier completo non è più disponibile, ma ciò che ne sappiamo è sufficiente a rivelarne lo spirito. Luigi XVI desiderava migliorare le condizioni fisiche degli ebrei in Francia e garantire loro piena libertà di culto e di costumi. Ma il suo progetto prevedeva che gli ebrei, una nazione separata e inespugnabile, non potessero essere assimilati ai sudditi francesi, perché ciò avrebbe significato "introdurre una nazione nella nazione, una nazione armata in una nazione disarmata e ignara".

Il re di Francia mantenne tutte le prescrizioni, rimuovendoli dal pubblico impiego e rafforzando le misure contro i loro abusi finanziari, piccoli o grandi che fossero. La Rivoluzione non gli permise di completare il suo lavoro.

CXIV. *François Hell*

Nell'ultimo terzo del XVIII secolo, la situazione in Alsazia era inestricabile. I conflitti sorgevano ad ogni angolo. Gli ebrei venivano picchiati duramente, ma si vendicavano e si rivalgono nei procedimenti legali. Gli alsaziani furono sopraffatti dall'eccessiva immigrazione di ebrei tedeschi. L'ultimo conteggio portava il numero di ebrei in Alsazia a 19.624, una cifra che sembrava esorbitante. La popolazione ebraica era triplicata in trent'anni.

François Hell, un impiegato di corte alsaziano, intelligente e colto, fu uno dei suoi più accaniti avversari. Imparò persino l'ebraico per poter capire da solo i loro libri di commercio e penetrare il segreto delle loro operazioni. Nominato balivo da alcuni nobili alsaziani, approfittò della sua posizione per insegnare ai debitori degli ebrei a fabbricare false ricevute che poi opponevano alle richieste dei creditori.

Nel 1779 pubblicò anche le *Osservazioni di un alsaziano sugli affari ebraici in Alsazia*, *un* testo in cui esortava la popolazione a ribellarsi alla tirannia ebraica[561]. Una volta inviò loro persino delle lettere in ebraico

---

[561] « Perché il sangue del Giusto crocifisso è sceso su di loro e sui loro figli... Non c'è

minacciando di denunciarli per truffa e usura se non avessero pagato una somma stabilita. Ecco un testo di Louis de Bonald riguardante questo scandalo delle false ricevute. Louis de Bonald, nobile di Rouergue, ex sindaco di Millau, era fuggito dalla Francia nel 1791, concludendo poi la sua carriera di scrittore e politico all'Académie française. Nel 1806 narrò questa storia di François Hell:

"Verso il 1777 o il 1778, i contadini dell'Alsazia, oppressi allora come oggi dalle esazioni usurarie degli ebrei, avevano tentato, nella loro disperazione, un mezzo illegittimo per liberarsene; pare che un abile falsario avesse attraversato la provincia e fornito a un gran numero di debitori false quietanze. Senza dubbio gli Ebrei temevano i tribunali di un Paese in cui erano aborriti; o forse il gran numero di cause dello stesso tipo rendeva il ricorso alla giustizia ordinaria troppo lento e costoso. Comunque sia, i creditori preferirono portare le loro rimostranze all'autorità superiore; e si può anche credere che gli argomenti irresistibili, come dice Figaro, di cui gli ebrei hanno sempre le tasche piene, devono essere stati ascoltati più favorevolmente dall'amministrazione che dai magistrati".

Dopo la pubblicazione del pamphlet di François Hell, gli ebrei, racconta Bonald, "avevano abbastanza credito per imprigionare il ballo degli Hell". Infatti, nel 1780, François Hell fu arrestato per ordine di Luigi XVI e condannato a un esilio di tre anni. Al suo ritorno, fu accolto come un martire dai contadini alsaziani.

All'inizio del 1788 scoppiarono nuove rivolte in Lorena a causa dell'aumento del prezzo del pane. Gli ebrei furono allora accusati di speculazione, poiché possedevano diversi granai di grano in tutta la regione. A Lunéville, Pont-à-Mousson, Nancy, Lixheim e Sarreguemines, i granai furono saccheggiati, le sinagoghe prese a fucilate e gli ebrei attaccati per strada. Furono inviate delle truppe per ristabilire l'ordine, ma il sentimento di animosità della popolazione non diminuì.

Il libro di François Hell fu stampato solo nel 1790 a Neuchâtel, quando il suo autore fu eletto all'Assemblea Nazionale. Bonald, che era un democratico moderato, osservò che l'Assemblea non aveva mai discusso questo caso e commentò ironicamente: "Mentre si aboliva il feudalesimo nobiliare, abbiamo visto gli stessi legislatori coprire e proteggere questo nuovo feudalesimo degli ebrei, i veri alti e potenti signori dell'Alsazia, dove ricevevano sia le decime che i diritti signorili; e certamente, se nel

---

paese o secolo la cui storia non ci mostri scene di persecuzione che la giusta ira del Cielo ha fatto ricadere su questa razza criminale. Ovunque gli ebrei attirano su di sé i nemici che la persecuzione suscita. La durezza del loro cuore, la cecità della loro mente, lo spirito di ribellione, l'inclinazione all'usura, l'indole alla crudeltà li hanno resi e li renderanno per sempre oggetto dell'avversione dei popoli tra i quali sono sparsi». In François Hell, *Osservazioni di un alsaziano sugli affari ebraici in Alsazia.*

linguaggio filosofico la parola feudale è sinonimo di oppressivo e odioso, non conosco nulla di più feudale per una provincia di undici milioni di ipoteche dovute agli usurai[562]." François Hell finì i suoi giorni sul patibolo. Fu ghigliottinato nel 1794 perché era un realista.

CXV. La Rivoluzione e l'Impero (1789-1815)

I quaderni dell'Estate Generale contengono innumerevoli lamentele degli alsaziani e dei lorenesi nei confronti degli ebrei. Thionville, Pont-à-Mousson, Mirecourt, Sarrebourg, Nancy, Nomény, Sarreguemines, Bitche, Boulay, Bouzonville, Dreize, Fenestrange, Strasburgo, Vic e molte altre località chiesero che la legislazione sugli ebrei venisse applicata più severamente, che il loro numero nel commercio, soprattutto di foraggio e grano, fosse limitato. Ma fin dal primo giorno l'Assemblea Costituente, trascinata da un manipolo di oratori e demagoghi, fu pronta a far prevalere l'ideologia sugli interessi della nazione.

La presa della Bastiglia aveva inaugurato la lotta contro i "nemici del popolo". In Alsazia, il nemico del popolo era rappresentato dall'ebraismo. All'indomani del 14 luglio 1789, gli alsaziani attaccarono gli ebrei a mano armata.

Il 3 agosto 1789, l'abate Gregorio, sacerdote di Embermesnil in Lorena, deputato del baliato di Nancy, prese il pretesto per salire sul palco e pronunciare un discorso appassionato. Si sollevarono alcune proteste. Nella seduta del 23 dicembre 1789, quando l'Assemblea aveva rimesso la questione all'ordine del giorno con l'intervento di Monsieur de Clermont-Tonnerre, l'Abbé Maury rispose a sua volta al clan filo-ebraico presente in aula: "La parola ebreo non è il nome di una setta, ma di una nazione che ha le sue leggi, le ha sempre seguite e vuole seguirle. Non sono mai stati altro che trafficanti di denaro e non saranno mai agricoltori, soldati o artigiani. Il popolo prova per gli ebrei un odio che la loro emancipazione non mancherà di far esplodere. Per la loro salvezza non ci deve essere materia di deliberazione. Non devono essere perseguitati... Che siano dunque protetti come individui, ma non come francesi, poiché non possono essere cittadini".

L'Alsazia, che ospitava più della metà della popolazione ebraica francese, fece suonare tutti i campanelli d'allarme, la cui eco è visibile proprio in questo rapporto non firmato intitolato *Gli ebrei d'Alsazia*: "Che l'ebreo sia un cittadino in tutti gli aspetti in cui non sarà un cittadino dannoso: molto bene (vivere ovunque, possedere una casa propria, libertà di culto, ammissione alle corporazioni delle arti liberali e meccaniche). Ma

---

[562] Louis de Bonald, *Sur les Juifs*, Mercure de France, febbraio 1806.

in nessun caso l'ebreo dovrà essere ammesso agli organi politici, amministrativi e giudiziari. In altre parole, nessuna di queste importanti e delicate funzioni, che devono essere sempre governate dai principi della morale cristiana, deve essergli conferita. Il godimento illimitato di tutti i diritti di cittadinanza porrebbe i vantaggi dello status di ebreo al di sopra di quelli di qualsiasi altro francese. Infatti, da un lato, egli raccoglierebbe oro in abbondanza e, dall'altro, quest'oro, mettendo alle sue catene un gran numero di schiavi, di cui controllerebbe i voti nelle assemblee, gli servirebbe come strumento per salire alla poltrona di Presidente della Nazione o per mettersi sotto i fleurs-de-lis".

Gli ebrei sefarditi di Bordeaux, più cauti e che già temevano la concorrenza dei loro fratelli ashkenaziti, sostenevano di essere molto a loro agio con il loro status e di non volerlo cambiare.

Ma improvvisamente, il 28 gennaio 1790, durante un grande dibattito, l'Assemblea proclamò gli ebrei di Bordeaux, già in possesso dei certificati di naturalizzazione francese, cittadini attivi. L'Assemblea approvò il provvedimento con 374 voti a favore e 224 contrari. Una mozione del deputato alsaziano Schwends, che voleva chiarire che la legge non includeva gli ebrei dell'Alsazia, il cui numero ammontava ormai a 26.000, fu respinta.

Non appena il voto fu reso noto, a Bordeaux furono organizzate manifestazioni antiebraiche. In Alsazia, le rivolte rivoluzionarie si trasformarono in attacchi furiosi contro gli ebrei. Furono sparati colpi di pistola contro le loro sinagoghe, furono fatti saltare i tetti delle loro case. Volarono voci e pettegolezzi dappertutto e ci si chiese se d'ora in poi si dovesse essere ebrei per essere vescovi.

Gli ebrei di Parigi chiesero la cittadinanza con tutte le loro forze, ma l'Assemblea, a causa delle tensioni che la questione generava tra i suoi membri, preferì rinviare la legge definitiva.

Tuttavia, il 27 settembre 1791, Duport chiese la cittadinanza attiva con eleggibilità per tutti gli ebrei, compresi quelli della Contea di Venesine recentemente annessa alla Francia. Il deputato alsaziano Rewbell, seguito da numerosi deputati, alzò la voce, ricordando che gli ebrei in Alsazia avevano debiti enormi a causa dell'usura che praticavano e che l'Assemblea si sarebbe quindi schierata contro le vittime. Gli estremisti vinsero nonostante queste parole ragionevoli e la legge di emancipazione degli ebrei fu promulgata il 27 settembre 1791. Il 13 novembre la legge fu ufficialmente registrata con decreto reale. D'ora in poi gli ebrei erano cittadini come tutti gli altri. Ben presto, con le guerre napoleoniche, questa misura si diffuse in tutta Europa e gli ebrei furono emancipati, almeno provvisoriamente, in quasi tutti gli Stati europei. Per la prima volta nella storia dell'Europa, le porte del pollaio erano state spalancate.

Louis de Bonald ironizzò: « L'assemblea li dichiarò cittadini attivi: un titolo che, insieme alla dichiarazione dei diritti dell'uomo, appena decretata, era allora considerato il più alto grado di onore e beatitudine a cui una creatura umana potesse aspirare». Ma si oppose alla colpevolizzazione dei cristiani: «Gli ebrei», disse, «erano respinti dai nostri costumi molto più di quanto fossero oppressi dalle nostre leggi». Di conseguenza, l'Assemblea ha commesso l'enorme e deliberato errore di mettere le sue leggi in contraddizione con la morale". Bonald ammonì infine i suoi contemporanei: "Fate attenzione che l'emancipazione degli ebrei non diventi l'oppressione dei cristiani!".[563]

Un gran numero di ebrei si arruolò immediatamente nella Guardia Nazionale, dove potevano divertirsi a dare la caccia ai sospetti. Per contro, erano pochi sui campi di battaglia della Repubblica. Uno dei pochi documenti che racconta la loro presenza è un decreto di Laurent, commissario del popolo nell'Armata del Nord, del *16 Messidoro II*, che riporta il pullulare di spie e saccheggiatori di cadaveri ebraici: "Agli ebrei è severamente vietato seguire gli eserciti, pena la morte. I generali, i comandanti dei posti dell'esercito e il comitato di vigilanza della municipalità di Mons esamineranno le denunce contro i trasgressori e li arresteranno immediatamente per l'esecuzione entro 24 ore".

In Alsazia, dal decreto del 1791, la dominazione ebraica era diventata una vera e propria ossessione. Gli ebrei chiedevano 1,50 franchi di interessi al mese per 24 franchi presi in prestito, senza lasciare prove documentate di questi tassi usurari. Ogni anno in Alsazia venivano eseguite vendite forzate per un valore di 1.500.000 franchi, l'85% delle quali su richiesta degli ebrei. Dall'anno VII al gennaio 1806 (1798-1806), i loro prestiti ipotecari erano saliti a 21 milioni. Infine, erano soliti falsificare il loro stato civile, cambiando nome in ogni città per eludere la giustizia e soprattutto la coscrizione militare. Dei 66 ebrei della Mosella che avrebbero dovuto far parte del contingente, nessuno aveva prestato servizio nell'esercito[564].

Bonaparte decise allora di commissionare uno studio sulla questione a uno dei suoi giureconsulti più famosi e obiettivi, Jean-Etienne-Matie Portalis, che scrisse una memoria dettagliata: "Assimilando gli ebrei senza precauzioni a tutti gli altri francesi, un gran numero di ebrei stranieri è stato attirato e ha infestato i nostri dipartimenti di frontiera, e i felici cambiamenti promessi dal sistema di naturalizzazione adottato non si sono verificati nella massa di ebrei che si sono stabiliti in Francia da più tempo. A questo proposito, le circostanze attuali parlano da sole".

Lo stesso Napoleone Bonaparte dichiarò: "Vorrei sottolineare ancora una volta che non ci sono lamentele da parte di protestanti o cattolici, allo

---

[563] Louis de Bonald, *Sur les Juifs*, Mercure de France, febbraio 1806.
[564] Lucien Rebatet, *Je Suis Partout*, numero speciale del 17 febbraio 1939.

stesso modo in cui si lamentano degli ebrei. Questo perché il danno causato dagli ebrei non proviene da singoli individui, ma dalla costituzione stessa di questo popolo. Sono bruchi, locuste che affliggono la Francia.... Gli Stati Generali degli Ebrei devono essere riuniti. Voglio che ci sia una sinagoga generale degli ebrei. Sono ben lontano dal voler fare qualcosa che vada contro la mia gloria e che possa essere disapprovato dai posteri. Sarebbe una debolezza espellere gli ebrei, ma sarà una forza correggerli".

L'imperatore disprezzava gli ebrei. Ma all'apice del suo potere, avendo sconfitto così tanti sovrani, si sentiva abbastanza forte da ridurli alla sua volontà. Per integrare gli ebrei nella società francese, ritenne necessario ottenere prima l'alleanza dei rabbini. Così, il 30 maggio 1806, decise di convocare gli "Stati Generali Ebraici" da lui desiderati, cioè di costituire la maggioranza dei notabili israeliti riuniti in un organismo ufficiale. Il Gran Sinedrio di Francia, composto da settanta membri, fu convocato per la prima volta il 4 febbraio 1807.

Purtroppo, centralizzando e consacrando l'organizzazione religiosa degli ebrei, l'imperatore ottenne l'effetto contrario, poiché aveva fornito agli ebrei un potente strumento di unità e di attività nazionale.

Il decreto del 17 marzo 1808 stabilì l'organizzazione legale e la protezione del culto ebraico. Ma una misura venne a contrastare le esazioni e le truffe degli ebrei che negli ultimi mesi si erano moltiplicate in tutti i dipartimenti della Francia orientale. Agli ebrei non domiciliati nell'Alto e nel Basso Reno fu d'ora in poi vietato di stabilirsi in questi dipartimenti, e i tribunali furono autorizzati a concedere ai debitori dilazioni per tutti i debiti ebraici, compresi quelli non usurari. I magistrati potevano annullare i debiti ebraici degli incapaci, dei minori e dei militari non autorizzati dai loro ufficiali. Le cambiali, le cambiali, le obbligazioni o i pegni sottoscritti dai mercanti a favore di un ebreo erano validi solo se il portatore dimostrava che il valore era stato fornito per intero e senza frode. I tribunali dovevano ridurre tutti i debiti con interessi maturati superiori al 5% e annullare quelli con interessi superiori al 10%.

Inoltre, nessun ebreo poteva intraprendere un'attività commerciale o imprenditoriale senza aver ricevuto un brevetto speciale dal prefetto del dipartimento che attestasse che l'ebreo non aveva praticato l'usura; il concistoro doveva dimostrare la sua buona condotta e la sua probità. I contratti o gli obblighi stipulati a favore di un ebreo privo di questo brevetto potevano essere rivisti e revocati. Infine, gli ebrei non potevano essere sostituiti nel servizio militare. Queste misure sarebbero rimaste in vigore per dieci anni. Gli ebrei di Bordeaux e del Sud-Ovest furono esentati a condizione che non dessero adito ad alcun reclamo[565].

---

[565] Lucien Rebatet, *Je Suis Partout*, numero speciale del 17 febbraio 1939.

Gli ebrei, che avevano già messo solide radici in Francia e non intendevano subire ulteriori ostacoli, gridarono all'"'infamia" del decreto, e il liberatore del popolo eletto fu immediatamente vilipeso come un boia "degno del Medioevo".

Non avendo più nulla di buono da aspettarsi dall'imperatore, gli ebrei iniziarono a sostenere l'Inghilterra.

La politica ebraica di Bonaparte era stata tanto grandiosa quanto imprecisa. Grazie al suo prestigio, avrebbe servito meglio gli interessi della nazione ripristinando i principi essenziali della politica dei re. Ma è probabile che, se il destino gli avesse concesso altri vent'anni di regno e di pace nel 1815, avrebbe riesaminato il problema alla luce dell'esperienza acquisita.

CXVI. La restaurazione borbonica in Francia (1815-1830)

La reazione cattolica alle idee rivoluzionarie fu rappresentata sotto la Restaurazione da due importanti scrittori, Joseph de Maistre e Louis-Gabriel de Bonald, le cui idee erano molto simili. Infatti, Maistre scrisse a Bonald prima della sua morte: "Non ho scritto o pensato nulla che tu non abbia scritto, non ho scritto nulla che tu non abbia pensato". I due erano i principali rappresentanti della corrente cattolica tradizionalista.

Joseph de Maistre (1753-1821), nato a Chambéry in Savoia, primogenito di dieci figli, aveva studiato dai gesuiti ed era profondamente cattolico. Quando nel 1792 la Savoia fu invasa dalle armate rivoluzionarie, partì per Losanna, dove svolse diverse funzioni per il duca di Savoia, che era anche re di Sardegna. Alla fine del 1798 emigrò a Venezia, prima di essere inviato dal re Carlo Emanuele IV in Sardegna, dove fu reggente della Cancelleria. Tre anni dopo fu nominato ambasciatore in Russia.

Joseph de Maistre parlò poco dell'ebraismo. Secondo lui, però, l'odio degli ebrei per il cristianesimo non doveva mai essere dimenticato o trascurato dal legislatore, pena la disintegrazione del tessuto sociale e l'indebolimento delle fondamenta dello Stato. Di fronte a tale minaccia, l'autorità doveva incutere timore e far tremare i membri segreti della Sinagoga. Nelle *Lettere a un gentiluomo russo* del 1815, egli elogia gli sforzi dell'Inquisizione spagnola: "Era dunque necessario scoraggiare l'immaginazione, mostrando costantemente l'anatema che il solo sospetto di giudaismo comportava. È un grande errore credere che per sconfiggere un nemico potente basti fermarlo: non si è fatto nulla se non lo si costringe a ritirarsi. La questione era, allora, se una nazione spagnola avrebbe continuato a esistere... se la superstizione, il dispotismo e la barbarie avrebbero continuato a ottenere questa terribile vittoria sulla razza umana".

Louis de Bonald (1754-1840) nacque a Millau, da un'antica famiglia nobile di Rouergue. Politico, filosofo, monarchico e scrittore cattolico, fu un grande oppositore della Rivoluzione francese. Nelle sue numerose opere, attaccò la Dichiarazione dei diritti dell'uomo, il Contratto sociale di Rousseau e le innovazioni sociali e politiche della Rivoluzione, sostenendo il ritorno alla monarchia e ai principi della Chiesa cattolica.

Nel 1785 divenne sindaco di Millau. Inizialmente sostenitore della rivoluzione del 1790, fu membro e presidente dell'Assemblea del suo dipartimento. Tuttavia, disapprovando il ritiro della Chiesa cattolica (vendita dei beni del clero, costituzione civile), nel gennaio 1791 si dimise dalle cariche di presidente e deputato dell'assemblea dipartimentale. Emigrò con i due figli maggiori a Heidelberg, dove era di stanza l'esercito di Condé.

A Heidelberg, Bonald scoprì la sua vocazione di scrittore. La sua prima opera, *Teoria del potere politico e religioso*, fu stampata nel 1796 a Costanza. Nel 1797, Bonald entrò a Parigi clandestinamente, ma non riapparve ufficialmente fino al colpo di Stato del 18 brumaio[566]. Frequentò Chateaubriand, pubblicò diversi saggi politici e giuridici prima di ritirarsi nel suo Paese, ma continuò a scrivere per i giornali *Mercure de France* e *Journal des débats*.

Durante la Restaurazione, la sua lotta a favore della monarchia gli valse un riconoscimento ufficiale e fu nominato cavaliere di Saint-Louis. Nel 1815 fu eletto alla Camera dei Deputati. Nel 1816 fu nominato membro dell'Académie française. Infine, nel 1823 fu elevato alla dignità di Pari di Francia.

Nel suo saggio *sugli ebrei*, pubblicato nel 1806, Louis de Bonald studiò "la religione e i costumi di un popolo apertamente in guerra con la religione e i costumi di tutti i popoli". Fu costretto a riconoscere che il male era profondamente radicato nella maggior parte degli ebrei. Forse anche un ebreo "illuminato e virtuoso" non lo era davvero: "Non è più ammissibile, in una logica corretta, giustificare una nazione accusata di una generale disposizione alla bassezza e alla malafede, indicando alcuni individui istruiti e onesti, che incriminare una nazione virtuosa, con l'esempio di alcuni malfattori che ha prodotto[567]", scrisse giudiziosamente.

Durante la Restaurazione, nel 1818, molti deputati chiesero la proroga del decreto del 1808, che stava per scadere, e addirittura lo rafforzarono

---

[566] Il colpo di Stato del 18 brumaio nella Francia del XVIII secolo si riferisce al colpo di Stato avvenuto in quella data del calendario repubblicano francese, corrispondente al 9 novembre 1799 nel calendario gregoriano, che pose fine al Direttorio, l'ultima forma di governo della Rivoluzione francese, e diede inizio al Consolato con Bonaparte a capo (NdT).

[567] Louis de Bonald, *Sur les Juifs*, Mercure de France, febbraio 1806.

con nuove precauzioni: sospensione di tutte le vendite con diritto di riacquisto da parte degli ebrei, divieto per gli ebrei di commerciare in beni immobili.

Alcuni, come il marchese de Lattier, deputato della Drôme, proposero di confinare gli ebrei nei territori in cui vivevano prima della Rivoluzione, di limitarne il numero, di vietare alle donne di sposarsi prima dei 25 anni e persino di vietare loro di ricorrere alla giustizia. Come sempre, le sue accuse si riferivano al comportamento sistematico e continuamente picaresco degli ebrei dell'Alsazia e della Lorena. Ma la Camera dei Pari respinse tutte le sue richieste, così come l'estensione del decreto.

Nel 1827, il celebre rabbino David Drach, che si era sinceramente convertito al cattolicesimo, ci informò delle speranze della setta. Nella sua *Seconda lettera agli israeliti da parte di un rabbino convertito* (Parigi, 1827), scrisse: "Il Messia deve essere un grande conquistatore, che renderà tutte le nazioni del mondo schiave degli ebrei. Gli ebrei torneranno in Terra Santa, trionfanti e carichi delle ricchezze sottratte agli infedeli. Lo scopo della loro missione sarà quello di liberare Israele disperso, di riportarlo in Terra Santa, di stabilire e consolidare una regalità temporale la cui durata sarà la durata del mondo. Tutte le nazioni saranno allora soggette agli Ebrei, e gli Ebrei regneranno liberamente sugli individui che li compongono e sui loro beni[568]."

Ecco un altro passo del suo libro: "Il Talmud proibisce espressamente di salvare un non ebreo dalla morte... di restituirgli gli oggetti perduti... di avere pietà di lui, ecc. Secondo il Talmud, il numero totale dei precetti della legge di Dio non è inferiore a seicentotredici, cioè 248 precetti affermativi e 365 precetti negativi. I precetti affermativi numero 185 e 198 ordinano, nel primo caso, di praticare l'usura sui non ebrei e, nel secondo, di sterminare gli idoli e gli idolatri senza pietà e contemplazione[569] ".

Pochi decenni dopo, i bolscevichi ebrei della Russia del 1917 sarebbero stati animati dallo stesso odio talmudico. Per trent'anni, dal 1917 al 1947, non meno di trenta milioni di russi, bielorussi e ucraini perirono, vittime del fanatismo ebraico aggrappato al potere.

CXVII. Germania, 1814–1819

Nella maggior parte dei principati tedeschi, gli ebrei avevano acquisito pari diritti grazie all'introduzione del Codice napoleonico. Numerose voci si levarono contro l'ammissione dei predatori nella società tedesca. Nel

---

[568] Citato dall'abate Chabeauty, *Les Juifs, nos maîtres*, 1882.
[569] David Drach, *De l'harmonie entre l'Église et la Synagogue*, 1844, in Chabeauty, *Les Juifs, nos maîtres*, 1882, p. 167-170.

1793, il famoso filosofo Johann Gottlieb Fichte era un giacobino, ma i suoi ideali repubblicani non lo rendevano cieco di fronte al pericolo rappresentato dall'ammissione degli ebrei nella società. Nella sua prima opera importante sulla rivoluzione, scrisse: "Per proteggerci da loro, vedo un solo modo: conquistare per loro la loro terra promessa ed espellerli tutti lì".

Nel 1806, ne *I caratteri fondamentali dell'età presente*, espresse la sua visione del cristianesimo, che vedeva nella sua forma più pura nell'apostolo San Giovanni, dubitando persino delle origini ebraiche di Gesù. Dopo quanto scritto dall'arcivescovo di Toledo, Juan Martínez Siliceo, vediamo come l'idea di un Cristo ariano si affaccia nuovamente. Seguendo l'esempio di Voltaire, Fichte inveì contro l'Antico Testamento e criticò il Nuovo Testamento, soprattutto le epistole di San Paolo. Nel 1808, i suoi famosi *Discorsi alla nazione tedesca divennero* la Magna Charta del pangermanesimo.

A Berlino, nel 1803, Karl Grattenauer aveva pubblicato *Wider die Juden* (*Contro gli ebrei*), con una tiratura di 13.000 copie. Grattenauer considerava gli ebrei non da un punto di vista religioso, ma come una razza diversa. Nello stesso anno fu pubblicato a Lipsia *Ueber des Bürgerrecht der Juden* (Sui diritti *civili degli ebrei*) di Christian Ludwig Paalzow.

Numerosi opuscoli trascrivono il disgusto della popolazione nei confronti degli ebrei. Nel 1809, il romanziere Achim von Arnim aveva fondato a Berlino una società patriottica, la *Deutschechristliche Tischgesellschaft*, alla quale erano esclusi "ebrei e filistei": "Né ebrei, né ebrei convertiti, né discendenti di ebrei", scriveva. Suo cognato Clemens von Brentano era famoso per le sue storie di ebrei malvagi.

Louis de Bonald, che aveva trascorso un periodo di esilio a Heidelberg durante la Rivoluzione francese, aveva avuto modo di studiare da vicino i problemi causati dai numerosi ebrei che vivevano in Germania. Il Paese non era ancora stato completamente sconvolto dallo spirito ebraico, come sarebbe avvenuto alla fine del secolo. Il popolo tedesco, scrive Bonald nel suo saggio pubblicato nel 1806 intitolato *Sugli ebrei*, è "tranquillo nei suoi gusti e moderato nei suoi desideri". In alcune regioni, tuttavia, la gente moriva di fame. Bonald cita un articolo del *Bollettino del pubblicista*, datato 11 maggio. L'articolo, tratto da una gazzetta tedesca, rivelava la "malafede e l'inganno che gli ebrei stanno mostrando alla fiera di Leipsick". L'autore aggiungeva: "Sappiamo come gli ebrei dell'Alsazia trattano i contadini che possono solo chiedere prestiti a loro, e che solo in questa provincia le terre dei contadini sono ipotecate con loro per un valore di undici milioni. In realtà, sono stati loro a organizzare, in accordo con terzi cristiani, la terribile carestia in Moravia e Boemia, per riconquistare i privilegi e i monopoli di cui erano stati privati. Negli Stati bavaresi, vecchi e nuovi, stanno guadagnando sempre più influenza come uomini di denaro e, tutto sommato, non sono i banchieri cristiani, ma quelli ebrei, a regolare il tasso di cambio, non solo alla fiera di Leipsick, ma anche ad Amburgo, Amsterdam e Londra".

L'autore sosteneva l'indispensabilità del ripristino della rodella e denunciava gli ebrei come falsari: "È necessario conservare un segno distintivo per queste persone che, allo stato attuale delle cose, escluse dal pieno godimento dei diritti dei cittadini, per ostinazione o per la loro misera condizione, sono necessariamente nemici del bene pubblico. È stato dimostrato che nessuna classe di uomini è stata così dannosa come gli ebrei per le fertili province della Casa d'Austria, soprattutto a partire dal 1796; i quali, con le loro banconote e monete false, e facendo sparire il numerario, sono stati in grado di produrre questa orribile penuria generale che poteva solo giovare a loro".

Gli ebrei ricchi non erano gli unici ad essere presi di mira: "Più avanti", scrive de Bonald, lo stesso autore: "Non c'è limite alla bassezza dei mendicanti o dei venditori ambulanti ebrei, né all'incredibile moltiplicazione delle loro famiglie. I registri dei tribunali di polizia di Leipsick durante la fiera mostrano che, su dodici rapine o truffe, undici coinvolgevano ebrei". Questa è una delle poche testimonianze giunte a noi sulla criminalità ebraica prima degli studi del XX secolo.

Un autore tedesco di nome A.F. Thiele, un alto funzionario dell'amministrazione prussiana, aveva pubblicato nel 1841 un importante studio intitolato *Die jüdischen Gauner un Deutschland* (I *truffatori ebrei in Germania*), che vedremo in dettaglio in un capitolo successivo. Thiele confermò che l'occupazione francese era stata per loro un'epoca d'oro: "Durante gli anni della guerra, scrive, tra il 1806 e il 1814, c'erano legioni dei peggiori ebrei negli eserciti francesi. Lavoravano come spie e agenti doganali; altri si dedicavano al saccheggio. Questi ebrei commisero molti crimini. La maggior parte dei criminali ebrei più anziani sostiene di aver preso parte alle successive campagne francesi. Sicuramente vi presero parte, ma erano volontari indesiderati". (Volume I, pagina 73).

In effetti, molti ebrei seguirono gli eserciti napoleonici e saccheggiarono ovunque andassero. Numerosi ebrei polacchi erano giunti in Germania durante le guerre napoleoniche al seguito delle armate russe. Poiché gli eserciti francesi avevano aperto i cancelli delle prigioni e liberato gli alienati dai manicomi, e la polizia tedesca era paralizzata dall'occupazione militare del Paese, tutta la feccia aveva mano libera per perpetrare i propri misfatti e misfatti.

Il crollo dell'impero napoleonico segnò la fine del processo di penetrazione ebraica nella società tedesca. Il movimento di reazione ebbe inizio a Francoforte. Nel gennaio 1814, non appena i francesi lasciarono la città, il consiglio comunale ristabilì la vecchia legislazione. Gli ebrei furono esclusi dalle riunioni in cui si discutevano gli interessi della città.

La città li espulse dai lavori ufficiali che svolgevano e li bandì da numerose altre professioni. Fu negato loro il permesso di sposarsi e furono nuovamente segregati in un quartiere speciale.

La lotta del Senato contro gli ebrei di Francoforte durò nove anni (1815-1824). Gli ebrei si appellarono alle massime autorità, ma, in risposta al *rapporto* dettagliato presentato, i cinque giuristi della facoltà di Berlino dichiararono gravemente che in virtù del regolamento del 1616 gli ebrei di Francoforte dovevano rimanere subordinati, quasi come servi della gleba, alla borghesia di quella città.

L'esempio di Francoforte fu seguito dalle tre principali città anseatiche della Germania, che decisero anch'esse di proteggersi dagli ebrei. Ad Amburgo il Senato era favorevole, ma la popolazione, come di solito accadeva ovunque, era irrimediabilmente ostile nei loro confronti.

A Lubecca e Brema furono espulsi del tutto. Hannover, Hidelsheim, Brunswick e Assia ritirarono i diritti acquisiti. Solo gli Stati di Sassonia-Weimar, Assia-Cassel e Württemberg emanciparono i loro ebrei.

La Germania si dimostrò quindi più prudente della Francia del re Luigi XVIII. Negli Stati asburgici, le tradizioni liberali di Giuseppe II furono abbandonate a favore della reintroduzione di alcune delle vecchie restrizioni dettate dall'imperatrice Maria Teresa. Ad esse si aggiunsero addirittura nuove leggi di eccezione. Gli ebrei non furono espulsi, ma isolati nei loro ghetti. Fu negato loro l'accesso al Tirolo, così come ai protestanti. In Boemia fu negato loro il diritto di stabilirsi nelle piccole città e nei villaggi di montagna; in Moravia, invece, fu vietato loro di stabilirsi nelle grandi città come Brno e Olomuc. L'imperatore Francesco II, tuttavia, nobilitò alcuni ebrei ricchi.

L'agitazione letteraria antiebraica scatenò le passioni e causò disordini per diversi anni. Il kantiano Jakob Friedrich Fries (1773-1843), allievo di Fichte, medico e professore di scienze naturali a Heidelberg, pubblicò un libro intitolato *Sul pericolo degli ebrei per la prosperità e il carattere dei tedeschi*[570], in cui non esitava a sostenere l'annientamento dell'ebraismo.

Tra gli emulatori di Fries, anche il professor Fredric Ruehs dell'Università di Berlino seppe interpretare i sentimenti della popolazione. Nel gennaio 1816, nella sua opera intitolata *"Rivendicazione dei diritti civili per gli ebrei di Germania"*, negò agli ebrei la cittadinanza e propose di sottoporli, come in passato, al pagamento di una tassa speciale e all'uso di un segno distintivo.

Il dottor Köppe, da parte sua, in uno dei suoi pamphlet disse che gli ebrei illuminati erano "furfanti cosmopoliti" che dovevano essere

---

[570] *Über die Gefährdung des Wohlstandes und Charakters der Deutschen durch die Juden* (1816):

"inseguiti e cacciati ovunque".

I disordini iniziarono seriamente a Wurtzburg nel marzo 1819. La gente comune saccheggiava le case e i negozi degli ebrei, gettando le merci dalle finestre al grido di *Hep, Hep* (iniziali di *Hierosolyma est perdita*). Gli ebrei si difesero vigorosamente e nelle strade scoppiò una vera e propria battaglia campale, con morti e feriti. L'ordine poté essere ristabilito solo dai soldati. Il comune decise allora di espellere gli ebrei e circa quattrocento famiglie furono costrette a lasciare la città. Gli ebrei si accamparono temporaneamente in periferia, sotto le tende e nei villaggi vicini.

Queste scene si ripeterono a Bamberga e in quasi tutte le città della Franconia. Non appena un ebreo veniva avvistato, veniva scacciato con il grido ingiurioso *"Jude verreck" (Muori ebreo!)*. Tale era l'animosità e l'esasperazione della popolazione.

Il 9 e 10 agosto, a Francoforte, gli ebrei sono stati insultati nei luoghi pubblici e nelle passeggiate della città, attaccati con pietre, le loro case sono state scassinate e saccheggiate. Gli agitatori sfogarono la loro ira soprattutto sulla villa del finanziere Rothschild. La Dieta della Confederazione, il cui quartier generale era a Francoforte, chiamò in aiuto le truppe di Magonza. Ma nonostante la presenza dei soldati, i disordini continuarono per diversi giorni. Numerosi ebrei vendettero le loro proprietà e lasciarono la città, ma il sangue scorreva a fatica.

A Darmstadt e Bayreuth il popolo si ribella agli ebrei; Meiningen li espelle. A Karlsruhe, la mattina del 18 agosto, le parole *"Morte agli ebrei!"* apparvero sui muri della sinagoga e sulle case dei notabili ebrei. Anche ad Amburgo si verificarono scene di disordine. In una piccola città della Baviera, una sinagoga è stata invasa e i rotoli della Legge sono stati strappati.

Fu anche in questo periodo che l'omicidio rituale di Anderl von Rinn, commesso da ebrei molti anni prima, divenne popolare in Germania. I crimini rituali avevano smosso l'opinione pubblica a intervalli regolari fin dal Medioevo, con circa centocinquanta casi registrati a partire dal crimine di Norwich del 1144. Nel 1816, i famosi fratelli Grimm ripresero una vecchia storia nel primo volume delle loro fiabe tedesche: il piccolo Anderl (Andreas) Oxner, un bambino di tre anni, era stato assassinato il 12 luglio 1462 da ebrei sconosciuti nel suo villaggio natale di Rinn, nel Tirolo settentrionale. Fu nel 1475 che, dopo l'assassinio di Simone di Trento, le ossa del piccolo Anderl furono trasferite nella chiesa parrocchiale di Rinn. La storia divenne popolare solo nel 1620, quando fu messa per iscritto da Hippolyte Guarinoni, un medico di Halle in Sassonia. Nel 1642 Guarinoni scrisse un libro su questo crimine intitolato *Corona trionfale del martire ed epitaffio del Santo Bambino Innocente*. Il luogo del delitto, Judenstein a Rinn, divenne allora un luogo di pellegrinaggio. Questa storia fu ripresa dai famosi fratelli Grimm. Nel 1893 fu pubblicato il libro *Four Tyrolean*

*Children, Victims of Hasidic Fanaticism*⁵⁷¹ , del sacerdote viennese Joseph Deckert, che diede al piccolo Anderl una nuova vita. Nel 1953, dopo la Seconda guerra mondiale, la festa di Anderl von Rinn fu rimossa dal calendario religioso tirolese dal vescovo di Innsbruck, Paul Rusch. Nel 1985 le ossa del martire furono addirittura rimosse dalla chiesa parrocchiale e nel 1994 il vescovo Reinhold Stecher vietò il culto del bambino a Judenstein. Ma non è servito a nulla: ogni anno, la domenica successiva al 12 luglio, si svolge ancora un pellegrinaggio a Judenstein, nei pressi di Rinn.

CXVIII. L'era Rothschild

All'epoca, i fratelli Rothschild incarnavano da soli il trionfo dell'alta finanza in Europa. Moses Amschel, il loro padre, nato nel 1743, era inizialmente un impiegato della banca Oppenheim di Hannover. Quando acquistò il vecchio negozio Red Shield nella *Judengasse* (vicolo ebraico) di Francoforte, prese quel nome e cambiò il suo cognome in Rothschild (Red Shield).

Da Londra, Nathan, uno dei figli dei Rothschild, era un convinto oppositore dell'espansionismo di Bonaparte, al quale si oppose finanziando ampiamente le azioni di Wellington. Wellington avrebbe avuto le maggiori difficoltà a rifornire le sue truppe in Spagna se non avesse ricevuto dai Rothschild l'aiuto finanziario decisivo di cui aveva bisogno.

È probabile, come comunemente si crede, che la fortuna dei Rothschild sia stata costruita sulla sconfitta delle armate francesi a Waterloo nel 1815. Informato in anticipo dell'esito della battaglia, Nathan Rothschild si sarebbe presentato alla Borsa di Londra fingendo sconforto e disillusione. Questo inganno gli permise di riacquistare i titoli che erano stati frettolosamente venduti⁵⁷². Questo celebre episodio ispirò alcuni versi a

---

⁵⁷¹Il chassidismo è la corrente cabalistica e gnostica dell'ebraismo, una forma eretica che si è finalmente normalizzata nell'ebraismo attuale. Maggiori dettagli in *Psicoanalisi dell'ebraismo*.

⁵⁷²Alcuni storici ritengono infatti che Nathan Rothschild abbia venduto un gran numero di azioni governative, dando l'impressione che la Gran Bretagna avesse perso la guerra, provocando un vero e proprio panico nel mercato azionario. Tanto che, nel giro di poche ore, si dice che queste azioni pubbliche persero il 98% del loro valore, permettendo a Rothschild di acquistare le azioni dei suoi concorrenti a un prezzo molto basso. Una cosa è certa: Nathan Rothschild fu effettivamente il primo a essere informato a Londra della vittoria di Wellington. Non si sa se l'abbia saputo dai piccioni o dalle spie. Sembra anche, sebbene non ve ne sia traccia, che abbia informato con cautela il Primo Ministro, che si rifiutò di credere alla sua informazione. Per quest'ultimo era impensabile che una simile notizia non gli fosse stata comunicata in primo luogo. Forse frustrato per non essere stato creduto, ed essendo prima di tutto un uomo di soldi, Nathan Rothschild

Victor Hugo, che vide passare il finanziere davanti a sé:
"Vecchio, mi tolgo il cappello! Questo che passa/ Ha fatto la sua fortuna nell'ora in cui voi spargevate il vostro sangue/ Scommetteva in basso e si alzava mentre noi andavamo/ Che la nostra caduta era più profonda e più sicura/ Doveva esserci un avvoltoio per i nostri morti, era lui".

Alla morte dell'anziano Amschel, i suoi cinque figli si spartirono l'Europa. Nathan si stabilì a Londra nel 1804, James a Parigi, Solomon a Vienna, Charles a Napoli, mentre Amschel, il primogenito che portava il nome del padre, mantenne la casa madre a Francoforte. Cinque Rothschild gestivano così i principali mercati finanziari, tenendosi reciprocamente informati su ciò che accadeva qui e là.

In tutti i Paesi europei, tranne la Russia, i Rothschild prestavano denaro agli Stati e i finanzieri ebrei avevano una forte influenza sulle decisioni dei governi europei. A Vienna, Salomon era diventato amico personale di Metternich e aveva un agente dei servizi segreti che lavorava per lui, un certo Gentz, come braccio destro del Cancelliere. Il Papa stesso aveva contratto un prestito con i Rothschild. I banchieri erano ospiti dei salotti dell'alta società e ben presto le famiglie dell'aristocrazia europea acconsentirono a matrimoni con questi ebrei carrieristi dell'alta finanza.

La rivoluzione parigina del 1830 catapultò il ramo di Orléans sul trono di Francia. "Con il governo di Luigi Filippo, inizia il regno dell'ebreo", scrive Eduard Drumont. Rothschild piazzò i prestiti governativi (1830, 1831 e 1832), guadagnando somme considerevoli dagli interessi. La guida suprema dell'ebraismo francese toccò naturalmente a James de Rothschild, che tra l'altro non si naturalizzò mai in Francia. Il poeta Alfred de Vigny scrisse della rivoluzione del 1830: "L'ebreo ha pagato per la rivoluzione di luglio perché maneggia i borghesi più facilmente dei nobili". Nel febbraio del 1831 i rabbini ricevettero per la prima volta uno stipendio dalle casse pubbliche, così come il clero cattolico, anche se si trattava di un fatto piuttosto aneddotico rispetto a ciò che si muoveva dietro le quinte.

In Spagna, il re Ferdinando VII era morto e dal 1835 il fratello Carlo si

---

avrebbe comprato azioni in borsa, speculando su un inevitabile rialzo non appena la vittoria fosse stata annunciata. Tuttavia, secondo altri storici che hanno analizzato i volumi di scambio alla Borsa di Londra il 20 giugno 1815, quel giorno erano in circolazione pochi fondi statali. In realtà, la crescita della fortuna dei Rothschild ebbe più a che fare con le campagne militari britanniche nel Vecchio Continente. Ma non avrebbe avuto nulla a che fare con Waterloo o con le speculazioni di borsa dopo la battaglia. Infatti, tra il 1813 e il 1815, la famiglia Rothschild fu responsabile della metà di tutte le rimesse inviate dall'Inghilterra al resto d'Europa. E i suoi membri, ben distribuiti sul continente, ricevevano una commissione del 2% per organizzare tutti questi trasferimenti. Si trattava di una somma gigantesca per l'epoca, data l'entità dei fondi trasportati per pagare gli eserciti (NdT).

era opposto alla vedova Maria Cristina, reggente del regno. La Spagna era allora dilaniata dalla guerra civile e le truppe governative avevano difficoltà a resistere agli assalti carlisti. Nathan de Rothschild, che temeva per le sue lucrose miniere di mercurio, sapeva che se il retto Carlo fosse salito al potere le sue concessioni sarebbero state revocate. Si fece quindi paladino dell'intervento franco-britannico. Suo fratello James si era recato a Londra per vederlo e per organizzare insieme i preparativi militari britannici a favore del reggente e, tra l'altro, per favorire l'ascesa dei titoli spagnoli. Le case Rothschild di Londra e Parigi specularono per la prima volta al ribasso sui titoli spagnoli. In pochi giorni, il prezzo delle azioni spagnole crollò da 70 a 37, dopodiché i Rothschild ricomprarono al prezzo più basso. Migliaia di detentori di titoli persero due terzi del loro patrimonio. I prestiti al governo spagnolo contribuirono a vincere la guerra contro Don Carlos, che fu costretto a espatriare. La casa Rothschild mantenne così il monopolio mondiale del mercurio per decenni[573].

Dopo la morte di Nathan, avvenuta nel luglio del 1836, James ereditò la gestione dell'azienda, che diresse dalla sua sede di rue Lafitte a Parigi. Nel 1844, negoziò un prestito di 200 milioni per il governo, ma ciò provocò un grande scandalo. Il ministro delle Finanze fu accusato pubblicamente di aver sacrificato gli interessi del Paese a quelli della Banca Rothschild. Mentre lo scandalo continuava, il banchiere decise di diventare un filantropo. Detrasse alcune pesetas dai milioni che aveva rubato ai contribuenti e le distribuì apparentemente in beneficenza.

La Camera dei Deputati decise quindi che le ferrovie sarebbero state costruite e gestite da società private. Le Ferrovie del Nord furono assegnate a Rothschild, il che provocò un nuovo scandalo perché la procedura di aggiudicazione non era stata rispettata. Ma per i finanzieri fu un altro ottimo affare. Tutti credevano in una catastrofe quando il governo britannico vendette improvvisamente tutte le sue azioni, provocando il crollo del titolo. I piccoli azionisti francesi vendettero in fretta e furia, ma i Rothschild di Parigi, avvertiti dal fratello a Londra, si accapararono tutte le azioni. Quando tornò la calma, le azioni tornarono al loro prezzo normale e il banchiere guadagnò qualche milione in più[574].

La crisi internazionale del 1840 rivelò ancora una volta l'influenza dei banchieri ebrei sui governi europei. In quell'anno, ai margini del conflitto turco-egiziano, a Damasco, città in parte cristiana, si verificò un incidente che suscitò grande scalpore. Nel 1840, un frate cappuccino, padre Thomas, scomparve misteriosamente. Il suo corpo fu ritrovato a marzo (dopo la festa di Purim) nelle fogne del quartiere ebraico. Il console francese Ratti-

---

[573] Henry Coston, *L'Europe des banquiers*, 1963
[574] Henry Coston, *Les Financiers qui mènent le monde*, 1955, edizione 1989, p. 69.

Menton attribuì la colpa della scomparsa a membri della comunità ebraica e sostenne l'azione legale contro illustri personalità accusate di omicidio rituale. A Parigi, Adolphe Thiers, appena nominato presidente del Consiglio da Luigi Filippo, espresse la sua solidarietà al console francese. Ma i finanzieri Fould e Rothschild intervennero con tutte le loro forze e promossero una campagna di stampa contro Thiers. Quest'ultimo contrattaccò dal rostro della Camera, dichiarando: "Voi rivendicate in nome degli ebrei e io rivendico in nome della Francia!". Lo storico Leon Poliakov ci dà poi un'idea del potere della comunità ebraica internazionale dell'epoca: "I Rothschild alla fine vinsero la causa, minacciando di trarre profitto dal calo degli affitti. Thiers dovette dimettersi. Gli ebrei intrapresero allora la lotta per la riabilitazione delle vittime della calunnia medievale e la ottennero grazie all'intervento britannico. Ma l'avvertimento era stato dato e questa vicenda segna l'origine delle organizzazioni di difesa degli ebrei, a partire dall'Alleanza Israelitica Universale[575]".

Napoleone III favorì piuttosto i concorrenti dei Rothschild, i banchieri Fould e Pereire, anch'essi israeliani. Ma la banca Rothschild era ancora in attività. Nel 1870, quando le armate prussiane invasero la Francia, Guglielmo I, Bismarck e Moltke si stabilirono a Ferrières, nel castello dei Rothschild, per ricevere Jules Favre e negoziare il risarcimento imposto ai vinti. Il loro "contabile" era il finanziere ebreo Bleichroeder, braccio destro di Bismarck. Da parte francese, le trattative furono condotte da un suo amico, Alphonse Rothschild, e tra loro concordarono la cifra di 5 miliardi che la Francia doveva pagare alla Germania. L'ebreo francese era fortemente sospettato di aver suggerito questa cifra alla sua controparte tedesca. Infatti, i benefici che i Rothschild parigini avrebbero ricevuto dal prestito del governo francese sarebbero stati proporzionali all'entità dell'indennizzo da pagare. Tra i parlamentari, nessuno osò opporsi a questa decisione. Le miniere di piombo in Spagna, di nichel in Nuova Caledonia e di diamanti in Sudafrica rimasero nelle loro mani. Così i Rothschild mantennero la loro egemonia fino alla fine del secolo. L'unico a spezzare il loro potere in Europa sarebbe stato Adolf Hitler, anche se temporaneamente.

---

[575] Léon Poliakov, *Los Samaritanos*, Anaya & Mario Muchnik, 1992, Madrid, p. 111. Un libro pubblicato nel 2005 sull'argomento, *La Sangre cristiana*, presenta le confessioni di un ex rabbino pentito della Moldavia (*Refutación de la religión de los judíos*, 1803). Egli sosteneva che poche gocce erano sufficienti. Sul caso di Damasco, si può leggere che tutti gli ebrei accusati confessarono l'omicidio. Dieci di loro furono condannati a morte, ma alla fine furono graziati grazie all'intervento di Adolphe Crémieux, Moïse Montefiore e di finanziatori internazionali.

CXIX. Francia: l'allarme antisemita

Tutti gli osservatori si accorsero che i finanzieri ebrei avevano acquisito un potere incredibile, ma il progetto politico intrinseco dell'ebraismo non era ancora compreso all'epoca. Probabilmente i francesi non avevano sufficiente familiarità con questi emergenti. Nel 1840 la Francia contava circa 70.000 ebrei, due terzi dei quali vivevano in Alsazia e Lorena. Questa comunità crebbe di anno in anno, attirando migliaia di ebrei dalla Germania e dall'Austria, che erano molto numerosi e provenivano persino dal grande bacino della "Zona di residenza" in Russia. Gli ebrei si riversarono nell'ovest del continente, in questo paradiso liberale dove finalmente tutto era loro permesso. Il liberalismo, sia in politica che in economia, favorì di fatto gli ebrei, che erano meglio armati di chiunque altro per le banche, le speculazioni e il commercio internazionale, e che non avevano scrupoli nei confronti dei goyim.

In Francia, come in Germania, l'estrema sinistra socialista era naturalmente impregnata di antisemitismo, poiché vedeva chiaramente con i propri occhi che l'oro e i ducati passavano principalmente per le mani degli ebrei. Il famosissimo Charles Fourier[576] si distinse per aver scritto alcune pagine sull'argomento[577]. Ma il suo discepolo, il lorenese Alphonse Toussenel (1803-1885), insistette ancora di più sulla questione. Fu il primo a lanciare l'allarme con il suo libro *Gli ebrei come re dell'epoca, una storia del feudalesimo finanziario (1845)*. L'opera ebbe indubbiamente successo, visto che fu pubblicata in una seconda edizione nel 1847. Si trattava di un'accesa denuncia del dominio assoluto dei mercanti e dei finanzieri ebrei sull'economia. Va detto che il testo è invecchiato piuttosto male e non è più di grande interesse, se non per il passo introduttivo citato sopra nel capitolo sulla "*conquista della Giudea da parte dei Romani*", che terminava così: "Chiedete a questi ebrei, che guadagnano da noi cento milioni all'anno, se sono così ansiosi di rivedere le mura di Sion da tempo straziate.... Ora, quale popolo è stato più assetato di sangue nella sua vendetta, più perseverante nel suo odio e nel suo disprezzo per il resto dell'umanità degli Ebrei?... La religione del popolo ebraico li ha resi inevitabilmente nemici dell'umanità, poiché la Bibbia è il catechismo e il codice dei popoli

---

[576] Charles Fourier (1772-1837) è stato un socialista utopista francese della prima metà del XIX secolo e uno dei padri del cooperativismo. Fourier era un critico dell'economia e del capitalismo del suo tempo. Era un oppositore dell'industrializzazione, della civiltà urbana, del liberalismo, della famiglia basata sul matrimonio e sulla monogamia e un precursore del femminismo. Il carattere gioviale con il quale Fourier formulò alcune delle sue critiche lo rende uno dei grandi satirici di tutti i tempi (NdT).

[577] Si veda il libro di Marc Crapez, *L'Antisémitisme de gauche au XIXᵉ siècle*, Berg International, 124 pagine, 2002.

carnefici[578] ". E Toussenel concludeva saggiamente "che gli ebrei non sono mai vittime, ma solo il tempo necessario per diventare persecutori. Lo Stato che incautamente concede loro il diritto di cittadinanza crea per sé i futuri padroni, e che la Francia, avendo ceduto troppo presto agli impulsi della sua generosa carità, è già loro schiava[579]."

Nell'ottobre del 1847, gli *Archivi israeliti (Archives israélites)* pubblicarono un articolo di un certo Cahen che scrisse in tutta franchezza: "Il Messia è venuto per noi il 28 febbraio 1790, con la Dichiarazione dei diritti dell'uomo". Nello stesso anno, Pierre-Joseph Proudhon, il principale teorico del socialismo che si oppose frontalmente all'ebreo Karl Marx, scrisse nei suoi *Quaderni*: "Rothschild, Crémieux, Marx e Fould sono persone cattive, biliose e invidiose che ci odiano. Con il ferro o con il fuoco, o con l'espulsione, l'ebreo deve scomparire". Come Voltaire, Proudhon dimenticò il suo anticlericalismo quando si imbatté in un ebreo: "L'ebreo è il nemico della razza umana. Questa razza deve essere rimandata in Asia o sterminata".

Ovviamente, la terza rivoluzione del 1848 non risolse il problema. "La Francia ha solo cambiato i suoi ebrei", scrisse Proudhon. In effetti, James de Rothschild non soffrì molto per la rivoluzione parigina. Solo la sua villa di Suresne fu saccheggiata e bruciata, ma in seguito ricevette un buon risarcimento. In compenso, ebbe la soddisfazione di vedere due suoi amici ebrei occupare portafogli ministeriali nel governo repubblicano: Crémieux alla Giustizia e Goudchaux alle Finanze. Gli alsaziani, almeno, approfittarono dell'occasione per fare irruzione negli usurai e recuperare i loro pegni e debiti con le armi in pugno. Furono assolti nella città di Colmar tra gli applausi della folla dopo l'arringa di Monsieur de Sèze, che pronunciò un implacabile discorso accusatorio contro gli ebrei. Questo fu l'ultimo "pogrom" in Francia.

---

[578] Alphonse Toussenel, *Les juifs rois de l'époque, histoire de la féodalité financière*, (1845), Gabriel de Gonet Edit., Parigi, 1847, Introduzione, p. II, IV, IX. [Vi dico che esistono popoli predatori che vivono della carne altrui, e sono i popoli mercantili, quelli che un tempo si chiamavano fenici e cartaginesi, e che oggi si chiamano inglesi, olandesi ed ebrei, e che la Bibbia è il codice religioso in cui tutti questi predatori trovano giustificazione per le loro tirannie e i loro accaparramenti. L'inglese, la cui professione principale è rubare pezzi di terra per sfruttare chi la coltiva, non viaggia mai senza la sua Bibbia. Cromwell, il boia puritano, è una figura biblica. Anche Malthus, il filantropo Malthus, che si rifiutava di dare ai figli del popolo un posto al banchetto della vita, che voleva un posto a questo banchetto solo per i ricchi, Malthus, ve lo posso assicurare, era impregnato dello spirito della Bibbia fino al midollo delle sue ossa. In tutte le guerre del fanatismo, è in nome della Bibbia [Antico Testamento, ndt] che si massacra la gente, non in nome del Vangelo di Cristo". *Les juifs rois de l'époque*, p. VI. NdT]

[579] Alphonse Toussenel, *Les juifs rois de l'époque, histoire de la féodalité financière*, (1845), Gabriel de Gonet Edit., Parigi, 1847, Introduzione, p. IX.

"Nel 1790", scrive Edouard Drumont in *La Francia ebraica*, "l'ebreo arriva; sotto la Prima Repubblica e il Primo Impero, entra, bighellona, cerca il suo posto; sotto la Restaurazione e la Monarchia di Luglio, si siede in salotto; sotto il Secondo Impero, si sdraia a letto; sotto la Terza Repubblica, inizia a cacciare i francesi dalle loro case e li costringe a lavorare per lui".

Durante il Secondo Impero (1852-1870), gli ebrei avevano già il potere di censurare o vietare libri o opere teatrali che non gradivano. Così, nel 1854, un dramma intitolato *L'ebreo di Venezia*, adattamento dell'opera di Shakespeare, doveva essere rappresentato al teatro *Ambigu-comique*. Ma l'orribile usuraio ebreo era già stato cancellato e trasformato in un normale usuraio veneziano e l'opera fu rappresentata con il titolo originale di *Shylock o il Mercante di Venezia*[580].

Nel 1867, il giornalista e politico Gustave Tridon, fedele sostenitore del famoso Auguste Blanqui[581], scrisse il suo libro intitolato *Sul molochismo ebraico*, che fu pubblicato solo nel 1884 a Bruxelles. Gustave Tridon opponeva gli "ariani" ai "semiti". Vedeva nel giudaismo una reliquia o una sopravvivenza del culto sanguinario di Moloch, quella statua di bronzo con il fuoco all'interno in cui i Fenici gettavano bambini vivi. Il cristianesimo era per lui contrario alla tradizione ariana, per cui si professò ateo: "I semiti", scrisse, "sono l'ombra nel quadro della civiltà, il genio malvagio della terra. Tutti i loro doni sono parassiti. Combattere lo spirito e le idee semitiche è la missione della razza indo-ariana".

Da parte dei "conservatori", la resistenza antisemita era allora piuttosto debole. Louis Rupert, in *The Church and the Synagogue* del 1859, accusò gli ebrei di essere i principali destinatari dei beni rubati:

"L'ebreo non farà mai affari con i cristiani se non è mosso dal desiderio di ingannarli. Sognando solo di ingannarli, riceve a piene mani e senza scrupoli il frutto di un furto sacrilego commesso a loro danno, e insegna lui stesso al malfattore a perfezionare la sua arte. Sarebbe invano cercare una setta più disonesta, più pericolosa e più dannosa per il popolo cristiano dell'immonda setta dei Giudei. Notte e giorno, questi uomini non fanno altro che meditare sui mezzi per distruggere e rovesciare il potere dei cristiani. Impiegano ogni tipo di frode possibile e si insinuano ovunque,

---

[580] Édouard Drumont, *La France juive*, 1886, tomo I, p. 195.
[581] Auguste Blanqui (1805-1881) è stato un socialista rivoluzionario francese, spesso erroneamente associato ai socialisti utopisti. Egli difese essenzialmente le stesse idee del movimento socialista del XIX secolo e fu uno dei socialisti non marxisti. Dopo il 1830, mentre era ancora studente, Blanqui si rese conto che la rivoluzione poteva esprimere la volontà del popolo solo attraverso la violenza. Il suo radicalismo gli valse il carcere per gran parte della sua vita. Nel 1880 pubblicò il giornale *Ni Dieu ni Maître (Né Dio né Padrone)*, il cui titolo divenne un riferimento e un motto per il movimento anarchico. Karl Marx considerava Blanqui "la testa e il cuore del partito proletario in Francia". (NdT).

con ogni segno apparente della più attraente benevolenza, amicizia o commercio[582] ".

Padre Ratisbonne, ex ebreo di origine alsaziana divenuto sacerdote cattolico, scriveva nel 1868 in *La questione ebraica*: "Grazie al loro sapere e posseduti dall'istinto di dominio, gli ebrei hanno invaso a poco a poco tutte le strade che portano alla ricchezza, alla dignità e al potere. Controllano la borsa, la stampa, il teatro, la letteratura, l'amministrazione, i grandi mezzi di comunicazione per terra e per mare, e con l'ascendente della loro fortuna e del loro genio, tengono ormai in una stretta rete l'intera società cristiana[583] ".

Ma solo nel 1869 un libro informò finalmente i francesi in modo chiaro sui terribili misfatti del potere ebraico. Nella sua opera di 550 pagine intitolata *L'ebreo, il giudaismo e la giudaizzazione dei popoli cristiani*, Roger Gougenot des Mousseaux, Gentiluomo di Camera del re Carlo X, analizzò a fondo il problema ebraico. Questo libro contiene molti elementi rilevanti che ci permettono di cogliere la natura profonda dell'ebraismo, anche se a volte è un po' antiquato e stancante da leggere. Gougenot, che osservò l'unificazione tedesca e italiana, scrisse con buon senso: "E sotto i nostri occhi, da un capo all'altro della terra, il mondo politico, economico e commerciale, guidato o diretto dalle società del mondo occulto i cui principi sono gli ebrei, sono stati messi in moto all'unisono dalla grande unità cosmopolita[584]. Questo è il nome, nel linguaggio moderno, del sistema da cui deriverebbe l'abolizione di tutte le frontiere, di tutte le patrie o, se volete, la sostituzione della patria particolare di ogni popolo con una patria grande e universale che sarebbe la patria di tutti gli uomini. Questa unità, dunque, che reclama un capo, non prepara forse, nella sua formazione, l'avvento prodigioso di un unico sovrano supremo nel quale gli Ebrei potrebbero vedere il Messia[585] ?".

---

[582] Louis Rupert, *L'Église et la Synagogue*, Parigi, 1859, p. 208-2011, in Abbé Chabeauty.

[583] R.P. Ratisbonne, *La Question juive*, Paris, 1868, p. 9, in L'Abbé Chabeauty, *Les Juifs, nos maîtres*, 1882, p. 167, in Mgr Henri Delassus, *La Conjuration antichrétienne III*, Desclée De Brouwer, Lille, 1910, p. 1156.

[584] « Che l'umanità intera, docile alla filosofia dell'*Alleanza israelita universale*, segua senza esitazione l'ebreo, un popolo veramente cosmopolita, il solo che possa esserlo, e che da oggi governa l'intelligenza e gli interessi delle nazioni più progredite; che questa umanità guardi alla metropoli ricostituita del mondo e che questa metropoli non sia né Londra, né Parigi, né Roma, ma Gerusalemme, sorta dalle rovine, una nuova Gerusalemme, "chiamata a grandi destini" e che è "al tempo stesso la città del passato e dell'avvenire" ». Isidoro, Gran Rabbino di Francia, *Archives israelites*, XI, p. 495; 1868, in Gougenot des Mousseaux. *L'ebreo, l'ebraismo e l'ebraicizzazione dei popoli cristiani*, p. 336.

[585] Roger Gougenot des Mousseaux. *L'ebreo, il giudaismo e l'ebraicizzazione dei popoli*

Per la prima volta è stato evidenziato il progetto ebraico di unificazione del mondo, anche se forse in modo ancora troppo sintetico.

CXX. La politica di ingerenza in Romania

Il potere ebraico, comodamente insediato in Europa, soprattutto in Austria, Francia e Inghilterra, stava lavorando per destabilizzare i Paesi in cui gli ebrei non godevano ancora di "pari diritti", cioè del diritto dei predatori di stabilire il loro dominio spietato. A quel tempo, solo la Russia e la Romania resistevano ancora.

La guerra di Crimea (1854-1856) contro la Russia, condotta dall'Inghilterra vittoriana e dalla Francia di Napoleone III, era stata una guerra per la "democrazia". Il pretesto era l'occupazione delle province rumene sottratte all'Impero Ottomano e la presunta minaccia del controllo russo degli Stretti. In realtà, l'obiettivo era indebolire una monarchia autoritaria in nome dei "diritti umani" e dell'"emancipazione" degli ebrei. Secondo il duca Ernest de Cobourg, che lo ha raccontato nelle sue *Memorie*, Rothschild gli avrebbe detto che qualsiasi somma sarebbe stata disponibile per una guerra contro la Russia zarista che resisteva al potere ebraico.

Dopo la guerra di Crimea, il Trattato di Parigi del 1856 pose fine al protettorato russo. I principati di Moldavia e Valacchia furono uniti nel 1859, formando un governo provvisorio che offrì la corona della nuova Romania al giovane principe tedesco Carol Hohenzollern Sugmaringen. Questo nuovo Stato ospitava un gran numero di ebrei provenienti dall'Ucraina e dalla Galizia, che non avevano diritti civili, come nella vicina Russia, anche se ciò non impediva loro di sfruttare, saccheggiare ed estorcere denaro alla gente comune a piacimento. Ma avevano anche bisogno di dominio politico. Il giorno in cui, nel luglio del 1866, la questione dell'emancipazione degli ebrei fu discussa dal Parlamento rumeno, a Bucarest scoppiarono tumulti antiebraici e la nuova sinagoga fu distrutta. Lo stesso accadde nella città di Iasi, dove risiedeva una grande comunità ebraica.

---

cristiani, versione pdf. Tradotto in inglese dal professor Noemí Coronel e dalla preziosa collaborazione dell'équipe di Nacionalismo Católico Argentina, 2013, p. 500. ["Tutto è pronto per la grande unità cosmopolita di cui quest'uomo deve essere l'espressione. - Quando l'opera di scristianizzazione del mondo sarà terminata, potrà accettare come maestro un ipnotizzatore di razza ebraica? - Esempi di dominatori rifiutati e poi accettati all'unanimità. - Esempi di uomini che all'improvviso sono spuntati dal nulla per salire all'apice in tempi di crisi. - Con la velocità delle idee e degli eventi, come possiamo stupirci che nel cuore della Giudea sia emerso l'uomo che avrebbe realizzato le idee di sovranità cosmopolita con gli ebrei come suoi apostoli?". *L'ebreo, il giudaismo e l'ebraicizzazione dei popoli cristiani*, p. 497].

Nella primavera del 1867, il Ministro degli Interni Ion Bratianu firmò un decreto che vietava agli ebrei di soggiornare nei villaggi rurali, di possedere alberghi o cabaret e di affittare proprietà. Molti ebrei furono espulsi dai villaggi, al di fuori dei confini rumeni. Queste espulsioni culminarono nell'annegamento di due ebrei a Galati il 30 giugno 1867.

Ciò era intollerabile per Adolphe Crémieux, allora capo della comunità ebraica francese. Adolphe Crémieux, il cui vero nome era Isaac-Jacob Crémieux, era stato ministro della Giustizia nel 1848. Avvocato e presidente della Consistoire Israelite de Paris, era un francese del sud della Francia, "perfettamente integrato", come si dice. Nel 1860, Crémieux e i suoi amici fondarono a Parigi l'Alliance Israelite Universelle con l'obiettivo di aiutare gli ebrei di tutto il mondo a ottenere i diritti civili in tutti i Paesi. Crémieux utilizzò la sua grande influenza nei circoli politici e finanziari per difendere gli interessi dei suoi connazionali. Nel 1866 si era già recato in Russia: "A Saratov, un gruppo di ebrei fu accusato di omicidio rituale. Adolphe Crémieux vi si recò e li fece assolvere[586] ", scrisse Leon Poliakov.

Nel 1870, Crémieux fu nominato Ministro della Giustizia della nuova Repubblica francese. Il suo primo provvedimento fu quello di concedere automaticamente la cittadinanza francese ai suoi connazionali algerini, circa 40.000 persone, proprio mentre le truppe prussiane stavano ancora occupando il territorio nazionale. Questa decisione suscitò il legittimo risentimento dei musulmani nei confronti dei francesi.

Crémieux ha poi rivolto la sua attenzione ai suoi compatrioti in Romania. In Europa occidentale, la stampa tradizionale, controllata dalla finanza ebraica, si indignò, scalciando e urlando all'infinito. A Vienna, Parigi e Londra, i giornali pubblicarono le "atrocità" commesse dai rumeni. Ci fu un'ondata di articoli in difesa di questi poveri ebrei perseguitati senza motivo. L'Alleanza israelita organizzò incontri, contattò i ministri e così via. Era assolutamente necessario costringere il governo rumeno a concedere i diritti civili agli ebrei.

Crémieux si recò a Bucarest, accompagnato da un altro illustre e instancabile difensore della causa ebraica, l'ottantatreenne « Sir » Moses Montefiore. Questo famoso banchiere ebreo era stato eletto sindaco di Londra nel 1837 e nello stesso anno la regina Vittoria, appena salita al trono inglese, lo elevò al rango di "Sir"; nel 1846 ricevette da Sua Maestà il titolo di barone.

Proprio nel momento in cui a Bucarest si discuteva della nuova Costituzione rumena, Crémieux vi si presentò. Propose al governo di concedere l'uguaglianza civile e politica agli ebrei rumeni in cambio di un

---

[586] Léon Poliakov, *Histoires des crises d'identités juives*, Austral, 1994, p. 67.

prestito di 25 milioni a un tasso d'interesse preferenziale. L'offerta era così allettante che il gabinetto esitò. Fortunatamente, quel giorno il popolo rumeno, galvanizzato dal grande giornale antisemita *Tromba Carpatilor*, invase il Palazzo e rase al suolo il quartiere ebraico, distruggendo la sinagoga, costringendo così il ritiro del progetto all'ultimo respiro. D'ora in poi la Romania si sarebbe attirata la vendicativa ostilità dell'internazionale ebraica, che avrebbe atteso la prima occasione per colpire di nuovo.

Crémieux e Montefiore ascoltarono le promesse di re Carol, ma le rivolte e le espulsioni continuarono. Diversi incidenti, brutali pestaggi ed espulsioni *manu militari* - provocati da ebrei che rubavano vasi sacri dalle chiese ortodosse e li gettavano nei pozzi neri - indussero Napoleone III, spinto dalle recriminazioni dell'Alleanza israelita, a intervenire direttamente e duramente in Romania. Da quel momento in poi, i rumeni rimproverarono agli ebrei anche il tentativo di mettere zizzania tra loro e il loro migliore alleato, la Francia, nonostante le naturali simpatie tra le due nazioni fossero reciproche. Il trattato commerciale che facilitava le esportazioni e le importazioni con le potenze europee non fu ratificato dall'Austria. Così come la Francia, anche l'Inghilterra e l'Italia, gestite dalla finanza ebraica, si erano tirate indietro dai rispettivi accordi.

Una rivolta antiebraica scoppiò nuovamente il 24 gennaio 1872 a Isma'il, dopo che un ebreo aveva derubato la cattedrale. Le scene di saccheggio si estesero alla città di Cahul il 30 gennaio e durarono per diversi giorni. Il 6 febbraio 1872 e il 4 aprile 1873 furono approvate due nuove leggi: una sulla vendita di tabacco e l'altra sulla vendita di alcolici. Il fatto è che queste leggi colpirono in primo luogo i grandi grossisti ebrei, così come la legge del 1867 sugli alberghi e i cabaret aveva mirato a frenare il papponaggio e la prostituzione, in gran parte esercitati da criminali ebrei. Leon Gambetta, che governava la Francia repubblicana, disse al delegato rumeno che la Francia non avrebbe riconosciuto la Romania finché il Paese non avesse concesso i diritti civili a tutti gli ebrei senza distinzioni. Nel 1874 si scoprì che l'Inghilterra era governata da un ebreo, Benjamin Disraeli, che guidò il governo inglese fino all'aprile del 1880. Disraeli apparteneva al partito conservatore ed era uno degli amici intimi della Regina Vittoria.

Nel 1878 la Romania, che aveva partecipato alla guerra russo-turca, ottenne la completa libertà e divenne un regno. Al congresso internazionale di Berlino dello stesso anno, il destino degli ebrei rumeni fu discusso a lungo. Il riconoscimento dell'indipendenza di Serbia, Bulgaria e Romania, liberate dal giogo turco, fu subordinato alla concessione della "parità" agli ebrei di questi Paesi. Le potenze occidentali, che sostenevano questa liberazione, chiedevano in cambio che gli ebrei fossero promossi allo status di cittadini. Ma il ministro rumeno Bratianu si oppose, rispondendo che era fuori questione concedere i diritti di cittadinanza agli ebrei che gestivano bordelli e cabaret dove venivano serviti alcolici adulterati. Alla fine i rumeni firmarono, ma con tutti gli emendamenti possibili per aggirare la legge e, a forza di diplomazia, fecero prevalere il loro sistema di naturalizzazione individuale, di cui beneficiarono solo un migliaio di ebrei per un periodo di dieci anni. Solo nel 1923 una nuova costituzione estese la cittadinanza rumena a tutti gli ebrei residenti.

Ma nonostante tutti questi ostacoli, gli ebrei avevano un certo interesse a vivere in Romania con i rumeni, perché alla fine del XIX secolo la popolazione ebraica era cresciuta fino a 300.000 persone. In Moldavia, le case commerciali erano di proprietà di ebrei in una proporzione del 70-94% e la maggior parte dei medici di Iasi erano ebrei. Questo portò il governo ad adottare ulteriori misure, come la limitazione dei posti concessi agli ebrei nelle scuole e nelle università.[587]

Per ritorsione, nel 1885, il governo franco-ebraico rispose con un dazio doganale del 50% su tutti i prodotti rumeni. Si trattava di un vero e proprio blocco commerciale.

Dall'altra parte dello stretto, nell'Impero Ottomano, gli ebrei influenti rimasero vicini al Sultano, agendo per lo più nell'ombra dietro una maschera musulmana[588].

Qualche anno prima, nel 1862, era stato pubblicato a Londra un grande romanzo popolare scritto in greco e intitolato *Il diavolo in Turchia*. L'azione si svolge a Costantinopoli sotto il regno del sultano Mahmud nel 1827. Nel capitolo XXVI, intitolato *La comunione degli ebrei*, l'autore Stephanos Xenos mostra il sultano e il suo consigliere greco, Daniel Kokkalas, persi nelle strette vie del quartiere ebraico di Balat. Improvvisamente, un gruppo di greci infuriati entra in scena all'inseguimento di ebrei che hanno appena rapito una giovane greca e la tengono prigioniera in una sinagoga. Il Sultano, desideroso di "vedere con i propri occhi le cose abominevoli che fanno gli ebrei", è incoraggiato a seguire i greci che entrano a forza nella sinagoga. È lì che il sultano Mahmud scopre che le calunnie che circolano sugli ebrei sono vere:

"Non appena un bambino viene separato dai genitori, lo nutrono con pinoli, noci e simili. Quando la sfortunata vittima diventa abbastanza grassa, la mettono in un grande barile pieno di chiodi. Poi fanno rotolare il barile per far defluire il sangue del bambino. Seppelliscono il cadavere in segreto e condividono il sangue nelle sinagoghe per la comunione. Ci sono due ragioni per cui fanno questa cosa orribile e abominevole. Dicono: "Se Gesù è davvero il messia atteso, obbediamo al suo comando: 'Prendete e

---

[587] Lucien Rebatet, *Je Suis Partout*, 15 aprile 1938
[588] Sul ruolo dei Donmeh (cripto-ebrei) in Turchia, si veda *Psicoanalisi dell'ebraismo* e *Lo specchio dell'ebraismo*.

bevete, questo è il mio sangue versato per voi'. Se non lo è, lo derridiamo come merita" (p. 384).

Infatti, il sultano scoprì finalmente il finto barile con il corpo di un bambino nella cantina del rabbino Benvista. Stephanos Xenos aggiunse il seguente dialogo tra il sultano e il rabbino: "Così avete avuto questa orribile usanza per secoli. - Da secoli, Maestà, ma non tutti gli ebrei, solo un'eresia[589]".

CXXI. Criminalità ebraica in Germania

Come in passato, gli ebrei erano ampiamente sovrarappresentati tra i delinquenti e i criminali. A.F. Thiele, un alto funzionario e commissario reale della Prussia, pubblicò nel 1841 a Berlino uno straordinario studio in due volumi intitolato *Die jüdischen Gauner in Deutschland* (I *criminali ebrei in Germania*), *ihre Taktik, ihre Eigentümlichkeit, ihre Sprache* (*Le loro tattiche, le loro peculiarità, la loro lingua*). A causa delle sue mansioni, Thiele aveva notato che i più grandi criminali e i più pericolosi provenivano dalla comunità ebraica[590]. Dopo aver consultato un'ampia documentazione, archivi e registri di polizia, Thiele descrisse l'"atmosfera", la mentalità dei criminali, il nomadismo degli ebrei, il loro furto d'identità e la portata delle loro attività criminali. Il suo obiettivo era quello di facilitare il lavoro dei poliziotti tedeschi, di mostrare il funzionamento delle bande organizzate e di fornire agli investigatori uno strumento di lavoro coerente. L'autore negava di essere antiebraico: il suo lavoro era semplicemente quello di un criminologo. La prima edizione del libro ("auf Kosten des Verfassers", pubblicato a spese dell'autore) si esaurì nel giro di due mesi[591].

In Germania, scrive Thiele all'inizio del suo lavoro, ci sono criminali ebrei e cristiani, ma c'è "una sovrarappresentazione degli ebrei tra i criminali... Sebbene siano meno numerosi, i furfanti ebrei sono i più pericolosi, sia per la loro intelligenza e abilità che per la loro agilità nel

---

[589]Ciò è stato confermato nel febbraio 2007 dal professor Ariel Toaff. Estratto dalla rivista ebraica *Yod, Revue des études modernes et contemporaines hébraïques et juives*, numero 35, 1992, p. 79.

[590]Il nostro libro del 2008, *La mafia ebraica*, apre gli occhi anche ai più scettici.

[591]Ringraziamo qui Marc, un amico alsaziano, per la traduzione in francese dei passaggi principali del libro di A.F. Thiele. Un altro libro importante sul mondo criminale ebraico è *Der Jude als Verbrecher* di J. Keller e Hanns Andersen, pubblicato a Berlino e Lipsia nel 1937. Gli autori hanno ripreso parte del libro di Thiele. Essi riportano che il sostantivo *Gauner* non è di origine tedesca. La sua origine sarebbe *Jauner*, una trasformazione della parola ebraica *Janah* (ingannare, truffare). Andersen citò un altro autore tedesco, W. Giese, che aveva studiato la criminalità in Prussia alla fine del XIX secolo.

compiere i loro crimini". Usavano anche un gergo particolare, pieno di espressioni ebraiche. In un capitolo del libro (pagine da 195 a 328 del primo volume), viene analizzato il linguaggio usato da questi criminali per non farsi capire dai cristiani. L'autore fa riferimento a vecchi libri che parlano di questo linguaggio, in particolare un piccolo dizionario della lingua dei ladri del 1520, stampato a Francoforte, il *Liber vagatorum, che* contiene 200 parole. Anche l'*Expertus in truphis*, del 1623; e Die Rotwelsche *Grammatic*, pubblicato nel 1620, tra gli altri[592].

I criminali ebrei, ci informa l'autore, «erano presenti da secoli, probabilmente da quando esistevano gli ebrei in Germania». Già il *Liber vagatorum* del 1520 faceva riferimento alle loro attività criminali. Nel XVIII secolo, due fonti menzionavano i truffatori ebrei: ovunque apparissero, li si vedeva presentarsi come ricchi banchieri o mercanti; vestiti con raffinatezza, con le dita coperte di anelli d'oro, con orologi d'oro in tasca, ecco come apparivano nelle città; e sempre con i migliori passaporti e documenti". (t. I, p. 11).

Questi furfanti si presentavano sempre come commercianti, perché nella loro lingua "*handeln*" (commerciare) è sinonimo di "rubare" (*stehlen*). Il loro appuntamento principale erano le fiere e i mercati di Lipsia e Francoforte. "Molto più dei delinquenti cristiani, i delinquenti ebrei erano in contatto permanente tra loro". Erano una mafia, con i propri principi e legami comunitari. "Quando si incontravano, anche se non si erano mai visti prima, diventavano *Chawern* (compagni) e rapinavano insieme". (p. 16). In tutta la Germania, i criminali ebrei si conoscevano di nome o di vista.

I furfanti ebrei erano una grande famiglia. Si sposavano tra loro e la moglie del criminale ebreo aveva il suo ruolo. Quando il marito veniva arrestato, cancellava le prove, andava dal giudice e faceva "una scena di pianto e lamento con i suoi figli, spiegando al giudice che suo marito era innocente e vittima di un errore giudiziario".

"Quando vengono arrestati, scrive Thiele, hanno una grande regola che non infrangono mai: negare sempre tutto. Negano sempre in modo inflessibile. Il criminale ebreo è insuperabile in abilità e impudenza e

---

[592]Nel 1831 la polizia di Berlino aveva condotto uno studio sul linguaggio e la parlata dei criminali. A.F. Thiele sembra essersi ispirato ad esso. [Questa comunicazione tra ebrei e non ebrei nelle cantine della società trovò espressione nel fatto che il gergo della malavita tedesca era essenzialmente yiddish, ebraico. L'intera malavita lo fece proprio, semplicemente come lingua segreta, e proprio gli elementi ebraici dello yiddish parlati dagli ebrei furono accettati con particolare gusto come parole in codice dalla malavita non ebraica, come quelle lingue con cui i prigionieri comunicano tra loro". Gershom Scholem, *Tutto è Kabbalah. Dialogo con Jorg Drews, seguito da Dieci tesi astoriche sulla Kabbalah*, Editorial Trotta, Madrid, 2001, p. 22].

nell'arte della menzogna. "Se hai fatto qualcosa, negalo!" è la loro regola fondamentale". (p. 17). I criminali ebrei chiamano "*bravo*" colui che nega sempre i fatti alle autorità e non denuncia mai i suoi complici.

Costituiscono una società chiusa e sono acerrimi nemici delle leggi e delle istituzioni. "La parola "concittadino" è per loro sconosciuta, perché hanno solo compagni. Il loro scopo è danneggiare gli altri, siano essi ebrei o cristiani; raggiungere questo scopo è la loro intera ragione di vita[593] ".

All'inizio del XIX secolo, la giustizia era palesemente clemente. Gli imputati venivano rilasciati rapidamente, spesso graziati o rilasciati per mancanza di prove. Inoltre, le evasioni erano frequenti. A volte questi criminali venivano deportati al confine. Continuavano le loro attività in altre zone della Germania o tornavano al loro terreno di caccia preferito. I tribunali difficilmente riuscivano a frenare le loro attività criminali imprigionandoli per qualche anno. Non c'era quindi una particolare severità nei confronti dei malfattori ebrei.

Nel 1807, Reuben Abraham, più volte condannato, aveva commesso con la sua banda due incursioni in case a Wolfenbuttel, durante le quali i proprietari erano stati maltrattati e gravemente feriti. Il capo della banda, Rammelsberg, era stato giustiziato per decapitazione nel 1815 (p. 55 del volume II).

Nel 1818, Kirsh Abraham rubò 1.500 talleri d'argento [594] a un negoziante. Fu arrestato e ricevette 90 frustate e 10 colpi di bastone. Quattro anni dopo, con la sua banda (Gutkind, Rosenthal, Schwerin, Reinhardt e Manheim), recidivò rubando 2.500 talleri a un proprietario terriero che fu violentemente picchiato; la vittima morì per le ferite riportate. Furono arrestati e condannati a 20 anni di prigione, ma Kirsch Abraham riuscì a fuggire di nuovo.

Si rimane colpiti dal numero di questi criminali ebrei e dalla portata

---

[593] In relazione a questo comportamento si può leggere il capitolo sugli ebrei sabbatiani (chassidici) e la dottrina del male nel nostro libro *Psicoanalisi dell'ebraismo*.
[594] Il tallero è un'antica moneta d'argento apparsa per la prima volta all'inizio del XVI secolo e circolata prima in Europa e poi in tutto il mondo per quasi quattrocento anni. Il suo peso e le sue dimensioni relativamente grandi variarono nel tempo e la sua popolarità iniziale fu legata allo sviluppo delle miniere d'argento nelle terre del Sacro Romano Impero e alla potenza dell'Impero spagnolo. Il taler prussiano (*Preussenthaler*) fu utilizzato per la prima volta come moneta del Regno di Prussia nel 1701, con le sue caratteristiche specifiche. Dopo il 1815, fu la risposta economica e finanziaria della Prussia all'Impero austriaco, che prese la forma del Trattato di Unione Monetaria degli Stati della Germania del Nord firmato nel 1834 (Zollverein). A metà del XIX secolo, il tallero cadde in disuso. L'Impero austro-ungarico lo abbandonò a favore del fiorino, mentre la Germania adottò il marco, che seguiva il sistema decimale (3 marchi per 1 tallero). Fu demonetizzato nel 1908. Il termine tallero fu utilizzato in Germania fino alla fine degli anni Venti.

delle loro attività: ognuno era stato arrestato una, due, tre o addirittura quattro volte, condannato e imprigionato ripetutamente; tutti erano recidivi. L'autore fa l'esempio di un ebreo di nome Marcus Abraham, che preferiva la vita del malfattore, o di un certo Jacob Herz, un ebreo olandese altrettanto incallito e recidivo.

Nel 1810, Philipp Aron Anhalt partecipò alla rapina a mano armata di un gioielliere di Magdeburgo durante la Fiera di Lipsia. I suoi complici erano altri due ebrei, Samuel Reiss e Magnus Aron Stein, e insieme fecero una fortuna in diamanti. Nel 1811 rubarono 11.000 ducati alla fiera di Lipsia, dopodiché furono arrestati e condannati a 4 anni di carcere incondizionato (p. 82 del volume II).

Nel 1810 si svolse un processo a Magonza contro una banda di malfattori ebrei. Nel 1815 si tenne un altro processo a Munster, ma gli ebrei erano fuggiti.

A pagina 74 leggiamo il caso di Moses Levin Alyenburger: "Porta anelli d'oro alle dita. Il suo volto mostra ogni possibile segno di astuzia, malizia, menzogna e inganno.... Quando abbiamo perquisito il suo corpo, abbiamo trovato diverse monete d'oro nella sua bocca". Era riuscito a rubare un bottino di 2500 talleri durante una fiera a Braunschweig nel 1816. Arrestato in continuazione, condannato a pene lievi o rilasciato per mancanza di prove, continuava a delinquere altrove. Cambiava continuamente città: Breslau, Berlino, Brauschweig, ecc. Ha confessato 48 rapine con violenza.

L'autore cita poi uno studio condotto a Kassel tra il 1816 e il 1818, basato su indagini di polizia su 650 criminali ebrei. Molti erano fuggiti in Austria e Boemia dopo essere evasi dalle prigioni tedesche. Da lì, andarono a commettere le loro malefatte in Prussia e in Sassonia. Molti altri si spinsero fino in Olanda e ad Amsterdam.

Il caso di Moses Levin Löwenthal attirò particolarmente l'attenzione del Commissario Reale (Volume I, pagine 21-69): A Berlino, nel 1830, numerosi mercanti erano stati derubati e le somme rubate erano state "enormi": 9000 talleri rubati a un mercante, 2500 talleri rubati a un altro, ecc. I colpevoli furono arrestati. Erano ladri ebrei: i fratelli Nelky, che collaboravano con un complice di nome Moses Levin Löwenthl, un commerciante esperto in ogni tipo di truffa. La polizia trovò il bottino nascosto in vasi di fiori e sotto il pavimento della loro casa. Diversi testimoni li identificarono positivamente, ma ciò non impedì loro di negare fermamente tutto. Levin Löwenthal propose allora di "fare la spia" sui nomi dei membri della banda criminale ebraica che operava a Berlino, in cambio della promessa di una grazia. L'ebreo accettò l'accordo e confessò altri 37 furti in 2 anni a Berlino, 6 dei quali commessi senza complici. Inoltre, denunciò una trentina di criminali ebrei, quattordici dei quali furono immediatamente arrestati. I fratelli Nelky e un altro ebreo di nome Samuel Moses Sachse riuscirono a fuggire.

Tra gli arrestati c'era un criminale di nome Samuel Jonas, che aveva commesso diversi crimini all'estero e si nascondeva a Berlino nel 1816. Aveva sposato una donna ebrea dalla quale aveva avuto otto figli. Un altro si chiamava Joseph Adolph Rosenthal, soprannominato "l'uomo grasso". Era un rapinatore che era già stato arrestato e imprigionato nel 1820 a Posen. Aveva lavorato per un servizio di polizia prima di ricadere nell'illegalità. Tutte queste "brave persone" formavano una banda chiamata *Chawrusse* o *Chäwre* (mafia ebraica berlinese). La *Chawrusse* era un'organizzazione criminale, una mafia con le sue regole, il suo funzionamento specifico, il suo finanziamento e i suoi patti di solidarietà.

L'11 maggio 1831, Levin Löwenthal fu rilasciato dopo aver pagato una cauzione. Prima del suo rilascio, confessò altre ventotto rapine violente. Poiché si rifiutò di denunciare tutti i suoi complici, non ricevette la grazia concordata. Nel giugno 1831, trentaquattro ebrei erano dietro le sbarre. Tutti negavano i fatti, il che costituiva un serio problema per la polizia, poiché in molti casi non erano state scoperte prove realmente incriminanti. Uno di loro, Hirsh Salomon Wohlauer, era già stato arrestato e incarcerato per truffa nell'autunno del 1830. Furioso per essere stato tradito da Löwenthal, decise di dire la verità al giudice per la prima volta nella sua vita. Il 27 ottobre 1831 confessò 54 rapine violente, incriminando il suo informatore, che fu nuovamente arrestato.

D'altra parte, le testimonianze si accumulavano contro Rosenthal (il «ciccione»), che alla fine crollò. In lacrime, ammise di aver commesso più di 200 furti e rapine, oltre a 36 diversi furti tra il 1799 e il 1812 a Berlino, Magdeburgo e Posen (l'ex città polacca di Poznan, recentemente annessa alla Prussia). Il numero di rapine e di crimini era talmente elevato che la Procura prussiana e il Ministero degli Interni decisero di istituire una commissione d'inchiesta per raccogliere e registrare tutti gli atti criminali di questa mafia senza precedenti. Si servirono di Rosenthal, che accettò di infiltrarsi nell'ambiente ebraico.

Joseph Adolph Rosenthal era nato nel 1778. Aveva iniziato la sua carriera come ladruncolo di polli, spesso condannato e sempre recidivo (pagine 123-131). La sua fedina penale era impressionante. Tra due rapine e arresti, Rosenthal aveva sposato una donna cristiana che si era convertita all'ebraismo.

Nel novembre 1813, Rosenthal e i suoi complici derubarono di notte un sacerdote, l'abate Friedrychowitsch nel Ducato di Posen. Rosenthal, Simon Reinhardt, Salomon Levin Alyenburger, ecc. erano entrati nel presbiterio, ma l'abate e il suo vicario furono svegliati dal rumore dei ladri. Friedrychowitsch, ancora giovane e forte, riuscì a stendere l'ebreo Simon Reinhardt. Gli altri ladri fecero irruzione e i due ecclesiastici furono picchiati, legati e torturati. Il sacerdote rivelò allora dove si trovavano i risparmi della parrocchia: dietro l'altare. Ma il bottino sembrò insufficiente e i rapinatori torturarono nuovamente le due vittime, senza riuscire a strappare loro altre confessioni. Il giorno dopo, i due ecclesiastici furono trovati legati "e prossimi alla morte" (t. I, p. 134). Il sacerdote morì per le ferite riportate poco dopo.

Nel 1816, Rosenthal era stato sorpreso di notte a Memel in flagrante a rapinare un negozio con diversi complici ebrei e fu condannato a 40 frustate e 6 mesi di prigione. Nel novembre e dicembre 1818 furono denunciate diverse rapine in Slesia e Rosenthal fu nuovamente coinvolto nei casi. Si lasciò alle spalle una scia di saccheggi, irrompendo nelle case dei contadini con o senza violenza. Nella notte tra il 31 marzo e il 1° aprile 1823, la cassa di risparmio di Gusow subì una rapina, durante la quale Rosenthal e Wolff Strasburger rubarono 300 talleri. Ci furono molti altri crimini, ma sempre da ebrei a cristiani: locandieri, contadini, doganieri reali, artigiani, sacerdoti, casse di risparmio, mercanti, allevatori, ecc.

Thiele ha detto questo di Rosenthal: "È l'uomo più strano che abbia mai incontrato. Il suo aspetto non era affatto coerente con la sua fedina penale. Non c'era nulla di falso o distorto nel suo viso. Aveva un aspetto buono e impeccabile. Ovunque andasse faceva una buona impressione perché era simpatico". (t.I, p. 131).

Il covo di questa mafia si trovava nella regione di Posen (Poznan), infestata dagli ebrei fin dall'antichità, quando faceva parte del regno di Polonia: "Intorno al 1800, a Posen era già stata aperta un'inchiesta contro una grande banda di gangster ebrei. A quel tempo, la parte prussiana della Polonia, nota come Prussia meridionale, era piena di ebrei che, non avendo né patria né domicilio, conducevano una vita nomade, vivendo insieme in mezzo ai campi. Le loro attività sfuggivano al controllo delle autorità" (p. 43). (p. 43).

La conseguenza di questa situazione era stata la pubblicazione di un decreto governativo che vietava a tutti gli ebrei di risiedere nei villaggi. Così, ad esempio, sedici famiglie di banditi che vivevano in un villaggio chiamato Grochnow erano state costrette all'esilio. I banditi si erano poi stabiliti a Betsche, una cittadina di 1200 abitanti dove la sorveglianza della polizia era meno severa. Nel 1832, la cittadina di Betsche era nota alla polizia di Berlino e di tutta la Germania come ritrovo di banditi ebrei e delle loro famiglie.

Tra il 1806 e il 1815, questa regione di Posen era stata integrata nel nuovo granducato di Varsavia, creato da Bonaparte, e le attività criminali esplosero rapidamente. Gli ebrei temevano il dominio prussiano molto più dell'amministrazione polacca, che sembrava meno organizzata e meno in grado di indagare e reprimere le loro attività, così che altre quaranta famiglie ebree finirono per stabilirsi a Betsche. Gli ebrei rappresentavano allora un quarto della popolazione del comune, che aveva acquisito una pessima reputazione: Betsche divenne "la capitale, il punto focale delle attività criminali, non solo della Prussia, ma dell'intera Germania". I fuggitivi venivano accolti, nascosti e protetti.

Non è stato facile ripulire il sito a causa della mancanza di prove inconfutabili difficili da raccogliere e della solidarietà dei clan. Ma la polizia prussiana si è impegnata al massimo:

Il 19 gennaio 1832 i commissari e i poliziotti tedeschi lasciarono Berlino con tutti i documenti giudiziari necessari per le perquisizioni e il 20 gennaio 1832, alle quattro del mattino - in pieno sabato (perché in quel giorno era più facile individuare gli ebrei nelle loro case) - iniziarono gli arresti. L'intera città era stata isolata dai gendarmi, coadiuvati dalle autorità locali per impedire la fuga degli ebrei; tutte le case dei malviventi furono perquisite dalla polizia e le informazioni raccolte permisero di effettuare molti altri arresti, anche in città come Francoforte sull'Oder.

In totale, cinquantanove persone furono arrestate nel Ducato di Posen e ventidue a Francoforte sull'Oder; tutti furono inviati a Berlino per essere interrogati. Nelle loro case, i poliziotti trovarono grandi quantità di denaro contante (12.000 talleri, una somma astronomica) e innumerevoli oggetti di valore. Altri dieci criminali ebrei furono arrestati. Avevano rubato 11.000 talleri in una rapina a Strehlen nel 1830. L'operazione era stata un successo clamoroso.

Nello stesso anno, durante la fiera annuale di Francoforte sull'Oder, per una volta non ci fu nemmeno un furto. (p. 49).

Altre commissioni identiche furono istituite a Magdeburgo e in Austria, perché anche lì "si nascondeva un gran numero di ebrei condannati alla reclusione".

Il 16 gennaio 1833, la polizia lanciò una seconda retata su istruzioni del criminale Rosenthal, che continuava a informare i suoi compagni. La retata si concluse il 15 marzo e portò al recupero di un gran numero di oggetti rubati di grande valore. Ventitré ebrei finirono in prigione.

Le operazioni si moltiplicarono in Germania in un modo senza precedenti. Furono arrestate più di cinquecento persone, quasi esclusivamente ebrei. Dopo ogni arresto e perquisizione, la polizia trovò nuove piste inesplorate che portarono a nuove reti. Il numero di agenti di polizia impiegati nelle indagini raggiunse una proporzione mai vista prima nel Paese. Secondo i verbali delle indagini della polizia (pagg. 132-192), Löwenthal, Rosenthal e i loro complici ammisero di aver commesso, nel corso della loro carriera criminale, più di 800 furti, effrazioni, scassi, furti, rapine e truffe varie.

In totale furono condannate 520 persone, "la stragrande maggioranza delle quali erano ebrei" (p. 50). Michel David Cohn, Elias Dubsky, Engelmann, August Froehlich, Zaremba, Meyer Friedberg, Salomon Fürstenheim, Baruch Glanz, Christian Herbe, Julius Jacobi, Marcus Joel, Jette Klein, Loefer Meissner, ecc. Ventinove erano riusciti a fuggire all'estero. Tra questi 520 fanti, c'erano solo diciannove cristiani e tre ebrei battezzati. Questi ebrei dovevano avere ancora molto oro e denaro nascosto da qualche parte, perché erano stati in grado di pagare le ingenti cauzioni richieste per il loro rilascio.

L'impudenza di questi ebrei", scrive l'autore, parlando nella loro lingua ebraica di fanti, "si spinse molto lontano. Durante gli interrogatori, quando erano nelle loro celle, non esitavano a gridare tra loro per scambiarsi informazioni sullo stato delle indagini e per escogitare versioni da raccontare alla polizia. Proprio sotto il naso degli investigatori". (p. 62). Ma molti di loro sono stati condannati a dure pene detentive.

Le tecniche utilizzate dai criminali ebrei erano diverse e variegate. C'era l'effrazione, sia quotidiana che notturna, il classico furto con scasso, il borseggio, il furto durante i cambi di valuta. Quest'ultimo tipo di reato era commesso "quasi esclusivamente da ebrei". Essi utilizzavano tecniche di borseggio per rubare qualche moneta d'oro durante il cambio, senza che la vittima se ne accorgesse. Per farlo, il truffatore ebreo arrivava in una città, si recava da un ricco commerciante, da una banca o da un ufficio di cambio e chiedeva di cambiare l'oro con la valuta locale. Con un gioco di prestigio, l'ebreo riusciva a recuperare alcune di queste monete d'oro. Poi lasciava la città e la parte offesa se ne accorgeva solo più tardi. "Hanno il monopolio di questi crimini", scrive Thiele, e "superano in abilità i furfanti cristiani" (p. 90). (p. 90).

Un altro tipo di crimine ebraico abbastanza tipico consisteva nell'andare in giro per le campagne e truffare i contadini, vendendo loro oggetti molto al di sopra del loro valore, facendo loro credere che un certo oggetto fosse d'oro quando in realtà era solo d'oro; oppure vendendo argenteria falsa per argenteria vera, e così via.

Un'altra tecnica classica: un uomo ebreo, elegantemente vestito, arrivava in un villaggio fingendosi uno straniero con un forte accento francese o italiano. Spiegava di aver perso tutto il suo denaro e di avere fretta di tornare nel suo lontano luogo d'origine. Il ricco viaggiatore era quindi costretto a vendere uno dei suoi beni (una pentola o un orologio d'oro, in realtà un gingillo). Il contadino credeva allora di fare un ottimo affare acquistando l'oggetto per una somma modesta e sentiva anche di fare una buona azione. L'ebreo proseguiva poi per un altro villaggio dove truffava un altro abitante.

I teppisti ebrei sono nati così: "I loro genitori sono ladri o teppisti, i loro nonni erano ladri o teppisti, i loro bisnonni erano ladri o teppisti, e così questa caratteristica si trasmette di generazione in generazione. All'età di 14 anni, il bambino lascia la casa di famiglia, dove ha visto e imparato solo cose brutte. Inizia così la sua carriera di delinquente. Dovrà dimostrare di essere degno dei suoi insegnanti e dei suoi antenati". (t. I, p. 99).

Il problema era che tutti questi criminali ebrei avevano figli, quindi questo ambiente criminale si perpetuava naturalmente. Era necessario, per A. F. Thiele, rompere i legami tra genitori e figli, anche se questo sembrava "umanamente doloroso". I figli dei criminali dovevano essere accolti da un istituto creato dal governo per rieducarli. Il fatto è che, da adulti, erano "assolutamente incorreggibili". Le sanzioni della legge non li hanno mai cambiati (p. 101). In effetti, il sistema giudiziario repressivo era impotente a neutralizzarli definitivamente. Per questo motivo, nel 1802, il governo prussiano aveva stipulato un accordo con la Russia per deportare questi criminali ebrei in Siberia, dove cinquantotto criminali furono condannati all'ergastolo.

Un altro modo per alleviare il problema era quello di impedire agli ebrei di commerciare, come era già stato fatto in Sassonia. Novanta ebrei su 100 sono impegnati nel commercio", ha spiegato Thiele, "e almeno due terzi di loro sono in realtà impegnati in attività illegali.

Per loro il commercio era un pretesto, una copertura, una facciata legale per nascondere i loro traffici. Da qui la necessità di proibire loro di commerciare e viaggiare liberamente. "Ogni ebreo che viaggia per la Germania con lo zaino in spalla, trascorrendo la maggior parte del tempo sulle strade, nei mercati e nelle locande, è più o meno a contatto con la marmaglia dei delinquenti e dei ladri". (t. I, p. 103, 104). "Si piegano solo sotto il giogo dell'autorità pubblica: dovrebbero spaccare pietre, tagliare legna o lavorare nei campi".

I malfattori ebrei erano anche "incredibilmente pii". Alcuni erano stati influenzati dal movimento ateo di quel secolo e ritenevano che rubare di sabato non fosse un peccato, ma quelli che la pensavano così erano molto rari. La maggior parte era molto ortodossa e si proibiva di rubare di sabato; ma rubava senza scrupoli sei giorni alla settimana. Il furto e la rapina erano il loro mestiere. Per loro era un'attività come un'altra e non potevano nemmeno immaginare di vivere in un altro modo. D'altra parte, avevano un grande rispetto per il rabbino, il sabato e la sinagoga. Il sabato rimanevano a casa e non si muovevano. Andavano in sinagoga e "pregavano il Dio di Israele di benedire i loro affari". (t. I, p. 118).

L'Alsazia era allora una delle principali basi della mafia ebraica. Nel 1842, due persone furono indagate in Svizzera, a Frauenfeld, per un caso di truffa. I mafiosi ebrei avevano passaporti tedeschi e svizzeri e usavano l'Alsazia come base per commettere i loro atti in Svizzera e in diversi Stati della Germania meridionale. Il rapporto della polizia del cantone svizzero di *Thurgau zu Frauenfeld* aveva permesso ad A.F. Thiele di riassumere il caso (volume II, pagg. 1-19). Aveva esordito con due ebrei truffando un albergatore svizzero e derubandolo di tutti i suoi risparmi. Dopo la denuncia, i poliziotti erano riusciti a identificare i due ladri. Si trattava di Gabriel Leval (in realtà chiamato David Meier), Heinrich Moritz e Abraham Gottschaur, noti per le loro truffe in operazioni di cambio valuta e identificati dall'oste. Il passaporto francese di Gottschaur indicava che era nato a Toul, nel dipartimento della Meurthe. Alla polizia dissero di essere in viaggio dalla Baviera a Zurigo passando per Basilea, ma le loro testimonianze furono contraddittorie. Alla fine hanno negato tutto "in blocco".

Imprigionati in custodia cautelare, Gottschaur e Moritz rivelarono alcune informazioni a un ragazzo ebreo di 14 anni che condivideva la cella con loro: Jakob Isak (il suo vero nome era Jakob Lazarus), residente a Rixheim, vicino a Mulhouse. Quest'ultimo, interrogato in seguito, rivelò ciò che gli altri due gli avevano incautamente confessato. I criminali chiesero poi alle loro mogli di fornire un alibi, sostenendo che erano entrambe in casa quando si verificarono i fatti. Sei ebrei di Altkirch (Alsazia) si sono presentati come testimoni. Si fecero avanti anche Nanette Levi di Hegenheim, Florette Mauss e Magdalena Joseph, tutte disposte a testimoniare il falso per scagionare Gottschaur e Moritz.

In aprile, Gottschaur ha finalmente confessato tutto, rivelando tutti i nomi che conosceva e raccontando la sua intera vita. Originario di Bade, si chiamava Joseph Hirschberg e aveva avuto due figli illegittimi da una donna cristiana, Elisa Pikart di Zurigo. Voleva sposarla, ma la famiglia di lei si era opposta. Fu espulso dalla sua casa, ma un rabbino di Bischofsheim accettò di sposarli (nonostante il divieto di sposare una cristiana) in cambio di "una grossa somma di denaro" (p. 10). In seguito convinse un ebreo francese di Toul, Abraham Gottschaur, a vendergli il proprio passaporto per cinque franchi. In Alsazia incontrò altri ebrei che formarono una banda di gangster. Joseph aveva deciso di cedere l'intero progetto, ma solo a patto che la sua famiglia in Alsazia fosse protetta dagli altri criminali. Fu così che Gottschaur confessò la truffa al taverniere svizzero. Pochi giorni dopo, anche Moritz confessò (il suo vero nome era Samuel Moses). Questi due ebrei fornirono non meno di settanta nomi di ebrei che facevano parte della stessa rete di criminali.

Avevano dovuto lasciare la Germania perché inseguiti dalla polizia e si erano rifugiati in Alsazia. Lì si incontravano e pianificavano le loro attività. Era una comunità di un centinaio di persone che si dividevano i proventi dei loro furti. Non c'era un capo. In Alsazia, invece, questi criminali ebrei non commettevano reati per evitare problemi con le autorità locali e poter continuare i loro affari nelle zone vicine: Svizzera, Baden, Württemberg e Baviera. Viaggiavano a coppie o a tre, con le loro famiglie (mogli e figli), dormendo nelle locande. Non appena si sentivano in pericolo, fuggivano in Alsazia per nascondersi con il loro bottino. Le donne li aiutavano a uscire di prigione fornendo loro alibi immaginari.

Dallo studio di A.F. Thiele si evince che già all'epoca l'ideologia dei diritti dell'uomo era diventata l'ortodossia della società democratica, e che qualsiasi pensiero divergente era considerato moralmente mostruoso:

"Conosco un villaggio da fiera", scrive Thiele, "dove la polizia ha inseguito un ebreo per una truffa, chiamandolo "ebreo" perché non sapeva quale altra parola usare. Lo hanno chiamato 'ebreo' perché non sapevano quale altra parola usare. E cosa è successo? La polizia è stata sommersa da proteste contro l'uso della parola "ebreo", e ci sono state minacce di boicottaggio della fiera". (t. II, p. 43-55). "Si chiede l'uguaglianza civica e chi si oppone è un barbaro, un oscurantista incapace di riconoscere e apprezzare i sacri diritti umani, scritti a lettere d'oro nel libro della storia".

CXXII. L'Austria-Ungheria sotto lo Stivale ebraico

La politica di Napoleone III a favore dell'unificazione italiana aveva danneggiato l'Austria, sconfiggendola a Magenta e Solferino (giugno 1859) ed espellendola dall'Italia settentrionale. Indebolita, l'Austria cattolica fu nuovamente sconfitta nella battaglia di Sadová del 1866 dalla Prussia protestante, che avrebbe assunto il controllo della Confederazione tedesca. L'anno successivo, nel 1867, le rivendicazioni ungheresi costrinsero gli austriaci a negoziare. D'ora in poi, gli ungheresi avrebbero avuto una propria costituzione, un proprio parlamento e un proprio governo, pur riconoscendo il potere dell'imperatore - in questo caso l'imperatore Francesco Giuseppe, che avrebbe regnato fino al 1916.

Uno straordinario resoconto dell'Austria di Francesco Giuseppe ci è stato lasciato da un giornalista francese di nome François Trocase, che visse a Vienna per 22 anni. Il suo libro, *L'Autriche juive* (*Austria ebraica*)[595], pubblicato nel 1899, merita un maggiore riconoscimento.

L'Austria, esclusa dalle Germanie, era lo Stato più decaduto e in decadenza d'Europa. All'epoca c'erano forse tre milioni di ebrei in Austria-Ungheria, otto o dieci volte più numerosi che in Francia; in cinquant'anni erano diventati signori e padroni. Tre generazioni erano state sufficienti ad annientare il sentimento patriottico, ad abbassare la moralità pubblica, a rovinare l'ideale della famiglia e la fragile economia contadina[596].

---

[595] François Trocase, *L'Autriche juive —L'Autriche contemporaine, telle qu'elle est: Politique, Économique, Militaire et Sociale*, P. Dupont & A. Pierret, Paris, 1899.

[596] « Molti ebrei che vivono nelle grandi città sono passati dal rabbinismo al nichilismo. I cosiddetti ebrei riformati professano l'ateismo più assoluto, il libero pensiero, o meglio la negazione più completa di qualsiasi confessione religiosa. L'ultima parola delle loro teorie è il materialismo, che si manifesta nella capitale austriaca con un'audacia senza precedenti, con un'assenza un po' inconsapevole di ogni freno e pudore. Sotto la pressione di queste dottrine, tutte le nozioni di giusto e sbagliato vengono cancellate dagli animi; non rimane nulla che possa dettare al popolo una morale più austera, atti più consoni alla dignità umana. Non è solo nella sfera religiosa che questo recente nichilismo sta portando scompiglio. Nelle scienze, nelle arti, nella

L'impero liberale era stato proclamato con un brevetto imperiale nel febbraio 1861, ma già nel 1849 si era aperta una nuova era di "progresso e fraternità" per i popoli dell'Impero: tedeschi, slavi, ungheresi, ebrei, serbi, rumeni e polacchi, "senza distinzione di razza o religione".

Ecco come François Trocase ha descritto la situazione: "Gli ebrei non erano nulla in Austria prima del 1848. Oggi hanno un ruolo dominante nell'Impero asburgico. Non è esagerato dire che l'hanno conquistato. Sono stati gli unici a beneficiare della Rivoluzione che ha versato tanto sangue nelle strade di Vienna; sembra che solo per loro siano state sacrificate nobili vittime e proclamati i diritti umani... Gli slavi, gli ungheresi, i rumeni della Transilvania e i tedeschi d'Austria sono diventati loro preda e si inchinano al loro insolente dominio. Mezzo secolo è bastato per distruggere l'idea stessa di patria austriaca[597]".

Gli ebrei erano confluiti a Vienna da ogni dove e in pochi anni avevano preso il controllo dell'industria e delle società finanziarie: "Gli ebrei possedevano già più della metà delle case di Vienna. Se guardiamo solo ai titoli di proprietà, ne possiedono il 40%. Tuttavia, se consideriamo i crediti ipotecari, che possono facilmente portare all'esproprio, il 70% sono ebrei".

Si sono anche impossessati di terre e foreste: "Per quanto riguarda la proprietà della terra, fino al 1849 era loro vietato acquisirla. Da allora hanno recuperato il tempo perduto. Il barone de Rothschild da solo possiede circa un quarto delle grandi proprietà in Boemia (sette volte di più della famiglia imperiale), per non parlare di ciò che possiede anche nelle altre province, in Bassa Austria, Moravia, Slesia e Ungheria.

"Il divieto di possedere terreni ebraici in Galizia (Polonia austriaca) durò fino al 1867, almeno per quanto riguarda i terreni coltivabili. Nel 1867, c'erano solo 38 proprietari terrieri ebrei in tutta la Galizia. Tuttavia, tre anni dopo la revoca del divieto, nel 1870, nella provincia c'erano già 68 proprietari terrieri ebrei con diritto di voto. Nel 1873, il numero era quadruplicato a 289 e nel 1880, secondo le informazioni ufficiali, c'erano 680 proprietari terrieri ebrei su un totale di 3.700.

"Purtroppo, le cifre relative alla piccola proprietà sono ancora più significative. Nell'arco di diciotto anni, dal 1874 al 1892, è stato calcolato che 43.000 piccole proprietà sono passate in mani ebraiche. Ora essi possiedono la terra più fertile del Paese; e più di 2 milioni di abitanti, che prima erano proprietari, prestano servizio agli ebrei nelle antiche proprietà dei loro padri[598]".

---

politica e persino nelle relazioni sentimentali, le degradanti dottrine della negazione e del dubbio materialista stanno facendo sentire la loro influenza ». François Trocase, *L'Autriche juive*, P. Dupont & A. Pierret, Parigi, 1899, p. 128.

[597] François Trocase, *L'Autriche juive*, P. Dupont & A.Pierret, Parigi, 1899, p. 124, 127

[598] François Trocase, *L'Autriche juive*, P. Dupont & A.Pierret, Paris, 1899, p. 134-135.

In Ungheria, la situazione era identica: "Molte proprietà ungheresi, nella misura in cui non appartengono ancora agli ebrei, sono affittate da questi ultimi, come avviene anche in Galizia; si possono vedere contadini ebrei che, frusta alla mano, sorvegliano gli aratori o i mietitori, tenendoli d'occhio non appena sembrano prendersi un minuto di riposo. Nel frattempo, le mogli ebree aiutano i loro mariti andando lungo la strada con un carro a due cavalli per vedere se il lavoro viene svolto; e i loro figli, armati di lunghe fruste, trottano lungo le strade a cavallo. Che spettacolo pietoso! L'avrete visto nella *puszta* ungherese; avrete visto il contadino polacco afflosciato dalla fatica, con un pezzo di pane nero in mano, che guarda tristemente i suoi figli che hanno solo una camicia come vestito. Chiunque abbia visto queste immagini terribili, indegne di un secolo che si pretende civile, può capire l'intensità dell'odio che ha dato origine all'antisemitismo[599]."

François Trocase menzionò poi un problema che i russi conoscevano fin troppo bene: "In Galizia e in alcuni cantoni ungheresi, gli ebrei gestiscono locande e taverne di liquori; gestiscono anche piccole drogherie e mercerie. Per le classi più basse, questo è il più pericoloso di tutti. Questi usurai, commercianti al dettaglio, vendono acquavite a credito ai contadini; calcolano in anticipo che saranno ripagati l'anno successivo con i proventi del lavoro agricolo. In questo modo, e in cambio di interessi eccezionalmente alti, privano il popolo delle sue ultime risorse, lo portano alla follia con l'abuso di alcolici e riducono donne e bambini alla mendicità. I contadini in rovina si danno al bere per essere brutalizzati; ed è, come sempre, il solo ebreo a trionfare in mezzo al disordine universale.... La forma più atroce di crudeltà ebraica è stata finora lo sfruttamento del corpo umano. Secondo i testimoni oculari, il modo in cui gli ebrei trattano i contadini in Galizia supera ogni immaginazione. Sembrerebbe incredibile se non fosse attestato da testimoni attendibili. Sono stati citati casi in cui i contadini polacchi, come interesse su un piccolo debito, hanno dovuto consegnare i loro figli ai creditori ebrei, che avevano il diritto di tenerli al loro servizio senza pagare loro alcun salario fino a quando il debito non fosse stato saldato".

La variazione del prezzo del grano dipendeva dalla speculazione e non dall'abbondanza del raccolto:

"Non per niente vengono rimproverati anche per l'usura sui prodotti alimentari. Ci sono periodi in cui il prezzo del grano scende alla metà di quello dell'anno precedente; eppure il popolo non paga meno il pane, ma lo paga di più. Gli ebrei guadagnano da entrambe le parti. Si appropriano di tutto il grano disponibile e, una volta che lo hanno quasi tutto, regolano

---

[599] François Trocase, *L'Autriche juive*, P. Dupont & A. Pierret, Paris, 1899, p. 144.

i prezzi in base ai loro interessi. Nessuno ne trae vantaggio, a parte loro.....
Ciò che fanno per monopolizzare il grano, lo fanno anche per tutte le
necessità della vita. Sotto il nome di *cartelli*, organizzano monopoli per il
petrolio, lo zucchero, il carbone, ecc.[600]."

Nelle grandi città, il commercio all'ingrosso di carne era già nelle mani
degli ebrei. Efrussi era il re del grano, Moses Ranger era il re del cotone e
Strousber era il re delle ferrovie. In realtà, l'intero commercio all'ingrosso
era nelle loro mani. Ai viennesi erano rimaste solo alcune piccole attività
di vendita al dettaglio.

Nell'industria, le leggi avevano alleggerito un po' la condizione dei
lavoratori. Ma in precedenza lo sfruttamento dei bambini aveva raggiunto
estremi intollerabili. Nell'industria tessile, i bambini dovevano lavorare
anche di notte. "Questi bambini, che appartenevano a famiglie contadine,
venivano ogni lunedì dai villaggi più remoti, portando il cibo della
settimana in un sacco. Guadagnavano al massimo 2 fiorini (circa 4 franchi)
alla settimana; e quando cedevano alla stanchezza o si addormentavano, il
capo ebreo li cospargeva di acqua fredda per farli rialzare".

Nella capitale austriaca c'erano numerosi milionari ebrei che avevano
lasciato i loro paesi d'origine con meno del prezzo di un mazzo di cipolle
in tasca. La maggior parte di loro proveniva dalla Polonia o dall'Ungheria.
Le tre maggiori fortune - i "grandi ebrei" - erano i Rothschild, i Gutmann
e i Reitz: "Ognuno di loro da solo possiede più dei 1012 conventi
dell'Austria messi insieme. Herr Gutmann ha accumulato la sua
considerevole fortuna monopolizzando il commercio del carbone nella
capitale. Quanto all'ebreo Reitzes, deve la sua fama esclusivamente al suo
lavoro in borsa. Un quarto ebreo austriaco, anch'egli definito "grande", il
barone Hirsch, non è più tra noi. Fu lui a spogliare la Turchia delle sue
ultime risorse con il pretesto di costruire le ferrovie dell'Est. I viennesi
hanno un triste ricordo di lui, avendo subito enormi perdite nell'acquisto di
titoli noti come "lotti turchi[601]"."

Gli speculatori ebrei avevano anche suscitato l'odio dei piccoli
risparmiatori: "Ciò che viene loro rimproverato maggiormente, e a ragione,
sono i crolli del mercato azionario che periodicamente derubano i
risparmiatori di quel poco che sono riusciti ad accumulare e conservare. È
passato più di un quarto di secolo dal terribile crollo del 1873, eppure gli
spaventosi abusi di fiducia che questa catastrofe ha portato alla luce non
sono ancora stati dimenticati. Il crollo del 1873, opera degli ebrei, è stato
senza dubbio uno dei più terribili disastri economici della storia, e nessuno

---

[600] François Trocase, *L'Autriche juive*, P. Dupont & A.Pierret, Parigi, 1899, p. 143, 144, 145, 146, 148
[601] François Trocase, *L'Autriche juive*, P. Dupont & A.Pierret, Paris, 1899, p. 167.

di coloro che ne sono stati testimoni potrà mai dimenticarlo[602] ". Gli ebrei hanno raccolto la parte del leone degli interessi sul debito pubblico e sui titoli privati.

A Vienna e altrove, gli ebrei vivevano nei quartieri più eleganti, riposavano nei palazzi più belli ed erano al centro della vita pubblica: "Le relazioni mondane sono ovunque dominate dagli ebrei. Andate nel parco cittadino, nei viali, al *Prater*; la maggior parte sono ebrei; aprite i giornali per leggere le cronache delle feste, gli annunci di matrimoni o nascite; ebrei, sempre ebrei. Nelle città termali, a Karlsbad, a Baden e in altre venti località, ci sono sempre ebrei ovunque. Le più belle terme intorno a Vienna, a Semmering, Kahlenberg e Brühl, appartengono a loro. L'accumulo di ricchezze nelle loro mani, la sete di piacere che li consuma, ha prodotto un completo rovesciamento di tutte le abitudini sociali[603] ".

Grazie all'oro, la loro promozione politica e mediatica era garantita: "Mentre accumulavano ricchezze, sia mobili che immobili, gli ebrei aspiravano anche a posizioni e onori. Ricoprono le più alte cariche pubbliche ed entrano in parlamento. Siedono nelle assemblee provinciali e comunali. Partecipano all'elaborazione delle leggi".

Gli ebrei avevano pensato anche a garantire la loro sicurezza contro i "reazionari", i "deboli di cuore", gli "amareggiati" e gli "invidiosi del loro successo": "Hanno preso il controllo di tutto. La sicurezza pubblica a Vienna è stata affidata a poliziotti ebrei. Non c'è quindi da stupirsi se nella capitale austriaca accadono cose che sarebbero assolutamente impossibili altrove. Sembra che siano anche responsabili della politica interna ed estera. Si trovano in tutte le carriere pubbliche, e spesso ai vertici. Il posto importante che occupano è assolutamente sproporzionato rispetto al loro numero".

Gli ebrei colonizzarono professioni come la legge, il giornalismo e la medicina. Queste tre professioni liberali erano quasi un loro dominio esclusivo: "La letteratura, e soprattutto il giornalismo, sono letteralmente inondati di ebrei. Tutti i rinomati editori politici o letterari della Vienna di oggi sono di origine ebraica. Dei 16 principali quotidiani pubblicati a Vienna, 10 sono di proprietà, editi e diretti da ebrei. Gli altri sono organi di partito. Hanno monopolizzato anche la quasi totalità della stampa settimanale. E i medici ebrei a Vienna? Nel 1893, nella capitale austriaca c'erano 794 medici cristiani e 763 ebrei. Il numero dei medici ebrei aumenta ogni anno e presto supererà quello dei medici cristiani".

La stampa ebraica si dedicava a ridicolizzare la fede cristiana, i valori della famiglia e il patriottismo. I giornalisti ebrei riversarono torrenti di

---

[602] François Trocase, *L'Autriche juive*, P. Dupont & A.Pierret, Paris, 1899, p. 146-147.
[603] François Trocase, *L'Autriche juive*, P. Dupont & A.Pierret, Paris, 1899, p. 141-142.

insulti contro lo zar Alessandro III, non risparmiando notizie false e insinuazioni calunniose: "Non c'è nepotismo paragonabile a quello degli ebrei, non c'è solidarietà più stretta. Ovunque l'elemento ebraico si afferma; ovunque sfrutta la situazione a suo esclusivo vantaggio... Con l'aiuto dei loro giornali, fanno e disfano reputazioni letterarie, artistiche e di ogni genere[604]..."

Infatti, gli artisti che ricevono le lodi della stampa sono quasi esclusivamente ebrei: "Nelle arti, nella musica, in tutto ciò che riguarda il teatro, essi occupano una posizione dominante. Poiché monopolizzano la critica, nessuno può sperare di catturare l'attenzione del pubblico senza il loro aiuto, si potrebbe quasi dire senza il loro consenso. Uomini e donne pagano loro il tributo che rivendicano per sé". Eppure, ha osservato François Trocase, "nonostante le aspre denunce riversate contro di loro da ogni parte, gli ebrei continuano a presentarsi come i difensori di tutte le libertà".

Nell'aprile del 1882, in Ungheria era scoppiato un nuovo caso di crimine rituale, che François Trocase preferì trascurare, probabilmente per non danneggiare la credibilità della sua testimonianza, già abbastanza sorprendente per i lettori comuni. Una ragazza cristiana di 14 anni, Eszter Solymosi, impiegata come domestica nel villaggio di Tiszaeszlár, era scomparsa dal 1° aprile. A maggio, le indagini hanno puntato su ebrei che avevano festeggiato la Pasqua. L'eccitazione ha colpito la regione e sono stati commessi numerosi atti di violenza. Dopo aver messo i sospetti ebrei sotto sorveglianza della polizia, il giudice istruttore József Bary ha iniziato a interrogare Samuel, il figlio di cinque anni di Jozsef Scharf, il "cappellano" della sinagoga. Samuel ha ammesso che suo padre aveva portato Eszter a casa e che lo *shohet* (macellatore rituale) le aveva tagliato la gola. Secondo il racconto del ragazzo, trascritto da Bary, il macellatore, in presenza del padre e di altri uomini, aveva praticato un'incisione sul collo della ragazza, mentre lui e suo fratello Moric avevano ricevuto il sangue in una coppa.

Il 19 maggio 1882, Scharf e sua moglie furono arrestati, ma negarono ogni coinvolgimento. Alla fine la Moric confessò che, dopo la preghiera

---

[604]François Trocase, *L'Autriche juive,* P. Dupont & A.Pierret, Paris, 1899, p. 136, 137, 141, 142, 393. [« La stampa ebraica viennese dimostrò la sua onnipotenza sull'opinione pubblica. Riuscì a creare una tale corrente di animosità contro la Russia che nessuno osò opporsi a queste tendenze nefaste. Per quindici anni, la monarchia asburgica rimase in uno stato di ostilità latente nei confronti dell'Impero russo, senza nemmeno mantenere il decoro diplomatico negli organi ufficiali. Fino alla morte dell'imperatore Alessandro III, nei circoli dirigenti di Vienna non fu fatto alcuno sforzo per fermare i torrenti di insulti rivolti contro di lui dai giornalisti ebrei ». *L'Autriche juive,* p. 351-352. NdT.]

del sabato mattina, il padre aveva chiamato Eszter a casa sua con il pretesto di chiederle di togliere alcune candele (un atto vietato ai pii ebrei durante il sabato), e che un mendicante ebreo che alloggiava con loro, Hermann Wollner, aveva portato la ragazza nel corridoio della sinagoga e l'aveva aggredita. Dopo averla spogliata, due massacratori, Abraham Buxbaum e Leopold Braun, la tennero ferma, mentre un altro complice, Salomon Schwarz, le tagliò la gola con un coltello e svuotò il suo sangue in una ciotola. Questi tre uomini, candidati ai posti vacanti di precettore e *shohet* della sinagoga, erano venuti a Tiszaeszlár per officiare quel particolare Shabbat ed erano rimasti nella sinagoga dopo la funzione del mattino. Secondo la sua confessione, Moric aveva osservato l'intera scena, sbirciando attraverso la porta della sinagoga. Durante i 45 minuti di osservazione, avrebbe visto che, dopo aver dissanguato la giovane donna, Samuel Lustig, Abraham Braun, Lazar Weisstein e Adolf Júnger le avevano messo un fazzoletto al collo e l'avevano rivestita di nuovo.

Nonostante le accurate ricerche organizzate da Bary, non furono trovati corpi o tracce di sangue nella sinagoga, nelle case degli ebrei sospettati o nelle tombe del cimitero ebraico. Tuttavia, furono arrestati dodici ebrei, tra cui il giovane Moric Scharf. L'esasperazione contro gli ebrei aveva raggiunto il parossismo e la vicenda assunse proporzioni internazionali. Il 29 luglio furono formalizzate le accuse contro le seguenti quindici persone: Salomon Schwarz, Abraham Buxbaum, Leopold Braun e Hermann Wollner per omicidio. Jozsef Scharf, Adolf Júnger, Abraham Braun, Samuel Lustig, Lazar Weisstein ed Emanuel Taub per complicità e assistenza volontaria nel crimine; Anselm Vogel, Jankel Smilovics, David Hersko, Martin Gross e Ignác Klein per complicità nel crimine e occultamento del cadavere.

Il 17 giugno 1883 si svolse l'ultimo atto di questo caso davanti al tribunale di Nyíreguháza. Il giudice Ferenc Korniss presiedeva la corte, con Eduard Szeyffert come pubblico ministero. Il tribunale avrebbe dovuto tenere trenta sedute per esaminare il caso in tutti i suoi dettagli e ascoltare i numerosi testimoni.

Solo l'intervento di finanziatori ebrei e la corruzione dei giudici riuscirono a scagionare queste "vittime dell'antisemitismo" il 3 agosto. Questa scandalosa assoluzione ha immediatamente scatenato rivolte a Pressburg (Bratislava), Budapest e altre città ungheresi. Géza Onody, rappresentante di Tiszaeszlár al Parlamento ungherese, ha espresso la sua indignazione in modo forte e chiaro quando la Corte Suprema ha respinto il ricorso e confermato il verdetto del tribunale penale. Győző Istoczy, membro del Parlamento, fondò allora il Partito antisemita e chiese l'espulsione degli ebrei dall'Ungheria.

CXXIII. La Civiltà Cattolica, 1870-1903

Dopo l'unificazione dell'Italia settentrionale e del Regno delle Due Sicilie, Vittorio Emanuele II assunse il titolo di Re d'Italia nel marzo 1861. Non restava che annettere Roma e lo Stato Pontificio al nuovo regno, ma le truppe francesi rimasero stanziate in loco. Infatti, per non alienarsi i cattolici ultramontani della Francia, Napoleone III aveva deciso di non concludere la vittoriosa campagna del 1859. Mantenendo le truppe francesi a Roma per proteggere le ultime vestigia del potere temporale del Papa, il sovrano francese impediva al nuovo Regno d'Italia di completare la sua unità. I patrioti italiani approfittarono dell'invasione prussiana della Francia nel 1870 per entrare a Roma con le armi in pugno e completare l'unità italiana.

La caduta del potere temporale del Papa fu dolorosamente avvertita da molti cattolici. La rivoluzione sembrava aver trionfato, soprattutto perché durante la prigionia di Pio IX in Vaticano, gli ebrei di Roma avevano dato libero sfogo al loro odio. I fratelli Lémann, ebrei convertiti al cattolicesimo, hanno lasciato alcune pagine interessanti su questo episodio:

"Quando, il 20 settembre 1870, il governo subalpino forzò le porte di Roma a colpi di cannone, la breccia non era ancora stata completata e un drappello di ebrei era già passato per congratularsi con il generale Cadorna. E tutto il ghetto era addobbato con i colori piemontesi.... Quando gli zuavi[605] che difendevano Pio IX ricevettero l'ordine di non continuare la loro eroica difesa, gli ebrei li attesero sul ponte di S. Angelo, lanciando loro insulti e persino strappando loro i vestiti. Nei giorni in cui si insediò il governo usurpatore, li si vide correre come sciacalli da una caserma all'altra per saccheggiarle.... In diverse occasioni, si radunarono alle porte delle chiese per deridere e picchiare i cristiani che vi si recavano a pregare.... Ogni volta - aggiungono gli abati di Lémann - che chiedevamo informazioni sulle scene spregevoli che si svolgevano sul Corso, davanti al Quirinale e altrove, dove il sacro veniva ridicolizzato, i sacerdoti insultati, le Madonne profanate, le immagini sacre fracassate, ci veniva sempre detto: i buzzuri e gli ebrei...".

Gli zuavi che avevano difeso Roma stavano lasciando le mura e attraversando Porta Pia. I loro simpatizzanti si affrettarono a portare loro abiti civili, ma alla fine del ponte S. Angelo, "orde di ebrei, tra le grida,

---

[605]Gli Zuavi erano unità di fanteria leggera francese appartenenti all'Armata d'Africa. Si ispiravano ai mercenari algerini reclutati dalla confederazione *Zouaoua*, che forniva truppe alla Reggenza di Algeri nelle sue guerre contro le potenze europee. Spesso associate all'immagine delle battaglie del Secondo Impero e note per la loro uniforme distintiva, queste unità sono esistite dal 1830 al 1962.

strapparono loro le valigie di vestiti e tutto ciò che potevano e li gettarono nel fiume Tibre". "In basso c'erano i marinai nelle loro barche che raccoglievano tutto quello che avevano gettato nel fiume".

I tre quotidiani ministeriali, *L'Opinione, La Liberia* e *La Nuova Roma* avevano allora tre redattori ebrei: "Ebbene! disse il signor Lémann, non hanno cessato un solo giorno, da quando sono diventati padroni di Roma, di versare calunnie, insulti e fango sulla religione cattolica, sul suo culto, sulle sue comunità, sui suoi sacerdoti, su tutto ciò che è più rispettabile e persino sull'augusta persona del Papa. Sua Santità stesso ci ha detto: "Dirigono tutta la stampa rivoluzionaria contro di me e contro la Chiesa[606]".

Come accadeva ad ogni trionfo degli ebrei da qualche parte, allora arrivarono da ogni dove: "Ebrei dall'estero, che affluirono nella nuova capitale, editavano i loro giornali e alimentavano gli attacchi contro la Chiesa; ebrei da Roma, che avevano tradito il loro sovrano, che avevano accolto volentieri i piemontesi, che frequentavano luoghi prima a loro vietati. Questo è il vero scandalo: gli ebrei di Roma, la sede di Pietro, la capitale del cattolicesimo, soppiantano i cristiani, acquistano proprietà ed esercitano funzioni di governo[607]".

Tuttavia, i fratelli Lémann riconoscevano che i papi avevano "costantemente protetto gli israeliti" di Roma. Pio IX era stato addirittura particolarmente benevolo nei loro confronti, poiché aveva ordinato la demolizione delle porte e delle mura del ghetto. Essi infatti ricordavano la sostanza della dottrina della Chiesa nei confronti dei membri della setta: "Poiché è depositaria della dolcezza del Vangelo, la Chiesa difende la vita degli ebrei. Poiché è la madre delle nazioni cristiane, le preserva dall'invasione ebraica che sarebbe la loro morte[608]".

Ma dopo gli eventi del 1870, Pio IX pronunciò finalmente parole inequivocabili: "Purtroppo oggi a Roma ce ne sono troppi, li sentiamo

---

[606] Mons. Henri Delassus, *La Conjuration antichrétienne III*, Desclée De Brouwer, 1910, p. 1169.

[607] G. Miccoli, *Santa Sede, questione ebraica e antisemitismo*, in *Storia d'Italia*, Annali vol. 11 bis, *Gli Ebrei in Italia*, Einaudi, Torino, 1997. In *Sodalitium* N°50, giugno-luglio 2000.

[608] A. e J. Lémann, *Lettre aux Israélite dispersés, sur la conduite de leurs coreligionnaires durant la captivité de Pie IX au Vatican (Lettera agli israeliti dispersi, sulla condotta dei loro correligionari durante la prigionia di Pio IX in Vaticano)*, Roma, 1873, Libreria e Cartoleria romana, p. 5-14. In *Sodalitium* n. 50, giugno-luglio 2000. Joseph (1836-1915) e Augustin (1836-1909) Lévy erano due fratelli gemelli di Lione. Si erano sinceramente convertiti al cattolicesimo nel 1854 ed erano diventati sacerdoti. Augustin era professore all'Università Cattolica di Lione. Joseph fu consacrato vescovo. Denunciarono l'ebraismo in numerosi libri, come *L'Entrée des juifs dans la Société française* (1886).

abbaiare in ogni strada, e ci molestano ovunque.... Scrivono bestemmie e oscenità sui giornali... ma verrà un giorno, un giorno terribile di vendetta divina, in cui dovranno rendere conto delle iniquità commesse".

La questione ebraica fu quindi trattata con maggior rigore dal Vaticano. La *Civiltà Cattolica*, il giornale della Segreteria di Stato, lanciò la controffensiva. In un articolo pubblicato nel 1872, padre Francesco Berardinelli definì i persecutori del Vaticano: "Rinnegati e apostati... una muta di cani... della razza delle bestie velenose del Golgota".

Fino agli anni Settanta, la rivista si occupava solo episodicamente della questione ebraica. Ma con Papa Leone XIII (1878-1903), la crescente influenza dell'ebraismo in Europa fu oggetto di un attento esame[609]. L'ebraismo fu finalmente identificato come la culla della massoneria e delle società segrete e la forza trainante delle forze che avevano sponsorizzato la rivoluzione in Europa.

La soluzione del problema ebraico consisteva, secondo la *Civiltà Cattolica*, nell'abbattere lo Stato liberale che aveva aperto le porte agli ebrei. Gli ebrei dovevano essere protetti dalla reazione popolare ostile e i cristiani dovevano essere preservati dall'aggressività morale, politica e commerciale degli ebrei.

Nel 1880, il gesuita padre Giuseppe Oreglia de San Stefano (1823-1895) scriveva: "I cattolici non chiedono l'espulsione degli ebrei, ma solo la limitazione delle loro attività nella misura in cui sono dannose per il pubblico. Voglion conservare il carattere cristiano dello Stato, della legislazione, dell'insegnamento e dei principi sociali. Voglion l'estirpazione dei principi ebraici... resi dominanti dal regime liberale, ma non l'espulsione di un popolo che, dopo tutto, è del sangue di Abramo e nel cui seno è nato il Salvatore. Con un'organizzazione cristiana dello Stato, gli ebrei non incutono alcun timore[610]".

Padre Mario Barbera promosse anche la "segregazione caritatevole". Era necessario ricorrere alla segregazione caritatevole degli ebrei che dovevano vivere separati, come i lebbrosi nel lebbrosario, per la loro salute e quella degli altri popoli.

Ma dopo il 1903, la *Civiltà Cattolica* smise di trattare il problema ebraico con la stessa attenzione e rivolse i suoi sforzi alla lotta contro il modernismo all'interno della Chiesa, senza cambiare idea sul pericolo giudaico-massonico.

Dopo Pio X, Pio XI condannò il marxismo e il nazionalsocialismo. Morì poco prima di poter promulgare un'enciclica in cui riaffermava le tesi

---

[609] R. Taradel— B. Raggi, *La Segregazione amichevole. La Civiltà Cattolica e la questione ebraica*, 1850-1945, Editori Riuniti, Roma, 2000, p. 27, in *Sodalitium* n. 50, giugno-luglio 2000.

[610] *Civiltá Cattolica* 35, (1884), III, p. 101 ss, in *Sodalitium* n. 50, giugno-luglio 2000.

tradizionali della Chiesa. Ecco una parte del testo: "La cosiddetta questione ebraica, nella sua essenza, non è una questione né di razza, né di nazione, né di nazionalità territoriale, né di diritto di cittadinanza nello Stato. È una questione religiosa e, dalla venuta di Cristo, una questione di cristianesimo".

Il sacerdote Jules Meinvielle, il cui libro del 1936, *L'ebreo nel mistero della storia*, ha avuto un'ampia diffusione nel mondo cattolico, ha affermato quanto segue al sesto punto della sua conclusione:

"I cristiani, che non possono odiare gli ebrei, che non possono perseguitarli o impedire loro di vivere, o disturbarli nell'osservanza delle loro leggi e dei loro costumi, devono tuttavia guardarsi dal pericolo ebraico. Devono guardarsi da esso come ci si guarda dai lebbrosi. I lebbrosi non vanno odiati, perseguitati o disturbati, ma bisogna prendere precauzioni contro di loro affinché non infestino l'organismo sociale. È una cosa difficile, senza dubbio, ma irrimediabile. Così i cristiani non devono entrare in rapporti commerciali, sociali o politici con quella casta perversa che ipocritamente cerca la nostra rovina. Gli ebrei devono vivere separati dai cristiani perché questo è ciò che le loro Leggi ordinano loro di fare, come vedremo più avanti, e anche perché sono "contagiosi" per gli altri popoli. Se gli altri popoli rifiutano queste precauzioni, devono subirne le conseguenze, cioè essere lacchè e paria di questa razza, alla quale appartiene la superiorità nel regno del carnale[611]".

CXXIV. L'antigiudaismo tedesco nel XIX secolo

L'antigiudaismo tedesco ha svolto un ruolo importante nella storia contemporanea. Nel 1840, gli ebrei in Germania erano circa 350.000, di cui 200.000 vivevano nella Prussia settentrionale. Gli ebrei, che rappresentavano il 3% della popolazione di Berlino, costituivano la metà degli industriali. Nel 1807 possedevano già 30 delle 52 banche della capitale e, nel 1862, 550 delle 662 banche prussiane erano nelle loro mani[612]. La Dresdner Bank, la più potente dopo la Deutsche Bank, era stata fondata dall'ebreo Eugen Guttman. Quando il cancelliere Otto von Bismarck ebbe bisogno di un banchiere nel 1859, si rivolse a un banchiere ebreo di nome Gerson Bleichröder, che era stato nobilitato da Guglielmo II nel 1872. Nel 1910, la popolazione ebraica in Prussia contava 600.000 persone. Ma il Paese non era così malato come l'Austria e la Francia, in

---

[611] Julio Meinvielle, *El Judío en el misterio de la historia (1936)*, Cruz y Fierro Editores, Buenos Aires, 1982, p. 39.
[612] Ruth Gay, *Ebrei di Germania, un ritratto storico*, in Gérard Messadié, *Histoire générale de l'antisémitisme*, Lattès, 1999, p. 353.

gran parte grazie alla severità del reclutamento del corpo degli ufficiali e dei professori universitari.

Grazie alla loro ampia padronanza delle finanze del Paese, gli ebrei investirono nell'industria, in particolare nelle ferrovie. Nel 1835, Abraham Oppenheim di Colonia fu vicepresidente della Compagnia ferroviaria della Renania; nel 1869, il barone Maurice Hersch fondò l'Orient Express, che collegava Berlino, Vienna e Costantinopoli.

La compagnia di navigazione Hamburg-Amerika Line, che collegava la Germania all'America, era di proprietà di un altro ebreo, Albert Ballin, amico personale dell'imperatore Guglielmo II. I grandi magazzini erano quasi un monopolio ebraico. Vendevano a prezzi più bassi e mandavano in rovina i piccoli negozianti che finivano per essere rilevati da imprenditori ebrei.

Se gli ebrei si fossero sentiti tedeschi, i loro successi non sarebbero stati un problema. Ma l'essenza stessa dell'ebraismo è distruggere tutto ciò che non è ebraico, e non integrarsi nei Paesi ospitanti. Così, con la loro instancabile propaganda giornalistica, gli intellettuali ebrei riuscirono a minare e ridicolizzare il cristianesimo, a deridere i costumi tedeschi. Instillarono surrettiziamente le idee di "tolleranza", "uguaglianza", esaltando la "fratellanza universale". Gli scrittori ebrei Ludwig Börne e Heinrich Heine, leader del movimento della Giovane Germania, criticarono l'"ordine morale", il patriottismo e i valori della famiglia. Non a caso i nazionalisti tedeschi chiamarono questo movimento "Giovane Palestina". Nel 1835, un decreto di censura inflisse un duro colpo a questi scrittori cosmopoliti. Lo spirito tedesco era ancora abbastanza forte e strutturato da opporsi efficacemente alla propaganda ebraica.

Il re prussiano Federico Guglielmo IV (1840-1861), istruito dallo storico Friedrich Carl de Savigny, aveva compreso chiaramente il progetto politico degli ebrei. Aveva deciso di esentarli dal servizio militare, di allontanarli dal servizio pubblico e di costituirli come "nazione separata" sotto la sua speciale protezione. Nel 1842, in una lettera citata dallo storico Leon Poliakov, scrisse: "L'ignobile cricca ebraica, ogni giorno, con le sue parole e i suoi scritti, prende a colpi di scure la radice dell'essere tedesco: non vuole (come me) nobilitare e confrontarsi liberamente con gli Stati che compongono il popolo tedesco, ma vuole schiacciare e mescolare tutti gli Stati insieme". Per quanto ne sappiamo, questo è il primo accenno che denota una certa comprensione del progetto ebraico di distruggere gli Stati[613].

L'autore più letto all'epoca fu Gustav Freytag, il cui capolavoro *Soll*

---

[613] È vero, tuttavia, che non conosciamo tutta la letteratura antisemita tedesca del XIX secolo, che non è mai stata tradotta in francese.

und Haben (1855) passò attraverso 500 edizioni successive e si trovava in tutte le biblioteche di famiglia. I suoi due personaggi principali, il tedesco Anton Wohlfart e l'ebreo Veitel Itzig, incarnavano rispettivamente la virtù e il vizio. La mezza dozzina di ebrei che circondano Itzig sono altrettanto ripugnanti.

In quel periodo, intorno al 1854, i fratelli Grimm, le cui fiabe incantavano e insegnavano ai bambini tedeschi, pubblicarono il loro famoso *Dizionario tedesco*. Sulla parola "*Jude*", gli autori usavano questi esempi: "Sporco come un vecchio ebreo; puzza come un ebreo; ha il sapore di un ebreo". Oppure: "Bisogna prima ungere l'esofago, altrimenti questa manduca sa di ebreo morto[614]".

Ma la vigilanza antiebraica di alcuni intellettuali tedeschi non fu sufficiente a preservare l'ideologia egalitaria del governo. Una legge del 1864 che concedeva "l'uguaglianza civile ai cittadini di religione israelita" fu ratificata dalla legge del 1869 sull'uguaglianza delle confessioni in materia civile e civica. Questa legge fu estesa a tutta la Germania dopo la proclamazione dell'Impero tedesco nel 1871. Bismarck, che aveva imposto un regime repubblicano giudeo-massonico alla Francia dopo la sua sconfitta, contribuì così a fare della Germania un paradiso per gli ebrei.

La stampa tedesca tradizionale cadde nelle mani di uomini d'affari ebrei. Leopold Sonnemann, fondatore della *Frankfurter Zeitung* nel 1866, divenne proprietario di un impero mediatico. Rudolf Mosse fondò il *Berliner Tageblatt* nel 1871, Leopold Ullstein fondò il *Berliner Abendpost* nel 1887 e il *Berliner Morgenpost* nel 1898.

A livello intellettuale, la reazione antisemita nel Paese di lingua tedesca arrivò piuttosto tardi. Nel 1871 fu pubblicato un libro di un sacerdote cattolico tedesco, canonico della Cattedrale di Praga e professore di teologia e antichità ebraiche all'Università di Praga. August Rohling (1839-1931) aveva imparato l'ebraico per tradurre il Talmud. Il suo libro *Der Talmujude (L'ebreo del Talmud)*, pubblicato a Münster in Westfalia, ripristinava tutti i passaggi soppressi dal Talmud, basandosi sul lavoro del suo illustre predecessore, Einsenmenger. L'opera, che rispondeva all'interesse del pubblico, ebbe un successo strepitoso e una seconda edizione fu pubblicata nel 1877[615].

Gli ebrei, naturalmente, denunciarono l'opera e le dichiarazioni citate come "assurde sciocchezze antisemite", "affermazioni deliranti" e così via. Il governo, corrotto dall'oro ebraico, vietò a Rohling di rispondere agli

---

[614]Léon Poliakov, *Histoire de l'antisémitisme, Tome I*, Point Seuil, 1981, p. 383.

[615]Un'edizione del libro di Eisenmenger era stata pubblicata in Inghilterra da J.P. Stekelin con il titolo *The Traditions of the Jews, with the Expositions and Doctrines of the Rabbins*, etc., 2 volumi, 1732-1734. Una nuova edizione delle *Entdecktes Judenthum* è stata pubblicata a Dresda nel 1893 da F. X. Schieferl.

attacchi. Gli ebrei imbavagliarono così il loro avversario, mentre gridavano contro il bigottismo e la persecuzione e giuravano di essere sgozzati. Il caso fu ampiamente pubblicizzato a Vienna e in Germania, e gli osservatori si limitarono a notare che gli ebrei non volevano che si facesse luce sulle loro credenze, sulla loro morale e sulla loro legislazione.

Nel suo libro "*La mia risposta ai rabbini o cinque lettere sul talmudismo e sul rito del sangue degli ebrei*"[616], pubblicato nel 1883, August Rohling rivelò il grande interesse nel riconoscere l'ebreo dietro la sua maschera: "Nel Medioevo gli ebrei portavano un cappello giallo per essere riconosciuti. Se i lettori dei giornali (a Vienna, per esempio, *Neue Freie Presse, Fremdenblatt, Tagblatt, Extrapost, Vorstadt-Zeitung, Wiener Allgemeine*, ecc.) vedessero ogni giorno in prima pagina una striscia gialla con la scritta "per gli interessi ebraici", diventerebbe chiaro per cosa combattono questi uomini piumati[617]."

Dopo essere stato additato e rimproverato da un polemista ebreo di nome Bloch, Rholing si difese rispondendo: "Nel trattato talmudico *Megillah*, i goyim sono designati come cani. Nel trattato *Aboda Zara (46a)* si parla del volto di un monarca non ebreo come del "volto di un cane". Se il signor Bloch pensa che io abbia copiato questa e altre cose e che non l'abbia letta io stesso nel Talmud, posso dirgli dove trovarla nell'opera citata, sopra alla settima riga (stampa di Venezia). Rashi l'ha spiegata esattamente come l'ho fatta conoscere io, sulla base del quinto libro di Mosè (XIV, 21): che un cane è meglio di un non ebreo; Bloch saprà dove trovarla nel commento al Pentateuco; le parole ebraiche sono: *schehakkeleb nichbad mimmennu*[618]".

Il sacerdote Rohling si occupò anche della questione dell'omicidio rituale. Tra il 1867 e il 1914 si erano svolti dodici processi di questo tipo in tutta l'area germanica. Contrariamente a quanto avveniva in precedenza, gli ebrei furono quasi sistematicamente assolti, anche se queste assoluzioni

---

[616]*Meine Antworten an die Rabbiner oder fünf Briefe über den Talmudismus und das Blutritual der Juden*, Praga, 1883

[617]August Rohling, *Ma Réponse aux Rabbins, ou cinq lettres sur le Talmudisme et le rituel de sang chez les juifs*, Quatrième lettre, Prague, janvier 1883, voir édition allemande, Luhe-Verlag.

[618]Il Talmud è anche un manuale per la vita quotidiana: secondo un decreto di un rabbino capo di Israele, gli ebrei ortodossi (ebrei che osservano rigorosamente le pratiche della Legge, ndt) possono uccidere i pidocchi durante il sabato senza trasgredire il giorno sacro del riposo, ma solo se il parassita si trova sulla testa di un essere umano. Tuttavia, è vietato pettinarsi per isolare i pidocchi, poiché la legge vieta rigorosamente di lavorare dal venerdì pomeriggio al sabato sera. D'altra parte, se il pidocchio si trova sul vestito, deve essere rimosso "senza fargli del male". Lo stesso vale per i topi, che la Torah vieta espressamente di uccidere durante il sabato. Essi devono essere afferrati per la coda "e gettati lontano".

riflettevano semplicemente il potere che avevano acquisito sui governi e la loro capacità di corruzione. Tutti i processi, tranne alcuni, si conclusero con un'assoluzione.

Rohling ebbe un seguito in tutta l'Europa cattolica, tanto che in Francia il suo libro fu tradotto da tre diversi traduttori nel 1889. Un'edizione francese ampliata da A. Pontigny fu pubblicata con il titolo *Le Juif selon le Talmud (L'ebreo secondo il Talmud)*, con una brillante introduzione di Edouard Drumont il 2 luglio 1889, che qui riassumiamo:

"La crisi generale in cui si dibatte il mondo può essere riassunta in una parola: la rivincita del Talmud sul Vangelo. Le grandi frasi sulla filosofia, sui diritti dell'uomo, sulla rigenerazione dell'umanità, che nei primi anni di questo secolo hanno fatto da paravento all'ebreo per agire a suo agio, non ingannano più nessuno; sono una vecchia scenografia di carta che viene fatta a pezzi.... L'ebreo si presenta come padrone; non si preoccupa nemmeno più di mascherare questo dominio; ha in suo potere tutti i popoli attraverso la finanza, modifica le leggi sul lavoro secondo gli interessi dei suoi sindacati; ha comprato tutti gli statisti che erano in vendita e ha rimosso da tutti gli impieghi quelli che non è riuscito a corrompere. È onnipresente e onnipotente ovunque sia presente, così potente che la gente non osa nemmeno più attaccarlo.... Ciò che domina queste persone è l'odio e il disprezzo per il goy, la convinzione che tutto sia legittimo contro il goy, lo straniero, il non-ebreo, il "seme del bestiame[619] ", la certezza inoltre che l'ebreo appartenga a una razza privilegiata destinata a ridurre tutti gli altri popoli in servitù, a farli lavorare per Israele. Così armato, investito di una sorta di missione, liberato dalle prescrizioni stesse della sua religione da ogni imbarazzante scrupolo, l'ebreo parte alla conquista delle capitali. È il trionfatore della borsa, il giornalista influente".

E a quegli ebrei che rispondevano di non aver mai letto il Talmud, Drumond rispondeva: "Che bisogno hanno gli ebrei di oggi di studiare il Talmud? È impresso nel loro cervello per legge ereditaria, lasciato loro in eredità da innumerevoli generazioni che sono cresciute impallidendo davanti ai suoi precetti, che hanno assimilato le sue dottrine. Gli ebrei sono saturi di questo Talmud: ad esso devono non solo quell'idea di superiorità rispetto a noi che li rende così forti, ma anche quell'ammirevole sottigliezza, quell'assenza di ogni senso morale, di ogni nozione di Bene e di Male che è quasi disarmante, perché è del tutto nativa e spontanea nell'ebreo[620] ".

Drumond si ribellava già allora all'incessante propaganda ebraica che mirava a colpevolizzare gli europei, a far loro chinare la testa e a metterli

---

[619] Allusione al Talmud *Yevamot* (98a); Ezechiele (XXIII, 20). (NdT).
[620] August Rohling, *Le Juif selon le Talmud*, Albert Savine Éd., Parigi, 1889, p. II, III, IV, V, VI

in ginocchio per implorare il perdono di Israele: "Cercate di rettificare qualche menzogna storica, azzardate, per esempio, una timida riabilitazione della vostra razza e dei vostri padri, insinuate che discendete da uomini che forse non erano né idioti, né saccheggiatori, né assassini: allora fate mentire la storia, mentite a voi stessi con impudenza, l'ignoranza e il fanatismo parlano attraverso la vostra bocca. Osate sospettare della filantropia degli ebrei o del candore dei rabbini che hanno creato il Talmud e fatto le loro leggi: siete un oscuro persecutore, un offensore di vittime innocenti, un apostolo dell'oscurantismo, un uomo oscuro e sanguinario. Osa far notare che gli ebrei di oggi sono, in realtà, gli eredi degli ebrei di un tempo e che, di conseguenza, certe misure di sicurezza non sarebbero forse un eccesso di prudenza: è la vile invidia che ti divora, è l'infame avidità che ti brucia; sei la vergogna del tuo tempo, la feccia dell'umanità, l'escremento della natura, e ricevi sul tuo capo la pattumiera che ogni polemista di Israele porta sempre piena nelle sue mani".

Chiunque può vedere che gli ebrei non si sono mossi di una virgola all'inizio del XXI secolo. Anche Edouard Drumont ha sottolineato i tentativi degli ebrei di mettere al bando il libro di Rohling e molti altri prima di esso: "Mentre tutti gli altri popoli marciano con le loro bandiere al vento e aprono i loro vangeli e le loro leggi ai raggi del sole, solo l'ebreo si copre di tenebre, solo l'ebreo cerca il mistero, solo l'ebreo fa della sua legge civile e religiosa un segreto che non deve mai uscire dalla famiglia israelita, e fa suo sacro dovere mentire eternamente a tutti gli uomini di altre razze e di altre patrie[621]. Perché il Talmud è il libro per eccellenza dell'esclusivismo, del separatismo, dell'odio universale, non solo contro tutte le religioni, ma contro tutti i popoli della famiglia umana, contro la loro proprietà, contro la loro esistenza sociale e nazionale, e affermiamo, senza timore, che nessuno di coloro che leggeranno quest'opera conserverà il minimo dubbio a questo riguardo[622]."

Nel 1873, il fallimento del magnate ebreo Henry Strousberg, che aveva fondato una compagnia ferroviaria per collegare la Germania alla Romania, aveva innescato un crollo del mercato azionario che a sua volta aveva provocato numerosi fallimenti e la rovina di piccoli investitori tedeschi. L'antisemitismo si rinvigorì, ma ci vollero ancora alcuni anni perché questa tendenza di fondo si concretizzasse in un movimento politico.

Il nazionalista Heinrich von Treitschke (1834-1896) incarnò la resistenza antisemita attiva. Originario di Dresda, fu professore

---

[621] Nel 2009 abbiamo scritto nel nostro blog: "Ci vogliono molti film e documentari per rendere un antirazzista e mantenere la pressione sul pubblico per tutto l'anno. Ma basta un solo libro per fare di un uomo un antisemita per il resto dei suoi giorni".
[622] August Rohling, *Le Juif selon le Talmud*, Albert Savine Éd., Parigi, 1889, p. 4, 5, 6, 7

all'Università di Berlino. Dal 1871 al 1884 fu un deputato molto ostile all'Impero britannico. A partire dal 1878 denunciò con insistenza il potere degli ebrei e le ondate di immigrazione dalla Polonia e dalla Russia. Nel novembre 1879 pubblicò un testo relativamente breve intitolato *Le nostre prospettive*, in cui alludeva al dominio finanziario e culturale degli ebrei. La sua formula *Gli ebrei sono la nostra vergogna* (*Die Juden sind unser Unglück!*) fu ripresa dai militanti nazionalsocialisti durante il Terzo Reich. Le sue idee ebbero grande successo e provocarono innumerevoli polemiche universitarie.

Nel 1880, un'ondata di antisemitismo attraversò la Germania. Wilhelm Marr, uno dei principali pensatori della resistenza, era emerso dalle file dell'estrema sinistra. Nato a Magdeburgo, era stato un giornalista, militante dell'ala sinistra del partito radical-democratico. Nel 1848 fu eletto in Parlamento, opponendosi con tutte le sue forze alla concessione dell'uguaglianza civica agli ebrei tedeschi. Nel 1879 pubblicò a Berlino il libro *Der Sieg des Judenthums über das Germanenthum (La vittoria dell'ebraismo sulla Germania)*. Nel giro di pochi anni, il suo libro passò attraverso una dozzina di edizioni. Nello stesso anno fondò la *Lega antiebraica* (*Antijüdischer Verein*), che ebbe vita piuttosto breve, anche se pubblicò per un anno un giornale, *Die neue deutsche Wacht (La nuova guardia tedesca)*, in cui apparve per la prima volta il termine *antisemitismo*. Wilhelm Marr sosteneva l'espulsione di tutti gli ebrei in Palestina. Tuttavia, va notato che Wilhelm Marr ebbe tre mogli, tutte di origine ebraica....

Il famoso filosofo ed economista berlinese Eugen Dühring (1833-1921) era un teorico socialista e anticristiano. Pubblicò anche molti scritti antisemiti. Nel 1881, nel suo libro intitolato *Die Judenfrage als Frage der Racenschaedlichkeit* (*La questione ebraica come questione di rischio razziale*), escluse la via dell'assimilazione per gli ebrei, che considerava una razza distinta da quella dei tedeschi.

Anche il berlinese Paul de Lagarde (Paul Anton Bötticher) era radicalmente ostile all'ebraismo. Professore di lingue orientali all'Università di Gottinga, aveva pubblicato diverse opere di filologia semitica. Ebbe una grande influenza attraverso i suoi scritti nazionalisti e antisemiti, raccolti nelle *Deutche Schriften (Scritti tedeschi, 1878-1881)*. Alcune delle sue idee furono riprese dai nazionalsocialisti, come l'idea dello spazio vitale a Est o l'aspirazione a una "cristianità tedesca" epurata dai suoi elementi ebraici, che avrebbe avuto un'influenza diretta su Alfred Rosenberg e sul suo famoso libro *Il mito del XX secolo* (1930), per essere salutato dal partito nazista come uno dei suoi grandi ispiratori.

Nel 1880-1881, Berlino divenne teatro di azioni violente. Agitatori non cristiani come Bernhard Förster, cognato di Nietzsche, o il giovane professor Henrici, furono coinvolti in questi eventi. Bande organizzate aggredirono gli ebrei per strada, li cacciarono dai caffè e spaccarono le vetrine dei negozi.

La resistenza antisemita era stata organizzata di fronte al pericolo sovversivo ebraico. Nel 1880, Bernhard Förster, ispirato da un soggiorno nella Bayreuth di Wagner, lanciò l'idea di una petizione antisemita indirizzata al cancelliere Bismarck in cui si chiedeva il censimento degli ebrei e la loro totale esclusione dal servizio pubblico e dall'istruzione. In poche settimane furono raccolte quasi 225.000 firme, molte delle quali di studenti. Ben presto anche il corpo docente si unì al movimento, impegnandosi nella lotta a fianco del mentore della gioventù nazionalista tedesca, lo storico Heinrich von Treitschke.

Il cancelliere Bismarck non diede una risposta ufficiale alla petizione antisemita, ma il governo ne tenne conto. In effetti, era raro vedere una carica statale conferita a un ebreo nelle università o nell'amministrazione. Anche numerosi organi studenteschi non li ammettevano. Nel 1882 si tenne a Dresda un congresso internazionale antisemita, durante il quale si riunirono trecento delegati tedeschi, austriaci e russi. Un altro congresso si tenne a Chemnitz l'anno successivo.

Un manifesto intitolato *Eine deutsche Sieben (Sette tedeschi)* mostrava i ritratti di sette preminenti attivisti antisemiti tedeschi dell'epoca: Otto Galgau, Adolf König, Bernhard Förster, Max Liebermann von Sonnenberg, Theodor Fritsch, Paul Förster e Otto Böckel.

Max Liebermann von Sonnenberg, ex ufficiale dell'esercito prussiano, fu il promotore della petizione. Nel 1881, insieme a Bernhard Förster, aveva fondato il *Deutschen Volksverein* e un giornale fortemente antisemita, la *Deutsche Volkzeitung*. Fu anche membro del Reichstag e successivamente, nel 1894, fuse la sua organizzazione con quella di Otto Böckel. Il suo programma sull'ebraismo era piuttosto radicale. Tra le sue pubblicazioni vi sono *Die Judenfrage und der Synagogenbrand in Neustettin* (1883) e *Die Schädigung des deutschen Nationalgeistes durch die jüdische Nation* (1892).

Nel 1887, il giovane Otto Böckel, originario di Francoforte e fervente sostenitore dei piccoli contadini, fu eletto al Reichstag. Alle elezioni del 1890, il suo partito, l'*Antisemitische Volkspartei*, ottenne quattro seggi con 48.000 voti. Ma nel 1893, Böckel ottenne 260.000 voti e 16 seggi.

Come in Francia, a causa dell'aumento delle tensioni internazionali, l'antisemitismo elettorale è diminuito all'inizio del XX secolo. Le organizzazioni antisemite radicali si sgretolarono in una moltitudine di piccoli gruppi dai nomi esoterici o neopagani.

Anche il giornalista Otto Glagau, originario di Königsberg, contribuì alla resistenza antisemita tedesca con la sua rivista *Der Kulturkämpfer (*1880-1888). Nell'aprile 1883 fu il principale organizzatore del secondo congresso internazionale antisemita a Chemnitz.

Il sassone Theodore Fritsch, discepolo di Wilhelm Marr, fu

probabilmente lo scrittore che ebbe maggiore risonanza nella società tedesca. Pubblicò diverse opere sulla questione ebraica, la prima delle quali fu un libro del 1887 intitolato *Antisemiten-Katechismus* (Il *catechismo degli antisemiti*). Dal 1887 al 1944, il libro fu pubblicato quarantanove volte in tirature di centinaia di migliaia di copie. Fritsch fu anche il primo traduttore tedesco dei *Protocolli degli Anziani di Sion*. Voleva unire tutte le organizzazioni antisemite in Germania sotto un'unica bandiera. Ma nel 1890 esistevano quasi duecento organizzazioni sparse in tutto il Paese. Theodore Fritsche aveva fondato il suo giornale, *Der Hammer,* nel 1902. Nel 1912, i suoi seguaci fondarono un ordine antiebraico, il *Reichshammerbund*, che a sua volta diede vita alla famosa Società Thule (*Thule-Gesellschaft*), un'organizzazione clandestinamente legata al partito nazista nei suoi primi giorni. La sua ultima opera, *La vera natura degli ebrei*, fu pubblicata nel 1926.

Subentrò il pastore Adolf Stoecker, figlio di un fabbro, che mise l'antisemitismo al centro del suo programma politico. Egli contribuì in modo significativo alla diffusione dell'antisemitismo all'interno del protestantesimo tedesco e dei partiti conservatori. Stoecker, vicino al tradizionale antisemitismo cristiano, prese tuttavia le distanze dal più radicale antisemitismo razziale. Dopo la destituzione di Bismarck nel 1890, egli acquisì una crescente influenza all'interno dei ranghi conservatori. Durante il congresso del partito, il *Tivoli-Parteitag* del 1892, riuscì ad ancorare saldamente l'antisemitismo nel programma del *Deutschkonservative Partei* (*Partito conservatore tedesco*).

Nel 1899, Houston Stewart Chamberlain, genero del compositore Richard Wagner, pubblicò la sua famosa opera *I fondamenti del XIX secolo*, la cui traduzione francese apparve solo nel 1913. In uno dei suoi capitoli, intitolato *L'avvento degli ebrei nella storia occidentale*, cercò di dimostrare che Gesù Cristo era un ariano. Chamberlain fu anche uno dei principali teorici del pangermanesimo e del razzismo biologico. L'imperatore Guglielmo II gli tributò un tributo da liberatore e Adolf Hitler lo stimò molto, riconoscendolo come un ispiratore e partecipando personalmente al suo funerale.

Va menzionato anche Richard Wagner, che, pur non essendo un antisemita dichiarato, ha avuto un'influenza almeno pari a quella di alcuni teorici dell'argomento, leggendo quasi certamente i libri di Wilhelm Marr, Eugen Dühring, nonché *L'ebreo secondo il Talmud* di padre Rohling.

Negli anni 1830-1840, il compositore ebreo Giacomo Meyerbeer era il "re" dell'opera. Wagner, che aveva vent'anni in più, era in rapporti amichevoli con lui. Ma nel 1850 Wagner pubblicò *Judaism in Music*, un saggio in cui criticava aspramente tutti i presunti grandi geni ebrei fabbricati dalla pubblicità. "La cosa più urgente è emanciparsi dall'oppressione ebraica", scrisse. Nella sua autobiografia, Wagner affermò che questo pamphlet gli era valso l'ostilità di tutta la stampa europea: "Questo spiega l'ostilità senza precedenti che mi è stata dimostrata finora da tutta la stampa europea.... L'accanimento ha preso la forma della perfidia e della calunnia".

Sappiamo che gli intellettuali ebrei hanno l'abitudine di insultare e calunniare pubblicamente i loro avversari. La stampa tradizionale, come possiamo vedere, era già in quegli anni nelle mani di grandi magnati ebrei miliardari.

Pur negando il loro talento come compositori, Wagner riconobbe il talento degli interpreti ebrei. Ad esempio, aveva stretto amicizia con Joseph Rubinstein, un pianista ebreo ucraino di talento che sosteneva tutto ciò che Wagner aveva scritto sugli ebrei. Alla morte del maestro, Rubinstein, depresso, si suicidò sulla sua tomba. Il fatto è che Rubinstein si era lasciato alle spalle l'ebraismo e aveva smesso da tempo di essere ebreo. All'apice della sua fama, Wagner aveva anche affidato la direzione del Parsifal, la sua opera tedesco-cristiana, al direttore d'orchestra Hermann-Levi. Il suo antisemitismo, tuttavia, non era diminuito. Nel 1881, ad esempio, scrisse al re Ludwig II di Baviera: "Considero la razza ebraica come il nemico nato dell'umanità e di tutto ciò che è nobile".

CXXV. La controffensiva antiebraica in Francia

Nella Francia repubblicana della fine del XIX secolo, la maggior parte dei ministri erano massoni e protestanti, se non addirittura ebrei. Il nuovo regime della Terza Repubblica iniziò il suo lavoro con la priorità delle priorità: la lotta al cattolicesimo. Nel 1879 e nel 1880, le leggi scolastiche di Jules Ferry espulsero la Chiesa dall'istruzione primaria. La nuova offensiva culminò all'inizio del XX secolo con la chiusura di numerose congregazioni e l'adozione della legge del 1905 sulla separazione tra Chiesa e Stato.

Il sistema repubblicano e il suffragio universale si rivelerebbero il regime ideale per l'oligarchia finanziaria. Infatti, sarebbe molto più facile corrompere e manipolare parlamentari ed elettori che destabilizzare una monarchia ereditaria di diritto divino, i cui principi e notabili non hanno bisogno di oro per raggiungere il potere. D'altra parte, è stato dimostrato dopo alcuni decenni di "democrazia" che la massa elettorale è facilmente manipolabile, perché si può far credere qualsiasi cosa alla gente se si hanno a disposizione tutti gli altoparlanti del sistema mediatico.

All'epoca furono pubblicate decine di opere sugli ebrei. Nel 1882, l'abate Chabeauty, canonico onorario di Angoulême e Poitiers, pubblicò *Les Juifs, nos maîtres (Gli ebrei, i nostri padroni)*:

"Non mi è possibile fare le mie citazioni con il testo vero e proprio del Talmud davanti agli occhi: non ho i suoi enormi fogli a portata di mano", scriveva; "ma mi affiderò a fonti che, pur essendo secondarie, non sono meno affidabili: prenderò le mie prime citazioni da un manoscritto latino del XIII secolo intitolato *Estratti del Talmud* (*Extraits du Talmud*, n. 10, bis 8 della Bibliothèque Nationale de Paris, fol. 231). Prendo in prestito tutto ciò che sto per dire e citare da questo manoscritto da un'opera molto interessante pubblicata dalla *Revue des études juives*, 1880, n. 2, e 1881, nn. 4 e 5, intitolata: *La controversia del 1240 sul Talmud*, e firmata da Isidore Loeb. Quest'opera fu scritta a seguito della controversia sul Talmud a Parigi nel 1240, per ordine di Eudes de Chateauroux, cancelliere dell'Università, al fine di illuminare i teologi sugli errori, le oscenità e le bestemmie del Talmud, affinché non considerassero, per ignoranza, che il Talmud fosse un libro innocuo da tollerare[623]".

Alla fine del manoscritto si trovavano, tra gli altri documenti, trentacinque articoli o accuse che Papa Gregorio IX aveva mosso contro il Talmud. In ogni articolo, l'autore (forse Nicolas Donin) indicava i luoghi del Talmud da cui erano tratte le accuse, nonché le parole dei rabbini incriminati. "È da questa parte del manoscritto, riprodotta integralmente dalla *Revue des études juives*, che prendo in prestito le mie citazioni", ha spiegato l'abate Chabeauty. La *Revue des études juives* ha affermato che la traduzione di questi passaggi dalla *Gemara* babilonese "era esatta, precisa e molto scientifica", e il significato di questi passaggi "generalmente ben compreso[624]".

Ecco il tipo di affermazioni che possiamo trovare in questo codice di vita dell'ebraismo: "Rabbi Simeone dice: Il migliore dei cristiani, uccidilo; il migliore dei serpenti, schiacciagli la testa. Quindi, il miglior cristiano può essere ucciso come un cattivo". E ancora: "Un cristiano può essere ingannato, con un trucco o un'astuzia, senza commettere peccato". Questo, riferisce l'abate Chabeauty, si trova in *Yeschuot*, trattato *Baba Kamma* (fol. 38A), capitolo *Schor*[625].

Questi sono altri estratti del Talmud citati da Chabeauty, analizzati e riassunti da Sisto da Siena, un ebreo convertito del XVI secolo, nella sua *Biblioteca Sacra*. Sisto da Siena ha indicato con cura i luoghi corrispondenti nel Talmud[626] :

"Ordiniamo che ogni ebreo, tre volte al giorno, maledica tutti i cristiani e preghi Dio di confondere e sterminare loro e i loro re e principi. E soprattutto i sacerdoti dei Giudei facciano questa preghiera tre volte al giorno, nella sinagoga, in odio a Gesù di Nazareth". (Talmud babilonese, Ord I, trattato 1, capitolo 4).

---

[623] Abbé Chabeauty, *Les Juifs, nos maîtres*, 1882, pag. 192.
[624] Abbé Chabeauty, *Les Juifs, nos maîtres*, 1882, p. 193.
[625] Abbé Chabeauty, *Les Juifs, nos maîtres*, 1882, p. 196.
[626] Su Sisto da Siena si legga la fine del capitolo su Paolo IV.

"Dio comandò agli ebrei di impadronirsi delle proprietà dei cristiani con qualsiasi mezzo, sia con l'inganno, sia con la violenza, sia con l'usura, sia con la rapina". (Talmud babilonese, Ord. I, trad. 1, cap. 4).

"A tutti gli ebrei è comandato di considerare i cristiani come bestie brutali e di trattarli esattamente come bestie brutali". (Talmud babilonese, Ord IV, trad. 8).

"Le chiese cristiane sono case di perdizione e luoghi di idolatria che gli ebrei devono distruggere". (Talmud babilonese, Ord. I, trad. 1, cap. 2).

All'estrema sinistra politica, l'antisemitismo dei socialisti non era allora meno virulento. Nel 1883, Auguste Chirac, discepolo di Proudhon e Toussenel, pubblicò *Les Rois de la République, Histoires des Juiveries (I re della Repubblica, Storie degli ebrei)*. I primi due volumi contenevano monografie sui grandi ebrei dell'epoca: Rothschild, Léon Say, Mallet, Camondo, Barone Hirsch, Jacques Stern, Cahen d'Anvers, Bischoffheim, Erlanger, ecc. Il terzo volume fu pubblicato nel 1885. Nel 1888, Auguste Chirac pubblicò *La haute Banque et les révolutions (L'alta banca e le rivoluzioni)*, che si basava in parte su un libro del 1856 intitolato *Histoire des grandes opérations financières (Storia delle grandi operazioni finanziarie)*, pubblicato da un giornalista e legittimista marsigliese chiamato Jean-Baptiste Capefigue[627].

La Francia ebraica di Edouard Drumont è stato, insieme alla *Vita di Gesù* di Ernest Renan, il *best-seller* francese della seconda metà del XIX secolo: 114 edizioni in un anno, 200 edizioni in tutto, senza contare una popolare edizione ridotta. Il famosissimo Edouard Drumont ha meritato il suo successo. Il suo libro in due volumi di 600 pagine contiene molte affermazioni interessanti. "Si potrebbe fare una mirabile raccolta dei suoi aforismi", scrisse Lucien Rebatet nell'edizione speciale sugli ebrei del settimanale *Je suis Partout* del 17 febbraio 1939. Eccone uno, tra i tanti: "Preti molto malvagi e amici di re molto avidi che si divertivano a perseguitare i poveri ebrei a causa della loro religione: questa è la leggenda[628] ". Ma Lucien Rebatet ha le sue riserve e qualifica la sua ammirazione per il grande polemista: "Nel 1939, un terzo del testo di *Francia ebraica*, pur conservando il suo valore documentario, era invecchiato. È la parte giornalistica, quella dell'attualità immediata: ritratti di personaggi e dei loro sodali che il futuro non ricorderà, notizie che hanno infiammato una generazione ma lasciato indifferente la successiva. Va detto che Drumont non è stato molto selettivo nella scelta dei documenti".

Nel 1889, Drumont pubblica *La Fin d'un monde*. Poi, nel 1890, *La dernière Bastille* e nel 1891 *Le Testament d'un antisémite*. Fondò poi il

---

[627] Cfr. Jean Drault, *Histoire de l'antisémitisme*, 1944.
[628] Édouard Drumont, *La France juive*, tome I, p. 145.

giornale *La Libre Parole,* la cui prima copia fu messa in vendita il 20 aprile 1892, giorno del compleanno di Charles Maurras, che era anche il compleanno di Adolf Hitler. La tiratura del giornale raggiunse le 300.000 copie durante lo scandalo di Panama. All'epoca, *La Libre Parole* rivaleggiava con gli altri quotidiani e aveva persino definito il tono generale della stampa. Nel maggio 1898, Drumont fu eletto deputato ad Algeri con tre amici politici.

Sulla sua scia, furono pubblicati numerosi libri antiebraici, sia nei circoli cattolici che in quelli di estrema sinistra; l'antisemitismo socialista si concentrava maggiormente sull'antagonismo "razziale".

Nel 1889, il socialista bretone Augustin Hamon pubblicò *L'agonia di una società,* un libro in cui attaccava gli ebrei dell'alta finanza: "Gli ebrei hanno invaso tutto. La finanza, come la stampa, appartiene a loro. Nell'amministrazione degli Stati e delle città, soprattutto nel nostro Paese, gli *yiddish* occupano le cariche più alte, quelle che portano onore, denaro e rilievo. In qualsiasi ministero o prefettura vedrete i May, Isaiah Levaillant, Kahn, Cohn, Cahen, Dreyfus, Mayer, Alphand[629]".

Albert Regnard, un altro socialista radicale e ateo, fu felice del successo del libro di Edouard Drumont. Pubblicò contemporaneamente una dozzina di libri, tra cui uno intitolato *Aryens et Semites (Ariani e Semiti).*

In quegli anni nacque la Lega nazionale antisemita francese. Il suo vicepresidente, Jacques de Biez, si definiva anche "nazionalsocialista". Era anche convinto dell'"arianità" di Gesù il "galileo", che egli associava alla razza celtica. Jacques de Biez era solito chiedere ai sacerdoti che incontrava con una certa trepidazione: "Siete sicuri che Gesù Cristo fosse un ebreo? Drumont ne è soddisfatto, ma io sono preoccupato[630]". La Lega ebbe anche altri protagonisti di spicco, come l'avventuroso marchese de Morès e i suoi famosi macellai de la Vilette.

Come in Germania, si formò un gruppo alla Camera dei Deputati. Nel novembre 1891, una proposta di legge che chiedeva l'espulsione degli ebrei ricevette 32 voti a favore.

Gli scandali finanziari di cui sono regolarmente vittime i politici scatenano la protesta popolare. Nel 1892, Drumont accusò nel suo diario alcuni politici di primo piano di aver usato la loro influenza e i loro voti per concedere in modo fraudolento alla Compagnia del Canale di Panama il diritto di emettere obbligazioni per 700 milioni di franchi oro nell'ambito di un prestito pubblico, dopo aver ricevuto un parere favorevole nel 1888. Scoppia lo scandalo di Panama: viene incriminato il banchiere e barone ebreo Jacques de Reinach. Era il distributore dei fondi che la Compagnia

---

[629] Augutin Hamon, *L'Agonie d'une société*, Paris, 1889, in Marc Crapez, *L'Antisémitisme de gauche au XIXe siècle,* Berg International, 202, pag. 74.
[630] Raphaël Viau, *Vingt ans d'antisémitisme, 1889-1909,* 1910, p. 14.

di Suez elargiva a giornalisti, deputati e ministri. Gli assegni sequestrati dalla magistratura rivelarono che il barone aveva distribuito quattro milioni di franchi oro. La maggior parte dei principali giornali repubblicani era stata corrotta. Quando seppe che sarebbe stato processato, il barone Reinach si suicidò, ma la morte del finanziere non pose fine allo scandalo.

Gli intermediari incaricati di contattare i politici di cui la Compagnia voleva ottenere il sostegno erano altri due israeliani, Emile Arton e Cornelius Herz. Emile Aaron, soprannominato Arton, era stato accusato di aver corrotto i deputati di Palazzo Borbone (Assemblea Nazionale). Appena scoperto, fuggì in Inghilterra, portando con sé la lista dei 104 "assegni nominativi". Il suo correligionario, Cornelius Herz, era di livello superiore. Proveniva da una famiglia ebrea di Besançon di origine bavarese ed era un Grande Ufficiale della Legione d'Onore, confidente dei Presidenti Grévy e Sadi Carnot, amico di Freycinet e Clémenceau. Quando scoppiò il caso, anche lui andò in esilio in Inghilterra. Arton fu arrestato a Londra nel 1897 ed estradato. Comparve davanti ai giudici, ma fu assolto. Cornelius Herz fu condannato in contumacia, poiché la sua estradizione non fu mai concessa dall'Inghilterra. Decine di parlamentari e giornalisti erano stati corrotti, ma soprattutto decine di migliaia di piccoli risparmiatori erano stati rovinati dal fallimento della società. Lo storico Léon Poliakov ha cercato di relativizzare la presunta importanza degli ebrei in Francia all'epoca: "Il loro numero totale non superava le ottantamila unità (0,02 per 100 della popolazione francese), di cui più della metà si era stabilita a Parigi[631]". Léon Poliakov intendeva così screditare la follia degli antisemiti dell'epoca ricordando che in Francia c'erano solo 80.000 ebrei. Ma dando questa cifra, lo storico ebreo non faceva altro che dimostrare l'estrema nocività degli ebrei rispetto alle loro proporzioni. Così anche gli intellettuali ebrei sottolineano spesso che la "follia antisemita" arriva talvolta a creare antisemitismo anche dove non ci sono ebrei, come ad esempio in Polonia. Fingono di interrogarsi su questo fenomeno "inspiegabile", quando in realtà la spiegazione è ovvia: i polacchi avevano un ricordo spaventoso della presenza degli ebrei sul loro territorio e continuano a odiarli anche molto tempo dopo la loro partenza[632].

Nel 1893, Mons. Meurin pubblicò il suo libro *La Massoneria Sinagoga di Satana*. Mons. Meurin, arcivescovo di Port-Louis, vicino a Lorient, era un esperto di ebraico e sanscrito. Nella sua opera troviamo alcuni passaggi che fanno riferimento diretto agli ebrei: "Crediamo che sarebbe sufficiente proibire agli ebrei di essere banchieri, commercianti, giornalisti, insegnanti, medici e farmacisti. Non sembra ingiusto dichiarare proprietà nazionale le

---

[631] Léon Poliakov, *Histoire de l'antisémitisme, tome II*, Point Seuil, 1981, pag. 296.
[632] Leggete in *Fanatismo ebraico*.

gigantesche fortune di certi banchieri, perché è inaccettabile che un uomo possa, con manovre finanziarie, accumulare in poco tempo una fortuna più che reale e impoverire così il Paese che lo ospita".

Indubbiamente, il monsignore aveva ragione nel respingere l'idea di espellerli: "L'espulsione degli ebrei da un Paese è una mancanza di carità e di giustizia nei confronti dei Paesi vicini sui quali questi vermi rosicanti vengono scaricati...".

Ma ecco che ingenuamente esprime l'idea che solo una minoranza di ebrei sia pericolosa, mentre la maggioranza sarebbe un essere umano come gli altri: "È una misura troppo dura anche nei confronti di coloro che tra gli ebrei non sono colpevoli dei crimini dell'audace manipolo che, attraverso la massoneria, sfrutta la nazione".

Monsignor Meurin citava anche l'abate Kohn, nipote di ebrei convertiti al cattolicesimo, professore di teologia che nel 1892 era stato nominato arcivescovo di Olmutz in Austria. In un passaggio di un corso di diritto canonico da lui tenuto nel 1891-1892, si poteva leggere: "I cristiani di oggi non starebbero gemendo sotto l'oppressione degli ebrei se avessero osservato le prescrizioni della Chiesa riguardo ai loro rapporti con gli ebrei. La Chiesa ha sempre praticato la tolleranza nei loro confronti; li ha persino protetti; ma non ha mai acconsentito che i cristiani vivessero con loro su un piano di perfetta uguaglianza e di assoluta comunità[633]".

Monsignor Kohn, professore di diritto canonico, ha ricordato che queste prescrizioni - oltre al divieto per gli ebrei di esercitare una funzione pubblica che dia loro qualsiasi tipo di autorità sui cristiani - sono tutte nel *corpus juris canonici* e non sono mai state abrogate.

Edouard Drumont aveva perfettamente descritto l'influenza degli ebrei e il loro ruolo nella distruzione della società tradizionale, ma in nessun momento, né nella sua *Francia ebraica* (1886), né ne *La fine di un mondo* (1889), aveva abbozzato la minima spiegazione della "missione" universale di cui si vantano gli intellettuali ebrei. Più tardi, negli anni Trenta, Lucien Rebatet, pur analizzando la questione ebraica, non riuscì a esporre chiaramente gli obiettivi dell'ebraismo.

Solo con il libro di monsignor Henri Delassus, *Americanism and the Anti-Christian Conspiracy*, pubblicato nel 1899, si capirono chiaramente le motivazioni della politica ebraica universale. Monsignor Henri Delassus, come Drumont, era originario del Nord della Francia. Era nato a Estaires nel 1836. Fu ordinato sacerdote a Cambrai nel 1862. Dottore in teologia, denunciò con forza la Rivoluzione francese, la democrazia cristiana, l'americanismo e la massoneria. Le sue opere principali sul problema ebraico-massonico rappresentano una vera e propria summa del pensiero

---

[633] Charles Auzias-Turenne, *Revue Catholique des Institutions et du Droit*, ottobre 1893.

controrivoluzionario. Nel 1904, monsignor Delassus fu nominato da Pio X prelato domestico del Papa. Nel 1910 pubblicò *La Congiura anticristiana* in tre volumi.

Per quanto ne sappiamo, monsignor Delassus è stato il primo autore francese ad aver spiegato correttamente il progetto "planetario" insito nell'ebraismo. Di seguito riportiamo alcuni estratti delle sue opere che trattano questa questione fondamentale:

"Infatti, gli ebrei - tutti, sia quelli che sperano in un Messia personale sia quelli che credono che questo Messia nasca e cresca e non sia altro che l'idea del 1789 - sperano tutti di vedere realizzate, e presto - "*i tempi sono vicini*" - le profezie messianiche nel senso in cui le hanno sempre intese, cioè il loro regno su tutto il mondo, l'assoggettamento di tutto il genere umano alla razza di Abramo e Giuda. Per questo, dicono ora, sono necessarie due cose: 1°, che le nazioni, rinunciando a ogni patriottismo, si fondino in una repubblica universale; 2°, che gli uomini rinuncino anche a ogni particolarità religiosa per fondersi anch'essi in una vaga religiosità".

Mons. Delassus ha citato una delle sue fonti, un estratto dell'*Univers israélite (*VIII, p. 357, 1867), che evocava gli obiettivi dell'Alleanza israelita universale fondata da "Adolphe" Crémieux: "Abbattere le barriere che separano ciò che dovrebbe essere unito. Unire tutti gli uomini, di qualsiasi religione e regione, in una comune indifferenza. Questo è l'obiettivo che si sono posti i fondatori e i direttori dell'*Alleanza Israelitica Universale*.... Il programma dell'*Alleanza* non consiste in frasi vuote. È la grande opera dell'umanità..., l'unione della società umana in una solida e fedele fratellanza[634] ".

L'*Archivio Israelitico* del 1886 ci dà un'idea del progetto unificatore degli ebrei attraverso le parole di un uomo illuminato di nome Ippolito Rodrigo (XIV, p. 628-629): "Che i templi siano eretti ovunque, accogliendo nel loro recinto tutti gli uomini senza distinzione di origine religiosa! Che tutti i cuori, colmi degli stessi sentimenti d'amore, si sfoghino davanti allo stesso Dio, Padre di tutti gli esseri. Che tutti si nutrano degli stessi principi di virtù, moralità e religione, e gli odi delle sette scompariranno, e l'armonia regnerà sulla terra, e i tempi messianici, predetti dai profeti di Israele, si realizzeranno[635] ".

"Notiamo di sfuggita, scriveva pertinentemente Mons. Delassus, che la Massoneria ha le stesse pretese e le esprime con le stesse parole. Né manca di parlare di opere umanitarie e di fraternità universale.... Non sono forse

---

[634] Monsignor Henri Delassus, *L'Américanisme et la conjuration antichrètienne* (*L'americanismo e la cospirazione anticristiana)*, Société de Saint-Augustin, Desclée De Brouwer et Cie, Parigi, 1899, p. 25-27.

[635] Henri Delassus, *L'Américanisme et la conjuration antichrètienne*, Société de Saint-Augustin, Desclée De Brouwer et Cie, Paris, 1899, p. 58.

queste le idee che la Rivoluzione ha diffuso ovunque, le idee che la Massoneria predica senza sosta, le idee di cui il liberalismo si vanta?".

"Approfittando della loro dispersione e della loro presenza in tutti i punti del globo, gli Ebrei vogliono essere nell'umanità qualcosa come un lievito che farà della società umana, attualmente divisa in nazioni e religioni diverse, un'unica e solida fraternità... Ogni potere deve scomparire per far posto al dominio universale di Giuda, che prenderà il posto di tutti i poteri attualmente esistenti, sia nell'ordine spirituale che temporale[636]."

In questa visione totalitaria del futuro dell'umanità, i popoli e le nazioni devono unificarsi per formare un'unica repubblica universale: "Questa repubblica universale sarà infallibilmente governata dal popolo ebraico, l'unico popolo veramente cosmopolita e universale, l'unico popolo che allo stesso tempo si dà il caso sia il popolo che possiede l'oro, il nervo di ogni potere, lo strumento di ogni dominio".

"Abbattere tutte le frontiere, abolire tutte le nazionalità, a partire dalla più piccola, per fare un solo Stato; cancellare ogni idea di patria, rendere comune a tutti la terra intera, che appartiene a tutti, rompere, con l'astuzia, con la forza, tutti i trattati, preparare tutto per una vasta democrazia le cui razze diverse, brutalizzate da ogni tipo di immoralità, saranno solo dei dipartimenti amministrati dagli alti gradi e dall'Anticristo, dittatore supremo che si è fatto loro unico dio, tale è lo scopo delle società segrete[637]."

Riguardo alla "missione che Israele afferma di aver ricevuto", monsignor Delassus ha giustamente scritto: "Conosciamo questa missione, è quella di preparare la strada a colui che essi attendono con ansia, il loro messia. I talmudisti aspettano ancora un messia in carne e ossa che li renda padroni dell'universo; i liberali dicono che non c'è altro messia da aspettare che la Rivoluzione, i cui 'principi' dissolvono tutte le società e preparano il loro impero universale". "Ciò che hanno in mente è il dominio. Per stabilire questo dominio, non è sufficiente annientare il patriottismo nei cuori, è anche e soprattutto necessario estinguere la fede religiosa, perché nulla dà all'uomo tanta dignità e indipendenza quanto la sua unione con Dio per mezzo della fede e della carità[638]".

---

[636]Henri Delassus, *L'Américanisme et la conjuration antichrètienne*, Société de Saint-Augustin, Desclée De Brouwer et Cie, Parigi, 1899, p. 27-29.
[637]Henri Delassus, *L'Américanisme et la conjuration antichrètienne*, Société de Saint-Augustin, Desclée De Brouwer et Cie, Parigi, 1899, pagg. 33-34, 42.
[638] Monsignor Henri Delassus, *L'Américanisme et la conjuration antichrètienne*, Société de Saint-Augustin, Desclée De Brouwer et Cie, Paris, 1899, p. 54, 56. [« È necessario, tuttavia, rendersi accettabili ai gruppi umani con i quali si vuole esercitare un "proselitismo". In che cosa consiste questo proselitismo, nell'incitare i fedeli delle

Monsignor Delassus ha poi citato monsignor Leon Meurin, che ha scritto in *Massoneria, Sinagoga di Satana*: "Si credono il popolo destinato da Geova [Yahweh] a dominare su tutte le nazioni. Le ricchezze della terra appartengono a loro e le corone dei re devono essere solo emanazioni, dipendenze del loro *"Kether-Malkhuth"*. Essi immaginavano che il Re promesso sarebbe stato un re terreno, il suo regno un regno di questo mondo, e il *Kether-Malkhuth* una corona simile a quella dei re delle nazioni umane... Per gli ebrei, l'idea del dominio universale divenne qualcosa di simile alla loro religione; si radicò nel loro spirito, vi si pietrificò per così dire, ed è indistruttibile[639] ". Henri Delassus ha reso omaggio al suo predecessore che aveva capito che gli attacchi contro la Chiesa cattolica per tutto il Medioevo e fino all'epoca contemporanea scaturivano dalla fonte della matrice giudaica: "Sarà onore di monsignor Meurin essere stato il primo a formulare, ponendo l'accento su un serio esame dei documenti, una risposta che altri avevano solo intravisto. Per lui, l'agente della trasmissione degli antichi errori attraverso i secoli fino al mondo moderno, il vero fondatore delle eresie, il loro ispiratore segreto, allora come oggi, dagli gnostici ai massoni, è l'ebreo[640] ".

---

varie religioni ad aderire all'ebraismo? Agli ebrei non è mai venuto in mente di fare questo tipo di proselitismo: essi sono un popolo, una razza a parte, "la prima aristocrazia del mondo", i soli veri uomini; non hanno mai avuto l'intenzione di elevare a loro esseri che sono umani solo in apparenza ». Delassus, *L'Américanisme et la conjuration antichrètienne*, p. 54].

[639] Henri Delassus, *L'Américanisme et la conjuration antichrètienne*, Société de Saint-Augustin, Desclée De Brouwer et Cie, Paris, 1899, pagg. 19-20.

[640] Henri Delassus, *L'Américanisme et la conjuration antichrètienne*, Société de Saint-Augustin, Desclée De Brouwer et Cie, Paris, 1899, p. 50. [« Lo storico che vedeva nascere continuamente sotto i suoi occhi queste diverse eresie, si chiedeva: chi ha fatto da tramite tra tutte queste sette? Chi ha propagato queste dottrine attraverso i nuovi popoli? Come spiegare le improvvise rinascite dello spirito pagano, con le stesse idee, gli stessi simboli e le stesse pratiche all'interno del mondo cristiano, in tempi e modi così diversi: con la Gnosi, nei primi secoli; con Manes, nel terzo secolo; nell'undicesimo secolo, con gli Albigesi; nel tredicesimo secolo, con i Templari; nel sedicesimo secolo, con i Sociniani; e oggi con i Massoni? C'è stato tra queste eresie, diverse nel nome ma identiche nello spirito, un legame vivo, che ha conservato e mantenuto questo spirito durante i loro apparenti periodi di sonno? ». Delassus, *L'Américanisme et la conjuration antichrètienne*, p. 49-50.

« Le dottrine delle Società Segrete pagane si rinnovarono nella Gnosi fondendosi con il Giudaismo, a sua volta fortemente mescolato con il Paganesimo. Poi, in Europa, le sette gnostiche, manichee, albigesi e templari si succedettero, compenetrandosi ed ereditando i rispettivi seguaci e dottrine. A loro volta, si rinnovarono nella potente organizzazione dei Rosacroce, dove l'antica Gnosi si fondeva con la Cabala ebraica del Talmud. Infine, fu la dottrina rosacrociana, sia gnostica che cabalistica, che Elias Ashmole introdusse nei gruppi semiprofessionali dei massoni inglesi per formare la Massoneria moderna. In breve, la Massoneria di oggi è una miscela estremamente complessa di paganesimo

Delassus vedeva come la stampa alla fine del XIX secolo fosse già in gran parte nelle mani di Israele: "Gli opinionisti di oggi sono soprattutto ebrei: occupano le principali cattedre di insegnamento superiore e dirigono la stampa". "In Francia, in Europa, in tutte le parti del mondo, gli ebrei hanno creato o acquisito i giornali più influenti, hanno uomini della loro razza in tutte le redazioni; e con un mezzo o l'altro, direttamente o indirettamente, fanno entrare troppo spesso nei giornali cattolici fatti, idee e opinioni che favoriscono l'esecuzione dei loro piani". Gli ebrei si sono "impossessati dei due organi più potenti della vita moderna: la banca e la stampa[641]".

Era quindi necessario arrendersi all'evidenza: "Gli ebrei stanno ora intrappolando l'intera società cristiana come in una rete. Si potrebbe quasi dire il mondo intero.

"Grazie soprattutto alla loro azione, tanto generale quanto incessante, l'indifferenza religiosa guadagna terreno ogni giorno e fa avanzare la "Gerusalemme del nuovo ordine" che i suoi seguaci attendono con tanta ansia. Per raggiungere questo scopo, essi lavorano da un lato per annientare ogni patriottismo e dall'altro per distruggere ogni convinzione religiosa. Sotto la loro direzione, la stampa è impiegata in quest'opera ogni giorno, in tutto il mondo, con instancabile ardore, con sofismi, con la diffusione di fatti che giudica favorevoli alla sua causa e la falsificazione di quelli che le sono contrari, e soprattutto con la corruzione dei costumi[642]".

Nella sua opera del 1910, *La Congiura anticristiana*, Mons. Delassus aveva già notato la crescita del debito pubblico in tutti gli Stati sotto il dominio ebraico, che sarebbe aumentato in modo esponenziale per tutto il XX secolo: "Oggi gli ebrei sono riusciti a scavare l'abisso del debito in tutti gli Stati. È un principio moderno che gli Stati, le Province, le Città, possono tassare il futuro a beneficio del presente. I capitalisti ebrei forniscono i mezzi. Prestiti insensati che non saranno mai ripagati, aumentano continuamente il peso schiacciante della tassazione e mettono tutti i governi alla mercé dell'ebraismo. Qualsiasi governo "moderno" sarebbe perduto nel momento in cui avesse l'imprudenza di inimicarsi i proprietari dei grandi capitali. Come potrebbe resistere a una coalizione di ebrei che chiudono tutti insieme le loro casse[643]?".

---

orientale e cabala ebraica ». André Baron, Le *società segrete e i loro crimini: dagli iniziati di Iside ai massoni moderni*, (*Les sociétés secrètes, leurs crimes — depuis les initiés d'Isis jusqu'aux francs-maçons modernes)*].

[641] Henri Delassus, *L'Américanisme et la conjuration antichrétienne*, Société de Saint-Augustin, Desclée De Brouwer et Cie, Paris, 1899, p. 69, 80, 21.

[642] Henri Delassus, *L'Américanisme et la conjuration antichrètienne*, Société de Saint-Augustin, Desclée De Brouwer et Cie, Paris, 1899, pagg. 212, 214.

[643] Henri Delassus, *La Conjuration antichrétienne III*, Desclée De Brouwer, 1910, p.

"Nel secolo scorso, con l'aiuto della Rivoluzione, gli ebrei si sono messi con un nuovo ardore a perseguire l'ideale della loro razza, e a impadronirsi a questo scopo di tutte le forze vive dei popoli che hanno avuto l'imprudenza di ammetterli in mezzo a loro su un piano di parità, usando nei loro confronti la morale cristiana, mentre gli ebrei conoscono solo la morale talmudica. È così che sono arrivati a dominarci in Francia, o meglio a tiranneggiarci dal punto di vista della vita politica e del governo, dell'alta banca e della finanza, dell'industria e del commercio, della stampa e dell'opinione pubblica[644] ".

"Gli Ebrei, il cui potere è diventato così formidabile in così poco tempo, vedranno realizzate le loro speranze, riusciranno a strappare dai cuori ciò che resta del patriottismo, riusciranno, dopo aver rifiutato la religione nei templi, a privarne le anime, e poi, quando il terreno sarà stato così preparato, vedranno sorgere in mezzo a loro il messia che da tanti secoli attendono con impazienza per ridurre il mondo in schiavitù? E poi, quando il terreno sarà stato così preparato, vedranno sorgere in mezzo a loro il messia che da tanti secoli attendono con ansia per ridurre il mondo in servitù? È certo che in nessun momento della storia i tempi sono stati più favorevoli al loro dominio. Il mondo politico, quello economico e commerciale, le società segrete e gli ebrei lavorano con instancabile ardore per l'*unità cosmopolita*... Non ci si può sbagliare: i caratteri del messia talmudico sono i caratteri dell'anticristo. Lo stesso sinistro personaggio è annunciato da entrambe le parti[645] ".

Tuttavia, secondo Mons. Delassus, non ci si deve allontanare dalla dottrina e dalla legislazione tradizionale della Chiesa cattolica. Egli ha riconosciuto che la Chiesa "ha sempre protetto l'ebreo dalla legittima ma eccessiva indignazione del popolo che egli ha sfruttato, ingannato o tradito". Questo perché sperava nella "promessa conversione di questo popolo, in cui onora, nonostante tutto, i resti di quella che era la nazione eletta, il popolo di Dio". "Si deve garantire loro la vita e la sicurezza, ma non si deve permettere che prendano alcun potere sui cristiani". Se questa legislazione, così saggia, non fosse stata ripudiata dai governi moderni, la questione ebraica non esisterebbe".

"Nonostante il loro tradimento e tutti i loro misfatti, ogni buon cristiano deve avere per gli ebrei qualcosa dei sentimenti che erano nel cuore di San Paolo[646] ".

1156.
[644] Mons. Henri Delassus, *La Conjuration antichrétienne III*, Desclée De Brouwer, 1910, p. 1124.
[645] Henri Delassus, *L'Américanisme et la conjuration antichrètienne*, Société de Saint-Augustin, Desclée De Brouwer et Cie, Paris, 1899, p. 214-218, 222.
[646] Mons. Henri Delassus, *La Conjuration antichrétienne III*, Desclée De Brouwer,

Mons. Meurin aveva anche notato il favoloso potere acquisito dagli ebrei dopo la loro emancipazione: "Oggi accade che questi nuovi cittadini, dopo aver monopolizzato la maggior parte delle ricchezze nazionali, tendano a impadronirsi del governo e a opprimere coloro che non hanno mai smesso di considerare come esseri impuri, i gentili, i filistei non circoncisi. Tutte le misure proposte, a parte quelle della Chiesa, saranno inutili, e quelle della Chiesa, per essere efficaci, devono essere applicate di concerto con lo Stato e da ciascuno di noi personalmente, come è evidente dagli insegnamenti del vescovo Kohn. Finché gli ebrei saranno ebrei, cioè almeno fino alla fine del mondo, l'unica politica da perseguire nei loro confronti sarà quella di tenerli a distanza, non maltrattandoli, ma anche relazionandosi con loro il meno possibile e impedendo loro di fare del male. *Iudaceos subiacere christianis oportet et ab eis pro sola humanitate foveri*".

Per monsignor Meurin, quindi, la questione ebraica non sarà risolta fino alla "fine dei tempi", quando Gesù Cristo trionferà sul messia ebraico (l'Anticristo). I cattolici possono quindi essere incoraggiati a dare mano libera ai loro nemici, a lasciarli lavorare all'avvento del loro messia, poiché ritengono che il loro trionfo finale sia assicurato. Ma in realtà è l'ebreo a trionfare nel mondo attuale. I cristiani sono disarmati di fronte al messianismo ebraico, che alimenta costantemente l'attivismo politico dei membri della setta e rafforza la loro speranza e volontà di liberazione e di trionfo finale. Ma se guardiamo al messianismo ebraico con uno specchio, appare una luce e la verità si impone naturalmente a tutti gli uomini buoni: il messia verrà solo dopo la completa scomparsa, dopo l'apostasia dell'ultimo ebreo.

L'Austria-Ungheria alla fine del XIX secolo CXXVI.

Nel 1899, in Boemia si verificò un crimine rituale che scatenò una nuova ondata di antisemitismo. Anezka Hruzová, una ragazza ceca cattolica di 19 anni, viveva a Klein Veznic (oggi Veznicka), vicino a Polná. Si recava lì ogni giorno per lavorare come sarta. La sera del 29 marzo 1899 lasciò il suo posto di lavoro per l'ultima volta. Tre giorni dopo, il 1° aprile, il suo corpo fu ritrovato in un bosco: aveva la gola tagliata e il vestito strappato. I sospetti della polizia si concentrarono dapprima su quattro vagabondi che erano stati visti nelle vicinanze del bosco il pomeriggio del giorno in cui era stato commesso il crimine. Tra questi c'era Leopold Hilsner, un ebreo di 23 anni. Egli affermò di aver lasciato la foresta quel pomeriggio molto prima della presunta ora del delitto, ma non fu in grado di fornire alcun alibi verificabile. Hilsner fu arrestato e processato a

---

1910, p. 1119.

Kuttenberg (Kutná Hora) dal 12 al 16 settembre. Ha negato ogni responsabilità, nonostante le macchie di sangue sui suoi pantaloni e diversi testimoni che hanno affermato di averlo visto lasciare la foresta in uno stato particolarmente agitato. La sua condanna a morte ha suscitato grida di sdegno da parte della comunità ebraica internazionale.

Tomáš Masaryk, professore all'Università di Praga e futuro presidente della Cecoslovacchia, intercedette facendo appello alla Corte Suprema e un nuovo processo ebbe luogo a Pisek. Numerose manifestazioni antiebraiche, talvolta violente, ebbero luogo in regioni come Holleschau e Nachod.

I leader della comunità ebraica di Vienna incuriosirono il governo e organizzarono una grande conferenza il 7 ottobre. L'11 dicembre August Schreiber, uno dei redattori del *Deutsches Volksblatt*, fu condannato a quattro mesi di prigione per diffamazione degli ebrei, il che non fece che aggravare le tensioni. Due settimane dopo, Docgor Baxa, l'avvocato della famiglia, accusò il governo di parzialità a favore degli ebrei in un discorso alla Dieta boema.

Nel frattempo, Hilsner fu accusato di un altro omicidio, quello di Maria Klimova, una domestica scomparsa il 17 luglio 1898 e il cui corpo fu ritrovato il 27 ottobre 1899 nello stesso bosco di Anezka Hruzová. Hilsner fu processato per questo secondo crimine a Pisek tra il 25 ottobre e il 14 novembre 1900. L'ultimo giorno il tribunale emise il verdetto: Hilsner fu riconosciuto colpevole dei due omicidi e condannato a morte. L'11 giugno 1901, tuttavia, l'imperatore graziò il colpevole e la pena fu commutata in ergastolo.

A quel tempo, a Vienna come a Berlino, Londra e Parigi, la stampa tradizionale era già in gran parte in mani israeliane. Gli artisti più popolari, quelli che beneficiavano maggiormente degli articoli elogiativi dei giornali, erano per lo più ebrei. Nella capitale austriaca alla fine del XIX secolo, gli scrittori Stefan Zweig, Hugo von Hoffmanstahl, Arthur Schnitzler, i compositori Guatav Mahler e Arnold Schönberg erano gli unici a essere menzionati. Lo spirito cosmopolita trionfava ovunque. Il cattolicesimo, il patriottismo, i valori della famiglia furono attaccati e derisi quasi ovunque. La pornografia cominciò a diffondersi sempre di più e presto, sotto l'influenza di Sigmund Freud che lavorava nel ghetto viennese, l'omosessualità sarebbe stata banalizzata, così come altri generi di "scoperta".

Adolf Hitler aveva notato e scritto in alcune note pagine del suo *Mein Kampf* che la prostituzione era particolarmente visibile nella capitale austriaca. Numerose donne venivano letteralmente rapite e inviate all'estero per la prostituzione.

La tratta delle schiave bianche scandalizzò l'opinione pubblica europea a partire dagli anni Ottanta del XIX secolo. Il giornalista François Trocase, che visse in Austria, lasciò alcune interessanti note sull'argomento: "In Austria, gli ebrei hanno instillato nelle giovani ragazze una morale dissoluta, abitudini deplorevoli e una demoralizzazione inaudita. La nativa bassezza dei loro sentimenti, il denaro e la loro totale mancanza di coscienza le predispongono in modo singolare al ruolo di seduttrici. La prostituzione è quindi una minaccia costante ad ogni porta per le ragazze che, nelle grandi città, diventano in gran numero serve degli ebrei. Si può affermare che la maggior parte delle sfortunate ragazze che si corrompono e si prostituiscono nelle grandi città austriache devono la loro prima caduta agli ebrei. Va ricordato, infatti, che la maggior parte di coloro che vengono dalle province per lavorare come domestici a Vienna e Budapest sono costretti a mettersi al servizio di famiglie ebraiche, poiché molte famiglie cristiane non sono più in grado di pagare i domestici. Si può supporre che i due milioni e mezzo di ebrei che vivono in Austria e Ungheria abbiano altrettante domestiche, se non di più, dei 38 milioni di austriaci e ungheresi appartenenti alle confessioni cristiane. Inoltre, i nove decimi delle domestiche sono cristiane; le domestiche ebree sono pochissime. Tuttavia, le costanti e ben note abitudini delle famiglie israelite nei confronti delle loro domestiche esercitano troppo spesso un'influenza negativa su queste ultime. Non è raro vedere madri ebree che si fanno carico di giovani ragazze che hanno il compito speciale, oltre al loro lavoro ordinario, di soddisfare i capricci dei bambini di casa. La madre non solo lo sa e lo tollera, ma spesso vuole che sia così anche lei. Nella sua mente, l'obiettivo è evitare che i giovani si ammalino prima di sposarsi. Naturalmente, stiamo parlando solo di madri e famiglie ebree. Nonostante questa indennità speciale, il salario delle domestiche non aumenta. Di solito è di 10 fiorini (21 franchi) al mese. E troppo spesso, quando la giovane domestica viene licenziata per far posto a un'altra, è costretta dalle abitudini acquisite a rifugiarsi in uno degli ospizi, così numerosi nelle due capitali della monarchia, gestiti da correligionari dei suoi ex padroni[647] ".

François Trocase aggiunge: "La relazione tra uomini d'affari ebrei e lavoratrici cristiane è molto simile a quella tra giovani uomini ebrei e le domestiche delle loro madri. Purtroppo, sono contaminati dallo stesso carattere di immoralità[648] ".

Un'inchiesta sulle condizioni di lavoro delle operaie aveva portato alla luce il comportamento di un grande industriale ebreo che impiegava nelle sue officine numerose apprendiste tra i quattordici e i sedici anni: "Quando avevano completato i due anni di apprendistato senza il minimo salario, potevano ottenere da lui solo il certificato di operaio a cui avevano diritto,

---

[647] François Trocase, *L'Autriche juive*, P. Dupont & A.Pierret, Paris, 1899, p. 150-151.
[648] François Trocase, *L'Autriche juive*, P. Dupont & A.Pierret, Paris, 1899, p. 152.

a condizione di sacrificare quello che Dumas chiamava "il loro capitale"". Le imprese riportate di un altro ebreo non erano meno tipiche. Da solo gestiva 1400 telai in varie parti della Slesia austriaca. Si vantava pubblicamente di aver ricevuto, nel corso degli anni, visite intime da più di mille dei suoi lavoratori, donne e ragazze, sposate e non, che aveva a sua volta invitato a venire a chiedergli lavoro. Senza vergogna si riferiva a queste visite intime come a "commissioni" che venivano detratte dal salario".

"La profonda povertà che regna tra le classi lavoratrici, la mancanza di pane, nel pieno senso della parola, spiega fin troppo bene queste pratiche molto comuni in Austria. Come ha dichiarato pubblicamente il deputato di Vienna Gregorig, è ormai un fatto assodato che gli operai in Austria sposano in genere solo ragazze che sono state precedentemente deflorate da ebrei". Gregorig usa un'espressione ancora più forte. Dice: le ragazze scartate dagli ebrei come merce che non ha più alcun valore (con *Juden abgelegle Waare*). Il matrimonio tra cristiani non è affatto una garanzia contro gli appetiti sensuali degli ebrei. A quanto pare, il Talmud proibisce solo l'adulterio con una donna ebrea. Il divieto non si applica alla moglie di un cristiano, perché chi non è ebreo, secondo la dottrina rabbinica, non è legalmente sposato. Questo è il commento vivente del detto talmudico: "Solo gli ebrei sono uomini; gli altri, tutti coloro che non sono ebrei, non sono altro che seme di bestiame[649] ", ha spiegato Trocase. Si capisce quindi che per gli ebrei l'adulterio con una donna goy non è una colpa o un'offesa.

Nel mondo rurale, gli ebrei sfruttarono la miseria della gente allo stesso modo, soprattutto nelle province più povere, come la Bucovina e la Galizia. Quando un contadino in rovina non poteva pagare gli interessi sul suo debito, le sue figlie offrivano i loro corpi per pagare il debito. La consegna forzata della verginità delle figlie aveva il potere unico di impedire che il padre venisse sequestrato e cacciato dalle sue terre.

Numerose ragazze a Vienna e a Budapest erano scomparse; erano cadute in giri di prostituzione. Gli ebrei più poveri fungevano da intermediari. Sapevano come fornire giovani donne agli harem turchi e ai bordelli di tutto il mondo. I gangster ebrei non si facevano scrupoli a mandare le giovani cristiane a prostituirsi lontano dalla loro patria, a Istanbul o a Buenos Aires: "Questa vergognosa specialità, che disonora il nostro secolo, appartiene esclusivamente agli ebrei. Dobbiamo lasciare a loro l'infamia. Per molto tempo abbiamo ignorato i dettagli. Un gran numero di giovani ragazze è stato visto scomparire misteriosamente, senza sapere che cosa ne fosse di loro[650]."

---

[649] François Trocase, *L'Autriche juive*, P. Dupont & A.Pierret, Paris, 1899, p. 152-153.
[650] François Trocase, *L'Autriche juive*, P. Dupont & A.Pierret, Paris, 1899, p. 154.

Nel 1892, il processo di Lemberg (oggi Lvov, nella Galizia ucraina) era stato un affare di alto profilo. Ventotto ebrei erano accusati di sfruttamento della prostituzione. La rete consisteva in reclutatori in Europa e agenti locali in Turchia. Le ragazze venivano inviate a Costantinopoli, in Egitto, in Sudafrica, in India e in America[651] : "Questi disgraziati avevano ingannato un gran numero di giovani ragazze cristiane, la maggior parte delle quali erano ancora a scuola, in una trappola abilmente preparata. Avevano promesso loro le condizioni di lavoro più vantaggiose per convincerle ad andare all'estero. Appena varcata la frontiera, venivano trattate come schiave e ogni tentativo di fuga veniva duramente represso. Una volta in Turchia, venivano vendute nei bordelli per una media di 1.000 marchi ciascuna. Chi sono i proprietari di queste case in Turchia? Solo gli ebrei, nessun altro. Le povere vittime che volevano resistere venivano rinchiuse in prigioni sotterranee e sottoposte a maltrattamenti. Quando la polizia ha deciso di intervenire, sessanta di loro sono stati rilasciati. Erano stati salvati dalle grinfie di questi barbari. Ma ahimè, erano perduti nel corpo e nell'anima. Il processo durò dieci giorni. Portò alla luce dettagli mostruosi. Fu chiaramente stabilito che centinaia di giovani ragazze erano state spinte dalla banda di Lemberg alla vergogna, alla disperazione, alla malattia e alla morte. A causa di lacune nella legge, i colpevoli furono condannati a pene insignificanti. Il capo della banda, Isaac Schifenstein, fu condannato a un anno di prigione. Tutti gli altri scontarono solo pochi mesi di prigione e ripresero il loro sinistro mestiere, ma con più astuzia e mistero[652] ".

Nel 1918 scoppiarono rivolte antiebraiche in città, poiché il traffico di donne non era ancora stato fermato. Nel frattempo, il parlamento austriaco stava ancora discutendo sulla scomparsa delle domestiche cristiane inviate nei bordelli stranieri.

Il processo di Lemberg fu naturalmente sfruttato dalla resistenza antisemita. Prevedibilmente, gli abusi commessi dagli ebrei nei confronti delle donne cristiane contribuirono ad accrescere la profonda animosità della popolazione nei loro confronti. "I misfatti sensuali, che la legge apparentemente non poteva punire, e, in generale, gli abusi commessi dagli ebrei nei confronti delle donne contribuirono notevolmente all'esplosione di rabbia che diede origine all'antisemitismo austriaco". Quando a Vienna si parla di questi fatti, gli sguardi della gente assumono un'espressione di odio indicibile"[653] , ha osservato Trocase.

La demoralizzazione delle masse ha lasciato il posto all'odio, l'odio

---

[651] Leggete il lungo capitolo su questo argomento nel nostro libro *La mafia ebraica* (2008).
[652] François Trocase, *L'Autriche juive*, P. Dupont & A.Pierret, Paris, 1899, p. 154-155.
[653] François Trocase, *L'Autriche juive*, P. Dupont & A.Pierret, Paris, 1899, p. 157.

legittimo della vittima contro l'oppressore. La resistenza fu organizzata sotto la guida del dottor Karl Lueger e del suo partito cristiano-sociale, che attaccò soprattutto i grandi capitalisti ebrei. All'epoca nella capitale circolavano scritti antisemiti di ogni tipo. A Vienna gli antisemiti guadagnarono terreno e nel 1897 Lueger fu eletto sindaco di Vienna, rimanendo in carica fino al 1910.

Le figure di spicco dell'antisemitismo austriaco dell'epoca erano il principe Alois del Lichtenstein, il dottor Pattaï (deputato della Stiria), il dottor Gessman e il dottor Psenner. Vergani, deputato della Bassa Austria, aveva fondato nel 1881 il *Deutsches Volsblatt*, un giornale antisemita che pubblicava due edizioni al giorno. Il giornale fu bersaglio dei più bassi attacchi da parte dei giornalisti ebrei. Si distinsero anche figure come il canonico Scheiber e l'intellettuale Deckert. Da parte sua, il deputato Schneider pensò addirittura di ricorrere a mezzi più radicali per porre fine alla questione ebraica.

CXXVII. La caduta della Russia zarista

La Russia, che dalla fine del XVIII secolo amministrava la maggior parte dell'ex territorio polacco, aveva ereditato la grande popolazione ebraica che vi si era insediata durante il Medioevo. In precedenza, il Paese era stato "*judenrein*", purificato dalla presenza di ebrei, da quando Ivan il Terribile aveva decretato che nessun ebreo avrebbe messo piede sul suolo russo. Dopo di lui, tutti gli zar erano rimasti fedeli a questo principio, compreso Pietro il Grande.

Gli ebrei dei territori annessi dovevano rimanere nella "Zona di residenza [654] ", che si estendeva dal Mar Baltico al Mar Nero. Evidentemente, l'antisemitismo era altrettanto virulento che in altre parti d'Europa. Sotto Nicola I (1825-1855), gli ebrei della Zona di residenza, sospettati di spionaggio per la Germania, dovevano evacuare i villaggi entro 50 chilometri dal confine russo.

Nel suo documentatissimo libro *Duecento anni insieme (1795-1995)*, pubblicato nel 2002, il grande scrittore Aleksandr Solzhenitsyn ha riportato, ad esempio, la preziosa testimonianza del senatore Gabriel Romanovitch Derjavine, inviato dallo zar alla fine del XIX secolo per indagare sulle cause delle carestie che devastavano la Bielorussia. Questo statista, che in seguito divenne Ministro della Giustizia sotto Alessandro I, riportò nel suo rapporto che nelle campagne bielorusse gli ebrei si dedicavano principalmente alla produzione di acqua di fuoco, girando per i villaggi, soprattutto in autunno, al momento del raccolto: "Danno da bere ai

---

[654] Sulla zona di residenza si legga *Il fanatismo ebraico* (2007).

contadini e ai loro parenti, riscuotono i loro debiti e li privano della loro ultima sussistenza... Imbrogliano gli ubriachi e li derubano da capo a piedi, lasciandoli nella più completa indigenza". È vero che i contadini, "quando i raccolti sono finiti, peccano per le loro spese eccessive; bevono, mangiano, banchettano, pagano agli ebrei i loro vecchi debiti e poi, per pagare la loro ubriachezza, tutto ciò che questi ultimi richiedono loro; così che quando arriva l'inverno sono nel bisogno". Questi eccessi erano incoraggiati dalla presenza di numerose taverne: "In ogni villaggio", scrive Derjavine, "c'è una o talvolta più taverne costruite dai proprietari, nelle quali si vende vodka giorno e notte per il maggior profitto dei distillatori ebrei... In questo modo, gli ebrei riescono a estorcere loro non solo il pane quotidiano, ma anche gli attrezzi agricoli, i beni, il tempo, la salute, la vita stessa". Si servono di "ogni sorta di trucchi e sotterfugi" che "riducono i poveri e stupidi abitanti del villaggio alla fame[655] ".

Questa situazione spiega perché i regolamenti del 1804 e del 1835 vietavano agli ebrei bielorussi di risiedere in campagna. In Ucraina potevano vivere ovunque, tranne che a Kiev e in alcuni villaggi; in Russia non erano obbligatori i ghetti all'interno delle città. Nella seconda metà del secolo, sotto Alessandro II, le limitazioni imposte agli ebrei caddero una dopo l'altra, tanto che essi potevano distillare e vendere alcolici nei loro luoghi di residenza. Nel 1872 "possedevano l'89% delle distillerie[656] " nel Sud-Ovest.

La massa degli ebrei viveva certamente in modo misero, come i russi, ma alcuni erano immensamente ricchi. Il famoso Israel Brodski possedeva diciassette fabbriche di zucchero. Molte grandi fortune ebraiche erano state costruite anche grazie allo sfruttamento delle risorse naturali russe, in particolare l'esportazione di legname all'estero e l'estrazione dell'oro. Essi svolsero un ruolo di primo piano anche nell'esportazione di prodotti agricoli: "Dal 1878, il 60% delle esportazioni di grano passò per mani ebraiche; presto sarebbe stato il 100%". La famiglia Guinzbourg era particolarmente importante. Altri, come Samuel Poliakov, investirono nelle ferrovie, diventando noto negli anni Ottanta del XIX secolo come il "re delle ferrovie", anche se in seguito lo Stato russo sarebbe diventato il principale costruttore. Il settore bancario era naturalmente il suo preferito: "Più della metà degli istituti di credito, risparmio e prestito erano situati nella zona di residenza" e "nel 1911, l'86% dei loro membri erano ebrei[657]

---

[655]Alexandre Soljenitsyne, *Deux siècles ensemble*, *Tome I*, Fayard, 2002, pagg. 51-54.
[656]Alexandre Soljenitsyne, *Deux siècles ensemble*, *Tome I*, Fayard, 2002, pagg. 153-175.
[657]Alexandre Soljenitsyne, *Deux Siècles ensemble*, *Tome I*, Fayard, 2002, pagg. 175, 333-335. Ciò è stato confermato dal sociologo sefardita Edgar Morin: "Diciassette banche polacche su venti erano ebrei gentili a metà del XIX secolo" (*Le monde moderne*

". All'inizio del XX secolo, gli ebrei avevano conquistato posizioni di rilievo in settori vitali dell'economia russa e si erano insediati nelle capitali nonostante le norme che lo vietavano: 16.000 a Mosca nel 1880, 30-40.000 a San Pietroburgo nel 1900, 81.000 a Kiev nel 1913, e il numero di ebrei insediati al di fuori della Zona di residenza aumentava di anno in anno. Lo zar Alessandro II aveva autorizzato i giovani laureati ebrei a stabilirsi in tutta la Russia. La stessa misura era stata approvata nel 1879 per farmacisti, infermieri e dentisti.

Con l'arrivo di Alessandro II nel 1855, il regime fu effettivamente liberalizzato e una politica di assimilazione doveva preparare gli ebrei alla piena cittadinanza. Gli ebrei poterono così iscriversi alle scuole superiori e alle università. A partire dal 1874 si riversarono negli istituti di istruzione generale, un privilegio visto che fino al 1914 solo il 55% dei russi era iscritto a scuola. Nel 1881, gli ebrei rappresentavano circa il 9% degli studenti, nel 1887 questa cifra salì al 14,5%, ma in alcune università la percentuale era molto più alta: la facoltà di medicina di Kharkov contava il 42% di ebrei e la facoltà di legge di Odessa il 41%[658]. Negli ultimi decenni del XIX secolo, questa *intellighenzia* ebraica di lingua russa avrebbe giocato un ruolo chiave nei movimenti intellettuali e politici che avrebbero minato la società russa tradizionale. Lo stesso potere zarista aveva contribuito a formare nelle sue università coloro che sarebbero stati i principali promotori della sua caduta.

All'inizio del XIX secolo, la vigilanza antiebraica fu portata avanti da un sacerdote italiano originario della Toscana che aveva ottenuto la cattedra di lingue orientali all'Università di Varsavia, allora sotto il dominio russo. Luigi Chiarini (1789-1832), orientalista e profondo conoscitore dell'ebraico, aveva ottenuto questo incarico grazie alla protezione di Potocki, ministro dell'Istruzione. Nel 1830 Chiarini pubblicò la sua *Teoria dell'ebraismo*, in due volumi, in cui dimostrava che i mali dell'ebraismo erano principalmente radicati negli insegnamenti del Talmud. Gli ebrei, sosteneva, dovevano tornare alla semplice fede mosaica e lo Stato doveva aiutarli a liberarsi istituendo scuole in cui si insegnasse la Bibbia e si studiasse la lingua ebraica. Luigi Chiarini lavorò anche alla traduzione francese del Talmud babilonese, con note di spiegazione e confutazione. Incoraggiato dallo stesso zar Nicola I, pubblicò questo studio l'anno successivo, ma solo i primi due volumi videro la luce. Chiarini fu costretto ad abbandonare il suo progetto a causa dell'insurrezione polacca del 1830[659].

---

et la queston juive, Seuil, 2006, p.117).
[658] Alexandre Soljenitsyne, *Deux siècles ensemble*, p. 180, 231
[659] *Enciclopedia Judaica*, Gerusalemme s. d. vol. 5, p. 409-410. The Jewish Encyclopedia, New York-London 1905–1912, IV vol., p. 21–22. In Curzio Nitoglia,

Anche l'ideologo Ivan Aksakov, instancabile animatore del movimento slavofilo, si era sollevato contro il potere ebraico. Nel 1867, parafrasò Karl Marx: "La vera questione non è emancipare gli ebrei, ma emancipare la popolazione russa dagli ebrei, liberare gli uomini russi del Sud-Ovest dal giogo ebraico".

Aksakov trovò un prezioso alleato in Jacob Brafman. Questo convertito, professore di ebraico presso il seminario ortodosso di Minsk, era l'esperto del Santo Sinodo sui problemi della missione agli ebrei. A partire dal 1867 iniziò a pubblicare sul *Corriere di Vilna* articoli sulla vita comunitaria e sulle usanze ebraiche, che utilizzò poi per scrivere due importanti opere con le rispettive appendici esplicative: *Il libro del Kahal*[660] e *Le confraternite ebraiche locali e universali*, entrambi pubblicati nel 1869. Questi libri furono distribuiti dal governo a tutti i servizi amministrativi. Nel *Libro del Kahal*, Jacob Brafman attinse agli archivi della comunità di Minsk per denunciare i mezzi impiegati dagli ebrei per espellere i goyim dal commercio e dall'industria e per concentrare nelle loro mani capitali e proprietà immobiliari. Tutte le ordinanze del *Kahal* pubblicate da Jacob Brafman nel suo libro risalgono al periodo 1794-1833. La loro autenticità, secondo l'autore, era dimostrata dall'età della carta. Il *Kahal* fu ufficialmente abolito nel 1844, ma le comunità ebraiche rimasero comunque molto strutturate e coese. Comunque sia, questa pubblicazione infastidì molto gli ebrei, che si affrettarono a comprare e bruciare o nascondere il maggior numero di copie che riuscirono a scovare[661].

Nel 1837, Dostoevskij, nel suo *Diario di uno scrittore*, denunciò gli "*ebrei*" e criticò i finanzieri. Più tardi, accuserà l'ebreo Disraeli, signore e padrone dell'Inghilterra, di usare i turchi contro la Russia. Nel 1877, il primo ministro Disraeli inviò effettivamente la flotta britannica nel Mar di Marmara per proteggere Istanbul, minacciata dall'esercito russo. Dostoevskij, da parte sua, predicava la crociata per liberare Costantinopoli. Nel 1880, poco prima di morire, il grande genio russo lodò addirittura la "grande razza ariana".

Quanto a Tolstoj, pur non essendo chiaramente antisemita, difese l'arianità di Cristo: "Vorrei scrivere qualcosa per mostrare come l'insegnamento di Cristo, che non era ebreo, sia stato sostituito a quello dell'apostolo ebreo Paolo; ma dubito di poterlo fare. Mi manca il tempo necessario e ho altri compiti più urgenti da svolgere. Ma è un argomento

---

Contre-révolution et judéo-maçonnerie, Sodalitium N°50, juin-juillet 2000.
[660] Il *Kahal* era l'istituzione che governava la comunità ebraica in Europa orientale.
[661] Uno scrittore argentino, Hugo Wast, scrisse nel 1935 un romanzo fortemente antisemita intitolato *El Kahal*, molto conosciuto in America Latina (disponibile presso Omniaveritas, ndt). Su Jacob Brafman e i rapitori, leggere *Lo specchio del giudaismo*.

importante e ammirevole⁶⁶² ".

Nel 1879, a Kutais, nel Caucaso, ebbe luogo un omicidio rituale. Nello stesso periodo, l'ex sacerdote polacco Ippolito Lutostansky, convertitosi al cristianesimo ortodosso, aveva scritto un lungo trattato sull'argomento (*Il sangue cristiano per gli ebrei*, 1876), che diede vita a un vivace dibattito pubblico. Il primo giornale russo, il *Novoïe Vrémia*, pubblicò a sua volta ampi passaggi del libro di Wilhelm Marr, *La vittoria del semitismo sul germanesimo*. Fu riletto anche il libro di Michele Neofita, un ex rabbino che si era convertito e aveva preso i voti e che nel 1803 aveva pubblicato a Iasi (Moldavia) uno studio sui casi di crimini rituali intitolato *La confutazione della religione degli ebrei*. Il libro fu pubblicato sotto il patrocinio del Metropolita Iacov Stamati⁶⁶³. Michele Neofita giurò su un crocifisso che questi crimini erano avvenuti e che lui stesso era stato un ex decapitatore. Incoraggiato dal suo successo, Ippolito Lutostanski pubblicò nel 1879 un'altra opera intitolata *Il Talmud e gli ebrei*.⁶⁶⁴

L'assassinio di Alessandro II, il 1° marzo 1881, ebbe l'effetto di interrompere il processo di liberalizzazione del regime, provocando la repressione e radicalizzando ulteriormente i gruppi rivoluzionari. L'attentato, che culminava una serie di tentativi falliti di *Narodnaïa* (Volontà popolare), confermò tutti i timori nei confronti degli ebrei. In Russia, come altrove, il movimento socialista marxista fu ampiamente promosso da dottrinari ebrei, che furono immediatamente bersaglio di tutte le accuse.

Lo storico ebreo Leon Poliakov ha cercato di smontare il "mito" del movimento rivoluzionario ebraico nelle sue pagine: "L'attentatore, Ignazio Grinevitzki, fu descritto nel rapporto ufficiale come un russo abbastanza tipico, "con un viso rotondo e grassoccio e un naso largo", ma il giorno dopo l'attentato la *Novoïe Vrémia* descrive un "individuo di tipo orientale con un naso aquilino"". Per quanto riguarda la *Narodnaïa, ha* sottolineato Poliakof, si trattava di un'organizzazione "composta quasi esclusivamente - è bene specificarlo - da veri russi". Lo storico ebreo dava così il suo contributo all'opera di distruzione della "leggenda".

Solzhenitsyn notò tuttavia nella sua opera che lo zar era stato assassinato alla vigilia di Purim, una festività ebraica annuale durante la

---

⁶⁶²Léon Poliakov, *Histoire de l'antisémitisme I*, 1981, Points Seuil, 1990, pag. 318.
⁶⁶³Questo libro è stato ripubblicato nel 2005 dalla *Librairie du Savoir*, con il titolo *Le Sang chrétien* (*Il sangue cristiano*).
⁶⁶⁴Ricordiamo che nel febbraio 2007 il professor Ariel Toaff, figlio dell'ex rabbino capo di Roma, ha pubblicato un libro di 400 pagine intitolato *Pasque di sangue, gli ebrei d'Europa e le accuse di omicidio rituale*, in cui riconosce che l'omicidio rituale fu praticato da alcuni ebrei ashkenaziti nel Medioevo. Se ne parla in *Fanatismo ebraico* (2007).

quale gli ebrei celebrano la vittoria sui nemici, e che l'attentato era stato preparato a casa di una certa Hessia Helfman [665]. L'informazione fu confermata da un altro storico ebreo, Henri Minczeles: "Tra i rivoluzionari arrestati c'era Hessia Helfman, una giovane ebrea che aveva conservato della dinamite nella sua soffitta[666]".

L'assassinio dello zar fece esplodere la polveriera e scoppiarono numerosi pogrom antiebraici, soprattutto in Ucraina. Poco dopo, durante la Settimana Santa, il 24 aprile 1881 - una settimana tradizionalmente favorevole a tutti gli scoppi antiebraici - scoppiò un pogrom a Elisabetgrad, seguito da altri più grandi a Kiev e Odessa e in decine di altre località. I pogrom hanno sempre avuto luogo esclusivamente nel sud-ovest della Russia, ha sottolineato Solzhenitsyn. La distruzione fu impressionante, ma all'epoca non si registrarono morti.

Le leggi del maggio 1882 limitarono la zona di influenza economica degli ebrei. Fu vietato loro di stabilirsi nelle campagne, vicino ai contadini che erano soliti sfruttare, così come in alcune città come Kiev e Yalta, la residenza imperiale in Crimea. Era vietato l'acquisto di terreni e immobili. Al di fuori della Zona di residenza, soprattutto nelle due capitali, Mosca e San Pietroburgo, le poche decine di migliaia di individui ebrei privilegiati che erano riusciti a stabilirvisi furono invitati a lasciare quelle città. Agli ebrei fu proibito di dare il proprio nome e cognome in russo e i loro passaporti dovevano riportare la loro vera nazionalità scritta con inchiostro rosso. Ma queste misure furono attenuate dalla corruzione dei funzionari russi, che spesso si lasciavano corrompere dagli ebrei.

Nel luglio 1887, un provvedimento limitò l'accesso degli ebrei alle scuole secondarie: 10% nella Zona di residenza, 3% nelle capitali e 5% altrove. Nel 1901, queste quote furono ridotte al 7, al 2 e al 3%. La funzione pubblica, la professione di insegnante, la magistratura e molte altre carriere furono escluse.

Nel 1891, 20.000 ebrei furono espulsi da Mosca verso la Zona di Residenza e più di 2.000 da San Pietroburgo. I permessi di residenza furono concessi solo a un piccolo gruppo privilegiato di uomini d'affari, laureati e maestri artigiani.

D'altra parte, il regime incoraggiava le conversioni: un convertito sposato veniva così tagliato dai legami che lo legavano alla compagna e ai figli e riceveva una somma da quindici a trenta rubli dopo la sua abiura. Inoltre, il numero di sinagoghe fu severamente limitato. La sinagoga di Mosca fu chiusa nel 1892 per *"indecenza"*.

Nel 1892, l'Accademia delle Scienze di San Pietroburgo pubblicò la

---

[665]Frank L. Britton, *Dietro il comunismo*. Sulla festa di Purim leggere *Lo specchio del giudaismo*.
[666]Henri Minczeles, *Histoire générale du Bund*, 1995, Denoël, 1999, p. 31.

migliore e più accurata antologia di massime talmudiche riguardanti la figura di Gesù Cristo e dei cristiani in generale: *Christianus in Talmude Judaeorum, sive rabbinicae doctrinae de christianis secreta* (*Il cristiano nel Talmud degli ebrei, o i segreti dell'insegnamento rabbinico sui cristiani*), edita dalla tipografia dell'arcivescovo metropolita di Mogilev. Il suo autore, padre Justin Bonaventure Pranaitis, era un sacerdote cattolico di origine lituana, titolare della cattedra di ebraico presso l'Accademia ecclesiastica imperiale della Chiesa cattolica nella vecchia San Pietroburgo. Il libro riproduceva il testo ebraico delle prescrizioni rabbiniche con la sua traduzione latina. Ma le copie scomparvero quasi completamente e solo un piccolo numero si salvò dall'epurazione bolscevica. Un'edizione di una delle preziose copie, con la corrispondente traduzione italiana, fu pubblicata a Milano nel 1939; il sacerdote argentino Julio Meinvielle la utilizzò per completare le successive edizioni del suo libro[667]. In seguito, l'opera fu tradotta in inglese, francese, spagnolo, ecc. con il titolo *The Talmud Unmasked*:

"Poiché la parola Jeschua significa "Salvatore", il nome di Gesù compare raramente nei libri ebraici. Quasi sempre compare con l'abbreviazione Jeschu, maliziosamente composta dalle lettere iniziali di tre parole: *Immach SCHemo Vezikro* - 'Sia cancellato il suo nome e la sua memoria'".

"Il libro di Zohar III (282) racconta che Gesù morì come una bestia e che fu sepolto "in un letamaio dove si gettano le carogne dei cani e degli asini... e dove i figli di Esaù [i cristiani] e di Ismaele [i turchi], cioè Gesù e Maometto, gli incirconcisi e gli impuri, sono sepolti come cani morti"[668] ".

Meinvielle fa riferimento agli insegnamenti del Talmud svelati dal vescovo Pranaitis: "A proposito di Cristo: viene chiamato con disprezzo "quest'uomo", "un chidam", "il figlio del falegname", o "l'impiccato". Si insegna che è il figlio spurio di una donna mestruata. Che aveva in sé l'anima di Esaù, che era uno sciocco, un prestigiatore, un seduttore, un idolatra, che fu crocifisso, sepolto all'inferno e che è tuttora un idolo per i suoi seguaci. Come seduttore o idolatra, non poteva insegnare altro che l'errore e l'eresia, e questo è irrazionale e impossibile da realizzare... Dei cristiani si dice la cosa più abominevole che si possa immaginare. Che sono idolatri, uomini malvagi, peggiori dei turchi, assassini, libertini, animali immondi, indegni di essere chiamati uomini, bestie in forma umana, inquinanti come lo sterco, buoi e asini, porci, cani, peggiori dei cani; che si

---

[667]Julio Meinvielle, *El Judío*, Prima edizione, Editorial Antídoto, 1936 - *El judío en el misterio de la historia*, Sesta edizione, Cruz y Fierro Editores, Buenos Aires, 1982, pag. 48.
[668]Questi sono gli insulti contenuti nel *Toledot Jeshu* (*La vita di Gesù*), un'opera del II secolo d.C..

propagano alla maniera delle bestie, che sono di origine diabolica; che le loro anime provengono dal diavolo e che dopo la morte torneranno al diavolo all'inferno; che il cadavere di un cristiano morto è indistinguibile dai resti di una bestia estinta[669]."

Pranaitis morì nel 1917, durante la rivoluzione "russa", probabilmente torturato da militanti ebrei che rappresentavano la punta di diamante del bolscevismo. Notiamo di passaggio che il clero ortodosso russo non produsse allora alcun campione di antisemitismo, come invece fecero il pastore protestante Stoecker in Germania o i gesuiti della Civiltà Cattolica a Roma.

Dopo la creazione del partito S.R. (Socialista-Rivoluzionario), gli ebrei costituirono una solida maggioranza all'interno della leadership del movimento. I membri della ristretta cerchia di dirigenti erano ebrei: Mendel, Wittenberg, Levine, Levite e Azev. Il partito decise presto di intraprendere la lotta armata per rovesciare il regime zarista e fu immediatamente istituita un'organizzazione di combattimento per diffondere il terrore. Questa organizzazione era guidata da un individuo di nome Guerchuni (dal 1901 al 1903). Di origine ebraica, ex istruttore in una farmacia, aveva circa trent'anni quando redasse gli statuti dell'Organizzazione. Sotto la sua guida, gli uomini dell'O.C. assassinarono il ministro degli Interni Sipriaguine, spararono al principe Obolinsky e uccisero il governatore Bogdanovitch nel 1903. Il successore di Sipriaguine, Plehve, fu nominato Ministro degli Interni nel 1902.

Quando Guerchuni cadde per mano della polizia di Kiev, fu sostituito da un suo congenere, l'ingegnere Evno Azev, che guidò l'organizzazione fino al 1906. Il 15 luglio 1904, una bomba pose fine ai giorni di Plehve. Anche il Granduca Sergio rimase ucciso in un altro attentato. Dopo Evno Azev, subentrò un altro terrorista ebreo: Zilberberg.

L'Organizzazione di Combattimento subì pesanti perdite e fu sciolta dopo diversi disaccordi all'interno del Comitato Centrale. Un nuovo gruppo terroristico fu quindi formato da Zilberberg con il nome di Distaccamento di Combattimento. Ma Zilberberg morì nel febbraio 1907. Poco più tardi, il 2 settembre 1911, Stolypine, il Ministro degli Interni dello Zar che aveva avviato un'importante riforma agraria tra il 1906 e il 1910, fu assassinato a Kiev dall'estremista ebreo Bogrov, durante le cerimonie

---

[669] Julio Meinvielle, *El judío en el misterio de la historia*, sesta edizione, Cruz y Fierro Editores, Buenos Aires, 1982, p. 48-49. [I cristiani sono chiamati *Notsrim*, Nazareni, e tutti i nomi con cui sono chiamati i non ebrei sono applicati a loro. *Aboda zara*, **cioè** coltivatori dell'idolatria; *Acum*, adoratori delle stelle e dei pianeti; *Obde Elilim*, servitori degli idoli; *Minim*, eretici; *Edom*, idumei; *Goim*, gentili; *Nokhrim*, stranieri, estranei; *Amme Aarez*, gente della terra, ignoranti; *Apichorosim*, epicurei; *Cutim*, samaritani. *L'ebreo nel mistero della storia*, p. 48].

per l'anniversario dei 300 anni della dinastia[670].

Dopo il 1881, il pogrom più importante ebbe luogo a Kichiniev, la capitale della Bessarabia, durante le vacanze di Pasqua del 1903. La città era popolata per il 45% da ebrei. Paul Kruchevane, proprietario del giornale locale e in seguito redattore dei *Protocolli degli Anziani di Sion*, aveva denunciato l'ebraismo per diversi anni. Ma fu l'omicidio di un adolescente ad accendere la polveriera. Alla vigilia della Pasqua ebraica, tutti sapevano che sarebbe successo qualcosa. La Domenica delle Palme, il 6 aprile, scoppiò il pogrom. La folla attaccò gli ebrei e diede fuoco alle loro case. Il primo giorno furono uccise due persone, ma il secondo giorno i morti furono 47 e i feriti mezzo migliaio. L'esercito è intervenuto solo lunedì sera per riportare la calma. Quasi un terzo delle case della città era stato distrutto o danneggiato. Ancora una volta, la "Comunità internazionale (ebraica)" era in rivolta. Tutta la stampa estera gridò contro la barbarie russa ed espresse la necessità di stabilire una vera democrazia nel Paese, di dare pari diritti agli ebrei poveri e di far rispettare i diritti dell'"uomo[671]".

Nel 1904 non si verificò alcuna recidiva, ma nel 1905, durante la guerra sino-russa, una grande ondata di pogrom investì nuovamente le comunità ebraiche che non facevano mistero della loro posizione filo-giapponese[672]. A Kiev, Odessa e in molte altre città ucraine si verificarono feroci scontri tra ucraini ed ebrei. Gli ebrei, da parte loro, avevano formato gruppi paramilitari di diverse migliaia di combattenti. La violenza scoppiò in centinaia di località, probabilmente incoraggiata dalle stesse autorità. Nell'ultimo decennio, fino all'ottobre 1905, si verificarono una cinquantina di grandi pogrom e circa seicento più piccoli, che causarono un totale di 810 morti e 1770 feriti. La comunità internazionale (ebraica), nuovamente indignata, e la famiglia Rothschild si rifiutarono di sottoscrivere i prestiti del governo russo. Nel 1906 scoppiarono nuovamente due grandi pogrom a Bialistock e Siedlce (110 morti in totale).

Dal 1880 al 1910 più di 2,5 milioni di ebrei lasciarono la Russia. Gli storici ebrei omettono sempre di spiegare le cause di questo esodo, limitandosi a denunciare "persecuzioni" e pogrom ingiustificati. In realtà, l'emigrazione degli ebrei fu motivata soprattutto dall'istituzione, nel 1896, del monopolio statale sugli alcolici e dalla soppressione di tutte le distillerie

---

[670] Roland Gaucher, *Les Terroristes*, Edizioni Albin Michel, 1965; e in *Speranze planetarie*.

[671] Uno storico molto serio come Arkadi Vaksberg ha scritto: nell'aprile 1903, "un pogrom decimò la popolazione ebraica di Kichiniev". (*Staline et les juifs*, Robert Laffont, 2003, p. 17). Le organizzazioni ebraiche e i testimoni avevano inizialmente dichiarato che i morti erano cinquecento; il numero fu poi rivisto al ribasso.

[672] Il banchiere ebreo newyorkese Jacob Schiff ha sostenuto la politica estera del Giappone, vedi *Speranze planetarie*.

private. Questa misura volta a proteggere i contadini e a costringere gli ebrei a lasciare le campagne, spiega Aleksandr Solzhenitsyn, "aveva inferto un duro colpo all'attività economica degli ebrei in Russia". Da quel momento in poi, quindi, l'emigrazione ebraica dalla Russia aumentò notevolmente[673].

Gli opuscoli antisemiti fiorirono ovunque. Nel decennio 1906-1916 se ne contarono ben 2837. Gli scritti del tedesco Eugen Dühring erano ben noti in Russia in quegli anni. A San Pietroburgo, Peter Ivanovitch Ratchkovsky, nominato vice direttore del dipartimento di polizia, era ufficialmente responsabile della propaganda antisemita.

Nel 1905, Sergei Nilus, un magistrato russo di origine svizzera, procuratore del tribunale provinciale del Caucaso, pubblicò la prima edizione dei *Protocolli degli Anziani di Sion*, acquisiti nel 1901. Il documento fu presentato come l'esposizione di un presunto Saggio di Israele che parlava ai suoi pari di un piano per la dominazione del mondo. Si trattava dei verbali delle conversazioni avvenute durante le sedute segrete, circa ventiquattro secondo la versione di Sergei Alexandrovitch Nilus e ventisette secondo quella di George Vassilievitch Butmi, pubblicata l'anno successivo. Un governo mondiale, un supergoverno universale avrebbe fatto regnare la pace sul pianeta, una pace che sarebbe stata universale e definitiva dopo una guerra mondiale, come rivelato in questi Protocolli[674]. Ecco alcuni estratti de *I Protocolli degli Anziani di Sion*:

Sessione X: "*Quando avremo fatto il nostro colpo di Stato, diremo ai popoli: tutto è andato spaventosamente male, avete sofferto tutti più di quanto si possa sopportare. Siamo venuti a fare a pezzi le cause dei vostri tormenti: le nazionalità, le frontiere e la diversità delle monete... Per ottenere questo risultato, è necessario condurre tutti al suffragio universale,*

---

[673] Alexandre Soljénitsyne, *Deux siècles ensemble*, tome I, Fayard, 2002, p. 326. Leggere in *Jewish Fanaticism*.
[674] Protocollo V: "*Affaticheremo a tal punto i cristiani che saranno costretti a offrirci una potenza internazionale che sarà in grado di monopolizzare i poteri governativi di tutti e di formare un supremo governo universale*". Protocollo VII: "*Dobbiamo essere pronti a trattare con coloro che si oppongono ai nostri progetti. Se necessario, lasciamo che il Paese vicino dichiari guerra alla nazione che cerca di ostacolarci. Ma se entrambi dovessero unirsi contro di noi, allora scateneremo una guerra mondiale... Il progetto mondiale si sta già avvicinando agli scopi sopra indicati. Per raggiungere il suo completo successo, dobbiamo convincere i governi dei gentili attraverso quella che viene volgarmente chiamata opinione pubblica. Il giudizio popolare è stato predisposto da noi attraverso la stampa: questo grande potere è quasi interamente nelle nostre mani. Verrà il momento in cui dimostreremo che tutti i governi europei dei goyim sono asserviti. Sottoporremo uno di loro alla grande prova del nostro grande potere. Useremo oltraggi e crimini, usando il Terrore. Se gli altri, indignati, si rivolteranno contro di noi, risponderemo con le forze belliche americane, cinesi o giapponesi*". Sergei Nilus, *I* Protocolli degli *Anziani di Sion*.

senza distinzione di classe o di fortuna. Il nostro scopo è quello di instaurare il dispotismo della maggioranza, cosa irraggiungibile con il voto esclusivo delle classi più illuminate e ricche".

Questa idea fu ripetuta più tardi nella stessa sessione: *"Il riconoscimento del nostro sovrano mondiale può avvenire anche prima dell'abolizione definitiva di tutte le costituzioni. Il momento più propizio per farlo sarà arrivato quando i popoli, tormentati da sconvolgimenti e disordini a causa dell'impotenza dei loro governanti - provocata da noi - avranno perso ogni fiducia in loro e avranno gridato: "Scacciateli e dateci un solo sovrano mondiale, un solo Re dell'Universo, che sia del sangue di Sion, che ci unisca tutti e allontani le cause delle eterne discordie - confini nazionali, religioni, debiti nazionali e conflitti tra Stati - un Re che ci porti finalmente la pace e la tranquillità che inutilmente ci aspettavamo dai nostri governanti..."* Il X protocollo concludeva: *"Voi sapete bene che, per rendere possibili tali aspirazioni, è necessario disturbare costantemente, in tutti i Paesi, le relazioni dei popoli con i loro governi. Lo scopo di questo progetto è di stancarli tutti con la disunione, l'inimicizia, l'odio, il martirio stesso, la fame, l'inoculazione di malattie e la miseria; così i cristiani non troveranno altro rimedio ai loro mali che la nostra piena sovranità. Potrei aggiungere che, se concedessimo la minima tregua ai popoli, non ci sarebbe mai occasione di sottometterli*[675]*".*

Nel 1911 un altro caso di crimine rituale fu molto pubblicizzato. Il 12 marzo, un tredicenne ucraino, Andrei Yushchinsky, scomparve mentre si recava a scuola. Otto giorni dopo, il 20 marzo, il suo corpo mutilato fu trovato in una grotta vicino a una fabbrica di mattoni. Un operaio ebreo di nome Menahem Beilis è stato arrestato il 21 luglio dopo che un testimone ha dichiarato di averlo visto rapire il ragazzo. Menahem Beilis trascorse più di due anni in prigione in attesa del processo, che ebbe finalmente luogo a Kiev dal 25 settembre al 28 ottobre 1913. Uno dei testimoni dell'accusa, esperto di rituali ebraici, fu il sacerdote cattolico Justinas Pranaitis, giunto appositamente dalla lontana città di Tashkent. Pranaitis parlò per undici ore di fila, sostenendo che l'omicidio del piccolo Yushchinsky era un sacrificio, un rito religioso. Anche un altro esperto, il professor Silorski, psicologo medico dell'Università di Kiev, riteneva che si trattasse di un omicidio rituale. L'intellettuale russo Vladimir Dahl, medico di formazione, famoso per aver accompagnato Puchkin nella sua lunga agonia, fu autore di uno studio sui crimini rituali intitolato *Indagine sugli omicidi commessi dagli ebrei sui neonazisti cristiani e sull'uso del loro sangue*. Quest'opera, pubblicata nel 1884 a San Pietroburgo, fu utilizzata come prova nel caso Beilis.

---

[675] Sergei Nilus, *I Protocolli degli Anziani di Sion*, (allcollection.net/ archive.org).

Il processo non fu più presentato come il processo di un singolo ebreo, ma come una battaglia generale tra l'ebraismo mondiale e il governo russo. Il procuratore generale Vipper descrisse così la situazione degli ebrei in Russia: "La stampa russa è russa solo in apparenza; in realtà, quasi tutte le nostre pubblicazioni sono in mano agli ebrei... Legalmente, gli ebrei vivono sotto le nostre leggi d'eccezione, ma in realtà sono i padroni del nostro mondo e, in un certo senso, vediamo le promesse bibliche realizzarsi sotto i nostri occhi[676]".

La stampa estera tormentò il governo russo in un modo senza precedenti. Nel dicembre 1911, gli Stati Uniti annullarono unilateralmente il trattato commerciale russo-americano. Beilis fu difeso dai migliori e più famosi avvocati di Mosca, San Pietroburgo e Kiev. Per loro, l'accusato era senza dubbio innocente. Infatti, le accuse di crimini rituali contro gli ebrei, come è noto a tutti, non sono altro che "ridicole leggende" tratte da stupidi cervelli antisemiti o direttamente dallo spirito retrogrado di monaci oscurantisti usciti dal Medioevo. Il processo Beilis fu seguito in tutto il mondo e in tutti i principali giornali occidentali l'indignazione e gli insulti contro il regime zarista e la polizia zarista furono generali e unanimi. Fu in questo contesto che Beilis fu assolto.

Il caso Beilis viene spesso paragonato al caso Leo Frank. Originario di Brooklyn, Leo Frank gestiva una piccola fabbrica di matite ad Atlanta. Nel 1915 fu accusato dello stupro e dell'omicidio di una giovane impiegata, Mary Phagan, allora solo dodicenne. Durante il processo fu condannato a morte, ma il governatore dello Stato della Georgia commutò la pena in ergastolo. Ma la popolazione di Atlanta non accettò di buon grado questa clemenza e procedette al linciaggio; Leo Frank fu impiccato a un albero. Gli ebrei, come sempre, gridarono a tutta la stampa che Leo Frank era innocente. In effetti, l'ebreo è sempre "accusato", ma mai colpevole.

Sappiamo però che questi casi sono molto frequenti all'interno della "setta incestuosa"; la pedofilia fa parte dei vari disturbi psichici generati da abusi sessuali traumatici, che sono frequenti nelle famiglie ebraiche e si trasmettono di generazione in generazione. Gli psichiatri parlano in questo caso di "generazioni incestuose[677]".

---

[676] Leon Poliakov, *Histoire de l'antisémitisme*, 1955, Points Histoire, 1991, tomo II, p. 352.
[677] Alla fine del 2009, il caso del regista Roman Polanski è tornato alla ribalta delle cronache dopo il suo arresto in Svizzera per lo stupro di una tredicenne avvenuto negli Stati Uniti trent'anni prima. Nella comunità di riferimento c'è un numero sproporzionato di casi di questo tipo. Si veda *Psicoanalisi dell'ebraismo* (2006), *Fanatismo ebraico* (2007) e *Lo specchio dell'ebraismo* (2009).

CXXVIII. Messianismo ebraico

La rivoluzione scoppiata in Russia nel febbraio 1917 suscitò grandi speranze negli ebrei di tutto il mondo. Da New York a Parigi, da Londra a Buenos Aires, da Istanbul a Vilnius, gli ebrei festeggiavano, stappando tappi di champagne e abbracciandosi. Lo zar era stato finalmente rovesciato e gli ebrei di Russia avevano finalmente avuto accesso alle più alte sfere del potere. In ottobre, grazie al colpo di Stato bolscevico, il tanto atteso trionfo sarebbe stato completo.

Fin dall'inizio non si trattava solo di "liberare il proletariato", ma di costruire un mondo perfetto, un mondo senza frontiere, dove avrebbero regnato l'uguaglianza e l'armonia. Il passato doveva essere "cancellato" per far posto a un "uomo nuovo".

In realtà, il fanatismo egualitario del comunismo diede subito libero sfogo a orribili massacri. In totale, nei primi trent'anni del nuovo regime, più di 30 milioni di russi e ucraini perirono, liquidati dalla follia criminale dei nuovi padroni. Dopo l'esperienza maoista in Cina, la rivoluzione russa è stata probabilmente la seconda più grande tragedia della storia umana.

Se all'inizio di questo secolo è consentito denunciare gli orrori del comunismo, nei Paesi democratici è ancora del tutto vietato insistere sull'identità dei suoi principali dottrinari e istigatori. Nonostante ciò, è risaputo che il comunismo è stato essenzialmente una creazione ebraica: Karl Marx era nipote di un rabbino; Lenin aveva origini ebraiche da parte di madre; Trotsky, il capo dell'Armata Rossa, si chiamava in realtà Bronstein; Kamenev, il presidente del Soviet di Mosca, aveva il cognome Rosenfeld; Zinoviev, il padrone di Leningrado, Apfelbaum; il principale collaboratore di Lenin e primo presidente dell'Unione Sovietica era un ebreo di nome Sverdlov, ecc.

L'elenco dei dignitari bolscevichi ebrei è davvero infinito. La rivoluzione scoppiata a Berlino nel 1918 fu guidata da altri ebrei: Karl Liebknecht e Rosa Luxemburg. In Ungheria, nello stesso periodo, Bela Kun aveva assunto la guida di un governo rivoluzionario composto quasi esclusivamente da ebrei, e sappiamo che dopo il 1945 molti ebrei furono messi alla guida del Paese, come in Polonia, Cecoslovacchia e Romania. Il famoso scrittore Aleksandr Solzhenitsyn, dopo molti altri, ha dimostrato il coinvolgimento di numerosi leader ebrei in questa tragica storia. In effetti, i dottrinari, i funzionari e i torturatori ebrei ebbero una responsabilità schiacciante per le atrocità commesse nel periodo 1917-1947 in nome di questa utopia sanguinaria[678].

---

[678] Si vedano i capitoli dedicati a questo tema in *Speranze planetarie* (Russia, 1917) e *Fanatismo ebraico* (URSS degli anni '30 ed Europa centrale nel 1945).

Dopo il crollo dell'Unione Sovietica nel 1991, gli intellettuali ebrei di tutto il mondo, nella loro totalità, hanno trasferito le loro speranze planetarie nelle democrazie occidentali e hanno incoraggiato con tutte le loro forze l'avvento della società multiculturale, diventando i più accaniti apologeti e sostenitori dell'immigrazione e della miscegenazione in tutti i Paesi. Ovviamente si tratta dello stesso progetto: costruire un mondo di "pace" (*shalom*) e senza confini, in cui le persone siano libere e uguali e in cui tutte le identità siano definitivamente scomparse - tranne la propria. Per questo gli ebrei credono fermamente che il messia verrà e che finalmente saranno riconosciuti da tutti come il popolo eletto da Dio.

Nel 1999, il grande rabbino di Francia, Joseph Sittruk, ha condiviso con noi la sua visione delle speranze ebraiche. Il 10 settembre 1999, gli ebrei si trovavano di fronte all'anno 5760 del loro calendario. Leggete attentamente:

"Il Talmud, scrive il rabbino, parla dei tempi messianici, che si estenderanno per un periodo di duemila anni, tra l'anno 4000 e l'anno 6000 del calendario ebraico, oltre il quale il mondo come lo conosciamo non potrà durare. Ci stiamo avvicinando alla data di scadenza... Siamo, per così dire, nella fase di avvicinamento. Alcuni segni della venuta del Messia sono stati notati da tutte le autorità rabbiniche, come il ritorno degli ebrei nella terra d'Israele o la guerra del Golfo, che potrebbe essere interpretata come una delle fasi della famosa guerra tra Gog e Magog[679] ".

---

[679] "La guerra di Gog e Magog che accompagnerà il processo di liberazione messianica del popolo ebraico si svolgerà intorno a Gerusalemme, con Gerusalemme come pretesto e con l'obiettivo di distruggere la presenza ebraica a Gerusalemme. Inoltre, Maimonide (Legge dei Re, 12) insiste sul fatto che lo sviluppo preciso di questa fase finale non sarà noto finché non avrà avuto luogo. A questo proposito, abbiamo solo gli insegnamenti dei Saggi che ripetono che la fase premessianica sarà caratterizzata da un grande disordine mondiale e da una confusione di valori da cui si salveranno solo coloro che si dedicheranno allo studio della Torah e ad atti di bontà (*Sanhedrin* 97, 98; *Sota* 49). Questa guerra, di cui si parla nel capitolo 38 del libro di Ezechiele, sarà preceduta da uno scontro tra il mondo di Edom, cioè Roma e per estensione l'Occidente, e il mondo di Ychmael, cioè il mondo islamico. Queste due entità si scontreranno e cercheranno di danneggiare il popolo ebraico e poi, nella fase finale di questo conflitto, 70 nazioni verranno a fare guerra a Gerusalemme al *Mashiach* (il Messia) e tenteranno di distruggere il popolo ebraico". Su https://www.torah-box.com/. Oggi questa profezia popolare dà luogo a molte speculazioni (o *midrash*) *da parte dei* rabbini che spesso coinvolgono opportunamente, oltre all'Occidente, Paesi come l'Iran e la Russia. Su questo grande *armageddon* generale atteso dai rabbini (e dai cristiani evangelici protestanti), invitiamo i lettori a scoprire da soli i *commenti* (auguri) di alcuni rabbini contemporanei sulle piattaforme digitali (Youtube, Bitchute, Odysee, XTwitter). Per esempio: Rabbi Yosef Mizrachi, Rabbi Alon Anava, Rabbi Abraham Benhaim, Rabbi Yekutiel Fish, Rabbi Cahn, Rabbanit Kineret Sarah Cohen, Rabbi Rav Zamir Cohen, Rabbi Rod Reuven Bryant, Rabbi Rav Ron Chaya, Rabbi Rav Avidgor Miller, Rabbi

Il Talmud paragona simbolicamente i seimila anni del mondo a una settimana, che consiste in sei giorni più il sabato:

Se seguiamo la metafora fino in fondo", ha proseguito il rabbino capo di Francia, "siamo oggi nella seconda metà del pomeriggio del venerdì e il sabato si avvicina. Questo momento corrisponde a quello in cui tutte le famiglie ebraiche si danno da fare e il ritmo delle attività si accelera. Chiudono le tende, impacchettano le loro cose, corrono a lavarsi[680] ".

Nel numero di ottobre 2001 della *rivista Israël*, Rav Haim Dinovicz scriveva: "Il conto alla rovescia per la liberazione è già iniziato". E nel numero di dicembre: "Presto non avremo altra possibilità di sopravvivenza se non quella di assumere il nostro ruolo nella storia e di tornare a essere quel faro dei popoli di cui le nazioni hanno così disperatamente bisogno".

Nell'ebraismo c'è la convinzione che la venuta del messia - "la nascita del messia", scrivono sempre gli intellettuali ebrei - avverrà in mezzo a terribili sofferenze. Catastrofi spaventose, epidemie e guerre terribili distruggeranno gran parte dell'umanità.

Isaac Abravanel, leader della comunità ebraica spagnola al momento dell'espulsione dalla Spagna nel 1492, scrisse a sua volta: "I tempi del Messia saranno preceduti da una grande guerra, nella quale periranno due terzi dell'umanità" (*Masmia Jesua, 49a*)[681].

È allora che apparirà il messia "figlio di Davide": quando il mondo sarà completamente pacificato. Nei nostri libri precedenti abbiamo esposto in dettaglio, con numerose citazioni, le caratteristiche del messianismo ebraico[682].

Per quanto riguarda l'identità o la provenienza del Messia, il "figlio di Davide", Rabbi Sittruk ha spiegato: "Il Messia è un discendente della tribù di Yehuda da parte paterna e della tribù di Dan da parte materna. La tradizione aggiunge inoltre che egli è un discendente del re Davide, egli stesso figlio di Ruth, che si era convertito all'ebraismo. In un certo senso, la storia messianica integra tutta l'umanità[683] ".

Dopo la grande guerra contro gli ultimi nemici di Israele, i tempi messianici saranno per gli ebrei un'epoca benedetta, un'età dell'oro senza

---

Yaron Reuven, Rabbi Michael Laitman, Rabbi Michael Danielov, Rebbetzin Tziporah Heller, Rabbi Mendel Sasonkin, Rabbi Rav Touitou, Rabbi Rav Raphael Pinto, Rabbi Lawrence Hajioff, Rabbi Tovia Singer, ecc. Raccomandiamo anche il lavoro di sensibilizzazione del pubblicista americano Adam Green sui suoi social network e sul suo canale di informazione online *KnowMoreNews.org*, che include questi commenti e avverte sul messianismo ebraico dagli Stati Uniti. (NdT).

[680]Grand Rabbin Joseph Sittruk, *Chemin faisant*, Flammarion, 1999, p. 374, 376.
[681]Su Abravanel si legga *Psicoanalisi dell'ebraismo*.
[682]*Speranze planetarie* (2005), *Psicoanalisi dell'ebraismo* (2006), *Fanatismo ebraico* (2007), *Lo specchio dell'ebraismo* (2009).
[683]Gran Rabbino Joseph Sittruk, *Chemin faisant*, Flammarion, 1999, p. 375.

paragoni. Tutta la terra sarà unificata e gli ebrei saranno riconosciuti da tutti come "il popolo eletto". I tratti Pesachim e Sanhedrin del Talmud babilonese affermano inoltre che al tempo del Messia i tesori degli ebrei saranno così immensi che "*ci vorranno 300 asini per portare le chiavi di ogni cassaforte*[684] ".

Vediamo, quindi, che gli ebrei hanno davvero un piano per l'intera umanità, un piano che perseguono da secoli contro ogni previsione. Nell'introduzione alla sua monumentale *Storia degli Ebrei*, lo storico ebreo Heinrich Gratez, che abbiamo ampiamente citato, ha confermato l'idea che la setta ebraica segue un piano molto speciale:

"Perché i Greci, che insieme alla loro arte marziale vivevano anche di idee, hanno ceduto? Perché non avevano dato alla loro vita un obiettivo, uno scopo determinato e meditato. Il popolo ebraico aveva questo obiettivo, questo compito vitale! È ciò che li ha tenuti uniti e che li ha mantenuti forti e resistenti di fronte a difficoltà spaventose. Un popolo che conosce la propria missione è forte, perché la sua vita non è passata a sognare e a brancolare[685] ".

Per raggiungere questa pace universale (la *pax Judaica*) e "affrettare la venuta del Messia", come dicono loro, gli ebrei devono lavorare senza sosta per distruggere tutte le differenze tra gli uomini: nazioni, razze, religioni e tutti i particolarismi locali devono essere sradicati. È questa tensione messianica che motiva le loro azioni e moltiplica le loro energie. Devono lavorare, come ha scritto Heinrich Graetz, per "rovesciare e polverizzare le pompose divinità del paganesimo". Alla fine della sua introduzione, lo storico ebreo esprime a modo suo questo caratteristico fanatismo ebraico che ""non si piega alla fatica e non aspira al riposo della tomba"".

Il sospirato governo mondiale sorgerà sulle rovine delle nazioni e imporrà una grande e definitiva pace.

Tutti i confini devono scomparire. È chiaro che il modello liberale ha ottenuto risultati migliori del comunismo, che ha fallito miseramente nel XX secolo. Occorre quindi fare ogni sforzo per instaurare regimi democratici in tutto il mondo e imporre a tutti i popoli il modello di una società di mercato cosmopolita, aperta e multiculturale che permetta di sradicare i sentimenti di appartenenza nazionale e religiosa. Già nel 1977, il famoso filosofo ebreo Emmanuel Levinas parlava esplicitamente della "necessità di un Occidente planetario per la venuta del Messia[686] ".

---

[684]*Pesachim* 118b e 119, e *Sanhedrin* 110b. Sull'escatologia, cioè la visione dei tempi finali nelle grandi religioni, si legga *La guerra escatologica (*2013). E sulle favolose fortune degli ebrei, si veda *The Millards of Israel* (2014).

[685]Heinrich Graetz, *Histoire des Juifs, Tome I*, Introduction, A. Lévy Librairie Éditeur, Paris, 1882, pag. 3.

[686]Emmanuel Levinas, *L'Au-delà du verset, Lectures et discours talmudiques*, Les

Vediamo quindi come il giudaismo si adoperi freneticamente per la distruzione dei popoli e delle nazioni. Tutte le civiltà devono essere fatte a pezzi, tutte devono essere rase al suolo, lasciando solo la polvere umana che potrà poi essere coagulata in un nuovo grande stampo planetario. Quindi l'essenza stessa dell'ebraismo è distruggere tutto ciò che non è ebraico. Il suo progetto trasforma naturalmente gli ebrei in "nemici dell'umanità", come già sottolineavano i pensatori greci e romani dell'antichità. Dopo di loro, tutti i grandi pensatori della Chiesa nel corso della storia hanno messo in guardia i cristiani contro la *setta detestata* - la setta aborrita.

Il famoso e acclamato Elie Wiesel aveva ammesso che l'ebraismo viveva in opposizione frontale al resto dell'umanità: "Radicata nella sofferenza, ma ancorata nella sfida, la storia ebraica descrive un conflitto permanente tra noi e gli altri. Da Abramo in poi, noi siamo stati da una parte e il resto del mondo dall'altra[687] ".

Nel numero di aprile 2003 della *rivista Israël*, il dottor Itzhak Attia, direttore della Scuola Internazionale dell'Istituto Yad Vashem[688] , si è espresso in modo molto esplicito e con una chiarezza insolita per gli intellettuali ebrei, probabilmente perché parlava in una pubblicazione riservata alla comunità: "Nonostante la ragione ci gridi con tutte le sue forze l'assurdità di questo confronto tra un piccolo popolo insignificante come Israele e il resto dell'umanità, siamo effettivamente impegnati in un combattimento intimo tra Israele e le Nazioni che non può che essere genocida e totale....per quanto assurdo, incoerente e mostruoso possa sembrare, siamo effettivamente impegnati in un combattimento intimo tra Israele e le Nazioni che non può che essere genocida e totale, perché le nostre rispettive identità dipendono da questo". Avete letto bene: tra il popolo ebraico e il resto dell'umanità, il combattimento non può che essere "genocida e totale".

Il punto è chiaro: l'ebraismo è una macchina da guerra contro l'umanità. Visto sotto questa luce, l'antisemitismo è umanesimo: combattere il nichilismo ebraico è un dovere per ogni essere umano, per liberare l'umanità dalla distruzione.

L'antisemitismo, ha detto il rabbino capo Joseph Sittruk, « è insito nelle fondamenta stesse del popolo ebraico ». Il testo fondamentale su questo argomento si trova nel Talmud (*Sabbath*, pagina 89), e sottolinea che la parola Sinai significa "odio". Gli ebrei si chiedevano perché la Torah fosse stata data sul Monte Sinai e i saggi rispondevano: "Dal momento in cui gli ebrei hanno ricevuto la Torah, il mondo li ha odiati". E come tutti i bravi

---

Editions de Minuit, 1982, p. 84-86.
[687] Elie Wiesel, *Mémoires*, tome I, Seuil, 1994, p. 30-32.
[688] La grotta dove si venera l'Olocausto (NdT).

intellettuali ebrei, Rabbi Sittruk ama maneggiare i paradossi, una procedura intellettuale molto utile per evitare di affrontare la realtà: "È una legge d'amore che suscita odio! Paradossale, non è vero[689] ?".

Per lui, come per tutti gli altri intellettuali ebrei formati alla stessa scuola (*yeshiva*), l'antisemitismo è semplicemente inspiegabile. È un "odio irrazionale[690] ", scriveva. Le parole degli intellettuali ebrei su questo punto sono esattamente le stesse in ogni epoca e in ogni latitudine.

André Neher, ad esempio, confermò che gli ebrei erano innocenti per natura: "Innocenti di ogni colpa, tranne quella di essere nati ebrei[691] ". « Perché Dio è così arrabbiato con gli innocenti[692] ? », si chiedeva lo psicoanalista Rudolph Lowenstein. O il "nuovo filosofo francese" André Glucksmann quando dichiarava: "L'odio per gli ebrei è l'enigma tra tutti gli enigmi... L'ebreo non è affatto la causa dell'antisemitismo; bisogna analizzare questa passione da sola, come se questo ebreo che si perseguita senza conoscerlo non esistesse[693] ". Stéphane Zagdanski si spinge ancora più in là e scrive: "È proprio perché non sono la causa di nulla di cui sono accusati che gli ebrei sono stati così odiati in tanti luoghi nel corso del tempo[694] ". Affermazioni di questo tipo sono innumerevoli e rimandiamo i lettori ai nostri libri precedenti.

Gli intellettuali ebrei sono quindi costretti a raccontare qualsiasi cosa per cercare di giustificare la loro legge e gli atti dei membri della loro setta. Nel corso della nostra ricerca, abbiamo visto come i criminali e i delinquenti di questa comunità avessero l'abitudine di negare sistematicamente i loro crimini, anche di fronte all'evidenza, con totale sfacciataggine[695]. Abbiamo anche visto come gli intellettuali abbiano negato i terribili crimini dei loro compagni durante la rivoluzione bolscevica. In realtà, questo avviene perché la realtà non ha importanza ai loro occhi rispetto al favoloso destino del "popolo ebraico", scelto da Dio per gestire il mondo. Ciò che conta davvero per loro è il mito che corrisponde alla loro idea del loro ruolo e della loro missione storica sulla terra. Scrivono e interpretano la storia solo nell'interesse dell'ebraismo. Infatti, il loro grande pensatore medievale Maimonide considerava lo studio della storia una perdita di tempo. Più tardi, nel XVI secolo, Joseph Caro, autore del manuale di vita ebraica *Shulchan Aruch* (La Tavola Servita), il grande codificatore della legge rabbinica, proibì espressamente

---

[689] Grand Rabbin Joseph Sittruk, *Chemin faisant*, Flammarion, 1999, p. 300.
[690] Grand Rabbin Joseph Sittruk, *Chemin faisant*, Flammarion, 1999, pag. 341.
[691] André Neher, *Le dur Bonheur d'être juif*, Le Centurion, 1978, p. 33.
[692] Rudolph Loewenstein, *Psychanlyse de l'antisémitisme*, p. 234.
[693] André Glucksmann, *Le Discours de la haine*, Plon, 2004, pagg. 73 e 86.
[694] Stéphane Zagdanski, *De l'Antisémitisme*, Climats, 1995, 2006, pag. 10.
[695] Leggi *La mafia ebraica* (2008).

la lettura della storia, e non solo il sabato ma per tutta la settimana[696].

In una lettera al suo correligionario James Darmesteter, alla fine del XIX secolo, Theodor Reinach scriveva in modo pertinente: "A dire il vero, il Talmud non conosce la storia; per esso, realtà e fantasticheria si mescolano in una specie di nuvola eterea, non sembra discernere o avere una chiara idea del tempo.Edom, Nabucodonosor, Vespasiano, Tito e Adriano, tutti i nemici della razza ebraica sono confusi in una stessa individualità, e le loro figure si sostituiscono l'una all'altra in questo lungo martirologio che è la Storia".

I seicentomila ebrei che attraversarono il Mar Rosso senza bagnarsi i piedi vengono così confusi con i seimila anni del calendario ebraico o con i sei milioni di morti della Seconda guerra mondiale. Tutta la loro storia è manipolata per corrispondere al mito che hanno immaginato e al destino che si sono costruiti. È inutile cercare di dimostrare loro che non sono i discendenti degli antichi ebrei, ma dei khazari dell'Europa orientale, una tribù convertita al giudaismo nel IX secolo; così come è inutile cercare di dimostrare loro che non sono mai migrati nella "Terra Promessa" dall'Egitto, dal momento che non è stata trovata alcuna traccia archeologica del loro passaggio attraverso il Sinai o della loro (sanguinosa) conquista della terra di Canaan; è a sua volta inutile cercare di dimostrare scientificamente l'inesistenza delle camere a gas, o che la cifra di sei milioni è del tutto esagerata e inverosimile, perché questa nuova tragedia collettiva corrisponde a un nuovo capitolo del loro modo di interpretare il loro unico destino in questo mondo.

Nella vita di tutti i giorni, gli intellettuali ebrei sanno anche difendere le loro idee e argomentare con tattiche più prosaiche. Il Talmud e gli insegnamenti rabbinici inculcano così agli ebrei la gestione della "proiezione" e dell'"inversione accusatoria", procedure che abbiamo studiato in dettaglio ne Lo specchio dell'ebraismo. Rabbi Sittruk sapeva usarle perfettamente. In questo modo proiettava la colpa degli ebrei sul resto dell'umanità, semplicemente invertendo la realtà: "Il rapporto delle nazioni con gli ebrei è tutt'altro che sereno", scriveva il rabbino. C'è, a mio avviso, un senso di colpa nei confronti degli ebrei[697] ".

Lo stesso Emmanuel Levinas si spinse a proiettare classicamente il problema ebraico su un piano universale, per liberarsene e scaricarlo sul resto dell'umanità: "L'impasse di Israele", scriveva il pensatore, "è probabilmente l'impasse umana. Tutti gli uomini sono di Israele. Direi, a modo mio, che "siamo tutti ebrei israeliani". Noi, tutti gli uomini. Questa

---

[696] Esther Benbassa, La Souffrance comme identité, Fayard, 2007, p. 77, letto in Lo specchio dell'ebraismo.
[697] Grand Rabbin Joseph Sittruk, Chemin faisant, Flammarion, 1999, p. 302.

interiorità è la sofferenza di Israele come sofferenza universale[698] ".

Anche Illan Saada, nella *Rivista Israël del* novembre 2004 (pagg. 33-37), ha tipicamente utilizzato l'inversione accusatoria per esorcizzare l'antisemitismo: "L'antisemitismo è una piaga per tutta l'umanità, ha scritto. Il mondo non dovrebbe più impantanarsi in questo ignobile sentimento, perseguire questa impresa di distruzione del popolo ebraico perché la sua stessa coscienza religiosa ne sarebbe colpita e scomparirebbe, sepolta sotto macerie di vergogna e disonore". Basta qui semplicemente invertire i termini "ebreo" e "antisemita" per capire il nocciolo del problema, del "suo" problema.

Si veda un altro esempio nella *rivista Israël* dell'ottobre 2001, scritto da Leon Rozenbaum: "La follia dell'odio antiebraico oscura la ragione più elementare di un numero crescente di persone nel mondo". Il famosissimo storico ebreo Simon Dubnov aveva a sua volta evocato "la malattia cronica dell'antisemitismo". E anche la non meno famosa Hannah Arendt, nel suo studio *sull'antisemitismo* (1951), scrisse che l'antisemitismo era una "prerogativa dei fanatici in generale e dei pazzi in particolare", un "insulto al senso comune", un'idea da "pazzi".

Nel novembre 2008, Claude Barouch, illustre presidente dell'Unione degli imprenditori ebrei di Francia, intervenendo a un simposio organizzato sul tema "Le democrazie di fronte all'antisemitismo", ha sottolineato la "malattia dell'anima e dello spirito che l'antisemitismo rappresenta", rivelatrice di quella mentalità che tende ad accusare gli altri delle proprie colpe. I lettori dei nostri libri sanno che le dichiarazioni su questo tema sono innumerevoli.

Questa "malattia dell'anima" ci è ben nota fin dai lavori di Sigmund Freud: è l'isteria, una patologia molto presente nell'ebraismo, semplicemente perché la sua origine è l'incesto, una pratica che sembra essere molto più diffusa in questa comunità che in qualsiasi altra. Non è un caso se la psicoanalisi e il presunto "complesso di Edipo" (o meglio il "complesso di Mosè") sono nati dal cervello di un figlio di Israele.

Mosè stesso era il frutto di un incesto. Era figlio di Jochebed, figlia di Levi. Jochebed, che aveva avuto rapporti incestuosi con suo padre, era anche la madre dei figli di suo padre. Inoltre, sposò Amram, essendo sua nonna, commettendo così un incesto con il nipote, che era anche suo nipote. Mosè era quindi figlio di Jochebed, suo pronipote e pronipote; e la madre di Mosè era sia sua bisnonna, in quanto moglie di Levi, sia sua nonna, in quanto figlia di Levi. Mosè era quindi figlio di un doppio incesto: quello commesso da sua madre con il proprio padre e quello commesso da lei con

---

[698] Emmanuel Levinas, *Du Sacré au saint. Cinq nouvelles lectures talmudiques*, Les Éditions de Minuit, 1977, p. 171.

suo nonno, il bisnonno di Mosè[699].

L'idea stessa della venuta del Messia tra il "popolo" ebraico è di natura tipicamente isterica: corrisponde, secondo gli psicoanalisti, alla gravidanza nervosa e immaginaria della donna isterica, che desidera così tanto avere un figlio - dal suo psichiatra o dal padre - da arrivare a manifestare tutti i sintomi della gravidanza[700].

Gli intellettuali ebrei usano sempre gli stessi termini: "far nascere il Messia", dicono, come se "la comunità" stesse dando alla luce il Messia.

La tradizione ebraica, conferma il rabbino capo di Francia Joseph Sittruck, presenta l'arrivo del Messia come un parto: "Al momento del parto", scrive il rabbino, "le contrazioni si accelerano. I dolori aumentano, ci assicura il Talmud, e nel momento in cui diventano più insopportabili, il bambino viene al mondo[701] ".

"Il Messia verrà in un mondo disperato e desolato", ha scritto il filosofo Emmanuel Levinas, che ha utilizzato ancora una volta una metafora tratta dal Talmud: "...Durante i nove mesi di gestazione di colui che deve partorire, dicono i nostri testi, questi possono essere nove mesi o nove anni, o nove secoli di preparazione alla venuta del Messia. Un grande mondo con un nuovo futuro[702] !".

Ricordiamo qui quanto già visto in *Psicoanalisi dell'ebraismo*: ogni disgrazia che colpisce la comunità, ogni catastrofe e cataclisma porta con sé nuove e grandi speranze e viene assimilata dai rabbini e dagli intellettuali ebrei alle "doglie del parto" del Messia - l'"*Hevlei Mashiah*" in ebraico.

In uno dei suoi libri, Elie Wiesel fa dire a un ebreo chassidico polacco che viveva all'epoca della Rivoluzione francese: "Perché non prendere l'iniziativa e affrettare la liberazione?... Gli ebrei hanno bisogno del Messia più che mai. Visto che è così vicino, perché aspettarlo passivamente, perché non andargli incontro? Indubbiamente, i tempi sono maturi e i tempi sono maturi. Queste guerre, queste convulsioni sono le *Hevlei Mashiah*, *i* tormenti e le angosce della liberazione messianica. Tutti i sintomi, tutti i segni sono qui[703] ".

---

[699] Gilles Dorival, *Moïse est-il le fruit d'un inceste?* A propos de Nombres, 26, 59, *Interpreting Translation. Studi sui LXX e su Ezechiele in onore di Johan Lust*, F. García Martínez, M. Verenne, Leuven, Peeters, 2005, p. 97-108.

[700] Leggete i capitoli corrispondenti dei nostri libri precedenti: *Psicoanalisi dell'ebraismo* e *Lo specchio dell'ebraismo*.

[701] Gran Rabbino Joseph Sittruk, *Chemin faisant*, Flammarion, 1999, p. 374. Il rabbino Sittruk, come Elie Wiesel e pochi altri, non scrive la parola "ebreo" in maiuscolo. Per fortuna.

[702] Emmanuel Levinas, *L'Au-delà du verset, Lectures et discours talmudiques*, Les Editions de Minuit, 1982, p. 84-86.

[703] Elie Wiesel, *Célébration hassidique II*, 1981, p. 124, 125. Letto in *Lo specchio del giudaismo*.

Il famoso Rabbino Yosef Yitzchak Schneerson ha analizzato la situazione dalla fine della Seconda Guerra Mondiale: "Le sofferenze di Israele hanno ormai raggiunto un livello terrificante; il popolo di Israele è sopraffatto dalle doglie del parto. È giunto il momento della liberazione imminente. È l'unica vera risposta alla distruzione del mondo e alle sofferenze che hanno colpito il nostro popolo.... Preparatevi per la redenzione che sta per arrivare!... Il liberatore della giustizia è dietro le nostre mura e il tempo per prepararsi a riceverlo è molto breve[704] !".

Avete capito, siamo alla vigilia di cambiamenti terribili: "È impossibile, continuava Rabbi Schneerson, che non arrivi la consolazione, perché i dolori sono insopportabili[705]."

Il "nuovo filosofo francese" Alain Finkielkraut, che celebrava il trionfo dei suoi simili in tutto il mondo occidentale alla fine del XX secolo, usava questa metafora per descrivere il mondo contemporaneo: "Eravamo incinti del nuovo mondo: ed è questa felice gravidanza che chiamiamo modernità[706] ".

Il giornalista François Trocase, che abbiamo citato nel nostro capitolo sulla situazione in Austria-Ungheria nel XIX secolo, aveva perfettamente osservato e identificato che gli ebrei dell'Europa centrale avevano difetti molto specifici:

"La razza ebraica, che è sopravvissuta a tanti popoli che sono scomparsi dalla faccia della terra senza lasciare traccia, è oggi composta quasi interamente da degenerati che sono in fondo persone malate. Il loro stato morale è caratterizzato in particolare da un sentimento di esclusione di tutti gli altri, da un modo di pensare che tende costantemente alle stesse preoccupazioni. Lo spirito di profitto, il desiderio di dominio scaccia dalla loro mente qualsiasi altro pensiero, qualsiasi altro affetto, che è, come sappiamo, il segno caratteristico di un'idea ossessiva. I disturbi secondari che ne derivano, come la passione oscena per le giovani cristiane, la crudeltà verso i poveri e lo spirito vendicativo, sono sintomi episodici di questo stato malsano. Anche i suoi sforzi per prendere il controllo del mondo intero, per rendersi padrone dell'Europa, provengono da questo sfondo, e completano le manifestazioni della sua degenerazione morale[707]."

In un articolo del giornale *L'Univers*, del 27 gennaio 1881, intitolato *L'alienazione mentale in Italia*, troviamo le seguenti riflessioni: "Cosa strana, gli ebrei contano cinque volte più alienati delle altre classi sociali.

---

[704] David Banon, *Le Messianisme*, Presses Universitaires de France, 1998, p. 120. Sugli ebrei chassidici (mistici cabalistici) si veda *Psychoanalysis of Judaism* (2006) e *Jewish Fanaticism* (2007).
[705] È chiaro che gli ebrei non saranno in grado di farcela da soli.
[706] Alain Finkielkraut, *Le Juif imaginaire*, 1980, Points Seuil, 1983, pag. 169.
[707] François Trocase, *L'Autriche juive*, P. Dupont & A.Pierret, Paris, 1899, p. 192.

La predisposizione degli ebrei alla pazzia non è un caso particolare dell'Italia; esattamente la stessa cosa si osserva in altri Paesi[708]."

A quel tempo, anche il nazionalista francese Edouard Drumond si era reso conto che l'agitazione frenetica e permanente degli ebrei era soprattutto la manifestazione di una nevrosi; questa nevrosi molto specifica corrispondeva proprio alla patologia isterica che il dottor Charcot aveva studiato e che Freud aveva scoperto e studiato dopo di lui. Infatti, il famoso professor Charcot aveva osservato che l'isteria colpiva in modo particolare gli ebrei[709].

Il sionismo, il movimento politico ebraico nato al Congresso di Basilea nel 1897 sotto la spinta di Theodor Herzl, fu essenzialmente un tentativo di curare la nevrosi del popolo ebraico. È quanto abbiamo cercato di dimostrare alla fine dello *Specchio del Giudaismo*. La *rivista Israël* dell'ottobre 2001 ha rivelato un'altra interessante testimonianza sull'argomento. Ecco cosa ha scritto un certo David Catarivas: "Il sionismo porta all'ebreo alienato la possibilità di essere un ebreo autentico... Il sionismo costituisce un desiderio di normalizzazione... Il sionismo riabilita il popolo ebraico rendendolo un popolo normale, con la sua terra, la sua lingua e che vive secondo la sua legge... Il sionismo permette agli ebrei di essere normali. In Israele, essere ebrei è normale. Nel resto del mondo, è normale non esserlo". E David Catarivas ha aggiunto: "Il sionismo è una seduta di psicoanalisi su scala nazionale[710] ".

La fede religiosa, che ha sublimato questa nevrosi, sembra anche santificare questa ovvia disposizione secolare al masochismo. Isacco Cardoso, un ebreo italiano vissuto nel XVII secolo, scrisse un'arringa in favore dei suoi correligionari che intitolò modestamente *Superiorità degli Ebrei* e in cui espose la grandezza della missione degli ebrei. È stato citato da Heinrich Graetz nella sua opera: « Il popolo d'Israele », disse, « amato da Dio e odiato dagli uomini, è stato disperso tra le nazioni per duemila anni, in espiazione dei suoi peccati e di quelli dei suoi antenati. Oppresso da alcuni, picchiato da altri, disprezzato da tutti, è stato maltrattato e perseguitato in ogni terra. Ma - ha aggiunto Cardoso - se Israele ha subito tutte queste sofferenze, è perché è il popolo eletto, la cui missione è diffondere la conoscenza dell'Unico Dio ».

Un altro intellettuale ebreo più contemporaneo, Manès Sperber, ha formulato questa stessa idea in un modo che ci permette di comprendere meglio il particolarissimo universo mentale degli ebrei: "Dio era giusto, perché aveva condannato i suoi nemici a diventare assassini, e a loro [gli ebrei] aveva concesso la grazia di essere le vittime che nella morte

---

[708] Abbé Chabeauty, *Les Juifs, nos maîtres*, 1882, p. 155.
[709] Leggi in *Lo specchio del giudaismo*.
[710] *Rivista Israël*, ottobre 2001, pag. 30, 31

avrebbero santificato l'Onnipotente". Da Giovanni Crisostomo all'ultimo mujik pogromista, i persecutori non sospettavano fino a che punto il loro momentaneo trionfo rafforzasse la convinzione dei perseguitati di essere il popolo eletto[711]".

Heinrich Gretz non la pensava diversamente, come abbiamo già visto, a proposito dell'espulsione degli ebrei dalla Spagna: ".... Essi, che la mano di Dio aveva colpito così duramente, così insistentemente, e che avevano sofferto un dolore così indicibile, dovevano occupare una posizione particolare e appartenere agli eletti speciali. Questo era il pensiero o il sentimento che esisteva più o meno chiaramente nel cuore dei sopravvissuti. Consideravano il loro esilio dalla Spagna come un terzo esilio, e loro stessi come favoriti di Dio, che, a causa del suo maggiore amore per loro, aveva punito più severamente[712]".

Dobbiamo quindi dedurre che le persecuzioni subite nel corso della loro storia sono state pienamente integrate nel processo di redenzione messianica. "Gli ebrei diventano buoni solo se sono ben battuti[713]", si legge nel Talmud.

Ora capiamo meglio perché gli ebrei, che hanno sempre suscitato l'odio e il disprezzo degli uomini di tutto il mondo, sono stati considerati nel corso della storia come dei poveri malati, che suscitano disgusto e pietà, ma anche derisione, scherzi e scherno. In effetti, la storia di questo ostinato "popolo" è almeno altrettanto ridicola quanto tragica, se la si giudica con una certa dose di lungimiranza.

"Quando i dolori sono più insopportabili, il bambino viene al mondo", ci ha assicurato Rabbi Sittruk. Ma dopo tanti secoli, è ormai chiaro che gli ebrei non riusciranno mai a farlo nascere da soli: ancora una volta, dovranno essere i goyim a prendere in mano la situazione e a far nascere il tanto sospirato messia. Quando arriverà l'ora della liberazione, l'umanità sarà finalmente sollevata dalle infinite geremiadi e dalle assordanti grida della "comunità eletta".

Sarebbe una grande pace che regnerebbe nel mondo.

Parigi, aprile 2010.

---

[711] Manès Sperber, Être juif, Éd. Odile Jacob, 1994, p. 60.
[712] Heinrich Graetz, *History of the Jews IV*, Philadelphia, The Jewish Publication Society of America, 1894, p. 383, 386–387.
[713] Trattato XXIX, *Menachot 53b*.

ALLEGATO I

MESSIANISMO E POLITICA IN GIUDEA AL TEMPO DEI GOVERNATORI ROMANI

Profeti e pretendenti reali nel I secolo

L'unica fonte di informazioni che abbiamo sui movimenti politici che agitarono il giudaismo durante il I secolo in reazione all'occupazione romana è Flavio Giuseppe.

Giuseppe, di origine sacerdotale ma membro del partito fariseo, aveva ricevuto il comando delle truppe della Galilea all'inizio della guerra giudaica (66). Sconfitto e imprigionato, si unì alla causa del vincitore senza troppa riluttanza. Trasferito a Roma, fece carriera al servizio della casa degli imperatori Flavi (Vespasiano e poi Tito). Dopo la rovina di Gerusalemme (70) e la soppressione delle ultime roccaforti della resistenza (73), alcuni farisei pacifisti ottennero dal governo romano la ricostituzione di un'accademia ebraica a Yavne sotto la direzione di Yohanan Ben Zakai. Da Roma, Giuseppe diede a questa accademia tutto il sostegno possibile in vista della salvezza della sua patria. È con questo obiettivo che Giuseppe intraprese la stesura della sua storia *La guerra giudaica*, un'apologia indiretta del popolo ebraico in cui cercava di ritenere responsabili del recente conflitto gruppi incontrollati di attivisti, assimilandoli sistematicamente a "briganti" (o banditi). Giuseppe proseguì sulla stessa linea esaltando le *Antichità giudaiche*, allo scopo di far conoscere al pubblico di Roma e delle città ellenistiche la storia della loro nazione presentandola in una luce favorevole.

In questo quadro, Giuseppe dedica alcune note succinte ai profeti e ai pretendenti reali che, nel corso del I secolo, fecero della Palestina una delle province più agitate dell'Impero romano. Ecco cinque esempi in ordine cronologico.

- *Giuda, figlio di Ezechia*

La cattura e l'esecuzione di un capo brigante di nome Ezechia, che devastava i distretti di frontiera della Siria, è dovuta a Erode il Grande prima della sua ascesa al potere (*Guerra dei Giudei I, 204*). Una generazione dopo, Giuseppe cita le azioni sovversive del figlio Giuda (*Antichità Giudaiche, XVII, 271-272*). Non si può escludere del tutto che si tratti dello stesso Giuda il galileo (o il gallico) a cui Giuseppe dedica un'altra nota speciale più avanti.

"D'altra parte, c'era un certo Giuda, figlio del capo dei banditi Ezechia, che un tempo aveva raggiunto un grande potere ed era stato fatto

prigioniero da Erode a prezzo di grandi difficoltà. Ebbene, questo Giuda, avendo radunato nella zona di Sephoris di Galilea una folla di uomini folli, compì un'incursione contro il palazzo reale del luogo e, impadronitosi delle armi ivi depositate, armò tutti i suoi uomini, senza lasciarne nemmeno uno, e allo stesso tempo se ne andò con il denaro che era stato lasciato lì. E faceva paura a tutti, perché derubava e saccheggiava tutti quelli che gli capitavano a tiro. Ma desiderava una posizione più elevata e aspirava al rango di re, un onore che sperava di ottenere non con un comportamento onesto, ma con un eccesso di insolenza". "Antichità ebraiche", XVII, 271-272, Akal Classical, Vol. II, p. 1061.

Mentre Giuseppe denuncia questo "ladro", mette in luce la sua reale ambizione, difficilmente comprensibile senza lo sfondo delle speranze religiose che potevano mobilitare i Giudei contro l'odiata e illegittima dinastia di Erode.

- **La rivolta degli Atronges**

La situazione è ancora più chiara per il pretendente Attronges, la cui attività si sviluppò dopo la morte di Erode.

"Lo stesso Stronges, pur non essendo un uomo illustre né per il rango dei suoi antenati, né per l'eccellenza del suo valore, né per l'abbondanza dei suoi possedimenti, ma un pastore e un personaggio oscuro in tutto e per tutto, e solo guastato dalla sua enorme struttura fisica e dalla forza delle sue braccia, ebbe l'audacia di aspirare a diventare re, e di non attribuire grande importanza al fatto di morire e perdere la vita per il piacere di commettere i più grandi oltraggi. Anche lui aveva quattro fratelli, altrettanto robusti e convinti di eccellere nella potenza delle armi, che pensavano di puntare al trono. Ognuno di loro comandava una compagnia, poiché erano stati raggiunti da un'enorme moltitudine. Erano generali ma subordinati ad Atronges, anche se entrarono nella mischia con una propria indipendenza. Atronges, che portava la corona reale, teneva consigli per discutere le operazioni da compiere, anche se ogni decisione dipendeva solo dalla sua determinazione. La libertà d'azione di quest'uomo durò a lungo, durante il quale ricevette il titolo di re e nessuno lo privò di fare ciò che voleva. E sia lui che i suoi fratelli erano molto propensi all'annientamento non solo dei Romani, ma anche dei soldati del re, agendo con uguale odio contro gli uni e gli altri, contro questi ultimi per la sconsideratezza con cui li avevano trattati durante il governo di Erode, e contro i Romani per le iniquità che, a loro giudizio, avevano recentemente commesso". Antichità giudaiche, XVII, 271-272, Akal Classical, Vol. II, pagg. 1062-1063.

La continuazione del racconto, la cui cronologia è incerta, cita tuttavia la tetrarchia di Archelao, fa riferimento a un'imboscata dei soldati romani a Emmaus e al trionfo finale del potere romano su questi "briganti".

Colpisce la rivendicazione regale del capo della banda. Se è vero che l'esempio di Erode può aver stimolato l'ambizione di molti avventurieri e impostori, l'esplicita menzione della lotta contro Roma può forse implicare una motivazione religiosa che Giuseppe si guardò bene dal rivelare ai suoi lettori.

- *Giuda il Gaullonita e il suo gruppo*

Una seconda ondata di movimenti sovversivi è evocata da Giuseppe all'epoca dei primi governatori romani. Dopo la rovina di Archelao, la sua tetrarchia (Giudea e Samaria) fu affidata dall'imperatore Augusto come provincia al procuratore Coponio, con pieni poteri, compreso quello di condannare a morte.

"Durante il suo governo un galileo, di nome Giuda, incitò gli abitanti del luogo alla rivolta, perché li rimproverava di sopportare di pagare tributi ai Romani e di sottomettersi ad altri signori mortali oltre a Dio. Questo individuo era un dottore di una setta propria che non aveva nulla a che fare con le altre". Guerra degli ebrei, II, 118, Clásica Gredos 247, Madrid, 1997, p. 278-279.

L'attività di questo Giuda è specificata e in parte rettificata in *Antichità Giudaiche*, XVII, 4-10 e 23. Avrebbe avuto luogo al tempo del governatore siriano Quirinio, quando questi giunse in Giudea per effettuare il censimento delle proprietà ebraiche (anno 6 d.C.).

"Ma un uomo, Giuda, appartenente alla regione della Gaulanitide e nativo della città di nome Gamala, con la collaborazione dei farisei sadducei, li incitò alla rivolta, da un lato dicendo loro che il censimento non comportava altro che un'ovvia schiavitù, dall'altro invitando la nazione ebraica a difendere la propria libertà, poiché, dissero agli ebrei, se il successo li avesse accompagnati, il possesso della libertà avrebbe offerto loro la felicità, e se, al contrario, avessero fallito nel tentativo di conseguire il bene insito nella libertà stessa, avrebbero ottenuto onore e fama per la loro magnanimità, mentre la Divinità sarebbe stata incline ad aiutarli a conseguire il bene insito nella libertà stessa, avrebbero ottenuto onore e fama per la loro magnanimità, al contrario, se fallissero nel tentativo di raggiungere il bene insito nella libertà stessa, otterrebbero onore e fama per la loro magnanimità, mentre la Divinità sarebbe incline ad aiutarli a riuscire in questa impresa in nessun altro caso se non quando collaborassero a rendere effettivi questi piani e, in modo più concreto, se fossero innamorati di grandi idee e non risparmiassero alcuno sforzo per raggiungerle.... In effetti, in queste circostanze gli ebrei non potevano non subire violenze incessanti a causa delle continue guerre provocate da questi individui, che facevano perdere loro i cari che avevano contribuito ad alleviare le loro difficoltà, e a causa anche degli attacchi portati contro di loro da grandi gruppi di briganti, che producevano la morte dei maschi

principali, apparentemente per il bene comune, ma in realtà perché quei criminali credevano di guadagnarci per sé." Antichità ebraiche, XVIII, 4-5, Akal Classical, Vol. II, p. 1079

La storia del suo partito viene poi raccontata nel contesto della guerra giudaica, senza che il termine "zeloti" compaia nel testo. Per Giuseppe, Giuda fondò una "scuola di filosofia" parallela a quella degli Esseni, dei Sadducei e dei Farisei (*Antichità Giudaiche, XVIII, 6-10*).

"Giuda di Galilea, da parte sua, si pose a capo di una quarta scuola filosofica. Coloro che sostengono le idee insegnate da questa scuola concordano con le opinioni dei farisei in tutte le questioni, con l'unica differenza che il loro amore per la libertà è incrollabile, poiché non accettano altro sovrano e governante che Dio solo. Considerano una piccola cosa subire i più diversi tipi di morte per essersi opposti a dare a qualsiasi uomo il titolo di sovrano", Antichità ebraiche, XVIII, 23, Akal Classical, Vol. II, p. 1082.

Quest'ultima caratteristica prepara la presentazione del ruolo svolto da questo stesso partito religioso al momento della grande rivolta ebraica (66-70). Solo in quel periodo Giuseppe menziona il nome "Zeloti" (*Guerra dei Giudei, II, 651*). Anche l'apostolo Luca parla di Giuda il galileo in Atti *V, 37*: "Allora Giuda il galileo sorse nei giorni del censimento e prese dietro di sé molta gente. Ma anch'egli perì e tutti quelli che gli avevano obbedito furono dispersi". Sebbene il movimento iniziale fondato da Giuda non possa essere propriamente definito messianico, si tratta almeno di un nazionalismo religioso che conferisce un forte carattere politico alla speranza di Israele.

- ***Un impostore al tempo dei procuratori romani***

I governatori romani dovevano affrontare queste rivolte con il pugno di ferro. Ponzio Pilato (26-36) era noto per la sua durezza. Luca cita l'avventura di alcuni galilei: "In quell'occasione erano presenti alcuni che gli raccontarono di certi galilei il cui sangue Pilato aveva mescolato con il sangue dei loro sacrifici" (Luca XIII, 1). (Luca XIII, 1): è possibile che la sua pietà rituale fosse accompagnata da un atteggiamento di resistenza politica analogo a quello del suo connazionale Giuda il galileo. Luca stesso sa che Barabba fu trattenuto durante il processo a Gesù; "allora Pilato decise che si facesse ciò che chiedevano. Rilasciò loro colui che avevano messo in prigione per sedizione e omicidio, che avevano chiesto, e consegnò Gesù alla loro volontà". (Luca XXIII, 24-25). Marco precisa: "E c'era uno chiamato Barabba, prigioniero dei ribelli, che aveva commesso un omicidio durante l'insurrezione" (Marco XV, 7). Giovanni lo descrive come un "bandito" (Giovanni, XVIII, 40), un epiteto che Giuseppe riserva agli attivisti politici che combattevano contro Roma. Vediamo quindi che lo sfondo della vita di Gesù è pieno di movimenti di rivolta. Ma vediamo più avanti, con il procuratore Fadotus (44-46), come Giuseppe menzioni la rivolta di Theudas, che presenta come un falso profeta:

"*D'altra parte, al tempo in cui Pharez era procuratore della Giudea, un mago, di nome Theudas, cercò di persuadere un'infinità di persone a raccogliere le loro cose e a seguirlo fino al fiume Giordano, perché disse loro di essere un profeta e assicurò loro che al suo comando le acque del fiume si sarebbero aperte e che in questo modo avrebbe reso facile il passaggio. E con queste parole ingannò molti. Fado, però, non li lasciò godere della loro follia, ma inviò uno squadrone di cavalleria che piombò su di loro in modo inaspettato, annientando molti e facendo prigionieri altri. E lo stesso Theudas, che presero vivo, gli tagliarono la testa e la portarono a Gerusalemme*". Antichità ebraiche, XX, 97-98, Akal Classical, Vol. II, p. 1218.

È degno di nota il fatto che Theudas si impegni a ripetere i miracoli dell'Esodo e dell'ingresso nella Terra Promessa come segni della sua missione profetica. La sua missione è palesemente coerente con un progetto di rivolta.

- ***Il falso profeta egiziano***

Un'ultima serie di movimenti dello stesso tipo si verificò al tempo degli ultimi procuratori. Infatti, negli Atti degli Apostoli, quando San Paolo viene arrestato a Gerusalemme, vediamo il funzionario romano chiedergli: "Allora non sei tu quell'egiziano che ha provocato una sedizione prima di questi giorni e ha portato nel deserto quattromila uomini degli assassini" (Atti XXI, 38). L'episodio, avvenuto sotto il governo di Antonio Felice (52-58), è narrato da Giuseppe che vede aumentare il banditismo e avvicinarsi la guerra dei Giudei contro Roma.

"*Così avvenne che i misfatti commessi dai banditi riempirono la città di tali sacrilegi, mentre gli stregoni e i falsificatori si sforzavano di persuadere le masse a seguirli nel deserto, poiché, assicuravano, avrebbero mostrato loro prodigi e segni evidenti che si sarebbero prodotti per prescrizione divina. E non furono pochi quelli che, lasciandosi persuadere, subirono la punizione insita nella loro follia, dal momento che Felice li fece giustiziare, dopo che gli erano stati deferiti. D'altra parte, in questo periodo giunse a Gerusalemme dall'Egitto un individuo che si proclamava profeta e che consigliò alle masse del popolo di recarsi con lui sul cosiddetto Monte degli Ulivi, che si trova dall'altra parte della città e a una distanza di cinque furlong, poiché, insisteva nell'assicurare, voleva mostrare loro da lì come, al suo comando, le mura di Gerusalemme sarebbero crollate, attraverso le quali, prometteva, avrebbe offerto loro la possibilità di entrare in città. Ma Felice, saputo ciò, ordinò ai soldati di prendere le armi e, precipitandosi da Gerusalemme accompagnato da numerose forze di cavalleria e fanteria, caricò sul popolo che accompagnava l'Egiziano. Così facendo, ne uccise quattrocento e fece anche duecento prigionieri. Quanto all'Egiziano, scomparve dopo essere fuggito dalla mischia. Ma i banditi incitarono di nuovo il popolo alla guerra contro i Romani, dicendo loro che dovevano rifiutarsi di obbedire, e saccheggiarono i villaggi di coloro che non volevano ascoltarli dando loro fuoco". Antichità ebraiche, XX, 168-171,* Akal Classical, Vol. II, p. 1229-1230.

Anche in questo caso, sebbene la vera rivendicazione non sia chiara, l'intenzione politica dell'azione conferisce alla promessa del miracolo un valore superiore al sogno ad occhi aperti di un semplice uomo illuminato[714]. Allo stesso modo, possiamo chiederci quale significato avesse avuto l'ingresso di Gesù a Gerusalemme qualche decennio prima per le autorità del Tempio e per il potere romano *(Matteo, XXI, 1-17)*.

Messianismo e politica: i partiti ebraici di fronte all'occupazione romana

"Gli eventi narrati da Giuseppe sollevano la questione dell'atteggiamento adottato dai principali partiti ebraici nei confronti dell'occupazione romana.

"I Sadducei si adattarono a questo tanto più che i governatori della Giudea, avendo tutto il potere per l'amministrazione diretta, continuarono e accentuarono la politica di Erode nella nomina dei sommi sacerdoti. Questi ultimi, scelti tra alcune famiglie dell'aristocrazia sacerdotale, venivano nominati direttamente da loro e talvolta rimanevano in carica solo

---

[714]"Oltre a questi, apparve un altro gruppo di banditi, le cui mani erano più pure, ma le cui intenzioni erano anche più empie. Questa banda distrusse il benessere della città in misura non minore degli assassini. Erano bugiardi e ingannatori che, con il pretesto di essere ispirati da Dio, cercavano innovazioni e cambiamenti. Incitavano la folla a comportarsi come se fosse posseduta dalla divinità e la conducevano nel deserto con l'idea che lì Dio avrebbe mostrato loro i segni della liberazione. Poiché questo sembrava essere l'inizio di una rivolta, Felice inviò truppe armate di cavalleria e fanteria che uccisero molti di loro. Tuttavia, il falso profeta egiziano causò ai Giudei mali maggiori di questi. Un ciarlatano apparve nel Paese e si guadagnò la fama di profeta. Radunò circa trentamila persone ingannate da lui e le condusse dal deserto al cosiddetto Monte degli Ulivi, da dove era possibile penetrare con la forza a Gerusalemme e, dopo essersi imposto alla guarnigione romana, regnare sul popolo come un tiranno, allo scopo di prendere come guardia personale coloro che entravano con lui. Felice, però, anticipò il suo attacco e gli andò incontro con le truppe romane. Tutta la città partecipò alla difesa della città, tanto che, quando avvenne lo scontro tra i due, l'Egiziano fuggì con pochi, mentre la maggior parte dei suoi uomini fu uccisa o catturata. Il resto della banda si disperse e ognuno si nascose nella propria casa". *Guerra degli Ebrei* II, 258-263, *Gredos Classics 247*, p. 311-312. (NdT).

per poco tempo. Essendo creature del potere occupante, collaboravano attivamente con esso per assicurare l'ordine pubblico, purché fosse garantito il normale funzionamento del culto. In cambio di questo atteggiamento sottomesso, Roma rispettò le libertà tradizionali degli ebrei, non solo in Palestina ma in tutte le comunità della diaspora. In queste condizioni, la speranza messianica basata sui testi profetici passava in secondo piano: Roma non doveva temere alcun movimento sedizioso da parte dei circoli sacerdotali che avevano abbracciato le idee sadducee.

"La posizione dei farisei era molto diversa. Per quanto riguarda la Legge, si attenevano alla tradizione degli antichi e probabilmente si organizzavano in "gruppi di purezza" di cui seguivano le osservanze. Ma per quanto riguarda la speranza, attribuivano la stessa importanza alla tradizione dei profeti, alla quale collegavano il libro di Daniele. Di conseguenza, la loro speranza nel Messia davidico e la loro fede nella risurrezione dei morti li differenziavano radicalmente dai loro avversari sadducei. In questo senso, la dottrina rappresentata dai Salmi di Salomone poteva essere considerata una "dottrina comune" alle due scuole tra cui erano divisi: quella di Hillel e quella di Shammai. Allo stesso tempo, per loro era fuori luogo qualsiasi riconoscimento del potere romano come autorità legittima; se avevano rotto con gli Asmonei per fedeltà alla regalità davidica, se poi avevano preso le distanze da Erode il Grande per lo stesso motivo, era impossibile per loro rinnegare se stessi riconoscendo ufficialmente l'impero che occupava la terra d'Israele. Tuttavia, erano ostili alla resistenza violenta, che avrebbe potuto solo danneggiare la nazione mettendo in pericolo il suo status di autonomia religiosa e giuridica. Essi contavano sulla fedele osservanza della Legge per ottenere da Dio l'invio del Messia liberatore. Ai loro occhi, questo aveva ovviamente una dimensione politica, ma non intendevano affrettare il suo arrivo con un attivismo sconsiderato. Per questo, durante la rivolta del 66-70, si dissociarono gradualmente dall'azione militare: la tradizione vuole che Yohanan Ben Zakai abbia lasciato Gerusalemme assediata per recarsi nel territorio occupato e preparare la riorganizzazione delle istituzioni nazionali. Tuttavia, non è detto che questo atteggiamento moderato trovasse il favore di tutta la popolazione del Paese. L'occupazione romana, con la presenza di soldati pagani e gli oneri finanziari che comportava, era considerata odiosa e contraria ai legittimi diritti della nazione. Di conseguenza, *i gruppi di resistenza* descritti da Giuseppe trovarono facilmente sostegno e complicità tra la popolazione. Laddove Giuseppe, ansioso di scagionare i suoi compatrioti, vedeva solo bande armate di banditi, il pubblico poteva facilmente vedere "zelatori della Legge" ed eroi. Giuseppe, che collega tutti i problemi fomentati dai falsi profeti e dai capi delle bande armate a persone che chiama "briganti" o "sicarii" (= portatori di pugnali: cfr. Antichità giudaiche XX, 186-1), non può che essere un po' più critico. *Antichità giudaiche XX, 186-187; Guerra dei Giudei II, 254-257*[715]), sottolinea che essi presero il nome di zeloti solo sotto il sommo sacerdote Anano, deposto nel 63, a causa della loro pretesa di zelo per la virtù (*Guerra dei Giudei IV, 160-161*)[716], cioè per la pratica della Legge (*Guerra dei Giudei VII, 269-272*). Ora, nel rimproverarli per la loro politica di violenza, Giuseppe afferma anche chiaramente che le idee di questo quarto partito - fondato da Giuda il galileo (o il gaullonita) verso l'inizio della nostra era - "concordano con le opinioni dei Farisei in tutte le questioni, con l'unica differenza che il loro amore per la libertà è incrollabile, dal momento che non accettano altro capo e sovrano che Dio solo" (*Antichità Giudaiche, XVIII, 23*)[717]. La linea di demarcazione tra i farisei e i gruppi di attivisti era quindi difficile da tracciare: riguardava essenzialmente gli atteggiamenti pratici, non le concezioni religiose più fondamentali del messianismo ebraico. È quindi comprensibile che un saggio come Hillel, contemporaneo di Giuda il galileo, fosse molto

---

[715] Sicarii: assassini in latino, i primi terroristi della storia? "Dopo questa pulizia *della regione*, a Gerusalemme sorse un'altra specie di malfattori, chiamati sicarii, che uccidevano la gente in pieno giorno nel mezzo della città. Questo avveniva nel fango dei giorni di festa, perché si mescolavano alla folla. Con piccoli pugnali che portavano nascosti sotto i vestiti, ferivano i loro nemici. Poi, quando le vittime cadevano a terra, gli assassini si univano alla folla indignata, in modo da non essere scoperti per la fiducia che ispiravano... La paura era più insopportabile della disgrazia stessa, perché tutti, come in una guerra, si aspettavano la morte da un momento all'altro. La gente spiava i nemici da lontano e non si fidava nemmeno degli amici, quando si avvicinavano. Ciononostante, venivano uccisi in mezzo a questi sospetti e a queste precauzioni, perché era così grande la rapidità e l'abilità di questi malfattori da passare inosservati". *Guerra degli Ebrei II, 254-257, Classico Gredos 247*, p. 311.

[716] "Giuseppe si concentra sul termine "zelo", che gli Zeloti applicano a se stessi a causa del loro zelo per Dio e per il Tempio, come nozione di base per comprendere il significato religioso e sociale del movimento (cfr. anche VII 269-270). Non è facile distinguere tutti i gruppi della resistenza antiromana che rientrano in questo nome: sicarii, sostenitori di Giovanni di Gischala, scagnozzi di Simone figlio di Giora, compagni di Eleazar e seguaci di Giuda il galileo. Il nostro autore confonde talvolta gli Zeloti con i Sicarii, pur distinguendo questi ultimi da quelli che chiama genericamente "ribelli" o "faziosi" (cfr. II 650-651). Il denominatore comune di questi elementi rivoluzionari, tuttavia, era la loro passione per la libertà, la cui dottrina sembra ispirarsi a quella che Giuseppe chiama la quarta filosofia o setta, dopo i Farisei, i Saducei e gli Esseni". *Guerra dei Giudei IV, nota 87, Gredo Classico 267*, p. 40.

[717] Si legga l'arringa di Eleazar agli assediati di Masadah, che è diventata la quintessenza del mito nazionalista ebraico: "Miei prodi, abbiamo deciso da tempo che non saremo schiavi né dei Romani né di nessun altro, ma di Dio, perché lui solo è il vero e giusto signore degli uomini...". Questo era il principio dottrinale di base degli Zeloti e dei Sicarii. I ribelli ebrei pensavano che con la cacciata dei Romani l'avvento del regno di Dio sarebbe stato più immediato. Roma simboleggiava il male, che secondo il libro di *Daniele* (11 e 12) sarebbe stato la fine della storia terrena e l'inizio dell'era messianica". *Guerra degli Ebrei VII, 323 e nota 151, Classico Gredos 264*, p. 379.

riservato di fronte a questa agitazione messianica: "I figli di Israele non avranno più un Messia, perché lo hanno sprecato ai tempi di Ezechia" (Talmud, Sanhedrin 99a).

"Infine, ci sono gli Esseni. L'analisi dei testi di Qumran[718] ha rivelato in loro un fervore apocalittico che facilmente si trasformava in azione violenta, come dimostra la loro *Regola di guerra* (1 QM). Il loro particolare messianismo era spontaneamente orientato in questa direzione, nella misura in cui il "Principe della Congregazione" (o "Seme di Davide" o "Messia d'Israele") aveva innanzitutto, ai loro occhi, una funzione militare per condurre la guerra di liberazione. In questo senso, la loro mentalità era molto simile a quella dei futuri zeloti. Inoltre, il posto che essi accordavano al Profeta escatologico poteva contribuire a mantenere l'eccitazione nella mente del popolo ogni volta che una persona presumibilmente ispirata appariva per annunciare l'avvicinarsi del Grande Giorno. Questo è lo sfondo contrastante in cui vanno collocati gli aneddoti raccontati da Giuseppe. Ciò getta luce anche sugli episodi evangelici in cui vediamo manifestarsi le credenze popolari al tempo di Gesù".

Esposizione di Pierre Grelot nella sua opera *"L'Espérance juive à l'heure de Jésus"* (*"La speranza ebraica al tempo di Gesù"*), Desclée/Groupe Mane, Parigi, 1994, p. 168-179.

---

[718] I Rotoli del Mar Morto, così chiamati perché rinvenuti nelle grotte di Qumran, in Cisgiordania, sulle rive del Mar Morto, sono una raccolta di 972 manoscritti. La maggior parte risale al 250 a.C. e al 66 d.C., anni prima della distruzione del Secondo Tempio di Gerusalemme. I primi manoscritti sono stati ritrovati nel 1947. Si tratta di un'importante scoperta nel mondo dell'archeologia e degli studi biblici. (NdT).

ALLEGATO II

FIRENZE: UMANESIMO E RINASCIMENTO

Dopo la caduta di Costantinopoli nel 1453, i più importanti umanisti vissero a Firenze, vero simbolo del Rinascimento italiano. Essi gravitavano attorno a Cosimo l'Antico (1389-1464) e al suo successore e nipote Lorenzo il Magnifico (1449-1492). Cosimo e Lorenzo furono despoti sanguinari che con il loro denaro corruppero la città fiorentina, ma la abbellirono come nessun altro. La storia ufficiale tende a chiudere un occhio sulla politica della dinastia finanziaria dei Medici per non attirare l'attenzione sull'impostura della "democrazia fiorentina" e per meglio esaltare la sua eredità culturale e artistica. Certamente la famosa Accademia di Firenze ha avuto un ruolo storico e culturale cruciale in Europa, perché l'Umanesimo rinascimentale è veramente nato a Firenze sotto i Medici[719].

Fondata e finanziata da Cosimo da Medeci nel 1459, l'Accademia fiorentina fu un importante centro di sovversione anticristiana e di diffusione delle idee giudeo-orientali, soprattutto a partire dal 1462 con Marsilio Ficino (1433-1499) alla sua guida. Infatti, l'Accademia, diretta da Ficino e Cosimo, era filosoficamente ermetica[720] e plotiniana, cioè neoplatonica, quindi sotto l'influenza dello gnosticismo[721] e della Cabala

---

[719] L'Umanesimo rinascimentale delle lettere e della filosofia va distinto dal rinascimento artistico cristiano (pittura, scultura, affreschi). Dopo il 1492, il rinascimento cristiano fu principalmente artistico e romano, finanziato direttamente dal papato.

[720] L'ermetismo è una tradizione filosofica e religiosa alessandrina basata principalmente su testi pseudepigrafici, gli *Hermetica*, attribuiti a Ermete Trismegisto, una leggendaria combinazione ellenistica del dio greco Ermes e del dio egizio Thoth. Il termine "ermetismo" può anche essere usato per designare un insieme più ampio di dottrine, credenze e pratiche, la cui natura divenne più chiara durante il Rinascimento. Non dipendono necessariamente dalla tradizione ermetica alessandrina, ma includono la Cabala, il Rosacroce, il Paracelsianesimo e, in generale, la maggior parte delle forme di esoterismo occidentale moderno. (wikipedia, ndt).

[721] Lo gnosticismo (dal greco antico: γνωστικός gnōstikós, "avere conoscenza") è un insieme di idee e sistemi religiosi antichi che hanno avuto origine nel I secolo tra antiche sette ebraiche e cristiane. Questi vari gruppi enfatizzavano la conoscenza spirituale (gnosi) rispetto agli insegnamenti e alle tradizioni ortodosse e all'autorità della Chiesa. Considerando l'esistenza materiale come imperfetta e malevola, la cosmogonia gnostica presenta generalmente una distinzione tra un Dio supremo e invisibile e una divinità minore e malevola (un demiurgo, talvolta associato a Yahweh dell'Antico Testamento), responsabile della creazione dell'universo materiale. Gli gnostici consideravano l'elemento principale della salvezza la conoscenza diretta della divinità suprema sotto forma di intuizioni mistiche o esoteriche. Molti testi gnostici non trattano

ebraica. Nel 1460 Cosimo acquistò una copia del *Corpus hermeticum e ne* commissionò la traduzione a Marsilio Ficino. Secondo Ficino, il *Corpus hermeticum* rappresentava la Rivelazione più antica e l'Ermetismo era la tradizione primordiale che aveva dato origine a tutto l'esoterismo e anche alla filosofia. Ficino lavorò anche all'interno dell'Accademia per curare le *Enneadi* di Plotino, la cui metafisica è inconciliabile con il cristianesimo. Infatti, il neoplatonismo di Plotino discendeva dall'ellenismo ebraico, un sincretismo pagano-ebraico creato dalle scuole di Alessandria da Filone l'Ebreo (20 a.C. - 45 d.C.). Collegando Platone con Ermete e Plotino, Ficino conferma la sottomissione dell'eredità greca all'esoterismo egiziano da parte degli ebrei di Alessandria. Come gli gnostici alessandrini dei primi secoli, Ficino era un neoplatonico e non un platonista in senso cristiano (come vuole la tradizione cristiana a partire da Agostino), poiché tradusse Platone associandolo a Plotino e Origene, quest'ultimo monaco eretico gnostico del III secolo. Con questa traduzione, Ficino fece trionfare il neoplatonismo a Firenze, suscitando un interesse appassionato per l'ermetismo in tutta Europa. Attraverso il *Corpus hermeticum, la* gnosi penetrò nell'umanesimo rinascimentale e in tutta Europa.

La creazione di questa moda neoplatonica ed ermetica non fu innocente, poiché partecipò direttamente alla guerra della Gnosi e della Cabala contro la dottrina della Chiesa. Non è esagerato dire che l'Accademia di Firenze fece uscire di senno gli umanisti neoplatonici, allontanandoli dalla scolastica tomistica (cristianesimo aristotelico[722]) e provocando la caduta culturale dell'Occidente cristiano. La metafisica plotiniana che Ficino riprende e aggiorna è monistica. Il suo Essere è Uno come l'Essere pagano,

---

i concetti di peccato e pentimento, ma quelli di illusione e illuminazione (wikipedia, ndt).

[722]In realtà, non erano contro Aristotele, ma contro l'Aristotele di San Tommaso, al quale contrapponevano l'Aristotele pagano interpretato in chiave panteistica da Averroè. Il primo compito dell'Accademia di Firenze fu quello di rovesciare Aristotele, quel colosso che si ergeva sul piedistallo della *Summa Theologica*, perché San Tommaso aveva compiuto l'impresa di contraddire Averroè cristianizzando Aristotele. Per San Tommaso era necessario liberare Aristotele da Averroè, la sua dottrina dal panteismo e dall'immanentismo arabo, ma anche il suo realismo scientifico dall'idealismo neoplatonico, e questo fu il suo lavoro. In altre parole, non è Platone il responsabile dell'impostura del razionalismo moderno, ma l'idealismo neoplatonico. Non è il platonismo a essere gnostico, ma il neoplatonismo, l'interpretazione di Platone e Aristotele che dobbiamo a Filone l'Ebreo e a Plotino. L'umanesimo rinascimentale solleva ovviamente la grande questione del platonismo, ma ancor più quella del paganesimo e dell'interpretazione della filosofia greca. La grande questione è se sia possibile o meno una filosofia cristiana, dal momento che Ficino è una cinghia di trasmissione tra neoplatonismo, umanesimo e "razionalismo" moderno. Ficino era anticristiano, come lo erano l'umanista Erasmo e l'idealista Cartesio. Non erano filosofi cristiani perché non rispettavano la metafisica dualistica del cristianesimo.

ma anche come l'Essere gnostico e cabalistico (ricordiamo che la metafisica cristiana è dualistica; Dio e la Creazione non sono Uno, ma due esseri distinti, poiché Dio ha creato l'Universo dal nulla e il suo Essere non si confonde con l'Essere dell'Essere creato). Inoltre, l'iniziazione di Ficino era ermetica e faceva rivivere la magia dell'antichità pagana che era stata abolita dal cristianesimo, anche se segretamente perpetuata dagli gnostici, dagli ermetisti e dai cabalisti nel corso dei secoli. È quindi sbagliato collegare l'umanesimo rinascimentale con l'umanesimo greco antico. Non è Platone (ellenismo greco classico) a rinascere, ma Plotino (Alessandria d'Egitto ellenistica orientale). Il Rinascimento rappresenta quindi un ritorno dalla porta di servizio della gnosi giudeo-egiziana attraverso la cabala ebraica.

Degno successore del nonno, Lorenzo il Magnifico continuò a promuovere il Rinascimento e la lotta culturale contro il cristianesimo. Appoggiò Ficino quando questi scrisse la sua *Teologia platonica* nel 1482, tollerata dalla Chiesa grazie all'influenza di Lorenzo, che era diventato il principale banchiere del papato sotto Innocenzo III. Lorenzo imparò la filosofia da Ficino e scrisse poesie che erano ode gnostiche e panteistiche alla Natura. Fu anche un grande edonista e organizzò grandi feste neopagane a Firenze. Lorenzo frequentò il letterato Angelo Poliziano, poeta e grande erudito che scriveva in latino e in greco e le cui opere erano ispirate all'iniziazione pagana. A lui si devono una notevole *Fabula di Orfeo* e diverse traduzioni di autori antichi (Omero, Epitteto, Erodoto). Poliziano insegnò letteratura classica all'Accademia e le sue lezioni erano così eccezionali da attirare studenti da tutta Europa. Tra i suoi allievi vi furono umanisti cristiani come Thomas Linacre e William Grocyn, ma soprattutto figure più controverse come Pico della Mirandola e Johannes Reuchlin, entrambi allievi di spicco della scuola fiorentina. Gli ultimi umanisti del Rinascimento italiano, i fiorentini formati da Ficino, si spingeranno fino alla fine del ragionamento ermetico e neoplatonico, entrando nell'iniziazione cabalistica.

Pico della Mirandola (1464-1494) studiò letteratura con Poliziano, ma furono le lezioni di Ficino a colpirlo maggiormente. Pico è ufficialmente considerato un "cabalista cristiano", ma in realtà la Cabala è esclusivamente ebraica e non ha nulla a che fare con il cristianesimo. Era un giovane studente dotato di grande curiosità e di un'eccezionale forma di genio; aveva una memoria e un'erudizione fuori dal comune. Ma il suo principale difetto, derivante dalla giovinezza, era quello di non avere giudizio. Pico era aperto a tutte le filosofie, a tutte le fedi, tanto che non poteva decidere a favore di nessun sistema. Studiò dapprima all'Università di Ferrara e a quella di Padova. A Padova studiò l'ebraico e l'arabo con Elie del Medigo, un averroista ebreo, che gli insegnò anche a leggere i manoscritti aramaici. Del Medigo tradusse anche manoscritti ebraici dall'ebraico al latino per Pico, come continuò a fare per diversi anni. Entrò in contatto con Yohanan Alemanno, un cabalista ebreo italiano che lo introdusse ai metodi dell'esegesi cabalistica. Questo incontro tra i due porterà alla creazione della sua Cabala cristiana[723]. Trascorse gli anni successivi visitando i centri umanistici d'Italia. Assunse dei traduttori, prima Pablo de Heredia e poi Samuel ben Nissim Abulfaraj, un ebreo siciliano convertitosi al cristianesimo con il nome di Flavio Mitridate, per ottenere traduzioni in latino dei principali testi della Cabala. In seguito, presso l'Accademia di Firenze, Pico si impadronì degli insegnamenti di Ficino e, come lui, fu iniziato all'ermetismo. Ma l'allievo di Ficino non era molto ragionevole, perché mescolava tutto: il misticismo con l'astrologia e la magia, la Cabala con Platone, Ermete con Gesù. Tra le tante eresie proposte da Pico della Mirandola, un'affermazione fu estremamente importante. Come Ficino, Pico sosteneva di far risalire la tradizione primordiale a un'unica fonte precedente alla Bibbia: la Cabala. Pico collocava quindi la Cabala prima e non dopo la Bibbia. Per rimanere cristiano, Pico inventò poi un nuovo cristianesimo che collegò alla Cabala. Evidentemente, Pico della Mirandola era già a quel tempo un eretico falsamente cristiano, sulla falsariga dello gnosticismo ebraico. Avendo imparato bene la lezione dai suoi maestri e amici fiorentini ed ebrei, il giovane Pico (aveva 24 anni) si recò a Roma nel 1486 per proporre una sfida filosofica ai religiosi attoniti e stupefatti. Pico difese non meno di 900 proposizioni, una più stravagante dell'altra, nel suo famoso *Discorso sulla dignità dell'uomo (Oratio de hominis dignitae,* in latino). La sua *Oratio* del 1486 era una vera e propria somma di vaneggiamenti. Per continuare a definirsi cristiano, Pico dichiarò che le "rivelazioni" dell'Egitto e dell'Asia erano tutte a sostegno del cristianesimo, poiché risalivano tutte a un'unica fonte, la Cabala, concludendo che la magia e la Cabala confermavano la divinità di Cristo piuttosto che confutarla. Per Pico, nessuna scienza forniva più prove della divinità di Cristo della magia e della Cabala... Nessuno si degnò di rispondere alle provocazioni di Pico e Papa Innocenzo III si limitò a condannare tredici delle sue proposizioni come eresia e a liquidarlo di punto in bianco. Nonostante tutto, Pico doveva sentirsi minacciato, perché andò in esilio nei Paesi Bassi prima di tornare a Firenze su invito di Lorenzo de' Medici. La sua ultima opera, l'*Heptatus*, fu pubblicata nel 1489. Lo spirito e l'influenza diretta dello *Zohar* sono già direttamente percepibili in essa. Sorprendentemente, alla fine della sua vita, Pico della Mirandola prese le distanze dai Medici e da Ficino, pubblicando un trattato contro l'astrologia che era uno dei fondamenti della cosmologia del suo ex maestro. Come se non bastasse, Pico aderì al Circolo di San

---

[723] La Cabala « cristiana » = La Cabala filosofica del Rinascimento.

Marco che riuniva tutti i dissidenti dell'Accademia fiorentina attorno alla figura del domenicano Savonarole, un vero e proprio tradimento nei confronti dei suoi ex maestri e amici. Alla fine della sua giovane vita, Pico cambiò, divenne discepolo di Savonarole, bruciò i suoi libri di poesia, donò i suoi beni ai poveri e pensò persino di entrare nell'ordine domenicano. Morì improvvisamente prima di decidersi, probabilmente avvelenato dall'arsenico per ordine dei suoi ex "maestri e amici", i Medici[724].

In conclusione, gli umanisti del Rinascimento italiano erano iniziati ermetici, fortemente influenzati dallo gnosticismo e dalla Cabala. Si opponevano al dogma cristiano exoterico [725] e dualistico, facendo costantemente riferimento a un'unica fonte esoterica, la presunta "tradizione primordiale". Lo spirito del Rinascimento fiorentino è quello degli gnostici, dei nostalgici del paganesimo egiziano unito all'esoterismo ebraico. Scrive Mircea Eliade: "*La Cabala ha la nostalgia di un universo religioso in cui l'Antico Testamento e il Talmud coesistono con la religiosità cosmica, lo gnosticismo e il misticismo... Un fenomeno analogo appare nell'ideale "universalista" di alcuni filosofi ermetici del Rinascimento italiano*". L'Umanesimo ruppe così con il Cristianesimo, incentrato su Dio, e si orientò gradualmente verso una morale laica e individualista, derivata dallo stoicismo e dall'edonismo (epicureismo), e una visione antropocentrica del mondo, evoluzione che culminò con Erasmo (1466-1536). Gli umanisti ebbero una profonda influenza sull'evoluzione dell'Europa, in quanto furono gli iniziatori che ispirarono la Riforma protestante, la moderna filosofia "razionalista" e le utopie cosmopolite, fino alle logge massoniche e alla Rivoluzione dei diritti dell'uomo.

Esposizione di Alain Pascal nella sua opera *La Renaissance, cette imposture (*2006), *La Guerre des Gnoses III,* Éditions des Cimes, Parigi, 2021. (*L'impostura del Rinascimento, La Guerra delle Gnosi III*).

---

[724] Il suo assassinio evidenzia il tradimento del gruppo di iniziati e dei loro patti.
[725] Comune, accessibile al volgo, in contrapposizione all'esoterico, all'elitario.

Altri titoli

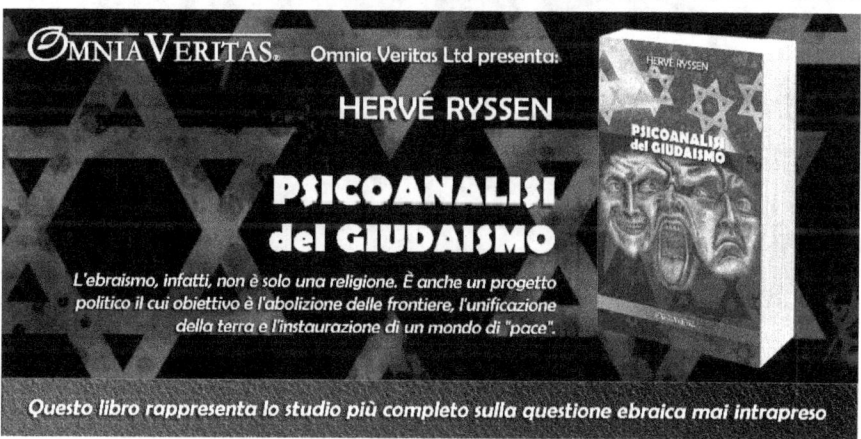

STORIA DELL'ANTISEMITISMO

STORIA DELL'ANTISEMITISMO

www.ingramcontent.com/pod-product-compliance
Lightning Source LLC
Chambersburg PA
CBHW050324230426
43663CB00010B/1733